« Je t'écris dans le fond d'un trou »

Collection « Mémoire Commune »

La collection publie des documents, des archives, des journaux, en les présentant et les accompagnant de façon accessible et rigoureuse. Elle pourvoit ainsi à la découverte, à la connaissance et à la compréhension, pour hier et pour aujourd hui, de sources inédites et importantes.

Derniers ouvrages parus :

- *Mémoires de la comtesse de La Ferronnays, 1791-1816*, éd. présentée et préparée par Bernard Auzanneau, 2023, 438 p.
- Michel NASSIET,
Anne de Bretagne. Correspondance et itinéraire, 2022, 396 p.
- Michel HÉBERT et Jean-Michel MATZ (dir.), avec la collaboration de Noël COULET, Philippe GENEQUAND, Mathieu LESCUYER, Christophe MASSON et Thierry PÉCOUT,
Journal de Jean Le Fèvre Chancelier des ducs d'Anjou et comtes de Provence (1381-1388), 2020, 736 p.
- Jean-Claude CATHERINE et Hubertus MICHLING (éd. présentée èt préparée par),
Lorient, 1945. Les Allemands face au choc de la capitulation. Prisonniers ordinaires, criminels de guerre, 2018, 406 p.
- Guy TRIGALOT,
Les deux Victor. Hugo, Pavie : une amitié romantique & correspondance inédite, 2018, 382 p.
- Henriette DE MARANS (1719-1784),
Une femme d'encre et de papier à l'époque des Lumières, édition établie, présentée et annotée par Mathilde Chollet et Huguette Krief, 2017, 472 p.
- Jean-Marie CONSEIL,
Un chouan dans les tranchées. Jean-Marie Conseil, prêtre breton au front (1914-1916), corpus rassemblé et présenté par Nelly Blanchard, 2017, 332 p.
- Léon CABARET,
Carnets de guerre d'un prêtre sarthois, 1914-1919, 2016, 608 p.
- Charles OBERTHÜR,
Lettres de guerre (1914-1918), édition présentée et préparée par Bernard Corbé et Yann Lagadec, 2016, 420 p.
- Michel AUSSEL,
Le docteur Ange Guépin. Nantes, du saint-simonisme à la République, 2016, 522 p.
- *Souvenirs d'un villageois du Maine. Louis Simon (1741-1820)*, texte original établi et commenté par Anne FILLON, édition augmentée et annotée par Sylvie Granger et Benoit Hubert, 2016, 514 p.
- Louis GUILLOUX,
O.K., Joe ! *Le dossier d'une œuvre*, édition présentée par Michèle Touret et Sylvie Golvet, 2016, 172 p.
- Jean-Yves MOY (textes présentés par),
Aumônier à Verdun. Journal de guerre et lettres du père Anizan, 2015, 196 p.

Joël Thierry

« Je t'écris dans le fond d'un trou »

Lettres de guerre de Maurice Gastellier (1913-1919)

Introduction de
Yann Lagadec

Mémoire Commune

PRESSES UNIVERSITAIRES DE RENNES

Université Rennes 2
2 avenue Gaston-Berger – Bâtiment Germaine-Tillion
35043 Rennes Cedex
www.pur-editions.fr

Mise en page : Laurence CADET pour le compte des PUR

Dépôt légal : 1er semestre 2023
ISBN 978-2-7535-8818-9
ISSN 1623-8982

Remerciements

Mes premiers remerciements vont à ma grand-mère, Madeleine Lucas-Gastellier, qui m'a confié les lettres que mon grand-père avait conservées dans une petite valise en carton. Ce livre lui est dédié. Deux de ses frères, Pierre et Henri[1], ainsi que quatre de ses cousins germains sont morts pour la France dans la Grande Guerre.

Cette publication n'aurait pu voir le jour sans le concours de nombreuses personnes que je tiens à remercier de tout cœur :

Yann Lagadec, maître de conférences en histoire moderne à l'université Rennes 2 pour sa compétence et sa rigueur dans l'analyse historique de la correspondance de Maurice ainsi que Sklaerenn Scuiller pour la cartographie.

Pierre Corbel, Pierre-Henry Frangne, respectivement ancien et actuel directeurs des Presses universitaires de Rennes, Anna Jacopin-Dvorak assistante de direction, Adeline Brun assistante d'édition, pour la publication de cette correspondance et Laurence Cadet pour la mise en page.

Michaël Bourlet[2], commandant, enseignant-chercheur en histoire, Éric Chopin[3] et Sophie Carluer[4] pour leurs conseils.

Denis Sarazin-Charpentier, président des Amis du Musée des Capucins de Coulommiers et Jacques Leclercq pour leurs soutiens.

Le personnel de l'Office de tourisme de Coulommiers, des Archives municipales de Coulommiers, du musée des Capucins de Coulommiers, des Archives départementales de Seine-et-Marne et du Service historique de la Défense de Vincennes pour leur accueil.

Mes ami·e·s de la Brie et de Bretagne pour leur confiance et leur encouragement.

Loïc Jomier pour sa relecture attentive.

Toute ma famille, particulièrement Gérard Plaisant pour sa compétence en généalogie et Véronique mon épouse, pour son appui et sa patience à toute épreuve.

---

1. Pierre, Georges Lucas, né le 19 janvier 1890 à Saint-Germain-sous-Doue, soldat au 131e RI, est mort suite à ses blessures le 8 octobre 1916 à Cerisy-Gailly (Somme). Henri, Gustave Lucas, né le 11 mai 1892 à Saint-Germain-sous-Doue, 2e canonnier servant au 230e RAC, est tué le 15 juillet 1917 au Bois Noir à Prosnes-sur-Marne (Marne), [www.mémoiredeshommes.sga.gouv.fr] 31 janvier 2022.

2. Blog particulièrement bien renseigné sur la Grande Guerre, [http://sourcesdelagrandeguerre.fr] 31 janvier 2022.

3. CHOPIN Éric, *Le messager du front. De 1914 à 1918, la guerre du Breton Julien Chopin à travers sa correspondance*, Rennes, É. Chopin, 2014.

4. Blog contenant une riche documentation sur le 19e RI, [http://19emeri.canalblog.com] 31 janvier 2022.

Abréviations

Bton :	bataillon
BCP :	bataillon de chasseurs à pied
CA :	corps d'armée
CHR :	compagnie hors rang
Cie :	compagnie
CID :	centre d'instruction divisionnaire
CM :	compagnie de mitrailleuses
Comp. :	compagnie
CRID 14-18 :	collectif de recherche international et de débat sur la guerre de 1914-1918
Ct :	commandant
DC :	division de cavalerie
DD :	dépôt divisionnaire
DI :	division d'infanterie
EM :	état-major
GC :	groupe d'escadrilles de combat
hop. :	hôpital
inf. :	infanterie
JMO :	journaux des marches et opérations
minen :	minenwerfer, pièce d'artillerie allemande capable de projeter des mines de 75, 170 ou 250 mm.
PC :	poste de commandement
QG :	quartier général
RAC :	régiment d'artillerie de campagne
RI :	régiment d'infanterie
RIC :	régiment d'infanterie coloniale
RIT :	régiment d'infanterie territoriale
RIR :	régiment d'infanterie de réserve
SGA/DMPA :	secrétariat général pour l'administration/Direction de la mémoire, du patrimoine et des archives
SHD/DAT :	Service historique de la Défense/département de l'Armée de terre
SRS :	service de repérage par le son
TPS :	transmission par le sol
TSF :	téléphonie sans fil

À la mémoire de Maurice et Madeleine, Henri et Clothilde mes grands-parents, René et Adrien mes grands-oncles, Mauricette ma grande tante, Daniel et Pierrette mon père et ma mère, Joffrette ma sœur, Paulette ma tante, Serge mon oncle, Colette ma cousine, Michel mon cousin.

À tous les descendants de Maurice, ma sœur Josette, mes enfants Julien, Eliane, Gabriel, Marguerite, mes petits enfants Swann, Maël, Léonie, Frida, Yoko, Nolan, Carmen, mes beaux-frères Jean Marie et Yvon, mes cousins Lionel et Gérard, ma cousine Sylvette, ma nièce Laetitia, ma petite-nièce Laura.

AVANT-PROPOS

« Nul combattant, quel qu'il soit, ne peut prétendre à l'expérience intégrale [...]. Si monotone qu'elle ait été dans ses traits essentiels, la vie quotidienne du front n'en fut pas moins multiforme. Qui peut se vanter d'en avoir connu tous les aspects, déconcertants parfois jusqu'à l'invraisemblance, faits de mille incidents, variant à l'infini ? Et que dire de la vie individuelle, des états d'âme surtout ! Quelle distance du simple poilu au sous-officier, de celui-ci à l'officier, souvent quelle incompréhension mutuelle. »

Jules ISAAC[1], *De la valeur des témoignages de guerre (1931),* in *Paradoxe sur la science homicide et autres hérésies*, Paris, Les Éditions Rieder, 1936 [repris de la *Revue de Paris*, 1923], [mis au pilon par les Nazis en 1942], p. 77.

Quelques mois après la mort de mon grand-père le 22 juin 1979, ma grand-mère m'a confié plusieurs paquets conservés au grenier où plus de 600 lettres et cartes postales sommeillaient depuis plus de soixante ans : la correspondance du jeune conscrit durant les cinq ans et six mois du 14 octobre 1913 au 11 avril 1919.

De son vivant, Maurice n'a jamais montré ces lettres à son entourage, peut-être par pudeur, mais aussi plus certainement parce qu'à ses yeux, leur banalité ne pouvait devenir objet d'histoire. La transcription en a été ici faite *in extenso*, sans modification notable ni correction d'orthographe. Seul l'usage des majuscules a été modernisé afin d'en rendre la lecture plus agréable. La correspondance est publiée suivant l'ordre chronologique – y compris quand il s'agit de lettres de sa mère, ou plus rarement de membres de sa famille, son frère, son beau-frère, ses oncles et tantes – sous forme de treize chapitres débutant par une présentation. Chaque lettre est accompagnée d'un extrait en exergue et de notes destinées à préciser ses modalités de rédaction et/ou de transmission.

1. Jules ISAAC, engagé au 76ᵉ RI comme simple soldat du 29 octobre 1897 au 17 septembre 1898, a été mobilisé le 4 août 1914 comme caporal au 111ᵉ RIT à l'âge de 36 ans.

Le choix d'une édition scientifique universitaire a été retenu avec une introduction de Yann Lagadec, maître de conférences en histoire à l'université Rennes 2. Puisse le lecteur découvrir la singularité mais aussi la banalité et l'universalité de l'expérience humaine de Maurice, paysan-soldat et simple fantassin durant la Grande Guerre.

Joël THIERRY

Introduction

Dans sa magistrale – bien que critiquée – étude sur le témoignage des combattants de la Grande Guerre parue en 1929, Jean-Norton Cru, après avoir étudié successivement « journaux », « souvenirs » puis « réflexions », se penche sur la correspondance échangée par les poilus avec leurs familles, regrettant qu'on ait « très peu de recueils de lettres » et que, sur les 28 auteurs qu'il cite, il n'y en ait « que 11 dont la correspondance ait été publiée complète ou par extraits assez longs pour constituer une expression adéquate de la pensée de l'écrivain[1] ». Pourtant, poursuit-il, « il y a en France plusieurs millions de liasses de lettres de guerre dans les tiroirs », et de conclure : « espérons qu'on les publiera d'ici à 1950 et le plus tôt sera le mieux ».

C'est en fait bien plus récemment, pour l'essentiel depuis les années 1970-1980 et plus encore depuis une quinzaine d'années, que l'on a vu se développer l'édition – au sens scientifique du terme – de ces documents, aux côtés de la publication, plus ancienne et sans doute plus massive, d'autres formes de témoignages, carnets, journaux et surtout mémoires émanant d'anciens combattants du premier conflit mondial[2]. Pourtant, les lettres ont sans doute un avantage sur ces autres sources : c'est, selon l'expression du même Cru, « la vérité du moment ». Elles garantissent en effet « que la version des faits racontés, l'expression des sentiments, sont bien celles de la date de la lettre sans qu'aucune révision postérieure aux événements soit venue les modifier[3] ». Le fait est patent en ce qui concerne la correspondance échangée par Maurice Gastellier et ses proches.

1. CRU Jean-Norton, *Témoins. Essai d'analyse et de critique des souvenirs de combattants édités en français de 1915 à 1928,* Nancy, Presses universitaires de Nancy, 1993, p. 491-492.

2. Ainsi que le suggérait il y a une douzaine d'années C. Prochasson, ces lettres « constituent un gisement archivistique considérable et toujours susceptible d'être enrichi dans les années à venir » (PROCHASSON Christophe, *1914-1918. Retours d'expériences,* Paris, Tallandier 2008, p. 191).

3. CRU Jean-Norton, *Du témoignage,* Paris, Éditions Allia, 2008, p. 80. Pour ces raisons, Cru regrette que « les lettres constituent la plus petite des cinq classes [de documents qu'il analyse, journaux, souvenirs, réflexions, romans et donc correspondances] alors qu'elles devraient être la plus grande ». Il convient cependant de ne pas oublier que ces lettres étaient

Telle n'est pourtant pas la seule des qualités des quelque 600 lettres rédigées par ce paysan briard qui, plus encore sans doute, ont une double particularité propre à capter l'attention de l'historien comme du lecteur. Elles englobent tout d'abord l'ensemble de la Grande Guerre, courant de l'automne 1913, alors que Maurice Gastellier quitte la ferme familiale pour effectuer un service militaire qui vient de passer à trois années, au printemps 1919, la démobilisation commençant par les classes les plus anciennes et concernant successivement territoriaux, réservistes puis anciens soldats d'active dont il fait partie[4]. Ces lettres permettent aussi et surtout de suivre la vie d'un simple fantassin, autrement dit de l'un de ces combattants les plus exposés, de ceux parmi lesquels les taux de pertes furent les plus élevés[5]. La bataille des frontières en août 1914, l'Argonne et Vauquois en 1915, Berry-au-Bac et Verdun en 1916, le Chemin des Dames en 1917 puis à nouveau au printemps 1918, la Somme et le front de Champagne en 1918 : la simple lecture du nom de ces lieux où Maurice Gastellier combattit tout d'abord avec le 76e régiment d'infanterie (RI), un régiment briard caserné à Coulommiers et Paris en août 1914, puis, à compter de 1916, avec le 19e RI de Brest, dit à elle seule ce que put être la guerre de ce jeune homme, blessé quatre fois, gazé, évacué aussi pour cause de typhoïde (***carte 1***).

La guerre dans toute sa banalité – son horrible banalité – : sans doute est-ce là ce que nous donne avant tout à découvrir cette abondante et riche correspondance.

– Écrire aux siens

C'est la correspondance active de Maurice Gastellier qui est ici publiée, une correspondance pour l'essentiel à destination de sa mère, Julia Beaurepaire, veuve depuis 1908, secondairement à destination de son jeune frère, René, en fait à compter de 1917 et de sa tardive mobilisation au 31e RI de Melun, dans le service auxiliaire cependant. Autant qu'on puisse en juger par une critique interne des documents, les 593 lettres conservées constituent la quasi-totalité des courriers envoyés à la ferme familiale du Theil, un hameau de la commune de Coulommiers (Seine-et-Marne)[6]. Ce ne sont cependant pas les seules lettres rédigées par Maurice : il conviendrait en effet d'y ajouter celles destinées au reste de la famille,

soumises au contrôle postal. Les combattants en sont parfaitement conscients, se soumettant de ce fait à une autocensure finalement plus efficace que la censure elle-même qui ne peut guère contrôler que 1 à 2 % des lettres.

4. Maurice Gastellier, incorporé en octobre 1913 pour effectuer son service militaire, sera démobilisé le 8 avril 1919. Cultivateur et fils aîné d'une veuve, il est parmi les premiers de sa classe à retrouver le monde civil, cinq années et six mois après son incorporation.

5. Rappelons que le taux de pertes parmi les fantassins était de l'ordre de 23 % pour la troupe, 29 % pour les officiers. Il tombe à 7 et 10 % pour les cavaliers, 6 et 9 % pour les artilleurs et les sapeurs, et moins de 5 % dans le train. LARCHER lieutenant-colonel, « Données statistiques sur la guerre 1914-1918 », *Revue militaire française*, 1934, avril-juin, p. 358.

6. Au total, les archives familiales conservent 652 lettres et cartes postales dont 593 écrites durant la Grande Guerre.

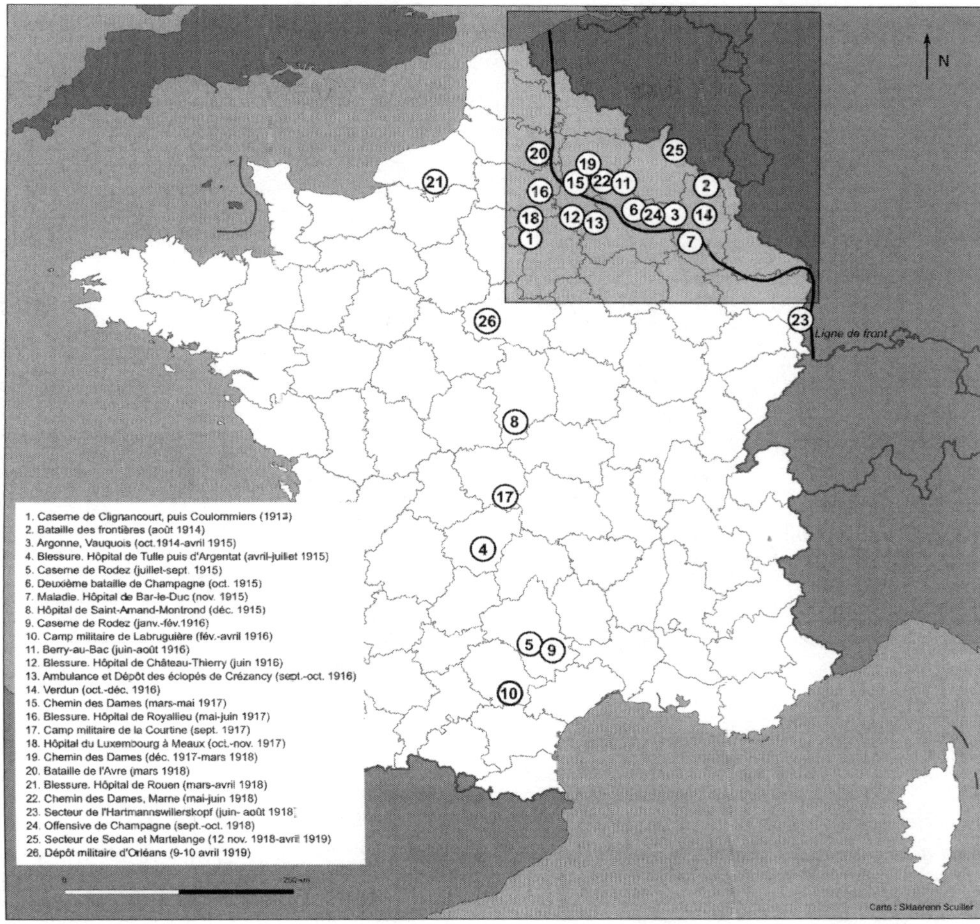

Carte 1. Le parcours de Maurice Gastellier (1913-1919).

évoquées dans tel ou tel courrier à sa mère, dessinant un plus vaste réseau de correspondants dont les limites ne semblent cependant guère dépasser celles du pays de Coulommiers et de la Brie. Certes, il dit écrire ou recevoir des nouvelles d'Adrien Plaisant, son beau-frère, mobilisé au 416e RI, mais celui-ci était, avant-guerre, installé à Boussois, hameau de la commune de Mouroux, avec sa sœur Germaine, épousée en 1912, c'est-à-dire à moins de 7 km du Theil. Mentionnés à plusieurs reprises, sa tante Mélanie Lantenois, née Beaurepaire, sœur de sa mère, est épicière à Coulommiers tandis que son oncle Oscar Beaurepaire vit dans la même ville ; quant à ses oncle et tante Ernest Gastellier et Sara Gillot, ils tiennent une charcuterie non loin de là, à Saints (*ill. 1 à 5*).

593 lettres au moins – celles envoyées au Theil –, peut-être 500 à 600 de plus – postées à d'autres membres de sa famille –, cela fait une moyenne minimale de 2,5 lettres par semaine tout au long du conflit, sans doute 3 voire un peu plus,

Ill. 1. Julia, mère de Maurice Gastellier, vers 1920 (Archives familiales, DR).

Ill. 2. Paul, père de Maurice Gastellier, vers 1880, décédé en 1908 (Archives familiales, DR).

Ill. 3. Mauricette, sœur de Maurice Gastellier, vers 1920 (Archives familiales, DR).

Ill. 4. Adrien Plaisant, beau-frère de Maurice Gastellier, vers 1915 (Archives familiales, DR).

Ill. 5. René, frère de Maurice Gastellier aux côtés de Julia sa mère, vers 1920 (Archives familiales, DR).

une lettre tous les deux jours ou presque[7]. Ces chiffres pourront surprendre de la part d'un paysan qui, on le constatera, s'exprime dans un français oral et populaire teinté de patois briard. Certes, Maurice Gastellier, élève de l'école publique de Coulommiers à partir de 1899, a obtenu en juin 1906 son certificat d'études primaires, avec les félicitations du jury[8]. Mais là s'arrêtera son parcours scolaire, le jeune garçon, âgé de 12 ans à peine – il est né le 20 décembre 1893 –, commençant à travailler aux côtés de son père, Paul, dans la tuilerie familiale installée au Theil. La mort brutale, en 1908, de celui qui est devenu un petit notable columérien, ancien officier marinier à Toulon et Cherbourg élu conseiller municipal depuis 1890, vient d'ailleurs mettre fin à tout espoir d'études futures : alors que la succession à la tête de la petite entreprise familiale n'a pas été préparée, la fabrication de briques et de tuiles doit cesser et l'activité se recentrer sur le seul domaine agricole[9].

C'est cette exploitation, tournée vers les productions végétales – betteraves à sucre, céréales (blé, avoine pour les chevaux), fourrages (trèfle, luzerne, foin), pommes de terre, un verger permettant par ailleurs la fabrication de cidre et d'eau-de-vie[10] – que Maurice a dû abandonner en octobre 1913, au moment de son service militaire. Il laisse au Theil une exploitation viable, tenue par sa mère aidée de René, son frère cadet, et de Joseph, ouvrier agricole. La rupture n'est semble-t-il pas trop difficilement vécue. Les lettres de cette première période qui court jusqu'à fin juillet 1914 sont peu nombreuses, alors que Maurice, incorporé au 1er bataillon du 76e RI, à la caserne Clignancourt à Paris, n'est pas trop éloigné des siens, alors surtout que le danger reste pour le moins limité et que des permissions

7. Sur le dessus des piles de lettres conservées dans les archives familiales, on trouve un mot écrit de la main de Maurice : « Lettres de guerre 1914-1918 que je conserve plus que les autres car j'en ai écris plus de 1 200 à ma mère. »

8. Des appréciations élogieuses figurent sur son livret scolaire de l'année scolaire 1905-1906 – « Bien », « Très Bien », « Élève docile et appliqué », « Bien en espérant que vous cesserez votre bavardage sur lequel je veux bien encore passer cette semaine », « Bien ; votre langue vous fait perdre une place » –, révélant un bon élève néanmoins dissipé et bavard.

9. L'épisode est raconté dans ses *Mémoires*, rédigés par Maurice Gastellier dans les années 1970 : « Le lendemain de mon certificat d'études, je quitte l'école pour travailler 12 heures par jour à porter la tuile, faire de la brique et des tuyaux de drainage. Quand mon père est mort, je n'avais que 14 ans et demie, il y avait encore 80 000 briques à cuire. Je me suis mis à préparer les fours avec ma sœur Mauricette qui avait 16 ans. C'est moi qui ai allumé le four et qui a fait les créneaux pour donner de l'air, qui a mis la brique, le charbon, car il y avait bien des voisins pour approcher la brique mais personne ne savait la cuire. Je n'ai pas continué ce métier, n'ayant personne pour me donner des conseils. » GASTELLIER Maurice, *Mémoires*, manuscrit, p. 2.

10. Dans un courrier de 1978, Maurice Gastellier a raconté le difficile redressement de cette exploitation : « On faisait tout à la main [...]. Je me suis mis à faire la culture à la faux [...]. Petit à petit, j'ai loué des terres [...], j'ai fait des transports pour l'un, pour l'autre et de la culture petit à petit [...]. On ne coupait qu'à la faux. On a coupé ensuite avec une faucheuse à cheval, après avec une javeleuse mais il fallait tout lier. » Archives familiales, lettre du 20 novembre 1978.

régulières permettent de revenir au « pays » : quatre sans doute avant la fin de l'année 1913, sept autres avant la mobilisation générale, pour l'essentiel donc au moment de la découverte de la vie militaire d'une part, de grandes manœuvres à Mourmelon à l'été 1914 d'autre part[11]. Le déclenchement de la guerre, le départ de Maurice pour le front, les dangers alors encourus conduisent le jeune conscrit à écrire désormais très régulièrement à sa mère, 556 fois entre le 2 août 1914 et le 11 novembre 1918.

La conservation quasi exhaustive de la correspondance de Maurice Gastellier permet de se livrer à une analyse assez fine des grands rythmes scandant l'écriture du soldat. La guerre de mouvement et ses déplacements incessants, au cours des premières semaines du conflit, ne permettent guère d'écrire régulièrement, alors même que le long repli depuis les frontières et l'annonce des premières pertes ont dû susciter de profondes inquiétudes parmi les proches[12]. Il est vrai que la perspective d'une guerre courte rend peut-être le silence plus supportable. La stabilisation progressive du front, à compter de mi-septembre 1914, offre de nouvelles possibilités d'écriture : alors qu'une douzaine de lettres avaient été postées en août-septembre, elles sont 20 pour le seul mois d'octobre, autant en janvier 1915, 10 à 15 en moyenne chaque mois tout au long du conflit (***graphique 1***)[13].

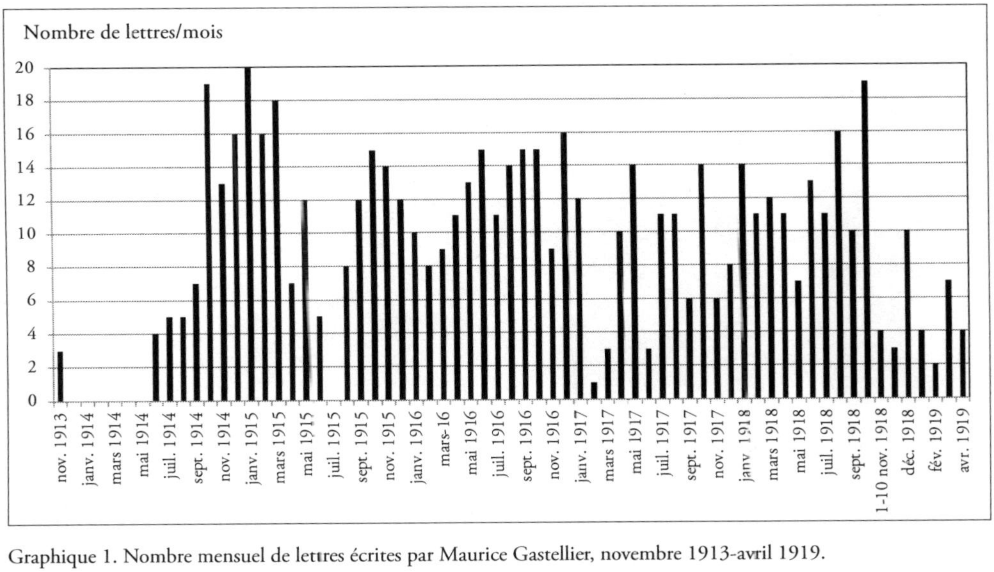

Graphique 1. Nombre mensuel de lettres écrites par Maurice Gastellier, novembre 1913-avril 1919.

11. Il n'est pas sûr cependant que toutes les lettres de cette période aient été conservées.

12. Ainsi qu'il l'explique à sa mère dans une lettre du 5 octobre 1914 : « Nous étions au feu tous les jours, impossible d'écrire. »

13. Ce rythme d'une lettre tous les deux jours environ est en tout point comparable à celui de bien d'autres ruraux, tels le Sarthois Louis-Gustave Bruneau (BRUNEAU Louis-Gustave, *Combattant de l'arrière, 1914-1918. Correspondance de guerre*, Mamers, Laridière, 2001), les Bretons Abjean et Chopin (ABJEAN Louis-René, *La guerre finira bientôt. 1914-1918*

Le tempo des opérations n'explique pas tout à lui seul. Ainsi, alors même que la guerre de mouvement reprend dans les derniers mois du conflit, dans des conditions que Maurice décrit comme plus pénibles encore qu'à l'été 1914, celui-ci rédige 19 lettres pour le seul mois d'octobre 1918, laissant pour une part percevoir son acculturation à l'activité épistolaire : s'il n'était pas tout à fait un « primo-correspondant » à la mobilisation, il n'en a pas moins très visiblement pris de nouvelles habitudes en raison de la guerre, à l'instar de millions d'autres Français[14]. Le moral de Maurice constitue par exemple un autre facteur explicatif : le premier nouvel an de guerre, en janvier 1915, voit une abondance de lettres, trois pour la seule journée du 1er janvier, six lettres pour la semaine du 25 décembre au 5 janvier.

Mais la mise en parallèle des informations recueillies sur la situation de Maurice Gastellier tout au long de la guerre d'une part, d'autre part de la date de ses courriers fait apparaître une « économie épistolaire » plus complexe qu'on ne pourrait le croire de prime abord (***graphique 2***)[15]. Sans grande surprise, Maurice n'écrit pas au Theil lorsqu'il est en permission : il rejoint en effet alors les siens, en Brie. Les périodes passées dans les transports, à l'arrière, encaserné, en attendant un retour au front ne donnent lieu, elles aussi, qu'à une faible activité d'écriture, alors même que Maurice dispose du temps nécessaire pour le faire : sans doute peut-on l'expliquer par la banalité d'un quotidien sans relief, jugé trop morne pour nécessiter de longues descriptions aux proches qui, par ailleurs, n'ont guère de raison de s'inquiéter du sort du soldat. Il en va d'ailleurs de même des nombreuses semaines passées à l'hôpital, semaines au cours desquelles il n'envoie qu'à peine plus de lettres : la faiblesse physique des premiers jours suivant la blessure servent alors de prétexte à écourter les quelques lettres rédigées ; mais, là encore, une fois rassurés sur le sort de Maurice, sa mère et son frère, doit-il estimer implicitement, n'ont plus guère besoin de missives longues et répétées.

à Plouguerneau et au front, Brest, Emgléo-Breizh, 2009 et CHOPIN Éric, *Le messager du front…, op. cit.*) ou le Provençal François André (RAYBAUT Paul [éd.], *« Les raisins sont biens beaux ». Correspondance de guerre d'un rural, 1914-1917*, Paris, Fayard, 1977), pour n'en rester qu'à quatre exemples parmi de nombreux autres.

14. PROCHASSON Christophe, *1914-1918. Retours d'expériences, op. cit.*, p. 212 rappelle qu'au cours du conflit, de l'ordre de 3,5 à 4 millions de lettres et 150 à 200 000 colis étaient pris en charge quotidiennement par le Bureau central militaire, un pic étant atteint fin décembre 1915 avec 5 millions de missives le 31 et 590 000 paquets le 29.

15. On pourra ici regretter que cette « économie » n'ait fait l'objet que de rares études malgré l'abondance des publications de correspondances. Citons cependant le travail, sur un autre type d'ego-document émanant d'un combattant de la Grande Guerre, de DAUTREY Philippe, « Écrire sa guerre. Analyse d'un carnet de guerre », *Histoire et mesure*, 1992, VII-3/4, p. 249-280.

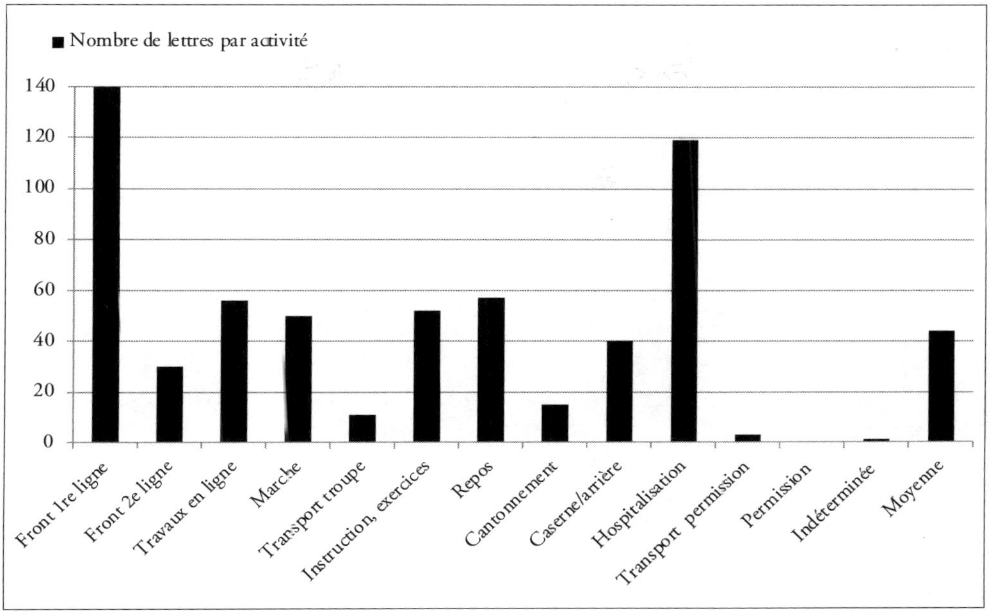

Graphique 2. Nombre de lettres en fonction du type d'activité.

Si l'on comprend qu'en période d'instruction, le soldat n'a que peu de temps pour donner de ses nouvelles – ou que celles-ci n'ont pas la même importance qu'à d'autres moments –, l'on pourra au contraire *a priori* s'étonner des temps forts de l'écriture : les séjours en première et seconde lignes d'une part, le repos d'autre part. L'explication en est double sans doute. Elle tient tout d'abord au fait que les séjours en première ligne sont souvent particulièrement ennuyeux. Si l'on excepte d'une part les périodes correspondant à de grandes offensives ou de grandes batailles – Vauquois, Verdun, le Chemin des Dames –, d'autre part les secteurs considérés comme particulièrement « actifs », cependant restreints dans l'espace et dans le temps, l'activité de l'artillerie des deux camps et les feux d'infanterie restent d'une intensité souvent limitée. L'écriture permet alors, avec la lecture du courrier des proches, d'occuper de longues et mornes journées rythmées par l'arrivée de la corvée de soupe et les relèves des camarades guettant l'ennemi aux créneaux. Ceci n'empêche pas Maurice d'écrire aussi lorsqu'il est de garde, ainsi qu'il le signale dans une lettre du 31 janvier 1918 : « chère mère, je t'écris en ce moment au petit poste », en avant des premières lignes donc ; et de préciser : « tu vois qu'il faut que le secteur soit calme, car jamais je n'ai écris étant de faction ».

L'explication tient aussi et surtout à la volonté – une fois encore – de rassurer les siens : rassurer les siens en ces instants au cours desquels, dans les tranchées, l'exposition au danger est maximale ; rassurer les siens avant de gagner les premières lignes, avant de quitter les cantonnements de repos ; rassurer les siens lorsque l'on revient des tranchées, afin de leur confirmer que, cette fois encore, tout s'est bien passé[16]. L'analyse des lettres écrites par Maurice entre le 29 novembre et le 17 décembre 1916, alors que le 19e RI est engagé dans le secteur de Douaumont, près de Verdun, est des plus révélatrices : après avoir annoncé son changement de compagnie et sa future montée en ligne le 29 novembre, l'avoir redit le 1er décembre, il écrit le 3 aller « bien en ce moment » alors qu'il doit, le soir même, gagner les tranchées. Les courriers des 5, 10, 12, 14 et 15 décrivent les conditions dantesques dans lesquelles combattent les soldats, moins en raison du feu de l'ennemi qu'à cause du froid, de l'humidité, de la boue. Alors que le 19e RI est relevé le 16 après avoir occupé la veille le fort de Vaux, Maurice rédige deux longues lettres à sa mère le 17, évoquant implicitement les combats du 15 : « tu dois avoir vu le journal, car çà y est aujourd'hui et c'est pourquoi je t'écris tous les jours car je pense que tu dois te tourmenter ». Rassurer les siens, se rassurer soi-même aussi pour une part : l'écriture a sans doute une dimension cathartique, contribuant à rendre plus supportables – moins insupportables… – les conditions particulièrement pénibles dans lesquelles vivent ou survivent les poilus. Maurice ne cache rien ainsi de ses souffrances, de ses maux, de sa peur parfois aussi. Mi-janvier 1917, après avoir décrit les gardes de nuit « au petit poste […] dans la boue par-dessus les souliers et de la neige jusqu'aux genoux et sans pouvoir bouger », les bombardements – « nous sommes bombardés assez souvent et avons encore eu des victimes » –, il conclut dans sa lettre du 22 janvier : « je croyais bien encore y rester ce coup-là, les obus tombaient partout autour de nous entre autre, un gros à deux mètres de moi et il n'a pas éclaté ». « Il faut avoir de la veine » précise-t-il pour finir, cherchant en quelque sorte à s'auto-persuader de sa bonne étoile.

La qualité graphique de l'écriture et son évolution disent beaucoup des conditions dans lesquelles rédige – et vit – le fantassin. Maurice écrit principalement au crayon à papier, dont l'utilisation est bien moins contraignante que celle d'une plume. Aussi l'écriture à l'encre, plus rare, concerne-t-elle surtout les périodes de convalescence ou les séjours à l'arrière, à l'hôpital de Saint-Amand-Montrond en décembre 1915 et au camp de Labruguière dans le Tarn en mars-avril 1916 principalement[17]. Encore faut-il, pour rédiger ces lettres, disposer de papier et d'enveloppes. Maurice en manque cruellement lors des premières semaines de la guerre par exemple, ainsi qu'il l'indique à sa mère dans une lettre du 5 octobre 1914 visant à justifier son silence relatif depuis l'entrée en guerre : « d'abord je n'avais pas de papier [et] nous étions au feu tous les jours » explique-t-il. Ce

16. De ce fait, plus que sa longueur, c'est la lettre elle-même qui compte aux yeux de Maurice comme de ses correspondants. Une analyse plus fine, tenant compte de la longueur des lettres, aboutirait peut-être à des résultats légèrement différents quant à la répartition des grands temps de l'écriture, mais elle ne rendrait sans doute compte que partiellement des logiques d'écriture.

17. Saint-Amand-Montrond (lettres des 12, 15 et 18 décembre 1915) et au camp de Labruguière (lettres des 15 et 28 mars 1916, 6, 13, 20, 22, 26, 28 et 29 avril 1916).

problème matériel se pose ensuite de manière régulière, le poussant à demander à sa mère de lui faire parvenir de quoi lui répondre : « je t'averti que c'est ma dernière enveloppe que je t'envoie » signale-t-il par exemple le 12 octobre 1915. « Si je n'en trouve pas, je ne sais pas comment je vais t'écrire. Enfin, envoie moi s'en une ou deux dans tes lettres » suggère-t-il alors, prenant soin de préciser : « du papier, ce n'est pas pareille, j'en ai toujours un peu[18] ». Même remarque un an plus tard : « c'est des enveloppes qu'il me faut et pas de papier, car on ne trouve rien à acheter dans ces pays dévastés et c'est ma dernière carte-lettre, alors envoie moi en dans une lettre tout de suite » (lettre du 19 décembre 1916). Comme le suggère ici Maurice, les supports à sa correspondance sont des plus divers. Certes, les plus classiques sont aussi les plus nombreux : cartes postales des localités traversées, à commencer par celles de l'arrière dans 6 % des cas, cartes de correspondance militaire et cartes-lettres, toutes en franchise postale, adoptées en 1915 (50 %), papier à lettre enfin (44 %)[19]. Mais lorsque la pénurie survient, tout est bon à prendre : restes de papier à lettre reçu de sa mère et des siens, intérieur d'une enveloppe dépliée, en une occasion aussi une « carte boche » saisie sur un prisonnier ou trouvée dans une tranchée, en octobre 1918. Il prend alors soin cependant de préciser que « ce n'est pas parce que je t'écris sur une carte boche qu'il faut croire que je suis prisonnier, c'est pour voir si elle t'arrivera » (16 octobre 1918) ; le même jour d'ailleurs, il envoie un second courrier en s'expliquant : « je te réécris ce soir, car j'ai peur que ma carte boche ne t'arrive pas. Enfin, tu me diras si elle t'ai parvenue ».

Les ratures, les mots barrés sont nombreux, traduisant peut-être l'anxiété du jeune soldat, notamment dans les premiers mois du conflit. La lettre du 2 août 1914, la première de la guerre, est de ce point de vue révélatrice : « je profite de ~~t'écrire~~ de vous écrire » corrige-t-il, prenant conscience que ces lettres sont, *de facto*, multi-adressées ; si c'est à sa « chère mère » qu'il les envoie en général, elles sont lues par toute la maisonnée, son frère cadet René et Joseph, l'ouvrier agricole, sa sœur aussi sans doute, ses oncles et tantes peut-être à l'occasion. On pourra d'ailleurs s'étonner que ces ratures ne soient pas plus nombreuses au regard des conditions d'écriture : « je t'écris ce matin, toujours dans cette cabanne où il pleut comme dehors et où l'on se demande toujours si l'on va se faire fusiller par

18. Deux jours plus tard, il débute sa lettre en annonçant avoir « trouvé du papier à acheté à l'instant, c'est pourquoi j'en profite pour écrire un mot, comme tu as l'habitude d'en recevoir tous les deux jours, tu ne serais pas tranquille » (lettre du 14 octobre 1915).

19. La répartition des différents supports est assez largement différente avant la guerre puis après l'armistice. Lettres et cartes postales dominent logiquement entre octobre 1913 et août 1914 (58 et 42 %), tandis qu'entre le 11 novembre 1918 et sa démobilisation en avril 1919, Maurice n'utilise que des cartes-lettres et des lettres (61 et 39 %). Notons que le choix de ces supports n'est pas sans conséquences pratiques : les formats réduits, par exemple 11 × 7,5 cm pour les cartes de correspondance militaire, impliquent des messages souvent courts, qui conviennent finalement assez largement à ce cultivateur peu disert en règle générale. Nombre de ses courriers sont ponctués d'un « je ne vois plus grand chose à te dire ».

ces Bochs qui sont là, à trois cents mètres de nous » précise-t-il par exemple le 17 novembre 1914, alors que le front s'est figé. En octobre 1918, en pleine guerre de mouvement, il dit écrire « du fond d'un trou que je me creuse dans la plaine à chaque coup que j'avance » (lettre du 10 octobre 1918). Ces conditions extrêmes lui servent d'ailleurs à justifier la qualité médiocre de son écriture en certaines occasions : « si tu voyais ma position pour t'écrire, tu dirais çà ne m'étonne pas que c'est pas trop bien écrit » (lettre du 17 janvier 1917). Ponctuellement, blessures ou problèmes de santé viennent eux aussi modifier les conditions de rédaction, notamment lorsqu'en juillet 1916, il reçoit aux yeux des soins inappropriés : « je ne vois plus du tout comment je t'écris » signale-t-il à sa mère, prenant cependant la peine de lui envoyer quelques lignes (lettre du 16 juillet 1916).

Ainsi, bon an mal an, Maurice maintient le rythme de ces envois, « une lettre tous les deux jours » ou presque comme il le promet dès l'automne 1914.

– Maintenir le lien avec le « pays » tout en dirigeant l'exploitation à distance

Pourquoi tant de lettres ? Comme les autres poilus, Maurice Gastellier écrit avant tout, nous l'avons dit, pour rassurer sa famille, la franchise militaire favorisant d'ailleurs cette correspondance. Sa formule favorite, « ne vous tourmentez pas », revient très régulièrement sous sa plume à compter du début du mois de septembre 1914, alors même que la régularité des lettres constitue la première garantie que tout se passe bien. Telle n'est cependant pas la seule fonction de ces courriers.

Il n'est pas impossible en effet que, faute de tenir un carnet de route, un journal intime, le soldat briard ait assigné progressivement – et inconsciemment ? – à ses lettres des fonctions de ce type. En demandant à sa mère, à qui il vient d'envoyer le texte d'une nouvelle citation reçue en octobre 1918, de la ranger « avec mes affaires et lettres », il laisse ainsi entendre qu'il sait que les missives envoyées depuis le début du conflit ont non seulement été conservées, mais encore qu'elles pourraient, à terme, permettre de reconstituer le long récit des quatre années de guerre[20]. L'essentiel n'est pas là sans doute, notamment dans les premières années de la guerre. Les lettres sont avant tout le fil ténu permettant au soldat de se raccrocher à un petit monde familier, celui de la famille, de l'exploitation, celui du « pays » de Coulommiers aussi.

Ce « pays », ce sont tout d'abord les connaissances, à commencer par les conscrits et réservistes du Theil ou des environs que Maurice retrouve au sein du 76e RI. Les lettres envoyées chez lui sont alors l'occasion de donner des nouvelles des uns et des autres, de signaler la blessure et l'évacuation de l'un d'entre eux, la mort d'un autre. « Il y a encore un Corcessin de Coulommiers, un clairon

20. C'est d'ailleurs cette habitude, prise semble-t-il dès 1914, qui nous permet aujourd'hui de pouvoir étudier cette correspondance.

de 35 ans, qui vient d'être tué à la 5e compagnie » annonce-t-il par exemple le 8 mars 1915, alors qu'il combat en Argonne. Quatre jours plus tard, il précise à son frère être « avec Testard de la côte du Theil », mais aussi « Schmit le serrurier, Boursier le cultivateur de Montigny, Corcessin que je vous ai dit qui était tué, Joseph [l'ouvrier agricole de l'exploitation] le connaît bien. Il travaillait à Montanglaust avec lui ». Le recrutement encore largement territorialisé à cette date permet ainsi de transférer, au front, un petit monde de l'interconnaissance fournissant autant de sujets aux courriers entre les soldats et leurs familles restées à l'arrière, contribuant aussi sans doute au maintien du moral des combattants. Alors que, pendant presque deux années de guerre, Maurice, au sein du 76e RI, a pu évoluer parmi des gens connus – « Marcel Liennard et Loulou, le frère à la none », dans sa section à compter de mars 1915, « le cousin Mulot qui est marié avec une fille à Rayer Léon », « Bled, du Theil, qui était en ménage avec la femme à Lecomte » ou encore « Rieben qui nous a fait notre cidre », pour ne citer que ceux-là parmi de nombreux autres –, son affectation au 19e RI, fin avril 1916, le coupe de ces liens[21]. Ainsi qu'il le note lui-même dans un courrier du 6 mai suivant, « il y a maintenant dans ce régiment un mélange du diable, de tout les pays, des vieux ou des classes 14-15-16 ». « Je n'ai personne de connaissance à ce nouveau régiment » signale-t-il d'ailleurs le 12 mai, « à part un gars de Beautheil qui est venu du 76e comme moi, mais il est à la 10e compagnie[22] » : « il y en a de toute la France, mélangé, comme tous les régiments » conclut-il. À défaut de connaissances communes à Maurice et à ses correspondants, ce sont désormais des « copains » qu'il mentionne dans ses lettres, sans toujours préciser leur nom d'ailleurs.

Dans ces conditions, *Le Démocrate* joue un rôle essentiel dans le maintien du lien avec le pays. Dès l'automne 1914, sa mère lui fait régulièrement parvenir l'hebdomadaire de Coulommiers, à la demande d'ailleurs de Maurice lui-même, le 24 novembre 1914 : « quand tu enverras un colis, mets-moi un *Démocrate* tout nouveau, je serais content de lire les nouvelles de chez nous ». Ainsi, tout autant que la lecture en elle-même – « tu fais bien de continuer à me l'envoyer, ça me

21. Notons qu'il n'est pas le seul combattant du 76e RI à avoir rejoint le 19e RI. Fernand Dumoulineuf, affecté à la 3e section de mitrailleuses du 76e RI en 1914, rejoint lui aussi le 19e RI, dès avril 1915 cependant. Ses carnets sont disponibles sur le site [http://www.chtimiste.com] 31 janvier 2022.

22. Il cite ce soldat de Beautheil à plusieurs reprises, notamment dans sa lettre du 20 octobre 1916, écrivant avoir croisé son « plus près pays du 19e ». À l'occasion de cette rencontre, celui-ci lui dit « qu'il avait vu Joseph à Coulommiers mercredi, il y a 8 ou 10 jours, qui lui a donner de mes nouvelles, car Proffit, ce copain-là me connaît, il est venu du 76e avec moi ». Les « pays » servent ainsi aussi à la diffusion des nouvelles de vive voix lors des permissions, transmettent à l'occasion, de la main à la main, lettres et colis, permettant de contourner la censure du contrôle postal. Maurice évoque une dernière fois ce soldat passé avec lui du 76e au 19e RI dans une lettre du 17 décembre 1916, alors que le régiment est engagé dans le secteur de Verdun : « Je savais qu'il était blessé et gravement, mais ils ne savaient pas à sa compagnie qu'il était mort […], et maintenant le voila tué. »

désennuie » écrit-il par exemple le 20 avril 1915 alors que, blessé, il est soigné à Tulle –, c'est la lecture de ces « nouvelles de chez nous » qui intéresse le soldat briard qui, par ailleurs, ne mentionne que fort peu d'autres lectures au cours de ses quatre années de guerre[23]. S'il lit cet hebdomadaire, c'est bien parce qu'il contribue, bien plus que tout autre périodique, au maintien du lien protéiforme qui relie le combattant au pays de Coulommiers[24]. C'est ainsi par *Le Démocrate* qu'il apprend, par exemple, « que Touret était mort », reproche-t-il dans une lettre du 26 juin 1916 à sa mère qui a omis de le lui dire.

Le pays, c'est cependant aussi – et peut-être avant tout – l'exploitation familiale et les travaux agricoles qui s'y succèdent. Comme pour tant d'autres cultivateurs, les lettres sont un des moyens du « gouvernement à distance » de la modeste entreprise[25]. Le paysan-soldat qu'est Maurice Gastellier, très sensible au temps qu'il fait là où il est, se soucie régulièrement des conditions de réalisation des semis et récoltes de l'exploitation du Theil. La comparaison du « temps qu'il fait au front » avec le « temps qu'il fait au pays » alimente les consignes – voire les ordres – qu'il donne à ceux qui sont restés. Durant son séjour à l'hôpital de Bar-le-Duc fin 1915, il dispense par exemple ses conseils à sa mère pour « les terres à avoine » : « ne te presse pas à les labourer, à part les terres fortes, car c'est toujours trop tôt » (lettre du 21 novembre 1915). En mars suivant, la météo le conduit à donner des consignes très strictes : « ne faites pas les avoines par le frais, attendez que çà ressuie, car voilà le hale de mars, […] c'est mauvais d'arranger les terres par le mou, quand il fait sec derrière » (lettre du 12 mars 1916)[26]. Et alors qu'il est engagé dans le secteur de Verdun avec le 19e RI, il se préoccupe encore, le 1er novembre 1916, des blés à semer : « tu me dis qu'il fait mauvais, mais je m'en aperçois et tu n'aurais pas dû aller travailler chez Mauricette si longtemps que çà, je me doutais que tu laisserais ton ouvrage et maintenant, où as-tu eu

23. Deux rares exceptions cependant : *La Croix de Seine-et-Marne*, fin mai 1915, alors qu'il est soigné, à Argentat, dans un hôpital tenu par des religieuses (« Quand elles le verront, elles seront contentes » explique-t-il à sa mère…), et *Le Petit Parisien*, à l'automne 1915 et en janvier 1919.

24. Hospitalisé à Compiègne suite à une nouvelle blessure en mai 1917, il dit recevoir ses lettres « mais toujours pas *Le Démo*, çà me distrairait pourtant de lire les nouvelles du pays » (lettre du 23 mai 1917).

25. Nous reprenons ici l'expression de PROCHASSON Christophe, *1914-1918. Retours d'expériences*, *op. cit.*, p. 220-221. Les cultivateurs ne sont pas les seuls d'ailleurs : tous ceux qui sont à la tête d'une « entreprise » – qu'elle soit agricole, commerciale, artisanale ou industrielle – s'inquiètent régulièrement de l'évolution de leurs affaires gérées par leur épouse, des parents ou des proches. Entre autres exemples, on peut lire avec profit les correspondances du cultivateur léonard Louis-René Abjean et de l'imprimeur rennais Charles Oberthür (ABJEAN Louis-René, *La guerre finira bientôt…*, *op. cit.*, et CORBÉ Bernard et LAGADEC Yann, *Charles Oberthür. Lettres de guerre [1914-1918]*, Rennes, PUR, 2016).

26. Les conseils se font reproches d'ailleurs parfois : « René veut toujours semer trop fort surtout dans les terres fortes où l'on doit semer qu'à sept boisseaux et dans la plaine à sept et demi » explique-t-il par exemple dans la même lettre.

de la semence ? ». Mettant à profit sa bonne connaissance des caractéristiques de chacune des parcelles de l'exploitation, il n'hésite pas à orienter très précisément les travaux agricoles, jusque dans le choix des cultures ou de la manière d'obtenir les meilleurs rendements sur telle ou telle terre : « pour tes betteraves, je croyais qu'au Gué des Isles, que l'on mettrais des pommes de terre, car avec les peupliers on aura rien » écrit-il par exemple le 11 avril 1918 ; près des arbres en effet, les betteraves, exigeant beaucoup d'eau, ont bien moins de chance de « donner » que les tubercules considère-t-il.

Le travail de la terre n'est pas tout. Maurice Gastellier s'intéresse aussi à la rémunération de l'ouvrier agricole qu'emploie sa mère, au prix de vente du foin, du blé mais aussi des denrées alimentaires : « tout se vend si cher cette année » constate-t-il par exemple dans une lettre du 3 décembre 1915, relevant implicitement la différence entre les prix pratiqués par les producteurs à l'arrière et ceux des marchands à proximité du front. Quelques semaines plus tôt, il avait ainsi demandé à sa mère de lui dire « combien tu paies le beurre, on en achète par ici, car on trouve que çà, on le paie 1 f. 25 la demi livre » (lettre du 21 octobre 1915), alors que « les fromages sont aussi hors de prix » (lettre du 31 octobre 1915) et que « le vin qui renchéri de 2 sous toutes les semaines, maintenant c'est 18 sous le litre » (lettre du 2 février 1916). C'est, comme tant d'autres, un regard de professionnel qu'il jette pour une large part sur les paysages qui l'entourent, sur les régions qu'il traverse, pensant en paysan tout autant qu'en soldat. Quand il voit par exemple devant lui le « terrain labouré par les obus » des environs de Verdun (lettre du 8 décembre 1916), il songe qu'« avec toute cette terre remuée [...] il n'y aurait pas besoin de labourer pour faire de l'avoine » (lettre du 12 décembre 1916).

Les liens épistolaires avec les proches ne se limitent pas cependant à ce « gouvernement à distance » de l'exploitation familiale. Ceux restés à l'arrière constituent une sorte de point nodal de toute une série de correspondances, permettant de donner, à ceux qui sont au front et ne peuvent échanger directement qu'avec difficulté, des nouvelles des uns et des autres. Si Maurice échange de temps à autre des lettres avec son beau-frère Adrien, mobilisé lui aussi, c'est principalement par l'intermédiaire de sa mère qu'il est informé des heurs et malheurs du soldat du 416e RI[27]. Surtout, la famille joue un rôle essentiel par l'indispensable soutien matériel fourni aux combattants. Régulièrement, Maurice, à l'instar

27. Époux de Germaine, la sœur de Maurice, Adrien Plaisant a été mobilisé à 30 ans en août 1914, sans doute au 276e RI, le régiment de réserve du 76e au sein duquel il a effectué son service miliaire en 1905-1907. Blessé devant Soissons dès le 12 septembre 1914, il passe au 416e RI, l'un des régiments créés au printemps 1915, en l'occurrence ici au sein de la 9e Région militaire (Montpellier), cependant à partir d'unités prélevées sur les dépôts de la 16e RM repliés dans le Midi. C'est par exemple le cas du 76e RI de Coulommiers, le régiment de Maurice, dont le dépôt est déplacé à Rodez. « Infirmier » à la 4e compagnie du 416e RI, il gagne en septembre 1918 une citation et la croix de guerre pour son action au feu ; Arch. dép. de Seine-et-Marne, 1 R 1297, registres matricules de la subdivision de Coulommiers, classe 1904.

de la plupart des soldats, reçoit des siens billets ou mandats de quelques francs qui lui permettent de compléter l'ordinaire médiocre et souvent insuffisant, de s'acheter aussi les menus objets dont il peut avoir besoin à l'occasion[28]. Ainsi, affecté au dépôt du 76e RI dans le Tarn en mars 1916, il décrit une nourriture « extra, sauf que c'est un peu juste ». Et de préciser : « comme j'ai de l'argent, je fini, en mangeant une salade et en buvant un coup chez un petit marchand de vin où ce n'est pas trop cher » (lettre du 25 mars 1916). Deux semaines plus tard, il demande d'ailleurs un peu d'argent supplémentaire à sa mère : logé chez l'habitant, il vante les mérites de sa chambre dont la propriétaire « est une bonne vieille » : « quand on fait de la salade, elle nous l'assaisonne, et elle nous vend des œufs et nous les fait cuire » (lettre du 7 avril 1916).

Les colis jouent un rôle plus important encore dans le lien entre l'arrière et les combattants. À l'approche de l'hiver 1914-1915 notamment, les demandes d'envoi de vêtements chauds se font pressantes, révélant en creux les lacunes de l'intendance militaire qui n'avait pas anticipé un conflit dépassant quelques semaines de combats[29]. Dès le 5 octobre 1914, Maurice demande à sa mère de lui « envoyer un colis postal, un second et me mettre une chemise, car j'ai toujours la même depuis le départ et une paire de gants ». Le 21 novembre, il se félicite d'avoir reçu « un bonnet de laine, comme tu dis, car ça tiens bien chaud, ils en reçoivent tous en ce moment, ils appellent ça, comme ma tante Angèle, un passe-montagne ». Le soldat briard souffre, comme les autres, du froid intense de l'hiver 1914-1915 que les tenues perçues en août ne permettent pas d'affronter dans de bonnes conditions, plus encore en raison de leur usure[30]. De l'indispensable, on passe rapidement au

28. Encore faut-il trouver de quoi acheter. Regagnant l'Argonne après avoir combattu en Champagne, Maurice écrit par exemple le 26 octobre 1915 : « Tout le monde est heureux de revenir par ici, car on ne peut acheter du vin dans la Champagne, on ne trouvait que des pays brûlés et pas d'habitant pour rien vendre pendant qu'ici, on trouve tout, alors maintenant, tu pourras m'envoyer quelques sous à la place de colis. »

29. L'on trouve d'ailleurs, dans la presse locale, des appels à la solidarité lancés par l'administration militaire elle-même qui, à l'automne 1914, fait feu de tout bois, y compris en réquisitionnant les tenues des pompiers. *L'Ouest-Éclair*, le grand quotidien de l'Ouest de la France, relaie par exemple un appel du commandant du dépôt du 2e chasseurs (Pontivy) qui « recevrait avec reconnaissance tous dons gracieux de tricots, jerseys *etc.* que des personnes généreuses voudraient bien lui remettre à l'intention des militaires du [régiment] qui vont avoir à supporter les rigueurs de la campagne d'hiver dans des régions beaucoup plus froides que la Bretagne » (*L'Ouest-Éclair*, 1er octobre 1914). Les clichés pris dans les tranchées au cours de cet hiver 1914-1915 témoignent de cette réalité, montrant un panachage d'effets civils et militaires qui ne disparaîtra qu'avec la progressive distribution des tenues « bleu horizon » au cours de l'année 1915.

30. C'est à l'approche de Noël 1914, particulièrement froid, qu'est votée une loi permettant à chaque famille ayant un soldat mobilisé de lui adresser gratuitement un colis n'excédant pas un kilogramme. Les uniformes ne sont guère efficaces contre la pluie et le froid. L'historien Marc Bloch, sous-officier au 272e RI, qui combat lui aussi en Argonne alors, en souligne les conséquences : « habillés encore comme au départ, dépourvus de tricots, de couvertures, d'imperméables, nous étions aussi mal équipés que des Méridionaux transportés brusque-

superflu – mais non moins essentiel dans les liens entre les combattants et leur famille –, les envois de chocolat, d'alcool, de journaux, nous l'avons dit, remplaçant ceux de vêtements chauds. Ces colis apportent en effet bien plus que des denrées : c'est aussi un peu de saveurs et d'air du pays, comme le note à plusieurs reprises Maurice qui associe explicitement certains plats et la demeure familiale. « Si j'étais chez nous, on ferait des crêpes » note-t-il par exemple le 2 février 1916, rêvant par ailleurs régulièrement de poulet de la ferme familiale[31]. Chaque élément reçu de la maison prend de ce fait une importance particulière, comme « le raissain » – comprendre le raisin… – contenu dans un colis du 27 octobre 1914 : c'est ce fruit, cueilli sur quelque vigne de l'exploitation « qui me fait plaisir » écrit-il. « Il était un peu moisi mais ce n'est rien », son origine même lui donnant une saveur sans doute particulière[32]. Ces colis sont aussi l'occasion d'un partage avec ses camarades les plus proches, ceux de la chambrée, de l'escouade ou de la section, ceux éventuellement d'autres compagnies mais originaires de Brie tout comme lui : « ils étaient contents de ma goutte » écrit-il dans sa lettre du 16 juillet 1916.

Car, loin de la famille, au front, c'est avant tout sur ceux que Maurice appelle ses « copains » qu'il sait pouvoir – et devoir – compter.

– L'expérience de la guerre et des combats

Si ce qu'écrit Maurice Gastellier des conditions dans lesquelles les soldats vivent et combattent n'a rien que de très banal au regard de ce que nous disent les autres témoignages, ses lettres sont particulièrement intéressantes par ce qu'elles permettent, indirectement, de saisir ce que l'arrière – en l'occurrence sa mère, son frère, ses proches – put percevoir de la réalité de la vie au front.

Certes, la violence des combats, souvent implicitement évoquée, n'est pas forcément décrite dans le moindre détail, pour le moins par écrit. Les courtes lettres que Maurice rédige ne lui permettent d'ailleurs pas de s'étendre : « je ne t'en dis pas davantage » écrit-il par exemple (lettres des 16 février 1915 et 19 octobre 1917). Surtout, peut-être par crainte du contrôle postal, plus probablement aussi en raison

ment parmi les frimas du Nord » (BLOCH Marc, *Écrits de guerre, 1914-1918,* Paris, Armand Colin, 1997, p. 129).

31. Les crêpes semblent être la « madeleine » de Maurice : « Où il est le temps où l'on fesait des crêpes au coin du feu et que l'on buvait une petite cerise derrière ? » regrette-t-il avec nostalgie dès le 4 octobre 1914. Les crêpes sont ensuite régulièrement évoquées dans sa correspondance.

32. La nostalgie pour les plats et les mets préparés à la maison est évoquée par de nombreuses correspondances. Elle permet de comprendre, entre autres, l'importance accordée aux colis reçus de la famille, dont le contenu vaut tout autant pour l'apport calorique complémentaire aux rations distribuées aux soldats que pour ce qu'il rappelle du « petit pays » et, implicitement, du temps de paix. Sur ce point, voir LAGADEC Yann, « Deux expériences de la captivité de guerre : Paul Cocho et Elie Préauchat, territoriaux du 74ᵉ RIT… », art. cité, p. 471 et LAGADEC Yann, « L'approche régionale de la Grande Guerre, un chantier à rouvrir ? », *in* Michaël BOURLET, Yann LAGADEC et Erwan LE GALL (dir.), *Petites patries dans la Grande Guerre*, Rennes, PUR, 2013, p. 14.

de son incapacité à décrire par écrit son expérience, il s'en remet à l'oral : « quand j'irais te voir, je te raconterais » explique-t-il fin 1916, alors qu'il combat à Verdun (lettre du 8 décembre 1916). En cela, le témoignage de Maurice Gastellier n'a sans doute pas la force de celui d'autres combattants des 10e et 22e DI auxquelles il appartint[33].

La mort n'est pas tue pour autant par le jeune paysan briard : elle est régulièrement et très explicitement évoquée. Il s'agit tout d'abord de la mort des « pays », connus de sa mère aussi : « on m'a dit et assuré qu'Henri Liennard avait été tué » annonce-t-il par exemple à l'automne 1914 (lettre du 2 octobre 1914). Ce sont ensuite les camarades du 76e puis du 19e RI, tombés à ses côtés, « copains » tués au combat plus ou moins identifiés : « j'ai encore un copain qui vient d'être tué, un grand copain de l'active. Il était clairon à la Croix » note-t-il dans une lettre du 10 janvier 1915 ; le lendemain, « j'ai encore un camarade de tuer ce matin au pied de moi » ; le 18 janvier, « j'ai aussi bien des camarades de tués au 2e bataillon, 2 entre autres de Choisy en peu de temps, il a encore eu des pertes. Ah ! le pauvre 76e, il n'en reste plus », constate-t-il, dépité. Ces mentions redondantes permettent tout d'abord de rendre compte de l'ampleur des pertes depuis la mobilisation : au 22 octobre 1914, « nous sommes que cinq ou six de l'active de la compagnie qui sont au feu depuis le premier jour » écrit-il ainsi, tandis que le 19 février 1915, il précise que « c'est le deuxième commandant de compagnie que nous avons de tué ». Si les descriptions de la mort de masse due à chaque grande offensive ponctuent sa correspondance – « des victimes, et toujours des victimes » regrette-t-il dans ses lettres des 21 décembre 1914 et 7 mars 1915[34] –, il confesse aussi la banalisation de cette violence. Dès le 13 novembre 1914, il note qu'« aujourd'hui on croit que c'est ordinaire de se tuer et que c'est pour toujours ».

33. L'on pense, entre autres, à GALTIER-BOISSIÈRE Jean, *La Fleur au fusil*, Paris, Vendémiaire, 2014, mobilisé au 31e RI, un régiment de la 10e DI, ou encore à MOURLOT Gaston, *Un ouvrier-artisan en guerre. Les témoignages de Gaston Mourlot, 1914-1919*, Moyenmoutier, Edhisto, 2012, et à Jean Jézéquel, dont les carnets sont encore inédits (Arch. part., famille Jézéquel), qui combattent dans des unités de la 22e DI.

34. À Vauquois, le 16 mars 1915, il écrit que « c'est le 2e bataillon [qui] était depuis quelques jours en 1re ligne et il vient de prendre la purge ». En Champagne le 12 octobre de la même année, il note : « Tu parles de cadavres que l'on voit partout, de nos pauvres zouaves qui ont fait l'attaque. » Les descriptions faites de Verdun fin 1916 sont du même type : « j'ai bien des copains de moins » (lettre du 28 novembre 1916) ; « A chaque coup que l'on redescend des première ligne, il y en a qu'un quart qui revient » (lettre du 1er décembre 1916). « Il y a quelque chose comme cadavres sur le terrain » (lettre du 8 décembre 1916). Les pertes les plus sévères sont celles subies lors de l'offensive allemande sur le Chemin des Dames le 27 mai 1918 : « Notre régiment a été complètement anéanti » écrit-il alors, sans savoir cependant qu'une part non-négligeable des pertes est liée à la capture d'une partie du 19e RI (lettre du 4 juin 1918). Sur ces combats, LAGADEC Yann, « La 22e DI sur le Chemin des Dames le 27 mai 1918 : poignante énigme ou pesant souvenir ? », *in* Yves COATIVY et Tanguy DANIEL (dir.), *1914-1918. Le Finistère dans la Grande Guerre*, Quimper, SAF, 2018, p. 107-137.

Et d'expliquer, quelques semaines plus tard, qu'« on n'y fait plus attention, on regarde les morts comme d'autres soldats » (lettre du 18 janvier 1915). « On est maintenant dur comme du fer mais du fer qui n'arrête pas les balles, malheureusement », se justifie-t-il dans l'une de ses lettres du 1er janvier 1915.

Le voisinage quotidien avec la mort n'empêche pas Maurice de s'arrêter, ponctuellement, sur la description des conditions dans lesquelles elle survient, tout particulièrement lorsqu'il s'agit de « copains » et qu'il échappe lui-même de peu à la mort. Le 10 octobre 1918, en pleine offensive, il commence par exemple sa lettre en annonçant que « mon plus grand copain vient d'être blessé grièvement à côté de moi, je ne sais comment je n'ai pas été décapité, notre major a eu le bras coupé », précisant, dans son courrier du lendemain, que ce « copain dont je t'ai parler qui a été blessé près de moi est mort ». Le 9 octobre, il avait dit avoir subi « des tirs de barrage terrible » : « hier encore, j'ai été enterré par un obus, je croyais ne pas en sortir ». La même longue description avait accompagné l'annonce de sa première blessure, en avril 1915 : « l'obus m'a tombé à un mètre de moi et m'a culbuté [...], le coup m'a assommé » décrit-il pour commencer; et de préciser : « nous étions une équipe de 5 et il y en a eu trois de tué, moi de blessé et le 5e était parti à l'eau, enfin n'était pas là » (lettre du 11 avril 1915). Quelques jours plus tôt, il avait raconté comment « deux frères de l'active de 22 ans », Gabriel et Marcel Renardier, ont été fauchés à quelques secondes d'intervalle : « le plus jeune tombe hier frappé d'un éclas d'obus; le plus vieux le pleurait à genoux sur lui; dix secondes après son frère, il tombe frappé d'une balle en pleine tête. Ils sont morts l'un sur l'autre » (lettre du 22 mars 1915).

En creux, ce sont les conditions dans lesquelles les soldats des 76e puis 19e RI vivent et combattent qu'il nous donne à voir. Simple fantassin tout au long de la guerre – il n'aura pas la moindre promotion, ce qui est presque étonnant pour un combattant qui a traversé l'ensemble du conflit et a donc eu de nombreuses occasions de prendre la place ne serait-ce que d'un camarade caporal de sa section ou de sa compagnie, évacué ou tué –, c'est au ras du sol, les pieds dans la boue qu'il saisit la guerre. Il ne dit pas grand-chose des premiers combats, ceux des mois d'août et septembre 1914 : il est vrai que ce sont les longues marches, la chaleur et les privations qui semblent avoir retenu avant tout son attention[35]. L'installation dans une nouvelle forme de guerre, à compter de l'automne 1914, le conduit à décrire plus précisément une situation que personne n'avait vraiment imaginée : la proximité de l'ennemi – « ils étaient à quinze mètres de nous, il fallait se traîner à 4 pattes pour gagner la tranchée et ils nous tiraient dessus, nous, c'était pareille » (lettre du 18 décembre 1914), ou plus tard « à 10 m des Boches »

35. Pour sa part, GALTIER-BOISSIÈRE Jean, *La Fleur au fusil*, *op. cit.*, p. 115-249, au parcours parallèle à celui de Maurice puisqu'ils appartiennent à la même division au début de la guerre, décrit très largement ses sentiments face au feu ennemi, sans négliger de rappeler les dures conditions de vie – les pertes, la chaleur, le manque de ravitaillement, la fatigue des longues marches accumulées.

(lettre du 1er décembre 1915) –, les tranchées ou les « petits postes », en avant des lignes, que l'on gagne « à quatre pattes pour la prendre, la garde », alors que « les balles sifflent pas mal » (lettre du 9 novembre 1914), le bruit assourdissant de l'artillerie qui finit par saturer les sens – « ce maudit canon qui est si terrible » en Argonne en novembre 1914, « le canon qui m'assomme » à Verdun comme il le dit dans une lettre du 5 décembre 1916. L'intensité des bombardements, leurs ravages, tel est sans doute ce sur quoi insiste le plus souvent Maurice quand bien même leur violence varie en fonction des portions du front et des moments. L'Argonne, Vauquois, Verdun ou le Chemin des Dames constituent de ce point de vue d'indéniables paroxysmes : « ça cogne ces jours-ci, c'est à vous rendre fous » écrit-il alors qu'il est en première ligne près de La Malmaison le 17 octobre 1917 ; « au moment où je t'écris, mon papier s'envole et la terre tremble, il faut que je quitte tout et que je bouche mes oreilles » précise-t-il d'ailleurs quelques lignes plus bas, alors qu'il notait, 10 mois plus tôt, à Verdun, « jamais [n'avoir] vu ça depuis le début de la guerre » (lettre du 14 décembre 1916)[36] (***carte 2***).

S'il est le plus présent des dangers, l'artillerie n'est pas le seul menaçant les poilus. Maurice mentionne de temps à autre la présence d'avions, mais la chose semble presque anecdotique, comme le 24 décembre 1917, lorsque le dépôt divisionnaire est bombardé : le soldat briard ne signale d'ailleurs le fait qu'après s'être plaint du froid[37]. Il en va autrement des gaz : alors qu'il avait dû, dans la Somme en août 1917, « mettre les masques » pour la première fois, les Allemands « nous [ayant] jeté des gaz » (lettre du 13 août 1917), il est victime d'une attaque chimique allemande le 21 octobre 1917, devant le fort de La Malmaison, sur le Chemin des Dames. Après cinq jours de silence, il reprend sa plume et décrit l'épisode à sa mère dans un courrier daté du 24 :

> « il y a du mieux. Je vois pas mal clair, mais je tousse beaucoup la nuit et suis au lait jusqu'à présent. C'est drôle comme cette saloprit de gaz vous fait tousser, et m'avait arranger les yeux. Tu as vu sur le journal comme çà a barder où j'étais. Jamais je n'avais vu un bombardement pareille pendant 6 jours, alors les Boches qui savaient qu'on allait attaquer, nous ont envoyé des gazs et qu'est-ce qu'on a eut comme intoxiqués. J'étais en face du fort de la Malmaison et à été intoxiqué la veille de l'attaque ».

36. Sur les dimensions sonores de la bataille, notamment à Verdun, voir GUERIN Christophe et LAGADEC Yann, *1916. Deux régiments bretons à Verdun*, Rennes, SAHIV/Amicale des anciens du 41e RI, 2016, p. 113-118.

37. Le ton est le même dans une lettre du 14 mars 1918 décrivant un bombardement de Soissons, « la ville aux 4 S » : « Toute la nuit il fallait se lever et aller aux caves, comme les Parisiens. »

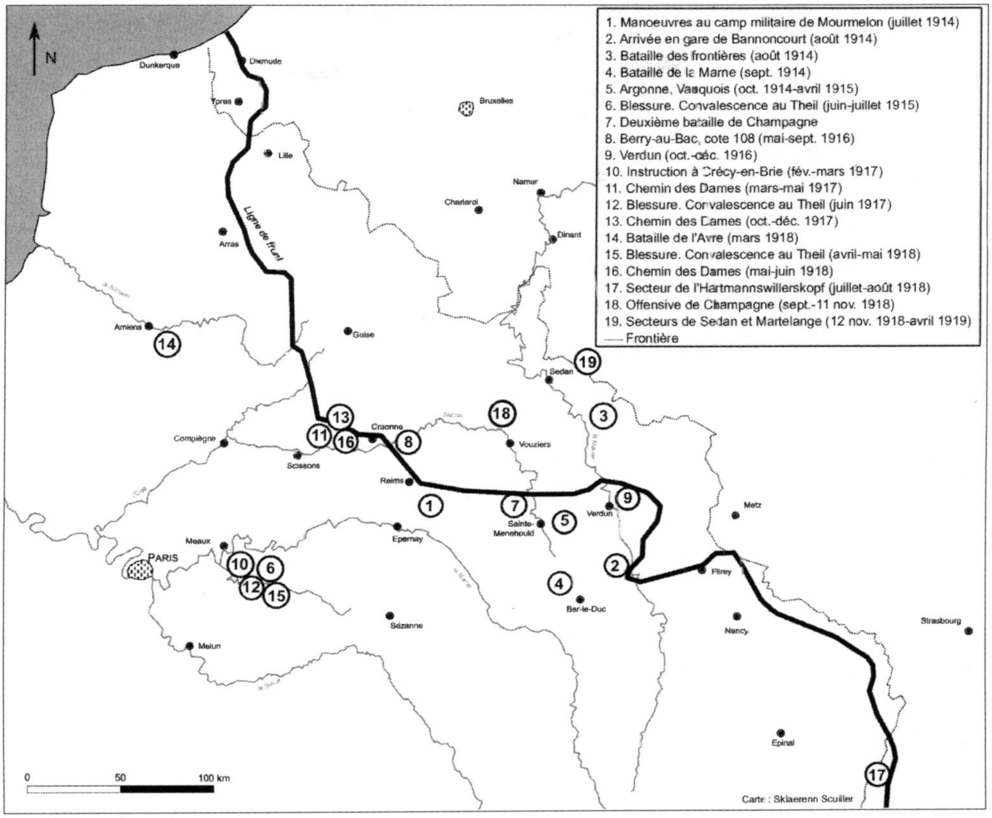

Carte 2. Les étapes de la Grande Guerre de Maurice Gastellier dans le Nord-Est de la France (1913-1919).

Cette « saloprit de gaz », sans doute est-ce ce que les combattants redoutent le plus avec les mines[38]. Maurice a vécu indirectement cette forme de guerre en Argonne, à l'hiver 1914-1915, ou à Vauquois : il n'en parle guère cependant[39]. Elle prend un caractère plus palpable, plus angoissant surtout dans le secteur de la côte 108, à Berry-au-Bac, à l'été 1916. « C'est çà qui nous fait le plus peur » écrit-il à sa mère le 5 septembre 1916, alors qu'Allemands et Français se livrent dans ce secteur un combat souterrain sans merci depuis des mois. « Il vient de sauter une mine cette nuit encore » précise Maurice dans la même lettre après avoir évoqué d'autres explosions le 22 juin, quelques heures après son départ, ou encore les 3, 6 et 18 août. « On les entendait piocher en dessous de nous quand

38. Sur ce point, voir le suggestif chapitre qu'y consacre AUDOIN-ROUZEAU Stéphane, *Les armes et la chair. Pour une histoire de la Grande Guerre*, Paris, A. Colin, 2009, p. 99-145.
39. Au sujet de Vauquois, alors qu'il s'apprête à y remonter en première ligne, il dit regagner les parages « de cette église en ruine où tu auras vu l'autre jour sur le journal que les Allemands avaient jetés du pétrole et avaient mis le feu ». N'ayant pas directement vécu cette attaque, Maurice ne s'étend pas plus sur cet épisode.

on y était » écrit-il avant de se féliciter de ne pas avoir été sur les lieux au moment de l'explosion du mois de juin. Le 18 août, il constate, non sans satisfaction, que « les Boches ont fait sauté une mine encore où je suis et où j'ai couché plus de quatre fois et ont enterré vivant 30 ou 40 hommes » : « tu vois si on peut dormir tranquille » conclut-il, non sans un certain cynisme[40].

Les peurs de Maurice ne se limitent d'ailleurs pas aux mines, aux gaz ou aux bombardements. Le fantassin en rappelle la liste dans une lettre du 12 février 1918, comparant sa situation, en première ligne, avec le 19e RI, à celle jugée moins exposée de son beau-frère Adrien, du 416e RI : « je crains les obus, en plus les balles, les grenades, d'être prisonnier, d'être enfiler par les Boches ». « Enfiler par les Boches » : l'expression dit bien la crainte des combattants de mourir le flanc transpercé d'un coup de baïonnette. L'on sait pourtant que les blessures de ce type ne causent qu'une part infime des décès au cours de ce conflit où la mort se donne à distance, par mitrailleuses et obus d'artillerie interposés[41]. Le combattant briard en témoigne indirectement : si, à Vauquois, « nous avons chargé à la baïonnette » ainsi qu'il l'écrit dans des lettres des 19 et 20 février 1915, il faut entendre ici que les poilus du 76e RI ont mis baïonnette au canon avant de monter à l'assaut, en aucun cas qu'ils eurent, pour la plupart, à en faire usage. Maurice le concède d'ailleurs dans une lettre plus tardive : « jamais je me suis trouvé face à face avec un Allemand, à me défendre avec la baïonnette » (lettre du 2 mars 1915).

Pour le reste, Maurice ne dit rien des patrouilles menées entre les lignes, des raids et coups de main organisés de manière régulière contre les tranchées et les postes allemands, de ce qui fait finalement, bien plus que les grandes offensives, le quotidien des fantassins. La guerre que décrit Maurice n'a rien d'« aseptisée », nous l'avons vu : la mort est décrite dans toute son horreur, de même que la triste condition qui est souvent celle des combattants de première ligne. Mais rien n'est dit sur les principales actions de combat. Le Briard n'y aurait-il jamais participé? La chose est peu probable : plus qu'à l'expérience limitée du fantassin resté en ligne de la mobilisation à l'armistice, c'est par une sorte d'autocensure que l'on

40. Sur la « guerre des mines » autour de Berry-au-Bac et de la cote 108 à l'été 1916, voir le témoignage de MOURLOT Gaston, *Un ouvrier-artisan en guerre…, op. cit.*, p. 161-185, aux premières loges en tant que sergent du génie de la 22e DI.

41. Reprenant les données de Prosper Viguier, médecin à l'ambulance 8/18, pour la période qui va de septembre 1914 à mai 1915, CAZALS Rémy et LOEZ André, *14-18 Vivre et mourir dans les tranchées*, Paris, Tallandier, 2012, p. 88 évoquent 71 % de blessures par éclats d'obus, 28 % par balles, moins de 1 % par armes blanches, couteaux ou baïonnettes. Cette question a donné lieu à de nombreux débats entre historiens, des débats rejoignant ceux sur l'usage – ou non – de couteaux de tranchées par des « nettoyeurs de tranchées ». Il ne nous revient pas ici de clore ces débats. Nous nous permettons de renvoyer aux pages qu'y consacrent AUDOIN-ROUZEAU Stéphane, *Les armes et la chair…, op. cit.*, p. 58-97, CRU Jean-Norton, *Témoins…, op. cit.*, p. 29 entre autres, ou, plus récemment, MARTY Cédric, *À l'assaut! La baïonnette dans la Première Guerre mondiale*, Paris, Vendémiaire, 2018.

peut sans doute expliquer ces lacunes dans le récit épistolaire décousu laissé par Maurice Gastellier.

Mais s'il reste en ligne d'août 1914 à l'armistice, s'il n'est pas promu à un grade supérieur au cours de la guerre, Maurice Gastellier ne reste pas pour autant simple fantassin tout au long du conflit : il se « spécialise », suit plusieurs formations, même si c'est pour retrouver parfois ses fonctions antérieures au bout de quelques mois. En janvier 1915, il devient ainsi « grenadier », lui-même ne sachant trop quel terme utiliser : « je fais partie d'une équipe de bombardier ou grenadier » explique-t-il dans un courrier du 4 janvier; « c'est fait pour lancer des grenades aux Boches ou aussi, à l'aide de petit canon, de dans les tranchées, leur envoyer de petits obus ». Grenades et artillerie de tranchée commencent alors en effet tout juste à renforcer l'arsenal des combattants de première ligne, non sans dangers parfois pour ceux qui mettent en œuvre ces armes encore largement artisanales[42]. Ces fonctions ne durent qu'un temps semble-t-il, et il ne les retrouve pas lorsqu'il regagne le 76e RI à l'automne 1915 après sa première évacuation pour blessure. En avril 1917, il « passe signaleur », en charge donc des transmissions à l'échelle de la compagnie ou du bataillon, « en remplaçant un qui a été blessé » (lettre du 24 avril 1917). « Il y avait des bleus qui voulaient y être, mais le lieutenant a dit qu'il fallait des anciens » explique-t-il, avant de préciser : « je serais toujours un peu mieux, c'est bien mon tour, quoique on est encore en danger ». Et, de fait, une semaine plus tard, il indique que son « caporal signaleur et un autre viennent d'être blessé grièvement » dans le secteur du Chemin des Dames (lettre du 1er mai 1917). Lui-même atteint lors des combats du 6 mai, il ne regagne la zone du front qu'en juillet suivant. Là, il fait « un stage pour apprendre la mitrailleuse, ce qui ne me plait pas de trop surtout pour m'y mettre en ligne » (lettre du 4 juillet 1917), justifiant ses propos : « c'est trop dur à porter dans les boyaux et j'aime mieux porter mon fusil, et pourtant les mitrailleurs ne vont pas à la baïonnette », autrement dit ne montent pas à l'assaut. Malgré cela, s'il rejoint quelques semaines plus tard les 12e puis 9e compagnies du 19e RI, c'est bien à la CM3 du régiment – la compagnie de mitrailleuses du 3e bataillon du régiment – qu'il est affecté en septembre suivant. Plus tard, en janvier 1918, il repasse au centre d'instruction divisionnaire (CID) puis à la 11e compagnie du 19e RI. Il n'aura été mitrailleur que quelques mois donc, sans qu'on en sache plus sur les raisons de cette instabilité quasi chronique du désormais « vétéran » qu'est Le Briard.

C'est donc bien, malgré les citations gagnées sur le Chemin des Dames, début mai 1917, puis en Champagne à l'automne 1918, comme simple fantassin de

42. Sur ce point, voir par exemple FRANÇOIS Guy, *Les canons de la victoire, 1914-1918.* tome 3 : *L'artillerie de côte et l'artillerie de tranchée*, Paris, Histoire & Collections, 2010, p. 34-66. À cette date encore précoce, il est probable que Maurice Gastellier ait été amené à servir un mortier Mle 1838 ou un lance-bombes Cellérier, mis au point en novembre 1914, deux armes pour le moins rudimentaires.

seconde classe, sans spécialité particulière, que Maurice traverse l'essentiel de la guerre. Il endure de ce fait toutes les affres de la vie de ces combattants de base.

– « C'est une vie de misère »

« C'est une vie de misère » écrit Maurice Gastellier le 27 mars 1915, alors en première ligne dans le secteur de Vauquois, évoquant tout à la fois les risques liés aux combats et les conditions dans lesquelles doivent vivre au quotidien les poilus du 76e RI. Comme nombre de correspondances de fantassins, les lettres du jeune Briard font une large place à ces questions, sans chercher à ménager ceux qui le liront ou à minimiser les difficultés de sa situation.

La nourriture et, plus encore, le manque de nourriture sont l'un des principaux sujets sur lesquels il s'épanche. « Je crevais de soif et de faim » écrit-il dès le 27 août 1914, évoquant les jours de combat qui ont suivi l'offensive ratée du 22. Les troupes combattantes sont en effet régulièrement affectées par des problèmes de ravitaillement dès lors que les « corvées de soupe » ne peuvent atteindre les premières lignes en raison des bombardements, dès lors que les unités se déplacent trop rapidement aussi pour que l'intendance puisse suivre. C'est le cas lors de la retraite généralisée face à l'offensive allemande, au cours des mois d'août et septembre 1914. C'est le cas au début de l'automne 1914, en Argonne, alors que le front s'est stabilisé : « nous mangeons froid, les cuisiniers sont obligés de faire la cuisine en arrière de nous pour que les feux ne se voient pas » regrette Maurice le 9 novembre : le temps que les gamelles gagnent les premières lignes, leur contenu a refroidi. C'est le cas aussi au printemps 1916, lorsqu'il regagne le front, cette fois au sein du 19e RI, en ligne dans le secteur de Berry-au-Bac. « C'est la nourriture qui est de pire en pire » écrit-il alors, avant de proposer à sa mère de lui « raconter [s]on menu de ce soir », en ce 10 mai 1916 :

> « D'abord, nous avons eu un camenberg pour six que nous avons mangé en premier, après nous avons eu la soupe, le café, ensuite on apprend qu'il y a du vin, çà fait que nous avons eu notre quart de vin et après, voilà qu'il y a du bœuf de conserve à l'huile au vinaigre mais entre çà je t'écris ma lettre car il à fallu attendre une demi heure entre chaque plat. On est forcé de rire en mangeant dans ces conditions. »

Et de conclure : « maintenant après la soupe, on part au muguet, c'est pourquoi je t'en mets quelques brins dans ma lettre », signe de la résilience du poilu-paysan comme de ses camarades. Plus que le manque, bien réel pourtant en certaines occasions pour des raisons opérationnelles, c'est la monotonie de leur régime, l'absence de denrées fraîches, le défaut de qualité de la viande qui marquent les combattants. Pour ces mêmes raisons, les colis reçus de la famille, ici de la ferme du Theil, sont essentiels, au même titre que les billets de 5 f., les « petits bleus », qui, dans certains secteurs, à l'arrière-front, permettent de se procurer auprès de la population civile restée sur place de quoi améliorer l'ordinaire. Saucisson, chocolat, conserves, eau-de-vie : le contenu des paquets que reçoit Maurice tout au long de la guerre est assez semblable à ceux des autres poilus. Il faut d'ailleurs aux familles faire l'apprentissage de ces envois : le jeune soldat briard dresse lui-même la liste de ce qu'il souhaiterait recevoir, conseille aussi ses proches sur la manière de faire ces envois, tant en ce qui concerne les denrées que les contenants ou les moyens de lui faire parvenir rapidement les paquets ainsi constitués. Le 6 décembre 1914, il écrit ainsi avoir « reçu trois colis » la veille :

> « deux à toi et un à ma tante, les tiens étaient en bonnes conditions [mais] celui à ma tante Mélie [et] à Oscar, le sien était dans un état déplorable, elle avait mis une poire, du fromage mou, du beurre, un hareng et une boite de sardine, il n'y avait que la boite de sardines et le hareng qui étaient intacte, le restant était écrasé et broyé ».

Qu'importe : le colis a permis, nous l'avons vu, de retisser un lien alimentaire avec la maison et, au-delà, la famille. Se nourrir, manger n'est ainsi pas qu'affaire de quantité, quand bien même cette dimension est importante pour les « travailleurs de force » que sont les poilus. Comme le rappelle Maurice dans plusieurs lettres, le « quoi ? » mais aussi le « comment ? » ont leur importance. La commensalité avec les camarades, la possibilité de partager les colis reçus de la maison ou les denrées achetées à proximité du front ont une dimension particulière. Dans sa lettre du 27 mars 1915, il dit par exemple être allé la veille, alors qu'il est au repos à Clermont-en-Argonne, en arrière de Vauquois, « au pissenlits avec le [frère] à la nonne du Theil et Marcel Liennard » : « nous avons mangé une bonne salade » – une simple salade serait-on tenté d'écrire –, meilleure encore sans doute en raison de la possibilité qui lui est donnée de la partager avec des « pays » affectés eux aussi au 76e RI[43].

Ces moments de convivialité autour de la table ou de ce qui en tient lieu soudent en effet durablement le « groupe primaire » que constitue l'escouade ou la chambrée. En Argonne en novembre 1914, il décrit comment « tous les matins, [il] mange [s]on petit chocolat », avant de préciser : « le chocolat, c'est moi qui le fait avec un camarade pour nous et qui le paie, chacun notre tour ». Essentielle au front, cette sociabilité alimentaire est importante aussi à l'arrière, tout en permettant de compenser les semaines de privations. En convalescence à Saint-Amand dans le Cher le 12 décembre 1915, Maurice décrit à sa mère son « festin » du dimanche midi :

43. Cette salade est aussi un moyen de rompre la monotonie du régime alimentaire des poilus. Le sapeur Gaston Mourlot évoque pour sa part la « chasse aux escargots » en arrière de la cote 108 en juin 1916, la pêche dans l'Aisne en juillet suivant, « la cueillette des prunes, reines-claudes et mirabelles » dans les jardins abandonnés en août, autant de petits plaisirs partagés au sein de sa section du génie de la 22e DI (MOURLOT Gaston, *Un ouvrier-artisan en guerre…*, *op. cit.*, p. 169, 172 et 176).

« je sors de table et je t'assure que j'ai le ventre plein ; nous avons mangé une bonne assiettée de soupe, après, purée de pommes de terre à volonté, deux belles portions de poulet rôti, et quelques chose d'épatant, tu comprends, c'est un monsieur de Bourges, comme Verdier de *L'Ours*, il tient un hôtel au moins aussi grand, qui nous fait la cuisine ; maintenant en plus un quart de vin et un gâteaux par derrière ».

Mais l'on ne fait pas bonne chère qu'à l'arrière, loin du front. La situation à proximité des lignes voire en première ligne n'est pas systématiquement mauvaise : tout dépend du moment et du secteur. Alors qu'il se plaint de ne pouvoir bénéficier d'aliments chauds en Argonne le 9 novembre 1914, du fait de l'impossibilité de faire du feu en première ligne, trop près de l'ennemi, il constatait quatre jours plus tôt pouvoir profiter d'un « petit chocolat » le matin ; « à dix heures, c'est le ragoût de pommes de terre avec viande et le soir, la soupe et le pot au feu ». Et de préciser : « si je te disais que je ne peux plus aboutonner mon pantalon, tellement je suis engraissé [...]. Et on est tous pareille en ce moment, on ne voudrait pas le croire, engraisser à la guerre[44] ». On observe une situation très semblable dans le secteur de la cote 108, dans l'Aisne, à l'été 1916. Après s'être plaint de la nourriture en juin, il écrit avec satisfaction le 21 juillet : « je puis te dire qu'il y a du changement comme nourriture, maintenant qu'il y a des pommes de terres et qu'elles sont bien arrangées ». Il confirme cette nette amélioration de la situation le 23 : « on trouve tout ce que l'on veut à acheter et moi j'achète de la bière, çà rafraichi bien et vaut mieux que du vin, et moitié moins cher car on la paie 0 f.50 le litre. Comme nourriture, on est bien nourrit et je trouve du changement avec les mois passés ». Reste que, dans la correspondance de Maurice Gastellier comme dans celle de la plupart des poilus, ce sont les récriminations contre le manque de nourriture qui dominent[45].

Les privations, les difficultés à se ravitailler convenablement ne sont pas tout. Elles ne sont qu'un élément de la vie quotidienne des poilus qui souffrent aussi de la chaleur lors des longues marches de l'été 1914 – « on fait des marches de 30 kms et il fait rudement chaud » écrit Maurice le 12 août –, du froid dès l'automne 1914 et chaque hiver, de la pluie et de l'humidité tout au long de la guerre. La boue est sans doute de ces fléaux celui dont se plaint le plus régu-

44. Le ton est le même dans sa lettre du 3 octobre 1914 : « C'est vrai qu'en ce moment, nous sommes tous engraissé et nous avons tous bonne mine, au prix d'il y a un mois, nous étions salement décollés, je te l'assure et nous avions les joux rudement creuses. En ce moment, on ne se fait pas de bile, on fait du chocolat tous les matin, nous trouvons du lait ~~à acheter~~ et j'ai trouvé du chocolat à acheter car du tien je n'en ai pas eu pour longtemps, une demi-livre, ce n'était pas beaucoup. »

45. En cela, les lettres de Maurice Gastellier sont assez proches de celles d'un autre cultivateur, Julien Chopin. Le fait que ce dernier ait été mobilisé dans l'artillerie lui permet cependant de profiter d'une situation un peu moins défavorable sans doute ; CHOPIN Éric, *Le messager du front...*, *op. cit.*, p. 210-211.

lièrement le poilu briard, en ce qu'il combine les effets délétères du froid et de l'humidité. C'est dans de la « boue jusqu'aux genoux » (lettres des 17 novembre 1914 et 17 décembre 1916) qu'il faut se déplacer, vivre, combattre en Argonne ou à Verdun, « couché dehors dans la boue, sans abri » en Champagne (lettre du 29 septembre 1918)[46]. « Par cette pluie, c'est affreux à marcher dans les boyaux pleins d'eau » déplore-t-il le 15 octobre 1917, sur le Chemin des Dames, plus encore avec des chaussures percées, ce qui est alors son cas. Il y insiste plus particulièrement à certains moments, signe que cette bataille contre la boue n'est pas permanente : ainsi, à Verdun, de manière presque attendue, fin 1916-début 1917. Ici, chaque lettre ou presque est l'occasion d'y revenir :

> « Tu parles de boue et d'eau par ici. Et il fait rudement froid, les pieds dans l'eau comme çà. Enfin à part la misère, çà va bien » (lettre du 29 novembre 1916).
> « Nous sommes en ligne de ce temps là par la neige et la flotte, tu parle d'une boue, c'est abominable, on est dans un état déplorable » (lettre du 5 décembre 1916).
> « Tu parles de terrain labouré par les obus, je me suis perdu ce matin par le brouillard, j'ai sauté les trous dans l'eau dans la boue pendant deux heures sans renconterai quelqu'un et avec ma viande et vin » (lettre du 8 décembre 1916).
> « Nous voyons de la misère avec l'eau, et surtout la boue, avec toute cette terre remuée » (lettre du 12 décembre 1916).
> « Nous sommes arrivés de cette nuit au repos et dans un état, c'est affreux, jamais je n'ai vu çà, dans la boue jusqu'au genoux » (lettre du 17 décembre 1916).

« C'est plus des hommes, c'est des paquets de boue » dit-il de ses camarades dans sa lettre du 8 décembre 1915 à son jeune frère René. Les conséquences de ces conditions de vie ne se font pas attendre. « La nuit on ne dort plus, tellement les pieds nous font mal » écrit Maurice dans sa lettre du 25 novembre 1914. « Le pire, c'est les pieds » indique-t-il le 3 décembre 1916. « Nos pauvres soldats ont les pieds enflés d'être dans l'eau » déplore-t-il le 16 janvier 1915, évoquant l'Argonne[47]. Les poilus développent en effet des pathologies spécifiques, notamment ce que l'on nomme le « pied de tranchées » : l'humidité provoque gonflements et infections fongiques, qui peuvent évoluer en plaies ouvertes voire en nécroses, avec

46. Évoquant le secteur de l'Argonne à l'hiver 1914-1915 où se trouve aussi Maurice Gastellier, l'historien Marc Bloch, alors sous-officier au 272e RI, écrit : « Si je divisais en période ma vie de campagne, je donnerais à cette dernière période le nom d'"ère de la boue" [...]. La glaise tenace s'attachait à nos souliers, nos habits, à notre linge, se plaquait contre notre peau, souillait nos aliments, menaçait de boucher les canons des fusils et d'enrayer les culasses. » BLOCH Marc, *Écrits de guerre…, op. cit.*, p. 145.

47. BLOCH Marc, *Écrits de guerre…, op. cit.*, p. 145 confirme les propos de Maurice Gastellier : « Nous n'eûmes jamais très froid » dit-il au sujet de l'Argonne fin 1914, « mais l'humidité persistante nous incommodait plus cruellement que ne l'eût fait une température rigoureuse ».

les conséquences que l'on imagine. S'y ajoutent, du fait du manque d'hygiène – « on est sale comme des cochons » constate-t-il régulièrement – et notamment de l'impossibilité de changer de linge de corps pendant des semaines parfois, toute une série d'infections auxquelles le poilu briard n'échappe pas : diarrhées, troubles gastro-intestinaux, gelures des pieds, des mains, furoncles qui nécessitent parfois des évacuations momentanées vers les hôpitaux de l'arrière-front, voire à l'arrière. Il faut souvent faire avec aussi, comme avec cette « diarré » dont se plaint Maurice le 13 septembre, toujours présente mi-octobre, dont il craint qu'elle « ne se passera jamais », ou ces « coliques du diable » dont il souffre dans les jours qui précèdent l'offensive sur le fort de La Malmaison, en octobre 1917.

Dans ces conditions, les parasites qui prolifèrent compliquent encore la dure vie des poilus. « Nous avons tous des poux, des totos qu'on appelle çà, et si l'on ne change pas tous les huit jours, on ne peux pas dormir, ça vous démanche toujours » explique Maurice Gastellier dans sa lettre du 8 mars 1915, la première dans laquelle il fait allusion à cette question. Il rassure cependant sa mère huit jours plus tard :

> « Il ne faut pas croire que je suis mangé à la vermine comme tu le crois, mais tu penses qu'en temps de guerre, à coucher sur la paille tous les jours, quand on est en cantonnement comme de juste, eh! bien, on attrape toute sorte de saleté, c'est pourquoi il faut que je change de linge plus souvent. »

Reste que le problème est récurrent, ressurgit à chaque nouvelle période trop longue en première ligne sans possibilité de se changer : « Cà commence à me gratter, je crois que je ne vais pas tarder à être comme les copains, pleins de poux » note-t-il le 23 octobre 1915 par exemple, tandis qu'il se plaint, le 31 août de l'année suivante que « ce qui m'embête en ce moment, c'est les poux qui m'empêche de dormir[48] ». En juillet d'ailleurs, il avait dû consulter le médecin : « j'ai eu une piqure à la lèvre et j'ai toute la figure enflée, maintenant un furoncle à la jambe et je ne fais pas d'exercice car je suis exempt de service. Tout çà vient des saloperies dont on était mangé aux tranchées. Cà me donne un peu de fièvre et mon mal de tête » (lettre du 8 juillet 1916). Et les poux ne sont pas seuls : « je suis aussi dans les poux et dans les rats » explique le poilu briard dans une lettre du 2 juin 1916, alors qu'il est en deuxième ligne dans le secteur de Berry-au-Bac. « L'autre jour, je passais à côté de notre cuisine à minuit pour aller au travail et il y avait une dizaine de rats sur notre bidoche, alors tu vois, et quand il arrive notre morceau on est

48. Le 11 octobre 1918, après 15 jours en première ligne, Gaston Mourlot note, par exemple, que la relève du régiment permet « que tout le monde puisse se laver et nettoyer son linge. Réellement ce n'est pas du luxe; depuis le 25 dernier personne n'a pu changer de peau ni se décamoufler. Le contact des gourbis boches avec leurs hôtes plutôt gênants par leur multiplicité et leur différence de catégories, rien ne manque au genre des parasites », MOURLOT Gaston, *Un ouvrier-artisan en guerre…*, *op. cit.*, p. 441.

encore content de le manger avec appétit[49]. » Les rongeurs prolifèrent en effet sur le front, les cadavres abandonnés entre les lignes constituant autant de sources de nourriture, avant que ce ne soit les denrées des poilus. Maurice ne fait cependant qu'assez peu d'allusions aux désagréments de ces animaux dans sa correspondance, bien moins que d'autres qui, pour certains, font de la chasse aux rats une activité parmi d'autres lorsque la situation opérationnelle le permet[50].

Face à ces maux du quotidien, le soldat briard semble en effet se résigner. Une attitude qui caractérise assez bien celle qu'il adopte de manière plus globale face au conflit lui-même.

– Le « métier militaire », entre résignation et espoir

Tout au long de sa correspondance, Maurice Gastellier oscille entre résignation et espoir d'une fin prochaine – mais sans cesse repoussée – du conflit.

Notons tout d'abord que le nationalisme revanchard ne semble pas avoir de prise sur le poilu briard. Point de haine viscérale du « Boche » chez lui en effet, pas plus d'ailleurs que chez la plupart des combattants sans doute qui supportent de plus en plus difficilement, sur ce point, le décalage grandissant entre le front et les civils à l'arrière[51]. Certes, dans sa lettre du 2 mars 1915, il se réjouit de la dernière opération conduite par son unité : « nous avons pris quelques tranchées ennemies et fait une coupe de cent prisonniers allemands. Ah! les monstres, ils avaient l'air heureux. On les soignent bien trop bien les prisonniers, ils sont plus heureux que nous » regrette-t-il surtout. Mais il est alors à Vauquois, dans des conditions exceptionnellement dures. Et sans doute les fatigues accumulées depuis le 25 septembre 1918, date du lancement d'une offensive presque continue depuis, expliquent-elles les propos qu'il tient dans son courrier du 2 novembre 1918 contre « cette saloperie d'Allemagne ». À vrai dire, Maurice évoque peu l'ennemi en tant que tel, « ces citoyens-là » dont il espère qu'ils le « laissent tranquille encore aujourd'hui » le

49. En ligne dans le même secteur au même moment, le sapeur Gaston Mourlot, lui aussi affecté à la 22e DI, note dans ses carnets à la date du 17 mai que « les cantonnements sont infectés de gros rats »; MOURLOT Gaston, *Un ouvrier-artisan en guerre…, op. cit.*, p. 161.

50. Le 21 juin 1916, Mourlot évoque cette « chasse » dans ses carnets : « Il y a un sport qui a l'air de prendre de l'extension ces derniers temps, c'est chasse aux rats au moyen du mousqueton. » (MOURLOT Gaston, *Un ouvrier-artisan en guerre…, op. cit.*, p. 169.) Déjà, dans son édition du 26 décembre 1915, l'hebdomadaire *Le Miroir* consacre une page entière à cette activité sous le titre : « Les sports sur le front : la chasse aux rats. » De manière significative, Pierre Chaine, lieutenant au 370e RI, titre « Les mémoires d'un rat » la fiction qu'il a rédigée dans les tranchées et qu'il publie en feuilleton dans la revue *L'Œuvre*, en 1916 (CHAINE Pierre, *Les mémoires d'un rat*, Paris, A L'Œuvre, 1917).

51. Ce décalage existe au sein même de la famille Gastellier. « J'ai reçu encore une lettre de Liliane » note Maurice dans sa lettre du 20 mai 1916. « Ce n'est pas ordinaire les bêtises qu'elles me mets, elle voudrait pouvoir être à ma place, pour voir les Boches, elle à l'air de croire que c'est une place à envier. J'y céderais pourtant bien ma place. » « Tu me raconte ce que tu as vu au cinéma » disait-il à sa mère dans sa lettre du 8 décembre précédent; « Mais va, c'est beau à voir comme çà, mais c'est là-bas, à ce qu'il paraît, que c'est affreux. »

17 novembre 1914. Parlant d'« Allemands » ou de « Prussiens » parfois – un terme logiquement plus largement utilisé par sa mère qui, du fait de son âge, a été bien plus marquée par la guerre de 1870-1871 –, il utilise plus fréquemment le terme de « Boches » – ou « Bochs », suivant une orthographe hésitante comme souvent chez lui. La première utilisation de ce terme est assez tardive, puisqu'elle ne date que du 5 novembre 1914 : elle est plus précoce chez nombre de poilus[52]. L'expression est utilisée de manière régulière ensuite, sans pour autant être systématique : l'on n'en trouve d'ailleurs que 43 occurrences dans l'ensemble de la correspondance, réparties de manière assez homogène jusqu'à la fin de l'année 1917, bien plus présente ensuite, pour le moins jusqu'au 11 novembre 1918[53]. Le terme disparaît ensuite totalement des lettres de Maurice Gastellier : l'ennemi de la veille n'est plus un sujet, même si le 19e RI fait partie des troupes envoyées, entre autres, occuper le Luxembourg puis l'Alsace redevenue française. Seules comptent désormais la ferme du Theil et la démobilisation à venir, grâce à la paix.

La paix est justement, dès le début, un horizon auquel il veut croire, tout en s'en défendant parfois. « On nous dis que la grande bataille est en train sur toute la ligne [et] que l'Allemagne avait demandé des pourparlers pour la paix » écrit-il, sans grande conviction, le 29 septembre 1914, alors qu'il a déjà connu l'expérience des combats ; « je n'ai pas encore confiance » précise-t-il, prudent qu'il est face aux rumeurs qui se répandent[54]. « Vivement la paix mais je crois qu'ils attendront qu'il n'y en ai plus » se plaint-il alors qu'il est dans le secteur du fort de Vaux, à Verdun, le 29 novembre 1916, évoquant implicitement la mort de nombreux combattants en ces derniers moments de la grande bataille. « Quand est-ce la fin ? », se demande-t-il dans les lettres du 7 mai 1915 et du 15 mars 1916, l'espérant prochaine. La formule « Vivement la fin » revient d'ailleurs de manière récurrente dans ses courriers, et ce dès le 11 novembre 1914, sans que l'on sache vraiment s'il souhaite la fin de la guerre, ou de la situation qui est alors la sienne.

52. Sur ce point, voir l'exemple de Julien Chopin, qui parle d'« Alboches » dans une lettre du 27 août 1914, de « Boches » à compter du 9 septembre (CHOPIN Éric, *Le messager du front…*, *op. cit.*, p. 39 et 41). Le capitaine Charles Oberthür utilise ce terme dans sa correspondance dès les tout premiers jours de septembre 1914 (CORBÉ Bernard et LAGADEC Yann, *Charles Oberthür…*, *op. cit.*, p. 53). C'est le 10 septembre 1914 qu'on le trouve sous la plume de l'aspirant Laby (DELAPORTE Sophie [éd.], *Les carnets de l'aspirant Laby, médecin dans les tranchées, 28 juillet 1914-14 juillet 1919*, Paris, Bayard, 2001, p. 55), le 15 septembre sous celle du fusilier marin Lucien Richomme (LAGADEC Yann, *Un fusilier marin breton à Dixmude. Le carnet de Lucien Richomme*, Pabu, À l'Ombre des mots, 2018, p. 108), pour en rester à ces seuls exemples.

53. On compte ainsi 4 occurrences en 1914, 5 en 1915, 6 en 1916, 7 en 1917 mais 21 entre le 1er janvier et le 11 novembre 1918.

54. Sur ce point, voir l'étude, classique, de BLOCH Marc, « Réflexion d'un historien sur les fausses nouvelles de la guerre », *Revue de Synthèse historique*, 1921, repris dans BLOCH Marc, *Écrits de guerre…*, *op. cit.*, p. 169-184. Le sergent Mourlot évoque régulièrement dans ses carnets ce qu'il appelle les « percos » qui circulent parmi les combattants de la 22e DI.

Ces vains espoirs de paix sont contrebalancés par une solide résignation, qui fluctue bien entendu au gré de la situation opérationnelle des 76e et 19e RI, les deux unités dans lesquelles sert Maurice Gastellier, au gré aussi de son moral. « Toutefois qu'il y a de la vie, il y a de l'espoir » écrit-il dans sa lettre du 13 janvier 1915, alors qu'il combat en Argonne dans des conditions particulièrement difficiles. « Que c'est dur, plus de repos, plus de linge propre, mais tant pis » note-t-il le 7 novembre 1918, après plusieurs semaines d'offensives harassantes pour les poilus du 19e RI, les perspectives d'une fin du conflit aidant sans doute à tenir désormais. Une telle résilience tient pour une bonne part au sentiment qu'a le cultivateur-soldat du Theil de faire son devoir, son « métier militaire » comme il l'écrit lui-même à plusieurs reprises, notamment dans la lettre du 13 octobre 1916, date marquant le troisième anniversaire de son entrée dans ce « métier », un anniversaire déjà célébré le 14 octobre 1915. En toute logique, c'est en termes de « travail » qu'il décrit ses journées et, plus encore, les actions en première ligne, selon une pratique assez courante d'ailleurs chez les poilus[55]. « Toujours pareille, même santé, même travaille, même vie » écrit-il depuis la forêt d'Argonne le 24 octobre 1914, et c'est en parlant du « travail que l'on a fait » qu'il évoque les dernières attaques menées par sa division dans le secteur de Verdun, le 17 décembre 1916. « Voilà le mauvais temps qui reprend, çà va bien aller pour faire notre boulot » constatait-il, amer, quelques semaines plus tôt, le 25 octobre 1916, alors qu'il s'apprêtait à regagner les premières lignes avec le 19e RI qui doit, avec la 22e DI, attaquer dans le secteur du fort de Vaux. « Je vais arriver pour le boulot soit pour y passer l'hiver ou attaquer » avait-il d'ailleurs prédit deux semaines plus tôt, le 13. C'était aussi d'« un travail infaisable à faire » dont il parlait en février 1915, décrivant une attaque contre les lignes allemandes à Vauquois, face à une mitrailleuse ennemie (lettre du 19 février 1915). C'est bien cette conscience d'avoir un « travail » à faire, relevant au sens plein du terme d'un « métier » – certes temporaire chez ces soldats d'une armée de conscription, mais avec tout le « professionnalisme » que cela implique –, qui permet de comprendre sans doute la capacité des poilus à tenir, dans le cadre de ce que l'historien A. Loez a pu qualifier de « rapport ordinaire à la guerre, envisagée comme une épreuve à traverser sain et sauf le plus vite possible[56] ». « J'ai peur d'être traité d'embusqué »

---

55. On retrouverait, pour en rester à ce seul exemple, le même type d'expression sous la plume du poète breton Jean-Pierre Calloc'h, aspirant au 318e puis au 219e RI de Quimper et de Brest : « En prenant le métier » est d'ailleurs le titre de l'un des textes en prose qu'il rédige début 1916 sans doute, dans lequel il raconte son arrivée au 318e RI quelques mois plus tôt. « Je suis fils de marin, et matelot et soldat sont frères par le métier » y dit-il, avant, plus loin, d'inviter ses hommes : « allons à notre travail, combattants ». Sur ce point, voir LAGADEC Yann, « La banale Grande Guerre du sous-lieutenant Calloc'h », *in* Sébastien CARNEY (dir.), *Comment devient-on Jean-Pierre Calloc'h ?*, Brest, CRBC-UBO, 2018, p. 45-73.

56. LOEZ André, *La Grande Guerre*, Paris, La Découverte, 2010, p. 53. Nous ne reviendrons pas ici sur les débats qui ont animé l'historiographie française pendant une vingtaine d'années sur les notions de « consentement patriotique » et de « contrainte ».

explique d'ailleurs de manière révélatrice Maurice à sa mère dans une lettre du 15 avril 1916, alors qu'il est éloigné du front depuis plusieurs mois, signe de la pression sociale implicite qui pèse sur les soldats mais aussi de cette « conscience professionnelle » qui est la sienne.

Le corollaire à cet engagement, chez le soldat du Theil comme chez nombre de ses camarades du front, est en effet la dénonciation des embusqués, de ceux qui tentent d'échapper au service sur le front et, plus encore, en première ligne[57]. « Ca barde en ce moment pour les embusqués » se félicite-t-il par exemple le 4 septembre 1915, évoquant implicitement les conséquences de la loi Dalbiez, alors qu'il est pourtant lui-même en garnison à Rodez, après sa première blessure : s'il a déjà connu le front et les combats, il illustre combien l'on est toujours l'embusqué de quelqu'un[58]. Le 20 septembre 1917, il reproche d'ailleurs à sa mère de le penser « taillé pour être embusqué » alors que le 19e RI a été envoyé à La Courtine, dans la Creuse, réprimer la mutinerie de soldats russes. Le terme est bien évidemment perçu comme insultant : les voleurs de poules qui, semble-t-il, délestent le poulailler du Theil de quelques volatiles, ne sont-ils pas « des embusqués, quelque chose comme des Parisiens », ainsi qu'il le laisse entendre le 7 août 1918 ?

Pourtant, cela ne l'empêche pas de se féliciter du classement de son jeune frère, René, dans le service auxiliaire, loin du front et de ses dangers. Et ceci ne l'empêche pas, non plus, comme de nombreux autres, d'être pour lui-même ou pour ses proches à la recherche du « bon filon », du « bon truc » comme il le dit régulièrement. Le 10 mars 1915, c'est la perspective de voir son beau-frère Adrien Plaisant devenir brancardier qui le réjouit : certes, « on n'est pas encore en sûreté, car à la guerre, il n'y a pas de bon truc », mais les brancardiers-musiciens « n'ont que les obus » tandis que les fantassins ont « en plus les balles et quelque fois la baïonnette » considère-t-il, non sans une part d'exagération. Le 30 mars suivant, le même Adrien semble avoir questionné Maurice pour savoir si, devenir agent de liaison, « c'est un bon truc ». Affecté au 19e RI et en ligne près de Berry-au-Bac en juin 1916, Maurice pense avoir trouvé le bon filon pour lui-même. « Pour le moment j'envisage un truc qui ne sera peut être pas mauvais, si çà peut aller, je te dirais quoi si çà reste car nous ne sommes que deux qui le savent à la compagnie ; j'ai appris çà à Paris à la caserne. S'ils en prennent toujours, je suis sûr d'y rester et je ne serais pas malheureux » confie-t-il, mystérieux, à sa mère le 8. Le 17, il se fait plus précis :

57. Voir, à ce sujet, les travaux de RIDEL Charles, *Les embusqués*, Paris, A. Colin, 2007.
58. Sur ce point, voir COCHET François et PORTE Rémy, *Histoire de l'Armée française, 1914-1918. La première armée du monde*, Paris, Tallandier, 2017, p. 295-297 ou CAZALS Rémy et LOEZ André, *14-18. Vivre et mourir dans les tranchées*, *op. cit.*, p. 181-185. La loi Dalbiez, adoptée en août 1915, prévoit le remplacement par des mutilés, des retraités ou des femmes, des hommes valides mobilisés à l'arrière ou mobilisables afin de les diriger vers le front. Elle participe d'une « chasse aux embusqués » demandée par les poilus, alors même que l'Armée française connaît une crise des effectifs qui durera jusqu'à la fin du conflit.

> « Maintenant, tu te demande ce truc, qu'est-ce que c'est, quand je te le dirai, c'est signaleur, je serais en deuxième ligne au lieu d'aller en première, çà ne m'empêcherait pas d'être tué quand même si çà avait l'occasion mais moins et moins de veillée à prendre, moi qui a besoin de repos, çà ferait mon affaire. »

Pourtant, dans les jours qui suivent, il doit être évacué pour des problèmes oculaires, séquelles de la blessure reçue en avril 1915. « J'aurais préférer rester là bas car maintenant pour un coup que j'avais une bonne place, ce que je t'avais dit, je l'ai perdue » déplore-t-il dans une lettre du 27 juin. Ce n'est en fait que partie remise pour lui : il fait bien, finalement, en août 1916, le stage de signaleur qu'il envisageait, sans que cela ne débouche cependant pour lui sur une position beaucoup plus favorable parmi les combattants du 19e RI avant le printemps suivant.

Plus que le « bon truc », c'est donc la « bonne blessure », celle qui ne laisse pas trop de séquelles mais écarte durablement – voire définitivement – le poilu des premières lignes, qu'espèrent nombre d'entre eux. Maurice décrit le 7 mars 1915 la situation d'un de ses copains, « qui est parti comme [lui] de Paris et qui est là depuis 7 mois » :

> « [il] a reçu une balle dans la cuisse. Ce n'est pas ordinaire, la joie qu'on éprouve, il ne sentait pas son mal, tout le monde enviait son sort et moi, je me disais, je donnerais bien 100 f. pour que ça me soit arrivé et on est tous comme ça, tu vois comme c'est aujourd'hui, on demande à souffrir ».

Son appréciation change pour une part lorsqu'il est lui-même blessé moins d'un mois plus tard, début avril 1915, par l'explosion d'un obus. Après la commotion subie, il lui faut plus d'une semaine pour être en état d'écrire lui-même à sa mère : « je ne suis pas gravement blessé et pour le moment, je ne suis plus en danger » lui dit-il, accusant le coup cependant, du fait notamment de la mort de plusieurs de ses camarades dans cette explosion. Reste qu'il envisage à nouveau « une petite blessure pour aller voir la ville de Brest » dans sa lettre du 28 avril 1916, alors qu'il vient d'être affecté au 19e RI, qui y tient garnison. « C'est drôle de voir tout le monde demander une petite blessure pour partir de cette vie abominable » commentait-il le 26 septembre 1915.

Tels sont ses sentiments d'ailleurs en mai 1917, lorsqu'il est blessé pour la seconde fois, à Hurtebise, sur le Chemin des Dames : « je suis heureux » écrit-il le 7, au lendemain des événements, « ce que tu me souhaite sur ta dernière lettre je l'ai, je suis blessé et une jolie blessure, un écla d'obus, grosseur d'une balle, m'est entré dans l'épaule et m'a descendu dans le bras gauche et est sorti dix centimètres plus bas ». Le 8 d'ailleurs, il reprend sa plume : « Je te récris pour que je sois sûr que tu sache ma belle blessure que je viens de recevoir et que je t'ai détaillé sur ma lettre d'hier. » Combattant dans la Somme en mars 1918, pour tenter de stopper l'offensive allemande qui a réussi à percer le front britannique, il se réjouit de pouvoir quitter un secteur où il a perdu plusieurs camarades : « deux mots pour te dire que je viens d'être mouché pour la 4e fois et j'ai encore la bonne blessure, une balle dans la jambe, qui est traversée et çà va bien » indique-t-il à sa mère le 28 mars depuis l'hôpital où il est soigné à Rouen.

À la recherche du « bon filon », satisfait par une « bonne blessure », Maurice Gastellier reste un « travailleur » de la guerre malgré tout consciencieux. À ce titre, comme la très grande majorité de ses camarades, il est loin d'être insensible aux honneurs[59]. « Je viens de recevoir ma citation pour mon ancienneté, ma *belle* attitude au feu et mes blessures » souligne-t-il lui-même, le 25 janvier 1918, appréciant de pouvoir venir au Theil avec « fourragère, croix de guerre, insigne de blessé », d'autant que cette citation lui vaut deux jours de permission supplémentaires. Il en va de même en octobre suivant : « J'ai reçu ma citation, une belle celle-là, faite pour être encadrée mais je l'ai pliée dans mon calepin, c'est dommage, elle va faire des plis » regrette-t-il dans sa lettre du 24, prenant soin cependant de recopier le texte pour sa mère : « "Observateur dévoué et courageux, s'est acquitté d'une façon remarquable de son service, renseignant parfaitement son chef de bataillon malgré un violent bombardement et des tirs de mitrailleuses". C'est mon copain de Melun qui m'a donné çà, tu parles de compliments », précise-t-il non sans une certaine fierté.

Cette nouvelle citation, c'est une nouvelle permission aussi, rallongée de deux jours. Car, on l'oublie trop souvent, y compris pour le simple fantassin, la guerre n'est pas faite que des temps en première ligne, dans les tranchées, et du combat.

59. Maurice Gastellier est ainsi assez représentatif du double discours que tiennent nombre de poilus sur les citations et les décorations, critiquant leur trop large distribution et le caractère immérité de certaines, mais se félicitant de les recevoir. MOURLOT Gaston, *Un ouvrier-artisan en guerre…, op. cit.*, p. 342 regrette en octobre 1917, après l'attaque de La Malmaison, que « les citations sont données avec des motifs qui ne font pas rehausser le prestige de l'armée », mais aussi implicitement sans doute de ne pas faire partie des décorés du jour. Le territorial Paul Cocho, en juillet 1915, note qu'« il y en a vraiment qui ne méritent pas leur décoration ». « D'être confondu ne fut-ce que par un petit nombre, avec tous les non-méritants ne me dit rien qui vaille » précise-t-il, avant de poursuivre : « Pour moi, l'essentiel est le témoignage que m'ont rendu tous les hommes dans cette affaire de Langemark où ils m'appellent par la suite, leur petit capitaine […]. Si je regrette la croix de guerre, c'est plutôt pour mes enfants, mes deux garçons surtout à qui, plus tard, j'aurais été fier de la montrer » conclut-il. Il sera finalement décoré lui aussi en novembre 1915, se réjouissant de pouvoir arborer sa croix de guerre pour rentrer en permission (COCHO Paul, *Mes carnets de guerre et de prisonnier, 1914-1919*, Rennes, PUR, 2010, p. 55). De la même manière Maurice Gastellier regrette dans sa lettre du 24 octobre 1918 que ses citations soient au nom de René, son frère : « Alors plus tard je ne pourrai rien dire à mes petits enfants, ils diront : "Penses-tu, c'est à mon oncle René". » Le 2 novembre, au sujet de la Médaille militaire, la plus prestigieuse des décorations pour un militaire du rang, il dit à sa mère ne vouloir « même pas chercher à l'avoir. N'importe comment, si je reste, dans 30 ans, plus tard, quand on ne sera plus beaucoup, les vieux combattants l'auront tous » argumente-t-il. La réalité est toute différente, même s'il recevra bien, en ce qui le concerne, cette décoration en juin 1932.

– La guerre : le combat, mais pas seulement

Les grands rythmes de la vie du soldat Gastellier tout au long du conflit ont pu être reconstitués en croisant deux types de sources : son abondante correspondance d'une part, d'autre part les journaux des marches et des opérations et les historiques des unités auxquelles il a appartenu, le 76e et le 19e RI. Le parcours de Maurice est sans doute pour une part atypique : le fait qu'il ait pu traverser l'ensemble du conflit comme simple fantassin, ses blessures et les convalescences qui en découlent aussi confèrent à son expérience des particularités dont il est cependant difficile de juger la banalité au moins relative, faute d'études comparables, de points de comparaison probants[60]. La reconstitution de ce parcours n'en est que plus intéressante : elle permet de saisir une dimension largement inédite de la guerre, car trop négligée par les historiens.

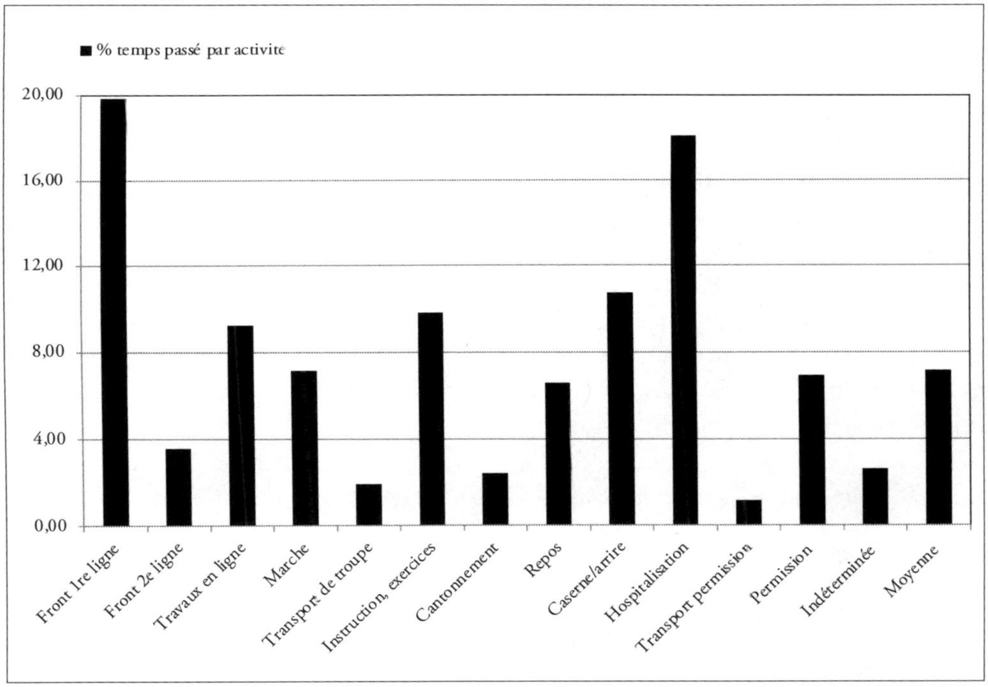

Graphique 3 : Les grands temps de la guerre de Maurice Gastellier (en %).

60. On ne trouve guère en effet d'interrogations de ce type dans les ouvrages généraux sur la vie des poilus. Quant à ceux consacrés à l'édition de correspondances, trop rares sont ceux où une introduction permet de mettre la source en perspective, de la rendre pleinement intelligible, d'en souligner tous les apports historiques.

Notons pour commencer que, du 1er août 1914 au 11 novembre 1918, les périodes pour lesquelles la situation précise de Maurice n'a pu être déterminée correspondent à un total de 41 jours (3 % du total). Durant ce laps de temps finalement très limité, il n'a en effet pas été possible de distinguer avec certitude à quoi son temps a été occupé : travaux à l'arrière du front, instruction et exercices, marches, simple cantonnement ou repos. C'est notamment le cas au premier trimestre 1917, au cours duquel le 19e RI est au « grand repos » à Crécy-en-Brie[61]. Cette période, certes de repos, est aussi consacrée à des manœuvres, des exercices, sans qu'il soit possible de faire précisément la part exacte entre ces diverses activités[62]. Mais il est aussi possible que Maurice ait bénéficié de permissions hebdomadaires, le dimanche notamment, alors qu'il n'est qu'à une petite vingtaine de kilomètres du Theil : de manière significative, sa correspondance est réduite à une seule lettre durant le mois de février 1917, signe qu'il a sans doute pu échanger plus directement avec sa mère.

Les périodes passées au front, ou à proximité immédiate du front, directement exposé au danger, sont, sans surprise, les plus nombreuses. Entre séjours en première et seconde lignes, et travaux d'aménagement de ces lignes, Maurice Gastellier passe de l'ordre de 33 % des 52 mois de guerre à portée directe des feux de l'ennemi. Ce tiers peut paraître finalement représenter une proportion assez limitée. Dans les faits cependant, l'inégale répartition dans le temps de ces périodes en ligne joue sur le moral et la santé des poilus. Ainsi, des premiers engagements du 76e RI en Lorraine le 15 août 1914 à l'évacuation de Maurice suite à sa première blessure en avril 1915 à Vauquois, le régiment est en ligne de manière quasi-permanente. Au mieux le poilu briard a-t-il ainsi pu profiter de quelques jours à l'arrière-front, mobilisé à des travaux d'aménagement ou dans un cantonnement, comme mi-novembre 1914. Cela fait « trois mois aujourd'hui

61. Dans le récit qu'il publie dans les *Cahiers du 19e RI* concernant cette période, l'abbé Cadiou note que « le séjour du 19e dans la région de Crécy-en-Brie compte parmi les meilleurs repos accordés au régiment. L'accueil de la population avait été chaleureux, les cantonnements étaient confortablement aménagés, beaucoup de nos hommes logeaient d'ailleurs chez l'habitant. Nous avons organisé des équipes de foot-ball qui se produisaient chaque dimanche sur un terrain voisin de la ville, et plusieurs fois par semaine, la musique du régiment nous donnait des concerts très suivis. Somme toute, pendant deux mois, ce fut la vie de petite garnison avec son service de place, ses marches-manœuvres, ses services en campagne ». Il précise d'ailleurs que l'on « voyait [...] quelques coiffes bretonnes se mêler aux costumes de la Brie », quelques Finistériennes ayant rejoint leur époux pour « retrouver la vie de famille à une centaine de kilomètres de Paris » (« Le 19e RI dans la Grande Guerre par ses survivants. XIII. Margival-Laffaux [mars-avril 1917] », *Les Cahiers du 19e RI*, no 24, avril 1936, p. 384).

62. MOURLOT Gaston, *Un ouvrier-artisan en guerre..., op. cit.*, p. 229-234, décrit avec plus de précision cette période qui mêle exercices de tir, marches et moments de vrai repos. Ainsi qu'il le note, c'est aussi l'occasion de réunir, pour la première fois depuis la fin des opérations en Champagne, fin 1915, les divisions du 11e corps d'armée, la 21e et la 22e DI notamment, dans la perspective de l'offensive du printemps 1917.

que je ne me suis pas déshabillé pour dormir » écrit-il de manière significative le 5 novembre. À d'autres moments, en 1917 par exemple, les changements de secteurs, l'engagement à l'arrière, en Creuse, face à des soldats russes mutinés ou encore des périodes d'instruction permettent aux soldats du 19e RI, le régiment de Maurice, de « souffler » entre des moments d'engagement intense, sur le Chemin des Dames près de Craonne au printemps, devant le fort de La Malmaison à l'automne.

Le temps consacré aux marches et, de manière plus large, aux déplacements d'un secteur du front à l'autre, en train lorsqu'il s'agit de faire plusieurs centaines de kilomètres – ainsi, au début de l'été 1918, de l'Aisne à l'Alsace, après que le 19e RI a été décimé sur le Chemin des Dames –, en camion ou en autobus parfois aussi, ne correspond qu'à 10 % du total[63]. Là encore, les 52 mois de guerre ne sont pas un tout : les déplacements du 76e RI, en 1914-1915, sont limités et, une fois que le régiment a gagné le front de Lorraine, largement inclus aux opérations elles-mêmes : retraite sous la pression de l'ennemi fin août-début septembre 1914, contre-attaque sur les talons des Allemands se repliant après leur défaite de la Marne en septembre, avant que le front se fige. Quant au passage de l'Argonne au secteur de Vauquois en février 1915, il ne correspond qu'à un « glissement » de quelques kilomètres vers l'est. À partir de 1916, les déplacements se font à plus grande échelle et concernent un plus grand nombre d'unités : le 19e RI auquel est affecté Maurice à compter du printemps, passe ainsi de l'Aisne (secteur de Berry-au-Bac) à Verdun, avant d'être engagé à nouveau dans l'Aisne, puis dans la Somme, de revenir sur le Chemin des Dames à l'automne 1917 après un détour par la Creuse, de repasser par la Somme au printemps 1918, puis l'Aisne et l'Alsace avant de rejoindre la Champagne[64]. Le temps consacré à ces déplacements, hors de portée du feu de l'ennemi, croît d'autant, alors que si le fantassin reste fondamentalement un marcheur, la mécanisation de l'Armée française permet de recourir plus régulièrement au transport automobile et de

63. Dans sa lettre du 22 janvier 1915, il écrit par exemple : « Nous avons été amenés dans ce pays, à Jubécourt, à 20 km de Verdun et à dix km de l'autre côté de Clermont par des autobus car aujourd'hui les régiments sont relevés comme ça, les hommes ne pouvant plus marcher. » Dans les premiers mois de la guerre, seuls le train et la marche étaient utilisés; c'est ce qui explique que la mobilisation des fameux « taxis de la Marne » ait si durablement marqué les esprits.

64. Les carnets de MOURLOT Gaston, *Un ouvrier-artisan en guerre.. , op. cit.*, affecté à la même division que Maurice Gastellier, la 22e DI, permettent de suivre tous ces déplacements qu'il décrit avec bien plus de précision. En septembre 1918 par exemple, quittant l'Alsace pour la Champagne, sa compagnie du génie, tout juste relevée, marche pour rejoindre l'arrière-front, y emprunte des automobiles pour gagner une gare mosellane. Après deux journées de train, le débarquement a lieu à Blesme, dans la Marne. Les cantonnements sont atteints après une nouvelle marche de quelques kilomètres (*ibid.*, p. 424-425).

limiter d'autant les fatigues[65]. Les longues marches de l'été 1914 ne sont plus d'actualité alors[66].

Les périodes de « repos » n'ont pas forcément les mêmes vertus. Avec les « cantonnements » et les périodes d'instruction, elles représentent de l'ordre de 16 % des 52 mois de guerre du poilu Gastellier[67]. Il ne s'agit en effet que rarement d'un véritable repos : si un temps est en général laissé aux poilus descendant des lignes pour se laver, nettoyer leurs vêtements et leur équipement, ces moments ne sont pas des moments de détente. « Nous sommes toujours ici au repos » écrit Maurice le 27 janvier 1915, alors que le 76e RI vient de quitter l'Argonne, enfin « si l'on peut appeler çà du repos car nous faisons l'exercice pire qu'à la caserne et on ne peut plus se traîner » ; « on a même pas le temps d'écrire dans la journée » précise-t-il. Et il en va de même à d'autres moments de la guerre, notamment dès lors qu'il s'agit de se préparer à une offensive particulière : c'est le cas, pour une part, au lendemain de son second engagement à Verdun pour le 19e RI qui rejoint Crécy-en-Brie, fin janvier 1917, pour une période de repos et d'instruction de six semaines afin de se préparer à l'offensive qui doit venir au printemps ; c'est le cas aussi en septembre 1918, à la veille de l'offensive de Champagne, alors qu'il faut apprendre à manœuvrer en coopération avec les chars de l'artillerie d'assaut notamment[68]. Maurice n'en dit rien malheureusement.

En cela, ce temps dit de « repos » est bien différent de celui passé à l'arrière, au dépôt régimentaire. S'il dit espérer connaître celui du 19e RI, à Brest, il n'en a pas l'occasion. En revanche, il passe plusieurs mois dans celui du 76e RI, replié à Rodez, et au camp de Labruguière (Tarn), de l'ordre de 11 % de ses 52 mois de guerre. Là, le temps s'écoule, on l'imagine, suivant un tout autre rythme,

65. Sur ce point, GOYA Michel, *La chair et l'acier. L'invention de la guerre moderne (1914-1918)*, Paris, Tallandier, 2003, p. 377-379 et COCHET François et PORTE Rémy, *Histoire de l'Armée française…, op. cit.*, p. 339-343.

66. Dans ses carnets, Camille Lebaloue, brancardier-musicien au 76e RI, décrit par exemple une marche de 46 km pour la seule journée du 21 août 1914, de Mogeville à Montigny-sur-Chenière [http://www.chtimiste.com].

67. Il faut noter qu'il est possible que ce temps de repos ait été plus important dans le cas de Maurice Gastellier que pour la plupart des fantassins. En effet, suite à ses évacuations vers l'arrière pour maladie ou blessure, il transite en regagnant la zone des armées par le CID de sa division, en l'occurrence la 22e DI, dont dépend le 19e RI. Il faut en général plusieurs semaines avant qu'il soit à nouveau affecté à une compagnie de combat. En attendant, il est occupé à l'arrière-front comme il le dit le 15 juin 1916 : « Pendant notre repos, nous faisons des tranchées à l'arrière, j'aime mieux çà que de faire, comme avant, l'exercice, surtout que l'on en fait qu'à sa guise. »

68. MOURLOT Gaston, *Un ouvrier-artisan en guerre…, op. cit.*, p. 426, évoque le 6 septembre 1918 « la manœuvre avec des tanks » des « poilus d'infanterie » : « Il y aurait même dans le régiment du 62e un bataillon qui serait dressé à la façon boche pour faire des troupes d'assaut ou *Stosstruppen* » précise-t-il. En septembre 1916, il notait avoir assisté « en spectateur à des manœuvres d'un bataillon du 19e contre un de ses pareils. Toutes les formations du régiment sont en action, les mitrailleuses sur baudets suivant les colonnes et aussi se mettent en position » (*ibid.*, p. 186).

celui de la vie de caserne, avec ses contraintes horaires, mais aussi ses libertés au moins relatives, le soir ou le dimanche entre autres. Si les petits désagréments sont nombreux, notamment pour ceux qui, tel Maurice, ont connu le front et la discipline pour une part adaptée qui y règne, c'est le temps long de l'attente du retour au front avec les renforts, suivant un ordre tenant compte des mois déjà passés en ligne, comme l'explique le poilu du Theil : le 19 mars 1916, il est « le 170e à partir » seulement ; le renfort pour le 76e RI n'étant que de 100 hommes, il n'est pas concerné. Il ne l'est pas non plus le 24 avril pour rejoindre le 74e RI de Rouen. Ce n'est donc que le 28 avril qu'il apprend son affectation au 19e RI, après pratiquement quatre mois passés entre Rodez et Labruguière.

S'il a pu passer tant de temps à l'arrière, très loin du front, c'est notamment parce que Maurice Gastellier a dû être évacué à plusieurs reprises pour blessure ou maladie. Il passe ainsi presqu'autant de temps dans les différents types d'hôpitaux et postes de secours (18 %) qu'en première ligne (20 %). Victime d'une commotion cérébrale provoquée par une torpille à Vauquois, le 2 avril 1915, il séjourne plus de quatre mois dans des hôpitaux, à Tulle et Argentat, avant de transiter une première fois par le dépôt du 76e RI à Rodez. Atteint par la typhoïde en novembre, il est évacué vers Bar-le-Duc puis Saint-Amand-Montrond, dans le Cher, ce qui lui vaut, après un second – et plus long – passage à Rodez, son affectation au 19e RI. À l'été 1916, atteint de furoncles et souffrant de conjonctivite, il est soigné à l'hôpital de Château-Thierry. Suivront une blessure sur le Chemin des Dames en mai 1917, un gazage à La Malmaison en octobre, enfin une dernière blessure dans la Somme fin mars 1918 et une ultime hospitalisation à Rouen cette fois. Au total, il a ainsi été hospitalisé à six reprises et a donc pu bénéficier de cinq permissions de convalescence, chez lui, au Theil, ce qui représente près de 80 % du temps qu'il aura pu passer en permission.

Les permissions, justement, ne représentent que 7 à 8 % du temps de la guerre de Maurice Gastellier, de l'ordre de 2 % pour les permissions régulières. Celles-ci n'ont été instaurées qu'à partir de juillet 1915, après une année de conflit donc : il n'avait pas été envisagé que les hostilités puissent durer si longtemps et qu'un tel système, inédit, soit nécessaire[69]. Il devient vite indispensable au moral des poilus qui, par roulement, en fonction des opérations conduites par leur régiment à chaque moment, peuvent pour sept jours retrouver leur famille. Dans le cas du poilu du Theil, cette première permission régulière n'intervient que très tardivement, en novembre 1916 : ses évacuations suivies de permissions de convalescence, entre avril 1915 et avril 1916, l'ont logiquement privé de cette possibilité, les deux formes de permission n'étant pas cumulables. Cette permission, après un premier séjour en ligne à Verdun, n'en est pas moins grandement

69. Sur cette question, voir CRONIER Emmanuelle, *Permissionnaires dans la Grande Guerre*, Paris, Belin, 2013.

appréciée par Maurice qui profite d'une relève du 19e RI pour rentrer chez lui[70]. Une seule autre suivra, fin juillet-début août 1917, les autres temps de repos qui lui sont accordés au Theil correspondant, une fois encore, à des permissions de convalescence. En revanche, il peut bénéficier, à cette occasion, des deux jours de repos supplémentaires accordés suite à l'obtention d'une citation. « Ca me donne droit à une étoile supplémentaire sur ma croix de guerre et *surtout* 2 jours en plus à ma prochaine perme » note-t-il après la seconde, le 21 octobre 1918.

Cette permission ne viendra en fait qu'après l'armistice, en février 1919. Il regagne définitivement le Theil, deux mois plus tard, le 11 avril 1919, bien plus tôt que les camarades de la même classe qui ne retrouvent le dépôt du 19e RI, à Landerneau, qu'au cours de l'été 1919, une fois la paix signée. En fait, la démobilisation officielle de Maurice ne date que du 15 août 1919 : depuis avril, il n'était qu'en « sursis d'appel comme cultivateur chez lui[71] ». Sans doute a-t-il réussi aussi à faire valoir le fait qu'il est « fils ainé d'une veuve cultivatrice », ainsi qu'il le suggère dans deux lettres des 25 janvier et 5 mars 1919.

– Maurice Gastellier, agriculteur et ancien combattant

En avril 1919, Maurice Gastellier retrouve donc les siens au hameau du Theil, en Coulommiers. Il y reprend le travail de la terre. Dès mars 1921, sa mère, âgée de 49 ans, lui cède l'exploitation familiale de 11 ha, dont 8 en faire-valoir direct. La chose ne doit rien au hasard : une dizaine de jours plus tard, le 12 mars, il épouse en effet à Saint-Germain-sur-Doue, à 5 km du Theil, une jeune fille d'à peine 19 ans, Madeleine Lucas. « Il ne m'a pas laissé le temps de réfléchir » expliquera-t-elle en 1971, à l'occasion de leurs noces d'or ; « on s'est connu à la fête du village et les fiançailles ne traînèrent pas[72] ». Deux filles naissent de cette union, Pierrette en 1922, puis Paulette en 1924.

Les premières années sont sans doute difficiles pour le jeune couple. Alors que la naissance des enfants et la mort de René, le frère cadet de Maurice, en 1922, privent l'exploitation d'une partie de la force de travail disponible, la sécheresse frappe la Brie en 1921-1922 : « plus d'eau ici, qu'un peu en hiver. Il fallait aller à l'eau au lavoir du Theil pour abreuver les chevaux jusqu'au mois de décembre » note-t-il, à la fin de cette année, dans ses carnets de culture[73]. Il continuera à consigner, au fil du temps, dans ces carnets ou sur de simples bouts de papier ses impressions sur les événements agricoles les plus significatifs, conséquence peut-

70. Ainsi qu'il l'explique dans sa lettre du 20 novembre, de retour au front, cette permission lui permet d'éviter de monter en première ligne avec sa compagnie, la 11e, engagée dans le secteur du fort de Vaux. Il passe près de deux semaines dans une autre compagnie du 19e RI.

71. Arch. dép. de Seine-et-Marne, 1 R 1398, registres matricules de la subdivision de Coulommiers, classe 1893.

72. *Le Pays briard*, 9 avril 1971. Notons que la jeune mariée a perdu ses deux frères, tués en 1916, ainsi que ses quatre cousins germains mobilisés.

73. Archives familiales, carnets de culture de Maurice Gastellier.

être des habitudes d'écriture prises pendant la guerre : ainsi, en 1938-1939, « après des dégâts de gel, des blés de saison merveilleux » ; en 1939-1940, c'est « un hiver de guerre froid et humide », en 1940-1941, « un hiver terrible à partir de janvier. Le 1er janvier, il neige toute la journée. Les 2 et 3 janvier, un vent terrible remplit toutes les routes creuses. Tout le monde est réquisitionné pour déblayer la neige qui atteint 2 mètres par place » ; en 1944, ce sont « sécheresse et inondations » : « pas d'eau jusqu'au 27 août. Sécheresse extraordinaire pendant les 8 premiers mois de l'année. Après la libération par les Américains le 27 août, pluies sans arrêt, des inondations en octobre ». Suivent « des blés excellents » en 1949, « des inondations dans les blés épiés » en 1951, le gel en 1956. Les aléas de la vie agricole ne l'empêchent pas cependant d'acquérir son exploitation, de l'étendre aussi en profitant de l'extension de la ville de Coulommiers sur le plateau du Theil pour échanger ou acquérir de nouvelles terres : lorsqu'il la cède à sa fille Paulette en 1961, elle fait 16,5 ha, deux fois plus qu'en 1919.

Le cultivateur columérien reste aussi et avant tout un ancien combattant, jusqu'à la fin de sa vie, membre actif du *Groupe amical des anciens combattants et mobilisés de Coulommiers et environ*. Il parle peu de sa guerre dans le cadre familial semble-t-il, mais n'hésite pas en revanche, notamment dans ses vieux jours, à répondre aux sollicitations de son petit-fils aîné : « comme c'est toi que ça intéresse le plus dans ma famille, tu auras mon mémoire de jeunesse surtout de 20 ans et demi à 25 ans » lui confie-t-il[74]. « Pour moi, je te dirai seulement que si je suis revenu d'une guerre pareille, c'est d'avoir prié quand je me voyais en grand danger… Personne ne le sait, même pas Madeleine… Et tout a bien tourné. Je suis croyant tout en n'allant pas à la messe » lui confie-t-il, de manière significative, sous le sceau du secret[75]. Il s'ouvre aussi très largement aux rédacteurs du journal local, *Le Pays briard*, qui publie de nombreux articles le concernant : Maurice devient *le* poilu de Coulommiers en quelque sorte[76]. À ce titre, jusqu'en 1978, il participe régulièrement aux commémorations du 11 novembre en tant qu'ancien combattant du 76e RI, le régiment de la ville auquel il reste profondément attaché : il signe une lettre publiée par *Le Pays briard* en 1964, à l'occasion du cinquantenaire de la mobilisation, « Maurice Gastellier, ancien du 76e[77] ». Cette vie associative d'ancien combattant lui permet de réaliser de nombreux voyages : ainsi en Argonne, à Verdun, au Luxembourg ou sur le Rhin. Il est d'ailleurs décoré, au fil du temps, de la Médaille militaire le 13 juin 1932, de la Médaille de la Somme le 1er juillet 1956, de celle de Verdun le 26 décembre

74. Archives familiales, lettre de Maurice du 20 novembre 1978 adressée à son petit-fils aîné Joël Thierry.

75. Archives familiales, lettre non datée de Maurice adressée à son petit-fils aîné Joël Thierry dans les années 1970.

76. C'est le cas, notamment, en 1964, 1968 ou 1971 ; *Le Pays briard*, 31 juillet 1964, 30 janvier et 24 mai 1968, 9 avril 1971.

77. *Le Pays briard*, 31 juillet 1964.

1961 avec inscription sur le livre d'or des soldats de Verdun, de la Médaille de l'Argonne et de Vauquois le 15 mai 1963, avec inscription en mairie de Varennes-en-Argonne, décorations qui viennent s'ajouter à sa Croix de guerre. Chevalier de la Légion d'honneur à compter du 25 mai 1960, il est décoré le 14 juillet suivant par son voisin et ancien commandant de compagnie au 76e RI, le commandant Bornet : « Vous avez bien voulu vous souvenir, que vous avez comme voisin votre ancien commandant de compagnie des temps héroïques » le remercie l'officier dans son allocution[78].

Des « temps héroïques » qui, du 1er août 1914 à sa mort, survenue à l'âge de 86 ans, en 1979, ont profondément marqué le paysan-soldat – ou, plus précisément d'ailleurs, le paysan-combattant – que fut et resta sa vie durant Maurice Gastellier.

Yann LAGADEC

78. Archives familiales, discours du commandant Bornet, 14 juillet 1960.

Chapitre 1

LE SERVICE MILITAIRE (OCTOBRE 1913-JUILLET 1914)

À l'instar de tous les jeunes gens de son âge, Maurice Gastellier est convoqué, le 24 septembre 1913, pour passer devant le conseil de révision à la mairie de Coulommiers, chef-lieu de canton. Les futurs conscrits sont examinés par une commission médicale qui, selon les cas, les déclare « bon pour le service armé », pour le « service auxiliaire » ou les classe parmi les « réformés » ou « ajournés[1] ». Ce véritable rite de passage à la vie adulte est souvent, pour les jeunes gens d'une même commune, l'occasion de faire la fête[2].

Malgré sa petite taille, 1,58 m, Maurice est déclaré « bon pour le service », la loi d'avril 1901 ayant abaissé la taille minimale pour qu'un conscrit soit déclaré apte.

– La loi des « trois ans »

Le conseil de révision s'effectue au cours de la vingtième année, l'année de la classe, et le jeune homme reconnu « apte » est incorporé l'année suivante. De la classe 1913, Maurice, né le 20 décembre 1893 à Coulommiers, n'a pas 20 ans quand il passe devant le conseil de révision (*ill. 6*).

---

1. Dans ses mémoires rédigées dans les années 1970, il se souvient : « Quand j'ai passé le conseil de révision en septembre 1913 à Coulommiers, nous étions cinq conscrits au Theil : Villa, Jacquet, Liennard, Bruneau et moi. Les trois premiers ont été tués dix mois après le début de la guerre. Le quatrième était ajourné mais il est parti à la fin de la guerre et il est mort quelques années après. Il ne restait donc que moi sur les cinq conscrits du Theil quelques années après le conseil de révision où, tous, nous étions si heureux. » GASTELLIER Maurice, *Mémoires, op. cit.*, p. 8. Avec 318 morts répertoriés pour la seule commune de Coulommiers, soit 4,40 % de la population de 1911, la ville est l'une des plus durement touchées, le pourcentage de pertes se situant en moyenne à 3 % de la population à l'échelle nationale, 4,15 % de la population du département de Seine-et-Marne.

2. C'est l'occasion d'un repas festif, au menu du dîner des conscrits : potage, bar, civet de lièvre, aloyau, salade, fromage de Coulommiers, crème caramel, petits fours, fruits, le tout arrosé de Bourgogne, Mâcon, Saint-Estèphe, Champagne, café et liqueurs. Archives familiales.

Ill. 6. Conseil de révision de la classe 13 de Coulommiers, Maurice Gastellier est le 2e en partant de la droite au 3e rang (Archives familiales, DR).

La loi dite des « trois ans », adoptée quelques semaines plus tôt en août 1913, a avancé le recensement des appelés – il s'effectue à 19 ans au lieu de 20 précédemment – et abaissé l'âge d'incorporation de 21 à 20 ans[3]. Ainsi la classe 1913 est incorporée en 1913 et non 1914 avec un appel anticipé, trente jours après celui de la classe 1912. Ce qui permet de porter l'effectif de l'Armée française de 480 000 à 750 000 hommes – pour une population de 39 millions d'habitants – et tenter de combler le décalage avec les troupes allemandes qui comptent 875 000 hommes – pour une population de 67 millions d'habitants.

Afin de ne pas gêner les récoltes agricoles d'automne, l'arrivée en caserne reste fixée à la première quinzaine du mois d'octobre. Affecté à la 3e compagnie du 1er bataillon du 76e RI, cantonné à la caserne de Clignancourt au nord de Paris[4], Maurice rejoint son unité le 14 octobre 1913, en théorie pour trois années (*ill. 7*).

---

3. Sur ce point, voir CRÉPIN Annie, *Histoire de la conscription*, Paris, Gallimard, 2009, p. 328-332 et CRÉPIN Annie, *Défendre la France. Les Français, la guerre et le service militaire de la guerre de Sept Ans à Verdun*, Rennes, PUR, 2005, p. 375-388

4. La caserne de Clignancourt, située sur la commune de Saint-Ouen, département de la Seine-Saint-Denis.

Ill. 7. Maurice Gastellier jeune conscrit, octobre 1913 (Archives familiales, DR).

– Les manœuvres de l'été 1914

Durant les dix premiers mois de service militaire, la correspondance de Maurice, avec une dizaine de lettres et cartes postales, est réduite : il faut sans doute y voir la conséquence de la proximité relative avec les siens, de la possibilité de bénéficier de permissions régulières, mais aussi, on l'imagine, de l'absence de réel danger. Aussi n'en sait-on pas beaucoup sur ces quelques mois de sa vie, les premiers passés hors du foyer familial : sans doute se passent-ils d'une manière fort banale.

L'événement majeur de ce qui devait être la première année de service militaire du conscrit Gastellier est constitué par les manœuvres que le 76e RI mène en juin 1914[5]. Pendant près de trois semaines, les quelque 50 officiers et 1 800 hommes du régiment alternent marches et exercices. Avec des étapes de 20 à 25 km par jour, en tous points conformes à ce que l'on sait de l'entraînement alors en vigueur dans l'Armée française, les deux premiers bataillons – partis de la caserne de Clignancourt – et le 3e – cantonné à la caserne Beaurepaire à Coulommiers de 1901 à 1914 – gagnent le camp de Chalons[6]. Le passage par Coulommiers marque particulièrement Maurice, alors que la population réserve un accueil chaleureux à « son » régiment le 18 juin[7]. Le conscrit du Theil bénéficie d'ailleurs de l'hospitalité d'un tuilier de ses connaissances et peut, non sans un certain plaisir, dormir dans un lit lors des deux jours passés au pays.

De retour à Paris, le régiment défile à l'hippodrome de Longchamp pour la revue du 14 juillet. Maurice n'en fait cependant pas état dans les rares lettres qu'il écrit alors à sa mère[8]. Bien loin d'imaginer la proximité de la guerre, seul l'avancement des travaux agricoles sur la ferme familiale le préoccupe. Alors que la moisson bat son plein à la ferme, Maurice ne peut profiter jusqu'au bout de sa permission agricole qui lui a été accordée suite à la demande de sa mère auprès du commandant : « Je suis veuve et n'ai absolument que lui pour m'aider » (lettre de sa mère du 1er avril) et doit rejoindre la caserne de Clignancourt[9].

5. Sur l'importance de ces manœuvres dans le déroulement du service militaire, voir ROYNETTE Odile, *« Bons pour le service ». L'expérience de la caserne en France à la fin du XIXe siècle*, Paris, Belin, 2000, p. 323-331.

6. C'est de cette époque que date la décision du conseil municipal de Coulommiers de dénommer la rue longeant l'ancienne caserne Beaurepaire et l'actuelle gendarmerie, rue du 76e Régiment d'Infanterie.

7. Ces dernières manœuvres d'avant-guerre restent dans les mémoires : « L'après-midi, place du Marché, une foule sympathique s'écrase autour de la musique militaire. Quatre fillettes, joliment parées, offrent des fleurs au chef et à chacun des exécutants, en gage de bon accueil. Et puis, quatre heures plus tard, tandis qu'une énorme assistance, massée sur les trottoirs de l'avenue dont tous les tilleuls sont décorés de drapeaux tricolores les acclame au passage, les fantassins de notre beau 76e s'en vont vers Rebais, tous réjouis d'une si chaleureuse réception. » *C'était il y a cinquante ans*, *Le Pays Briard*, 19 juin 1964.

8. Caporal VASSAL, *Le 76e Régiment d'Infanterie dans la Grande Guerre,* Archives familiales, p. 5.

9. Les permissions agricoles pour des périodes de 15 jours sont d'un usage admis avant guerre et relèvent d'une gestion de proximité du contingent d'origine rurale. Il n'est pas

Il faut attendre les derniers jours de juillet pour que la situation internationale devienne un sujet d'inquiétude : en cela, la correspondance de Maurice traduit bien que l'opinion française, malgré l'attentat de Sarajevo le 28 juin, était loin de penser la guerre comme inéluctable[10]. À la veille de la mobilisation générale, la lettre qu'il écrit le 30 juillet, aux multiples ratures, témoigne de son anxiété : « on ne nous parle plus que de la guerre » écrit notamment Maurice.

– La mobilisation générale

La mobilisation concerne les conscrits déjà sous les drapeaux comme Maurice et tous les réservistes des classes les plus anciennes. Ceux-ci constituent l'essentiel des effectifs de l'armée, de l'ordre du tiers dans les régiments d'active et de 100 % dans les régiments de réserve et de la territoriale[11] : réservistes âgés de 24 à 33 ans, hommes âgés de 34 à 39 ans de la territoriale et hommes âgés de 40 à 45 ans de la réserve de la territoriale.

Le samedi 1er août, les clochers des communes de France sonnent le tocsin pour annoncer la mobilisation générale le lendemain, dimanche 2 août. Tous les hommes âgés de 21 à 48 ans sont tenus de rejoindre leur affectation, « sous peine d'être puni avec toute la rigueur des lois » selon les termes de l'affiche apposée dans chaque commune. En pleine moisson, la mobilisation des hommes et la réquisition des chevaux et charrettes dans les fermes désorganisent totalement la production agricole dans une nation qui compte plus de 40 % de paysans[12].

Maurice rejoint les hommes, originaires pour la plupart de Seine-et-Marne, du Loiret, du Loir-et-Cher, de l'Yonne et de la Seine à une période où le recrutement est encore largement territorialisé, dans la caserne de Clignancourt à compter du 2 août. Jean Galtier-Boissière, caporal au 3e bataillon du 31e RI, mentionne à la caserne des Lilas à Paris, les réservistes qui arrivent avec « des airs de patrons et de pères de famille[13] ». Il faut leur fournir leur habillement – un képi rouge à bord bleu, un pantalon rouge et d'un manteau bleu à deux rangs de boutons dorés –, leur armement et leur équipement : on leur remet un fusil Lebel modèle 1886, des cartouches, un sac à dos, avec gamelle et outils. Le 76e RI est porté à ses effectifs

tenu compte des conditions climatiques qui peuvent entraîner des retards dans les travaux, rendant alors inutiles les permissions.

10. Sur cette question du basculement dans la guerre, voir BECKER Jean-Jacques, *1914. Comment les Français sont entrés dans la guerre*, Paris, Presses de la FNSP, 1977.

11. Les hommes mobilisés jusqu'à 45 ans se répartissent selon les classes d'âge dans l'armée d'active, l'armée de réserve, l'armée territoriale et la réserve de l'armée territoriale. Le système de conscription impose à tout homme valide d'effectuer trois ans dans l'active, onze dans la réserve, sept dans la territoriale et sept dans la réserve de la territoriale. Progressivement la réserve de l'armée territoriale incorpore les hommes âgés de 46 à 49 ans.

12. Ainsi que le note Maurice dans ses mémoires, « Ma mère reste seule pour faire la culture. Elle a un ouvrier sérieux, heureusement, car, si je croyais partir pour trois ans, j'en ai fait presque six dont cinq de guerre affreuse. » GASTELLIER Maurice, *Mémoires…*, *op. cit.*, p. 3.

13. GALTIER-BOISSIÈRE Jean, *La Fleur au fusil*, *op. cit.*, p. 105.

de guerre : 57 officiers, 280 sous-officiers, 3 062 caporaux et soldats, au total quelque 3 400 hommes, 83 % de plus qu'en temps de paix[14]. Trois sections de mitrailleuses, équipées du modèle Puteaux-Saint-Étienne 1907, sont par ailleurs constituées, une par bataillon (*ill. 8*).

– Le maintien de l'ordre dans Paris

Le 1er bataillon, celui de Maurice, est commandé par le commandant Demongeot, tandis que sa compagnie, la 3e, est aux ordres du capitaine Giraudeau[15]. Ses premières missions, outre l'accueil des réservistes, consistent en la protection d'installations jugées sensibles à Paris et dans les environs. Maurice est affecté à la garde d'une usine électrique à Saint-Denis, témoignant du climat d'espionnite qui prévaut dès les premières heures de la mobilisation, mais aussi de la crainte des autorités civiles et militaires quant à de possibles mouvements d'hostilité à la guerre. Selon lui, « il y a même une sentinelle [...] qui a vu un officier allemand en civil qui se préparait à faire sauter un grand pont [...] il a fait feu sur lui et l'a tué net » (lettre du 2 août 1914). Il est peu probable cependant que la victime – s'il y en eut bien une – ait été l'officier allemand en civil décrit par Maurice. Jean Galtier-Boissière, affecté à la garde dans le quartier de Belleville-Ménilmontant, décrit ce contexte de « folie collective » : « La lie de la population est brusquement remontée à la surface, mais d'honnêtes travailleurs aussi se transforment brusquement en énergumènes, se jettent au pillage, ou, faute d'ennemis à trucider, en imaginent à tous les coins de rue[16]. »

Maurice fait état de la mobilisation de la réserve de la territoriale, les « pépères », âgés de 40 à 45 ans – comme Joseph l'ouvrier de la ferme familiale, de la classe 1888 – affectés à des missions de surveillance et protection. Leur équipement est souvent sommaire à cette date, ainsi qu'en témoigne Maurice, la priorité étant donnée aux régiments d'active et de réserve devant gagner le front : « nous avons été remplacés par des vieux soldats comme Joseph de 45 ans [...] ils étaient moitié civil, moitié soldats » (lettre du 2 août 1914)[17].

---

14. Le régiment d'active comprend trois bataillons de quatre compagnies. Le régiment de réserve est composé de deux bataillons de quatre compagnies. Chaque compagnie, 250 hommes environ, est divisée en sections. Chaque section, une cinquantaine d'hommes environ, étant elle-même divisée en escouades composées d'une dizaine d'hommes.

15. SHD/DAT 26 N 662/1, JMO du 76e RI, 1er août 1914.

16. GALTIER-BOISSIÈRE Jean, *La Fleur au fusil, op. cit.*, p. 102.

17. Considérés comme trop âgés pour monter au front, les hommes de la réserve territoriale sont chargés de la surveillance des lieux stratégiques de l'arrière : ponts, voies ferrées, bâtiments officiels. Le panachage de leurs vêtements « moitié civil, moitié militaire » montre les difficultés de l'intendance militaire à fournir des tenues réglementaires.

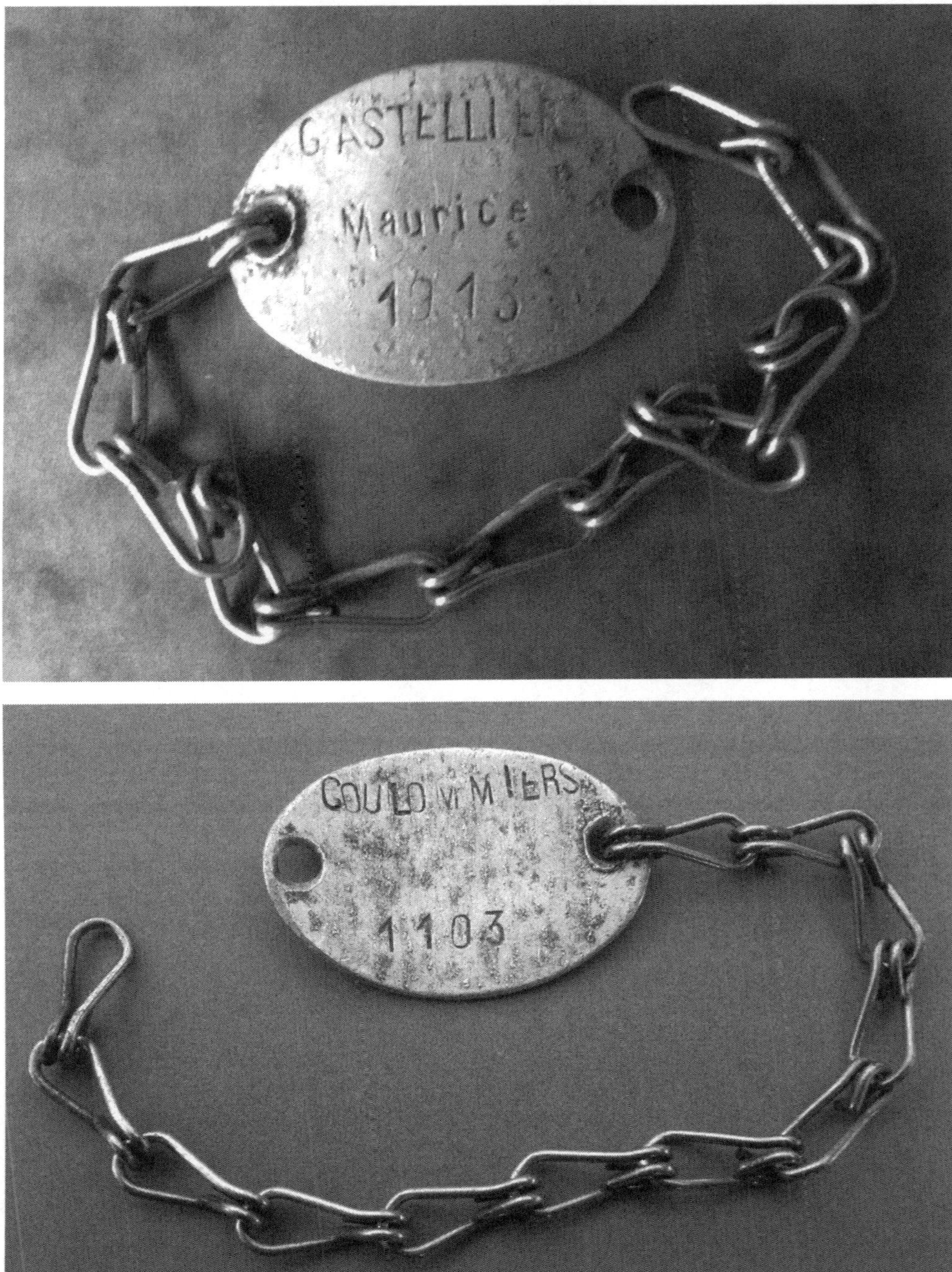

Ill. 8. Plaque d'identité de Maurice Gastellier portée au poignet (Archives familiales, DR). Au recto : nom, prénom, classe. Au verso : bureau de recrutement « Coulommiers », numéro de matricule « 1103 ».

– Lettre 1 [Le 8 novembre 1913][18]

Amitiés sincères, Maurice.

– Lettre 2 [Le 13 novembre 1913][19] (*ill. 9*)

Amitiés sincères, Maurice.

– Lettre 3 Paris le 24 nov[embre 1913], *je n'ai pas encore reçu ta lettre*[20]

Chère Maman

Heureusement que j'ai été dimanche dernier chez nous pour connaître de tes nouvelles car je n'ai pas encore reçu ta lettre que tu m'a écris. N'empêche que si j'avais resté à la caserne dimanche, j'aurais été content de ne jamais recevoir de lettres, je m'aurais demandé ce que ça voulait dire. Maintenant, je me demande où elle est passée, si il y avait eu de l'important dedans, ça aurait été pareille. N'a donc tu pas bien mis l'adresse. Je te répète encore, il faut mettre M. Gastellier soldat 76e de ligne 3e compagnie caserne Clignancourt Paris ~~S et M~~ Matricule 5168. Çà m'étonnerait qu'elles viennent quatre jours en retard. N'importe comment, elle n'a pas venu dimanche car les lettres sont écrites sur un registres qu'on signe en face quand on prend la lettre et mon nom n'y était pas.

Ton enfant qui t'aime. Maurice

– Lettre 4 [Le 18 décembre 1913][21]

Souvenir de tes vingt ans, René

Les permissions agricoles, jusqu'à une période de 30 jours, sont accordées par les chefs de corps au maximum à 10 % de l'effectif simultanément. En prévision des besoins de main d'œuvre à la ferme familiale pour l'été, la mère de Maurice écrit au commandant de la 3e compagnie pour solliciter une permission agricole pour la moisson.

– Lettre 5 Le Theil, le 1er avril 1914[22] (*ill. 10*)

Monsieur le Commandant de la 3e compagnie

J'ai mon garçon Gastellier Maurice, matricule 5168 classe 1913 qui est à votre service à la 3e compagnie. Je viens vous demander de bien vouloir lui accorder un congé pour la moisson à partir du 20 juillet, époque où les travaux commencent habituellement dans notre pays. Je suis veuve et n'ai absolument que lui pour

18. Carte postale, l'escouade de Maurice à Clignancourt, adressée à son frère René, format 13,5 × 9 cm. Archives familiales.

19. Carte postale, l'escouade de Maurice à Clignancourt, adressée à son frère René, format 14 × 9 cm. Archives familiales.

20. Feuille recto-verso, format 17 × 11 cm, pliée en deux.

21. Carte anniversaire pour les 20 ans de Maurice, envoyé par son frère René, format 14 × 9 cm. Archives familiales.

22. Feuille recto, format 17 × 11 cm, pliée en deux.

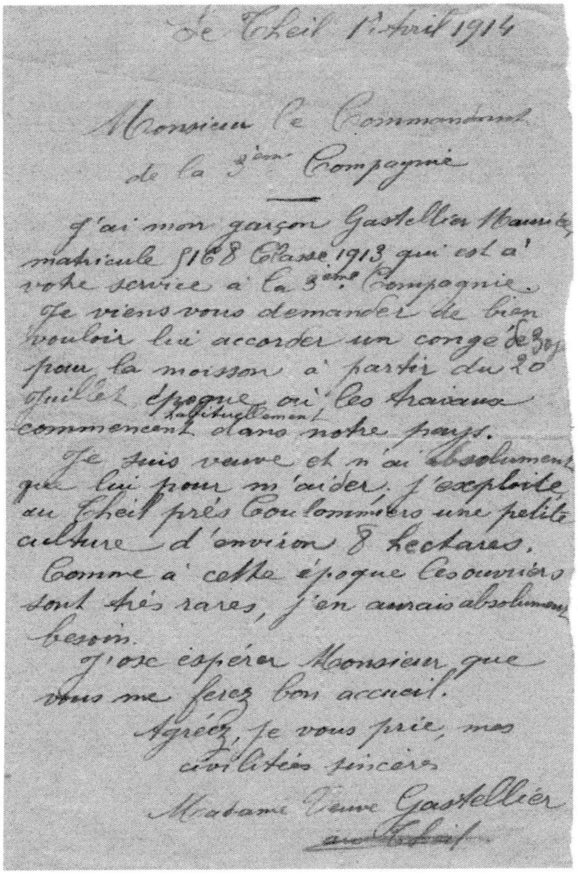

Le Theil 1er avril 1914

Monsieur le Commandant
de la 3ème Compagnie

J'ai mon garçon Gastellier Maurice,
matricule 5168 Classe 1913 qui est à
votre service à la 3ème Compagnie.
Je viens vous demander de bien
vouloir lui accorder un congé de 30 j
pour la moisson à partir du 20
Juillet époque où habituellement les travaux
commencent dans notre pays.
Je suis veuve et n'ai absolument
que lui pour m'aider. J'exploite
au Theil près Coulommiers une petite
culture d'environ 8 hectares.
Comme à cette époque les ouvriers
sont très rares, j'en aurais absolument
besoin.
J'ose espérer Monsieur que
vous me ferez bon accueil.
Agréez, je vous prie, mes
civilitées sincères

Madame Veuve Gastellier
~~au Theil~~

Ill. 9. Carte postale de l'escouade de Maurice Gastellier à Clignancourt, adressée à René son frère, 13 novembre 1913. Maurice est le second au 1er rang, en partant de la droite (Archives familiales, DR).

Ill. 10. Lettre de Julia sa mère sollicitant « un congé pour la moisson », 1er avril 1914 (Archives familiales, DR).

m'aider ; j'exploite au Theil près Coulommiers une petite culture d'environ huit hectares. Comme à cette époque, les ouvriers sont très rares, j'en aurais absolument besoin. J'ose espérer Monsieur que vous me ferez bon accueil.

Agréez mes civilités les plus sincères.

Madame Veuve Gastellier au Theil

– **Lettre 6 Clignancourt le 6 juin 1914,** *je suis de piquet d'incendie*[23]

Chère maman

Je n'ai pas encore reçu de nouvelles de René mais je pense en recevoir ces jours ci. Je me demande si ça va mieux. Je ne m'en va pas ce soir en permission car je suis de piquet d'incendie ; on vient de nous vacciner ce matin, jusqu'à présent, ça ne va pas mal. Je ne sais pas si dimanche en huit, je pourrai m'en aller, je le voudrais bien.

En tous les cas, si je n'y vas pas, je passerons toujours à Coulommiers le 18 juin. Tu t'arrangerais pour me voir car j'aurais besoin d'argent. En tous les cas pour le moment j'en ai assez, j'ai encore 11 f.. Maintenant de Rebais, je pourrai peut être m'en aller mais pour cela faudrait qu'on amène ma bécane, alors ce n'est pas facile[24]. Comme voilà Monnette, s'il était libre, il pourrait me l'amener s'il peut tenir une bicyclette, étant en bécane[25]. En tous cas, je te voierai toujours le 18 juin, on en recauserait. Comme on y restera deux jours, je ne sais pas encore si on pourrais s'en aller coucher chez soi, je serai content d'avoir ma bicyclette chez quelqu'un à Rebais.

Voilà l'itinéraire du camp de Châlons[26] :

Départ	16 juin	20 km	Chelles
	18 juin	25 km	Crécy
	18 juin	24 km	Rebais
	19 juin	0 km	
	20 juin	22 km	Rieux
	21 juin	25 km	La Caure
	22 juin	24 km	Plivot
	23 juin	24 km	Châlons
		164 km	

23. Feuille recto-verso, format 22 × 17 cm, pliée en quatre. Ecrite à l'encre noire.

24. Rebais, chef-lieu de canton, arrondissement de Provins (Seine-et-Marne) est situé à 12 km de Coulommiers. Maurice possède une bicyclette dont l'usage se développe dans les campagnes depuis les années 1895-1905.

25. Monnette, un voisin du Theil.

26. Châlons-sur-Marne, aujourd'hui Châlons-en-Champagne, préfecture du département de la Marne. Créé sous le Second Empire, le camp de Châlons – aujourd'hui connu sous le nom de camp de Mourmelon – peut accueillir plusieurs dizaines de milliers de soldats en manœuvres. Il est aussi l'un des hauts-lieux de l'expérimentation des nouvelles techniques, notamment en matière d'aviation dans les années qui précèdent la Grande Guerre.

Vos betteraves doivent être finis de biner mais il reste à les dépresser. Vous devez bientôt commencer la fanerie[27]. Je vous souhaite bon courage et beau temps mais moi, comme tu vois, tu n'as pas à compter sur moi, même pas un malheureux dimanche. Si je ne vas pas dimanche en huit en permission que je ne peux pas leurs dirent, tu diras à ma tante Mélanie que si elles veulent me voir, qu'elles se mettent du côté de ma tante Mélie à Meaux. Je m'arrangerai pour être de ce côté là. Je pense aussi passer à Voisins mais Mauricette n'aura pas le temps de venir me voir s'il fait beau, elle aura autre chose à faire. Je ne vois plus grand chose à te dire, je pense que ça va et René qu'il y a du mieux.

Ton enfant qui t'aime.

Maurice

– Lettre 7 Clignancourt le 15 juin 1914, *une halte à Coulommiers*[28]

Chère mère,

Je t'écris ce soir pour te dire que nous arrêterons à Coulommiers jeudi matin sur le coup de 8 heures[29]. Maintenant je pense que l'on fera une halte de trois ou quatre heures, que l'on mangera à onze heures à Coulommiers ; à une heure, la musique jouera le concert sur la place du Marché et on repartira l'après-midi pour coucher à Rebais. On ira peut-être, c'est même sûr, déposer nos sacs et nos fusils dans la cour de la caserne ; alors on ira avec la musique jusqu'à la caserne. Si tu veux me voir, tu pourrais descendre jusque là à huit-neuf heures.

Alors c'est demain matin que nous partons pour Chelles[30]. On vient d'essayer le sac ce soir, je t'assure qu'il pèse lourd je ne sais pas si on ne cannera pas en route, si j'irai jusqu'à Coulommiers[31]. Au moment où je t'écris, il pleut depuis cinq heures. Maintenant depuis cinq heures jusqu'à six heures (il est huit heures), il est tombé une orage comme il est rare de voir ça. La cour de la caserne était transformée en un véritable lac. Je pensais s'il a fait ce temps-là chez nous, les récoltes doivent être belles.

Comme je reviens de chez nous hier, je ne vois plus autre chose à te dire.

Ton enfant qui t'embrasse de tout son cœur.

Maurice

---

27. « Dépresser » les betteraves consiste à supprimer les jeunes plantules excédentaires après le semis. Avant l'arrivée des semences monogermes, cette opération, très éprouvante physiquement, se réalise manuellement le dos courbé à l'aide d'une binette. Le foin destiné à l'alimentation des chevaux sèche au champ sous l'action du soleil et du vent. La perte en eau est accélérée par des actions d'aération réalisées manuellement à l'aide d'une fourche et mécaniquement avec une faneuse tirée par un cheval. En cas de pluie, le processus est perturbé.

28. Feuille recto-verso, format 22 × 17 cm, pliée en quatre.

29. Le régiment traverse la ville de Coulommiers en liesse, le jeudi 18 juin 1914.

30. Chelles, première ville-étape de la marche, chef-lieu de canton, arrondissement de Torcy (Seine-et-Marne).

31. Au cours de ces marches et exercices, le fantassin est équipé de son fusil et de son sac d'une trentaine de kilos.

– **Lettre 8 Mourmelon le 25 juin 1914,** *nous sommes arrivés avec 32 km dans les pattes*[32]

Chère maman

Je m'empresse de t'écrire ce soir, maintenant que je commence à voir ce que c'est que le camp, pour te raconter mon voyage et pour te dire que je suis en bonne santé. Nous sommes arrivés mardi à onze heures avec 32 km dans les pattes au camp de Châlons. J'étais fatigué tellement que j'étais heureux d'être arrivé. Moi qui avait pourtant des pieds à ne pas blesser, j'étais comme les autres à la fin des deux dernières étapes, je ne pouvais plus me traîner, tout le bout de mes petits doits étaient en marmelades[33]. Quand je suis passé à Coulommiers, le jeudi à 2 heures, nous sommes arrivés à Rebais à 5 heures. Je me suis trouvé que ma section couchait dans la tuilerie à Gaillard. Alors j'ai fait connaissance avec lui, je lui ai parlé de la tuilerie de Baucarnaud et lui aussi et petit à petit on s'est mis à causer et le soir venu, je dis : a on va aller coucher dans la paille, il me dit, viens donc coucher avec le commis, ça fait je n'ai pas refusé, le lendemain matin comme on a fait séjour, c'était pareille, ça fait que c'est les deux seuls jours que j'ai couché dans un lit[34]. Enfin il a été agréable avec moi, le matin il me payait un casse-croûte et la goutte. Maintenant moi, le vendredi quand on n'avait rien à faire, je l'édais à enfosser[35]. Le lendemain, nous sommes partis pour Rieux à la limite du département de la Marne[36]. Le lendemain matin, comme les étappes étaient de plus en plus fortes, nous nous sommes levés à 1 heure 1/2 du matin, pour un dimanche, c'était un peu attiger et tous ~~dimanche~~ les jours comme ça jusqu'à Châlons[37]. Nous sommes passé à Epernay, c'est le paysage que j'ai trouvé le plus épatant avec toutes ces collines rien que plantées de vigne[38]. En arrivant au camp, je me suis trouvé juste dans Jacquet, c'est lui le premier du 106e que j'ai aperçu[39]. Nous sommes tout à côté des baraquements. Je suis tous les soirs

32. Feuille à carreaux de 0,8 × 0,8 cm, recto-verso, format 22 × 17,5 cm, pliée en quatre.

33. Un mois et demi avant les marches éprouvantes du mois d'août 1914, faites parfois sous la pression de l'offensive allemande, le témoignage de Maurice est d'autant plus intéressant sur ce point qu'il s'agit d'un rural sans doute plus habitué aux déplacements quotidiens à pied que nombre d'urbains de son régiment. L'on saisit aussi ici l'importance accordée à la marche dans les exercices de l'Armée ; sur ce point, voir ROYNETTE Odile, *« Bons pour le service »...*, *op. cit.*, p. 290-291 et 307-308.

34. Baucarnaud a repris la tuilerie familiale du Theil suite au décès du père de Maurice. Ces connaissances communes permettent à Maurice de passer deux nuits confortablement installé dans un lit. Ce confort, en cette période de grandes manœuvres, sera exceptionnel à compter du mois d'août 1914.

35. L'argile est extraite manuellement à la pelle et à la pioche directement dans des fosses.

36. Rieux, canton de Montmirail, département de la Marne.

37. « Un peu attiger », un peu exagéré.

38. Épernay, chef-lieu de canton, département de la Marne.

39. Il s'agit du 106e RI, régiment caserné justement à Châlons-sur-Marne, où certains conscrits des environs de Coulommiers effectuent leur service militaire.

avec tous mes copins. Dimanche j'irai visiter Reims[40]. Delaître doit s'en aller au Theil tout de même mais il faut avoir envie, il descendra à La Ferté-sous-Jouarre et reviendra en bicyclette, ça fait que je lui donnerai un petit paquet, 2 chemises et une paire de chaussettes que tu n'aura qu'à lui en donner des propres ; ça fait que si tu as quelque chose à me dire, tu pourras lui dire, ça ne t'empêchera pas de m'écrire[41]. ~~pour~~

Je pense que vous allez tous bien et que vous travaillez de même, surtout René, il doit barder de ce temps-là. Je me demande si tes betteraves sont dépressées, si le sel est semé, si votre fanerie est finite[42]. J'y vas peut-être un peu vite ? enfin si vos luzernes y sont.

Nous on voit tout le temps en haut du camp 5 ou 6 aéroplanes évolués au-dessus de nous, on ne les regarde même plus[43]. Enfin encore 14 jours puis on s'en retourne à Paris on sera encore mieux.

En attendant le plaisir de vous voir, je vous embrasse de tout mon cœur.

Maurice

Pour de l'argent j'en ai grandement j'ai encore 30 f.[44].

– **Lettre 9 Camp de Châlons le 3 juillet 1914,** *on a attrapé chaud depuis huit jours*[45]

Chère maman et cher frère

Si je vous écris ce soir c'est que je commence à m'ennuyer. Je t'ai écris la semaine dernière et tu ne m'a pas répondu et je voudrais bien savoir si vous allez bien, si votre ouvrage va bien. Maintenant par des chaleurs comme il en fait, j'aurai peur que vous attrapiez du mal. Ecris-moi ça fait que je serai plus tranquille ; je sais que depuis quelque temps, vous ne deviez pas avoir grand temps pour écrire car il faisait bon travailler. Je voudrais bien savoir d'où vous en êtes et d'où que ton locataire en est. Maintenant, je pense que ma lettre va peut être se croiser avec la tienne car ça m'étonne que tu ne m'ai pas encore écrit aujourd'hui.

---

40. Reims, sous-préfecture, département de la Marne.

41. La-Ferté-sous-Jouarre, chef-lieu de canton, arrondissement de Meaux (Seine-et-Marne). L'on perçoit ici le rôle des permissionnaires dans la transmission de nouvelles ou d'objets entre le conscrit et sa famille, facilité par le recrutement largement territorialisé. Il est rare que l'on ne connaisse pas quelqu'un du « pays » à la caserne. Ce rôle se renforcera encore avec la guerre.

42. Du sel est répandu sur le foin rentré en grange afin qu'il ne chauffe pas.

43. Les premiers avions et ballons, utilisés par l'Armée pour l'observation et le renseignement, sont une attraction pour les conscrits. Si Maurice dit ne plus les regarder après quelques jours passés à Châlons, nombre de témoignages disent combien ces machines émerveillent les soldats au cours des premiers mois du conflit.

44. La solde versée aux conscrits est en général insuffisante pour faire face à toute une série de dépenses du quotidien. L'aide financière des familles est donc souvent la bienvenue. La chose sera plus nette encore après l'entrée en guerre.

45. Feuille recto-verso, format 22 ×17 cm, pliée en quatre.

Delaître m'a rapporté le linge dimanche, moi j'ai été à Reims, nous avons visité la cathédrale et après nous nous sommes promenés dans la ville.

Voilà le temps qui a l'air de vouloir rester à la pluie mais je t'assure que l'on a attrapé chaud depuis huit jours, il s'est trouvé des jours que j'étais prêt à tombé; j'ai un copin qui a tombé et ce n'était pas le seul[46]. On revenait trempé comme si on avait plongé dans l'eau. Hier, on a marché toute la journée, revenu à 5 heures du soir, reparti à 7 heures et demie et revenu à onze du soir; ce matin, le réveil était à trois heures et demie et départ à quatre heures et demie. Heureusement que ce n'est pas tous les jours comme ça mais ça ne fait rien, c'est autre chose qu'à la caserne. Vivement qu'on se retourne à Clignancourt, enfin encore 7 jours, on part vendredi matin. Je pensai, tu ne m'aurais pas mal mis l'adresse? en tous cas la voilà : M. Gastellier soldat au 76e d'infanterie 3e compagnie au camp de Châlons (Marne).

C'est dimanche la fête au Theil mais je ne veux pas y aller, pour s'en aller à 5 heures le soir, c'est pas la peine. Je pense m'en aller pour l'autre dimanche mais c'est pas sûr. Demain je ne demande pas de permission, j'aime autant me reposer.

Enfin en attendant vos nouvelles que je pense être bonnes, je vous embrasse de tout mon cœur[47].

Ton enfant qui t'aime.

Maurice

– **Lettre 10 [Le 6 juillet 1914]**[48] (*ill. 11*)

Souvenir du camp, Maurice.

– **Lettre 11 Camp de Châlons le 6 juillet 1914,** *je ne pourrai pas rentrer la moisson*[49]

Chère maman

Aussitôt que je reçois ta lettre, je m'empresse de te tranquilliser. J'ai bien reçu tout ce que tu m'as envoyé mais je n'avais pas vu ta lettre, sur ce que tu me mettais, j'ai regardé dans mon papier à lettres et j'ai bien vu la lettre en question;

46. Le « coup de chaleur » est un mal récurrent chez les soldats lourdement chargés au cours de ces longues marches en plein été. L'armée française n'est pas la seule concernée : après un mois de marches incessantes, la 1re armée de Von Kluck déplorera la perte de près de 8 000 hommes pour cause de coups de chaleur et de plaies aux pieds. Sur ce point, voir ROYNETTE Odile, *« Bons pour le service »*..., *op. cit.*, p. 308 et HERWIG Holger H., *The Marne, 1914. The Opening of the World War I and the Battle that Changed the World*, New York, Random House, 2011, p. 156.

47. L'on pourra noter l'absence de toute référence à la situation internationale dans cette première lettre suivant l'attentat de Sarajevo, le 28 juin 1914. La guerre semble encore très lointaine en ce début du mois de juillet 1914.

48. Carte postale, l'escouade au camp de Châlons, adressée à son frère René, format 14 × 9 cm. Archives familiales.

49. Feuille à carreaux de 0,8 × 0,8 cm, recto-verso, format 22,3 × 17,7 cm, pliée en quatre.

Ill. 11. Carte postale du camp militaire de Châlons adressée par Maurice Gastellier à René son frère, 6 juillet 1914. Maurice est le 1er à droite, debout les bras croisés (Archives familiales, DR).

ça fait que j'ai eu deux lettres à lire d'un coup. Mais tu aurais toujours dû mettre quelque chose sur l'enveloppe que je voie que ce n'était pas une enveloppe vide. Comme je voie vous avez bien du mal mais enfin l'ouvrage va pas mal cette année. J'ai toujours peur que tu force de trop et que tu tombe malade, c'est que par les chaleurs de ces jours derniers, on était rudement mal. Je vois que vous n'êtes pas en retard pour l'ouvrage.

Tu pourras dire à René que, ce que tu me dis sur sa comédie, que ça me fait guère plaisir, tu aurais même mieux fait de ne pas m'en parler, car, ça m'en bête plus que si je savais ce que c'est. Mais enfin n'en parlons plus on sait bien que par les ces temps là on a des drôles de tête. Comme je vois, les ouvriers c'est de pire en pire, enfin je vais aller pour 15 jours à la moisson, ça ira peut être mieux. Tu me dis, sur ta première lettre que tu m'as envoyée dans le paquet, pourvu que je revienne autour du 20 car Joseph va faire ses 3 jours et que la moisson va mûrir vite[50]. Mais tant mieux, car moi ça m'enbêtait quand on vient de me dire que je partais le 16 juillet pour 15 jours jusqu'au 1er août, je me disais, j'arriverai, la moisson sera pas mûr et je n'aurai pas d'ouvrage et quand je m'en irai, la moisson sera en plein. Alors, pourvu qu'elle mûrisse le plus tôt possible car les <u>grandes</u>

50. Joseph, âgé de 45 ans, fait partie de la RIT, dernière composante de l'armée regroupant les citoyens âgés de 40 ans et plus, libérés de leurs obligations militaires mais effectuant des périodes d'exercices.

permissions ne sont pas longues[51]. Maintenant, je pense m'en aller dimanche prochain pour 24 heures. En ce moment, nous n'avons pas tant de mal que par ces temps derniers mais enfin on sera tous contents quand on va s'en aller, encore trois jours et vendredi matin, on s'en retourne en chemin de fer. Je me demande aussi si tu vas vende ta paille d'avoine avant la moisson ; si je n'ai que 15 jours de permissions, je ne pourrais pas rentrer la moisson mais si je pouvais lier tous les blés et une partie des avoines, ce serait toujours autant.

Enfin, je ne vois plus grand chose à te dire, puis si je m'en vais samedi, je ne te réécrirais plus d'ici là.

Bien le bonjour à René et souhaite lui qu'il se conduise un peu mieux et qu'il travaille bien comme j'espère il le fait.

Ton enfant qui t'aime.

Maurice

– Lettre 12 [Le 11 juillet 1914][52] (*ill. 12*)

Dernière journée, camp de Châlons, Maurice.

Ill. 12. Carte postale du camp militaire de Châlons adressée par Maurice Gastellier à René son frère, 11 juillet 1914. Maurice est debout, le second en partant de la gauche (Archives familiales, DR).

51. Avant le déclenchement de la grande guerre, les chefs de corps peuvent attribuer jusqu'à 30 jours de permission agricole au maximum à 10 % de l'effectif simultanément.

52. Carte postale, camp de Châlons, adressée à son frère René, format 14 × 9 cm. Archives familiales.

– Lettre 13 Clignancourt le 30 juillet 1914, *on ne nous parle plus que de la guerre*[53]

Chère maman

Je t'écris ce soir, ce n'est pas que j'ai grand chose à te dire mais c'est pour te parler un peu de ce que l'on dit à la caserne, ça n'a pas l'air d'aller de mieux en mieux, on ne nous parle plus que de la guerre et on nous explique un tas de chose comme si on partait dans quelques jours. Les officiers nous ont fait ce soir une leçon pour quand on sera blessé pour se panser avec le paquet de pansement que l'on a dans notre poche quand on part à la guerre.

Je me demande ce que ~~là~~ ça va faire mais le capitaine nous a dit que mardi, on serait loin et il a une figure ce soir méconnaissable, il a l'air rudement triste ; ils ont peur plus que les soldats quoique on commence à avoir la frousse[54]. Moi, jusqu'à présent, je n'y croyais pas mais maintenant, je suis presque forcé. On parle que les classes libérées, les classes 8-9-10 sont rappelées ~~et qu'elles vont arrivées demain matin~~ mais je ne le crois pas. Nous nous préparons rudement, c'est peut-être pour être plus sur ~~la~~ nos gardes, il n'y aura peut être rien mais je me le demande.

Enfin, ne te tourmente pas plus que moi, il ~~est~~ sera encore temps si on part. Je ~~peux~~ me demande quand je reverrais le Theil et d'où j'en serai et quand-est-ce que ce sera ?

Je crois que l'on va laisser la moisson cette année et dire que maintenant qu'il fait beau tous les jours comme l'on était sûr d'ailleurs. Vous en avez besoin quand même, enfin, vous vous en arrangerai du mieux possible.

Je pense que René ~~va marcher le mieux possible~~ ne fera pas comme à la Saint-Jean et qu'il me remplacera, d'ailleurs faudrait pas qu'il aie de cœur.

Enfin, je vous souhaite bon courage surtout à René car il en a besoin.

En attendant le plaisir de vous revoir, qui n'est peut être pas près, je vous embrasse de tout mon cœur.

Maurice

53. L'une des rares lettres avec des ratures, traduisant son anxiété. Feuille à carreaux de 0,8 × 0,8 cm, recto-verso, format 22,3 × 17,7 cm, pliée en quatre.

54. Le témoignage de Maurice se démarque, ici, avec de nombreux autres évoquant certes la gravité de ces moments, mais aussi la joie affichée par certains. Si le mythe du départ « La fleur au fusil » a de longue date été battu en brèche par la recherche historique, alcool aidant, sans doute aussi sous la pression du groupe, nombre de conscrits et de réservistes font preuve d'un enthousiasme au moins relatif en convergeant vers leurs casernes dans ces premiers jours d'août 1914. Sur ces questions, voir BECKER Jean-Jacques, *1914. Comment les Français…*, *op. cit.*, p. 309-312.

Nous ne sommes pas encore mobilisés mais on dit (toujours on dit) que l'on va y être cette nuit[55]. Dans Paris, il y a toujours du potain et ce soir, ils ont pris leurs dispositions en cas de fortes troubles qui sont attendus[56].

– **Lettre 14 Paris le 2 août 1914,** *la garde dans une grande usine électrique*[57]

Chère mère et cher frère

Je profite de ~~t'écrire~~ de vous écrire ce soir car j'ai le temps maintenant. On a plus grand chose à faire en attendant que l'on parte à la guerre. Cette nuit, nous étions à prendre la garde dans une grande usine électrique de Saint-Denis[58]. Je t'assure qu'il y avait à faire attention car avec tout ce qui se passe aujourd'hui, on avait le fusil chargé. Il y a même une sentinelle, pas de chez nous mais qui était de garde sur le ligne de chemin de fer un peu plus loin dans Saint-Denis. Il a vu un officier allemand en civil qui se préparait à faire sauter un grand pont que je connais, alors il a fait feu sur lui et l'a tué net.

Sur le coup de dix heures du matin, nous avons été remplacés de garde par des vieux soldats comme Joseph de 45 ans. Quand on les a vu arriver, il y a que ça juste si ça nous faisait pas pleurer. C'était triste, ils étaient à moitié civil, moitié en soldat ça fait que maintenant nous ne sommes pas près de prendre la garde mais nous avons de la drôle d'ouvrage. Je crois que l'on va partir mercredi matin, je me demande la peine que ça va nous faire quand on sera dans le train[59]. Il y a dans la caserne plus de civils que de militaires. Toutes les familles des soldats viennent faire leurs adieux, c'est triste de voir ça. Doit y avoir rudement du mouvement aussi à la caserne de Coulommiers. Je ne sais pas encore comment que ça va tourner mais c'est en train et on doit déjà avoir des copains de tués. Je me demande si je reviendrai vivant mais en tous cas, ça ne sera pas moi le premier qui serait tué car il en passe en ce moment de la cavalerie et de l'artillerie[60]. Ah ! oui, il y a longtemps que l'on a vu ça, dire que ça a attendu mon tour pour venir.

---

55. Le premier jour de la mobilisation générale est le dimanche 2 août ; l'Allemagne déclare la guerre à la France le 3 août.

56. Il n'y eut en fait guère de troubles, malgré l'assassinat, le lendemain de Jean Jaurès. Le carnet B destiné à recenser les individus dont l'attitude est susceptible d'entraver le bon fonctionnement de la mobilisation ne sera d'aucune utilité, le faible taux d'insoumission dans un contexte d'Union sacrée, surprenant responsables politiques et militaires. Sur ce point, CRÉPIN Annie, *Défendre la France…*, *op. cit.*, p. 391 et BECKER Jean-Jacques, *1914. Comment les Français…*, *op. cit.*, p. 379-383.

57. Feuille à carreaux de 0,8 × 0,4 cm, recto-verso, format 22,2 × 17,4 cm, pliée en deux.

58. Le 76e RI est chargé de la garde de l'usine électrique de Saint-Denis, proche de la caserne de Clignancourt.

59. Le départ se fait le jeudi 6 août au matin, les 1er et 2e bataillons embarquent en gare de La Villette, le 3e en gare de Coulommiers ; SHD/DAT 26 N 662/1, JMO du 76e RI, 6 août 1914.

60. Les premières unités à partir sont précédées par la cavalerie beaucoup plus mobile que les fantassins. Il convient cependant de noter que les troupes dites de « couverture », stationnées

Enfin, jusqu'à présent, on y pense pas de trop heureusement.~~je me trouve.~~

Surtout ne te fait pas trop de mauvais sens, c'est ça qui me fait le plus de peine si je savais que tu pleures en ~~pensant~~ pensant à moi.

Dis-toi, c'est tout le monde, il y a des familles qui sont 4 ou 5, moi, je suis tout seul et Adrien dans ~~la~~ notre famille principale et on reviendra peut-être [61]. On ne sera pas en première ligne, tous les régiments de l'est seront avant nous.

Surtout si tu vends des marchandises, ne les vends pas trop chères car on te les prendrais de force, en temps de guerre, vaux mieux faire plaisir au monde.

En attendant le plaisir de vous revoir, ce que je serais heureux, je vous embrasse de tout mon cœur.

Maurice

dans les régions de l'Est et du Nord de la France, ont pour la plupart été mobilisées dès la fin du mois de juillet et sont prêtes à combattre depuis plusieurs jours.

61. Adrien, le beau-frère de Maurice, âgé de 30 ans, mobilisé dans la réserve de l'armée d'active du 76ᵉ RI, arrive au Corps le 4 août 1914; Arch. dép. de Seine-et-Marne, 1 R 1297, registres matricules de la subdivision de Coulommiers, classe 1904.

Chapitre 2
LES PREMIERS COMBATS (AOÛT-SEPTEMBRE 1914)

Embarqué en gare de La Villette dans des wagons à bestiaux, le bataillon de Maurice débarque en gare de Bannoncourt en vallée de Meuse dans la nuit du 6 au 7 août[1]. Commandé par le colonel Cottez, le 76e RI, avec le 31e RI, appartient à la 20e brigade et rejoint la colonne de la 10e DI du général Auger, partie prenante du 5e CA du général Brochin[2].

– La bataille des frontières

Chargé d'organiser la défense sur les côtes de Meuse, le régiment forme l'avant-garde de la 10e DI et marche sous la chaleur en direction du nord. Dans sa première lettre depuis qu'il est parti en guerre, Maurice écrit : « on fait des marches de 30 km et il fait rudement chaud » (lettre du 12 août 1914). Tandis que la troupe progresse, la chaleur provoque de nombreuses insolations. Après avoir cantonné à Fromezey dans la plaine de la Woëvre, le 14 août, le 1er bataillon reçoit l'ordre de protéger Eton et la côte 263. La 4e compagnie ouvre le feu le 15 août sur une patrouille allemande, route de Baroncourt à Eton[3].

1. Bannoncourt, canton de Pierrefitte-sur-Aire, arrondissement de Commercy (Meuse), est situé à une dizaine de kilomètres de Saint-Mihiel, importante ville de garnison.

2. Le 5e CA comprend la 9e DI d'Orléans, composée de la 17e brigade (formée du 4e RI d'Auxerre et du 82e RI de Montargis) et de la 18e brigade (formée du 113e RI de Blois et du 131e RI d'Orléans) et la 10e DI de Paris, composée de la 19e brigade (formée du 46e RI de Fontainebleau et du 89e RI de Sens) et de la 20e brigade (formée du 31e RI de Melun, du 76e RI de Clignancourt-Coulommiers, du 13e RAC de Vincennes, la compagnie 5/2 du 1er génie et le 331e RI d'Orléans). Avec un total de 24 000 hommes, il fait partie de la 3e armée du général Ruffey remplacé le 30 août par le général Sarrail.

3. « Une patrouille d'un officier et de 12 cavaliers allemands essaie de s'avancer sur la route Baroncourt à Eton. Un petit poste de protection de la 4e compagnie laisse approcher cette patrouille à 300 mètres, ouvre brusquement le feu, tue un cavalier et en blesse quatre. » SDH/DAT, 26N662/1, JMO du 76e RI, 15 août 1914.

Après avoir organisé des retranchements et mis en place des réseaux de fil de fer, le 21 août, le 76e RI prend place comme 4e régiment dans la 10e DI et s'approche des hauts de côtes dans les environs de Longwy. C'est le grand choc de la bataille des frontières dans les Ardennes. Le caporal Jean Galtier-Boissière du 31e RI, côtoie des hommes du 76e RI et écrit : « Finis les marches et l'exercice, c'est la vraie guerre qui commence[4] » (***carte 3***).

– Le baptême du feu

Attaqué dès le petit jour du 23 août, le régiment se replie sur Longuyon où il organise la ligne de résistance sur le flanc gauche de la 10e DI. Le 24 août, canonnés dès 3 heures du matin par l'artillerie allemande, les trois bataillons du 76e RI, avec un bataillon du 46e RI, sont engagés dans les combats « de cette maudite colline de Noers[5] ! ». Un feu de mitrailleuses et une véritable pluie d'obus submergent et déciment les troupes françaises, comme le décrit si bien Jean Galtier-Boissière : « L'ennemi qui nous mitraille est toujours invisible. Nous n'avons pas encore tiré un seul coup de fusil[6] ! » Les pertes du régiment sont de 421 hommes soit 12 % des effectifs et Maurice mentionne pour la première fois : « depuis cinq jours, on était au feu et ça pleuvait les obus et les balles [...] le 3e bataillon de Coulommiers a été fortement éprouvé » (lettre du 27 août 1914)[7]. « Nous avons perdu les deux tiers de notre effectif » écrit Jean Galtier-Boissière[8].

– Le repli

La 20e brigade d'infanterie reflue vers le sud-ouest pour atteindre Damvillers. Elle entame une longue marche vers l'ouest et, en haut d'une côte, découvre la Meuse qu'elle franchit sur un pont miné à Sivry-sur-Meuse, le 26 août. Après avoir cantonné à Malancourt, le régiment reprend sa marche en direction du nord, le 27 août, et rejoint la colonne de la 10e DI sur la route de Romagne-sous-Montfaucon, le 28 août. Il poursuit sa route sous la chaleur pour arriver de nuit, le 29 août, à Fossé, où il fait face aux attaques allemandes, aux côtés du 46e RI. C'est la plus grande confusion : « nul ne sait où se trouve la ligne de feu » témoigne Jean Galtier-Boissière à Fossé[9]. L'ordre général de repli vers le sud est donné le 3 septembre pour défendre le défilé des Islettes en Argonne.

---

4. GALTIER-BOISSIÈRE Jean, *En rase campagne, 1914. Un hiver à Souchez, 1915-1916*, Paris, Berger-Levrault, 1917, p. 33.
5. *Ibid.*, p. 81.
6. *Ibid.*, p. 64.
7. Les pertes de l'armée française sont de 27 000 hommes pour la seule journée du 22 août.
8. GALTIER-BOISSIÈRE Jean, *En rase campagne...*, *op. cit.*, p. 66.
9. *Ibid.*, p. 106.

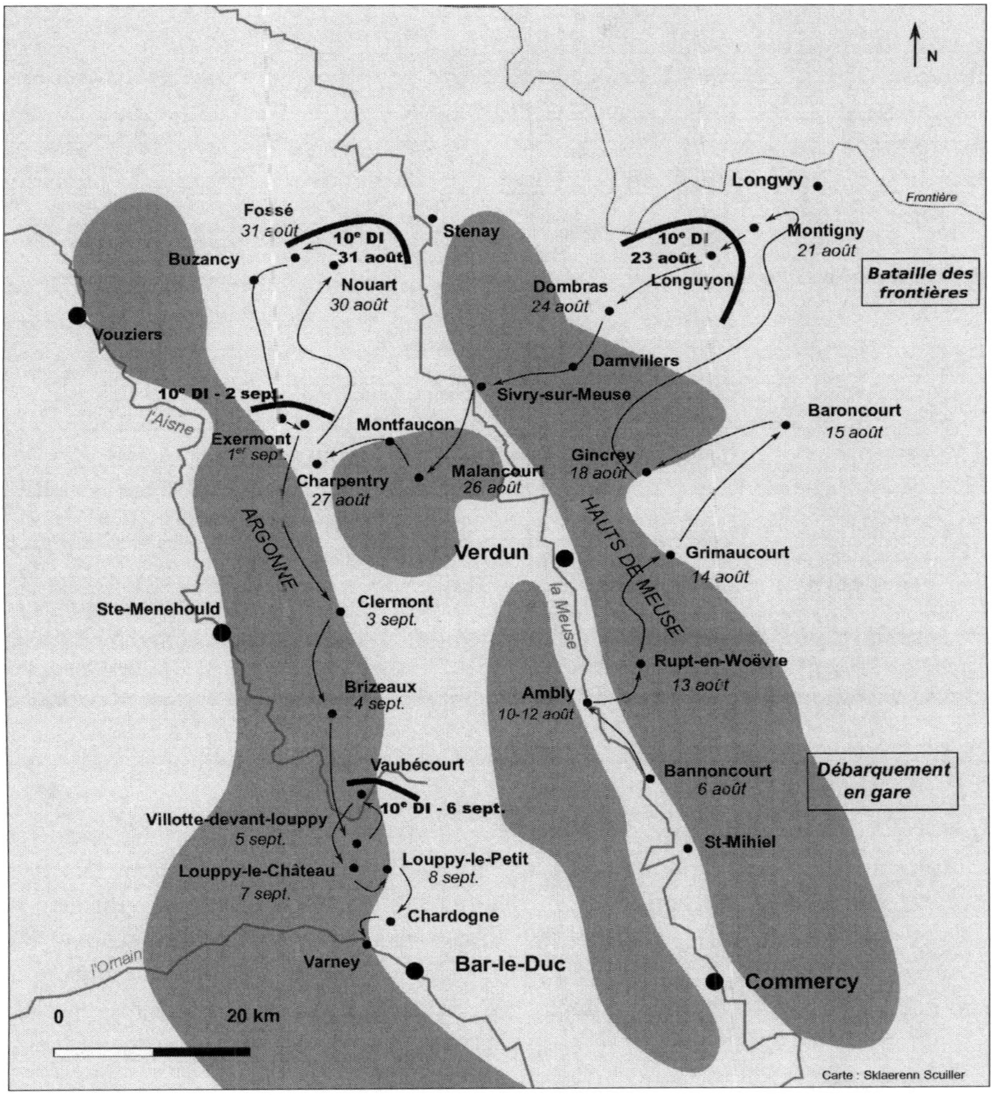

Carte 3. La 10e DI face à l'offensive allemande (août-septembre 1914).

– La bataille de Revigny

La bataille de la Marne débute le 5 septembre et s'étend sur un front de plus de 300 km de la Brie à la Champagne – la bataille de l'Ourcq, la bataille des deux Morins, la bataille des Marais de Saint-Gond, la bataille de Vitry-le-François – et jusqu'en Meuse avec la bataille de Revigny.

Au sud-ouest du département de la Meuse, les troupes allemandes s'efforcent de s'engouffrer entre la IIIe armée du Général Sarrail et la IVe armée du Général de Langle de Cary, entre la Saulx et l'Ornain. Le 76e RI, aux côtés de la 9e DI, est chargé d'organiser les avant-postes sur les hauteurs de Vaubécourt et subit de nombreuses pertes sous le feu de l'artillerie allemande qui se replie à partir du 12 septembre[10].

– La poursuite

Les troupes allemandes reculent pour se réorganiser solidement sur des hauteurs favorables et Jean Galtier-Boissière écrit le 14 septembre : « Nous passons à côté des tranchées allemandes abandonnées[11]. » Le 76e RI entame une poursuite par les Islettes en direction du nord de l'Argonne pour rejoindre Rarécourt le 15 septembre. Continuant sa marche en avant, il se porte avec le 31e RI dans les bois de Montfaucon-en-Argonne où le 1er bataillon subit de nombreuses pertes[12] (***carte 4***).

– Une correspondance réduite

Durant ces premières semaines de guerre, Maurice écrit peu (5 lettres en août, 7 lettres en septembre) et fait part de ses difficultés : « je n'ai pas de papier et on est si peu en main, nous sommes dans les bois et j'écris sur mon genoux » (lettre du 17 septembre 1914). Sans nouvelles depuis deux semaines, il écrit sa première lettre, le 12 août, mentionnant « 1re lettre ». Il s'étonne : « personne ne travaille dans les champs » et s'inquiète : « Si votre moisson se fera tout de même. » La circulation du courrier étant peu organisée, la première lettre de sa mère lui parvient le 13 août. La correspondance est restreinte ainsi qu'en témoigne Jean Galtier-Boissière, le 18 août : « Nous n'avons encore reçu aucune nouvelle des nôtres[13]. »

Les formules récurrentes destinées à rassurer les siens : « ne tourmente pas pour moi » (lettre du 4 septembre 1914), « Prends toujours patience » (lettre du 13 septembre 1914) apparaissent dès le début de la correspondance. La formule « Chère maman », utilisée systématiquement avant guerre, fait place rapidement à « Chère mère » témoignant de l'évolution du jeune soldat.

10. SHD/DAT-26 N 287.

11. GALTIER-BOISSIÈRE Jean, *La Fleur au fusil, op. cit.*, p. 258.

12. « Le 1er bataillon [...] à la lisière nord des bois de Montfaucon [...] attaque une compagnie allemande en tranchée dans le ravin 208. » SHD/DAT, 26N662/1, JMO du 76e RI, 16 septembre 1914.

13. GALTIER-BOISSIÈRE Jean, *En rase campagne…, op. cit.*, p. 29.

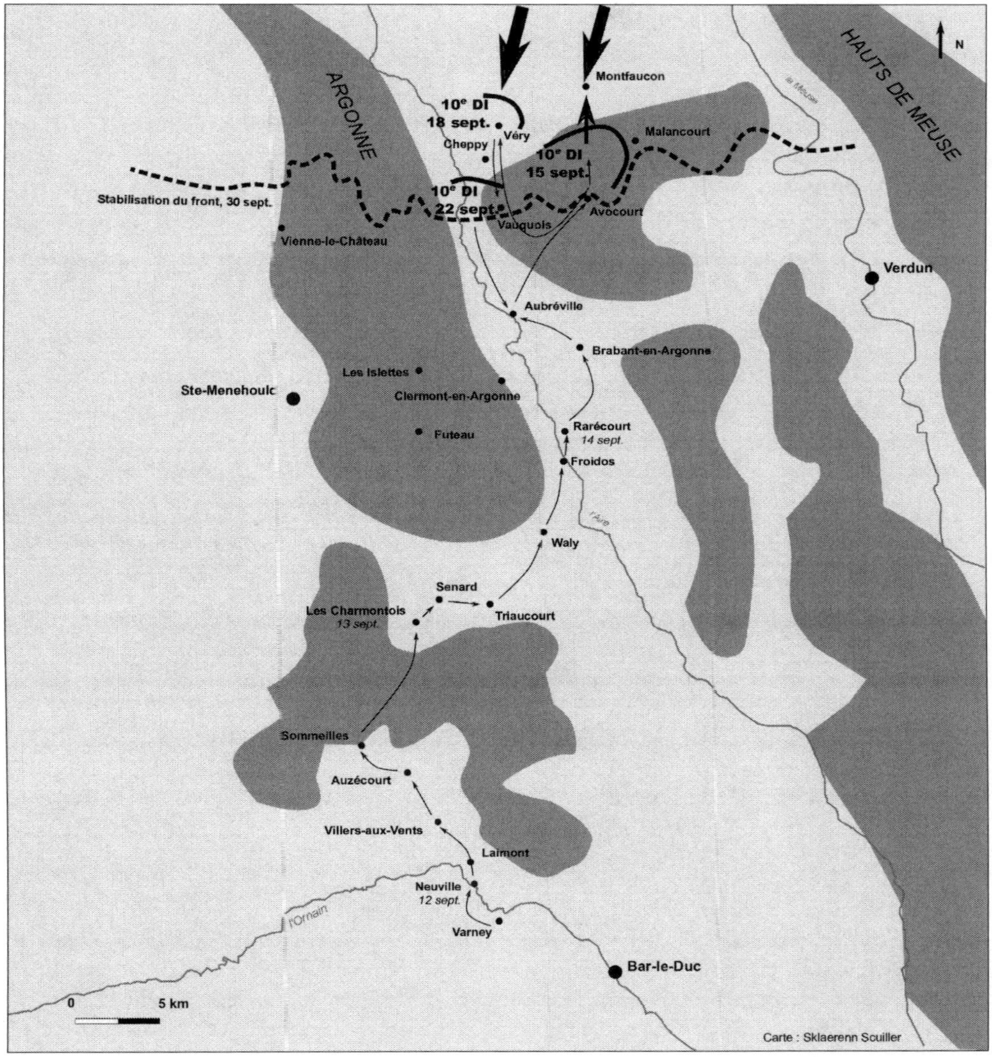

Carte 4. La 10e DI dans la contre-offensive française (septembre 1914).

Les autorités militaires incitent très vite à utiliser la carte postale militaire avec franchise postale pour encadrer et organiser le courrier postal, un premier type de carte de correspondance militaire est utilisé par Maurice (5 septembre 1914).

– Les Prussiens à Coulommiers

Maurice a néanmoins des nouvelles du pays, par un réserviste de Coulommiers, arrivant dans sa compagnie : « Il m'a parlé un peu du Theil et m'a dit qu'il t'avait vu [...] que le blé de la Croix était rentré et que par là l'ouvrage se faisait » (lettre du 27 août 1914). L'avancée des troupes allemandes sur Coulommiers à la fin de l'été 1914 inquiète particulièrement le poilu briard : « j'ai appris que les Prussiens étaient presque venus, jusqu'à chez nous mais qu'ils avaient été repoussés » (lettre du 13 septembre)[14]. C'est dans une lettre de sa mère du 17 septembre (que Maurice reçoit douze jours plus tard) qu'il apprend les conditions de son départ avec la voiture et un cheval : « les Allemands sont venus aussi à Coulommiers » indique-t-elle avant de poursuivre :

> « Ils ont pillés partout, surtout chez ta tante Mélanie, Mélie Dumas et ta tante Angèle ainsi que ton oncle à Saints, car tout le monde était partis, nous avons partis aussi avec la voiture, Gazonnois conduisait le cheval, nous avons été absents pendant sept jours, je croyais ne plus rien trouver en rentrant mais le Theil a été épargné, il en est venu qu'une dizaine [...] nous avons été à Montereau en passant par Rozay et Nangis, Mauricette a été à Moret [...] nous avons couchés dehors et le cheval aussi » (lettre du 17 septembre 1914).

Maurice utilise le terme de « Prussiens », il utilisera plus tard le mot de « Boches » pour la première fois dans une lettre du 5 novembre 1914. Finalement, c'est par une lettre de son frère (lettre du 28 août reçue par Maurice 20 jours après) qu'il est rassuré : « votre moisson a été bien rentrée » (lettre du 17 septembre 1914).

– La réquisition d'un cheval à la ferme

Suite à la réquisition d'un des deux chevaux de la ferme familiale, il s'inquiète de la préparation des terres pour le semis des blés d'automne. Le labour dans les terres fortes nécessitant deux chevaux pour tirer la charrue : « vous ne savez pas comment vous y prendre pour labourer car vous n'avez plus qu'un cheval » (lettre du 17 septembre 1914).

14. Coulommiers est occupé par les troupes du général Von Kluck du samedi 5 septembre à 8 heures du matin au lundi 7 septembre à 10 heures. Sur ce point, voir RICHARD Yves, *Coulommiers au cœur de la Brie,* Étrepilly, Les Presses du Village, 2000, p. 151. Le souvenir de l'occupation de Coulommiers et des réquisitions par les Prussiens qui établirent leur quartier général pendant le siège devant Paris de septembre 1870 à juin 1871 est très fort dans la population.

La réquisition des chevaux par l'armée, destinée à acheminer l'artillerie, les munitions et le ravitaillement est immédiate. Elle touche toutes les exploitations agricoles comme l'indique le bulletin de réquisition de la Commission n° 11 siégeant à Coulommiers en date du 3 août 1914 et mentionnant la réquisition d'un cheval sur la ferme familiale[15]. Pourtant les répercussions diffèrent selon l'importance de la ferme : « Pour une petite exploitation surtout avant 1914, la perte d'un cheval était une *catastrophe irrémédiable*, dont elle ne pouvait toujours se relever[16]. » Deux chevaux sont absolument nécessaires pour faire les gros travaux de labour dans les terres argileuses de la Brie, le seul cheval restant à la ferme familiale, Bijou, ne suffisant pas.

– Les rumeurs de paix ?

Personne ne songe que la guerre va durer : « tout le monde est d'accord [...] la guerre ne traînera pas » écrit Jean Galtier-Boissière et Maurice fait état des rumeurs : « je ne sais pas si c'est vrai [...] l'Allemagne avait demandé des pourparlers pour la paix » (lettre du 29 septembre 1914). Il rassure avant tout ses proches : « c'est un passage rudement triste pour tout le monde pourvu que ça ne dure pas longtemps » (lettre du 27 août), « espère vous revoir avant la fin de l'année » (lettre du 29 août 1914).

15. Archives municipales de Coulommiers, 4H22.
16. DUMONT René, *Voyages en France d'un Agronome*, Paris, Édition M. Th. Génin-Librairie de Médicis, 1956, p. 443.

– Lettre 15 Le 12 août 1914, 1re lettre, *personne ne travaille dans les champs*[17]

Chère mère

Je profite aujourd'hui qu'on ne marche pas pour te donner de mes nouvelles. Je suis toujours dans les mêmes paysages, toujours aussi loin de la Frontière, à peu près à quarante kilomètres. Maintenant, je ne reçois pas souvent de nouvelles de vous. Je sais bien ça met longtemps pour venir mais enfin, je commence à m'impatienter. Je voudrais savoir si vous allez bien et si votre moisson se fera tout de même. J'ai peur que ce soit comme par ici, il n'y a plus personne et personne ne travaille dans les champs[18].

A part que je sois fatigué car on fait des marches ~~fatigantes~~ de 30 km et il fait rudement chaud, je ne vais pas mal[19]. Depuis le mot que Huet m'a donné, il y a bientôt dix jours, je suis sans nouvelles[20].

Je me demande aussi ce que fait René, s'il travaille un peu de ce temps là, il doit avoir chaud ~~il doit être~~.

En attendant de vos nouvelles, je vous embrasse de tout mon cœur.

Maurice

– Lettre 16 Le 13 août 1914, *2e lettre, on commence à entendre le canon*[21]

Chère mère

Avant que j'ai envoyé ma lettre, car il faut les donner au sergent une fois par jour, j'allais la donner ce matin, j'ai reçu ta lettre que j'attendais depuis longtemps ; ça fait que je te remets un mot avec une autre lettre[22]. Comme je vois, tu dois avoir du peuple chez nous et si c'est comme où l'on est, tu dois avoir du gaspillage. Mais enfin quand tous seront partis, tu seras peut-être tranquille pour rentrer. Si Adrien était chez nous, tu devais être tranquille.

Comme tu me dis, ne te prive pas, tu dois pas avoir assez d'argent mais on ne trouve rien à acheter, alors de l'argent, il m'en restera. Tu me dis que l'on a passé à Coulommiers à trois heures mais non, nous sommes passé à Gretz et après par

17. Feuille recto-verso, format 22,5 × 17,5 cm, pliée en quatre.

18. Sa première préoccupation, c'est le déroulement de la moisson à la ferme.

19. « Le régiment suit l'itinéraire : Sampigny, Saint-Mihiel, Lacroix-sur-Meuse, Troyon. Grande halte de 10h30 à 14h30 en raison de la chaleur excessive [...] marche très longue (35 kilomètres) rendue très pénible par la chaleur. » SHD/DAT, 26N662/1, JMO du 76e RI, 10 août 1914. Jean Galtier-Boissière écrit, à la date du 9 août : « A mesure que le jour s'avance, la chaleur augmente, un soleil de plomb nous abrutit. » GALTIER-BOISSIÈRE Jean, *La Fleur au fusil*, *op. cit.*, p. 118.

20. Pierre Huet, mobilisé au 31e RI de Melun. SGA/DMPA/Mémoire des hommes/Fiche individuelle.

21. Feuille à carreaux de 0,8 × 0,8 cm, recto-verso, format 17,5 × 11 cm, pliée en deux.

22. Première lettre que Maurice reçoit de sa mère, après dix jours de guerre.

la ligne de Provins et Troyes[23]. On commence à entendre le canon mais nous n'avons encore rien vu.

Bonjour à René et à Mauricette quand tu la voiera et à toute la famille.

Ton enfant qui t'aime.

Maurice

– **Lettre 17 [Le] 27 août 1914,** *depuis 5 jours, on était au feu*[24]

Chère mère

Je profite d'un moment de tranquillitée pour te donner de mes nouvelles. Nous sommes reculés en arrière pour nous reposer et pour combler nos compagnies par le reste du 276e qui était encore à Coulommiers, il y a deux jours[25]. Je t'assure que maintenant je sais ce que c'est que la guerre car depuis cinq jours, on était au feu et ça pleuvait les obus et les balles[26]. Il y a des jours que je ne pouvais plus me trainer et que l'on ne mangeait pas de la journée. Au feu, on couchait dehors où l'on se trouvait. Notre bataillon n'a pas eu de fortes pertes mais le 3e de Coulommiers a été fortement éprouvé. Comme copin que je connais, il y a le sergent Lemaire, fils de l'entrepreneur, Taitre, Poitrot et le sergent major Cherruet qui sont tués ou à peu près[27]. Enfin, je me demande si je vous revoierai tous en bonne santé et quand est-ce ? Ce jour là, tu ne m'as jamais vu sahoult mais il faudra que je ne tienne plus debout surtout s'il y a du cidre encore dans la cave car il y a eu trop de journées que je crevais de soif et de faim !

23. Gretz, canton de Tournan-en-Brie, arrondissement de Melun (Seine-et-Marne). Provins, chef-lieu de canton et d'arrondissement (Seine-et-Marne). Troyes, chef-lieu de canton et d'arrondissement (Aube).

24. Feuille recto-verso, format 22,5 × 17,5 cm, pliée en huit.

25. C'est le premier moment de « repos » mentionné par Maurice afin de « combler » les pertes par le « reste » du 276e RI, le régiment de réserve du 76e RI.

26. « Le grand coup arrive. L'armée allemande fait une grande offensive, tire dans tous les villages des obus incendiaires, met le feu partout. Il y a des tués français. Nous étions dans les environs de Longwy et à 24 kms de la frontière belge et luxembourgeoise. C'est là que le frère de Villa, le facteur du Theil a été tué, il était de mon âge. Nous battons en retraite et reculons jusqu'à huit km de Bar le Duc après avoir fait les batailles de Longwy, Longuyon, Very, Cheppy, Triaucourt, Vaubécourt et Noyers le Val en Meuse. Nous avons eu bien des pertes au cours de ces batailles. » GASTELLIER Maurice, *Mémoires, op. cit.*, p. 3.

27. Raymond Lemaire, né le 27 janvier 1891 à Coulommiers, sergent au 76e RI, prisonnier en Allemagne, meurt des suites de ses blessures, le 29 octobre 1914 à Lippstadt en Allemagne. Émile Cherruet, né le 21 février 1883, sergent-major au 76e RI, mobilisé au bureau de recrutement de Coulommiers, est tué le 24 août 1914 à Noërs près de Longuyon. Les deux autres ne seront tués en réalité qu'en 1918. Louis Taitre, né le 25 octobre 1898 à Tournan-en-Brie (Seine-et-Marne), soldat 2e classe au 153e RI est tué le 6 juillet 1918 à la côte 204 au sud-ouest de Château-Thierry (Aisne). André Poitrot, né le 13 mai 1894 à La Ferté-sous-Jouarre (Seine-et-Marne), soldat 2e classe au 2e bis régiment de Zouaves, meurt des suites de blessures de guerre, le 11 juillet 1918 en Grèce. SGA/DMPA/Mémoire des hommes/Fiche individuelle.

Il y a un réserviste qui vient d'arriver à la compagnie qui me connaissait qui était à la clique au sapin et qui a fait son temps à Coulommiers. Il m'a parlé un peu du Theil et m'a dit qu'il t'avait vu, il y a deux jours dans le champ de la Croix en train de mettre en maquet la 2e coupe, que le blé de la Croix était rentré et que par là l'ouvrage se faisait[28]. Si tu avais su qu'il me voit, tu aurais pu lui donner de vos nouvelles car je ne peux plus en avoir et toi tu ne dois pas recevoir les miennes car tu me dis que tu n'as pas de nouvelles.

Enfin, je pense que vous êtes en bonne santé tous et que je vous reverrai ainsi qu'Adrien qui doit déjà avoir été au feu aussi.

Enfin, c'est un passage rudement triste pour tout le monde pourvu que ça ne dure pas longtemps.

Enfin, tu souhaiteras le bonjour à toute la famille, à Mauricette et à René surtout et dit leur qu'ils prennent les nouvelles que je t'envoie comme étant pour eux car je ne peux pas leur écrire[29].

En attendant le plaisir de vous revoir, je vous embrasse de tout mon cœur.

Ton enfant qui t'aime.

Maurice

L'oncle de Maurice, Adolphe Alphonse Lantenois épicier à Coulommiers et sa tante Mélanie Angélique Beaurepaire, belle-sœur de sa mère, lui écrivent sur le facturier de « l'Epiceries en Gros et Détail, A. Lantenois Succr[30] » (*ill. 13*).

– Lettre 18 Le 27 août 1914, *tu fais ton devoir*[31]

Mon cher Maurice

Ta maman vient de recevoir ta lettre du 20 août, je t'assure qu'elle nous a fait plaisir[32]. Nous voyons que tu es un brave et que tu fais ton devoir. Mon petit Maurice, nous te suivons en pensée tous les jours, nous sommes avec toi. La moisson est terminée chez vous et chez Mauricette. Je ne sais si Mauricette a eu des nouvelles ces jours ci ; son beau père Mr Plaisant m'a dit qu'elle avait eu une carte le 18 et qu'il allait très bien.

Mon petit Maurice, nous t'embrassons de tout cœur.

A. Lantenois.

Je t'embrasse bien fort Yvonne. Bons baisers Liliane. Amitiés Henri.

---

28. Le foin finit de sécher en petites meules (« maquets ») avant d'être rentré en grange. Le champ de la Croix est le nom d'une parcelle de la ferme.

29. Lettre multi-adressée à sa mère, son frère, sa sœur et destinée à être lue par toute la famille.

30. Format 22 × 18 cm.

31. Feuille recto-verso, format 22,5 × 17,5 cm, pliée en deux.

32. La lettre du 20 août, non conservée dans les Archives familiales a été lue dans toute la famille.

Ill. 13. Lettre de la tante Mélanie écrite le 27 août 1914 sur une feuille de facturier. Au verso, Maurice écrit à sa mère, le 8 octobre (Archives familiales, DR).

– Lettre 19 [Le] 29 août 1914, *j'espère vous revoir avant la fin de l'année*[33]

Chère mère

Je viens de recevoir ta lettre du 19 août[34]. Tu me mets que tu ne reçoit pas beaucoup de nouvelles de moi mais pourtant je t'écris tous les trois ou quatre jours. Maintenant, tu me dis aussi que votre santé est assez bonne, ça ne veux pas dire que ça va bien. Enfin aujourd'hui, je pense que ça va mieux et que vous allez aussi bien que moi.

Je pense toujours à vous et espère vous revoir avant la fin de l'année. Bien le bonjour à Mauricette et à René. J'ai vu l'autre jour au 1er Génie Marcel Duquesne du Theil et Pierre Martin mon cousin. Ton enfant qui t'aime.

Maurice

– Lettre 20 Le 4 septembre 1914, *tu dois toujours avoir du papier pour écrire, ce n'est pas comme moi*[35]

Chère mère

Pendant que nous sommes un peu tranquille, j'en profite pour te donner de mes nouvelles[36]. Je suis assez fatigué mais toujours en bonne santé et j'espère que vous êtes de même. Si tu as le temps, écris moi plus souvent quand tu me mettrais seulement si vous allez bien. Toi, tu dois toujours avoir du papier pour m'écrire, ce n'est pas comme moi[37]. Je me demande aussi ce que vous faites, enfin, ne te tourmente pas pour moi. J'espère toujours vous revoir. Bien le bonjour à Mauricette, à René et toute la famille. Ton enfant qui pense à toi.

Maurice

– Lettre 21 [Le] 5 septembre 1914, *espère vous revoir bientôt*[38]

Chère mère et cher frère

Je pense que vous êtes en bonne santé comme moi et espère vous revoir bientôt.

Maurice qui pense à vous

---

33. Feuille recto-verso, format 17,5 × 11 cm, pliée en deux.

34. Le courrier de sa mère lui parvient au bout de dix jours.

35. Feuille, format 18 × 11,5 cm, pliée en quatre dans une enveloppe, format 10 × 6 cm, parvient à sa mère 16 jours plus tard, cachet de la poste de Coulommiers du 20 septembre.

36. Le 1er bataillon stationne aux Islettes le 3 septembre. La journée du vendredi 4 septembre, première journée de repos, est notée « sans incident ». SHD/DAT, 26N662/1, JMO du 76e RI, 3 septembre 1914.

37. Manquant de papier à lettres, des cartes de correspondance militaire sont fournies par l'administration militaire.

38. Premier type de carte militaire, format 13,5 × 9 cm, au verso un dos vierge pour la correspondance.

– Lettre 22 [Le] 13 septembre 1914, *tous les pays sont totalement brûlés*[39]

Chère mère

Je t'écris ces quelques lignes pour te donner de mes nouvelles qui ne sont pas mauvaises quoique j'ai la diarrées en ce moment et que je ne suis pas fort. Je pense que vous allez bien et que vous ne vous tourmenté pas pour moi[40]. Maintenant, je ne sais pas pourquoi je ne reçois plus de nouvelles de vous, je serai pourtant heureux de recevoir une lettre, pour me remettre un peu, tous les deux ou trois jours. Pour moi, tu me les envoie et je ne les reçois pas, je me demande si elles sont égarées.

Maintenant j'ai appris que les Prussiens étaient presque venus, jusqu'à chez nous mais qu'ils avaient été repoussés. Pourvu que vous ne voyez pas ça car c'est assez de moi, nous sommes dans une contrées où tous les pays sont totalement brulés, c'est quelque chose d'affreux[41].

Prends toujours patience et pense que nous nous revoierons tous, même avec Adrien[42]. C'est là que nous pourrions faire un bon Noël.

Enfin espérons-le et écris moi le plus tôt possible.

Bonjour à René et à Mauricette.

Ton enfant qui t'aime et qui pense toujours à toi.

Maurice

– Lettre 23 Le 17 septembre 1914, *vous n'avez plus qu'un cheval*[43]

Chère mère

Je viens de recevoir la lettre que René ma écris le 28 août, ce n'est pas des nouvelles car elle a mis 20 jours pour venir[44]. Comme je vois, votre moisson a été bien rentrée et tout est sous la remise. René me dis que vous ne savez pas comment vous y prendre pour labourer car vous n'avez plus qu'un cheval. C'est donc qu'il vous on laissé Bijou, tout de même[45] ? En tous les cas, il ne faut pas vous tourmenter pour ça. On sait bien que les terres seront drôlement arrangées cette année. Pourvu qu'on revienne, on les nettoiera l'année prochaine[46]. Je vais

39. Feuille recto-verso, avec lignes équidistantes de 0,8 cm, format 22,5 × 17 cm, pliée en quatre.

40. « Ne vous tourmentez pas », formule récurrente.

41. Maurice n'a pas encore reçu la lettre de sa mère du 17 septembre relatant l'exode de la population de Coulommiers.

42. Première fois que Maurice utilise le mot « patience ».

43. Feuille recto-verso, avec lignes équidistantes de 0,8 cm, format 22,5 × 17 cm, pliée en quatre.

44. Le service postal militaire se met en place mais les dysfonctionnements sont importants. Le courrier de son frère lui parvient au bout de 20 jours. Maurice s'en plaint et c'est l'un de ses griefs récurrents.

45. Bijou est le seul cheval restant à la ferme familiale.

46. Persuadé que la guerre sera courte, Maurice anticipe son retour l'an prochain pour les travaux agricoles.

écrire à Joseph un mot pour lui donner de mes nouvelles mais je lui écris chez lui car d'ici que ma lettre arrive, j'ai peur qu'il ne sois plus à Mary-sur-Marne et qu'il soit rentré chez lui[47].

Je ne vois plus rien à te dire pour le moment. Tu souhaiteras le bonjour à tout le monde de la famille, à René, à Mauricette surtout car je ne peu pas lui écrire, d'abord je n'ai pas de papier et on est si peu en main, nous sommes dans les bois et j'écris sur mon genoux[48]. En attendant la plaisir de vous revoir, je vous embrasse de tout mon cœur.

Ton enfant qui t'aime.

Maurice

– **Lettre 24 Le 24 septembre 1914,** *je pense à Adrien qui doit être comme moi*[49]

Chère mère

Je ne reçois toujours que très peu de vos nouvelles que je crois d'ailleurs pas mauvaises. Je pense que vous êtes en bonne santé tous et que vous ne vous tourmentez pas de trop. Moi, pour le moment ça ne va pas mal quoique il ne fasse pas chaud à coucher dehors de ce temps là, il commence à geler blanc le matin[50]. Enfin, pourvu que cela ne dure pas longtemps car l'hiver va prendre de la force et ce serait terrible de coucher dans les champs par la gelée. Je ne vois pas grand chose à te dire que de souhaiter le bonjour à cette pauvre Mauricette qui doit aussi se tourmenter, à mon cher René et enfin à toute la famille.

Quand je me vois, je pense à Adrien qui doit être comme moi Je me demande d'où il en est ? qu'est-ce qu'il doit faire ? lui qui avait tant d'action à son ouvrage. Je ne l'ai toujours jamais vu, lui, ni son régiment.

Enfin, en attendant le plaisir de vous revoir, qui serait pour moi un bonheur, une joie indescriptible, je t'embrasse ainsi que Mauricette et René de tout mon cœur.

Ton enfant qui pense à toi.

Maurice

47. Mary-sur-Marne, canton de Lizy-sur-Ourcq, arrondissement de Meaux, département de Seine-et Marne, est situé à 30 km au nord de Coulommiers.

48. « Durant le mois de septembre, nous étions sous Montfaucon. Il pleuvait tous les jours à torrent. Nous couchions dans les bois par terre, sans aucun abri et souvent sans vivre. On ressuyait par la chaleur de notre corps. On est repéré par l'ennemi et bombardé par l'artillerie allemande, j'ai un camarade de tué, j'étais couché à coté de lui. » GASTELLIER Maurice, *Mémoires, op. cit.*, p. 3.

49. Feuille recto-verso, avec lignes équidistantes de 0,8 cm, format 23,7 × 17 cm, pliée en quatre.

50. Les troupes bivouaquent dans les bois jusqu'à la mi-octobre, avant que la ligne de front ne soit stabilisée.

Adrien, le beau-frère de Maurice, est blessé le 13 septembre. Maurice ne le sait pas encore. Dans les Archives familiales figure la lettre d'Adrien, datée du 18 septembre, informant Julia, la mère de Maurice de sa blessure.

– Lettre 25 Forges-les-Eaux [le] 18 septembre 1914, *je suis blessé au pied*

Chère Maman[51]

Je suis à Forges-les-Eaux où l'on nous a envoyés parce que je suis blessé au pied par une balle qui m'a traversé un doigt du pied gauche. Ma blessure n'est pas bien grave et demande un peu de repos.

Nous sommes très bien logés, nous sommes dans un Casino ou Théâtre transformé en hôpital. Nous sommes bien couchés et bien soignés, bien nourris quoique le pain manque un peu.

J'ai été blessé à Soissons le 13 septembre, je suis resté deux jours à l'hôpital à Soissons et puis on m'a embarqué à la gare de Villers-Cotterêts dans l'Aisne. Notre train fut mal aiguillé sur une voie qui n'était pas praticable et notre train a fait une culbute dans la Marne à Mary-sur-Marne auprès de Lizy-sur-Ourcq. Vous avez du le voir sur le journal, la machine et 13 wagons sont tombés dans l'eau à onze heures du soir, par suite d'un pont qui était sauté. Heureusement, le train n'allait pas vite sinon nous y aurions tous passés. Enfin, nous restons 50 heures dans le train et on nous débarque ici.

Je n'ai pas de nouvelles de Mauricette depuis le 21 août. Je lui avais demandé des nouvelles de Maurice si elle avait pu m'en donner mais je n'en ai jamais eu, cela me ferais pourtant bien plaisir, moi, je lui écrivais tous les jours. J'ai su que les Prussiens avaient été à Coulommiers ou auprès, vous avez dû avoir peur. Je suis toujours en bonne santé et je pense que quand je serais guéri, je retournerais à Coulommiers.

Votre fils qui vous embrasse de tout cœur ainsi que René.

Adrien

– Lettre 26 Le 26 septembre 1914, *c'est un bonheur de recevoir des nouvelles*[52]

Chère mère

Comme je vois tu es comme moi, c'est un bonheur quand tu reçois de mes nouvelles. Alors j'en profite pour t'écrire aujourd'hui car j'ai le temps. Je viens de recevoir ta lettre du 2 septembre que tu me dis dessus que tu as reçu mes lettres du 27 et 29 août. Ce qui prouve que les mienne ne mettent guère que quatre jours pour arriver à toi mais que les tienne mettent 23 jours pour me parvenir[53]. Ce que

51. La mère d'Adrien étant décédée en 1912, il écrit à sa belle-mère « Chère Maman ».

52. Feuille recto-verso, format 17,7 × 11 cm, pliée en deux.

53. Le délai d'acheminement aléatoire entre le front et l'arrière rend la communication difficile avec les siens.

je serais en peine de savoir aujourd'hui, ce serait si vous êtes partit de chez nous, si les Prussiens on fait des dégâts et si les Anglais on couché chez nous car j'ai su qu'il en avait 100 000 par Coulommiers pour repousser les Prussiens. Pourvu que vous soyez rester au Theil, parce que les Allemands ne doivent pas avoir beaucoup fait de ravages par chez nous à ce que je crois[54].

Maintenant, je trouve que mes oncles et tantes ne se tourmentent pas beaucoup pour moi car jamais il ne m'aurait envoyé un mot et je leur ai envoyé à tous des cartes et ça ne m'est pourtant pas si facile d'écrire qu'eux. Enfin, un petit mot d'eux m'aurait pourtant fait plaisir.

Si tu écris à Adrien, tu lui souhaiteras le bonjour mais d'ici que tu reçoive ma lettre et qu'il reçoive la tienne, il sera déjà un mois plus tard. C'est ça qu'est embêtant, les lettres sont trop longtemps à parvenir.

Enfin, bien le bonjour à René et à Mauricette, à Joseph s'il est revenu.

En attendant le plaisir de vous revoir que je voudrais bien qui soit bientôt, je t'embrasse de tout mon cœur ainsi que René et Mauricette.

Maurice

Lettre de sa mère, Julia, du 17 septembre, lui détaillant le départ précipité : « nous avons partis aussi avec la voiture ». *Manquant cruellement de papier, Maurice répond le 29 septembre à la suite de la lettre reçue 12 jours plus tard. La proximité des deux signatures sur la lettre :* « Maurice », « Ta Mère » *symbolise leur fort attachement malgré l'éloignement physique.*

– Lettre 27 Le Theil, le 17 septembre 1914, *les Allemands sont venus aussi à Coulommiers*[55]

Mon cher Maurice

J'attendais toujours une lettre de toi mais comme je ne reçois rien, je m'empresse de t'envoyer un mot. Tu dois avoir reçu une lettre de René, serait-tu blessé ? cependant je recevrais une lettre de la Croix Rouge, il y a Marcel Imbeau et le garçon à Julie Thiercelin qui sont blessés légèrement, il parait qu'ils sont très bien soignés, Lessenne de Montanglaust aussi.

Mon pauvre Maurice, nous avons vu aussi ce que c'est que la guerre car les Allemands sont venus aussi à Coulommiers, ils ont pillés partout, surtout chez ta tante Mélanie, Mélie Dumas et ta tante Angèle ainsi que ton oncle Ernest à Saints, car tout le monde était partis, nous avons partis aussi avec la voiture, Gazonnois conduisait le cheval nous avons été absents pendant sept jours, je croyais ne plus rien trouver en rentrant mais le Theil a été épargné il en est venu qu'une dizaine Mauricette a partie aussi, son père était resté, il en a vu aussi des durs, il y a une

54. N'ayant pas encore reçu la lettre de sa mère du 17 septembre, Maurice n'a pas connaissance de l'occupation de Coulommiers par les troupes allemandes désignées alternativement par « les Prussiens » ou « les Allemands ».

55. Feuille recto-verso, format 22,2 × 17,8 cm, pliée en quatre.

balle qui a traversé la croisée, il croyait bien y passer, enfin heureusement qu'ils ne sont pas restés longtemps, autrement tout Coulommiers serait brulé, grâce aux Anglais, maintenant, tous les Anglais et les Ecossais sont partis et je crois que les Allemands sont bien loin et qu'ils ne reviendront pas, ils sont complètement en déroute[56].

J'oubliais de te dire que nous avons été à Montereau en passant par Rozay et Nangis, Mauricette à été à Moret entre Montereau et Fontainebleau, nous avons couchés dehors et le cheval aussi, tous les fermiers étaient aussi déménagés avec leurs bœufs, chevaux, moutons, vaches, c'était triste de voir tout ça, la ferme des Loges est brûlée, la maison à Fay de Chailly aussi, ton copin Monette a été fait prisonnier par les Prussiens, enfin il a pu s'échapper et est rentré mais il s'en rappellera.

Quand tu m'écriras dis moi si tu as encore de l'argent, il y a peut être des ~~moments~~ endroits où vous passés que vous trouvez quelque chose à acheter, surtout, ne te prive pas, je t'en enverrais tout de suite.

En attendant une lettre de toi, je t'embrasse de tout mon cœur.

Ta mère.

– Lettre 28 Le 29 sept[embre] 1914, *on est tous à bout de forces et sales comme des porcs*[57]

Chère mère

En ce moment, nous sommes en deuxième ligne, depuis quatre jours nous ne sommes pas au feu, c'est pourquoi je t'écris plus souvent qu'avant. Je ne sais pas combien de temps ça va durer. Je t'écris sur cette lettre qui m'a fait tant plaisir de recevoir, pour connaitre les nouvelles de la guerre chez nous et si vous étiez partis. Comme je vois, notre pays du Theil a été épargné et vous auriez pu rester mais il fallait le savoir, car ce n'est pas une vie de partir comme ça, j'ai vu ce que c'était, j'en ai vu assez. Maintenant, pour de l'argent, je n'en ai pas besoin, je suis dans les bois, dans les pays il n'y a plus rien, plus personne. J'ai 4 f. depuis un mois et je ne les dépense pas. Je ne les dépenserai que quand je m'en irai à Paris, mais quand ? Je ne sais pas si c'est vrai, on nous dis que la grande bataille est en train sur toute la ligne et que ça va définir de quelque chose, que d'ici huit jours, qu'il y aura du nouveau. Et que l'Allemagne avait demandé des pourparlers pour la paix mais je n'ai pas encore confiance[58]. Enfin, si ça pouvait être vrai ? c'est le dire de tout le monde car on est tous à bout de force et sales comme des porcs. Ah ! ce que je me promets si je reviens, c'est que tu me fasses des gourmandises, j'aurai été assez malheureux je te l'assure.

---

56. Le terme de « voiture » désigne la charrette de ferme à deux roues servant à transporter les gerbes de céréales et le foin.

57. Feuille recto-verso, format 22,2 × 17,8 cm, pliée en quatre.

58. Maurice fait état des rumeurs qui ne manquent pas de circuler. Caporal VASSAL, *Le 76e Régiment d'Infanterie dans la Grande Guerre, op. cit.*, p. 11.

En attendant le bonheur de vous revoir, je vous embrasse, toi, René et Mauricette de tout mon cœur.

Ton enfant qui t'aime et qui voudrais bientôt te revoir.

Maurice

J'ai reçu cette lettre hier, elle a mis que 11 jours[59].

Envoie moi du papier quand tu m'écriras des enveloppes surtout[60].

59. Le délai d'acheminement des lettres est souvent supérieur à une dizaine de jours.
60. La demande de papier est récurrente.

Chapitre 3
LA BATAILLE DE L'ARGONNE (OCTOBRE 1914-JANVIER 1915)

À la suite de la victoire de la Marne, les troupes des 4e et 5e armées allemandes, affaiblies, se replient sur les points hauts du nord-est de l'Argonne. Massif forestier culminant à plus de 300 m, l'Argonne est traversé par des vallées intérieures nord-sud, situées 80 m plus bas, qui vont jouer un rôle décisif pour le contrôle de la région. Le régiment de Maurice est particulièrement engagé dans deux d'entre elles qui sont de véritables défilés : la vallée de la Biesme, de Lachalade aux Islettes, et la vallée de l'Aire, de Varennes-en-Argonne à Boureuilles située au pied de la butte de Vauquois. Les 9e et 10e DI s'engouffrent dans la brèche entre les deux armées allemandes entre Vienne-le-Château et Varennes-en-Argonne. Elles se déploient, à partir du 14 septembre, sur la partie ouest du massif, négligée par les troupes allemandes. C'est le début de la bataille de l'Argonne.

– Les premières tranchées

Le 76e RI poursuit sa marche vers le nord en passant, le 18 septembre, dans le village de Vauquois, en ruines. Il participe à la construction des premières tranchées sur Véry et Cheppy du 18 au 21 septembre[1]. La 5e armée allemande lance une offensive à l'est de l'Argonne, le 22 septembre, destinée à dégager les vallées de l'Aire et de la Buanthe[2]. Face aux obus allemands qui tombent en continu sur la route Cheppy-Montfaucon, le 1er bataillon est contraint d'évacuer Véry[3]. Le régiment se replie le 24 septembre et le 1er bataillon est réduit à 240 hommes, soit au quart de son effectif. Vauquois et Boureuilles tombés, la voie de la vallée de

1. Caporal VASSAL. *Le 76e Régiment d'Infanterie dans la Grande Guerre*, *op. cit.*, p. 11.
2. BELLEIL François, *1914 en Argonne,* Bulletin de Liaison des Amis de Vauquois et de sa région no 71, mai 2012, p. 9.
3. SHD/DAT, 26N287/1, JMO du 10e DI, 22 septembre 1914.

l'Aire est libre pour les troupes allemandes[4]. Le 76e RI réalise des travaux d'organisation dans les tranchées au nord d'Aubréville du 27 septembre au 13 octobre sous le feu des obus allemands.

– L'arrivée des réservistes

La caserne de Rodez est devenue dépôt des 76e, 276e et 416e RI, évacués de Coulommiers et de Paris suite à l'avance des troupes allemandes en septembre 1914. Les pertes importantes d'août 1914 conduisent les régiments à se renforcer avec l'arrivée de 25 divisions de réserves de l'armée territoriale incorporant des hommes âgés de 46 à 49 ans : « nous recevons des renforts tous les jours, des réservistes pour combler nos vides [...] on restait à un tiers et c'était la troisième fois qu'on l'on et renforcé » (lettre du 10 octobre 1914). « Je suis avec des réservistes qui sont arrivés de Rodez » (lettre du 12 octobre 1914). La distinction entre l'active et les réservistes s'estompe ainsi qu'avec les territoriaux de plus en plus engagés dans la garde des tranchées : « nous sommes que cinq ou six de l'active [...] avec des réservistes qui sont plus vieux mais plus frais » (lettre du 22 octobre). C'est le cas de Jules Isaac, professeur d'histoire, mobilisé comme territorial à 37 ans, qui connaît les premières lignes et le feu en 1914[5].

Le 14 octobre, le 76e RI est relevé par le 31e RI et cantonne à Aubréville[6]. Des travaux de voirie et des exercices sont réalisés sur Lochères du 15 octobre au 7 novembre entrecoupés d'une revue du général Gouraud, commandant la 10e DI, le 24 octobre[7].

– Les premiers colis

Le papier étant rare et cher, Maurice écrit sur des cartes de correspondance militaire fournies par l'administration militaire. Il réclame « un petit colis postal contenant une demie-livre de chocolat, deux paires de chaussettes, une petite ceinture de flanelle ou un cache-nez » (lettre du 4 octobre 1914). Le mauvais temps s'installant, Maurice continue de réclamer un colis de vêtements chauds et de nourriture : « j'ai un appétit de cheval [...] j'aurai dû t'écrire plutôt car, les autres en reçoivent tous les jours des colis » (lettre du 19 octobre 1914). Venant de recevoir son premier colis, il demande « un deuxième car j'en ai plus beaucoup

4. « 24 septembre : Perte de Vauquois par les Français menacés d'encerclement après un court combat : 50 morts, 150 blessés. » Abbé KOCH Bernard, *Les grandes dates de la bataille de Vauquois, Les Amis de Vauquois et de sa région,* Verdun, Imprimerie Chery, p. 10, ISBN 2-910193-06-3.

5. MICHEL Marc, *Jules Isaac, un historien dans la Grande Guerre, Lettres et carnets, 1914-1917,* ouvrage réalisé avec le concours de l'Association des Amis de Jules Isaac, Paris, Armand Colin, 2004, p. 18.

6. Aubréville est situé à 5 km au nord de Clermont-en-Argonne.

7. Lochères est situé à 3 km à l'est d'Aubréville.

de chocolat » (lettre du 20 octobre 1914), « Je meurs d'envie de chocolat ou de saucisson » (lettre du 22 octobre 1914).

Sous une pluie continuelle et dans la boue envahissante, ses demandes sont de plus en plus insistantes : « nous mangeons froid, les cuisiniers sont obligés de faire la cuisine en arrière de nous pour que les feux ne se voient pas [...] envoi moi donc dans un colis un cache nez gris comme j'en avais un, une couleur pas trop voyante » (lettre du 9 novembre 1914)[8]. L'absence de nourriture chaude, l'eau souillée par la glaise de l'Argonne, des vêtements constamment mouillés, provoquent « des petites coliques et le mal de vente » (lettre du 4 octobre 1914). La dysenterie atteint la plupart des fantassins sans que les services sanitaires puissent maîtriser ces véritables épidémies de diarrhées. Jean Galtier-Boissière en témoigne (septembre 1914) ainsi que Charles Oberthür (septembre 1915)[9]. Alors qu'en début octobre, Maurice se plaint de ne rien pouvoir acheter pour manger, les échanges monétaires dans la troupe se développent quand le front se stabilise. Maurice réclame de l'argent et écrit : « j'ai trouvé du chocolat à acheter » (lettre du 3 novembre 1914).

– Dans le froid et la boue

L'Argonne est une succession de collines boisées et de ravins abrupts où sources et fontaines alimentent de nombreux ruisseaux. L'eau coule en abondance sur la gaize et l'arrivée des premières neiges accentue les mauvaises conditions sanitaires provoquant des coliques mais aussi des engelures et des pieds gelés : « j'ai mal au pied d'avoir eu froid et nous sommes pas mal comme ça, on ne peut plus se porter dessus tellement que ça vous fait mal » (lettre du 24 novembre 1914)[10]. Souffrant d'engelures aux pieds, il effectue son premier séjour à l'infirmerie : « je n'ai pu suivre la colonne [...] Il [le major] m'a mis aux éclopés [...] la nuit les pieds me brulent [...] ce qui m'embête, c'est pour mes lettres et mes colis qui vont, peut être, être perdus [...] quand on change comme ça, c'est qu'on ne reçoit plus rien » (lettre du 28 novembre 1914).

8. Le sergent Marc Bloch du 272e RI décrit les difficultés liées aux pluies abondantes de l'automne 1914 en Argonne : « Sur ce sol imperméable et très faiblement ondulé, l'eau ne pouvait ni s'infiltrer, ni s'écouler. Nos tranchées lui servaient de canaux. Après chaque averse nous vidions notre eau. » BLOCH Marc, *Écrits de guerre..., op. cit.*, p. 145.

9. GALTIER-BOISSIÈRE Jean, *En rase campagne..., op. cit.*, p. 187. Charles Oberthür dans une lettre du 9 septembre 1915, est lui-même atteint de diarrhée : « C'est l'eau qui donne cette diarrhée que l'on appelle argonnite. » « Selon le Dr Nel, la dysenterie, apparue aux premiers jours des tranchées, a vite épuisé notre stock de médicaments et les hommes presque tous atteints ont résisté sans remède pendant tous ces jours de combats » cité par LAGADEC Yann, « *Si jamais tu lis ces lignes, maudis la guerre...* » *Armand Fontaine, un instituteur breton dans la première bataille d'Ypres avec le 76e RIT de Vitré (octobre-novembre 1914)*, p. 12.

10. « Il n'y avait pas de bottes comme aujourd'hui et nous marchions dans les tranchées pleines d'eau dans la boue jusqu'aux genoux. Quelques camarades ont eu les pieds gelés, il a fallu leur couper. » GASTELLIER Maurice, *Mémoires, op. cit.*, p. 4.

Après cinq semaines à bivouaquer dans les bois « dans des petites cabanes en terre » (lettre du 2 octobre 1914), Maurice mentionne le terme de « repos » et apprécie le premier cantonnement du régiment pour « laver son linge » (lettre du 12 octobre 1914), « nous sommes dans un petit pays, un peu en arrière, pour nous nettoyer et nous reposer » (lettre du 20 octobre 1914).

La ligne de front se met en place et les fantassins commencent à aménager tranchées et abris. Pour Maurice, l'illusion de la guerre courte s'évanouit : « nous voilà déjà plus loin que la Toussaint et il n'y a pas de changement » (lettre du 3 novembre 1914). « Tu me dis que nous en tenons encore pour longtemps de la guerre, ça je te crois » (lettre du 6 novembre 1914). Dans cet automne pluvieux, il se soucie de la ferme familiale : « Tu me diras si vous avez battus, si tes betteraves sont arrachées, si tu as fini tes blés et où tu as eu de la semence si tu n'avais pas battu » (lettre du 26 octobre 1914)[11] (*carte 5*).

– La guerre de position aux Meurissons

Les 9e et 10e DI contiennent la pression allemande et le front s'établit sur toute la largeur du massif de l'Argonne. Tandis que l'armée allemande bétonne ses abris et achemine de l'artillerie lourde, les fantassins français deviennent des soldats-terrassiers et creusent à l'aide des compagnies du Génie[12]. C'est la construction, de part et d'autre du front, d'un réseau de tranchées, avec boyaux de communication, champs de fil de fer et de barbelés, sur plusieurs kilomètres[13]. C'est le début de la guerre de position dans laquelle chacun tente de progresser, en s'infiltrant dans le camp adverse. Le 76e RI est engagé sur le plateau de Bolante au nord des bois de Lachalade et au sud des bois de la Gruerie dans les ravins des Meurissons et des Courtes Chausses où circulent les ruisseaux rejoignant la vallée de la Biesme[14].

---

11. « Le 1er bataillon [...] à la lisière nord des bois de Montfaucon [...] attaque une compagnie allemande en tranchée dans le ravin 208. » SHD/DAT, 26N662/1, JMO du 76e RI, 16 septembre 1914.

12. L'armée allemande fait venir trois catégories de pièces d'artillerie de tranchées, les *minenwefers* : *schwerer minenwerfer* de gros calibre de 250 mm, *mittelere minenwerfer* de calibre intermédiaire de 170 mm et *leichte minenwerfer* de petit calibre de 77 mm.

13. Les pinces et les cisailles, d'ailleurs en nombre insuffisant, sont incapables de venir à bout des tranchées allemandes. Marc Bloch souligne l'insuffisance des moyens pour consolider les tranchées : « Pour protéger nos tranchées vers l'avant et barrer les intervalles qui les séparaient, on nous donna des fils de fer. On ne possédait pas encore de ronces américaines. Nous n'eûmes que du simple fil, sans piquants, comme on s'en sert à la campagne pour pendre les sonnettes. » BLOCH Marc, *Écrits de guerre...*, *op. cit.*, p. 135.

14. Le ruisseau des Meurissons qui donne son nom au ravin, prend sa source près de Boureuilles et se jette dans la Biesme. En souvenir du 76e RI, la ville de Coulommiers a attribué le nom des Meurissons à une rue en ville haute.

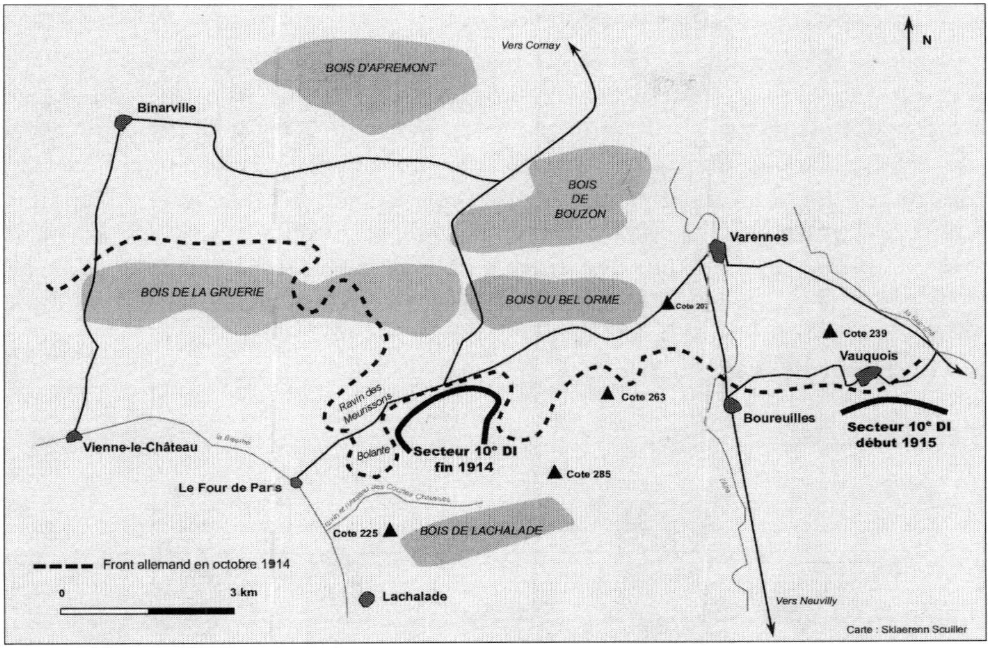

Carte 5. La 10e DI et la guerre des tranchées en Argonne (octobre 1914-janvier 1915).

Maurice indique la relève par le 46e RI : « Nous avons été remplacé ce matin par le 46e RI comme à l'habitude au bout de sept jours » (lettre du 18 décembre 1914). Tout un système de relève, en alternance avec les 46e, 31e et 113e RI, se met en place : sept à dix jours en ligne sur le front et sept à dix jours avec repos, corvées d'intendance et exercices au cantonnement. Maurice exprime bien ce qui est appelé le « petit repos », moment de répit « un petit peu en arrière » (lettre du 21 décembre 1914) pour se nettoyer mais néanmoins à la merci des tirs des troupes allemandes.

Le 8 novembre, le régiment relève le 113e RI pour la réalisation de travaux de creusement de boyaux de communication[15]. Dans la nuit du 17 au 18 novembre, le 46e RI relève à son tour le 76e RI qui rejoint son cantonnement d'Aubréville. Le 1er bataillon quitte Aubréville, le 21 novembre, pour aller cantonner à Futeau jusqu'au 25 novembre[16]. Dans la nuit du 25 au 26 novembre, le régiment relève le 46e RI pour aménager les positions sur la ligne jusqu'au ravin des Courtes Chausses[17].

15. SHD/DAT, 26N287/1, JMO du 10e DI, 8 novembre 1914.

16. Futeau est situé à 10 km au sud-ouest de Clermont-en-Argonne.

17. « La gauche du 1er bataillon (Guitton) redresse sa ligne dans le fond du ravin des Courtes Chausses, en prenant une tranchée allemande, ce qui amène une violente canonnade de l'ennemi. Pertes neuf tués, 12 blessés. », SHD/DAT, 26N287/1, JMO du 10e DI, 30 novembre 1914.

– Une correspondance en progression

Malgré l'irrégularité du courrier, la correspondance s'intensifie en octobre 1914 avec près de vingt lettres par mois (***graphique 4***). Les cartes de correspondance militaire fournies par l'armée pour pallier au manque de papier à lettres se diversifient : « je n'ai plus de papier » (lettre du 2 octobre 1914). Pour la première fois, Maurice utilise une carte postale au verso préremplie (réservée aux illettrés) où la seule possibilité consiste à cocher ou biffer les phrases inutiles (carte du 8 décembre 1914). On mesure la limite des choix restreints consistant à barrer ou non les formules : « Je vais bien », « Je suis à l'hôpital », « blessé », « malade ». Cet exemple montre *a contrario* l'importance de pouvoir écrire et penser par soi-même, somme toute à préserver sa singularité.

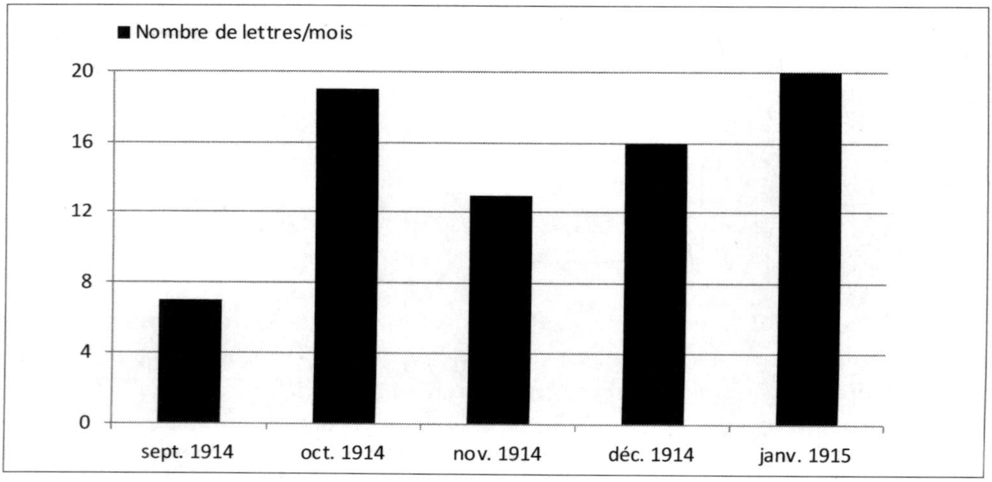

Graphique 4. Évolution de la correspondance de septembre 1914 à janvier 1915.

Contrevenant aux interdictions réglementaires, il adresse ses deux premières cartes postales de Verdun-sur-Meuse le 17 octobre 1914, à sa mère et à Adrien son beau-frère. Contournant le contrôle postal, il remet, le 20 octobre, une lettre à une visiteuse en indiquant, pour la première fois, son lieu de cantonnement alors qu'il est strictement interdit de donner quelque indication de localisation qui pourrait être mise à profit par l'ennemi : « si tu ne reçois pas toutes mes lettres, c'est parce qu'elles sont déchirées et que je cause trop de la guerre car il ne faut pas mettre trop de détails […] Nous sommes à Aubréville ». Le professeur d'histoire Jules Isaac témoigne de ce doute insupportable : « Je me demande même si les lettres ne sont pas ouvertes avant le départ et la seule idée m'en est pénible, intolérable » (lettre du 8 août 1915)[18]. Ce procédé est couramment utilisé, y compris par les gradés, pour faire passer des informations à destination de l'intérieur.

18. MICHEL Marc, *Jules Isaac, un historien dans la Grande Guerre*, *op. cit.*, p. 125.

Malgré l'interdiction, Maurice mentionne, à deux reprises, sa localisation : « Futeau près de Ste Menehould » (en tête de lettre du 8 décembre 1914), « Nous sommes à Lachalade près des Islettes à dix kilomètres de Sainte Menehould et 15 de Varennes et 35 de Verdun » (lettre du 27 décembre 1914)[19].

Prenant en compte son importance pour le moral des troupes, l'administration militaire réorganise le courrier en secteurs postaux. Les troupes sont affectées d'un numéro sans indication géographique : « Secteur Postal n° X » (lettre du 14 décembre 1914). Pour la première fois, Maurice réclame la lecture du *Démocrate*, l'hebdomadaire de Coulommiers, véritable lien social avec « le pays » d'origine : « mets moi donc un Démocrate tout nouveau, je serais content de lire les nouvelles de chez nous » (lettre du 24 novembre 1914)[20].

Pour le premier janvier 1915, premier nouvel an de guerre, Maurice écrit quatre lettres tellement l'éloignement des siens lui pèse : « Ah ! quel triste 1er janvier, ce jour là qui devait être le plus beau jour de l'année. »

– Des morts par centaines

Pour la première fois, il mentionne des victimes par centaines, représentant 18 % des effectifs du régiment : « le régiment a été fortement éprouvé [...] il y a eu plus de 600 victimes » (lettre du 25 décembre 1914)[21]. Au repos à Lachalade, Maurice décrit : « toutes ces tombes où il y a une croix et le nom du soldat, juste pour dire que l'on mets quelque chose, ce n'est que des cimetières » (lettre du 27 décembre 1914). Dans les guerres napoléoniennes et la guerre de 1870-1871, seuls les officiers avaient droit à une sépulture individuelle, les hommes de troupe ayant seulement droit à une fosse commune. Dans la Grande Guerre, la prise en compte d'une sépulture individuelle pour tous les hommes de troupe apparaît dès le début. Jean Galtier-Boissière écrit le 11 septembre[22] : « Jusqu'à ce jour, nous abandonnions toujours nos morts. Thureau fut le premier de la compagnie, enterré presque comme un civil. Ce simulacre d'enterrement, qui nous rappelait des habitudes de vie normale, nous impressionna particulièrement » et cela impressionne aussi Maurice.

19. Lachalade, canton de Varennes-en-Argonne, arrondissement de Verdun (Meuse).

20. *Le Démocrate*, *Le Démo*, journal de la Brie, créé en 1886 à Coulommiers, est l'ancêtre de l'actuel *Pays Briard*.

21. « Le 21 décembre, l'ennemi attaque sur le plateau de Bolante et prend une tranchée à un bataillon voisin. Le 1er bataillon contre-attaque vigoureusement et subit des pertes », *76e Régiment d'Infanterie, Historique de la campagne 1914-1918*, Paris, Charles-Lavauzelle, 1920, BDJC 13.254, p. 7. Le JMO du 76e RI n'est pas disponible après le 18 décembre 1914. Les pertes de la division sont notifiées dans le JMO de la 10e DI. « Pertes des 20 et 21 décembre : tués, blessés ou disparus : 15 officiers, 914 hommes. » SHD/DAT, 26N287/1 JMO de la 10e DI, 21 décembre 1914.

22. GALTIER-BOISSIÈRE Jean, *La Fleur au fusil*, *op. cit.*, p. 248.

Les pertes sont importantes après un bombardement dans les tranchées effondrées dans le secteur des Courtes Chausses : « c'est terrible en ce moment » (lettre du 7 janvier)[23]. Le 15 janvier 1915, le régiment quitte le plateau de Bolante avec plus d'un tiers de pertes et un effectif réduit à 31 officiers et 2 200 hommes : « J'ai aussi bien des camarades de tués au 2e bataillon [...] ah ! le pauvre 76e il n'en reste plus » (lettre du 18 janvier 1915)[24]. De même les pertes du 46e RI sont évaluées à 1 600 hommes tués, blessés ou disparus[25].

Le service de santé des armées, confronté à une intensité de guerre jamais atteinte, est réorganisé à partir d'octobre 1914 pour répondre aux pathologies spécifiques : maladies infectieuses et parasitaires, lésions multiples, etc. Une chaîne de secours se met en place avec un réseau d'unités hospitalières. Les postes de secours opèrent un tri des blessés à évacuer vers des ambulances ayant pour rôle d'acheminer et de ventiler les blessés en fonction de la gravité des blessures. Les blessés légers sont envoyés dans des dépôts d'éclopés avant un retour dans leurs unités. Les autres blessés sont soit soignés et opérés dans des unités chirurgicales automobiles soit transportés dans des ambulances vers les hôpitaux d'évacuation situés hors de la zone des combats et ensuite envoyés dans des établissements de convalescence et de rééducation de l'intérieur.

– Un hiver rigoureux

Les fantassins ne sont pas équipés pour affronter le froid qui s'installe : « il fait une froid de loup » (lettre du 11 novembre 1914) et Maurice apprécie les colis de vêtements chauds : « j'ai reçu tous tes paquets que tu m'as envoyés ; le caleçon, je l'ai mis tout de suite » (lettre du 8 décembre 1914). L'immobilité des fantassins dans les tranchées humides et la constriction due à des guêtres trop serrées sont des facteurs aggravants pour les œdèmes et gangrènes des pieds. Après avoir passé le nouvel an en première ligne, Maurice renouvelle ses demandes : « mets moi un pantalon car le mien est fichu, qu'il soit rouge [...] qu'il n'y est pas de fort

23. Marcel Eugène Liénard, né le 30 juin 1891 à Coulommiers, soldat 1re classe au 76e RI, est « tué à l'ennemi » [en réalité fusillé pour abandon de poste] le 4 janvier 1915 à Lachalade (Meuse) SGA/DMPA/Mémoire des hommes/Fiche individuelle. Maurice n'en parle pas dans sa correspondance. Il en témoignera plus tard dans une lettre à son petit fils : « J'avais trois camarades dont un surtout, nommé Liénard qui était soldat avec moi avant la guerre, qui ont fait une bêtise. Ils étaient tellement bombardés au petit poste en Argonne qu'ils décidèrent d'aller à la visite médicale sans avertir personne. Le médecin major ne les a pas reconnus comme malades. Le sergent les a signalés au capitaine et ils sont passés au conseil de guerre. Cinq jours plus tard, ils étaient tous les trois fusillés. à Lachalade près des Islettes. La veille ou deux jours avant, j'ai vu mon copain de Coulommiers, il me dit tu sais Maurice ça va rudement mal pour nous. Et pourtant, c'était le frère du conseiller d'arrondissement de Coulommiers [...] Je sais qu'ils auraient du avertir le chef de poste mais c'était un peu cher payé. » 8 janvier 1979, feuillet 2. Archives familiales.

24. Caporal VASSAL, *Le 76e Régiment d'Infanterie dans la Grande Guerre*, *op. cit.*, p. 16.

25. *La Butte meurtrie Vauquois, la guerre des mines 1914-1918*, œuvre collective des Amis de Vauquois, Verdun, Lefèvre Graphic Sarl, 2007, p. 94.

ourlet dans le bas car pour mettre dans les guêtres, ce n'est pas facile » (lettre du 12 janvier 1915)[26]. Le recours à des vêtements civils permet de résister au froid. Encore faut-il que les pantalons soient adaptés à la réglementation en vigueur, c'est-à-dire rouges, que les guêtres destinées à protéger le haut de la chaussure et le bas de la jambe puissent être fermées.

C'est le début d'une évolution tactique avec la spécialisation de lanceurs de grenade[27]. Maurice quitte sa compagnie pour rejoindre une équipe de bombardiers : « je vais lancer des bombes tous les jours » (lettre du 5 janvier 1915). La neige et le froid redoublent et Maurice s'impatiente car la relève n'a lieu… qu'au bout de vingt-quatre jours : « espérons être relevés bientôt car ça ne peut plus durer » (lettre du 13 janvier 1915), « il fait très froid et il neige tous les jours » (lettre du 22 janvier 1915). Sa mère se plaint que René, malade, soit indisponible pour les travaux : « je t'ai dit qu'il était malade, ça va mieux mais maintenant c'est le mal au dent, ah, je suis bien monté avec un charretier pareil, le cheval est plus souvent à l'écurie qu'à l'ouvrage » (lettre du 7 décembre 1914).

Maurice indique le début de la guerre des mines : « les Allemands ont fait sauter quelques tranchées » (lettre du 27 décembre 1914). Placées dans des galeries sous terre, ces mines sont destinées à s'emparer de points stratégiques en amont des lignes adverses.

---

26. L'habillement réglementaire comprend un pantalon rouge garance avec en dessous un caleçon de toile, le pantalon n'étant pas doublé. « Nous n'étions pas préparés pour la guerre : une tenue impeccable, épaulette rouge, pantalon rouge, képi rouge. Les Allemands nous voyaient à deux km. Nous, à peine si on les voyait à 100 m, avec leurs tenues gris foncé. On attaquait avec un fusil, ils nous recevaient avec des mitrailleuses. On leur lançait des crapouillots en zinc qu'on allumait avec une mèche. On leur lançait des grenades offensives pour leur faire peur. Eux, ils nous lançait des grenades pour tuer, des torpilles qui déchiquetaient les soldats français. » GASTELLIER Maurice, *Mémoires, op. cit.*, p. 14.
27. La grenade française est lancée à la main, au contraire de la grenade allemande fixée sur un manche de bois.

– **Lettre 29 Le 2 octobre 1914,** *on m'a dit et assuré qu'Henri Liennard avait été tué... je me demande si les familles le savent tout de suite*[28]

Chère mère

Nous sommes toujours en arrière, c'est à dire en deuxième ligne et nous sommes assez tranquilles en ce moment[29]. Je souhaiterais que ça dure comme ça jusqu'à la fin de la guerre. Tu ne dois pas te plaindre en ce moment, je t'écris assez souvent et encore si j'avais du papier, je t'écrierais plus souvent. Enfin, si je ne t'écrivais plus si souvent, que l'on retourne au feu ou que je n'ai plus de papier, tu ne te tourmenterais pas pour ça, car il ne faut pas que tu en fasse une habitude que je t'écris tous les trois jours, c'est parce que j'ai le temps tant que j'en veux.

Nous sommes dans un bois, nous avons fait des petites cabanes en terre et il n'y fait pas encore trop chaud, nous touchons en ce moment des petits tricots comme j'en ai un chez nous que je mettais quand je sortais en dessous de ma chemise fine, ce n'est pas conséquent.

Enfin, où il est le temps où l'on fesait des crêpes au coin du feu et que l'on buvait une petite cerise derrière. C'est à souhaiter qu'on le reverra cette hiver, à Noël même. On m'a dit et assuré qu'Henri Liennard avait été tué, il y a six ou sept jours d'une balle dans la tête, il était à la 2e compagnie[30]. Maintenant, je ne voudrais pas que tu le répètes car je ne l'ai toujours pas vu de mes yeux. Je me demande si les familles le savent tout de suite quand ces choses là arrivent. Enfin, envoie moi des nouvelles et du papier surtout des enveloppes[31].

Je me demande ce que fait René et Bijou, ce pauvre Bijou, il vous l'on laissé tout de même, heureusement pour vous déménager que vous l'aviez. Pour faire les blés, il ne faut pas en parler beaucoup. Mais enfin, je voudrais savoir si tout le nôtre qui a été rentré est bien en sureté, s'il n'a pas été pillé par les soldats qui doivent coucher sous la remise. Par ici, ils sont encore plus à plaindre que par chez nous, car celui qui n'est pas resté dans les champs est brulé dans les granges. Enfin tout est perdu, ou à peu près.

Tu souhaiteras le bonjour à René et à Mauricette et à Gazonnois qui a fait ménage avec vous dans votre vie nomade. En attendant le plaisir de vous voir tous en bonne santé, je vous embrasse de tout mon cœur.

Ton enfant qui t'aime.

Maurice.

28. Feuille recto-verso, format 24,5 × 17 cm, pliée en quatre.

29. Les réseaux de tranchées se mettent en place : la première ligne, la plus exposée, fait face aux positions allemandes, la deuxième ligne, en retrait. L'intervalle entre lignes étant variable, la communication entre elles se fait par les boyaux. Chaque ligne devient une suite continue de tranchées et de fortins. Les fantassins occupent les premières lignes durant environ une semaine avant d'être relevés.

30. Henri Liennard, né le 21 avril 1881 à Coulommiers, soldat de 2e classe au 76e RI, est tué le 23 septembre 1914 à Cheppy (Meuse). Son nom figure sur le monument aux morts à Coulommiers. [https://www.memoiredeshommes.sga.defense.gouv.fr], 3 février 2022.

31. Maurice de nouveau demande à sa mère du papier pour la correspondance.

– **Lettre 30 Le 4 octobre 1914**, *j'aurais pourtant été heureux d'arracher les betteraves avec vous*[32]

Chère mère

Je viens de recevoir, avant hier soir, ta lettre du 22 septembre aussitôt que je venais de t'écrire pour te réclamer du papier[33]. Comme je vois, vous êtes en bonne santé, c'est déjà quelque chose et je pense qu'aujourd'hui, vous êtes de même. Moi, ce n'est pas que ça va mal mais c'est des petites coliques et le mal de vente qui me font souffrir mais je pense que ça va se passer[34]. Je voudrais te demander, du moment que l'on ne vois rien changer, que tu t'arrange pour m'envoyer le plus tôt possible un petit colis postal contenant une demie-livre de chocolat, deux paires de chaussettes, une petite ceinture de flanelle ou un cache-nez, le colis ne pesant pas plus de un kg, je crois; en tous les cas, renseigne toi et envoie moi le tout de suite si tu voyais quelque chose qui pourrait me faire plaisir et qui pèserait pas trop lourd, mets moi les[35].

L'adresse est la même que pour les lettres en mettant vers Coulommiers, au moins si on n'est plus là, ça viendra toujours à moi mais c'est cela, ce n'est guère que dans un mois que je le recevrai, j'espère que je ne m'en servirai et que la guère sera finie. Maintenant envoie moi tout de même, dans une lettre bien cachetée, un billet de 5 f. car défois que je trouve du lait comme en ce moment j'en aurais plus[36]. Mais pas davantage, je voierai si ça réussi, je ne pense pas qu'il disparaisse, il ne décachète peut être pas les lettres[37]. Je te remerci à l'avance et compte sur toi aussitôt que tu auras reçu ma lettre.

Je suis content en ce moment de recevoir de vos nouvelles assez souvent et toi, ça doit être de même. Pour votre ouvrage, vous devez être en train d'arracher à force pendant ce beau temps mais j'ai peur que cela ne dure pas avec ce brouillard là. J'aurais pourtant été heureux d'arracher les betteraves avec vous et de voir si nos pommes de terre sont belles. Pour les blés, si tu en fait, fais en dans les plus belles pièces comme tu pourras[38].

Bonjour à René et à Mauricette. Ton enfant qui pense à toi.

Maurice

32. Feuille recto-verso, format 17,7 × 11 cm, pliée en deux.

33. Le délai d'acheminement des lettres de sa mère, de 12 jours, ne s'améliore guère.

34. Comme bien d'autres combattants, Maurice souffre de dysenterie, affection très contaminante due aux conditions sanitaires déplorables avec un taux de transmission maximal d'un fantassin à un autre.

35. Première demande de colis pour des vêtements chauds et de la nourriture.

36. Première demande d'argent.

37. Le contrôle postal aux Armées se met en place à l'automne 1914 et procède par sondage. La troupe est au courant et chacun tente de contourner le contrôle postal.

38. Dans le calendrier cultural chargé de l'automne 1914, Maurice donne ses priorités pour l'emblavement des terres à blé.

– Lettre 31 Le 5 octobre 1914, 76e d'Inf 3e comp vers Coulommiers, *nous étions au feu tous les jours, impossible d'écrire*[39]

Chère mère

Je sais bien que j'ai été un peu sans vous écrire mais tu me pardonneras car je ne pouvais pas, d'abord je n'avais pas de papier, et nous étions au feu tous les jours, impossible d'écrire. Aujourd'hui, tu dois recevoir des lettres assez souvent. Je suis content d'en recevoir aussi assez souvent de vous, de vous savoir en bonne santé et de voir l'ouvrage bien en train. Comme je vois, tu n'auras rien perdu et tu pourras peut être faire un peu de blé avec Bruneau[40]. Enfin, comme je vois, ça va pas mal pour vous, c'est déjà quelque chose, moi, il ne faut pas y penser, je suis comme les autres. ~~Tu pourrais m'envoyer un colis postal, un second, et me mettre une chemise, car j'ai toujours la même depuis le départ et une paire de gants~~.

Ton enfant qui t'embrasse et qui pense à toi.

Maurice

Le 22 oct[obre 1914] : Ma carte vient de me revenir, je n'avais pas découpé la carte[41]. Ne pas m'envoyer le second colis. J'ai reçu la lettre à ma tante Angèle ce soir.

– Lettre 32 Le 8 octobre 1914, *Mauricette me donne des nouvelles d'Adrien*

Chère mère

Je reçois des lettres en ce moment tous les jours, ce qui me fait plaisir car je suis comme vous, je suis heureux quand je vois que l'on pense à moi. Avant hier, c'était celle de mon oncle Aristide, hier, c'était celle là, à ma tante Mélanie et ce matin, je reçois celle à Mauricette. Mais je ne sais pas pourquoi, elles mettent si longtemps pour venir, si c'est parce qu'ils en veulent tous à mettre 3e Corps, ils ne savent donc pas que le 76e est du 5e Corps. Enfin, toujours est-il que tous leurs lettres datent du mois d'août, 25 au 30. Enfin, comme je ne peux pas leur répondre à tous, tu voudras bien les remercier et leur souhaiter le bonjour.

Maintenant, j'en attend une bientôt de toi car je serais content de savoir si vous allez toujours bien et si votre ouvrage marche car de ce temps là, ça doit aller tout seul, c'est dommage pour nous qu'il fait froid le matin.

Mauricette me donne des nouvelles d'Adrien que je suis contente de connaître mais c'est des vieilles nouvelles, je voudrais bien savoir, si ça va aujourd'hui car il doit être comme moi, il doit avoir passer à de drôles d'endroits. Ma tante ma mis une enveloppe aussi, elle sait que je suis accourt de papier[42]. Maintenant, je te

39. Deuxième type de carte de correspondance militaire, format 14 × 9 cm.
40. Ne disposant plus que d'un seul cheval, l'entraide et le recours à un voisin disposant d'un cheval est déterminant pour le labour.
41. À la suite du texte du 5 octobre sur la carte de correspondance militaire. Le cachet de la poste de Coulommiers du 26 octobre indique un délai d'acheminement de quatre jours.
42. En manque de papier à lettre, Maurice répond au verso du facturier de l'épicerie de la tante Mélanie, *Epiceries en Gros et Détail, A. Lantenois, Succr*, lettre datant du 27 août.

mets que nous sommes toujours à la même place mais **on dit** que l'on va changer[43]. Bien le bonjour à René, à Joseph s'il est là et au voisin, telle que Mercier et Fayet.

Ton enfant qui pense à toi.

Maurice

– **Lettre 33 Le 10 octobre 1914,** *nous recevons du renfort tous les jours*[44]

Chère mère

Nous sommes toujours à peu près dans la même contrée et dans les bois[45]. Nous avons fait des bonnes cabanes et nous n'avons pas trop froid. En ce moment, nous recevons du renfort tous les jours, des réservistes pour compléter nos vides qui étaient très sérieux, on restait à un tiers et c'était la troisième fois que l'on est renforcé.

J'espère que vous êtes toujours en bonne santé et que vous travaillez comme des hommes. Je serais heureux si je reviens cet hiver de voir toutes nos récoltes, pommes de terre, grains, pailles et fruits, tout cela rentrés et à l'abri. Ce que je voudrais savoir, c'est s'il y a des pommes cette année. C'est le vrai jour à commencer la cueillette des pommes le jour de la foire. Ah! où elle est la foire à Coulommiers. Enfin, on voira peut-être celle de l'année prochaine, il faut l'espérer.

J'ai envoyé des cartes à mes tantes et à Mauricette ainsi qu'à toi, hier, pendant que j'en ai trouvé à acheter. Il n'y a que mon oncle Ernest qui n'en n'a pas eu car je n'en n'avait plus et lui, comme je ne vois jamais de ses lettres[46]. Maintenant pour leurs lettres, s'ils ne m'ont arrivées que un mois après leur envoie, c'est parce qu'ils n'ont pas mis la compagnie et qu'ils avaient mis à la place 3e **Corps** au lieu de 3e compagnie. Tu leur diras. Dans quatre jours, ~~je sais~~ il y aura un an que je suis soldat, je ne me doutait pas, l'année dernière, que je serais ici aujourd'hui. Enfin, je ne vois plus grand chose à te dire que de souhaiter le bonjour à René.

Ton enfant qui t'aime.

Maurice

43. La rumeur prend le pas sur l'information des troupes. Marc Bloch s'en plaint également : « Je ne savais à peu près rien des événements qui s'accomplissaient sur les divers fronts de bataille. Cette ignorance m'agaçait et m'inquiétait. » BLOCH Marc, *Écrits de guerre…*, *op. cit.*, p. 130.

44. Feuille recto-verso, format 17,7 × 11 cm, pliée en deux.

45. La guerre des tranchées s'installe dans la forêt d'Argonne au milieu des chemins et ravins envahis de boue.

46. Oncle Ernest Gastellier, charcutier à Saints, canton de Coulommiers, arrondissement de Meaux (Seine-et-Marne).

– **Lettre 34 Le 12 octobre 1914,** *c'est mon reste de papier, je ne peux plus t'écrire*[47]

Chère mère

Je profite du temps que j'ai aujourd'hui pour t'écrire un mot comme je sais que tu es comme moi, que ça te fait si plaisir quand tu reçois de mes nouvelles. Mais c'est mon reste de papier, je ne peux plus t'écrire en attendant que tu m'en envoie, avec ça, il y a longtemps que tu n'as pas écris ; j'espère en recevoir une bientôt. Nous allons allez cantonner deux jours dans le pays voisin pour pouvoir se nettoyer et laver son linge[48]. Mais moi et bien d'autres, il faudra que je sois sans chemise et sans caleçon pendant qu'ils sècheront.

On vient de nous dire qu'Anvers s'était rendu, ce n'est pas une bonne nouvelle, j'ai peur que ça dure encore longtemps, enfin en ce moment, nous n'avons pas à nous plaindre, il y a trois semaines que nous sommes tranquilles mais c'est que cela ne durera pas toujours.

Votre ouvrage doit marcher de ce beau temps là, je serais curieux de savoir le rendement des betteraves à sucre et leur densité. Je me demande combien que vous aller pouvoir faire de blé, si vous pourrez faire votre cidre que je serais si heureux de pouvoir goûter étant doux. Enfin en ce moment, nous n'avons pas à nous plaindre, nous mangeons très bien, nous avons de bons cuisiniers, je suis avec des réservistes qui sont arrivés de Rodez, il y a deux jours et qui nous donnent des sardines qui nous ont semblé si bonnes. Il n'y a que du chocolat qu'il nous manque, tu ne te doutes pas ce qu'on tire la langue après ; enfin, il y en a un qui vient de me donner une enveloppe et une carte double comme tu m'en a envoyé une, ça fait que je pourrais t'écrire encore dans deux jours.

Enfin, écris moi pour me donner de vos nouvelles que j'espère sont toujours bonnes. Moi, çà va toujours bien, quoique je voudrais bien que çà soit fini et retourner vous revoir.

Enfin en attendant ce jour là, je vous embrasse, toi et René, de tout mon cœur.

Maurice

47. Feuille recto-verso, format 17,7 × 11 cm, pliée en deux.

48. Fait de baraques et de tentes, le cantonnement est un lieu de séjour provisoire des troupes. C'est la première fois depuis un mois que le régiment ne bivouaque pas. Le 76e est relevé par le 31e dans les tranchées d'Aubréville. SHD/DAT, 26N662/1 JMO du 76e RI, 29 septembre 1914.

– **Lettre 35 Le 14 octobre 1914**, *j'ai été heureux d'avoir des nouvelles d'Adrien*[49]

Chère mère

Je viens de recevoir ta lettre du 2 octobre hier[50]. J'ai été heureux d'avoir des nouvelles d'Adrien que je me demandais où il pouvait être et s'il avait été blessé. Comme je vois, il l'a échappé belle[51]. Il aura été heureux de voir Mauricette, quelques jours. Je voudrais pouvoir te voir aussi comme çà, une journée pour te causer un peu sur ce que j'ai vu et pour que tu m'apportes un peu de bricoles à manger qu'on serait si heureux d'avoir. Mais c'est impossible. En tous les cas, si tu pouvais m'envoyer un peu en colis postal, je voierai si çà réussi, je te le dirai. Pour le tricot, ce n'est pas facile pour me l'envoyer. Maintenant, c'est dommage que je t'ai dis de m'envoyer une chemise car je viens d'en toucher deux bonnes à la compagnie.

Ton enfant.

Maurice.

Répond moi au dos.

– **Lettre 36 Le 16 octobre 1914**, *j'espère que votre arrachage de betteraves doit marcher*[52]

Chère mère

Je profite de t'écrire pendant que j'ai un peu de temps et que j'ai du papier car je viens de trouver à acheter pour un sou, deux enveloppes et deux feuilles[53]. J'en profite aussi pour te dire que notre adresse est changée ou plutôt modifiée, et comme cela, les lettres viendront plus vite. La voici : Gastellier Maurice soldat à la 3e compagnie du 1er bataillon du 76e d'Infanterie, 5e Corps, bureau central militaire de Paris. Ne plus mettre vers Coulommiers. Tu voudras bien passer cette adresse à ceux qui m'écrive quelque fois, telles que Mauricette, ma tante Mélanie et ma tante Angèle, les autres ce n'est pas la peine, en tous cas, l'autre adresse est bonne quand même.

Je viens de recevoir une lettre d'Oscar mais tu parles d'une écriture à côté de celle de René. Il m'a parlé de tout ce que je savais excepté pour Forges-les-Eaux, qu'il m'a dit que c'était en Seine-Inférieure, moi qui pensait que c'était en Seine-et-Marne, c'est une ballade que Mauricette a fait, jamais elle y ai allé toute seule[54] ?

---

49. Troisième type de carte de correspondance militaire, cachet de la poste de Coulommiers du 21 octobre 1914, format 14 × 9 cm.

50. Le délai d'acheminement du courrier de sa mère, de 11 jours, ne s'améliore guère.

51. Maurice apprend la blessure de son beau-frère près d'un mois après.

52. Feuille recto-verso, avec lignes équidistantes de 0,8 cm, format 21,5 × 17 cm, pliée en quatre.

53. Le régiment relevé par le 31e RI rentre au cantonnement d'Aubréville le 14 octobre. SHD/DAT, 26N662/1 JMO du 76e RI, 29 septembre 1914.

54. Forges-les-Eaux, chef-lieu de canton, arrondissement de Dieppe (Seine-Maritime).

Je t'ai dis que tu m'envoie un billet de 5f. mais je ne trouverai jamais à le dépenser, enfin surtout, ne m'en envoie pas d'autres. Si tu m'envoie des colis postals, çà sera la même adresse que pour les lettres.

Je serais heureux de recevoir de vos nouvelles plus souvent, tu me dis toujours que je ne sois pas paresseux pour t'écrire, je sais bien que vaut mieux que çà soit toi qui reçoive plus souvent de mes nouvelles car ils peuvent changer d'un jour à l'autre mais enfin si tu peux, écris moi un peu plus souvent, ça me fait si plaisir quand je reçois une lettre ou me parler de l'ouvrage. Moi, en ce moment si tu reçois toutes mes lettres, tu dois en recevoir tous les deux jours. Tu voudras bien me le dire que je sache si toutes arrivent à toi.

Enfin, j'espère que votre arrachage de betteraves doit marcher en ce moment surtout si tous les Bruneaux y sont[55].

Pour moi, çà ne va pas mal, nous sommes toujours dans ce petit bois à mener notre vie de trimards[56]. J'espère que cette lettre vous trouvera tous en bonne santé. Bien le bonjour à René que je serais si heureux de pouvoir disputer un petit peu. Avec l'espoir de revenir bientôt après cette maudite guerre, je vous embrasse de tout mon cœur[57].

Ton enfant qui pense à toi.
Maurice

– **Lettre 37 Le 16 octobre 1914 au soir,** *nous sommes heureux [...] quand on se revoie en revenant d'une bataille*[58]

Chère mère

Je te r'envoie de suite ton enveloppe et un petit mot en réponse sur les différents bricoles que tu me demandes. Tu vas dire en voilà des lettres au moins, il n'est pas fainéant pour écrire en ce moment. C'est parce que je le peus et quand je ne t'écrivais pas, c'était parce que ça m'était impossible. Ta lettre du 5 n'a mis que 11 jours pour venir. Comme je vois, on t'a prêté un drôle de cheval pour travailler; enfin, fait ce que tu peux, si je reviens et Adrien comme il faut l'espérer, ça sera déjà quelque chose[59]. Nous n'avons pas vu le 276e comme tu le croyais et moi aussi je croyais le voir plus souvent. Mais il combattait loin de nous. Je ne sais pas si c'est qu'il est au 276e Marcel car je ne l'ai pas vu au 76e. Maintenant Martin, je l'ai vu assez souvent ainsi que Marcel Duquesne qui sont ensemble, d'ailleurs je dois te l'avoir déjà dis. Tu me parles de Viet, le beau-frère à Bouttour, je pense bien que je le connais nous causons toujours ensemble, nous avons fait connaissance

55. La récolte des betteraves se faisant à la main nécessite une grande quantité de main-d'œuvre, d'où l'importance de l'entraide des hommes et des femmes de l'arrière.

56. « Une vie de trimards », terme du patois briard, une vie de vagabonds.

57. Première utilisation du mot « espoir ».

58. Deuxième lettre écrite par Maurice le 16 octobre, feuille recto-verso, format 17,7 × 11 cm, pliée en deux.

59. L'appoint d'un deuxième cheval est nécessaire pour faire les labours d'hiver.

~~ensemble~~, c'était lui mon sergent mais maintenant, il est passé adjudant, je lui ai parlé de Bouttour, c'est là qu'il m'a dit qu'il était bien malade et qu'il n'était pas parti à la guerre[60]. Il me demande toujours si j'ai des nouvelles de vous et du pays.

Maintenant pour Huet, il est disparu le jour que Liénard a été tué, est-il prisonnier ou blessé ou tué on ne sait pas[61]. Margalais, il y a longtemps que je l'ai vu, on ne marche pas avec leur bataillon. Delaître qui est passé avec notre bataillon, je le vois assez souvent, nous sommes heureux, je te l'assure quand on se revoie en revenant d'une bataille. On se dit : ah! tu y es encore et on se sert la main. Il a été blessé très légèrement et est resté avec nous. Ton enfant qui serait si heureux de te revoir.

Maurice

Tu pense toujours à m'envoyer du papier[62].

– **Lettre 38 Le 17 octobre 1914,** *en attendant de vous revoir*[63] (*ill. 14*)

Je suis en bonne santé et j'espère que tu es de même ainsi que mon petit Paul. En attendant de vous revoir, je t'embrasse de tout mon cœur. Bonjour au père Louis. Ton frère qui pense à toi[64].

Maurice

– **Lettre 39 Le 17 octobre 1914**, *en bonne santé*[65] (*ill. 15*)

Je suis en bonne santé et j'espère que vous êtes de même. En attendant de vous voir, je vous embrasse de tout cœur. Bonjour à René.

Maurice

– **Lettre 40 Le 19 octobre 1914,** *où l'on va, je n'en sais rien*[66]

Chère mère

Je n'ai pas grand chose à te dire aujourd'hui mais comme j'ai l'habitude de t'écrire tous les deux ou trois jours, j'en profite pour te faire un petit mot ce matin que j'ai le temps. Nous étions en train de nous installer comme il faut, rajuster nos cabannes pour être on ne peut pas mieux et on vient de nous dire que nous

60. Bouttour, agriculteur voisin.

61. Pierre Huet, né le 4 avril 1890 à Saint-Ouen (Seine-et-Marne), caporal au 31e RI de Melun, meurt, le 1er septembre 1914 des suites de blessures de guerre à Zvveibrücken en Allemagne. SGA/DMPA/Mémoire des hommes/Fiche individuelle.

62. Toujours la demande récurrente de papier à lettre.

63. Carte postale adressée à Adrien son beau-frère, format 14 × 9 cm, vue générale, Belleville, Faubourg Pavé. Verdun-sur-Meuse a été rayé sans que l'on sache par qui. Archives familiales.

64. Maurice s'adresse à Adrien son beau-frère qu'il nomme « frère » et se préoccupe de son neveu Paul, âgé de 20 mois.

65. Carte postale, format 14 × 9 cm, manœuvres d'artillerie sur le terrain de Bevaux. Verdun-sur-Meuse a été rayé sans que l'on sache par qui. Archives familiales.

66. Feuille recto-verso, format 17,7 × 11 cm, pliée en deux.

Ill. 14 et 15. Contrevenant aux interdictions réglementaires, Maurice Gastellier adresse à Adrien son beau-frère deux cartes postales de Verdun-sur-Meuse, dont le nom a été rayé, 17 octobre 1914 (Archives familiales, DR).

nous en allons demain matin, où l'on va, je n'en sais rien[67]. Enfin, je souhaite que l'on ne soit pas plus mal qu'ici et qu'on soit aussi tranquille.

Je vous pense toujours en bonne santé, moi, ça va toujours pareille, à part ma diarrée qui ne se passera jamais car c'est un règne chez nous que 95 sur 100 ont en ce moment, j'ai un appétit de cheval. C'est pourquoi je serais si heureux d'avoir du chocolat pour m'échauffer un peu. Je pense que quand tu recevras cette lettre, j'en aurai reçu un colis postal qui me ferait si plaisir. Maintenant, renvoie moi s'en un colis, si tu veux, tu me metterais du chocolat, du saussisson, quelque friandise comme un paquet de gauffrette, je serais si heureux de manger de tout cela, moi qu'est si ~~heureux~~ gourmand ; j'aurai dû t'écrire plus tôt car les autres en reçoivent tous les jours des colis qui sont bien attachés et cousus car il faut que ça soit solide. Maintenant, ne m'envoie pas ce que je ne demande pas, je voierai si ça arrive en bon port, là je t'écrirai pour que tu m'en envoies d'autres. Je t'écrirai dans deux jours pour te dire où l'on est, à moins que je sois au feu et que çà ne soit pas facile.

Je pense que René doit être ton premier charretier aujourd'hui, quand je pense que ce n'est pas le prochain mais l'autre départ de soldat et qu'il est comme moi[68]. Enfin, souhaite lui le bonjour et bon courage car il en a besoin mais j'espère le trouver changer et de beaucoup quand je reviendrai. En attendant ce jour là, je vous embrasse toi, René et Mauricette de tout mon cœur. Ton enfant qui pense toujours à toi.

Maurice

Pour l'adresse, toujours pareil aussi bien pour les colis, mettre bureau central militaire de Paris à la place de Coulommiers.

– Lettre 41 Le 20 octobre 1914, *ça fait toujours plaisir de recevoir des nouvelles*[69]

Chère frère

J'ai reçu hier le 19, ta lettre du 9, ça fait toujours plaisir de recevoir des nouvelles surtout quand elles sont bonnes. Je suis comme vous, en bonne santé et nous sommes dans un petit pays, un peu en arrière, pour nous nettoyer et nous

67. Le manque d'information de la troupe, source d'inquiétude, favorise la circulation des rumeurs.

68. Maurice met en avant le statut valorisant de « premier charretier », soulignant ainsi le savoir-faire de son frère pour préparer, atteler et conduire le cheval de trait.

69. Quatrième type de carte de correspondance des Armées de la République, en couleur avec les drapeaux de la France, la Belgique, le Royaume-Uni, la Serbie et le Monténégro, format 14 × 9 cm, parvenue à son frère trois jours après. Divers types de carte de correspondance sont fournis par l'Armée, celle-ci comporte au verso une partie réservée à la correspondance ainsi que la mention suivante : « Cette carte doit être remise au vaguemestre. Elle ne doit porter aucune indication du lieu d'envoi ni aucun renseignement sur les opérations militaires passées ou futures. S'il en était autrement, elle ne serait pas transmise. » Archives familiales.

reposer. Je viens de voir Gaston Piplard et Delaître qui sont avec moi au pays. Tu souhaiteras bien le bonjour à Raymond et à Monette s'il n'est pas parti. En attendant le plaisir de te voir, je t'embrasse ainsi que maman de tout mon cœur.
Maurice

– **Lettre 42 Le 20 octobre 1914,** *c'est terrible, tu sais, où la guerre est passée*[70]

Chère mère

Tu me diras combien cette lettre a mis pour t'arriver car je la donne à une dame qui a venu voir de Paris son homme dans le pays où nous sommes ; çà fait que j'ai mis un timbre et je puis te mettre des détails que je ne peux pas te mettre sur les autres car je crois que si tu ne reçois pas toutes mes lettres, c'est parce qu'elles sont déchirées et que je cause trop de la guerre car il ne faut pas mettre trop de détails[71]. Alors, nous sommes à Aubréville près de Clermont entre Verdun et Varennes, le pays où Louis XVI a été arrêté dans la Meuse. Nous sommes dans ce pays qui est à 26 km à l'ouest de Verdun et qui est brûlé à moitié comme tous par ici quand ils n'y sont pas tout à fait. C'est terrible tu sais, où la guerre est passée, je suis toujours au repos mais je crois que je jouis de mon reste car je crois que l'on va repartir au feu mais je ne crois pas qu'on revoiera ça si terrible que ce que l'on a vu car tu sais, j'ai déjà vu quelque chose. J'ai reçu la lettre d'Adrien qu'il m'a envoyé de Forges-les-Eaux, je croix maintenant qu'il doit être au dépôt de Rodez. Il me dit que je ne mets pas le nom des pays où je passe mais désfois que les lettres soient déchirées, ce n'est pas la peine. Je me porte bien, ma diarrée est passée et je suis obligé de demander du pain au copin qui ne mange pas beaucoup tellement j'ai bonne appétit[72].

Pour ton travail, je pense que ça ne doit pas allez trop mal pour tes récoltes, je me doutais que le blé ne grainerais pas tant que l'avoine cette année. Enfin, je te l'ai déjà écris mais ne m'envoie pas de linge dans les colis, envoie moi s'en un tous les huit jours, je le préférerai à de l'argent mais mets moi du chocolat, une livre de chocolat, du saussisson ou des bricoles à manger dans ce genre là. J'ai reçu le tien que tu m'as envoyé, le 1er colis mais pas le mandat mais il est encore temps[73]. Je crois que tu dois m'en envoyer un deuxième car j'en ai plus beaucoup de chocolat. Je ne peux plus rien te mettre car la dame prend le train tout de suite[74].

---

70. Feuille recto-verso, format 20,2 × 15,5 cm, pliée en quatre.
71. Le 20 octobre, Maurice écrit deux lettres, l'une courte, à son frère, l'autre, plus longue, à sa mère. Se méfiant du contrôle postal, cette dernière lettre est transmise par l'intermédiaire d'une visiteuse. Il y indique pour la première fois son positionnement à Aubréville.
72. La ration quotidienne de pain des fantassins en 1914 était la suivante : pain ordinaire 750 g, pain biscuité 700 g, pain de guerre 300 g.
73. L'arrivée du premier colis, 15 jours après l'avoir demandé dans sa lettre du 4 octobre et 11 semaines après le début de la guerre.
74. Contraint d'arrêter d'écrire la plus longue lettre depuis le début de la guerre.

Bien le bonjour à René et à Mauricette. En attendant le plaisir de vous revoir tous en bonne santé, je vous embrasse tous de tout mon cœur. Ton enfant qui t'aime et qui pense à toi.

Maurice

Ne parle pas trop de cela que le 76e est à Aubréville près de Verdun car on ne doit pas trop en parler[75].

– **Lettre 43 Le 22 octobre 1914,** *nous sommes que cinq ou six de l'active de la compagnie qui sont au feu depuis le premier jour*[76]

Chère mère

René doit avoir reçu ma carte que je lui ai envoyée, il y a deux jours. Je suis toujours en bonne santé et j'espère que vous êtes de même. Nous ne sommes pas trop malheureux en ce moment, nous sommes, comme je l'ai dit sur la carte que j'ai envoyé à René, dans un petit pays en arrière de la ligne du feu, nous couchons dans des granges et nous faisons l'exercice comme à la caserne pour passer le temps[77]. Je fatigue tout de même car nous sommes que cinq ou six de l'active de la compagnie qui sont au feu depuis le premier jour et qui n'ont plus de force à marcher avec les réservistes qui sont plus vieux que nous mais qui sont bien plus vif que nous autres et plus frais[78]. Je viens de voir Morand que je n'avais pas vu depuis quelque temps, il est comme moi depuis le premier jour toujours debout. Au moment où je t'écris, je suis avec le garçon à Jules Philippe, le plus jeune qui est jardinier à Arpajon et qui est de garde avec moi[79]. Il est à la dixième compagnie. Je meurs d'envie de chocolat ou de saucisson mais je crois que je vais pouvoir en avoir de Verdun, ce soir et je crois que je vais recevoir le tiens que tu dois m'avoir envoyé. Chez nous, je n'en mangeais pas et aujourd'hui, nous serions si heureux d'en manger car toujours du bœuf, ou du riz, ou des pommes de terre, on se lasse[80]. En tous cas, n'envoie pas de linge car j'en ai grandement. Je ne vois plus grand chose à te dire pour aujourd'hui que de prendre toujours patience[81].

75. Dans cette lettre transmise hors du circuit postal, Maurice rappelle que le positionnement ne doit pas être communiqué.

76. Feuille recto-verso, avec lignes équidistantes de 0,8 cm, format 21,5 × 17 cm, pliée en quatre.

77. Le régiment participe à des travaux aux abords du cantonnement ainsi qu'à des exercices d'entraînement du 15 au 31 octobre. SHD/DAT, 26N662/1 JMO du 76e RI, 29 septembre 1914.

78. La distinction entre active (les conscrits) et réserve (mobilisés ayant déjà fait leur service militaire) diminue rapidement, les vides étant comblés par les réservistes.

79. Charles Philippe, né le 30 mai 1880 à Doue (Seine-et-Marne), soldat 2e classe au 276e RI de Coulommiers, meurt, le 19 janvier 1915, des suites de blessures de guerre aux Islettes (Meuse), Ambulance no 6. SGA/DMPA/Mémoire des hommes/Fiche individuelle.

80. La nourriture fait partie des récriminations récurrentes de Maurice ainsi que la demande en chocolat qui n'apparaîtra dans les vivres de réserve de la troupe qu'en 1916.

81. « Patience » de nouveau utilisé.

Toutefois que nous sommes tous en bonne santé, il y a toujours de l'espoir qu'on se revoie un jour tous[82]. En attendant ce jour là, je vous embrasse tous de tout mon cœur.

Ton enfant qui pense à toi.

Maurice

Maurice écrit au dos de la lettre de sa mère, datée du 14 octobre, qui s'inquiète s'il a bien reçu son paquet et son mandat. Aussitôt sa lettre reçue, soit 10 jours après, Maurice lui précise de nouveau le libellé de son adresse.

– Lettre 44 Le 24 octobre 1914, *je vois que ça dure toujours*[83]

Chère mère

Toujours pareille, même santé, même travaille, même vie. Je viens de recevoir cette lettre que je te rends la réponse dessus[84]. Aussitôt que j'aurai reçu ton mandat et ton colis, je te le ferai savoir aussitôt pour te tranquiliser. Maintenant, ta lettre a mis autant de temps en passant par Rodez. Il faut me mettre l'adresse que je t'ai indiqué, la voilà encore, G.M. 76e R 1er B 3e comp. 5e Corps **Bureau central militaire** de Paris. Je te la remets en toutes lettres : Gastellier Maurice soldat à la 3e Compagnie du 1er bataillon du 76e Régiment d'Inf. 5e Corps Bureau central militaire de Paris. Notre adjudant en a reçu une, elle a mis trois jours pour venir, il avait mis l'adresse que je t'indique[85]. Je viens de recevoir une lettre de ma chère Mauricette que je me suis empressé de lui rendre réponse. Comme linge, tricot et caleçon, j'ai tout ce qu'il me faut comme je te l'ai dit. Mangalais est avec moi, bien portant. Huet est disparu comme je te l'ai dit[86]. Mais Marcel Pontlevé[87], je ne peut pas le trouvé. Nous sommes pourtant tout le régiment ensemble et on m'a dit qu'on l'a vu dernièrement. J'espère le voir un de ces jours. Je savais que Imbeau était blessé mais je ne savais pas qu'on avait été forcé de lui couper la main. Oui, je vois comme toi, que nous allons être forcer d'y passer l'hiver. Ah ! on disait pourtant que çà ne durerait pas longtemps mais je vois que çà dure toujours[88]. Enfin, on ira tout en allant, pourvu qu'on en revienne en bonne santé ~~tous~~[89]. Enfin, je termine ma lettre en t'embrassant ainsi que René.

---

82. « Espoir » utilisé pour la deuxième fois, mais c'est « l'espoir qu'on se revoie un jour tous » et non plus « de revenir bientôt » comme dans la lettre du 16 octobre.

83. Feuille recto-verso, format 22,2 × 17,7 cm, pliée en quatre.

84. Faute de papier, Maurice répond sur la lettre du 14 octobre de sa mère.

85. Maurice insiste sur les consignes pour le courrier postal.

86. Déjà mentionné dans la lettre du 16 octobre.

87. Marcel Pontlevé est le cousin de sa mère Julia. Fils de Louis Firmin et de Marie Jacquet, Marcel est né à Melun en 1887. De la classe 1907, il effectue son service militaire au 76e RI du 8 octobre 1908 au 15 décembre 1909. Rappelé à l'active, il arrive au régiment le 4 août 1914.

88. Maurice reprend la formule de sa mère contenue dans la lettre du 14 octobre : « ça sera encore long ».

89. Barré par Maurice, se rendant compte que « tous » ne reviendront pas.

Ton enfant qui t'aime.
Maurice

En écho à la lettre de Maurice datée du 2 octobre souhaitant revenir pour Noël, sa mère lui exprime son doute.

– **Lettre 45 Le Theil 14 octobre 1914,** *tu me dis sur tes lettres que tu seras revenu à Noël mais, mon pauvre Maurice, je ne le crois pas, ça sera encore long*

Mon cher Maurice
Aussitôt que tu recevra ton mandat carte de 10 f. et ton petit paquet, envoie moi un petit mot si tu peux, pour que je sache si tu l'as reçu et tu me diras quand est-ce que tu as reçu ça, tu me diras aussi si cette lettre a été aussi longtemps à te parvenir car, comme tu vois, j'ai changé l'adresse, j'ai mis par Rodez, c'est à la poste qu'on me l'a dit, le dépôt de ton régiment se trouvant à Rodez. Je t'ai envoyé ce petit paquet par le comité d'initiative qui se charge de ça sans aucun frais, dis moi si tu veux que je t'envoie ton tricot de laine que tu avais à Paris et un caleçon comme tu en mettais chez nous, je m'empresserais de te renvoyer un petit paquet.

Tu m'avais écrit que Lemaire fils de l'entrepreneur était mort ou à peu près son père vient de recevoir une lettre de lui, il a été blessé et fait prisonnier ils ne se sentent plus de joie, ces pauvres parents car ils finissaient bien par croire qu'il était mort. La mère Huet et Margalais s'ennuient de ne recevoir de lettre, est-ce qu'ils ne sont pas avec toi ?

Tu sais peut-être qu'Imbeau, l'homme à Lino Mercier a été blessé à la main droite, ce pauvre malheureux, on a été obligé de lui couper la main, combien qu'il y en aura comme ça, des pauvres estropiés. Tu me dis sur tes lettres que tu seras revenu à Noël mais, mon pauvre Maurice, je ne le crois pas, ça sera encore long, enfin à ça près, pourvu que tu reviennes sain et sauf.

En attendant le plaisir de te voir, je t'embrasse de tout mon cœur.
Ta Mère

– **Lettre 46 Le 26 octobre 1914, 1ère lettre,** *tu me diras si tes betteraves sont arrachées*[90]

Chère mère
Avant de partir à l'exercice, j'en profite pour t'écrire un mot comme j'ai l'habitude, tous les deux jours. Je voudrais toujours bien savoir si tu reçois toutes les lettres que je t'envoie comme je le pense. Dis mois si tu en reçois à peu près tous les deux jours.

Dis-moi aussi, si on nous a réquisitionné nos voitures, si notre pauvre Bijou est parti car René me disait qu'on allait vous le prendre[91]. Je ne reçois pas le colis,

90. Feuille à carreaux de 0,8 × 0,4 cm, recto-verso, format 21,5 × 13,8 cm, pliée en quatre.
91. La réquisition concerne aussi les voitures, c'est-à-dire les charrettes de la ferme.

ni mon mandat carte mais je pense que çà ne tardera pas, aussitôt arrivé, je te le ferai savoir. En ce moment, je trouve assez à acheter des bricoles venant soit de Verdun, soit de Châlons, alors je serais heureux d'avoir mon mandat. J'ai peur de le recevoir trop tard, quand nous serons sur la ligne de feu et que je ne pourrai pas m'en servir.

J'ai reçu la lettre de la tante Angèle que j'ai été content de recevoir car ça fait toujours plaisir de recevoir des nouvelles de la famille. Tu lui diras que je la remercie de sa lettre, que je suis en bonne santé et que je pense qu'ils sont de même. Je ne peux pas lui répondre car je n'ai pas grand temps et guère de papier que je conserve pour toi, pour t'écrire.

Tu me diras si vous avez battu, si tes betteraves sont arrachées, si tu as fini tes blés et où tu as eu de la semence si tu n'avais pas battu[92]. Voilà le temps changé, ça doit être pareille chez nous, il a tombé de l'eau cette nuit en masse depuis le temps qu'il faisait si beau.

Enfin, nous sommes toujours aussi avancé sur cette maudite guerre et je vois maintenant que je ne pourrai pas passer la veillée de Noël à faire des crêpes avec vous ensemble au coin du feu comme je vous l'avais dit sur mes premières lettres[93].

Je ne vois plus grand chose à te dire pour le moment que souhaiter le bonjour à René et à Mauricette. Ton enfant qui t'embrasse de tout son cœur.

Maurice

Voir la deuxième lettre. J'ai reçu le colis le soir.

– Lettre 47 [Le 27] octobre 1914, 2e lettre, *j'ai été heureux quand j'ai reçu mon paquet surtout pour le manger*[94]

Chère mère

J'ai écris ma lettre d'hier à midi et je me suis dit avant de l'envoyer, je vais attendre ce soir pour voir si je reçois mon paquet. Comme je l'ai reçu, je n'ai pas envoyée ma première lettre hier soir; çà fait que je t'envoie celle là en même temps pour te dire que je l'ai reçu en bonne condition, il a mis 13 jours pour me parvenir. Je n'ai pas reçu encore le mandat carte, je ne sais pas si une lettre recommandée n'aurait pas été plus pratique car je recevais mes deux billets et je n'avais pas besoin d'aller rien toucher. En tous les cas, ne m'envoie plus de linge, j'ai tout ce qu'il me faut ni d'argent car je croyais avoir quelque chose de Verdun et on ne peut rien avoir, maintenant du lait on a bien du mal à en avoir.

92. Les betteraves sont arrachées à la main et doivent être ensuite décolletées en coupant les feuilles de la racine à l'aide d'une petite serpe.
93. Maurice reprend la pensée de sa mère dans sa lettre du 14 octobre : « Tu me dis [...] que tu seras revenu à Noël [...] je ne le crois pas. »
94. Date illisible, vraisemblablement le 27 octobre. Cette deuxième lettre fait suite à celle du 26 octobre, non envoyée de suite, intitulée 1re lettre. Feuille recto-verso, format 17,7 × 11 cm, pliée en deux.

Ce que tu peux faire, c'est me renvoyer un colis tous les dix jours avec soit du chocolat, soit du saussisson comme celui que tu m'as mis soit une petite bouteille d'eau de vie comme celle que les cerises sont dedans où si tu n'en a pas, mets moi de l'autre car le matin ça me réchaufferait quand on sera dans les tranchées[95].

Je crois que ma diarrée est passée, depuis deux jours, je n'ai plus de coliques si ça pouvait être vrai, ce n'est pas des hémorroïdes. Tu me dit que l'on doit être forcé de boire de l'eau, je le pense bien, les habitants ne boivent que de cela, à grand peine nous.

Je t'assure que j'ai été heureux quand j'ai reçu mon paquet, surtout pour le manger quoique pour le linge que tu mas mis je trouverai à m'en servir, surtout que c'est du petit linge. J'ai bien tout reçu ce que tu m'as mis dedans mais tu peux mettre une toile plutôt solide autant que possible.

C'est le raisain qui me fait plaisir, il était un peu moisi mais ce n'est rien, ce qu'il était beau cette année, il n'avait pas le choléra.

Merci de tout cela et je t'embrasse de tout mon cœur.

Maurice

– **Lettre 48 Le 28 octobre 1914,** *tu me dis que tu as eu la batteuse*[96]

Chère maman

Je reçois à l'instant ta lettre du 18 octobre, elle mette toujours dix jours pour me parvenir. Tu me dis que je ne reçois pas tes lettres, si je les reçois toutes, j'ai reçu ton colis, mais pas le mandat. Je préfère un colis qu'il y ai pour 5 f. de marchandises dedans qu'un mandat de 10 f. car on ne peut rien acheter. Je crois qu'une lettre recommandée avec deux billets dedans aurait été plus pratique. Ne m'envoie pas de linge.

Tu me dis que tu as eu la batteuse, tant mieux, une bonne ouvrage de faite. Pour la sucrerie, je me doutais de cela, pourvu qu'ils te les prennent encore[97] ? Ne te tourmente pas pour moi, je laverai ma chemise car j'ai tout ce qu'il me faut et pourvu que tu ne m'envoie pas car mon sac est déjà bondé et extrêmement lourd.

J'ai du papier maintenant assez. Tu me mets que tu serais heureuse de me faire des gaufres avec du cidre doux mais moi aussi, je serais heureux de les manger avec vous. Enfin, ce temps viendra peut être, espérons-le. Bonjour à René. Ton enfant qui t'embrasse de tout son cœur.

Maurice

95. L'eau-de-vie fait maintenant partie des demandes de Maurice. La ration alimentaire normale du fantassin comporte un demi-litre de vin, la ration de réserve un quart de litre d'eau-de-vie ou de rhum.

96. Feuille recto-verso, format 17,7 × 11 cm, pliée en deux.

97. La racine de betterave décolletée est chargée dans un tombereau tiré par les chevaux et acheminé jusqu'à la sucrerie de Coulommiers (construite dans la décennie 1870-1880) où se réalise l'extraction du sucre.

– Lettre 49 Le 31 octobre 1914, *je reçois des lettres de Mauricette presque tous les jours*[98]

Chère mère

Je t'écris deux mots pour te dire que j'ai touché mon mandat, hier soir. On vient de me le payer à l'instant[99]. Maintenant, ça me fait assez d'argent j'ai tout de même trouvé à acheter des marchandises, du chocolat et du saussisson, en attendant que je reçoive le tien dans un deuxième colis. J'ai touché un bon petit tricot, le seul effet qui me manquait jusqu'à présent, je n'en n'avais pas eu besoin, mais maintenant que nous voilà à la Toussaints, j'ai peur que le froid vienne et que je sois heureux de l'avoir.

Nous vivons toujours pareille et je suis en bonne santé, j'espère que ma lettre vous trouvera de même. Je reçois des lettres de Mauricette presque tous les jours encore hier soir, je lui ai répondu que ça allait très bien et qu'elle ne se tourmente pas. J'en attend une bientôt de toi, enfin, je ne vois plus grand chose à te dire pour le moment. En attendant le plaisir de vous revoir tous en bonne santé, je vous embrasse de tout mon cœur.

Ton enfant qui t'aime.

Maurice.

Je viens de recevoir ta carte du 23 octobre.

Lettre 50 Le 3 octobre [novembre] 1914, *j'ai trouvé du chocolat à acheter*[100]

Chère mère

Je t'écris aujourd'hui, je n'ai pas grand chose à te dire car je pourrais te parler toujours de le même chose, ~~car~~ nous sommes toujours à la même place, toujours nous faisons la même chose, nous mangeons de même et je suis toujours en bonne santé; alors pas de changement, je souhaiterais que ça dure comme ça jusqu'à la fin de la guerre et que la fin ne soit pas loin, parce que nous voilà déjà plus loin que la Toussaint et il n'y a pas de changement[101]. Aujourd'hui, il fait mauvais temps, il brouillasse et le jour de la Toussaint, il a fait un temps superbe. L'autre jour, j'ai un copin de la 9e compagnie qui me parlait des hommes de son escouade et il me dit notre cuisinier, c'est un nommé Fernand Charpentier; çà fait que j'ai été le voir jusque là et il m'a reconnu avant que je lui parle, il m'a dit qu'il avait été chez nous dans les premiers temps qu'il était à Coulommiers, il m'a dit de te souhaiter le bonjour ainsi qu'à René et à Mauricette. J'ai aussi trouvé Marcel Pontlevé, il est à la 11e compagnie, j'ai été le voir, il est pas beaucoup changé, il a plutôt meilleur

98. Feuille recto-verso, format 15,5 × 10 cm, pliée en deux.
99. Premier mandat que Maurice touche près de trois mois après le début de la guerre.
100. Vraisemblablement le 3 novembre 1914 car Maurice écrit : « Nous voilà déjà plus loin que la Toussaint. » Feuille recto-verso, format 20,2 × 16 cm, pliée en quatre.
101. Le 1er bataillon du 76e RI cantonne à Aubréville. SHD/DAT, 26N662/1 JMO du 76e RI, 2 au 7 novembre 1914.

mine que lorsque je l'avais vu à l'enterrement de ma grand mère[102]. C'est vrai qu'en ce moment, nous sommes tous engraissé et nous avons tous bonne mine, au prix d'il y a un mois, nous étions salement décollés, je te l'assure et nous avions les joux rudement creuses.

En ce moment, on ne se fait pas de bile, on fait du chocolat tous les matin, nous trouvons du lait ~~à acheter~~ et j'ai trouvé du chocolat à acheter car du tien je n'en ai pas eu pour longtemps, une demi-livre, ce n'était pas beaucoup. On le paie bien cher, 2 f. 50 la livre. Si tu m'envoie un colis, tu pourrais me mettre un quartier de fromage fait, qui pique un peu, si tu pouvais en trouver du bon, du moment que ça me vient bien, tu paieras toujours çà moins cher que moi ici, car avec 5 f. on ne va pas loin. Enfin, je pense que ma lettre vous trouvera en bonne santé et que vous ne vous tourmentez pas de trop. Bien le bonjour à tous. Ton enfant qui t'embrasse.

Maurice

– **Lettre 51 Le 5 novembre 1914,** *depuis trois mois aujourd'hui, que je ne me suis pas déshabillé pour dormir*[103]

Cher frère

Je n'ai pas grand chose à faire cet après midi, j'en profite pour te donner de mes nouvelles qui sont toujours très bonnes. Ah! mon cher René si ça pouvait durer comme çà jusqu'au bout de cette maudite guerre et que je puisse te revoir ainsi que vous tous, ce que je serais heureux ce jour là, çà serait, surement, le plus beau jour de mon existence. Quand je rentrerai dans ce pays du Theil? Quand je rentrerai dans notre maison? Quand je passerai sur cette route que les Bochs ont passé[104]? Et quand est-ce que je recoucherai dans mon bon lit dans ma chambre en haut, non, je ne saurai plus dormir dans des draps depuis trois mois aujourd'hui, que je ne me suis pas déshabillé pour dormir[105].

Ah! mon pauvre René, on n'est pas malheureux en ce moment, comme tu le voit mais je t'assure que l'on a vu déjà quelque chose de terrible, des embuscades que je ne sais pas comment que j'ai pu m'en sauver, c'est triste la guerre, va, je te

102. Léontine Pontlevé, grand-mère maternelle de Maurice, est décédée le 21 février 1913. Marcel Pontlevé a été rappelé à l'active du 76e RI.

103. Feuille recto-verso, format 20,2 × 14 cm, pliée en quatre.

104. « Boches » est utilisé pour la première fois par Maurice pour désigner les Allemands. Antérieur à 1914, ce terme a pour origine une abréviation de l'argotique « alboche » pour « Allemands » et se généralise pour passer dans le langage courant. Sa mère parle des « Prussiens » en référence à l'occupation de Coulommiers que ses parents ont connu de septembre 1870 à juin 1871.

105. L'absence d'hygiène est monnaie courante et rejoint ce qu'écrit Amand Fontaine, soldat au 76e RIT de Vitré : « Le 30 octobre [1914], alors qu'il passe quelques heures en arrière du front, Fontaine dit en profiter "pour changer de chemise ce que je n'avais pas fait depuis 15 jours et me débarbouiller ce qui ne s'était pas fait depuis huit jours". » *Si jamais tu lis ces lignes, maudis la guerre…*, *op. cit.*, p. 12.

souhaite de ne pas y aller et c'est à souhaiter que çà se termine bientôt et qu'on ne la revoie plus.

Oui, ou sans cela, en ce moment, je ne me fait pas de bile, c'est une vie qui te plairais; tous les matins, je mange mon petit chocolat, à dix heures, c'est le ragoût de pommes de terre avec viande et le soir, la soupe et le pot au feu[106]. Le chocolat, c'est moi qui le fait avec un camarade pour nous et qui le paie, chacun notre tour. Si je te disais que je ne peux plus aboutonner mon pantalon, tellement je suis engraissé, ~~tu ne voudrais pas le croire~~. Et on est tous pareille en ce moment, on ne voudrait pas le croire, engraisser à la guerre.

On va nous vacciner contre la fièvre tiffoïde demain mais nous qui sont de l'active qui y ont été il y a quatre mois, on est une dizaine dans la compagnie, on n'aura pas besoin d'y être car ça peut durer dix ans[107]. Je pense que tu ne t'ennuie pas trop de moi et que tu travaille aujourd'hui du mieux possible pour faire plaisir à maman et que, quand je reviendrai car il faut l'espérer, je te trouverai changé menant les cheveaux et le brabant[108].

En attendant ce jour, tant attendu de tous, je t'embrasse ainsi que maman de tout mon cœur.

Ton frère Maurice

Réponds moi sur cette lettre, maintenant il y a déjà un peu que n'ai pas reçu de nouvelles de vous, ni des autres, dans un temps j'en recevais tous les jours, je vais peut être en recevoir une ce soir. Mets moi donc une miette de fil noir et une éguille dans une lettre.

Maurice

– **Lettre 52 Le 6 novembre 1914,** *nous en tenons encore pour longtemps de la guerre*[109]

Chère mère

Je viens de recevoir ta lettre du 29 octobre mais je vois que tu te tourmentes toujours comme à l'habitude[110]. C'est cela qui m'embête le plus quand je vois cela. Comme je vois quand tu m'a écris cette lettre, l'accident à Bijou venait d'arriver mais écoute ce n'est pas rare des accidents dans ce genre, il ne faut pas te faire de mauvais sens pour çà et puis je ne sais pas d'où tu en était, tu me marque sur ta lettre 29 juin au lieu de 29 octobre.

Puis tu as peur que j'ai froid, que je sois malade, que ma diarrée ne se passe pas mais je suis las de te dire que çà va mieux et que nous sommes tranquille en

106. Le régiment effectue des travaux de voirie aux abords du cantonnement d'Aubréville.
107. La vaccination obligatoire dans l'armée d'active est étendue aux renforts de réservistes.
108. La charrue Brabant, tirée par deux chevaux, demande plus de technicité que la charrue simple pour le labour. Composée de deux corps de charrue superposés, le laboureur la fait pivoter autour de son axe à l'extrémité du sillon.
109. Feuille recto-verso, format 20 × 15,5 cm, pliée en quatre.
110. Amélioration de l'acheminement du courrier avec un délai de huit jours.

ce moment. Il sera encore temps quand il fera mauvais temps, qu'il neigera et que nous serons dans les tranchées en avant, que tu te fasse de la bile.

Tu te demandes si j'ai reçu mon paquet et mes 10 f. mais je te dis encore que oui mais tu dois le savoir d'après les lettres qui doivent t'avoir arrivé depuis.

Comme je vois, tu as toujours ton pauvre Bijou, c'est déjà quelque chose, maintenant tous tes blés sont faits, tu pourras toujours les récolter s'il n'arrive rien, ta moisson est battu et vendu, quand je vois tous les cultivateurs de par ici, que tous leurs récoltes sont brulées ainsi que leurs maisons et qui ne peuvent en faire pour l'année prochaine ?

Tu me console drôlement, tu me dis que nous en tenons encore pour longtemps de la guerre, çà je te crois car je commence à le voir comme toi. Enfin, pourvu qu'on en revienne en bonne santé, c'est toujours la question.

Enfin, prend du courage, pour le moment, je ne suis pas malheureux comme tu le crois, j'y ai été, que tu ne te tourmentais peut être pas tant qu'aujourd'hui. En attendant le plaisir de vous revoir en bonne santé, je vous embrasse de tout mon cœur. Ton enfant qui t'aime.

Maurice

Bien le bonjour à Joseph quand tu le voira.

– **Lettre 53 Le lundi le 9 novembre 1914,** *nous sommes retournés en ligne*[111]

Chère mère

Notre bon temps est fini, nous ne couchons plus en cantonnement, nous sommes retournés sur la ligne[112]. Ce n'est plus là, la vie ~~d'il y a un mois~~ que l'on menait depuis plus d'un mois. Mais enfin, on est encore pas trop malheureux, nous sommes dans des tranchées couvertes et il ne fait pas par trop froid, d'abord j'ai mis mon tricot en plus de ma veste et nous avons de bonne couverture pour nous envelopper.

Ce qu'est le plus ennuyeux, c'est qu'il y a une garde du diable à prendre, je me couche tous les soirs à minuit, moi qu'aimait si bien dormir. Et puis, il y a à faire attention car les balles sifflent pas mal, il faut y aller à quatre pattes pour la prendre, la garde[113]. Ah ! je crois que quand je reviendrai de la campagne, que je pourrai aller fouiner au tir, je serai abitué aux balles et à leurs sifflements.

Pourvu que tu ai reçu mes lettres que je te disais de m'envoyer des colis car aujourd'hui, je serai heureux de les recevoir, nous mangeons froid, les cuisiniers

111. Première indication du jour de la semaine depuis le début de la guerre. Feuille recto-verso, format 20,2 × 15,5 cm, pliée en quatre.

112. Dans la nuit du 7 au 8 novembre, le régiment monte en première ligne aux côtés du 31e RI et relève le 113e RI dans le ravin des Meurissons. SHD/DAT, 26N662/1 JMO du 76e RI, 8 novembre 1914.

113. « Sur le plateau de Bolante, on est repéré par l'ennemi et bombardé par l'artillerie allemande. J'ai un camarade, Gérard, un breton, de tué alors que j'étais couché à côté de lui. Il était 20 ans de plus que moi. » GASTELLIER Maurice, *Mémoires, op. cit.*, p. 4.

sont obligés de faire la cuisine bien en arrière de nous pour que les feux ne se voient pas ; alors j'aurais du saussisson ou du chocolat ou du fromage, je le mangerais de bon cœur[114].

Je voudrais savoir si vous êtes en bonne santé car de ce brouillard là, il y a souvent des malades, il fait froid, on se chauffe et en sortant du feu, c'est là qu'on est payé. Envoi moi donc dans un colis un cache nez gris comme j'en avais un, une couleur pas trop voyante, en même temps on me mets autre chose avec[115].

Enfin, en attendant de bonnes nouvelles de vous, je vous embrasse de tout mon cœur.

Ton petit Maurice qui serait si heureux de te revoir

Bonjour à René et à Mauricette, écrivez moi le plus souvent possible car si tu savais comme ça me désennuie de recevoir une lettre et de la lire, toi, çà doit être pareille. Je compte sur toi.

Maurice

Je ne pensais pas à te dire, Marcel Ponlevé est encore évacué, il n'ai pas souvent au feu, il est toujours malade.

– **Lettre 54 Le mercredi 11 novembre 1914,** *que de familles seront éprouvées à la fin de cette malheureuse guerre*[116]

Chère mère

Je viens de recevoir ta lettre du 4 nov. sur laquelle tu me dis que j'ai un nouveau colis de parti, çà me fera plaisir, car nous ne mangeons plus que froid, quand je vais recevoir s'il vient comme l'autre, il m'est venu quatre jours après ma lettre[117].

Je suis encore assez tranquille pour t'écrire, c'est pourquoi j'en profite pour t'envoyer des lettres le plus souvent possible, pendant que j'ai des enveloppes, surtout, envoie moi s'en car je ne peux plus en acheter. J'en ai écris une à Mauricette hier, et aussitôt la lettre partie, j'en reçois une d'elle et de ma tante Angèle le même jour que la tienne, c'est à dire hier soir. Alors comme je ne pense lui récrire aujourd'hui, dis lui, si tu peux la voir, que j'ai reçu de ses nouvelles, que je la remercie.

Tu as bien fait de me mettre ce bonnet de laine comme tu dis car çà tiens bien chaud, ils en reçoivent tous en ce moment ils appellent çà, comme ma tante Angèle, un passe-montagne[118]. Elle m'a dit aussi que Mauricette avait été encore

114. Au début de la guerre, les unités ne possèdent pas de cuisines roulantes. Chaque soldat transporte dans son sac ses ustensiles de cuisine (bidons et couverts, gamelle, etc.) ainsi que sa nourriture et sa boisson.

115. Le pantalon rouge de rigueur est peu adapté aux conditions difficiles de l'hiver 1914-1915. Le recours à des vêtements civils permet de résister au froid. Le pantalon n'étant pas doublé, un caleçon de toile est fourni. Le képi fait partie de l'uniforme réglementaire mais il n'est pas prévu de cache-nez ou de passe-montagne pour se protéger du froid.

116. Feuille recto-verso, format 20 × 15,5 cm, pliée en quatre.

117. L'acheminement du courrier des siens s'améliore avec un délai de sept jours.

118. Maurice, comme tous les fantassins, ne porte pas de casque mais se protège du froid et de l'humidité.

à Forges-les-Eaux. Je suis maintenant sûr que tu reçois mes lettres, c'est ce que je voulais savoir. Aux moins le jour que tu as reçu les quatre, çà t'auras désennuyer, surtout je suis content que t'ai reçu, celle en question, que j'ai donné à cette dame. J'ai encore 6 f. dans ma poche mais surtout, ne m'en envoie pas sans que je te le dise car tout pendant qu'on sera là, je ne ferai que des économie avec mon prêt de 10 sous, tous les dix jours, on ne peut pas dépenser un sous, puis d'abord si je reçois des paquet je n'ai rien à acheter. Comme je vois, ton ouvrage n'est pas trop en retard. Il est temps parce que, si c'est comme par ici, il a toujours fait beau mais maintenant il fait un brouillard surtout aujourd'hui, il tombe et il fait une froid de loup, heureusement que je suis bien vêtu[119]. Comme je vois, Huet et le gendre Isambert sont prisonniers, les fils Frison et Jacquet, ils n'ont plus de nouvelles depuis deux mois, c'est bien long, enfin, il faut encore avoir de l'espoir qu'ils ai été fait prisonniers[120]. Maintenant c'est le beau-frère à Charpentier, tu veux dire son charretier, bien c'est malheureux, un jeune homme si sérieux et si gai. Maintenant Léon Legrain, je ne le connais pas[121]. Ah ! que de familles seront éprouvées à la fin de cette malheureuse guerre et combien le sont déjà.

Enfin, vivement la fin de tout cela et vivement que l'on se revoie tous ensemble mais ce sera dur à passer cette hiver par tous les temps. Tu souhaiteras bien le bonjour à René que je serais pourtant aussi heureux de revoir mais quand est-ce ? En attendant ce jour si recherché de tous, je vous embrasse de tout mon cœur.

Ton enfant qui t'aime.

Maurice

– **Lettre 55 Le 13 novembre 1914,** *c'est ordinaire de se tuer*[122]

Chère maman

Par un temps de novembre, c'est le cas de le dire car aujourd'hui, çà annonce la neige plutôt que le soleil, nous sommes toujours dans cette forêt et dans cette caverne souterraine en attendant venir la paix et l'été. Dans cette tranchée couverte, nous ne sommes encore pas mal mais chacun notre tour, moi, c'est de 6 heures à minuit, il faut aller à 150 mètres en avant prendre la garde dans une

119. La neige et le froid s'installent, *Si jamais tu lis ces lignes, maudis la guerre… Amand Fontaine, un instituteur breton dans la première bataille d'Ypres avec le 76e RIT de Vitré (octobre-novembre 1914), op. cit.*, p. 12.

120. Abel Frisson, né le 12 octobre 1891 à Saint-Siméon (Seine-et-Marne), caporal au 94e RI, est tué à le 25 septembre 1914 au fort de la Pompelle (Marne). Edmé Frisson, né le 1er décembre 1893 à Doue (Seine-et-Marne), soldat 2e classe au 106e RI, est tué le 10 septembre 1914 à Vaux-Marie (Meuse). Auguste Jacquet, né le 12 mai 1893 à Paris, soldat 2e classe au 106e RI, est tué le 15 septembre 1914 à Vaux-Marie (Meuse). [https://www.memoiredeshommes.sga.defense.gouv.fr] 3 février 2022.

121. Léon Legrain, né le 30 août 1882 à Mouroux (Seine-et-Marne), soldat 1re classe au 2e bataillon de chasseurs à pied, est tué le 17 octobre 1914 à Mouchy-aux-Bois (Pas-de-Calais). SGA/DMPA/Mémoire des hommes/Fiche individuelle.

122. Feuille recto-verso, format 17,7 × 11 cm, pliée en deux.

petite tranchée non couverte[123]. Il faut rester là, six heures sans dormir, sans faire le moindre mouvement et toujours écouter, je mets sur mon dos ma couverture mais sur la tête, il ne faut rien mettre pour pouvoir écouter ce qui se passe, c'est pourquoi mon passe-montagne, je pourrai le mettre que en arrière quand je ne serai pas de garde, alors envoie moi quand même dans le prochain colis, pour moi mettre dans mon cou, mon cache-nez; maintenant, en plus une paire de gants, un caleçon bien chaud car je vois que celui du régiment, ce n'est pas grand chose, une boite de bonbon pour le rhum, il ne faut pas croire que c'est parce que j'en ai du rum mais c'est parce que çà mets tellement longtemps pour venir qu'il faut mieux prendre de l'avance et maintenant toujours du boulotter surtout du saussisson[124].

J'ai mis tes chaussettes l'autre jour, il me tienne bien chaud, à la bonne heure, ce n'est pas de la camelote. Je n'ai encore pas reçu mon colis, je te le ferai savoir aussitôt reçu.

Votre ouvrage doit s'avancer maintenant ce qu'il reste, vous avez tout votre l'hiver pendant que moi le plus difficile reste à faire, je crois bien que quand je reviendrai, je serai de la classe si peu que ça tardera.

Enfin, on ne fait pas de mauvais sens, aujourd'hui on croit que c'est ordinaire de se tuer et que c'est pour toujours.

Puisse ma lettre vous parvenir et vous trouver en bonne santé. Bien le bonjour à René.

Ton enfant qui t'aime.

Maurice

Tu me donneras des nouvelles du gendre à Gazonnois. Il n'a pas été blessé au 276e.

– **Lettre 56 Le 15 novembre 1914,** *si je serai revenu pour la moisson, il faut l'espérer*[125]

Chère maman

Je viens de recevoir la lettre de René du 7 novembre[126]. Ce qu'il ne me raconte pas que je ne vais pas recevoir mon colis, moi qui l'attendais avec impatience ces jours ci? Mais enfin, c'est donc que vous avez été dire aux employés qu'il y avait que des gourmandises mais il fallait mettre de la vieille toile au tour et bien l'envelopper qu'on ne puisse pas savoir ce qu'il y avait dedans et bien l'attacher. Maintenant tous les autres copins ne reçoivent que de cela mais eux, ce n'est pas la

123. Le régiment est en première ligne du 8 au 18 novembre dans le ravin des Meurissons en liaison à droite avec le 31e RI. Il est relevé dans la nuit du 17 au 18 novembre par le 46e RI. SHD/DAT, 26N662/1 JMO du 76e RI, 29 septembre 1914.

124. « Rhum » « rum », pour rhume. Le caleçon réglementaire de l'armée, en toile, est peu efficace contre l'humidité et le froid.

125. Feuille recto-verso, format 17,7 × 11 cm, pliée en deux.

126. L'acheminement du courrier des siens, se stabilise avec un délai de distribution sous huit jours contre 20 jours en septembre.

même chose, c'est rien que de la gourmandise aussi et ils reçoivent çà en colis postal par la poste et recommandé. Mais je te dirai si je le reçois et tu pourrais continuer à me les envoyer pareil et m'envelopper ce que je t'ai dis dedans, comme linge.

Maintenant, mon oncle Léon ma écris, il me demande que je me renseigne sur un nommé René Gaboriau de la 1re compagnie et que je lui réponde, mais aujourd'hui nous sommes sans voir la première compagnie, alors tu lui diras que aussitôt que je pourrai me renseigner que je lui répondrai[127]. René me demande si j'ai reçu les lettres de Monnette et de Petit mais je n'ai rien reçu, pourtant si tu leur a donné mon adresse, j'aurai du les recevoir[128].

Tu diras à René qui me demande si je serais revenu pour la moisson, il faut l'espérer mais ce sera dur à passer[129]. Enfin, en attendant la fin de cette guerre maudite, je vous embrasse de tout mon cœur.

Ton enfant qui t'aime.

Maurice

– **Lettre 57 Le 17 novembre 1914,** *ces Bochs qui sont là, à trois cent mètres de nous*[130]

Chère mère

Je t'écris ce matin, toujours dans cette cabanne où il pleut comme dehors et où l'on se demande toujours si l'on va se faire fusiller par ces Bochs qui sont là, à trois cents mètres de nous et quand çà leur dit de venir nous emmerder, c'est le cas de le dire, ils ont bientôt fait. Enfin, je crois que c'est le dernier jour aujourd'hui, et que l'on va retourner se nettoyer et se remettre ; ça fait dix jours que nous sommes là et je t'assure que l'on est beau dans la boue jusqu'aux genoux, de l'eau, huit jours sur dix et il fallait prendre la veillée à 100 mètres en avant, c'est à dire à 200 mètres d'eux, dans une tranchée, non couverte dans le milieu d'un bois fourni de taillis où nous les voyons passer qu'en face d'un petit chemin et en courant[131].

Ah ! je t'assure qu'il ne faut pas que je sois peureux, moi qui y était tant étant gars et puis maintenant je ne me croyais pas si solide que ça car il ne faut pas être en carton, je te l'assure pour ne pas avoir été malade depuis trois mois et demi, nous avons souffert autant par la chaleur que par le froid et l'eau aujourd'hui. Il y en a pas mal encore en ce moment qui sont malades et même bien malades et

127. René Gaboriau, né le 3 novembre 1893 à Conches (Seine-et-Marne), soldat 2e classe au 76e RI, est tué le 7 septembre 1914 à Louppy-le-Château (Meuse). [https://www.memoiredeshommes.sga.defense.gouv.fr] 3 février 2022.

128. Edmond Petit, né le 28 juin 1891 à Villeparisis (Seine-et-Marne), tambour au 76e RI, est tué le 16 mars 1915 à Vauquois. SGA/DMPA/Mémoire des hommes/Fiche individuelle.

129. Maurice se montre sceptique pour son retour à la moisson prochaine.

130. Feuille recto-verso, format 20 × 15,5 cm, pliée en quatre.

131. Sept jours en première ligne est une durée moyenne qui peut être allongée à dix jours ou plus.

qui sont évacués. Enfin çà sera dur, je te dirai demain où nous serons et si c'est bien sûr que nous partons.

Pourvu que ces citoyens là nous laisse tranquille encore aujourd'hui et si l'on pouvait se reprendre une dizaine de jours et se nettoyer tranquille car si tu nous voyais notre capote, ce n'est plus qu'une boue, ah non, on est minable, nous n'ausons plus toucher à nos fusils tellement ils sont propres[132]. ~~Maintenant~~ Voilà le temps qui se remet maintenant que l'on s'en va.

Je ne reçois toujours pas mon paquet, ce n'est pas ordinaire tout de même, j'ai bien reçu le premier et il y avait de la gourmandise dedans mais il y avait du linge autour, ce que tu devrais faire quand même, ce serait que des guenilles autour pour envelopper la marchandise. Il y a des copins qui en reçoivent tous les quatre jours mais ce sont des petits colis postaux, recommandés et ils reçoivent tous, il y a dedans, une livre de chocolat, deux boites de sardines ou bien un morceau de saussisson, une chopine d'eau de vie ou d'autres bricoles dans ce genre.

Nous touchons tous les jours environ un bon verre à goute de vin et une cuillerée ordinaire d'eau de vie ainsi tu vois que nous ne sommes pas malheureux. Sur les colis que tu m'envoiera mets, autant que possible, ton adresse, envoi de Mme etc.. car s'il est perdu, il pourra te revenir[133].

Enfin quand est-ce, nous n'entendrons plus ce sifflement de balles dans nos oreilles et ce maudit canon qui est si terrible et qui fait tant de victimes?

Je ne vois plus grand chose pour le moment que de t'embrasser bien fort ainsi que René. Au plaisir de vous revoir bientôt.

Maurice

– **Lettre 58 Le 18 novembre 1914,** *si je reviens, j'oublirai tout le mal qui sera passé*[134]

Chère mère

Par un temps vif et une matinée fraîche d'un ciel clair qui annoncerait tout à fait la gelée, nous voilà retourné dans notre pays que nous avions quittés, il y dix jours et que nous avions cantonné pendant près d'un mois. Je ne sais pas combien que nous y resterons de jours mais si nous y restons cinq ou six jours, çà sera toujours autant de pris. Maintenant, je crois qu'on ne restera plus longtemps sur la ligne sans être remplacé, nous ferons une dizaine de jours dans les tranchées et cinq jours ou peut-être dix dans les pays car c'est terrible de rester dans les tranchées aujourd'hui; au moins, quand on peut se dire encore tant de

132. Marc Bloch décrit l'omniprésence de la boue : « Nos vêtements demeuraient trempés pendant de longues journées. Nos pieds étaient glacés. La glaise tenace s'attachait à nos souliers, à nos habits, à notre linge, se plaquait contre notre peau, souillait nos aliments, menaçait de boucher les canons des fusils et d'enrayer les culasses. » BLOCH Marc, *Écrits de guerre…, op. cit.*, p. 145.

133. Maurice s'impatiente n'ayant pas reçu de colis depuis plus de trois semaines.

134. Feuille recto-verso, format 17,7 × 11 cm, pliée en deux.

jours et l'on s'en va dans un pays, cela nous encourage. Mais un mois, ça serait trop long; oui, nous avons vu quelque chose, toujours de l'eau, je fesais six heures de garde, de six heures du soir à minuit à recevoir de l'eau mélangée de neige et en rentrant pour se coucher, il pleuvait dans la cabanne comme dehors, tu ne pouvais toujours pas dormir.

Depuis hier soir jusqu'à ce qu'on s'en aille ce matin, je n'ai pas ~~dormi~~ arrêté de claquer des dents et de trembler, c'est ce qui prouve que l'on ne dormait pas du tout et que nous sommes heureux de pouvoir un peu dormir tranquille et au chaud[135].

Enfin, il faut y être abitué, c'est plutôt fait pour ne pas attraper de mal, puis dire que chez soi, on fait attention quand on rentre mouillé de se rechanger et quand on attrape pas de mal encore.

Ah ! Tout ça sera dur mais je crois qui si je reviens, j'oublirai tout le mal qui sera passé mais qui est à passer en ce moment. Toujours pas de colis. En attendant des bonnes nouvelles de vous, je vous embrasse de tout mon cœur. Bonjour à René. Ton enfant qui t'aime.

Maurice

– Lettre 59 Le 21 novembre 1914, *loin de la ligne de feu*[136]

Chère mère

Je t'écris deux mots pour te dire que j'ai tout de même reçu mon colis, il n'y avait que la poire qui était écrasée, tout le reste est arrivé en bonne condition. Maintenant, nous sommes reculés de 14 km pour être plus tranquille et ne pas recevoir d'obus. Nous sommes à huit km à l'est de Sainte-Menehould[137]. Ici, nous trouvons tout ce que voulons à acheter, même du vin que je viens de boire en mangeant, chose qui ne ma pas arrivé depuis près de trois mois. Nous sommes assez loin de la ligne de feu et tous les habitants sont là, c'est pourquoi on trouve assez à acheter tout ce que l'on veut, nous sommes à l'entrée du département de la Marne et l'on ne se croirai plus à la guerre par ici, ça doit même te sembler drôle que je t'écrive à l'encre, on commence même à voir quelques champs labourés et du blé d'enterré à peu près ; enfin, ils ne sont pas tant malheureux par ici que par Aubréville que tout est brulé et qu'ils n'ont rien d'encemencé[138].

---

135. Relevé dans la nuit du 17 au 18 novembre par le 46ᵉ RI, le 1ᵉʳ bataillon du 76ᵉ RI rejoint son cantonnement à Aubréville. SHD/DAT, 26N662/1, JMO du 76ᵉ RI, 18 novembre 1914.

136. Première lettre écrite à l'encre depuis le début de la guerre. Feuille recto-verso, format 20 × 15,5 cm, pliée en quatre.

137. Sainte-Menehould, chef-lieu de canton, chef-lieu d'arrondissement (Marne).

138. Le 1ᵉʳ bataillon quitte Aubréville à huit heures et va cantonner dans la zone de la 10ᵉ DI à Futeau. SHD/DAT, 26N662/1, JMO du 76ᵉ RI, 21 novembre 1914. Le lieu de « repos » est ici suffisamment en recul des premières lignes pour être plus « tranquille ».

Hier, nous n'avons pas dormis, il y a des maladroits qui ont mis le feu dans une grange avec une bougie tout à coté d'où l'on était couché, enfin il était temps que l'on s'en aille de là, il n'y avait plus de grange pour nous coucher.

Le pauvre pays, il diminue salement, c'est terrible cette guerre surtout par ici, enfin vivement la fin. Je ne suis encore pas malheureux en ce moment mais c'est que çà ne dureras pas, c'est çà. Il gèle toujours très fort et ne ferai pas bon dans les tranchées.

Enfin, ne te tourmente pas pour moi, en ce moment surtout, si seulement, çà pouvait se finir cette guerre? En attendant le plaisir de vous revoir, je vous embrasse de tout mon cœur. Ton enfant qui t'aime.

Maurice

Merci surtout pour le passe-montagne que tout le monde en a aujourd'hui et qui tient bien chaud, pour les gauffrettes et l'eau de vie et même pour tout ce que tu m'as mis.

– Lettre 60 Le 24-11-[novembre 19]14, *j'ai mal au pied d'avoir eu froid*[139]

Chère mère

Je t'écris aujourd'hui car demain je ne serais plus en main, il est question que l'on retourne au feu dans les tranchées. Ah, je t'assure que l'on était pourtant bien dans ce petit pays que l'on trouve tout ce que l'on veut et que l'on boit du vin chaud et sucré tous les jours pour 18 sous le litre. Ce qu'il m'enbête le plus, c'est que j'ai mal au pied d'avoir eu froid et nous sommes pas mal comme ça, on ne peut plus se porter dessus tellement que ça vous fait mal.

J'ai reçu ta lettre que tu me disais que Bruneau était parti mais comme tu dis pour ce qu'il y a à faire, René peut le faire, pourvu qu'ils vous laisse notre Bijou car les pauvres bêtes, elles sont comme nous, dans quels états? Quand tu m'envoiera un colis, mets moi donc un *Démocrate* tout nouveau, je serais content de lire les nouvelles de chez nous. Pour les colis, tu mets, bureau central, etc. mais c'est bon quand tu l'envoie par la poste, pendant que toi c'est envoyer par la petite vitesse.

Je ne vois plus grand chose à te dire pour le moment que de souhaiter le bonjour à René et à Mauricette quand tu la voiera. En attendant le plaisir de vous voir, je vous embrasse de tout mon cœur. Ton enfant qui t'aime.

Maurice

Je n'ai pas reçu de lettres comme René m'avais dis, de Monnette, ni de Petit Bruneau.

139. Feuille recto-verso, format 18 × 14 cm, pliée en quatre.

– **Lettre 61 Le 25-11-[novembre 19]14,** *Salmon a un fils de tué*[140]

Chère maman

Je viens de recevoir, hier soir quatre lettres d'un coup, deux à toi, une du 16 et une du 20 et deux à Mauricette[141]. Nous ne sommes pas repartis dans les tranchées hier soir mais c'est pour ce soir car les officiers sont partis reconnaître les emplacements; ça va être une rude misère car il fait froid et ce matin, il y a une légère épaisseur de neige et ça tombe toujours[142]. Maintenant, nous ne pouvons plus seulement marcher d'avoir eu froid dans les tranchées, la nuit on ne dort plus, tellement les pieds nous font mals; je ne sais pas comment nous allons faire et dire que ça ne se finira pas, nous voilà dans un mois à Noël et nous y serons encore dans cette forêt à geler et à grelotter tout en continuant à se tuer.

Je reçois mes colis envoyer par la petite vitesse au bout de 15 jours pendant que par la Poste, mais ça coute cher, ils mettent cinq à six jours comme une lettre. Pour le passe-montagne, il n'était pas mouillé, ni brissé mais si seulement celui que Liliane me fait, elle le faisait un peu plus épais, çà n'en vaudrait que mieux[143]. Pour le gendre à Gazonnois Victor, tu n'as donc pas compris, celui que j'ai vu à Paris que je lui ai donné une petit boite dans laquelle il y avait mon portrait pour qu'il te la remettre. L'homme à Jeanne, notre voisine, il doit être au 276e, a-t-il été blessé?

Tu me dis aussi que Salmon a un fils de tué, c'est malheureux. Comme voilà Liennard Henri, Villa, ce que leurs parents le savent qu'ils sont tués, Villa, c'est celui qui revenait de la fête à Pontmoulin avec moi en soldat tout nouveau et qui restait chez Roche[144].

Je suis content de vous savoir en bonne santé et moi, si ce n'était que mes pieds qui me font souffrir, je suis de même. En attendant d'aller vous aider à boire votre cidre, je vous embrasse de tout mon cœur.

Maurice

140. Feuille recto-verso, format 17,7 × 11 cm, pliée en deux.

141. L'acheminement du courrier venant des siens s'améliore avec des délais de distribution inférieurs à dix jours mais toujours irréguliers.

142. Dans la nuit du 25 au 26 novembre, le 76e RI relève le 46e RI dans les tranchées. SHD/DAT, 26N662/1, JMO du 76e RI, 26 novembre 1914.

143. Maurice, comme tous les fantassins, tente de se protéger du froid et de l'humidité, et ne porte pas de casque.

144. Maurice a déjà fait part de la mort d'Henri Liennard tué le 23 septembre dans sa lettre du 2 octobre 1914. Marcel Villa, né le 14 juin 1893 à Coulommiers, soldat 2e classe au 76e RI, est tué le 22 août 1914 à Longwy (Meurthe-et-Moselle). Aristide Salmon, né le 1er septembre 1883 à Saint-Léger (Seine-et-Marne), soldat 2e classe au 276e RI, est tué le 5 septembre 1914 à Villeroy (Seine-et-Marne). Tous trois figurent sur le monument aux morts de Coulommiers. [https://www.memoiredeshommes.sga.defense.gouv.fr] 3 février 2022.

– Lettre 62 A 11 heures le 28-11-[novembre 19]14, *je n'ai pu suivre la colonne*[145]

Chère mère

J'ai peut être tardé une journée pour t'écrire mais je vais te dire pourquoi. En repartant sur la ligne avant-hier soir, comme je te l'avais dis que l'on devait repartir, je n'ai pu suivre la colonne et j'ai resté en panne comme beaucoup de mes camarades, le lendemain, j'ai été à l'infirmerie et le major m'a regardé mes pieds, il a dit que c'étaient des engelures de pieds, çà fait qu'il m'a mis aux éclopés, qu'on appelle, c'est à dire dans une espèce d'hôpital, un peu en arrière où l'on est soigné, ou plutôt, où l'on se repose les pieds[146]. Moi qui n'a jamais rien eu aux pieds, d'un seul coup, c'est d'avoir eu froid dans les tranchées, je ne peux plu seulement marcher. Etant sans marcher, ça va un peu si ce n'est que la nuit les pieds me brulent et que je ne dors pas beaucoup. Mais quand je marche, c'est pire, je ne peux plus, quand j'ai fait un kilomètre, me porter dessus.

Enfin, je ne pense pas que ça dure longtemps surtout que je ne me plais pas beaucoup dans les hôpitaux surtout qu'on a pas beaucoup à manger et moi qui a tant d'apétit Nous sommes dans une école, on couche sur la paille mais on est à l'abri, c'est déjà quelque chose.

Depuis hier, on change toujours de pays, de place, on roule toujours en ambulance, je ne sais pas encore si je suis encore là pour y rester. Ce qui m'embête, c'est pour mes lettres et mes colis qui vont, peut être, être perdus, ils vont aller à la compagnie et là je ne sais pas s'ils sauront où je suis, j'ai déjà reçu les deux premiers colis et toutes tes lettres jusqu'à présent mais quand on change comme ça, c'est là qu'on ne reçoit plus rien.

Si ce n'était que pour ça, je serai toujours aussi bien comme dans les tranchées surtout de ce temps de brouillard. Enfin, je te réécrirai demain pour te dire où je suis. Si ce n'est que cela, je suis en bonne santé et j'espère que c'est toujours moi le plus malade de ma famille.

Bonjour à René.

Maurice qui vous embrasse de tout son cœur.

Lettre 63 Le ~~30 Novembre~~ 1914 le 1er décembre 1914, *sur la ligne de feu*[147]

Chère maman

Si tu as reçu ma lettre du 28 novembre, tu dois savoir que j'ai été à l'infirmerie pour mes pieds. Mais je n'y suis pas resté longtemps, le major m'a graissé les pieds avec de la marchandise pour engelures et j'y ai resté deux jours et j'avais déjà resté

145. Feuille recto-verso, format 17,7 × 11 cm, pliée en deux.

146. Les blessés légers sont envoyés dans des dépôts d'éclopés avant un retour dans leurs unités.

147. Feuille recto-verso, format 17,7 × 11 cm, pliée en deux.

une journée dans une autre place et deux jours à l'infirmerie du régiment, ce qu'il me fait cinq jours que je me suis reposé.

Enfin, çà va un peu mieux pour le moment, du moment qu'on ne marche pas ; ça fait qu'hier, j'ai rejoint mon régiment sur la ligne de feu et je pense y rester encore environ cinq jours, après nous irons faire passer nos douleurs qui commencent à se faire sentir pendant une huitaine. Pendant que j'étais à l'infirmerie, il m'est arrivé deux ou trois lettres qui seront perdues car elles ont été remises au bureau et égarées. Heureusement, que je n'ai pas reçu de paquet car j'en attends un ces jours ci, le troisième que tu ma envoyé et il aurait été perdu.

Ma dernière lettre que j'ai reçu de toi est celle du 20 que tu me disais que tu venais de m'envoyer un troisième colis et que t'allais bientôt m'en envoyer un quatrième. Il y aura peut être une lettre à toi de perdue. Je ne vois plus grand chose à te dire pour aujourd'hui, je suis toujours en bonne santé et j'espère que ma lettre vous trouvera de même.

Bien le bonjour à René, c'est à dire à ton premier charretier[148].

En attendant, je vous embrasse toujours de tout mon cœur.

Ton enfant qui t'aime.

Maurice

Suite à la lettre de Maurice, datée du 28 novembre, indiquant son passage à l'infirmerie, sa mère lui demande ce dont il a besoin et s'inquiète de l'incorporation prochaine de la classe de son frère : « La classe 16 va être recensé, après ce sera le tour à René » [de la classe 17].

– **Lettre 64 Le Theil [le] 7 déc[embre] 1914,** *dis moi ce que tu as besoin que je te mette dans le prochain colis pour les engelures*[149]

Mon cher Maurice

Je t'ai justement envoyé plusieurs lettres coup sur coup que tu aurais reçu pendant que tu étais à l'infirmerie, ce qui m'ennuie le plus, c'est que je t'ai mis 5 f. dans une sans être recommandé et elle va être perdue, j'ai bien peur aussi pour tes colis, il aurait fallu que tu charge un camarade de prendre tout ça surtout des lettres, ça n'est pas embarrassant ; pour des colis, je ne sais pas si je veux t'en renvoyer d'autres, je vais toujours attendre un peu pour voir si tu les reçois, c'est justement des choses que tu as besoin, un cache-nez, caleçon, gants et on a bien du mal à en trouver maintenant dans les magasins.

J'ai presque envie de te remettre encore 5 f. dans la prochaine lettre, fait toujours attention en l'ouvrant car ça pourrait tomber sans que tu t'en aperçoive.

Tu auras reçu une lettre de Monette, il part le 19 et la classe 16 va être recensée après ça ce sera le tour à René, quel soldat que ça fera, tu auras peut-être reçu ma lettre que je t'ai dit qu'il était malade, ça va mieux mais maintenant c'est le mal au dent, ah, je suis bien monté avec un charretier pareil, le cheval est plus souvent à

148. De nouveau, Maurice qualifie son frère de « premier charretier ».

149. Feuille recto-verso, format 17,8 × 10,8 cm, pliée en deux.

l'écurie qu'à l'ouvrage et encore je prends Victor de temps en temps, son gendre à Victor est parti au dépôt. J'oubliai de te dire que les jeunes soldats d'ici vont à Langres Haute-Marne. Il est probable que dans quelques mois qu'ils iront aussi au feu. Dis moi ce que tu as besoin que je te mette dans le prochain colis, pour tes engelures, j'ai envie de t'envoyer des chaussettes de coton car de la laine, ça ne fait pas bien. Je te mettrai aussi de la toile pour te faire des chaussettes russes.

En attendant ta réponse, je t'embrasse de tout mon cœur.

Ta Mère

Je te mets des petites enveloppes.

– **Lettre 65 Le 2 décembre 1914,** *Adrien a eu de la chance, lui, ce n'est pas comme moi car j'ai vu toutes les misères de la guerre*[150]

Chère mère

Je viens de recevoir ta lettre du 26 novembre avec un billet de 5 f. dedans[151] ; ça m'a fait plaisir car je crois que l'on va sans aller dans un pays encore quelques jours, ça va faire environ huit jours que nous sommes sur la ligne, pas moi, car j'ai été cinq jours à l'infirmerie[152] ; çà fait que je dois recevoir deux colis ces jours ci. Heureusement que j'étais rentré car cette lettre aurait été perdue et l'argent aussi, tu l'aurais recommandé, ça serait plus sûr. En fait d'habit, il ne me manque rien que ce que je t'ai demandé et que je crois qui va être dans les deux colis que j'attends. Tu pourras, comme tu me le dis que tu vas le faire, m'en envoyer un autre car aujourd'hui, quand on est au repos, on trouve assez à acheter quelque chose telle que vin, lait, etc… Le lait, je le paie six sous le litre[153].

Comme je vois, Adrien a eu de la chance, lui, ce n'est pas comme moi car j'ai vu toutes les misères de la guerre. Je lui souhaite qu'il ait ses cinq jours de convalescence mais ça m'étonnerais. Je voudrais bien tout de même savoir son adresse car je suis sûr qu'il serait heureux de recevoir de mes nouvelles.

En attendant toujours la fin de cette affreuse vie, je vous embrasse de tout mon cœur. Ton enfant qui pense à toi.

Maurice

Je ne vous parle plus beaucoup de l'ouvrage mais écoute, je ne sais plus du tout où vous en êtes, je n'ai plus beaucoup de goût à y penser[154].

---

150. Feuille recto-verso, format 18 × 11,4 cm, pliée en deux.

151. Le délai de distribution du courrier venant de l'intérieur, inférieur à une semaine, s'améliore.

152. Après cinq jours d'infirmerie, Maurice rejoint sa compagnie lors de l'attaque allemande du 2 décembre. « De 7 h à 10 h 30 la 5e repousse l'attaque avec l'aide de la 10e Cie. Vers 10 heures le Commandant Dervin prend le commandement des 5e et 10e Cies. » SHD/DAT, 26N662/1, JMO du 76e RI, 2 décembre 1914.

153. Une véritable économie locale se met en place à proximité du front, complétant l'intendance des troupes.

154. Préoccupé par ses engelures aux pieds, Maurice n'a pas en tête les travaux de la ferme.

– **Lettre 66 Le 6-12-[décembre 19]14,** *à la compagnie, nous avons eu un mort et quatre blessés*[155]

Chère mère

J'ai peut-être été quelques jours sans t'écrire mais tu n'avais pas à te tourmenter; je ne pouvais pas car on ne prenait pas les lettres. On était si près des Bochs, nous étions à 150 mètres, que celui qui venait chercher les lettres, n'osait pas y venir[156]. J'en avais une dans ma poche depuis trois jours que je ne pouvais pas la donner; tu dois l'avoir reçu un peu en retard. Maintenant hier, nous sommes revenus des *[illisible]* le soir, j'ai pu me nettoyer et j'ai écris une lettre à Adrien car Mauricette m'a écris et elle m'a donner son adresse. Nous sommes au repos depuis hier, je crois que nous y resterons une huitaine alors quand tu recevras cette lettre, je ne tarderais pas à repartir.

L'autre jour, ils nous ont attaqué le matin, heureusement que l'on était bien placé, dans des tranchées, on les a reçus par une pétarade du diable et enfin ils se sont sauvés[157]. Je ne sais pas s'ils ont eu des pertes conséquentes car nous ne voyons pas à deux pas, nous sommes dans une forêt immense et il y a un fort taillis mais nous, à la compagnie, nous avons eu un mort et quatre blessés. Ah! oui, quand est-ce la fin, je t'assure, quand on est dans les tranchées, que ce n'est pas une vie, on ne dort pas seulement une heure par nuit, il faut être toujours aux aguets car dans ce bois, on les voierais, quand ils seraient sur notre dos, alors il faut écouter.

Enfin pour le moment, çà va, avec çà, j'ai reçu trois colis hier, deux à toi et un à ma tante, les tiens étaient en bonnes conditions *[illisible]* celui à ma tante Mélie à Oscar, le sien était dans un état déplorable, elle avait mis une poire, du fromage mou, du beurre, un hareng et une boite de sardine, il n'y avait que la boite de sardines et le hareng qui étaient intacte, le restant était écrasé et broyé, des choses comme ça, il faut que ça soit mis dans des boites. Je repense, je ne pense pas te l'avoir écris, elle m'avait averti sur une lettre, qu'elle m'envoyait un colis. A suivre sur l'autre feuille.

2e lettre[158]. C'est trop d'un coup et pas assez par d'autres, comme voilà du chocolat, en ce moment, j'en ai plus d'un kilog, c'est surtout du saussisson aussi que j'aime mais quand tu m'envoiera du chocolat, ne me mets pas du « Exquis » car c'est une sale marque, il n'est pas fameux. Je t'ai dis sur la dernière lettre que j'avais reçu mon billet en bonne conditions, je crois que tu l'as reçu. Par la poste,

---

155. Feuille à carreaux de 0,8 × 0,4 cm, recto-verso, format 21,5 × 13,7 cm, pliée en quatre.

156. L'acheminement du courrier s'améliore, encore faut-il qu'il puisse être effectivement porté au destinataire sur le front.

157. Maurice fait allusion à l'attaque allemande du 2 décembre : « 200 cadavres allemands sur le front. Pertes légères à la 5e Cie plus fortes à la 10e. 20 tués ou blessés [...] En raison de la situation tendue, la relève qui devait avoir lieu le 2 au soir est repoussée de 24 heures [...] Le 76e est relevé dans la nuit du 3 au 4 par le 46e. » SHD/DAT, 26N662/1, JMO du 76e RI, 2 décembre 1914.

158. Feuille recto-verso, format 18 × 11,5 cm, pliée en quatre.

les colis mettent cinq à six jours et par le chemin de fer 12 à 15 jours. Tu peux les envoyer par le chemin de fer, c'est aussi sur et ça coûte moins cher mais arrange toi que je les reçoivent pas tous ensemble.

Enfin, tu vois que je reçois bien tout ce que tu m'envoie et je t'en remercie car ça me fait grand plaisir. Je termine ma lettre en te disant de souhaiter le bonjour à René. Je pense que vous êtes toujours en bonne santé et que vous ne vous faites pas trop de mauvais sens pour moi. Ton enfant qui pense à toi et qui se demande quand est-ce il te revoira.

Maurice

J'ai reçu la lettre que Monette m'a écris mais pas la première. Je me demande, Dumas, mon oncle, où est-il, dans quel régiment, tu ne m'en parle pas ?

– Lettre 67 [Le] 8 décembre 1914[159] (*ill. 16 et 17*)

Je vais bien.
~~Je suis à l'hôpital blessé et suis en voie de guérison~~
~~malade et j'espère être bientôt rétabli~~

lettre.
J'ai reçu votre ~~télégramme.~~
paquet.
~~Je n'ai reçu aucune nouvelle de vous dernièrement~~
~~depuis longtemps~~
Lettre suit à la première occasion.
Date (*sans indication d'origine*) 8 décembre 1914
Signature (seulement)
M Gastellier

– Lettre 68 Futeau près S[ain]te-Menehould le 8-12-[décembre 19]14, *des bleus de la classe 14*[160]

Chère mère

Par un temps que l'on n'oserait même pas mettre un chien dehors, nous sommes toujours dans ce pays où nous revenons tous les huit jours pour nous

159. Cinquième type de carte de correspondance des Armées de la République en couleur avec les drapeaux de la France, la Belgique, le Royaume-Uni, la Serbie et le Monténégro, adressée à son frère, format 14 × 9 cm. Elle ne comporte pas de partie réservée à la correspondance mais simplement une série de phrases à cocher ou supprimer ainsi que la mention suivante : « Cette carte doit être remise au vaguemestre. RIEN ne doit y être ajouté, excepté la date et la signature de l'expéditeur ; les phrases inutiles peuvent être biffées. Si quelque chose y était ajouté, cette carte ne serait pas transmise. » Maurice a rayé les mentions qui ne le concernaient pas. Archives familiales.

160. Feuille recto-verso, format 22,5 × 17,5 cm, pliée en quatre. Pour la première fois depuis le début de la guerre, Maurice fournit une indication de lieu en tête de lettre, ce qui est strictement interdit.

CORRESPONDANCE
DES ARMÉES DE LA RÉPUBLIQUE

CARTE EN FRANCHISE

TRÉSOR ET POSTES 9 DÉC. 14 *10

EXPÉDITEUR :
Nom : Gastellier Maurice
Grade : soldat
Régiment : 76e Régiment d'Inf
Compie Escadron ou Bataillon : 5e Corps
(Les indications ci-dessus sont à reproduire dans l'adresse de la réponse.)

Adresse :
Mr René Gastellier au
Cheil près Coulommiers
Seine et Marne

Mod. A bis. — Impr. Nat.

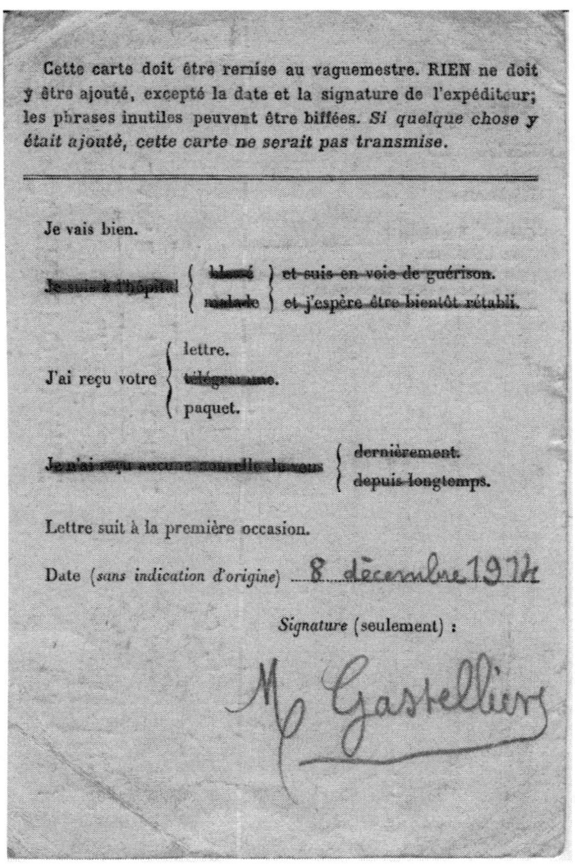

Cette carte doit être remise au vaguemestre. RIEN ne doit y être ajouté, excepté la date et la signature de l'expéditeur; les phrases inutiles peuvent être biffées. *Si quelque chose y était ajouté, cette carte ne serait pas transmise.*

Je vais bien.

[redacted] ~~blessé~~ ~~et suis en voie de guérison.~~
~~malade~~ ~~et j'espère être bientôt rétabli.~~

J'ai reçu votre lettre. / ~~télégramme.~~ / paquet.

[redacted] ~~dernièrement.~~ / ~~depuis longtemps.~~

Lettre suit à la première occasion.

Date (*sans indication d'origine*) 8 décembre 1914

Signature (seulement) :

M Gastellier

Ill. 16 et 17. Carte de correspondance des Armées de la République avec les drapeaux de la France, de la Belgique, du Royaume-Uni et de la Serbie, adressée par Maurice à René son frère, 8 décembre 1914 (Archives familiales, DR).

reposer ou plutôt pour nous remettre les idées car là bas, je t'assure que lorsqu'on y est, jamais on se dit « je crois que j'en reviendrai » pendant qu'ici, on a encore plus d'espoir, on se distrait et on voit un peu de civils, on trouve à acheter du vin, du fromage et tout ce que l'on a besoin. Je t'ai dis que j'ai reçu tous tes paquets que tu m'as envoyés; le caleçon, je l'ai mis tout de suite, il me va très bien, le fromage était extra. Maintenant le cache-nez, je ne le mets pas en ce moment, il fait très lourd mais il pourra bien me servir un jour, les gants c'est pareille[161].

Il y a un bruit qui court en ce moment mais je n'y ai pas du tout confiance, que le 5e Corps s'en irai dans les forts de Paris autour du 20 décembre[162]. Il y a bien longtemps que j'entends parler de çà mais tout çà, on est toujours là. Enfin, si seulement ça pouvait être vrai. Nous allons retourner dans les tranchées dans trois jours, s'il fait un temps comme ça, nous allons pas être heureux. Ma tante Mélie Beaurepaire m'a envoyé un colis comme je te l'ai dis, je lui ai envoyé une lettre pour la remercier ainsi que ma tante Mélanie pour sa boite de gâteaux et son passe montagne quoique j'en avais déjà un.

Enfin, nous voilà bientôt à Noël et nous sommes toujours aussi avancés, ni on recule, ni on avance, ah! depuis quatre mois que j'y suis, il serait temps que je sois relevé et que d'autres viennent me remplacer. Il y a bien des bleus de la classe 14 qui arrivent en ce moment mais ils ne viennent pas pour nous remplacer, c'est pour nous renforcer[163].

Enfin, espérons que la paix viendra tout d'un coup et que l'on se re-voira tous en bonne santé. Puis, ma lettre vous arriver et vous trouvé en bonne santé. Je crois recevoir une lettre de vous ce soir car il y a déjà un peu que je n'ai rien reçu de chez nous. En attendant le plaisir de vous revoir, je vous embrasse, toi et René, de tout mon cœur.

Ton enfant qui pense à toi.

Maurice

Dis moi si tu as reçu cette lettre car j'ai mis le nom du pays où je suis.

Maurice

161. Pour se protéger du froid, des couvertures sont fournies mais l'équipement du fantassin ne comporte pas de gants.

162. Dans l'incertitude, les rumeurs circulent et Maurice en fait état tout en étant circonspect.

163. Les « bleus », les jeunes appelés, font leurs classes pour une période d'instruction avant d'être envoyés sur le front. Compte tenu de la crise des effectifs, ils sont appelés en avance par rapport à la date théorique de leur appel sous les drapeaux : la classe 1915 (20 ans en 1915) est mobilisé en décembre 1914 au lieu d'octobre 1915. SHD/DAT, 26N662/1, JMO du 76e RI, 4 au 10 décembre 1914.

– Lettre 69 Le 10 décembre 1914, *un appétit de cheval*[164]

Chère maman

Je suis toujours en bonne santé et j'ai toujours un appétit de cheval. Nous repartons ce soir et il fait toujours un temps déplorable, il tombe de l'eau tous les jours. J'espère que c'est moi le plus malade de ma famille et en un mot que vous allez bien. Bonjour à René. Ton fils qui t'embrasse de tout son cœur.

Maurice

– Lettre 70 [Le] 13-12-[décembre 19]14, *dans les tranchées*[165]

Chère mère

Je t'envoie cette carte pour te dire que je suis en bonne santé. Ne te tourmente pas si je ne t'écris pas souvent car il m'est presque impossible d'écrire. Nous sommes dans les tranchées et il pleut tous les jours et les lettres ne sont pas ramassées[166].

Puis, ma lettre vous arriver et vous trouver en bonne santé[167]. Bonjour à René. Ton enfant qui t'aime.

Maurice

– Lettre 71 [Le] 14 décembre 1914, *encore 4 jours, ce soir, et l'on retourne au repos*[168]

Chère maman

Tu dois avoir reçu ma carte que je t'ai envoyé hier soir. Je croyais ne pas pouvoir écrire maintenant, d'ici que l'on soit au repos, c'est pourquoi je te l'avais envoyée pour que tu ne te tourmente pas ; mais aujourd'hui il fait beau et je crois pouvoir voir quelqu'un pour remettre ma lettre, c'est pourquoi, j'en profite pour t'écrire.

Tant que je le pense, je te donne de mes nouvelles car je sais le plaisir que çà doit te faire de les recevoir. Pourvu que je t'en donne comme ça jusqu'au bout, je ne suis pourtant pas heureux tous les jours mais j'oublirais mon mal si seulement je pouvais vous revoir tous. Je me dis, encore 4 jours ce soir et l'on retourne au repos, heureusement, si fallait y rester tous les jours par tous les temps, ça serait à ne pas y résister dans ces tranchées.

On nous a donné une adresse encore pour que les lettres nous viennent plus vite. Avec vers Coulommiers, les lettres mettaient dix jours, avec Bureau

164. Quatrième type de carte de correspondance des Armées de la République, format 14 × 9 cm.

165. Quatrième type de carte de correspondance des Armées de la République, format 14 × 9 cm.

166. Le 1er bataillon met en place les premières mines pour contrer les travaux dans les tranchées allemandes dans le secteur des Courtes-Chausses. SHD/DAT, 26N662/1, JMO du 76e RI, 11 au 15 décembre 1914.

167. Il faut lire « Puisse ma lettre vous arriver ».

168. Feuille recto-verso, format 20,2 × 15,5 cm, pliée en quatre.

central etc.., elles mettent cinq jours et maintenant il faut que tu mettes en plus de Bureau C.M. de Paris, cela : Secteur Postal N°X, elles nous viendront peut être au bout de trois jours, çà pourrait aller[169]. Quand tu recevras cette lettre, je pense que nous serons au repos depuis la veille.

Enfin, si je pense t'écrire avant que je sois sorti des tranchées, je t'écrirai mais si je ne peux pas, ne te tourmente pas, je t'écrirai quand nous serons au pays. Je pense que ma lettre vous trouvera en bonne santé ; je ne sais pas si c'est parce que ce n'est pas facile pour les amener mais je ne reçois pas de lettre de toi et il y a déjà bien cinq à six jours que je n'ai rien reçu.

Maintenant, René pourrait bien m'en écrire une aussi de temps en temps. Il voirait s'il était à ma place, **ah! le malheureux!** C'est bien pourquoi, du moment qu'il sait que ça me fait plaisir, qu'il le fasse.

En attendant ce jour, que l'on se revoira, mais où est-il ? Je vous embrasse toi et René de tout mon cœur.

Votre fils et frère qui vous aime pour toujours.

Maurice

J'ai envoyé une carte chez Joseph l'autre jour et chez tous mes oncle et tante pendant que je le pouvais et une chez Jeanne à Saint-Front-la-Rivière.

Lettre 72 [Le]14-12-[décembre 19]14, *je n'ai plus le sou*[170]

Chère mère

Tu dois m'envoyer un second billet de 5 f. dans une lettre, je ne l'ai pas reçu encore, si tu ne me l'as pas envoyé, envoie moi le tout de suite car je n'ai plus le sou[171]. Aujourd'hui, ce n'est plus comme avant, tu peux m'en envoyer quand je vais aller au repos, j'achèterai ce qu'il me faut et tu m'envoiera moins souvent de colis, ça coûte trop chère par la poste surtout.

Merci

Maurice

– Lettre 73 Le 18-12-[décembre 19]14, *ayez toujours de l'espérance*[172]

Chère mère

J'ai reçu ta lettre du 9 décembre avant hier, n'ayant pas pu te répondre tout de suite, je t'écris aujourd'hui que je peux. Nous avons été remplacé ce matin par le 46e Régiment comme à l'habitude au bout de sept jours[173]. Mais à ce coup ci, en fait de repos, nous sommes en seconde ligne mais je t'assure que nous sommes un peu plus tranquille quant même car nous étions dans des tranchées si près

169. Maurice donne les nouvelles consignes avec les secteurs postaux.

170. Quart de feuille recto-verso, format 9 × 9 cm.

171. Maurice n'a pas encore reçu la lettre du sa mère du 7 décembre avec les 5 f.

172. Feuille recto-verso, format 20,2 × 15,6 cm, pliée en quatre.

173. C'est la première fois que Maurice indique le régiment effectuant la relève « dans la nuit du 17 au 18 décembre 1914 le 76e RI est relevé par le 46e RI ». SHD/DAT, 26N662/1, JMO du 76e RI, 18 décembre 1914.

des Boches, que l'on était toujours à se demander s'ils n'allaient pas venir nous fusiller dans notre trou. Ils étaient à quinze mètres de nous, il fallait se traîner à 4 ~~quatres~~ pattes pour gagner la tranchée et ils nous tiraient dessus, nous c'était pareille. Enfin, ils nous ont fait encore un mort et six blessés dans la compagnie, c'est vraiment de trop et quand est-ce la fin ? Nous sommes pour y rester tous, je crois bien dans cette forêt de l'Argonne ! Ah ! combien de nos camarades y sont déjà enterrés !

Tu m'écris que tu m'envoie un mandat de 10 f. tu fais bien et pour le paquet, j'espère le recevoir ces jours ci ainsi que le mandat. Je te le ferai savoir aussitot que je l'aurai reçu. Comme tu me dis, je vais te mettre une paire de chaussettes de coton pour mettre en dessous ceux de laine, oui, çà serait bien mieux mais je suis déjà trop serré avec ces grosses chaussettes alors je ne pourrai jamais ~~les~~ mettent les deux paires[174]. Maintenant, j'ai reçu une lettre d'Adrien comme réponse d'une que je lui avait envoyée, il était content d'avoir de mes nouvelles et je lui avais dis que j'avais mal au pied, alors il me dit, tu devrais te faire porter malade, tu serais peut-être reconnu, peut-être évacué dans un hôpital, peut être tu iras ~~dans le~~ au dépos, enfin tu peux défois passer là quelque mois comme moi. Ah ! On ne croirait pas qu'il y a été, c'est plutôt fait. Il croit dont que çà ce fait comme çà ? Enfin tant mieux pour lui, je lui souhaite qu'il finisse la guerre là bas car aujourd'hui, ce n'est pas amusant de coucher dans les tranchées.

Enfin, je ne vois plus grand chose à te dire, tu dois trouver que je ne te parle plus de l'ouvrage mais tu peux te douter que je n'y ai plus l'idée[175]. Faites du mieux possible et que le principale. Enfin, ayez toujours de l'espérance, soyez comme moi, çà ira comme çà ira[176]. Je vous embrasse de tout mon cœur toi et René en attendant que je puisse de plus près.

Ton enfant qui vous aime pour la vie.

Maurice

– **Lettre 74 Le 19-12-[décembre 19]14,** *nous repartons pour les premières lignes, le soir du réveillon*[177]

Chère mère

Je t'écris cette lettre et je ne t'ai pas encore envoyer celle que je t'ai écris hier car je n'ai vu personne pour me la prendre. Alors, tu devras la recevoir en même temps que celle là car je vais faire mon possible pour les faire partir aujourd'hui. Tu me dis que tu m'envoie de l'argent pour faire la Noël mais je crois que nous

174. Maurice fait référence à la lettre de sa mère datée du 7 décembre dans laquelle elle lui détaillait le contenu du prochain colis : « cache-nez, caleçon, gants ».
175. Dans les tranchées depuis une dizaine de jours, Maurice n'a pas en tête les travaux de la ferme.
176. Pour la première fois, Maurice utilise la formule « ayez toujours de l'espérance ».
177. Feuille recto-verso, format 21,5 × 17,8 cm, pliée en quatre, l'une des lettres les plus longues.

repartons pour les premières lignes, le soir du réveillon, enfin, on fera le 1er janvier si l'on peut. C'est ce soir que tu devrais me souhaiter mes vingt et un ans et qu'on devrait faire une petite bombance au coin du feu[178]. Au moment où je t'écris, je reçois six lettres d'un coup et la carte de René, dont trois à toi que je profite de te donner les réponses sur ce que tu demandes. Je tremble tout en t'écrivant, tu dois le remarquer à mon écriture mais ça ne fait rien.

D'abord la première est du 29 novembre, elle était surement égarée, c'est pourquoi je ne recevais rien depuis quelque temps, la deuxième du 12 déc. et la troisième du 14 déc.[179]. Tu me dis que René est malade, ah! le beau soldat, dire que cette été, il va être à la guerre, ça ne serait pas à souhaiter mais comme ça va, çà en prend le chemin. Enfin, je pense que ce n'était rien et que çà va mieux aujourd'hui. L'homme à Jeanne Gazonnois, il a de la chance lui, ainsi que Dumas mon oncle, d'être au dépôt. Tu me dis que les journaux ne sont pas laids tant mieux, je vois que tu ne te tourmente pas de trop, moi je les vois aussi mais les Russes, je ne dis pas qu'ils ne vont pas mieux que nous mais ne crois pas tout ce qui est sur les journaux, tu sais. Pour ta lettre du 12 déc. j'ai reçu ton billet de 5 f. dedans[180]. Tu me renvoies un cinquième colis que je pense recevoir dans cinq ou six jours. David, j'ai su qu'il était blessé, je croyais te l'avoir dis.

Tu me demandes s'il fait mauvais mais c'est comme chez vous, il pleut tous les jours. Tu m'envoie aussi un mandat carte de 10 f. je te le dirai quand je l'aurai reçu. Comme çà, çà me fais assez pour le moment surtout que ne suis pas dans les pays en ce moment. Le bruit qui court, je crois que c'est comme à l'habitude. Il ne faut pas y compter. Tu serais pourtant heureuse de pouvoir me voir mais moi, qu'est-ce que je dirais, je serais fou de joie de pouvoir t'embrasser et te causer, surtout un petit peu de mes misères. Pour Bijoux, que tu me parle, c'était à douter, enfin, c'est malheureux, c'est peut-être pour çà qu'ils ne te l'ont pas pris. Je vois que René va mieux car sur ta lettre du 14, tu me dis que vous allez tous bien, tant mieux.

En attendant que nous soyons tous ensemble à faire votre petite bricole comme tu me dis, je vous embrasse de tout mon cœur. Ton enfant qui serait heureux de vous revoir tout à fait et pour toujours.

Maurice

Comme je dis sur une lettre que j'écris à Mauricette, si maman Titine était encore là, elle serait bien tourmentée, elle dirait, ils ont tous les malheurs. Enfin, si je pouvais en revenir, ça ne serait pas un malheur d'avoir été à la guerre, toutefois qu'on en revient, du moment qu'il fallait y aller, on sait bien qu'il aurait mieux fallut jamais ne savoir ce que c'était.

178. Anniversaire des 21 ans de Maurice, le 20 décembre 1914.

179. Bien que l'acheminement du courrier des siens s'améliore, Maurice témoigne de son irrégularité.

180. C'est le deuxième billet de cinq francs que Maurice reçoit, cinq jours après l'avoir demandé à sa mère.

– **Lettre 75 Le 21 décembre 1914,** *il y a toujours des victimes*[181]

Chère mère

Je m'empresse de t'écrire, pour te tranquilliser car je viens de recevoir mon mandat de 10 f. que tu m'as envoyé. Maintenant, je t'ai dis que j'ai reçu ta lettre contenant le billet de 5 f. Cela me fait 15 f. et je vais recevoir deux prêts qu'on me doit, 1 f. ça me fera 16 f. Et aujourd'hui, nous ne pouvons rien acheter pendant encore dix jours. Aujourd'hui, nous sommes dans un pays où il n'y a rien du tout et il y tombe des obus toute la journée, alors les civils ne sont plus là et ne peuvent rien ~~avoir à acheter~~ nous vendent. Je t'ai dis que, en fait de repos à ce coup ci, nous étions en réserve, c'est à dire tout prêt pour s'il fallait du renfort. Nous sommes restés trois jours et demi dans les tranchées en 2e ligne et maintenant, nous voilà un petit peu en arrière dans le premier pays en arrière de la ligne pour finir nos sept jours de repos qui finissent le 24 au soir et nous repartons dans les tranchées en premières lignes pour Noël jusqu'au 1er janvier.

Les autres fois, nous allions au repos tranquillement car nous n'entendions plus ni le canon, ni la fusillade, nous étions à 15 km des lignes de feu. Tout çà, je ne vois pas grand changement, on est toujours pareille, ils n'avancent plus mais nous, nous n'avançons pas, ou très peu; alors, j'ai peur que çà dur encore longtemps et avec tout çà, il y a toujours des victimes. Presque toute la classe 14 est au feu, la classe 15 est appelée et la classe 16 se fait inscrire, ce n'est toujours pas bon signe. Enfin, espérons que nous serons un jour surpris quand on nous apprendra que la paix est signé, mais j'ai peur que ça dur au mois d'avril ou commencement de mai. Enfin, me voilà qui marche sur mes vingt deux ans, mais je voudrais bien me voir un an de plus car dans cette vie d'assassin, on se demande toujours si demain on y sera encore[182]. C'est une drôle de vie, je te l'assure que l'on passe en ce moment, où l'on devrait être le plus heureux de notre existence, à mon âge surtout.

Je souhaite à René, ainsi qu'à toi que ça soit fini avant qu'ils appellent la classe 1917 comme en Allemagne. Ah! oui, s'il était Allemand, il y serait déjà au feu comme moi car l'autre jour il y a un prisonnier qui était de la 16 et qui a dit que la classe 17 était au feu depuis huit jours.

Je ne vois plus grand chose pour le moment à te dire, quand j'aurai reçu mon paquet, je te le ferai savoir en t'écrivant un mot; je serais heureux de le recevoir aujourd'hui pendant que je peux rien acheter. En attendant le plaisir de vous revoir en bonne santé, je vous embrasse de tout mon cœur. Ton enfant qui t'aime.

Maurice

---

181. Feuille recto-verso, format 23 × 18 cm, pliée en quatre. Deux jours après avoir écrit longuement à sa mère, c'est de nouveau une longue lettre.

182. Maurice évoque sa petite taille qui lui a sauvé la vie ce jour-là : « Nous étions en position en Argonne, le jour de mes 21 ans, le 20 décembre 1914, je parlais à un camarade parisien, il tombe tué net dans mes bras. Il ne voyait pas, ayant la tête de plus que moi, qu'un allemand le voyait de derrière un chêne car nous étions très prés d'eux. » GASTELLIER Maurice, *Mémoires*, *op. cit.*, p. 4.

Pour le pantalon rouge, garde-le pour le moment car je viens de recoudre le mien. Je voierai plus tard en tous cas quand les nôtres sont mauvais, ont nous les changent.

– **Lettre 76 Le 23 décembre 1914,** *les terribles obus que nous jettent les Allemands, on les appelle des marmites*[183]

Chère maman

Je profite de te donner des nouvelles pendant que je le peux car dans les tranchées, ce n'est pas facile. Nous sommes toujours dans ce pays, le dernier pays occupé par nous, et tout près de la ligne de feu car il y tombe toujours des obus. Je crois que l'on s'en ira demain soir sur la ligne, à moins qu'il n'y ait quelque chose et qu'il falle partir ce soir. Comme on est en réserve, il faut toujours s'attendre à partir pour une attaque quelconque. Enfin, dans les tranchées, je ne pourrais pas t'écrire souvent, tu n'aura toujours pas à te tourmenter. Espérons, que le premier janvier, que nous serons au repos, et au repos mieux qu'aujourd'hui, que nous serons sûr de pouvoir sortir, sans recevoir de marmites, telles qu'on appelle les terribles obus que nous jettent les Allemands, et que l'on trouvera ce que l'on veut à acheter[184]. Dans le pays où nous sommes qui est peut être aussi grand que le Theil, il n'y a plus aucun civil, plus que des soldats, on couche dans les caves car dans les granges, on pourrait se faire tuer, dans les maisons ont y fait du feu pour la cuisine[185]. Ah ! les pauvres maisons, si tu voyais ça, il y en a la moitié qui sont effondrées, elles sont tous vidées, saccagée, les placards culbutés, tout le linge jonché partout, des portraits de ~~leur~~ famille qui traine dans les maisons. Pour moi, ils ont été forcés de partir d'un seul coup, les Boches avançaient si vite dans ces moments là. Les pauvres gens quand ils rentreront, çà sera terrible pour eux aussi. Si j'avais su que notre maison soit comme ça ? Heureusement qu'ils n'ont pas resté longtemps.

J'ai reçu une lettre de Monette qui me dit qu'il est au 21e d'infanterie à Langres[186]. Maintenant Adrien m'écris toujours, et moi je lui ai écris encore une lettre avant hier. Je ne vois plus grand chose à te dire pour aujourd'hui que de souhaiter le bonjour à René et à Mauricette que je donne aussi, autant que je le peux, de mes nouvelles. En attendant le plaisir, le bonheur de vous revoir un jour, je vous embrasse de tout mon cœur. Votre fils et frère qui vous aime.

Maurice

183. Feuille à carreaux de 0,8 × 0,4 cm, recto-verso, format 21 × 13,5 cm, pliée en quatre. Au dos de l'enveloppe, figure : « *Secteur postal N^o^X.* » Pour améliorer l'acheminement du courrier, les troupes sont groupés en secteur postal affecté d'un numéro sans indication géographique.
184. Dans l'argot des fantassins, les marmites désignent les obus de gros calibre.
185. « Le 1er bataillon est cantonné à Lachalade à portée de l'artillerie allemande. » SHD/DAT, 26N662/1, JMO du 76e RI, 18 décembre 1914.
186. Le 21e RI fait face aux attaques allemandes sur le site de Notre-Dame-de-Lorette, colline de 165 m, située sur la commune d'Albain-Saint-Nazaire (Pas-de-Calais). SHD/DAT, 26N593/1, JMO du 21e RI, 19 décembre 1914.

– Lettre 77 Le 25-12-[décembre 19]14, *il y a eu plus de 600 victimes*[187]

Chère mère

Pour aujourd'hui, jour de Noël, nous sommes assez tranquilles[188]. On croyait repartir aux tranchées, hier soir, mais nous sommes encore dans le pays que nous sommes depuis trois ou quatre jours. Je m'attends toujours à repartir le soir, mais comme le régiment a été fortement éprouvé il y a quelques jours, notamment le 2e bataillon et la 1re et 2e compagnie du 1er bataillon dont il y a eu plus de 600 victimes tant tués, blessés et prisonniers, on pourrait rester au repos jusqu'à ce que le régiment soit comblé, peut être quelques jours[189].

Maintenant, je viens de recevoir mon colis en bonnes conditions. Tout ce que tu m'as mis sur une lettre que j'ai reçu dernièrement était dans le paquet et rien n'était écrasé. Tu peux me mettre, quand tu m'envoie un colis, du saussisson, de l'eau de vie ordinaire, ce n'est pas forcé d'être de l'eau de vie de cerise, un journal ou deux surtout des *Démocrates,* du papier à lettres, quand ça serait des enveloppes seulement et du fromage dur comme tu m'en a envoyé.

Je pense que tu dois avoir reçu ma lettre de bonne année hier, en tous les cas, s'y elle ne t'ai pas arrivée, je recommence à vous souhaiter, pour le nouvel an, mes meilleurs vœux de bonheur et de santé, et je vous embrasse de tout mon cœur.

En attendant le plaisir de vous revoir, espérons que ça sera bientôt, je vous souhaite du courage jusqu'au bout.

Ton enfant qui t'aime pour toujours.

Maurice

Ce matin, il a gelé fortement et je crois que le temps est pris maintenant pour une bonne période. Tu n'auras pas reconnu ma lettre à l'adresse car c'est un camarade de Rebais qui l'a écris pour me faire voir son écriture, il est comme moi, de l'active et est au feu depuis le premier jour, nous sommes encore huit ou dix.

– Lettre 78 Le 27 décembre 1914, *nous sommes à Lachalade*[190]

Chère maman

Je viens de recevoir la lettre du 21 décembre sur laquelle tu me disais que Charles Mulot avait été tué le 1er nov. et que tu voudrais bien avoir des nouvelles du 18 car tu avais vu sur le journal que les Allemands avaient fait sauter des tranchées dans l'Argonne[191]. Je vois que tu comprends le danger que je cours tous les

187. Feuille recto-verso, format 22 × 17,5 cm, pliée en quatre.

188. « Cette lettre a été écrite à Lachalade, je m'en rappelle que j'étais auprès d'un bon feu le jour de Noël 1914. » GASTELLIER Maurice, *Mémoires, op. cit.*, p. 4.

189. SHD/DAT, 26N287/1 JMO de la 10e DI, 21 décembre 1914.

190. Deux feuilles recto-verso, format 17,7 × 11,2 cm, pliées en deux.

191. Charles Mulot, né le 5 août 1882 à Limours (département de Seine-et-Oise, actuellement département de l'Essonne), soldat 1re classe au 226e RI, est tué le 10 septembre 1914 dans la forêt Saint-Paul en Meurthe-et-Moselle. Son nom figure sur le monument aux morts de Coulommiers. SGA/DMPA/Mémoire des hommes/Fiche individuelle.

jours, surtout les fantassins, je t'assure que c'est les plus malheureux, quand je vois les artilleurs, ils ne se croiraient pas à la guerre, je te l'assure[192] ; et le génie, il y a Blot, le marbrier, Marcel Duquesne, du Theil, Brodard et Martin, mon cousin, ils sont dans un pays en arrière, ils ne font presque rien, ils vont très rarement au feu[193]. Oui, les Allemands ont fait sauter quelques tranchées mais ce n'est pas de notre côté[194]. Tu me dis, que je me fasse des petites douceurs quand je le peux mais il faut le pouvoir, en tous les cas, je ne me prive de rien quand je le peux car je me dis toujours quand on repart en avant, c'est t'y le dernier coup, est-ce que je reviendrai ?

Enfin, comme je vois, le charretier à Mauricette laboure pour toi et pour elle, il doit y avoir de l'ouvrage[195]. Nous sommes toujours au repos et nous ne sommes pas mal mais le sergent dit que l'on retourne ce soir aux tranchées. Pourvu que ce soit faux.

Nous sommes à Lachalade près des Islettes à dix kilomètres de Sainte-Menehould et 15 de Varennes et 35 de Verdun[196]. Ce pays se trouve à l'entrée de la forêt de l'Argonne. C'est affreux de voir ces pays, où l'on se bat depuis bientôt deux mois, toutes ces tombes où il y a une croix et le nom du soldat, juste pour dire que l'on mets quelque chose, ce n'est que des cimetières[197]. Ah ! combien il y en aura comme çà.

Enfin, espérons bientôt la fin car ça dépeuplerait vraiment la France, surtout des hommes en pleine force et en pleine jeunesse. Voilà tout ce que j'ai à te dire pour aujourd'hui, demain si je suis encore ici, je t'écrirai car maintenant j'ai des enveloppes. Si je suis dans les tranchées, je ne pourrais pas t'écrire souvent. En attendant le plaisir de vous revoir toujours quand ? Je vous embrasse de tout mon cœur.

Maurice

192. Parlant de l'infanterie en première ligne, Ephraïm Grenadou du 26e RAC raconte : « L'artillerie, c'est quand même de la rigolade à côté de ça », GRENADOU Ephraïm et PREVOST Alain, *Grenadou paysan français*, Paris, Éditions du Seuil, 1966, p. 72.

193. Maurice ne peut s'empêcher de comparer la situation des hommes entre l'artillerie, le génie et l'infanterie, cette dernière étant la plus exposée.

194. C'est le début de la guerre des mines en Argonne.

195. L'entraide familiale est forte notamment pour le labour nécessitant un attelage de deux chevaux.

196. Lachalade est situé à 12 km de Sainte-Menehould, 11 km de Varennes-en-Argonne, 43 km de Verdun. C'est la troisième fois que Maurice indique le positionnement du régiment.

197. Le rapport à la mort change d'échelle avec les nombreuses victimes, enterrées à proximité du front et visibles par la troupe.

– Lettre 79 Le 29-12-[décembre 19]14, *nous sommes repartis depuis hier dans les tranchées*[198]

Chère mère

Je t'écris deux mots pour te dire que nous sommes repartis depuis hier dans les tranchées. Il n'y fait guère chaud mais enfin il ne faut pas demander l'impossible car s'il gelait à pierre fendre, çà serait encore pire, il pleut depuis qu'on est arrivé. C'est pourquoi il ne m'est pas facile de t'écrire dehors on est sous des toiles de tente, mais çà pleut quand même au travers et sur les côtés.

Je ne t'en mets pas plus long, je suis en bonne santé et j'espère que vous êtes de même. J'espère que René n'a pas encore été appelé pour se faire inscrire, et qu'on ne l'appelera même pas encore tout de suite. Tu lui souhaiteras le bonjour ainsi qu'à Mauricette car je n'y écris pas, çà ne m'est pas assez facile aujourd'hui. En attendant le plaisir de vous revoir, je vous embrasse de tout mon cœur. Ton fils qui serait heureux de vous revoir.

Maurice

– Lettre 80 Le 30-12-[décembre 19]14, *dans nos tranchées à dix mètres des Boches... la terre tombait dans nos assiettes*[199]

Chère mère

Nous sommes toujours dans nos tranchées à dix mètres des Boches. Nous y allons au moyen de tranchées pour ne pas être vus. Tout à l'heure, en mangeant, sur le coup de dix heures, ils se sont mis à nous bombarder avec leur artillerie et les obus tombaient tout autour de nous ; la terre tombait dans nos assiettes, ah ! tu parles de droles de repas que l'on fait par fois. Enfin, on a encore passé à côté pour ce coup là. Ah ! ce qu'on serait, tous pareille, heureux si l'on entendait parler de la paix.

Enfin, j'espère que çà viendra tout de même et qu'on y sera encore, quoique pourtant, je t'assure que lorsque je suis ici, je ne suis pas rassuré et je t'assure que je compte les jours. C'est aujourd'hui le troisième jour, encore quatre si l'on est comme à l'habitude sept jours. Après, on sera peut être en réserve encore quelques jours mais ce n'est plus pareille, on est plus tranquille. Puis ma lettre vous arriver, et vous trouver en bonne santé[200].

Je vous embrasse de tout mon cœur.

Maurice

198. Feuille recto-verso, format 20 × 15,5 cm, pliée en quatre.
199. Feuille recto-verso, format 15,7 × 10 cm, pliée en quatre.
200. Il faut lire « Puisse ma lettre vous arriver ».

– Lettre 81 Le 1er-1-[janvier]1915, *on est maintenant dur comme du fer mais du fer qui n'arrête pas les balles, malheureusement*[201]

Chère mère

Ah! quel triste 1er janvier, ce jour là qui devrait être le plus beau jour de l'année. Faire çà dans les tranchées, dans la boue, coucher dehors, c'est un mauvais début mais il y en a déjà beaucoup qui ne peuvent pas en dire autant. Elle est drôlement commencée mais espérons la finir, et la finir dans des meilleurs conditions. En ce moment, nous sommes assez tranquilles, je ne sais pas si c'est que les Boches se souhaitent la bonne année. Pour notre côté, nous nous l'avons souhaité cette nuit, à minuit car on a le temps, comme on dort à peu près une demi-heure chaque nuit, on peut se la souhaiter cette année car nous en avons besoin[202]. Maintenant nous avons touché un cigarre et une bouteille de champagne pour cinq, une bonne ration de rhum mais tout çà, ce n'est pas çà qu'on voudrait comme étrennes, c'est la paix. Ce jour là serait plus beau que le 1er janvier.

J'ai reçu ta lettre du 26 décembre hier soir sur laquelle tu me dis que René m'a écris hier mais je ne l'ai pas reçu, je compte la recevoir ce soir, c'est peut être parce que la tienne à parti tout de suite, avec ça, elle a mis que cinq jours pour m'arriver et la sienne a eu du retard[203]. Tu m'envoie bien trop d'argent d'un coup, je n'ai jamais eu tant d'argent dans mon porte-monnaie et ce que tu me parles de m'envoyer un mandat de dix francs dans quelques jours; çà me fera vingt cinq francs, qu'est-ce que tu veux que je fasse de ça. Ah! si j'étais à Paris, je me paierais un bon gueleton mais ici, ce ne sont que des bois. Voilà le 5e jour que nous sommes là et j'espère que après demain, nous irons un peu en arrière.

Tu remerciras ma tante Angèle de tout çà, je lui écrirai quand je serai au repos. Ce que tu me dis pour Margalet, tu m'étonnes, ou faut qu'il soit malade car ils sont très difficile et je vois que je suis là jusqu'au bout. Comme je vois le fameux Baucarnaud ne se fait pas de bille et son fils non plus, je croyais qu'il devait s'engager, en tous les cas, il doit passer le conseil en ce moment car il est de la classe 16.

Tu as toujours peur que j'attrapes du mal mais on est maintenant dur comme du fer mais du fer qui n'arrête pas les balles, malheureusement. Je ne vois plus grand chose à te dire, si ce n'est que de souhaiter la bonne année aux camarades du pays que j'espère toujours revoir[204]. Bonjour à René. Celui qui vous embrasse et qui pense à vous pour la vie.

Maurice

201. Deux feuilles, recto-verso, format 11 × 9 cm, pliées en deux.

202. Le temps de sommeil est réduit au minimum dans les tranchées.

203. L'acheminement du courrier s'améliore avec un délai de quatre à cinq jours.

204. Le terme de camarades est peu utilisé par Maurice qui emploie le plus souvent le terme de copains.

– **Lettre 82 Le 1er janvier 1915,** *tu commence à comprendre les choses*[205]

Mon cher René

J'ai écris ce matin à maman et je lui disais que je n'avais pas reçu ta lettre que tu m'avais envoyée. Je viens de la recevoir à l'instant, c'est pourquoi, j'en profite pour te répondre. Je te remercie d'avoir reçu de tes nouvelles et de voir ce que tu pense. Tu ne te figure pas le plaisir que ça m'a fait de la recevoir, je la préfère à un billet de 5 f. surtout en ce moment que je n'en ai pas besoin. Je trouve que tu as un style épatant et que tu résonne tout à fait bien. Je vois que tu commence à comprendre les choses et que tu es joliment changé depuis cinq mois demain que je suis en guerre[206]. Tu me dis que tu n'iras pas mais moi, je l'espère aussi, ça serait malheureux, ah ! va mon vieux René, ce n'est pas à demander à le voir, car c'est triste la guerre.

Tu me demande au juste où je suis. Je suis dans les bois de la Gruerie, dans le plateau de la Bolante[207]. Maintenant, la forêt de Futeau, c'est à côté où l'on va au repos depuis quelque temps, c'est à dire à Futeau. Là, c'est assez loin de la ligne de feu. Je te vois en soldat, oui mais si la guerre était finie, tu ne partirais pas cette année et je pense que tu passeras l'hiver 1915-1916 avec maman, maintenant moi, je le voudrais bien, elle serait meilleur que celle là de cette année. Non, je n'ai pas participé à la bataille de la Marne[208]. Heureusement car je n'ai pas vu du beau mais il parait c'était pire et même affreux.

J'ai toujours été dans la Meuse, un petit peu dans les Ardennes et dans la Marne. Nous avons débuté au feu le 22 août dans la Meurthe et Moselle à Longwy tout près du Luxembourg à huit km. Ensuite, nous avons battu en retraite sur Longuyon et ainsi de suite jusque par ici[209]. Nous avons encore tenu plus car ici ils n'ont pas été loin. Ce n'est pas comme du coté de Soissons, ils étaient presque arrivés à Paris[210]. Il y a dans ta lettre des petites phrases que je ne peux croire qui viennent de toi et qui sont bien. Tu me dis que vous avez fait des crêpes pour

205. Feuille recto-verso, format 22 × 17,7 cm, pliée en quatre, l'une des lettres les plus longues.

206. Maurice se comporte en chef de famille et encourage son frère.

207. Maurice indique son positionnement pour la quatrième fois. « Le 1er janvier 1915, les premières lignes passent par l'intersection du ravin des Courtes-Chausses et des pentes ouest du Ravin-Sec, l'abri de l'Etoile et le ravin des Meurissons [...] le 1er et le 3e bataillon sont en première ligne de gauche à droite. » *76e Régiment d'Infanterie, Historique du corps,* Éditeur militaire Henri Charles-Lavauzelle, 1920, A2G2348, p. 9.

208. L'impact de la victoire de la Marne a été très fort sur le moral sur les troupes françaises et dans tout le pays. D'où la question posée par son frère. En fait, le 76e RI a bien participé à la bataille de Revigny et donc à la poursuite des troupes allemandes lors de leur repli en Argonne.

209. Quatre mois après, Maurice fournit des informations sur le repli en août 1914.

210. Les avant-gardes allemandes sont à Meaux le 2 septembre, menaçant Paris. Le gouvernement, le président de la République quittent Paris pour se réfugier à Bordeaux et 500 000 Parisiens quittent la capitale.

Noël, ah ! ce que je serais heureux d'en faire avec vous auprès du feu. Je vous l'écrivais pourtant en premier que je serais à Noël avec vous, si tu te rappelle, on nous disais toujours dans un mois, ça sera fini. Tu me dis que le fils Chantret est mort mais il était malade depuis longtemps. Il n'aura pas eu plus de chance que d'aller à la guerre.

Enfin, mon cher René, une petite lettre comme çà de temps en temps me fait bien plaisir. Je sais bien que c'est de l'ouvrage pour toi, mais je vois que tu ne résonne pas trop mal, il faut continuer, ça t'apprendras à écrire et à rédiger des lettres car tu avais besoin de çà[211]. Je te trouve déjà bien changé et je pense que dans le travail, c'est pareil, surtout soit prudent avec les cheveaux, surtout Bijoux, s'il n'est pas changé, il était assez vif.

Mon cher René, je termine ma lettre à te serrant la main et espérons qu'on se la serra un jour de plus près. Tu embrasseras maman pour moi. Ton frère qui pense toujours à toi et à vous tous. Maurice

– **Lettre 83 [Le] 1er janvier ([1915],** *quel beau jour et quel triste pour moi*[212]

Chère mère et cher frère

Aujourd'hui 1er janvier, quel beau jour et quel triste pour moi car je ne puis vous dire de vive voix, combien je vous aime et combien je pense à vous. J'aurai été très heureux, de vous embrasser de tout mon cœur et de près mais hélas ! je suis loin, puisque je ne peux dire à ceux qui me sont chers, mon petit morceau de papier vous le transmettra « Chère mère et cher frère : votre fils et frère vous souhaite pour le 1er janvier, ainsi que ses meilleurs vœux de bonheur, de santé et vous embrasse comme un enfant peut embrasser ses parents ». J'espère bientôt venir vous revoir, quel jour, je n'ose y penser, reprendre mes anciennes habitudes au près de vous, quelle joie, ne plus entendre ces sifflements maudits, ne plus coucher dans les tranchées, avoir son petit lit, voilà mon rêve, voilà ce que je voudrais revoir.

Enfin, chère mère et cher frère, je termine mon petit compliment qui, j'espère, vous trouvera tous les deux en bonne santé, en vous embrassant encore une fois bien fort et de tout mon cœur. Celui qui vous aime et qui pense à vous pour la vie.

Maurice

Les Boches nous jettent des gamelles vides[213]

---

211. De nouveau, il encourage son frère à écrire correctement.

212. Feuille recto-verso, format 17,5 × 11 cm, pliée en deux.

213. Quatrième lettre écrite pour le premier nouvel an de guerre. Feuille recto-verso, format 11 × 9 cm, non datée.

Au moment où je t'écris, les Boches nous jettent des gamelles vides, des pierres, des boites en fer vides, des étuis de cartouches et tous les jours comme ça[214]. Ils se fichent totalement de nous. Tout pendant que ça ne sera pas comme l'autre jours, qu'ils ont jetés des pétards de dynamite sur une section de notre compagnie et ils en ont blessé encore quatre ou cinq.

Le lieutenant vient de venir nous souhaiter la bonne année et il nous a dit que les Russes venaient de faire 50 000 prisonniers allemands. Mais tout ça, je ne crois plus rien, c'est peut être un mille et on nous dis 50 000[215]. Enfin, vivement la fin.

Maurice

– Lettre 84 Le 4 janvier 1915, *je fais parti d'une équipe de bombardier ou grenadier*[216]

Chère mère

Je t'écris deux mots car je n'ai pas seulement le temps de rien. Je croyais être au repos, à partir de ce matin mais nous n'avons pas été relevé et je ne sais pas quand est-ce que qu'on y sera. Maintenant, je suis séparé de la compagnie et je ne sais pas pour combien de temps. Je suis à la brigade, je fais partie d'une équipe de bombardier ou grenadier, c'est fait pour lancer des grenades aux Boches ou aussi, à l'aide de petit canon, de dans les tranchées, leurs envoyer des petites obus. Enfin, je ne sais pas si çà sera que çà et si j'y suis pour rester. En tous cas, si j'y reste, mes lettres et mes colis vont encore m'arriver peut être ou peut-être pas, car quand on change comme çà, les lettres traînent et sont souvent perdues. Continue toujours à mettre la même adresse, si j'y reste, je te donnerai une nouvelle adresse.

Enfin, je te récrirai dans quelques jours. En attendant toujours un fin prochaine de cette maudite guerre, je vous embrasse de tout mon cœur. Ton enfant qui t'aime.

Maurice

J'ai reçu une carte de Marguerite et Jeanne et une lettre de Mauricette mais je n'ai pas le temps de leur répondre.

***214**.* La guerre continue pendant le nouvel an : « Dans la nuit vers 23 h les Allemands ont crié : Vive la France, vive l'Allemagne, à bas l'Angleterre! Violente fusillade consécutive de part et d'autre. » SHD/DAT, 26N287/1 JMO de la 10e DI, 1er janvier 1915.

***215**.* C'est la première fois que Maurice fait part de ses doutes sur les dires de son lieutenant. Les troupes russes, partie prenante dans la Triple-Entente avec la France et le Royaume-Uni, après avoir arrêté l'offensive des troupes allemandes, lors de la bataille de la Vistule (29 septembre-31 octobre 1914), subissent des pertes importantes. C'est le début de l'enlisement sur le front oriental.

***216**.* Feuille recto-verso, format 18 × 11,5 cm, pliée en deux.

– Lettre 85 Le 5 janvier 1915, *je vais lancer des bombes*[217]

Chère mère

Je ne peux plus écrire qu'à toi car ça n'est pas facile du tout pour écrire. Tu donneras des nouvelles de moi surtout à Mauricette que j'ai l'habitude de lui écrire ou sans cela elle se tourmenterait.

Maintenant, le lendemain que j'ai quité ma compagnie, je vais lancer des bombes car je suis à la brigade comme bombardier, je vais lancer des bombes tous les jours aux Boches et je viens retourner coucher à la brigade tous les soirs où je suis plus tranquille pour la nuit, le 1er régiment étrangers (italiens) ont fait une attaque formidable en face ma compagnie, ils ont sauté sur les Boches et les ont presque surpris, ils ont fait une masse de prisonniers et de nombreux tués et notre compagnie les ont aidés[218]. Sans savoir, il y aura eu des victimes de chez nous aussi. Je ne sais pas au juste. C'est terrible dans l'Argonne en ce moment, si notre artillerie tape où qu'il faut, elle en envoie, ce n'est pas à s'entendre tellement elle lance d'obus.

Maintenant, je ne sais pas si je recevrai mes lettres en tous les cas, mets en plus comme adresse dans un coin, bombardier du 76e. Mets quand même la même adresse 3e comp. etc.. Je crois bien que nous ne sommes plus relevés maintenant. Ah ! cette boue dans les tranchées, c'est affreux, enfin vivement la fin. Au plaisir de vous revoir.

Je vous embrasse de tout mon cœur.

Maurice

217. Feuille recto-verso, format 18 × 11,5 cm, pliée en deux.

218. « Les Garibaldiens sont venus comme volontaires avec à leur tête les deux petits-fils de Garibaldi qui seront tués presque aussitôt sortis des tranchées. » GASTELLIER Maurice, *Mémoires, op. cit.*, p. 4. Bien que l'Italie ne soit pas encore en guerre, des immigrés italiens s'engagent comme volontaires dans la Légion étrangère aux côtés de l'armée française dès août 1914. Le 4e Régiment de Marche/1er Régiment Étranger rejoint la 10e DI. Ce régiment constitué en majorité de volontaires italiens prend le nom de « Régiment des Garibaldiens » en souvenir de Giuseppe Garibaldi, grand patriote italien qui participe activement à la formation du royaume d'Italie et combat aux côtés des troupes françaises en 1870. Les Garibaldiens s'élancent à l'attaque le 26 décembre, traversent les tranchées tenues par le 76e RI et parviennent à 15 m des tranchées allemandes. Ils progressent rapidement mais au bout de quelques centaines de mètres, la résistance allemande se fait plus forte. Le 76e RI appuie leur attaque mais les Garibaldiens refluent et regagnent leurs positions de départ tout en faisant plus de 100 prisonniers et capturant deux mitrailleuses. Parmi les six des petits-fils de Giuseppe Garibaldi engagés au sein des volontaires italiens, deux d'entre eux sont tués en Argonne : le sous-lieutenant Bruno Garibaldi du 2e bataillon le 26 décembre 1914 dans le ravin des Meurissons, Constante Garibaldi dans le ravin de Courte-Chausse le 5 janvier 1915.

– Lettre 86 Le 7 janvier 1915, *c'est affreux dans l'Argonne*[219]

Chère maman

Je ne te répond plus sur tes lettres car je ne les reçois plus. Je viens de voir quelques copins de ma compagnie, ils m'ont dit que j'en ai reçu quelques unes mais ils ne savent pas où elles sont passées comme je ne suis plus à ma compagnie. Je crois que nous ne sommes plus relevés[220]. Tu parles, c'est affreux dans l'Argonne où je suis en ce moment, si çà barde, c'est pire que dans le Nord. Et cette boue, on fonce jusqu'au genoux ~~dans la boue~~. Enfin, c'est terrible en ce moment.

Ah! vivement la fin. Je viens de voir Gaston Piplard, il m'a dit qu'il n'a jamais parlé d'aller à Rodez, il est là comme moi, jusqu'à la mort ou jusqu'au bout.

Envoie moi toujours des lettres avec l'adresse d'avant, je voierai si je les reçois.

Je vous embrasse de tout mon cœur.

Maurice

– Lettre 87 Le 8 janvier 1915, *c'est plus qu'affreux*[221]

Chère maman

J'ai reçu mes lettres hier soir, je crois à peu près toutes car il y en avait une à Mauricette, une à toi et une que je te mets dans la lettre que la poste m'envoie car tu l'avais envoyer à Adrien et tu lui avais mis une adresse pour moi. Comme il n'était pas à Rodez, ils m'ont envoyé la lettre à moi, ayant vu mon adresse. C'est pourquoi quand tu envoies une lettre, mets toujours envoie de, et ton nom dessus, çà fait que ta lettre te reviens si je suis inconnu, comme çà peu arriver tous les jours, si j'étais blessé, si je changais de place, de compagnie, etc... Si je n'avais plus été à la compagnie, cette lettre aurait été perdu, c'est pourquoi si tu avais quelque chose de sérieux à dire où de l'argent dedans, çà serait perdu.

Enfin, à part çà, çà ne va pas bien en ce moment, je ne suis pas malade mais ce qu'il fait mauvais, c'est terrible, je ne t'en dis pas plus long, tu dois comprendre, c'est plus qu'affreux[222]. Ah! Adrien, ce qu'il a de la chance, je lui souhaite jusqu'au bout cette vie là. Tu peux me mettre un truc ciré pour me garantir de la pluie mais pas trop encombrant, et quand je le recevrais, il gèlera et il ne pleuvra plus. Je termine ma lettre en vous embrassant tous de mon cœur.

Ton enfant qui t'aime.

Maurice

---

219. Feuille recto-verso, format 14 × 9,5 cm, pliée en deux. Reçue huit jours plus tard par sa mère, cachet de la poste de Coulommiers du 15 janvier.

220. En première ligne depuis 11 jours.

221. Feuille recto-verso, format 17,7 × 11 cm, pliée en deux.

222. Un bombardement dans les tranchées des Courtes-Chausses provoque des pertes importantes. SHD/DAT, 26N287/1 JMO de la 10e DI, 8 janvier 1915.

– Lettre 88 Le 10 janvier 1915, *encore un copain qui vient d'être tué*[223]

Chère mère

Je n'ai jamais grand temps pour t'écrire car nous sommes toujours en lignes. Mais je profite des quelques heures que j'ai a dépenser pour te donner de mes nouvelles qui sont toujours assez bonnes.

Je crois que nous sommes là pour longtemps et quand nous serons relevés, çà sera par d'autres régiments et que nous serons au repos pour un bon bout. Il court le bruit que l'Italie aurait déclaré la guerre aussi à l'Allemagne[224]. Ah ! si ça pouvait finir tout çà.

Et que l'on retourne chez soi au plus tôt car nous commençons tous à être démoralisés, ça devient au bout. Enfin, je pense que çà ne pourra pas aller longtemps et que çà tire à la fin. Espérons-le[225] ? J'ai encore un copain qui vient d'être tué, un grand copain de l'active qui est de Choisy. Il était clairon à la Croix[226]. En attendant le plaisir de vous revoir, je vous embrasse de tout mon cœur. Bonjour à René. Ton enfant qui t'aime.

Maurice

– Lettre 89 Le 11 janvier 1915, *encore un camarade de tué ce matin, au pied de moi*[227]

Chère mère

Je viens de recevoir mon mandat de 10 f., ça me ferait bien plaisir mais il faudrait que l'on soit relevés et que nous soyons dans un pays. Je pourrais m'en servir. Pendant qu'ici j'ai encore plus de 10 f. ça me fait 20 f. et je suis accourt de bien de choses car nous sommes toujours dans les tranchées.

Espérons que nous serons relevés un jour et que je pourrai me remettre. Surtout que, quand on le peut, on peut en profiter car j'ai encore un camarade de tuer ce matin, au pied de moi. Je l'ai échappé encore à ce coup ci mais j'en ai la tête abasourdi, le coup a tellement péter dans notre direction.

La distribution des lettres n'est pas encore faites, je pense en recevoir ces jours ci. En ce moment, je fais partir des grenades et des bombes en face ma compagnie, çà fait que j'ai mes lettres tous les jours.

Ne m'envoie plus d'argent sans que je te le dise. Il fait un peu moins froid mais il pleut toujours. En attendant la fin de cette maudite cruauté, je vous embrasse tous de tout mon cœur. Bonjour à René et à Mauricette.

Maurice

---

223. Feuille recto-verso, format 17,7 × 11 cm, pliée en deux.

224. L'Italie entre officiellement en guerre aux côtés de la France et de la Grande-Bretagne, le 23 mai 1915.

225. En utilisant la forme interrogative, Maurice fait part de son grand découragement.

226. De nouveau, la mort d'un copain, clairon au Monument de la Croix Saint-Pierre au hameau du Theil, érigé à la mémoire des trois morts du hameau en 1870.

227. Feuille recto-verso, format 17,7 × 11 cm, pliée en deux.

– Lettre 90 Le 12 janvier 1915, *nous restons dans les tranchées*[228]

Chère mère

Comme je vois que nous restons toujours dans les tranchées, il va me falloir du linge car je ne peux plus laver le mien et il est très sale. Alors, aussitôt ma lettre arrivée, je te demanderais que tu veuilles bien me faire parvenir un colis contenant une chemise, un caleçon, une paire de chaussettes de laine, qu'une paire seulement car j'en ai encore une paire et c'est toujours la question que ça tienne dans mon sac, une ceinture de flanelle si tu en as une et une cravate. Maintenant, mets moi un pantalon car le mien est fichu, qu'il soit rouge ou si tu en avais un en velours, un bon, qu'il n'y est pas de fort ourlet dans le bas car pour mettre dans les guêtres, ce n'est pas facile[229]. Aujourd'hui, il y a autant de pantalons et d'effets civils dans les soldats comme d'autres. Tout ça le plus tôt possible, si ça ne pesait pas trop lourd, envoie moi le par la poste mais c'est plus que sûr que ce sera trop lourd. Enfin, envoie moi-le aussitôt que tu pourras car j'en ai besoin. C'est embêtant car quand je le demande, il me le faudrait tout de suite, et çà mets tellement du temps pour venir.

Merci à l'avance. Celui qui vous aime pour toujours.

Maurice

– Lettre 91 Le 13 janvier 1915, *je suis en guénille*[230]

Chère mère

Je viens de recevoir ce matin, 13 janvier, deux lettres de toi, une à toi du 5 et celle de René du 9. Comme je suis toujours à côté de ma compagnie, çà m'est facile de les avoir aussitôt arrivées. Mon colis n'est pas encore arrivé mais je crois que çà ne tardera pas car il y aura 15 jours qu'il est parti le 14 janvier[231]. Je t'ai dis hier que j'avais reçu mon mandat. On nous dit toujours que nous allons être relevés pour un mois, çà ne ferait pas de mal si on pouvait être dans un pays comme on a été il y a trois mois à Aubréville.

Adrien m'a écris qu'il repartait pour Rodez et qu'il avait peur de repartir sur le front pour bientôt surtout que notre régiment a été tellement éprouvé comme je lui ai dis ainsi qu'à toi. Le capitaine Dervin en ce moment je ne le vois pas, comme nous sommes sur la ligne de feu[232]. Tu me dis pour le rhum que je dois être changé. Oui, je suis changé. Aujourd'hui, j'aime bien une petite goutte tous

228. Feuille recto-verso, format 17,7 × 11 cm, pliée en deux.

229. La tenue « rouge garance » de rigueur est peu adaptée aux conditions difficiles de l'hiver 1914-1915. Le recours à des vêtements civils est une nécessité pour résister au froid. La tenue « bleu horizon » ne devient la règle qu'à la fin de l'année 1915.

230. Feuille recto-verso, format 22,7 × 18 cm, pliée en quatre.

231. L'impatience de Maurice est forte, le délai d'acheminement des colis étant d'environ quinze jours.

232. Le capitaine Dervin commande le 2e bataillon du régiment. Caporal VASSAL, *Le 76e Régiment d'Infanterie dans la Grande Guerre, op. cit.*, p. 9.

les matins et nous sommes tous pareille, il n'y en a pas un qui donnerait sa petite ration de goutte qu'il touche tous les matins[233]. Surtout quand on a tremblé toute la nuit, tantôt nous touchons de l'eau de vie ou bien du rhum. Alors, tu peux me mettre du rhum et tout ce qu'elle t'a encore donné, même les cigarettes mais je ne voudrais pas que tu m'en achète car c'est plutôt pour les camarades et quelques unes pour moi.

Enfin, espérons être relevés bientôt car çà ne peut plus durer. Quand nous couchons un peu en cantonnement, je t'assure que l'on se trouve bien, alors si l'on recouchait dans un lit, qu'est-ce que ce serait. J'espère toujours le voir un jour.

On dit toujours, toutefois qu'il y a de la vie, il y a de l'espoir. Tu dois avoir reçu ma lettre que je te demandais du linge. En tous cas, voilà ce qu'il me faut car on ne touche plus rien en ce moment et je suis en guénille. Une chemise, un caleçon, une flanelle et une cravate, plus un pantalon, soit un régimentaire ou un de velours sans ourlets. Le plus tôt possible car je suis minable avec mes loques. Il serait temps qu'on aille au repos pour nous raccommoder.

En attendant le plaisir de vous revoir, je vous embrasse de tout mon cœur. Celui qui vous aime et pense à vous.

Maurice.

Je viens de recevoir mon colis à l'instant[234].

– Lettre 92 Le 14 janvier 1915, *des cigarettes de femmes*[235]

Chère mère

Je t'ai dis que j'avais reçu mon colis hier soir, je l'ai détaché ce matin, tout était en bon état, le fromage était un peu écrasé, il faut qu'il soit plus dur, quand tu m'en mettra d'autres. Les gâteaux étaient extra, c'est dommage que l'on est forcé de les bouffé d'un seul coup où à peu près car dans son sac, le sac traîne un peu partout et ça pourrait bien disparaître, le restant, je l'ai mis de côté pour manger quand je n'ai pas tout à fait assez à manger. Les cigarettes, on m'a dis que c'était des cigarettes de femmes, qu'elles étaient très fines, j'en ai fumé quelques unes et les copains aussi[236].

---

233. Maurice reconnaît qu'il a bien changé et qu'il apprécie « la petite goutte du matin ». Au-delà des stéréotypes sur l'alcoolisation, il existe, non pas une forme unique de pratique, mais une panoplie de consommations alcooliques : « Si la part de convivialité induite par l'alcool ne doit pas être minorée […] c'est surtout la diversité des conditions de vie chez les soldats de la Grande Guerre qui ressort de notre proposition de typologie. » COCHET François, *1914-1918 : l'alcool aux armées, représentations et essai de typologie, Guerres mondiales et conflits contemporains*, Paris, Presses universitaires de France, 2006/2, n° 222, ISBN 2130556175, p. 32.

234. Délai d'acheminement du colis de moins de 15 jours.

235. Feuille recto-verso, avec carreaux de 0,8 × 0,4 cm, format 21 × 13,5 cm, pliée en quatre.

236. Étant une denrée rare, le tabac et les cigarettes font office de monnaie d'échange. Jean Galtier-Boissière en témoigne quand il s'agit d'améliorer l'ordinaire de la troupe et des officiers. GALTIER-BOISSIÈRE Jean, *En rase campagne…, op. cit.*, p. 183.

Tu remerciera ma tante car je n'ai pas assez de temps pour lui répondre. A toi, je suis habitué, j'ai bientôt fait de te baclé un mot pendant qu'aux autres, il me faut plus de temps.

– Lettre 93 Le 16 janvier 1915, *les pieds enflés d'être dans l'eau*[237]

Je continue ma lettre que je n'ai pas eu le temps de finir avant hier. Enfin de ce coup là, je crois que c'est plus que sûr qu'on va être relevés ces jours ci et que nous serons au repos pour un petit moment[238]. Nous en avons besoin. Si tu voyais nos pauvres soldats, moi je ne suis pas tout à fait si pire car je couche un peu à l'abri, comme bombardier mais il y en a, et plus des trois quarts tu ne voudrais pas essuyer tes pieds avant de rentrer chez vous sur leurs capotes. Ils ont les pieds enflés d'être dans l'eau et obligé de couper leur souliers tellement que çà les serrent[239].

Si seulement c'était bientôt fini et que l'on ne revoie plus çà. Puis ma lettre vous arriver et vous trouver en bonne santé. Bonjour à René et à Mauricette, je lui écrirai quand je serais au repos. Celui qui vous aime et qui serait si heureux de vous revoir.

Maurice

– Lettre 94 Le 18 janvier 1915, *des camarades de tués au 2e bataillon*[240]

Chère mère

Je viens de recevoir ta lettre du 13 janvier. Nous sommes toujours dans les tranchées et voilà le froid et la neige qui font leur apparition[241]. Je crois que c'est pour cette nuit ou l'autre que nous sommes relevés. Je suis peut-être un peu plus en danger au bombardier mais je couche en arrière dans une cabanne la nuit. Au repos, je rentre dans ma compagnie et je crois que ça va être des artilleurs qui nous remplacerons quand nous reviendrons au feu et que les fantassins resterons dans leurs compagnies.

Je suis un peu mieux que mes camarades qui sont dans les tranchées, dans l'eau jusqu'aux genoux. Delaître, lui il a une bonne place, il s'occupe des cheveaux des mitrailleuses et n'est pas souvent au feu, jamais dans les tranchées. Je l'ai vu hier, il m'a dit qu'il avait vu sur un *Démocrate* que les deux frères Frisson étaient tués et

237. Suite de la lettre du 14 janvier.

238. En première ligne depuis 20 jours.

239. Les pieds serrés dans des chaussures pleines d'eau entraînent des pathologies spécifiques avec œdèmes, « les pieds de tranchée ». KERN-COQUILLAT Françoise, *Dictionnaire des termes médicaux de 1914-1918,* CRID 14-18, 2010, p. 8.

240. Deux feuilles recto-verso, format 18 × 11,5 cm, pliées en deux.

241. « Les sept jours de suite qu'on était aux tranchées, qui gelait ou qui neigeait, on enlevait la neige avec notre petite pelle, on recreusait notre trou et on s'asseyait là, avec une toile de tente sur notre dos. On avait des fusils pleins de boue, des capotes pareilles alors il nous manquait pas de travail quand on allait sept jours au repos, si on pouvait appeler ça du repos à une dizaine de kilomètres derrière, c'était là notre jeunesse. » GASTELLIER Maurice, *Mémoires, op. cit.*, p. 5.

tu me le dis aussi[242]. C'est terrible, ces pauvres gens, plus d'enfants sur deux qu'ils avaient ! Tu la remerciera de sa pièce de 2 f. quand tu la verras et tu lui diras que je me joint à eux dans leurs malheurs et que çà m'a fait quelque chose quand je l'ai su.

J'ai aussi bien des camarades de tués au 2e bataillon, deux entre autres de Choisy en peu de temps, il a eu encore bien des pertes. Ah ! le pauvre 76e il n'en reste plus.

J'ai reçu une lettre de ma tante Angèle, elle me dit que Pierre a été blessé au Neufour. Oui, j'avais su qu'il y avait eu une explosion terrible à votre dépôt de bombes que je fait partir d'ailleurs en ce moment mais je n'avais pas su qu'il avait été blessé. Je n'ai plus l'adresse à Adrien, çà fait que je ne lui écrit plus, tu lui souhaiteras le bonjour quand tu lui écriras. S'il pouvait avoir une permission comme tu le dis, et aller vous voir, mais j'ai peur que non.

Ah ! quand est-ce qu'on aura la bonne et que tout cela sera fini ; je ne peus plus croire à la fin, je crois que c'est pour toujours maintenant. Enfin, on s'y fait, je ne me tourmente que pour vous, moi, çà va toujours à peu près, on n'y fait plus attention, on regarde les morts comme d'autres soldats. Il vient d'être tué encore ce matin, un capitaine de l'active qui avait été déjà blessé et qui était à Coulommiers en partant à la guerre le 6 août, le capitaine François[243]. Et combien comme ça font faire pleurer les leurs.

Dans l'espoir de revenir un jour et de vous voir en bonne santé, je vous embrasse de tout mon cœur. Celui qui pense toujours à vous.

Maurice

– **Lettre 95 Le 20 janvier 1915,** *voilà la neige et le froid et il ne fait pas bon dans les tranchées*[244]

Chère mère

Enfin de ce coup là, nous sommes relevés demain matin 21 janvier et je rentre à ma compagnie, tu ne mettra plus bombardier sur mes lettres[245]. Je pense que nous allons avoir un bon repos à ce coup là et nous allons, au moins, à 40 km du front. Si seulement, c'était fini d'ici un mois et qu'on ne revoie plus ça, cette maudite guerre. Voilà la neige et le froid et il ne fait pas bon dans les tranchées.

J'ai écris hier à ma tante Angèle, ma tante Dumas et à Mauricette car en ce moment j'ai le temps, je ne suis plus au bombardier et je ne veux pas rentrer à ma compagnie pour aller dans les tranchées pour une journée.

242. Edmé et Abel Frisson, mentionnés par Maurice dans la lettre du 11 novembre 1914, sont tués les 10 et 25 septembre 1914. SGA/DMPA/Mémoire des hommes/Fiche individuelle.

243. Le capitaine François, adjoint au Chef de Corps au 76e RI, est tué. SHD/DAT 26N287/1, JMO de la 10e DI, 18 janvier 1915. Son nom figure sur le Monument aux morts de Coulommiers.

244. Feuille recto-verso, format 17,7 × 11 cm, pliée en deux.

245. Relevé au bout de 24 jours en première ligne. SHD/DAT, 26N287/1 JMO de la 10e DI, 21 janvier 1915.

Enfin, je termine ma lettre et je pense qu'elle vous trouvera en bonne santé. Bonjour à René. Celui qui serait heureux de vous revoir et de vous embrasser au Theil.

Maurice

Maurice écrit au dos de la lettre de sa mère, datée du 16 janvier, lui détaillant le contenu des colis tant attendus.

– Lettre 96 Le 22 janvier 1915, *il fait très froid*[246]

Chère mère

Nous sommes en cantonnement depuis hier, nous avons été amenés dans ce pays, à Jubécourt, à 20 km de Verdun et à dix km de l'autre côté de Clermont par des autobus car aujourd'hui les régiments sont relevés comme ça, les hommes ne pouvant plus marcher[247]. Je ne crois pas qu'on reste là pour tout notre repos. Il doit faire dur dans les tranchées car il fait très froid et il neige tous les jours. On ne trouve pas grand chose dans ce pays et surtout guère de feu car il n'y pas de bois et on mange dehors car les granges sont guère éclairées et guère grandes et on tremble en mangeant, on ne peut pas tenir sa fourchette, le manger n'est pas dans l'assiette qu'il est glaciale.

Je viens de recevoir ta lettre du 16 janvier sur laquelle tu me dis que tu m'as envoyer mon colis, j'ai reçu ton *Démocrate* dans ta lettre. Tu pourras m'envoyer cette toile ciré mais pour mettre sur ma capote, et une coupe de paire de lacets en cuir, si tu en as. J'ai reçu une lettre d'Adrien sur laquelle il me donne son adresse. Tu pourras m'envoyer de l'argent comme aujourd'hui, je trouve à acheter du vin et des bricoles mais pas de mandat. Envoie moi un billet de 5 f. dans une lettre simple et mets ton adresse derrière la lettre comme çà il n'y a pas de danger que ça soit perdu. Les mandats, on est trop longtemps pour les toucher. Je ne vois pas grand chose à te dire que seulement que j'ai froid pour écrire et que j'ai de l'onglée aux mains. Je termine ma lettre en vous embrassant, toi et René de tout mon cœur.

Ton enfant qui t'aime.

Maurice

– Lettre 97 Le Theil [le] 16 janvier 1915, *dans ton paquet, j'ai mis aussi deux vessies de cochon*

Mon Cher Maurice

Je viens de recevoir tes trois lettres d'un coup, celles du 10, 11 et 12; aussitot reçue, je me suis empressée de m'occuper de ton colis que je viens de porter à la gare car tu sais qu'à la poste, il ne faut pas plus d'un kilo et le tien pèse presque quatre kilos.

246. Feuille recto-verso, format 22,6 × 17,8 cm, pliée en quatre.

247. Les déplacements de troupe s'effectuent par camions tellement les fantassins sont exténués. Jubécourt, commune de la Meuse, actuellement rattachée en tant que commune associée à Clermont-en-Argonne, chef-lieu de canton, arrondissement de Verdun (Meuse).

Je t'ai mis dedans tout ce que tu avais demandé, c'est à dire une chemise, un caleçon, une ceinture de flanelle, des chaussettes, une cravate, un pantalon rouge tout neuf que j'avais ; je t'ai mis aussi une bouteille de rhum, deux paquets de cigarettes et un paquet de chocolat au lait que Madame Célerin m'avait apporté pour toi ; ta tante Mélanie m'a donné aussi une boite de gâteaux et du chocolat mais pas du Meunier, elle n'en a jamais[248]. Liliane t'a mis un petit sac de bonbons de sa fabrication, tout ça est dans ton paquet, j'ai mis aussi deux vessies de cochon, il parait que ça garantit bien les pieds du froid et de l'humidité, tu mettras ça par dessus tes chaussettes, en dedans tes souliers, c'est à dire entre tes chaussettes et tes souliers, il parait qu'il y en a beaucoup déjà qui en ont fait l'expérience, seulement voilà, tu recevras sans doute pas ça avant le 1er février, il ne faudrait pas attendre à en avoir besoin, je t'aurais bien mis aussi quelque chose en toile ciré pour te garantir de la pluie mais dis moi, qu'est-ce que tu veux est-ce pour, par dessus ta capote ou bien en dessous ! Aussitôt que tu m'aurais répondu, je t'enverrais un autre colis tout de suite car ça te serait vraiment utile aussi d'un temps pareil.

Je t'ai mis aussi deux *Démocrates* dans ton colis et je viens de t'envoyer un sous enveloppe, ça t'aura semblé drôle car c'est le premier que je t'envoie par la poste mais maintenant je t'en enverrai souvent, ça te désennuiera un peu.

Je voudrais bien apprendre sur une de tes prochaines lettres que tu es au repos, je t'assure que ça me ferait autant plaisir qu'à toi.

Enfin ne te décourage pas, j'espère toujours te revoir.

En attendant, je t'embrasse très fort.

Ta Mère.

248. Entreprise chocolatière fondée par Antoine Menier qui créé les premières tablettes de chocolat en 1816 à Noisiel, commune de Torcy (Seine-et-Marne).

Chapitre 4

La butte de Vauquois (février-septembre 1915)

Après plus de dix semaines aux Meurissons, le 76e RI cantonne à Jubécourt dans la vallée de la Cousance pour une période d'instruction et d'exercices « pire qu'à la caserne » écrit Maurice (lettre du 27 janvier 1915). Les unités se restructurent avec notamment la création d'une compagnie de mitrailleuses dans chaque bataillon destinée à renforcer la puissance de feu : « le 89e régiment [...] vient de recevoir un fort renfort et je crois que nous allons en recevoir aussi avant de partir[1] » (lettre du 6 février 1915). C'est aussi l'apprentissage au maniement d'un nouveau type de grenade, la grenade avec manche, une grenade plus maniable dont l'armée allemande est déjà équipée.

– Rien n'est ensemencé dans les champs

Maurice se désole de l'état des champs : « rien n'est ensemencé, les avoines sont encore dans les champs, les unes en tas, les autres sur pieds, les betteraves telles qu'elles et d'autres arrachées, en tas et tout cela gelées et pourries » (lettre du 8 février 1915). Pour la première fois, il mentionne la messe du dimanche[2] : « je m'apperçois que c'est dimanche aujourd'hui [...] il n'y a pas d'exercice, les hommes peuvent aller à la messe » (lettre du 31 janvier 1915).

---

1. Caporal VASSAL, *Le 76e Régiment d'Infanterie dans la Grande Guerre, op. cit.*, p. 16.

2. Plus de 1 700 prêtres et religieux volontaires s'engagent aux côtés des 1 500 aumôniers militaires pour assurer un accompagnement social, cultuel et spirituel des troupes et la célébration des offices. Ils portent le brassard blanc à Croix-Rouge de la Convention de Genève. Les aumôniers titulaires, au nombre de quatre par corps d'armée, deux catholiques, un protestant, un israélite, sont secondés par les religieux volontaires comme simples combattants ou brancardiers. « Pour moi, je te dirais seulement que si je suis revenu d'une guerre pareille, c'est d'avoir prié quand je me voyais en danger. » Lettre de Maurice non datée adressée à son petit-fils Joël Thierry. Archives familiales.

Son frère lui envoi le *Démocrate* et lui fait part des difficultés pour charrier le fumier : « il fait un temps à ne pas mettre un chien dehors [...] le charretier à Mauricette devait venir avec ses trois chevaux et Bijou qui faisait quatre [...] enfin, ça sera pour un autre jour » (lettre du 21 janvier 1915). Il apprécie de recevoir le journal « je vois qu'on m'amène une lettre, c'est mon *Démocrate* du 27, c'est quasiment des nouvelles, vous ne devez pas seulement le lire » (lettre du 31 janvier 1915) et de compter « ça nous fait tout de même 23 ou 24 jours de repos depuis le 1er janvier » (lettre du 13 février 1915). La proximité de l'arrière tout proche permet d'améliorer le quotidien : « on trouve du lait, plein le pays, on fait le vin chaud » (lettre du 31 janvier 1915) dans un contexte sanitaire bien dégradé : « nous avons tous des poux, des totos » (lettre du 8 mars 1915).

– La clef de l'Argonne

La butte de Vauquois domine à l'ouest la forêt de l'Argonne, à l'est la forêt de Hesse avec la vallée de l'Aire qui les sépare. Elle contrôle les mouvements des troupes et les routes de ravitaillement ainsi que le décrit Aristide Pierra du 31e RI :

> « L'éperon de Vauquois, qui domine tous les environs permettait aux Allemands de régler le tir de ses canons à longue portée sur nos mouvements de troupe [...] L'ennemi, en effet, nous dominait ; la pente était abrupt et le terrain, au pied de la butte où étaient établies nos premières lignes, était un véritable marécage du fait du voisinage de deux rivières : l'Aire et la Buanthe[3]. »

Les troupes allemandes occupent le village depuis le 24 septembre et l'ont transformé en une véritable forteresse. La stratégie de reconquête consiste, après une préparation d'artillerie, à tout miser sur la force de l'infanterie. C'est la doctrine de l'offensive à outrance et Vauquois en est l'un des exemples représentatifs. Sous le commandement du général Valdant depuis le 23 janvier, les quatre régiments de la 10e DI, augmentés de deux compagnies de génie, se relaient du 16 février au 8 juin 1915 pour reprendre Vauquois[4]. Ils passent alternativement une semaine en première ligne, une semaine en deuxième ligne et deux semaines de repos et de corvées. Attaques et contre-attaques se succèdent autour de l'église et du cimetière au sommet de la butte (***carte 6***).

– L'assaut versant sud (17 février 1915)

La première attaque conduite par les 76e et 31e RI vise à la conquête du versant sud du village. L'opération fixée au 12 février est retardée en raison des difficultés d'acheminement de l'artillerie lourde dues à l'arrivée de la neige sur un sol déjà trempé. À la veille de son déclenchement, Maurice écrit une courte lettre : « ça ne va pas être le même genre de guerre que d'habitude » (lettre du 16 février 1915).

3. *Bulletin des Amis de Vauquois et de sa Région*, n° 73, janvier 2013, p. 6.

4. La 10e DI est composée du 31e RI de Melun, du 46e RI de Fontainebleau, du 76e RI de Coulommiers et du 89e RI de Sens.

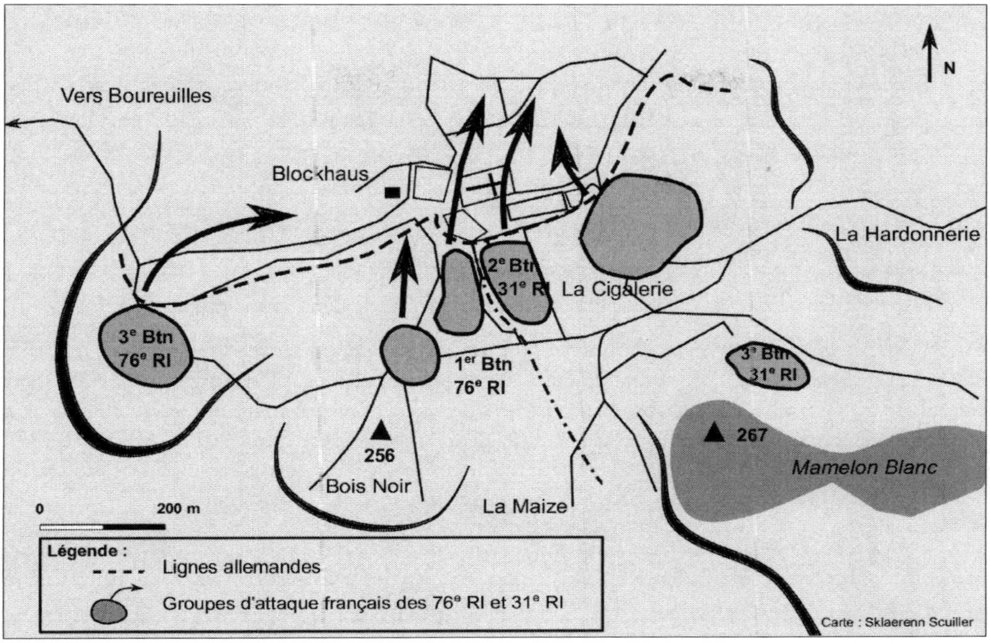

Carte 6. Les attaques du 76e RI sur la butte de Vauquois (janvier-avril 1915).

L'attaque est déclenchée le 17 février à 12h45 par deux clairons du capitaine Laignier du génie. Les trois bataillons du 76e RI sont à gauche et à l'ouest de l'église. Précédé par les musiciens des régiments jouant la Marseillaise, l'assaut est donné sous le feu des mitrailleuses allemandes[5].

Aussitôt revenu des tranchées, Maurice écrit quatre lettres courtes en deux jours : « Je te donnerais des nouvelles plus détaillées », « nous n'avons pas été faire quelque chose de beau. Je n'ai pas voulu te le dire car je ne croyais pas en revenir [...] il y a 60 morts et 160 blessés dans notre bataillon » (lettres du 19 février 1915). Conscient de l'impossible mission, Maurice écrit : « Nous avions un travail infaisable à faire » (lettre du 19 février 1915). Aristide Pierra du 31e RI décrit précisément cette attaque :

> « Quand nous considérions cette masse importante qui bordait notre horizon, cette arête perpendiculaire qu'il faudrait gravir sous la mitraille ennemie, les plus hardis hochaient la tête en murmurant impossible [...] Les nôtres surgissaient des tranchées comme des fourmis issues d'une fourmilière. L'ensemble formait une série de petites lignes qui montaient lentement le long de la pente

5. « Quand aux hommes du 76e RI, après avoir grimpé les échelles qui, dans les tranchées, facilitent le franchissement des parapets, ils s'élancèrent en lignes d'escouades, c'est à dire en colonnes, avec un caporal en tête. Mais ces escouades prises en enfilade sous le feu des mitrailleuses ne purent s'accrocher aux pentes. » Caporal VASSAL, *Le 76e Régiment d'Infanterie dans la Grande Guerre*, *op. cit.*, p. 17.

abrupte. Pour offrir moins de front aux rafales d'artillerie, la formation adoptée était celle de la ligne d'escouade par un. Mais cette formation offre des inconvénients quand aux mitrailleuses et quand à la fusillade, chaque colonne pouvant être prise d'enfilade. Ce furent d'ailleurs les mitrailleuses allemandes qui nous firent le plus de mal durant cette première partie de l'assaut. Des escouades entières étaient culbutées comme ces files de capucins de carton que fabriquaient les enfants et qu'ils disposaient de telle sorte que la chute du premier entraîne celle de tous les autres[6]. »

Le commandant Guitton est tué et Maurice de s'interroger : « C'est le deuxième commandant de compagnie que nous avons de tué [...] Qui est-ce que l'on va avoir maintenant pour commander notre 3e compagnie[7] ? » (lettre du 19 février au soir). Les pertes du régiment au cours de la journée sont évaluées à 580 hommes[8].

– La 2e offensive versant ouest (15 mars 1915)

La pluie et la neige transforment Vauquois en un véritable bourbier : « il fait un temps déplorable » (lettre du 12 mars) et André Pézard du 46e RI, écrit : « Il pleut toujours. Les talus, que nous avions surhaussés de sacs à terre hier soir, se sont affaissés à la fin de la nuit; les boyaux, que nous avions recreusés aux points trop découverts, se sont comblés de boue liquide[9]. » Aristide Pierra décrit l'humidité persistante :

> « Nos tranchées creusées dans le sol humide étaient constamment remplies d'eau, et chaque fois que la température baissait, les gelures des pieds se multipliaient. Les nuits étaient terribles et interminables. Je me souviens avoir grelotté et claqué des dents sans arrêt de six heures du soir à six heures du matin; les cache-nez, passe-montagne et autres lainages par lesquels on essayait de combattre le froid devenaient rapidement humides et ne réchauffaient plus[10]. »

L'attaque à l'ouest de Vauquois, prévue le 14 mars, est différée au 15 mars à cause de la brume intense qui recouvre la butte. André Pézard en 2e ligne écrit le 17 mars 1915 : « Lundi, l'attaque du 76e a eu lieu, à cent mètres de nous. » Les

6. *Bulletin des Amis de Vauquois et de sa région*, *op. cit.*, p. 7.

7. « La troupe s'élance mais est stoppée net par les feux des mitrailleuses. Le commandant Guitton [de la 3e cie la compagnie de Maurice] qui dirige l'action fait le coup de feu; il est blessé à la tête depuis dès le début de l'assaut mais conserve le commandement. Il tombe une deuxième fois frappé par sept nouvelles blessures. L'assaut est cloué au sol, à gauche par les feux des tranchées de la route de Boureuilles et les feux des mitrailleuses. » *La Butte meurtrie, La guerre des mines 1914-1918,* œuvre collective des Amis de Vauquois et de sa région, Verdun, Lefèvre Graphic, 2007, ISBN 2-9507638-0-4, p. 107, 117.

8. Caporal VASSAL, *Le 76e Régiment d'Infanterie dans la Grande Guerre*, *op. cit.*, p. 17.

9. PEZARD André, *Nous autres à Vauquois, op. cit.*, 46e RI, Aurillac, Imprimerie moderne USHA, 1974, p. 131.

10. *Bulletin des Amis de Vauquois et de sa région*, *op. cit.*, p. 6.

combats se poursuivent jusqu'au 21 mars avec la conquête des parties sud-ouest et sud du village. Coupé en deux par une succession de cratères profonds de 10 à 20 m, le village, situé au sommet d'une colline de 289 m, sépare les premières lignes françaises et allemandes, distantes de quelques mètres. Deux bataillons du 76e sont désignés pour l'offensive. Le 1er bataillon du capitaine Thiriet, le bataillon de Maurice, parvient à réaliser une progression de 50 mètres. Appuyé par les 31e, 46e RI et 42e RIC, ils repoussent la contre-offensive allemande et consolident la conquête des parties ouest et sud de la butte. La ligne de front passe par la moitié du village, au pied de ce qui était l'église du village. André Pézard écrit le 17 mars : « Personne n'a su ce qui s'était passé à gauche devant l'église. On a dit longtemps après que le 76e avait pris une tranchée boche[11]. » Le 76e RI perd plus de 50 % de son effectif les 15 et 16 mars avant d'être relevé le 21 mars à 22 heures par le 46e RI[12].

– La messe des Rameaux

Sans donner de chiffre des victimes, Maurice exprime sa désolation de la mort du commandant Dervin bien connu au « pays » du Theil : « le commandant Dervin qui vient d'être tué [...] il faudra que tout le monde y passe [...] quand Madame Célerin va savoir cela ». (lettre du 16 mars 1915). C'est le même langage de résignation qu'utilise Amand Fontaine : « après la mort de plusieurs camarades, il note que "tous y passeront"[13] ». Natif de Coulommiers, le commandant Paul Henri Dervin chef du 2e bataillon, est tué d'une balle dans la tête au cours de la troisième attaque du 15 mars 1915. Maurice énumère les nombreuses victimes « de par chez nous[14] » (lettre du 25 mars 1915). Il assiste à la messe des Rameaux dans une petite chapelle (lettre du 28 mars 1915).

– Blessé le Vendredi saint (2 avril 1915)

Ces attaques meurtrières vouées à l'échec, font place, à partir du 25 mars, à des duels d'artillerie qui se multiplient de part et d'autre. Les positions étant stabilisées, les sapeurs entament le percement de puits dans la gaize.

Les premiers dispositifs de galeries avec un ensemble souterrain de boyaux de communication et d'abris se mettent en place. C'est le début de la guerre des mines. Maurice indique : « Je suis en première ligne, mais le plus souvent en

11. *Nous autres à Vauquois*, *op. cit.*, p. 123-124.
12. *La Butte meurtrie*, *op. cit.*, p. 175.
13. « *Si jamais tu lis ces lignes, maudis la guerre* »... *Amand Fontaine, un instituteur breton dans la première bataille d'Ypres avec le 46e RIT de Vitré (octobre-novembre 1914)*, *op. cit.*, p. 15.
14. « On compte pour le seul 76e RI, 59 tués, 384 blessés, 71 disparus. » *La Butte meurtrie*, *op. cit.*, p. 164. Inhumé le 19 mars 1915 dans le carré militaire du cimetière communal d'Aubréville, le corps du commandant Dervin ne sera jamais retrouvé, le cimetière ayant été lui-même détruit par les obus. Par décision du 9 avril 1915, un camp implanté en forêt de Hesse, proche de Vauquois, prend le nom de Dervin. Source *Bulletin des Amis de Vauquois et de sa région*, *op. cit.*, nc 83, p. 18-20.

seconde, car je lance des bombes » (lettre du 18 mars 2015). Le dimanche des Rameaux, il écrit : « ce sera une guerre sans fin » et ajoute : « Nous retournons ce soir dans les tranchées, nous y ferons surement Pasques » (lettre du 28 mars 1915).

Il rassure sa mère qui se soucie du retard des semis d'avoine : « il n'y a encore rien de perdu, nous ne sommes pas encore au mois d'avril » (lettre du 16 mars 1915). Il mentionne la première utilisation de liquide enflammé à Vauquois : « Les Allemands avaient jetés du pétrole » (lettre du 28 mars 1915). Il s'agit d'un mélange de pétrole et de goudron projeté, le 23 mars à minuit, par les pompes à lancement allemandes, sur le 1er bataillon du 89e RI qui doit se replier sur la deuxième ligne, en arrière du marronnier de la place de l'église[15].

L'artillerie allemande frappe indistinctement en première, deuxième et troisième ligne. C'est dans ce contexte que Maurice est blessé par l'éclat d'une torpille, le 2 avril 1915, jour du Vendredi saint.

– À l'hôpital de Tulle

Transporté par ambulance puis en train sanitaire à l'hôpital de Tulle, Maurice n'interrompt pas la correspondance en faisant écrire un copain : « Je n'ai rien de grave comme blessures, c'est une commotion, une forte secousse qui m'a ébranlé la tête » (lettre du 5 avril 1915).

Le premier bulletin de santé du médecin traitant parvient à sa mère le 11 avril indiquant : « commotion cérébrale état réservé »; ce qui décide sa mère et sa sœur de lui rendre visite à Tulle malgré les difficultés de circulation[16]. La réquisition des lignes de chemins de fer par l'armée rend les déplacements difficiles et strictement réglementés. Sa mère obtient de la Mairie de Coulommiers, le 12 avril 1915, un certificat de réduction de 50 % pour le chemin de fer, pour elle-même et Mauricette. Le commissariat de police leur délivre un sauf-conduit, le 13 avril 1915, les autorisant à circuler de Coulommiers à Tulle par Paris, valable 15 jours.

– À l'hôpital d'Argentat

Après avoir fait écrire un copain à trois reprises, Maurice écrit sa première lettre, neuf jours après sa blessure : « Je me dévoue aujourd'hui pour t'écrire quoique j'ai pourtant encore mal à la tête » (lettre du 11 avril 1915). Signe qu'il est sur la voie de la guérison, pour la première fois, depuis deux mois après sa

15. Les pompes allemandes, apportées par des automobiles, sont manœuvrées par quatre hommes portant chacun trois récipients cylindriques renfermant le liquide combustible et trois bouteilles à gaz comprimé. *La Butte meurtrie*, *op. cit.*, p. 177. André Pézard écrit le 3 avril 1915 : « le 23 mars dernier, les Boches ont arrosé le 89e de goudron enflammé », *Nous autres à Vauquois*, *op. cit.*, p. 129.

16. Le bulletin de santé (cachet de la poste de Coulommiers du 11 avril 1915) indique : « Ce bulletin, destiné à la famille, doit être envoyé avec l'assentiment de l'intéressé et à la personne désignée par lui. Il doit être établi et expédié chaque semaine par les soins du médecin traitant. » Archives familiales.

blessure, il s'interroge sur l'avancement des travaux de la ferme : « Dis moi si tes betteraves sont faites, si les blés sont beaux, s'il y a des chardons » (lettre du 14 mai 1915). Après plus de six semaines à l'hôpital de Tulle, il est transféré à l'hôpital d'Argentat tenu par des religieuses où il apprécie de participer aux foins : « je fauche pour la sœur et on fane [...] je t'assure que ça me plais » (lettre du 11 juin 1915). Loin du front, les meilleures conditions matérielles expliquent que, pour la première fois, une série de lettres soit écrite à l'encre (mai et juin 1915).

– L'ajournement de René

Les classes 1914 et 1915 sont recensées et totalement incorporées dès le début de la guerre en vertu de la loi du 21 mars 1905 qui autorise en temps de guerre le gouvernement à appeler par anticipation. Pour pallier à la crise des effectifs et combler les pertes de l'automne 1914, deux classes sont appelées, les classes 16 et 17 respectivement avec un et deux ans d'avance. C'est ainsi que René, né le 19 août 1897, de la classe 17, est recensé le 12 juin 1915.

Maurice multiplie ses consignes à son frère : « qu'il ne fasse pas le costaud au conseil de révision et qu'il tache d'être ajourné » (lettre du 20 mai 1915) et se félicite de son ajournement en prévision de la moisson à venir : « c'est un bonheur pour lui et pour toi » (lettre du 14 juin 1915).

– La permission de convalescence

Maurice obtient, après plus de dix semaines d'hospitalisation, une permission de convalescence de 25 jours. Pour la première fois depuis le début de la guerre, il se retrouve chez lui à la mi-juin 1915. La correspondance avec plus d'une quinzaine de lettres mensuelles en février et mars 1915, chute après sa blessure et s'arrête en juillet lors de sa permission (***graphique 5***).

La question des permissions est un sujet très sensible et souvent mal considérée par le commandement car ressenti comme néfaste à la combativité des troupes[17]. Suspendues en période de guerre et le conflit ne devant pas durer, il n'est pas envisagé de permissions pour les combattants, seuls les territoriaux peuvent aussi en bénéficier, le dimanche et les jours fériés. À partir de décembre 1914, les blessés en convalescence en bénéficient. La guerre s'installant, le commandement militaire décide durant l'été 1915 d'octroyer un droit à six jours de permission tous les quatre mois. Dans la réalité, ce droit précaire est soumis aux exigences des offensives et à l'arbitraire des commandements.

17. LOEZ André, *Les 100 mots de la Grande Guerre*, *op. cit.*, p. 94. COCHET François et PORTE Rémy (dir.), *Dictionnaire de la grande guerre 1914-1918*, Paris, Robert Laffont, 2008, p. 807, 808 et 809. Sur cette question, voir CRONIER Emmanuelle, *Permissionnaires dans la Grande Guerre, op. cit.*

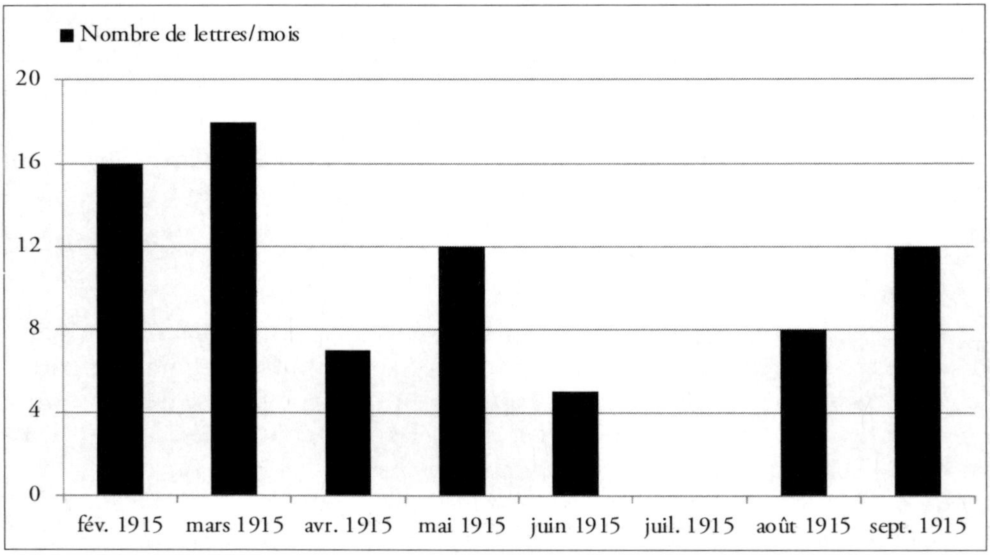

Graphique 5. Évolution de la correspondance de février à septembre 1915.

– La chasse aux embusqués

Évoquant l'un de ses camarades du pays « reconnu comme malade » Maurice écrit : « Cà n'empêche pas qu'ils iront peut être un jour car çà barde en ce moment pour les embusqués » (lettre du 4 septembre 1915). Parce qu'il faut combler les pertes des régiments et en même temps disposer de la main-d'œuvre dans les usines et dans les champs, la crise des effectifs entraîne la chasse aux embusqués. La problématique concerne ceux restés à l'arrière mais aussi les soldats du front. L'embusqué est un homme bien portant resté loin du feu. Le terme désigne plus largement ceux qui échappent indûment au combat en occupant des postes considérés comme privilégiés : agents de liaison, téléphonistes, brancardiers, etc. La thématique de l'embuscage est complexe, dans la mesure où l'on peut toujours être l'embusqué de quelqu'un. L'embusqué, c'est toujours l'autre, avec une véritable cascade d'embuscage relatif et d'embuscage absolu[18].

– À la caserne de Rodez

La correspondance reprend lors de son affectation dans la 27e compagnie à la caserne de Rodez, dépôt du 76e RI, évacué de Coulommiers et de Paris. Maurice retrouve son régiment fortement remanié en plein mois d'août. Sa mère envoie une demande de certificat pour les travaux agricoles. Et Maurice de se désespérer de ne pouvoir obtenir une permission agricole pour la moisson, malgré l'usage admis dans l'armée d'accorder des permissions agricoles jusqu'à 30 jours au maximum à 10 % de l'effectif simultanément.

18. Sur cette question, voir RIDEL Charles, *Les embusqués*, *op. cit.*

Maurice ne cesse de demander des nouvelles de la famille et de ses camarades du pays du Theil. Quand il apprend que le cousin germain de son beau-frère, Charles Avarre du 45e RAC, est tué il écrit : « il était pourtant moins en danger que l'infanterie » (lettre du 21 août 1915) conscient de l'inégalité devant la mort. Avec 22 % de morts, l'infanterie est bien plus affectée que l'artillerie (8 %), le Génie (6 %) et les services (3 %)[19].

19. LOEZ André, *Les 100 mots de la Grande Guerre, op. cit.*, p. 52. *La Grande Guerre, op. cit.*, p. 47.

Lettre de René son frère évoquant les difficultés des travaux à la ferme familiale.

– Lettre 98 Le Theil le 21 janvier 1915, *il fait un temps à ne pas mettre un chien dehors*[20]

Cher Maurice

Quel temps! il a plu toute la nuit toute la journée, et je crois bien qu'il va pleuvoir tout la nuit suivante. Il y a de l'eau dans notre cave. Tu me demandes souvent ce que je fais, et bien, j'ai écossé des haricots, aujourd'hui, toute la journée, ça ne me va guère, je t'assure, j'aimerais autant travailler dehors car je m'ennuie à la maison.

Voilà trois jours que Bijou n'a pas sorti, car aujourd'hui il fait un temps à ne pas mettre un chien dehors. Je me demande si vous êtes au repos d'un temps pareil, pauvres malheureux soldats, vous devez être trempés jusqu'aux os.

Je me promettais pourtant bien de faire une bonne journée, maman a acheté un tas de fumier à Lantenois de Vaux et le charretier à Mauricette devait venir avec ses trois chevaux et Bijou qui faisait quatre, Gazonnois devait venir nous aider à charger, et ça devait barder, je t'assure, c'était pour mettre au champ Fromont pour faire des betteraves à sucre.

Enfin, ça sera pour un autre jour, je ne m'en fais trop de bile, car maman m'a fait des crêpes, et je t'assure que je leur ai fait bon accueil, si seulement t'étais là, avec nous, on les mangerais avec plus de plaisir car on répète toujours : « Si Maurice était là. Il faut espérer que ça viendra ».

La classe 1916 a passer le conseil de révision hier, mercredi. Je t'enverrai *le Démocrate*, je t'ai envoyé celui du 19, ça te désennuyra un peu de voir des nouvelles du pays et puis tu liras la bataille de Crouy qui a été terrible[21]. Il y en a beaucoup en moins du 276e. Ah quand la fin! Ca n'est pas toujours pas de ce temps là que ça peut aller vite.

Je termine ma lettre en te serrant la main.

René

– Lettre 99 Le 27 janvier 1915, *notre régiment n'est pas encore renforcé*[22]

Chère mère

Je viens de recevoir la lettre de René et *le Démocrate* en même temps[23]. Il a bien fait le même temps le 21 que chez vous, c'est le jour que nous avons été amené ici, au repos en autos[24]. Nous sommes toujours ici au repos, si l'on peut appeler

20. Feuille recto-verso, format 18 × 11,5 cm, pliée en deux.

21. René évoque la bataille de l'Ourcq et la bataille de la Marne du 5 au 10 septembre 1914. Crouy-sur-Ourcq, canton de Lizy-sur-Ourcq, arrondissement de Meaux (Seine-et-Marne) est situé à 40 km au nord de Coulommiers.

22. Feuille recto-verso, format 18 × 11,5 cm, pliée en deux.

23. Les délais d'acheminement des courriers entre le front et l'arrière s'améliorent : six jours pour recevoir la lettre de son frère du 21 janvier, quatre jours pour sa lettre du 27 janvier destinée à sa mère, cachet de la poste de Coulommiers du 31 janvier 1915.

24. Déjà indiqué à la mi-janvier, les déplacements de troupe se font pour partie par camions.

çà du repos car nous faisons l'exercice pire qu'à la caserne et on ne peut plus se traîner, on a même pas le temps d'écrire dans la journée[25]. Quand tu m'envoira un colis, envoie moi un bon porte-monnaie car le mien devient usé et tu m'envoira de l'argent maintenant quand je t'en demanderai car je te l'ai dis sur une dernière lettre que tu m'envoie un billet de 5 f. et je croyais avoir moins d'argent que j'en avais car j'avais un billet de plus que je n'avais vu. Il me reste encore 16 f. si tu m'envoie encore 5 f., ça me fera 21 f..

Je me demande aussi si Joseph est toujours sur la ligne car on avait dit que sa classe avait été libérée[26]. Quand est-ce que la mienne sera renvoyée et que je retournerai vous revoir. Ah! vivement la fin, nous en avons tous plus que pardessus le dos. Notre régiment n'est pas encore renforcé, je ne crois pas que l'on retourne au feu avant qu'il soit comblé.

En attendant le plaisir de vous embrasser un jour.

Ton enfant Maurice

– **Lettre 100 Le 29 janvier 1915,** *j'ai reçu ton colis en bonne condition*[27]

Chère mère

J'ai reçu ton colis en bonne condition, ce qui m'a fait bien plaisir et en même temps, j'ai reçu un colis de la Fraternelle qui m'a fait également plaisir[28]. Il y avait dedans un superbe cache nez, un passe-montagne épatant, une boite de chocolat, du zan, du papier à lettre, des épingue à nourrisse, du tabac et quelques petites choses épatantes et je reçois de tes journaux tous les jours. Tu remercieras Madame Célerin et ma tante Mélanie. Je suis en bonne santé. Je pense que vous êtes de même.

Maurice

Ce que tu as donné mon adresse à la société Fraternelle.

– **Lettre 101 Le 31 janvier 1915,** *c'est dimanche aujourd'hui*[29]

Chère mère

Pour la première fois, depuis six mois après demain que nous sommes en guerre, je m'apperçois que c'est dimanche aujourd'hui, car on est tranquille, il

25. Les exercices et l'instruction sont destinés à reconstituer la 10e DI après les offensives meurtrières des Meurissons et des Courtes-Chausses.

26. Joseph est mobilisé dans la réserve de la territoriale, laissant la mère de Maurice seule avec René pour les travaux des champs.

27. Sixième type de carte militaire avec en couleurs avec les cinq drapeaux : France, Royaume-Uni, Belgique, Serbie, Russie et la mention : « Gloire aux Armées Alliées! » Carte avec une partie recto pour l'adresse et une partie verso pour la correspondance, elle porte la mention : « Carte réservée pour la Réponse du Militaire. » Format 14 × 9 cm.

28. La Fraternelle, société de secours mutuel né en 1913.

29. Feuille recto-verso, format 23 × 18 cm, pliée en quatre. Reçue trois jours plus tard par sa mère, cachet de la poste de Coulommiers du 3 février 1915.

n'y a pas d'exercice, les hommes peuvent aller à la messe, on se cire un peu, on se nettoye, on voit quelques femmes reblanchies, on entend les cloches sonnées, on voit que c'est dimanche mais des 24 heures, quand est-ce que j'en aurai une pour pouvoir aller vous voir, là je voirai encore plus que c'est dimanche, ça, ça me rappellerai ma vie de caserne, ma bonne vie et dire que l'on se plaignait[30].

Nous sommes toujours au repos à Jubécourt près de Clermont, nous sommes assez tranquilles, les matins, je recommence à faire mon chocolat, comme à Aubréville car on trouve du lait, plein le pays, on fait le vin chaud, de temps en temps[31].

L'autre jour, je l'ai bu avec un copin de mon pays qui est venu me voir de quatre km et qui me cherche depuis le début de la guerre, c'est à dire depuis Longuyon, la première bataille ou plutôt, l'une des premières. Ce copin, c'est le cousin à Mauricette, Charles Avarre[32], j'ai été content de le voir et je l'ai reconnu tout de suite. Il m'a dit qu'ils sont au repos depuis quatre mois et qu'ils allaient partir au feu, pour tirer sur les aéroplanes ennemis, qu'ils se plaçaient à 12 km de la ligne de feu ; là, ils ne peuvent être attrapés ni par les balles, ni même par les obus. Ah ! Je lui ai dit, vous pouvez dire que vous avez de la chance de faire la guerre à 12 km de l'ennemi et nous on la fait à 12 mètres.

Si seulement on pouvait rester là longtemps encore, l'hiver se passerait mais j'ai peur que ça ne dure pas si longtemps que les contributions[33]. Tiens, je vois qu'on m'amène une lettre, c'est mon *Démocrate* du 27, c'est quasiment des nouvelles, vous ne devez pas seulement le lire ; l'autre jour, j'ai appris à un homme, celui qui tiens le restaurant du mouton, que son garçon était ajourné, il était de la classe 16[34]. Pierrelée et Caillaux du Theil sont ajournés. Je vois aussi que le fermier de Chéru, Masson est tué et combien d'autres, enfin, je suis moins ignorant dans les nouvelles de mon pays[35]. On entend toujours le canon gronder, quand est-ce que l'on ne l'entendra plus ? Mon Dieu, quelle misère, si seulement on ne revoyait plus çà, que çà finisse bientôt et avant qu'on y retourne.

Enfin, j'espère vous revoir quand même et ce que je serai heureux de pouvoir revivre avec vous comme avant. Ah ! çà serait une autre vie quand on a passer par de la misère comme j'aurai passé, c'est là que l'on sait ce que vaut une mère. Je

30. Premier dimanche indiqué par Maurice qui apprécie l'absence d'exercice et la messe.
31. Jubécourt de nouveau mentionné par Maurice.
32. Charles Avarre, cousin d'Adrien, son beau-frère, est maître pointeur au 45e RAC.
33. Les impôts, les contributions, sont au nombre de quatre : la contribution foncière sur le bâti et le non-bâti, la contribution mobilière, la contribution des patentes sur les commerces et la contribution des portes et fenêtres. L'impôt sur le revenu, voté en 1914, est progressivement mis en application à partir de 1916 pour financer la guerre.
34. La lecture du *Démocrate* lui permet de maintenir le lien avec ses camarades du pays et d'être informé sur les résultats du conseil de révision de la classe 16 du 20 janvier 1915.
35. Henri Masson, né le 10 décembre 1886 à Jouy-sur-Morin (Seine-et-Marne), soldat 2e classe au 276e RI, fermier à la ferme de Chéru à Mouroux, est tué le 2 septembre 1914 à Senlis (Oise). [https://www.memoiredeshommes.sga.defense.gouv.fr] 3 février 2022.

ne vois plus grand chose à te dire que de souhaiter le bonjour à René qui est de ce coup là le futur conscrit du Theil.

Celui qui vous embrasse de tout son cœur.

Maurice

Dis-moi si tu as donné mon adresse à la Fraternelle, j'ai aussi reçu des genouillère dans leur colis.

– **Lettre 102 Le 2 février 1915,** *pas grand changement*[36]

Chère mère

Je reçois aujourd'hui ta lettre du 26 janvier. Je vois que tu serais heureuse de pouvoir venir me voir et moi je serais heureux de pouvoir te voir mais tout cela, ce n'est pas facile. D'abord, je suis toujours à Jubécourt et je ne sais pas, si quand tu recevras ma lettre, si je serai toujours ici, je l'espère mais je ne peux le savoir d'avance. Pour aller à Paris ou en arrière, comme ça à Bar-le-Duc, ce n'est pas près, ça sera que quand la guerre sera finie. Et quand est-ce ? Je ne vois pas grand changement ? En tous les cas, Delaître m'avait dit, que sa mère devait venir le voir si on venait en arrière, alors toi, ça serait avec d'autres comme elles, mais si tu venais un jour, fait comme il faut faire, renseigne-toi à la mairie, prend un passeport et vaut mieux que tu reste chez nous. Aye de la patience, ça ne peut pas durer toute l'été, espérons que l'on se revoira[37].

A Aubréville, j'ai vu quelques personnes venir voir les leurs, mais ici je ne vois personnes, c'est que ce n'est pas facile, puis d'abord, on ne doit pas dire où l'on est. En tous cas, si l'on restait un peu, si je voyais des personnes venir, ne te tourmente pas, je te dirais, il faut que tu fasses ton possible pour venir me voir et je te l'écrirais tout de suite.

C'est que tu sais, il faut être en ordre et en mesure pour passer par ici, dans ces pays. J'ai reçu le billet de 5 f. dans ta lettre. Je remarque qu'il y a eu de la sauvagerie en Seine-et-Marne plus que je croyais, je vois ça sur *le Démo*. Surtout, quand tu m'écris, ne me mets jamais, à Jubécourt où à telle pays, sur l'adresse car il y en a qui se font punir salement pour ce faire adresser des lettres comme çà[38].

Ton fils qui t'embrasse tendrement.

Maurice

36. Feuille recto-verso, format 18 × 11,5 cm pliée en deux. Reçue par sa mère trois jours après, cachet de la poste de Coulommiers du 5 février.

37. « De la patience » formule récurrente.

38. Mentionnant plusieurs fois Jubécourt, Maurice rappelle à sa mère l'interdiction de mentionner une adresse indiquant le positionnement.

– Lettre 103 Le 3 février 1915, *le capitaine Dervin a été félicité*[39]

Chère mère

Je reçois ta lettre ce soir du 29 janvier, j'ai reçu encore un deuxième billet de 5 f. mais ce n'était pas la peine[40]. Je t'en demanderai quand j'en aurai besoin. Tu dois trouver que je dépense plus que dans le début de la guerre, je sais bien que ce n'est pas ça qui te tourmente ~~pas pour ça~~ et je t'assure que l'on est un peu ~~plus~~ plus heureux que dans ce temps là. Comme voilà ce soir, il fait noir comme terre, il ne fait pas trop froid, on va se fourrer dans la paille et je suis mieux que dans un lit car je crois que je ne pourrai plus dormir dans un lit. Ce soir, nous avons mangé une demi-livre de petit beurre en buvant un verre de vin à plusieurs camarade, demain matin on fait son chocolat, enfin ça peut aller, ce n'est pas comme dans les premiers jours qu'on était ici, il faisait un froid terrible dans les granges.

J'ai reçu aussi la lettre à Mauricette du 30, elle me dit qu'Adrien va venir au 76e, il pourrait demander à venir à ma compagnie. Maintenant je suis dans le pays de Jubécourt à 400 m du pays où Delaître est. Je n'ai pas encore reçu le colis à ma tante Mélie. Je sais bien qu'aux beaux temps, on tentera un grand coup mais c'est que çà fera encore bien des victimes.

Le capitaine Dervin a été félicité pour sa durée de la campagne entière et nommé chef de bataillon où commandant.

En attendant ce jour si désiré de ma rentrée chez nous, je vous embrasse de tout mon cœur.

Maurice

– Lettre 104 Samedi le 6 février 1915, *heureux sont ceux qui ne connaîtront jamais ça*[41]

Chère mère

Quelles belles journées en ce moment, c'est y dommage de ne pas être chez soi, on commencerait à se égayer, on se croirait être revenu en été. Mais c'est que nous sommes toujours là et je crois que nous allons retourner bientôt sur la ligne car on nous a dit aujourd'hui que nous l'on devait se tenir près pour partir d'un jour à l'autre.

Et j'ai peur que l'on donne le grand coup, comme tu dis, d'un moment à l'autre et quand on arrivera. Je peux me tromper car c'est la peur qui me le fait dire mais comme il commence àfaire beau, ça pourrait se faire; le 89e Régiment qui fait parti de notre division vient de recevoir un fort renfort et je crois que nous allons en recevoir aussi avant de partir, c'est à dire demain ou après-demain.

39. Feuille recto-verso, format 18 × 11,5 cm, pliée en deux.

40. Délai d'acheminement du courrier de sa mère de cinq jours.

41. Deuxième fois que Maurice indique le jour de semaine en tête de lettre. Feuille recto-verso, format 18 × 11,5 cm, pliée en deux. Reçue deux jours plus tard par sa mère, cachet de la poste de Coulommiers du 8 février 1915.

Enfin, quand est-ce la fin de cette misère, de cette cruauté, on nous a dit que le 276e avait subi de fortes pertes, pour qu'on nous le dise, il faut que ce soit important[42].

Enfin, il faut toujours espérer que l'on s'en tirera mais ce sera dur. Heureux sont ceux qui ne connaîtront jamais çà ! En attendant le bonheur de vous revoir un jour, mais quand ?

Je vous embrasse de tout mon cœur.

Bonjour à René que je souhaite de ne pas voir çà. Votre petit Maurice qui vous aime pour la vie.

– **Lettre 105 Le 6 février 1915,** *si jamais je ne revenais pas, je ne serais pas le seul*[43]

Chère mère

Je reçois ta lettre aujourd'hui du 2 février. Je vais m'empresser de répondre à ma tante Amélie, du moment que c'est elle qui m'a envoyé ce colis qui était marqué de la Fraternelle. A moins que je n'ai pas le temps car on est toujours prêt à partir, si ce n'est pas demain, çà sera pour après demain ; n'importe comment, quand tu recevras cette lettre, il est plus que sûr qu'on sera reparti.

Tu me parles qu'on fait des tranchées par chez nous mais je ne peux pas croire qu'ils y retournent. Enfin, si jamais ça revenait, je n'ai pas de conseils à te donner, mais quittent plutot le pays et part avec Bijoux et part plutôt d'avance, ne pas te faire bombarder par les obus car j'en ai vu des civils partir trop en retard et se faire tuer par les obus. Pour partir en retard, vaut mieux rester chez soi. Je ne pense pas que ces conseils ne te serviront pas, mais si tu étais forcé de te sauver, tu n'as pas à te tourmenter, tu pourrais coucher dans les granges, moi, je me trouve heureux comme un roi de coucher dans la paille, mais ce qui me déplait, c'est de repartir coucher dehors et recevoir des balles et des obus. Tu n'auras toujours pas à voir çà en te sauvant.

Je compte toujours voir Adrien, bientôt. Ne te tourmente pas pour moi comme çà, mon appétit est revenu et je suis aussi fort qu'avant, j'aimerais mieux être malade et aller un peu à la tranquillité et que tu puisse venir me voir à l'hopital.

Suite de la lettre du 6 février 1915[44].

Enfin, çà sera long et terrible, je me demande si vous entendez toujours le canon de chez vous. Enfin, ne vous tourmentez pas, c'est tout ce que je demande car moi je n'ai que moi à penser, il n'y a que moi qui est au feu et ceux qui en ont six et il y en a un comme çà chez nous au 76e, il n'y a plus que lui de vivant sur 6 qu'ils sont chez lui.

42. « Pertes du 276e RIR ; officiers : quatre tués, six blessés, neuf disparus ; troupes : 755 tués ou disparus, 624 blessés. » SHD/DAT, 26N736/1, JMO du 276e RIR, 13 janvier 1915.
43. Deuxième lettre du jour, feuille recto-verso, format 17,7 × 10,7 cm, pliée en deux. Reçue trois jours plus tard par sa mère, cachet de la poste de Coulommiers du 9 février 1915.
44. Feuille recto-verso, format 11,5 × 9 cm, pliée en deux.

Enfin, chère maman, ne te tourmente pas pour moi, si jamais je ne revenais pas, je ne serais pas le seul et n'y pensons pas encore car j'ai déjà bien passer à côté depuis six mois et j'espère finir la guerre, à moins que ça dure encore un an car çà serait douteux[45].

Celui qui serait heureux de vous embrasser au Theil et qui l'espère le faire un jour.

Maurice

– Lettre 106 Le 8 février 1915, *rien n'est ensemencé*[46]

Chère mère

Je reçois ce soir ta lettre du 5, ce qui fait qu'elle n'a mise que trois jours pour m'arriver et en même temps un *Démocrate* du 3 et une lettre de Mauricette du 5 également[47]. Nous sommes encore au repos mais les régiments de la division commencent à repartir l'un après l'autre ; comme c'est nous qui sont venus les derniers au repos, nous ne repartirons que les derniers, peut être dans deux ou trois jours ; n'importe comment, quand tu recevras cette lettre, je serai au feu.

Ne m'envoie plus de chaussettes ni de chocolat car j'ai tout ce qu'il me faut, comme chaussettes, j'en ai de trop et du chocolat, on en touche dans la compagnie en plus du manger ordinaire. En ce moment, nous sommes on ne peut pas ~~plus~~ mieux nourris et c'est à peu près toujours pareille au prix de dans les débuts de la guerre.

Tu souhaiteras le bonjour à Joseph et tu lui diras que je voudrais être comme lui, libéré, quand même j'aurais son âge, pour voir une vie pareille, quoique quand nous sommes au repos, on n'est pas malheureux, mais c'est quand on se voie repartir[48]. Adrien, au moins il est parti vous voir, ce n'est comme moi, quand est-ce que j'irai. Moi qui croyais le voir venir dans le renfort qu'on attend ces jours ci et il est à Boussois. Tu me demande si le pantalon me va, mais comme tu dis, je ne suis pas gêné dedans, enfin on n'est pas susceptible à la guerre.

Il y a des habitants, où nous sommes logés ici, qui viennent d'apprendre la mort de leur fils, ils ont été avisés tout de suite par un copain de leur fils par des parents. C'était terrible de voir tous ces gens pleurer dans la maison pendant qu'on étaient rassemblés. On s'est douté de cela car on savait qu'ils avaient un fils de soldat. Enfin, c'est malheureux de voir ça et quand est-ce la fin ?

Les premiers partis le 6 août et qui n'ont jamais été évacués vont porter des insignes pour les distinguer, ils vont être rares, moi, j'aimerais mieux, plutôt que leur insigne qu'ils me donnent huit jours de permissions pour pouvoir aller passer

45. « ne te tourmente pas » répétée quatre fois dans la lettre.

46. Feuille recto-verso, format 22,6 × 18 cm, pliée en quatre.

47. Avec un délai de distribution de trois jours, l'acheminement du courrier des siens s'améliore.

48. Les hommes de la réserve territoriale les plus âgés sont appelés au fur et à mesure des besoins. C'est probablement pour cette raison que Joseph âgé de 45 ans a été temporairement libéré de la réserve territoriale.

quelques jours avec vous, vous revoir un peu, ce que je serais heureux. Nous avons fait aujourd'hui une manœuvre dans la plaine, c'est terrible de voir çà, rien n'est ensemencé, les avoines sont encore dans les champs, les unes en tas, les autres sur pieds, les betteraves telles qu'elles et d'autres arrachées, en tas et tout çà est gelées et pourries[49].

Enfin, je termine ma lettre. Qu'elle vous arrive et vous trouve en bonne santé.

Dans l'espoir de vous revoir un jour, je vous embrasse de tout mon cœur.

Votre fils et frère qui pense à vous.

Maurice

Tu diras à René que je suis avec son ancien maître d'école Lebel et que j'ai fait connaissance avec lui, hier, et il y avait longtemps que je me disais « j'ai déjà vu cet homme là quelque part ». Il m'a dit « ton frère, c'était un gros blond, peu éveillé part ». Il ne s'est pas trompé.

René, son frère, l'informe sur les travaux à la ferme et la fabrication d'eau de vie, privilège de bouilleur de cru accordé aux propriétaires de verger de faire distiller leurs fruits (prunes, poires, pommes) dans un alambic qui se déplace de village en village.

– Lettre 107 Le Theil le 9 février 1915, *un bonheur quand on trinquera ensemble*[50]

Cher Maurice

Sur ta dernière lettre, tu nous disais qu'il faisait un temps superbe, aujourd'hui, ce n'est pas la même chose, il pleut. Je pense à toi parce que je me demande si tu es reparti. Tu nous dit que l'on vous avait dit de vous tenir prêt. Moi, j'ai tararder de l'avoine pour semer avec Joseph, cet après midi.

Nous avons été, maman et moi, à Boussois, dimanche, déjeuner avec Adrien. Il doit être reparti aujourd'hui mardi, la batteuse arrive chez lui ; Mauricette est malade, elle à la grippe, ça n'allait déjà pas trop dimanche. Ma tante Angèle doit aller pour la soigner et pour faire la cuisine.

Nous, nous nous portons bien. Lirot doit venir faire notre eau-de-vie après demain, nous avons une demie-pièce de prunes, ça fait qu'on pourra t'envoyer ta petite bouteille de temps en temps mais ne te tourmente pas, nous n'avons pas tout bu, il y en a encore de la vieille. Celle là qu'on va faire, j'espère que tu viendras la boire chez nous. Cela sera un bonheur quand on trinquera ensemble.

En attendant ce jour la, je te serre cordialement la main.

René

49. Les récoltes de betterave et d'avoine de l'année 1914 n'ont pas été faites ainsi que les semis de blé de l'année 1915.

50. Feuille recto-verso, format 22,5 × 18 cm, pliée en quatre.

– Lettre 108 Jubécourt le 11 février 1915, *les repousser... jamais nous n'y arriverons*[51]

Chère mère

Nous ne sommes pas encore partis de notre pays de Jubécourt. Mais le 3e bataillon est parti d'hier matin. Ils ne savaient pas où ils allaient mais je ne crois pas qu'ils soient repartis au feu avant nous. Ils doivent s'être rapprochés de la ligne de feu. Alors nous, nous pouvons défois partir d'ici, ces jours ci pour nous rapprocher et ensuite attendre encore quelques jours avant d'aller au feu.

Je crois qu'il va faire une belle journée aujourd'hui. Nous entendons toujours le canon mais très peu, bien moins que ces jours derniers où il y a eu une forte lutte d'artillerie. Je ne sais pas comment ça finira mais pour les repousser, je crois, et nous sommes tous pareille, que jamais nous n'y arriverons[52]. Mais je crois que nous les tiendrons tout de même où ils sont et que vous ne les voirez plus, ces monstres là.

Ah! quand est-ce que je n'aurais plus besoin de vous écrire et que j'irai vous causer à vives voix. Est-ce que ça viendra un jour? Tu m'envoie un peigne mais il faudrait que j'ai des cheveux pour les peigner, on nous les fait couper rase pour éviter la vermine[53].

Bonjour à René et que ma lettre vous trouve comme moi, en bonne santé. Je vous embrasse de tout mon cœur en attendant de plus près.

Maurice

– Lettre 109 Jubécourt le 13 février 1915, *nous venons de recevoir un rude renfort*[54]

Chère mère

Il pleut aujourd'hui à plein temps et je crois que çà durera toute la journée si ce n'est pas toute la nuit. Mais le plus malheureux, c'est que nous allons retourner demain dans les tranchées car les officiers sont partis voir les emplacements. De ce coup là, je crois que c'est vrai et que notre repos est fini, enfin, çà nous fait tout de même 23 ou 24 jours de repos depuis le 1er janvier. Nous venons de recevoir un rude renfort mais ils viennent d'un régiment de Bergerac, du 108e. Il y en a peut être qui sont du pays à Jeanne, je leur demanderai; çà retardera peut-être le départ du dépôt de Rodez, ce qui fait qu'Adrien sera peut être retardé pour partir. Enfin, je te donnerai des nouvelles d'où nous sommes, quand nous serons dans

51. Déjà mentionné dans les lettres précédentes, Maurice n'hésite pas à indiquer Jubécourt en tête de lettre. Feuille recto-verso, format 18 × 11 cm, pliée en deux.

52. Le doute s'installe quand à une victoire possible.

53. Des mesures sont prises, comme la tonte des cheveux à ras face à la détérioration des conditions d'hygiène.

54. Feuille recto, format 27,7 × 18 cm, pliée en quatre.

les tranchées, si nous y allons comme je crois, demain. Je pense que cette lettre vous trouvera en bonne santé.

En attendant le bonheur de vous revoir, je vous embrasse de tout mon cœur.

Votre petit Maurice qui pense à vous pour toujours.

– **Lettre 110 Le 15 février 1915,** *nous sommes toujours ici*[55]

Chère mère

Je m'attendais repartir hier dans les tranchées mais nous sommes toujours ici. Enfin, nous ne sommes pas malheureux ici et je voudrais bien y rester encore un peu. Je ne crois pas qu'on reparte encore demain ou bien que le soir. Il fait de tristes temps en ce moment. Enfin, toujours au plaisir de vous revoir bientôt. J'ai reçu la lettre de René hier.

Je vous embrasse de tout mon cœur.

Celui qui pense toujours à vous. Maurice

– **Lettre 111 Clermont-en-Argonne le 16 février 1915,** *nous repartons dans les tranchées*[56]

Chère mère

Nous repartons dans les tranchées en ce moment[57]. Nous sommes arrêtés dans ce pays et nous partons cette nuit. Je crois que çà ne va pas être le même genre de guerre que d'habitude. Enfin, je ne t'en dis pas davantage car je n'ai pas grand temps[58]Tu entendras parler sur les journaux du mouvement de par ici, dans cette Argonne.

Bien le bonjour à René et à Mauricette que j'embrasse de tout mon cœur ainsi que toi.

Votre Maurice qui pense à vous.

---

55. Septième type de carte de correspondance militaire avec les drapeaux de Belgique, Royaume-Uni, Russie, France, Japon, Serbie en couleurs. Elle porte les mentions en rouge : « Réponse du militaire, à remettre au vaguemestre, ne donner aucun renseignement sur les opérations militaires passées ou futures. » Une partie recto est réservée pour l'adresse et une partie verso pour la correspondance. Format 14 × 9 cm. Reçue par sa mère trois jours plus tard.

56. Feuille recto-verso, format 22,8 × 18 cm, pliée en quatre. Maurice écrit à sa mère en répondant au dos de la lettre envoyée par son frère le 9 février en indiquant son lieu de cantonnement, Clermont-en-Argonne.

57. À la veille du premier assaut sur la butte de Vauquois, Maurice écrit une courte lettre et ne donne pas de détails.

58. « Quand le commandant de notre bataillon, le commandant Guiton, chef du 1er bataillon, la veille de partir attaquer pour repousser l'ennemi et conserver cette butte, on ne pouvait déjà plus appeler ça Vauquois, nous a rassemblés, il nous a dit : "Quand vous rentrerez chez vous et que vous direz que vous étiez à Vauquois, tout le monde sortira et dira, c'est un brave qui passe." » GASTELLIER Maurice, *Mémoires, op. cit.*, p. 5.

– **Lettre 112 Le 19 février 1915,** *des nouvelles plus détaillées sur une lettre le plus tôt possible*[59]

Chère mère
Je t'écris deux mots pour te dire que je suis en bonne santé. Je te donnerai des nouvelles plus détaillées sur une lettre le plus tôt possible[60]. Je pense que vous êtes bien portant et que la grippe est passée. Celui qui pense à vous.
Maurice

– **Lettre 113 Clermont-en-Argonne, le 19 février au soir,** *nous avions un travail infaisable à faire*[61]

Chère mère
Je viens de recevoir ta carte du 13 février. Je n'ai pas encore reçu mon colis mais je crois qu'il ait arrivé, mais comme nous sommes en train de revenir des tranchées, nous n'avons pas été longtemps car nous n'avons pas été faire quelque chose de beau. Je n'ai pas voulu te le dire car je ne croyais pas en revenir.

Nous avions un travail infaisable à faire. Il fallait charger à la baillonnette et s'efforcer de prendre le pays de Vauquois qui est sur une hauteur et imprenable et qui donne à l'ennemi une vue superbe[62]. Les premiers qui ont sorti de la tranchée pour partir en avant, entre autre, le sergent major de notre compagnie, notre commandant de compagnie, le lieutenant Barachet et bien des hommes de la 1re section ont été tués, nous, nous étions placés en face une mitrailleuse, il n'y avait pas moyen de sortir, çà fait que nous sommes restés[63]. Nous avons encore eu bien des victimes et nous n'avons pas bougés de place. C'est le deuxième commandant de compagnie que nous avons de tué. Le capitaine Giraudeau a été tué à Louppy et nous avions ce lieutenant Barachet qui était la crème des gradés et qui vient de mourir[64]. Il est regretté de toute la compagnie.

59. Huitième type de carte de correspondance militaire avec en couleur les drapeaux de Belgique, Royaume-Uni, Russie, France, Japon, Serbie et le trèfle à quatre feuilles en vert avec la mention, « je porte-bonheur ». Carte avec une partie recto pour l'adresse et une partie verso pour la correspondance, elle porte la mention en rouge « franchise postale ». Format 14 × 9 cm. Archives familiales.
60. Rentré des tranchées, Maurice écrit le soir même, deux lettres.
61. Feuille recto-verso, format 18 × 11,5 cm, pliée en deux.
62. Maurice mentionne, pour la première fois, la charge à la baïonnette et souligne la position stratégique de Vauquois.
63. Les troupes allemandes utilisant massivement les mitrailleuses avec leur puissance de feu de 500 à 800 coups par minute provoquent des ravages meurtriers dans les rangs français.
64. Le capitaine Abel Giraudeau, né le 21 novembre 1863 à Saint-Saturnin-du-Bois (Charente-Inférieure, actuelle Charente-Maritime), commandant de la 3e compagnie du 1er bataillon du 76e RI, meurt le 7 septembre 1914 des suites de blessures à Louppy-le-Château (Meuse). Le lieutenant Pierre Barachet, né le 23 octobre 1888 à Orléans, commandant de la 3e compagnie du 1er bataillon du 76e RI, est tué le 18 février 1915 à Clermont-en-Argonne. [https://www.memoiredeshommes.sga.defense.gouv.fr] 3 février 2022.

Qui est-ce que l'on va avoir maintenant pour commander notre 3e compagnie. Enfin, il y a 60 morts et 160 blessés dans notre bataillon qui se compose des 1, 2, 3, 4e compagnies. J'ai appris que Delaître a eu son cheval tué ou blessé, lui, il est comme moi, sain et sauf.

Je ne sais pas où l'on va au repos et si l'on y restera quelques jours avant de repartir. Je t'ai envoyé une carte ce matin pour te tranquilisé car je disais, si tu vois l'attaque sur le journal, tu te tourmenterais pour moi. J'ai toujours dis et je le répète, on ne les repoussera jamais, les tenir, je crois que l'on y arrivera mais le restant non[65]. Je termine ma lettre en vous embrassant de tout mon cœur, toujours en attente de vous revoir.

Ton fils Maurice

– **Lettre 114 Le 20 février 1915,** *c'est terrible de voir toutes les ruines*[66] (*ill. 18*)

Mon cher René

Voilà le pays où je suis au repos en ce moment. Il n'y a plus une maison debout, que l'hôpital, qu'une sœur à imploré les Allemands de conservé. Tout le pays a été arrosé de pétrole et allumé. C'était un chef lieu de canton et un pays tout à fait bien, de fortes et belles maisons. J'y avais passé la veille en me sauvant dans notre

Ill. 18. Carte postale de Clermont-en-Argonne, adressée par Maurice Gastellier à René son frère, 20 février 1915 (Archives familiales, DR). Contrevenant de nouveau aux interdictions réglementaires, Maurice adresse sa troisième carte postale renseignant sa localisation, de surcroît montrant Clermont-en-Argonne en ruines.

65. De nouveau, Maurice fait état de son sentiment d'une impossible victoire.
66. Carte postale de Clermont-en-Argonne, format 14 × 9 cm. Archives familiales.

retraite. J'ai acheté des confitures à une femme, en passant, elle me dit « je vous donner encore ce pot là mais le restant, je le garde pour moi ». Et le lendemain, sa maison était en flamme, je la montre à mes camarades en passant. C'est terrible de voir toutes les ruines qu'il y a dans cette contrée.

– **Lettre 115 Le 20 février 1915,** *Vauquois, pays imprenable*[67]

Mon cher René

Je ne sais pas pour combien de temps que nous sommes ici mais peut-être pas pour longtemps. Nous avons été à l'enterrement de notre lieutenant ce matin, il est enterré ici à Clermont[68]. Il fait un temps de chien aujourd'hui, il brouillasse, je me demande, qu'est-ce que tu fait en ce moment. Tu diras à maman qu'elle me mette un billet de 5 f. dans la prochaine lettre et un couteau dans mon prochain colis car le mien que j'ai depuis un an, qui vient de chez nous, est détraqué. J'ai peur que mon colis soit perdu car je ne l'ai pas reçu et d'habitude, ils me viennent régulièrement au bout de 14 jours.

Je me demande parfois si on se reverra, surtout l'autre jour, quand nous avons chargé à la baïonnette pour prendre Vauquois, pays imprenable[69]. Enfin, mon cher René ne pensons pas à çà et pensons que çà se finira comme ça et bientôt, car je ne voudrais pas que tu saches ce que c'est car c'est affreux, cette vie de sauvage.

Je pense que tu es en bonne santé ainsi que maman que tu voudras bien embrasser pour moi. En attenant le plaisir et le bonheur de vous revoir, je vous embrasse de tout mon cœur.

Ton frère qui pense à toi. Maurice

– **Lettre 116 Clermont-en-Argonne le 22-2-[février]1915,** *nous sommes habitués à la dure*[70]

Chère mère

Je viens de recevoir ton colis que tu m'as envoyé dernièrement. Mais il était fortement en mauvais état ; le crayon était écrasée, la bouteille qui devait être une bouteille d'eau de vie était en miettes, ce qui m'a fait le plus de peine. Elle n'était pas assez bien enveloppée, lerestant était à peu près idemme. Nous sommes encore à Clermont au repos, aujourd'hui, nous aidons des charpentiers à monter un hangar d'aéroplanes dans un champ d'aviation mais on parle de retourner

67. Feuille recto, format 18 × 14 cm, pliée en deux. Reçue trois jours plus tard par son frère, cachet de la poste de Coulommiers du 23 février 1915.

68. Maurice mentionne régulièrement les messes du calendrier liturgique, Toussaint, Noël, les Rameaux, Pâques ainsi que les messes pour les morts.

69. C'est la deuxième fois que Maurice indique la charge à la baïonnette.

70. Feuille recto-verso, avec lignes équidistantes de 0,8 cm, format 22 × 17,6 cm, pliée en quatre.

dans les tranchées d'un jour à l'autre[71]. J'ai reçu une lettre hier de Mauricette du 18 février. Elle me dit qu'elle ne t'a pas vu au marché, que tu dois être malade mais je pense que çà va mieux car sur ta dernière lettre tu me dis que çà va mieux. Je pense que c'est comme les autres années qu'une grippe, qui rend tout de même malade et dire que moi, que les autres années l'attrappe aussi en hiver, cette année, personne n'a de rhume à rendre malade, on tousse le matin mais voilà tout. Et encore dans les tranchées, on ne tousse pas mais on a pourtant froid au pied. Ah! nous sommes habitués à la dure.

Enfin, j'ai dis sur la lettre à René qu'il te dise que tu m'envoie un billet de 5 f., je te le répète si défois la lettre était égarée mais je pense que tu reçois toutes mes lettres[72]. En tous les cas, quand tu m'enverras un autre colis, mets moi quand même une bouteille d'eau de vie, mais enveloppe là bien, jusqu'à présent elles me sont bien arrivées.

Enfin, c'est un petit malheur, j'en ai bu quand même, de notre pays car mon copain m'a en donné de l'eau de vie de Signets[73] et ce n'était pas de la camelote car c'est un faiseur d'eau de vie. Je repense, Lirot n'est donc pas soldat, qu'il vous fait votre eau de vie[74] ?

Il ne fait pas trop mauvais aujourd'hui. Ce matin, il a gelée et hier il tombait de la neige fondue, c'est des drôles de temps pour coucher dehors. Enfin, en ce moment, nous n'y couchons pas souvent mais je crois que çà va recommencer. Enfin, ne te tourmente pas, je ne suis pas le seul qui soit malheureux, parce que c'est tout le monde. Je ne vois plus grand chose à te dire pour aujourd'hui, que toujours la même chose, je voudrais bien que ça soit fini. Il y a déjà assez longtemps que çà dure.

En attendant la fin de cette guerre qui espérons ne durera pas toute l'année, je t'embrasse de tout mon cœur ainsi que René.

Ton enfant qui ne t'oublira jamais. Maurice

– **Lettre 117 Vauquois le 24-2-[février]1915,** *nous allons pour faire des tranchées la nuit à une place qu'on ne pourrait y aller le jour*[75]

Chère mère

Je viens de recevoir ta carte du 20 février. En ce moment, nous sommes retournés aux tranchées depuis hier matin. Mais ce n'est plus comme l'autre jour, pour

71. Au repos, les fantassins sont occupés à construire un hangar pour les avions de reconnaissance utilisés pour le réglage de l'artillerie.

72. Lettre reçue par sa mère trois jours plus tard, cachet de la poste de Coulommiers du 25 février 1915.

73. Le village de Signets est situé à 15 km au nord de Coulommiers.

74. Maurice répond à la lettre de son frère du 9 février indiquant : « Lirot doit venir faire notre eau-de-vie. »

75. Feuille recto-verso, format 17 × 15,5 cm, pliée en quatre. Vauquois est indiqué en tête de lettre.

faire une attaque car c'est du drôle de travail, c'est pour conserver nos lignes et que les Allemands ne viennent pas nous surprendre. Car c'est moins dangereux quand c'est eux qui attaquent, car nous sommes dans les tranchées et nous n'avons qu'à tirer pour les empêcher d'avancer. Nous sommes en ce moment, où nous avons passé, il y a cinq mois, aujourd'hui ; il n'y a aucun changement depuis ce jour là, nous sommes dans les mêmes emplacements, notre artillerie est pourtant extra mais elle ne peut les faire sortir, leurs tranchées étant profondes, ils sont à l'abri des éclas d'obus[76].

Notre régiment est en première ligne comme je te le dis mais notre compagnie est en arrière et nous allons pour faire des tranchées la nuit à une place qu'on ne pourrait y aller le jour, on travaille toute la nuit et on dors toute la journée[77]. Je crois que nous sommes ici pour neuf ou dix jours comme ceux que nous avons relevés. Alors, encore sept jours et nous retournerons en cantonnement peut être bien à Aubréville car c'est le pays le plus prêts de nous par ici. Nous changeons un peu de place sur le front mais toujours à peu près dans la même contrée dans l'Argonne.

Le corps d'Armée faisant un front, environ de dix km, nous allons dans ce secteur là, tantôt à une place, tantôt à une autre. Enfin, je ne vois pas souvent venir Adrien ; d'un sens, il est mieux, là où il est. Mais je serais si heureux de le voir, ça me semblerais être retournés vous voir. Ah ! quand est-ce que çà reviendra, ce jour là, qu'on se reverra tous ensemble. Il y a des fois, je n'ose y penser, d'autres, j'ai bonne espoir[78].

Tu me dis que tu m'as mis du cidre en bouteille, c'est bien. Le jour que je reviendrai, tu me prépareras toutes tes bonnes choses. Ah ! ce que je serais heureux ! Enfin, en entendant, je vous embrasse de tout mon cœur.

Celui qui pense toujours à vous. Maurice

– Lettre 118 Le 27 février 1915, *je serais heureux de voir venir Adrien*[79]

Chère mère

Je reçois à l'instant ta lettre du 22 février. Tu me dis que tu m'envoie un colis, où il y a une bouteille de rhum, pourvu que çà ne fasse pas comme la dernière et qu'elle ne soit pas cassée. Oui, j'ai vu sur *le Démocrate* que ma cousine était morte et si Fernand est estropié, il ne manque plus que çà. Tu me dis que je mets trop de détails sur mes lettres mais c'est pour toi, que tu voies un peu ce que je fais et

76. L'artillerie légère, l'artillerie de campagne avec les canons de calibre 75 et 95 mm est emblématique de l'armée française. L'artillerie allemande maintient sa supériorité jusqu'en 1916 avec l'artillerie lourde (calibre 210 et 150 mm) et l'artillerie super-lourde (calibre de 250, 305 et 420 mm) de grande portée. Le fameux canon, « la Grosse Bertha » bombarde Paris à plus de 100 km de distance avec des obus de 210 mm.

77. Maurice emploie régulièrement le terme de « travail » et faire son « métier militaire ».

78. « L'espoir » toujours mentionné.

79. Feuille à carreaux de 0,8 × 0,8 cm, format 17,4 × 11,2 cm, pliée en deux.

pour te désennuyer. Mais il n'y a pas de danger qu'on les décachète, je ne pense pas. Je serais heureux de voir venir Adrien mais d'un sens, vaut mieux qu'il tarde le plus longtemps possible.

Comme je vois, René te fait toujours des petits tours qui ne sont pas raisonnables. Enfin laisse-le, ils le dresseront bien au régiment mais je ne lui souhaite pas qu'il y soit comme moi, c'est à dire à la guerre. Ce n'est pas un grand mal ce qu'il a fait, s'il était plus malin, qu'il l'ait recollée, il sait bien que je le connais, le plus malheureux, c'est qu'il se fait remarquer chez Chemin et chez Chemin, c'est par tout le monde. Enfin, je pense qu'il ne recommencera plus et qu'il serait heureux de voir son frère revenir crier après lui. Tu lui diras qu'il m'écrive et qu'il m'en parle, je serais content qu'il me le dise. Je n'y en veux pas pour ça, loin de là, mais je serais heureux qu'il ne te fasse plus de petits ennuies comme ça et qu'il pense un peu que nous sommes dans un drôle de moment.

Enfin, tu lui souhaiteras le bonjour de ma part ; quand est-ce, que je pourrai aller faire ma commission moi-même. Je termine ma lettre en t'embrassant de tout mon cœur. Celui qui pensera toujours à toi.

Maurice

– **Lettre 119 Le 1er mars 1915,** *j'ai reçu mon colis dans un bon état, la bouteille était intact*[80]

Chère Maman

Je t'écris cette carte pour te dire que j'ai reçu mon colis postal dans un bon état. La bouteille était intact et j'ai été content de recevoir des bonbons car j'ai un peu de rhum en ce moment. Maintenant, le fromage sentait le trop peu car il était rudement bon, le papier à lettre était un peu collés. Nous sommes toujours en réserve dans des cabannes un peu en arrière, hier, nous avons encore eu un fort bombardement sans résultats. Adrien m'a écris hier, il me dit qu'il compte venir me voir autour du 15 de mars. En attendant le plaisir de vous revoir, reçois chère mère, de ton fils, un charmant baiser.

Ton enfant qui t'aime. Maurice

– **Lettre 120 Le 2 mars 1915,** *la division donne dur en ce moment*[81]

Chère Maman

J'ai reçu ta lettre du 25 février hier soir, avec le billet de 5 f. dedans. Je suis toujours en bonne santé et notre bataillon est toujours en réserve de la division, nous faisons les corvées la nuit comme le jour. Heureusement pour nous, que nous sommes en réserve car la division donne dur en ce moment. Je t'ai dis que j'avais reçu mon colis postal avant hier, alors, tous mes colis me sont arrivés,

80. Lettre-enveloppe, format 15,5 × 11 cm, pliée en deux, reçue par sa mère quatre jours plus tard.

81. Feuille recto-verso, format 18 × 11,5 cm, pliée en deux.

jusqu'à cette heure. Tu me demande si je me suis déjà battu à la baïonnette mais pour ainsi dire, non, jamais je me suis trouvé face à face avec un allemand, à me défendre avec la baillonnette[82], il y a quelques compagnies de notre régiment qui y ont été ; d'autres, deux compagnies du 76e qui se sont trouvés cernés et ont été faites prisonnières. En ce moment, nous avons pris quelques tranchées ennemies et fait une coupe de cent prisonniers allemands[83]. Ah ! les monstres, ils avaient l'air heureux. On les soignent bien trop bien les prisonniers, ils sont plus heureux que nous.

Enfin, je voudrai bien que çà soit fini cette vie de carnage mais je suis comme toi, j'ai peur que çà soit long. Quand tu mets mon adresse, tu n'as pas besoin de mettre, Bureau central de Paris, mets seulement, secteur postal X. Enfin, chère mère, je termine ma lettre en t'embrassant de tout mon cœur ainsi que René et tout en voyant toujours de mauvaises passes, j'espère vous revoir un jour. Ah ! mon Dieu, quelle belle journée çà serait pour moi et pour vous.

Votre petit Maurice qui pense à vous.

– **Lettre 121 Le 7 mars 1915,** *des victimes et toujours des victimes*[84]

Chère Maman

Il y a sept mois hier que nous sommes partis et je ne vois pas grand changements dans notre besogne, que des victimes, et toujours des victimes[85]. C'est un triste tableau que cette côte de Vauquois où nous allons faire des corvées, mener des cartouches, des parapets et de la paille toutes les nuits.

En premier de la guerre, ce n'était que des pays en flamme mais maintenant, il n'y a plus de maisons dans ces pays au près de la ligne, ce n'est plus que la carcasse des maisons, les habitants ne retrouveront même plus l'emplacement de leurs demeures.

Nous allons partir quelques jours au repos dans des cantonnements mais je ne pense pas que çà soit pour longtemps car à ce coup ci, nous n'avons pas été sur la ligne, nous étions en réserve.

J'ai reçu ta lettre du 1er mars hier soir. J'ai trouvé dans mon dernier colis par le chemin de fer, ma capote en toile, çà fait mon affaire et les pommes étaient assez conservées. Tu me demandes si je veux un billet de 5 f.. Oui, tu m'en enverras un encore dans une lettre. C'est honteux de voir ça, de donner 16 sous de l'heure à faire des tranchées à ces hommes là et dire que moi, j'en fais tous les jours et dans les balles, coucher à quatre pattes et que je gagne un sous par jour. Ce pauvre Venet, il était bien parti dans de bonnes affaires mais voilà tout arrêté, sa pauvre

82. Maurice revient sur la charge à la baïonnette.

83. Des prisonniers allemands ont été capturés durant la nuit du 1er au 2 mars. *La Butte meurtrie*, *op. cit.*, p. 141.

84. Feuille recto-verso, format 22,7 × 18 cm, pliée en deux.

85. Les pertes de la 10e DI s'élèvent à 700 tués et 800 prisonniers. Caporal VASSAL, *Le 76e Régiment d'Infanterie dans la Grande Guerre*, *op. cit.*, p. 20.

femme et le père Fayet, qu'est-ce qu'ils doivent dire si c'est vrai qu'il est mort[86]. Tu n'as pas besoin de te tourmenter, quand je ne t'écris pas, c'est que je ne peux pas. Je sais bien le plaisir que çà me fait de recevoir de vos nouvelles, alors, çà doit être encore pire car vous me savez toujours en danger et vous ne vous tromper pas.

L'autre jour, j'ai un copain qui est parti comme moi de Paris et qui est là depuis sept mois qui a reçu une balle dans la cuisse. Ce n'est pas ordinaire, la joie qu'on éprouve, il ne sentait pas son mal, tout le monde enviait son sort et moi, je me disais, je donnerais bien 100 f. pour que ça me soit arrivé et on est tous comme ça, tu vois comme c'est aujourd'hui, on demande à souffrir[87]. Enfin, en attendant le plaisir de vous revoir, je vous embrasse tout mon cœur. Ton enfant qui t'aime de tout son cœur.

Maurice

Ma lettre n'a pas grand sens mais je te réponds sur tout ce que tu me demande sur tes lettres comme renseignements.

– **Lettre 122 [Le] 8 mars 1915,** *nous sommes arrivés en cantonnement*[88]

Nous sommes arrivés en cantonnement à Courcelles près d'Aubréville. Nous ne tombons pas mal car il neige ce matin à gros flocons et il fait un temps déplorable.

Maurice

– **Lettre 123 Courcelles le 8 mars 1915,** *nous avons tous des poux, des totos qu'on appelle ça*[89]

Chère Maman

Je te récris cette lettre car j'ai oublié de te demander que tu m'envois dans un colis, une chemise et un caleçon; ça doit te sembler drôle que je te demande du linge comme çà, avant on touchait du linge à volonté mais aujourd'hui, nous en touchons bien moins et il faut se rechanger souvent car nous avons tous des poux, des totos qu'on appelle çà, et si l'on ne change pas tous les huit jours, on ne peux pas dormir, ça vous démanche toujours. Je viens de recevoir une lettre de Charles Avarre, il m'a dit que Georges Cuisy était tué, il n'y avait pourtant pas longtemps qu'il était au feu. Il y a encore un Corcessin de Coulommiers, un clairon de 35 ans

86. Gustave Venet, né le 2 janvier 1877 à Coulommiers (Seine-et-Marne), soldat 2e classe au 276e RI, 17e compagnie, est tué le 12 janvier 1915 à La Montagne Neuve (Marne). Son nom figure sur le Monument aux morts de Coulommiers. SGA/DMPA/Mémoire des hommes/Fiche individuelle.

87. « La bonne blessure » entraîne l'évacuation du front.

88. Suite de la lettre du 7 mars.

89. Deuxième lettre du jour, feuille recto-verso, avec lignes équidistantes de 0,8 cm, format 17,6 × 11 cm, pliée en deux. En tête de lettre, est indiqué le lieu de cantonnement de Courcelles, hameau de la commune d'Aubréville, situé à un kilomètre du village d'Aubréville, canton de Clermont-en-Argonne (Meuse).

qui vient d'être tué à la 5e Compagnie[90]. Enfin, je termine ma lettre en t'embrassant de tout mon cœur ainsi que René. Quand est-ce que l'on se reverra mais je me demande si çà sera encore long car on se fatigue dur.

Ton enfant qui t'aime.

Maurice

– **Lettre 124 Le 10 mars 1915,** *il va falloir encore repartir sur la ligne*[91]

Chère Maman

J'ai reçu ta lettre du 4 mars avant hier. J'ai entendu aussi parler que les lettres seraient supprimées pendant un certain temps. Je suis comme toi, je ne sais pas si c'est des racontages[92]. Enfin, aussitôt que je pourrais te réécrire, je te ferai un mot. Il faut espérer que je pourrai encore le faire.

Adrien n'est pas encore arrivé, il doit être encore à Rodez. Il a demandé à être brancardier, que Mauricette me dit, s'il pouvait réussir, çà serait quand même meilleur que d'être dans la compagnie. On n'est pas encore en sureté car à la guerre, il n'y a pas de bon truc, il y a déjà bien des brancardiers de tués depuis le commencement de la guerre mais enfin ils n'ont toujours que les obus, nous, nous avons en plus les balles et quelque fois la baïonnette. Je me demande toujours quand est ce la fin car il va falloir encore repartir sur la ligne, peut être après demain[93].

Enfin toujours en espérant que nous nous reverrons un jour, reçois, chère mère, un charmant baiser de ton fils qui pensera toujours à toi.

Bonjour à René.

Maurice

J'ai vu Delaître et Piplard, ils sont toujours là comme moi.

– **Lettre 125 Le 12 mars 1915,** *René, j'espère toujours que tu seras ajourné*[94]

Mon cher René

J'ai reçu ta lettre du 6 mars avant hier. J'ai trouvé dans l'enveloppe, le billet. C'est bon pour le moment, je vous le dirai quand j'en aurai besoin. Maintenant, quand tu m'enverras un colis, mets moi une paire de chaussette ou deux ; des sardines, ce n'est pas la peine, on en touche assez à la compagnie. Tu me dis que

90. Georges Cuisy, né le 16 avril 1894 à Mouroux (Seine-et-Marne), soldat 2e classe au 21e RIC, est tué le 3 février 1915 à Massiges (Marne). Eugène Corcessin, né le 3 juin 1882 à Mouroux (Seine-et-Marne), clairon au 76e RI, est tué à Vauquois le 5 mars 1915. [https://www.memoiredeshommes.sga.defense.gouv.fr] 3 février 2022. Les musiciens du 31e et du 76e RI sont nombreux à figurer parmi les victimes.

91. Feuille recto-verso, format 18 × 11,5 cm, pliée en deux.

92. Les rumeurs vont bon train concernant le courrier postal.

93. « Quand nous venions, la nuit noire, prendre nos positions, car nous faisions sept jours en première ligne et sept jours un peu en arrière pour se nettoyer, nous nous apercevions, le matin, que l'on marchait sur un français qui était tué et au trois quart enterré. » GASTELLIER Maurice, *Mémoires*, *op. cit.*, p. 5.

94. Feuille recto-verso, format 18 × 11,5 cm, pliée en deux.

tu ne tarderas pas à partir mais j'espère toujours que tu seras ajourné. Je ne connais pas le petit garçon à la mère Delmance dont tu me parle. Je suis avec Testard de la côte du Theil, Schmit le serrurier, Boursier le cultivateur de Montigny, Corcessin que je vous ai dit qui était tué, Joseph le connait bien[95]. Il travaillait à Montanglaust avec lui[96]. Je lui ai envoyé une carte, à Joseph, hier.

Je pense que vous êtes en train de faire de l'avoine, c'est vrai que s'il fait le même temps qu'ici, il y a de la neige et fait un temps déplorable[97]. Heureusement que nous sommes à l'abri mais je crois que nous allons repartir peut être pas ce soir mais bientôt.

Enfin, mon vieux René, je me demande si jamais on se reverras un jour car on va commencer à ne plus y croire[98]. Je termine ma lettre en t'embrassant de tout mon cœur ainsi que maman.

Ton frère qui pense toujours à vous.

Maurice

– **Lettre 126 Le 13 mars 1915,** *nous partons dans les tranchées demain matin*[99]

Chère Mère

Nous sommes toujours au repos mais nous partons dans les tranchées demain matin. Pour le moment, il ne fait pas trop mauvais, je ne sais pas si çà veux se remettre, çà ne ferait pas de mal. Enfin, tout çà, nous sommes toujours là et je me demande quand est-ce je retournerai vous voir. Je n'ai pas de nouvelles d'Adrien, je me demande où il est. Bonjour à René.

En attendant le plaisir de vous revoir, je vous embrasse de tout cœur.

Maurice

– **Lettre 127 Le 15 mars 1915,** *ce soir, nous prenons les premières lignes*[100]

Chère Maman

Je t'écris aujourd'hui pendant que j'ai le temps car nous sommes en 2e ligne et ce soir, on prend les premières[101]. Je tousse pas mal en ce moment, tu m'enverras de tes bomboms quand tu m'enverras un colis car c'est çà qui remet le mieux la gorge où s'en cela, je ne vais pas mal, vaudrait mieux que je sois malade car j'irai

95. Maurice revient sur la mort du clairon Eugène Corcessin, déjà mentionnée dans la lettre du 8 mars.

96. Montanglaust, hameau de Coulommiers (Seine-et-Marne).

97. Maurice se préoccupe des difficultés pour les semis d'avoine, l'avoine destinée à l'alimentation du cheval de la ferme.

98. Maurice exprime son découragement.

99. Huitième type de carte de correspondance militaire, format 14 × 9 cm. Archives familiales. Reçue par sa mère quatre jours plus tard, les drapeaux des Alliés et le trèfle à quatre feuilles porte bonheur sont en couleur.

100. Feuille recto-verso, avec lignes équidistantes de 0,8 cm, format 22 × 17,5 cm pliée en quatre.

101. L'attaque prévue le 14 mars est différée au soir du 15 mars.

un peu me reposer dans une hôpital et si je pouvais aller dans un endroit où tu pourrais venir me voir, je serais bien heureux mais je ne veux pas avoir cette chance là. Je ~~croyais~~ crois bien qu'il faudra y finir ses jours dans cette boucherie[102].

Je viens de recevoir une lettre de Mauricette, elle me dit qu'Adrien va peut être partir dans les Dardanelles mais j'en avais bien peur car on me dit que bien des soldats des dépôts allaient être rassemblés pour former d'autres régiments pour la Turquie. Enfin, je n'ai jamais vu une guerre pareille. Les vieux n'ont plus à parler de 70 car ce n'était rien au prix de celle là. Les hommes aussi bien que les chefs en ont assez. Il ne faut pas croire tout ce que l'on lit sur les journeaux ~~que l'état~~. Enfin, il faut espérer qu'Adrien n'ira pas là-bas et s'il y va que ce ne sera pas pour longtemps. Enfin ce que je vous demande, c'est de ne pas vous faire de mauvais sang pour nous, qu'est-ce que tu veux, c'est tout le monde qui y est. C'est toujours ça que j'ai peur.

Je serai pourtant heureux de vous avoir en photographie mais c'est cela vous n'êtes pas tiré tout nouvellement comme je le pense bien. C'est comme si tu avais de mes portraits en trop, je serais content d'en avoir un mais c'est qu'ils sont gros, les miens. Je pense toujours à cela, ce que j'ai bien fait de me faire tirer à Paris car si je ne revenais pas, vous pourriez toujours avoir un souvenir de moi.

J'ai vu sur *le Démo* que la classe de René allait se faire inscrire dans les premiers d'avril, ont dirait qu'on va les prendre en ~~comme~~ sortant de l'école[103]. Enfin, il faut espérer qu'il ne sera pas pris et qu'il ne connaîtra pas cela. Enfin, chère mère, en attendant que l'on se revoit, je t'embrasse de tout mon cœur ainsi que René et Mauricette.

Celui qui vous aime et qui pensera toujours à vous.

Maurice

à envoyer œufs, chaussettes, bombons.

– Lettre 128 Le 16 mars 1915, *le commandant Dervin qui vient d'être tué*[104]

Chère Maman

Je reçois ta lettre du 12 mars, ce soir[105]. Comme je vois, tu m'envoie mon colis le 12, tu me mets un caleçon d'été, mais tu fais bien. Il ne faut pas croire que je suis mangé à la vermine comme tu le crois, mais tu penses qu'en temps de guerre, à coucher sur la paille tous les jours, quand on est en cantonnement comme de juste, eh! bien, on attrape toute sorte de saleté, c'est pourquoi il faut que je change de linge plus souvent.

Je ne sais pas si tu as des nouvelles d'Adrien plus nouvelles que ceux à Mauricette car toi tu me dis qu'il va partir avec la classe 15 et qu'il a de la chance

102. De nouveau, Maurice exprime son découragement.

103. Après la classe 16 appelée en janvier avec un an d'avance, la classe 17, la classe de son frère René, est appelée deux ans en avance.

104. Feuille recto-verso, format 22,8 × 17,8 cm, pliée en quatre.

105. Délai d'acheminement du courrier de sa mère de quatre jours.

mais Mauricette me dit qu'il part en Turquie, très probablement. Enfin, je saurai sur ta prochaine lettre où il va définitivement. Tu as l'air de dire que tu feras tes avoine en retard cette année mais il n'y a encore rien de perdu, nous ne sommes pas encore au mois d'avril[106]. Comme je vois, elle est rudement chère cette année.

Maintenant, je ne sais pas où tu pense avoir trouvé que j'étais en Alsace-Lorraine, et que je n'étais plus en Argonne, pourtant je ne t'ai jamais parlé de cela et nous sommes toujours à la même place dans cette maudite Argonne. Je termine ma lettre en t'embrassant de tout mon cœur. Je serais pourtant heureux de nous revoir bientôt mais il n'y a pas de grands nouveaux. Ton enfant qui vous aime pour toujours.

Maurice

Dernières nouvelles

Nous sommes encore en 2e ligne mais le 2e bataillon était depuis quelques jours en 1re ligne et il vient de prendre la purge, il a perdu encore bien des hommes notamment beaucoup d'officiers, dont le principal, le commandant Dervin qui vient d'être tué ; quand Madame Célerin va savoir ça, elle va dire, et il y a de quoi dire, car je crois bien qu'il faudra que tout le monde y passe.

Je ne vois plus rien à te dire pour le moment. Maurice

– **Lettre 129 Le 18 mars 1915,** *je lance des bombes*[107]

Chère Maman

Je viens de recevoir une lettre d'Adrien, il me dit qu'il ne viendra pas à mon régiment, qu'ils vont former des régiments nouveaux pour partir, il n'en sait rien, peut être dans les Dardanelles. Je suis en première ligne mais plus souvent en seconde, car je lance des bombes comme j'ai fait dans un temps, mais tu n'as pas à mettre d'autre adresse pour moi, comme je vois ma compagnie tous les jours, pour mes lettres[108].

Je ne suis pas trop malheureux en ce moment, mais je tousse toujours, il fait pourtant de belles journées et où nous sommes situés sur une hauteur, en plein midi, on apercevrais, presque le clocher du Theil, tellement on voit loin. C'était là que les Allemands étaient et nous apercevaient de loin et ils nous bombardaient à pertes de vue, il fallait faire attention et ne passer que dans des chemins creux et dans les bois. Rien de neuf à part çà, je termine ma lettre en t'embrassant de tout mon cœur ainsi que René.

Ton enfant qui vous aime. Maurice

106. Maurice rassure sa mère pour les semis d'avoine.

107. Feuille recto-verso, format 18 × 11,5 cm, pliée en deux.

108. C'est la fin des grands assauts « au pas de course et sans arrêt » avec la consolidation des abris et des défenses du saillant ouest nouvellement conquis. *La Butte meurtrie*, *op. cit.*, p. 169.

– **Lettre 130 Le 20 mars 1915,** *nous sommes en premières lignes*[109]

Chère maman

Je t'écris un mot pour te tranquiliser car ce n'est pas que j'ai beaucoup de temps, nous sommes en premières lignes en ce moment, et je pense que nous n'y resterons pas longtemps. Il fait un temps superbe et nous sommes en ne peut pas mieux dans les tranchées, mais s'il n'y avait pas de danger, on serait encore mieux. Je crois que ce soleil nouveau va me guérir mon rum ah ! si j'étais chez nous, il serait vite guéri. Je pense que vos avoines doivent marcher en ce moment, je serais pourtant heureux de vous aider mais quand-est-ce ?[110] Si seulement, on nous surprenait un beau jour en nous aprenant la paix. Mais je n'ai pas encore cette idée là. Enfin, chère mère, espérons toujours que nous nous reverrons mais ça sera dur, je te l'assure. Je serais si heureux ce jour là, ça serait un bonheur pour moi et pour vous, le jour où l'on se reverrait.

Enfin, je termine ma lettre et je pense qu'elle vous trouvera en bonne santé.

Je vous embrasse de tout mon cœur en attendant que je puisse de plus près. Votre fils et frère qui vous aime.

Maurice

– **Lettre 131 Le 22 mars 1915,** *toujours des victimes*[107]

Chère Maman

Je viens de recevoir ta lettre du 17 mars. Tu me dis que vous avez fait vos avoines en deux jours et tu vois, tu croyais ne pas arriver à les faire. Tu penses s'il fait des belles journées comme par ici, çà doit marcher tout seul. Tu me dis que si l'on fait comme vous que l'on fait de la bonne besogne mais tu sais, çà ne va pas vite et toujours des victimes, on nous dit toujours la victoire est proche, il n'y en a plus pour longtemps mais je ne vois pas de changements.

Tu me dis que Gaston Piplard a été cité à l'ordre du jour mais c'est pas qu'il en a fait plus que moi mais tu sais bien ce que c'est, c'est comme partout, ce n'est pas ceux qui ont le plus de mal qui sont le plus récompensés, au contraire. Lui, il a eu de la chance, il a toujours son capitaine de l'active et il est son agent de liaison, il a moins de mal que tous les autres et comme c'est les commandants de compagnies qui désigne les hommes, c'est comme dans notre compagnie, le commandants de compagnie a nommé ses agents de liaison, ses ordonnances et ses cuisiniers et tu vois comme c'est. Enfin pourvu qu'on revienne, c'est le principal, maintenant Gaston, il repasse à sa compagnie comme il est nommé caporal.

Si mon pauvre Giraudeau était toujours là, j'aurai été avec lui car il préférait toujours son active et je serai peut être sergent aujourd'hui, mais aujourd'hui je ne m'occupe plus de cela, et pourvu que je puisse vous embrasser, çà sera préférable.

109. Feuille recto-verso, format 18 × 11,5 cm, pliée en deux.

110. De nouveau la préoccupation des semis d'avoine de printemps.

Aujourd'hui, nous sommes au repos depuis hier et nous venons de recevoir du renfort, il y a entre autres avec moi dans ma compagnie Marcel Liennard et le cousin Mulot qui est marié avec une fille à Rayer Léon, et à la 2e compagnie, Bled du Theil qui était en ménage avec la femme à Lecomte et Rieben qui nous a fait notre cidre ; çà fait tout de même plaisir de revoir ses copins et pays. Marcel, il me dit qu'il n'est plus que seul de chez lui, ils n'ont pas de nouvelles de André qui était aussi au feu du côté de Verdun et son frère Henri, je lui ai dit qu'il était tué, il s'en doutait à peu près.

Il y avait dans mon escouade deux frères de l'active de 22 ans, le plus jeune tombe hier frappé d'un éclas d'obus, le plus vieux le pleurait à genoux sur lui, dix secondes après son frère, il tombe frappé d'une balle en pleine tête. Ils sont morts l'un sur l'autre[108].

Lambert est arrivé aussi dans notre régiment, le gendre à Victor. Maintenant, Marcel Liennard et Loulou, le frère à la none sont dans ma section même, on sera tout le temps ensemble.

Je vous embrasse de tout mon cœur.

Maurice

– **Lettre 132 Le 25 mars 1915,** *des victimes de par chez nous*[111]

Chère mère

Nous sommes au repos depuis trois jours[112]. Je crois que nous retournerons d'ici quelques jours dans les tranchées. Je suis avec tous mes camarades de par chez nous. Lambert est venu me voir hier et ma raconté votre fuite contre les Prussiens. Il m'a dit de te souhaiter le bonjour quand je t'écrirais.

Il y a encore bien des victimes de par chez nous entre autres un Testard de Vaux et le frère du ~~voisin à mon oncle Ernest le~~ boulanger de Saints, François de la Ferté-Gaucher, Lecte de Champauger[113].

Je vous embrasse. Ton fils Maurice.

111. Lettre-enveloppe, format 14,5 × 10,7 cm, pliée en deux.

112. Le 76e RI est relevé le 22 mars à 22 heures par le 46e RI. *La Butte meurtrie*, *op. cit.*, p. 175.

113. Marcel Testard, né le 23 mars 1888 à Coulommiers (Seine-et-Marne), soldat 2e classe au 76e RI, est tué le 16 mars 1915 à Vauquois. Charles François, soldat 2e classe au 46e RI, est tué le 23 mars 1915 à Vauquois et repose à la Nécropole nationale de Vauquois. Jean-Paul Victor Lecktey, né le 20 juin 1891 à Boissy-le-Châtel, caporal au 89e RI, meurt le 23 mars 1915 à Vauquois des suites de ses blessures. [https://www.memoiredeshommes.sga.defense.gouv.fr] 3 février 2022. Jean-Paul Lecktey, ouvrier peintre, demeurait chez ses parents à Champbreton sur la commune de Boissy-le-Châtel située à 3 km de Coulommiers. *Communication de Denis Sarazin-Charpentier*, président des Amis du musée des Capucins de Coulommiers.

– Lettre 133 Le 27 mars 1915, *nous allons retourner dans les tranchées*[114]

Chère mère

Je viens de recevoir ta lettre du *[illisible]* mars sur laquelle tu me *[illisible]* vas t'occuper de me faire parvenir votre photographie. Tu me demandes si je tousse toujours, c'est à peu près pareille. Je n'ai pas encore reçu mon colis mais je compte pour ce soir ou demain. Tu m'enverras aussi de l'argent car voilà que j'en ai plus, dix francs autant que possible pour le moment, nous allons retourner dans les tranchées ces jours, je n'en avais pas besoin.

Je suis toujours au repos à Courcelles près de Clermont-en-Argonne. Hier, nous avons été au pissenlits avec le *[illisible]*[115] à la nonne du Theil et Marcel Liennard, nous avons mangé une bonne salade. Cà fait plaisir de *[illisible]* voir ses pays, l'autre jour on *[illisible]* ensemble avec Marcel *[illisible]* tu ne le diras pas à maman que je fume et que l'on boit la goutte parce que de temps en temps on nous donne des paquets de cigarettes pour distribuer et la goutte tous les matins mais elle n'est pas grosse et ce n'est pas celle que j'attends dans mon colis, ~~elle ne doit pas la valoir~~. Nous voilà demain au Rameau et dimanche en huit Pasques et toujours, nous sommes là. C'est une vie de misère.

Enfin, du courage, en attendant le plaisir de vous revoir, je vous embrasse de tout mon cœur.

Ton enfant qui vous aime.

Maurice

– Lettre 134 Les Rameaux le 28 mars 1915, *la messe dans une chapelle du village*[116]

Chère Maman

Nous retournons ce soir dans les tranchées, nous y ferons surement Pasques, alors tu vois cette fête, que je t'ai bien souvent écris que j'espérais faire auprès de vous ; c'est encore à Vauquois auprès de cette ruine d'église où tu auras vu l'autre jour sur le journal que les Allemands avaient jetés du pétrole et avaient mis le feu, que je vais aller passer cette journée qui devrait être une réunion de famille.

Je crois qu'on y fera la fête au Theil et que ce sera, une guerre sans fin, c'est plus tôt fait[117]. On nous a dit que vous ne mettrez plus sur les lettres, ni la division, ni le corps d'armée, mettre juste : le nom du régiment, la compagnie et le secteur, alors tu le diras à ceux qui m'écrive qu'ils ne mettent plus : 5e Corps[118].

114. Feuille recto-verso, format 18 × 11,5 cm, pliée en deux.

115. Vraisemblablement [le frère] à la nonne.

116. Feuille recto-verso, avec lignes équidistantes de 0,8 cm, format 22,2 × 17,4 cm, pliée en quatre.

117. Maurice ne croit plus à une guerre courte.

118. La consigne est de limiter la mention au secteur postal, aucune indication géographique ou opérationnelle n'étant autorisée.

Tu n'auras pas besoin de le dire à mon oncle Ernest, car je lui ai encore envoyé une lettre il y a un mois, mais il ne daigne même pas me répondre. Ah! les drôles de gens ils sont pourtant bien heureux, la guerre ne les tracassent pas beaucoup.

Si tu n'as pas reçu ma dernière lettre, je te répète que tu m'envoie un billet ou deux de 5 f. pour quand je reviendrai au repos. Si tu n'as pas mis de chaussettes, ni de serviettes dans mes derniers colis, envoie moi-s'en une paire et une serviette. Maintenant, tu pourrais essayer de m'envoyer dans un colis postal, quand tu aurais l'occasion d'en faire, des cuisses de poulet ou de poule et aussi, un petit colis de gauffres ou crêpes, je te dis çà c'est parce qu'il y a des camarades qui viennent de recevoir çà en colis, tu pourrais essayer un petit colis.

Ce matin, j'ai été à la messe dans une petite chapelle du village, c'était plein et tous nos officiers sont les premiers à y aller[119]. Je termine ma lettre en vous embrassant de tout mon cœur. Bonjour à René.

En espérant que celle ci vous trouvera en bonne santé, je souhaiterais que les fêtes de Pasques termineront cette funeste guerre.

Celui qui vous aime pour la vie. Maurice

– **Lettre 135 Le 30 mars 1915,** *je lance des bombes*[120]

Chère Maman

Je t'écris pendant que c'est un petit peu calme car nous sommes à Vauquois sur la ligne de feu et les heures tranquilles, ont peut les compter.

Enfin je suis en deuxième lignes, ça ne vaut pas beaucoup mieux, mais je suis toujours un peu plus tranquille, je lance des bombes. Je ne t'en mets pas long car ce n'est pas bien facile et guère commode pour envoyer les lettres.

Je viens de recevoir une lettre d'Adrien et ton *Démocrate* du 25, ça va me désennuyer. Je n'ai pas encore reçu mon colis, il est peu être en retard comme l'autre surtout que dans les tranchées, ce n'est pas facile de l'amener. Si je suis quelques jours sans t'écrire, tu ne te tourmenteras pas car ce n'est pas toujours facile.

Adrien me dit qu'il va être agent de liaison, il me demande si c'est un bon truc, je lui écris que c'est une bonne chose s'il peut y être ; il ne sait pas encore où il va aller.

Enfin, je termine ma lettre en vous embrassant de tout mon cœur.

Votre petit Maurice qui vous aime.

119. L'indication « Les Rameaux » en tête de lettre et la mention de la « fête de Pâques » sont une occasion d'évoquer « la fête au Theil ».

120. Feuille recto-verso, avec carreaux de 0,8 × 0,4 cm, format 21 × 13,5 cm, pliée en deux.

– Lettre 136 Vauquois le 31 mars 1915, *Marcel qui vient de faire le baptême du feu*[121]

Chère maman

Je viens de recevoir mon petit colis, il a mis quatre jours pour m'arriver. Mais je n'ai pas encore reçu le gros, je compte toujours dessus car comme nous sommes en première ligne, les colis venant par le chemin de fer doivent être mis de côté, c'est trop lourd à amener ici. Mon petit paquet était en bon état, j'ai mangé les œufs ce matin, çà m'a fait du bien, depuis 8 mois que j'en ai mangé, et ici nous n'avons pas beaucoup à manger et les confitures sont très bonnes, j'y ai gouté, je me demande si c'est de ta fabrication, elles m'ont l'air d'être en prunes.

Il y avait une paire de chaussettes et des bomboms, je crois bien qu'ils m'ont guéri mon rum avant que d'y goûter car voilà que c'est passé. Enfin, tout ce que tu m'as mis y était. Je vois que tu as soin de moi, tu fais bien car on a souvent des misères. Je serais bien heureux de t'en être reconnaissant plus tard.

Il y a Marcel qui vient de faire le baptême du feu, il me dit « Et bien, mon pauvre Maurice, je te plains si tu es là dedans depuis le commencement, c'est terrible, on doit être heureux quand on retourne au repos », ça n'a pas l'air d'y faire son affaire n'ont plus à Marcel d'être ici ; on voit que ses deux frères, qu'ils n'ont plus de nouvelles, l'un est tué et l'autre ils n'en savent rien, lui ont fait de l'effet[122].

Enfin, encore un coup, quand est-ce la fin ? ce soulagement pour tous.

Pour la photographie que tu m'as envoyée, je suis bien content. Sur cette section, on est deux qui sont depuis le début, deux qui sont tués surement, trois prisonniers. Tous les autres, soi ils ont été blessés où on ne sait pas où ils sont passés, ils y en a qui sont revenus au feu et qui y sont en ce moment avec moi. Mauricette m'a écris, elle me dit qu'elle va mieux et son petit aussi. Enfin, ça serait à souhaiter car elle se tourmente aussi bien de trop. Je sais bien qu'il y a de quoi, mais que veux-tu ? Il y a toujours de bonnes nouvelles sur les journeaux mais tout cela, pour moi, ce n'est rien les journeaux, c'est ce que l'on fait et ce n'est pas fameux, ça ne change pas[123].

Le mois de mars ce termine avec la neige, il faisait assez froid ces jours ci, c'est la semaine sainte. Enfin, je termine ma lettre et je pense qu'elle vous trouvera en bonne santé.

En attendant le plaisir de vous revoir, je vous embrasse de tout mon cœur.

Ton fils qui t'aime. Maurice

121. Feuille recto-verso, avec lignes équidistantes de 0,8 cm, format 22,2 × 17,4 cm, pliée en quatre.

122. Il s'agit de Marcel Eugène Liennard. Maurice a mentionné la mort d'Henri, tué le 27 septembre 1914 (lettre du 2 octobre 1914). André Charles Liennard, né le 19 mars 1893 à Coulommiers (Seine-et-Marne), soldat 2e classe au 22e RIC, est tué le 27 août 1914 à Pouilly-sur-Meuse. [https://www.memoiredeshommes.sga.defense.gouv.fr] 3 février 2022.

123. Maurice méfiant vis-à-vis des nouvelles de la presse quand il s'agit d'informations militaires.

– Lettre 137 Dimanche [le] 4 avril 1915, *j'ai été très légèrement blessé*[124]

Chère Maman

Je suis dans un train sanitaire qui m'évacue vers l'intérieur. J'ai été très légèrement blessé. Dès que je serai arrivé à l'Hopital, je te ferai connaître mon adresse.

Ton enfant qui t'embrasse de tout son cœur.

Maurice

– Lettre 138 Tulle le 5 avril 1915, *c'est une commotion une forte secousse qui m'a ébranlé la tête*[125]

Ma chère Mère

Comme je te le disais sur la carte que je t'ai fais écrire dans le train, j'ai été blessé à Vauquois, le vendredi Saint[126].

Je n'ai rien de grave comme blessures, c'est une commotion, une forte secousse qui m'a ébranlé la tête. Dans quelques jours avec du repos, je pourrai t'écrire moi même. Ne te tracasse pas à mon sujet, il n'y a rien de grave.

Ton fils qui t'embrasse.

Maurice

Voici mon adresse à l'hopital Maurice Gastellier Hopital temporaire n° 34 salle 2 Tulle Corrèze

Sa mère adresse une demande à l'hôpital de Tulle, [non daté] au dos de laquelle Maurice fait écrire un copain le 8 avril.

Mon fils étant blessé et n'ayant pas de nouvelles précises, je vous serais reconnaissant de m'envoyer un mot pour me dire dans quel état il se trouve et comment vous le trouvez.

124. Neuvième type de carte postale militaire, écrite par un copain, format 13,7 × 8,7 cm. Elle porte la mention : « Très important. Par ordre formel de l'autorité aucune réponse pour être transmise, si elle est expédiée de la zone des armées ne doit porter d'indication d'origine, de localité, de mouvements passé ou futurs, seulement des formules générales ou de bonne santé. » Elle comporte une partie recto pour l'adresse et une partie verso pour la correspondance. Archives familiales.

125. Lettre écrite par un copain. Feuille recto-verso, format 16,7 × 10,5 cm, pliée en deux. « C'est encore un copain qui a été forcé d'écrire… je ne voulais jamais faire part à maman dans l'état que j'étais. » GASTELLIER Maurice, *Mémoires*, *op. cit.*

126. André Pézard mentionne également la semaine sainte : « Qu'est-ce qu'on s'est balancé, là-haut ! Je crois qu'on les a sonnés, les Boches, mais ils nous ont sonnés brutal aussi ! Fiston, je m'en souviendrai de la semaine de Pâques ! » 8 avril 1915, *Nous autres à Vauquois*, *op. cit.*, p. 144.

– Lettre 139 Tulle le 8 avril 1915, *ne trouve pas drôle que je ne t'écrive pas moi-même*[127]

Chère Mère

Deux mots pour te donner de mes nouvelles, je ne vais pas plus mal depuis la lettre que je t'ai envoyée lundi dernier aussitot mon arrivée, que je pense que tu as reçue.

Ne trouve pas drôle que je ne t'écrive pas moi-même car il m'est impossible encore de pouvoir lever la tête de dessus l'orreiller[128].

Je n'ai aucune blessure sauf l'œil gauche au beurre noir. Je souffre toujours beaucoup de la tête mais quoique cela je me sentirais mieux reposé.

Je pense que d'ici quelques jours, je pourrais t'écrire moi même en attendant, je t'envoie à nouveau mon adresse.

Ton fils qui t'embrasse.

Maurice

Mr Maurice Gastellier Hopital temporaire 34 Salle 2 Tulle Corrèze

– Lettre 140 Tulle le 11 avril [1915], *l'obus m'a tombé à un mètre de moi*[129]

Ma chère mère

Je me dévoue aujourd'hui pour t'écrire quoique j'ai pourtant encore mal à la tête mais enfin, il me semble que çà me tape un peu moins fort. C'est grâce à moi si je ne suis pas tué car je m'avais garanti avec des brins de démolitions et fait une espèce de cabannes et l'obus m'a tombé à un mètre de moi et m'a culbuté mes brins sur la têtes et le coup m'a assommé, nous étions une équipe de cinq et il y en a eu trois de tué, moi de blessé et le 5e était parti à l'eau, enfin n'était pas là[130].

127. Feuille recto-verso, avec lignes équidistantes de 0,8 cm, format 22 × 17,4 cm, pliée en quatre.

128. « Je ne pouvais même pas écrire moi-même et j'ai fait mettre très légèrement blessé. Je reçois une torpille à un mètre de moi. Je n'ai pas reçu d'éclat mais je suis sans connaissance dans les poutres d'une maison démolie avec une commotion formidable, la tête toute noire de sang coagulé ou caillé, paralysé des mâchoires [...] J'ai été 15 jours que je ne pouvais ouvrir la bouche, on me nourrissait avec une petite cuillère et de la bouillie. » GASTELLIER Maurice, *Mémoires*, *op. cit.*, p. 6. Les torpilles, de portée de 200 à 1 000 m, renferment une charge de mélinite, explosif à base d'acide picrique mis au point en 1885 par le chimiste français Eugène Turpin.

129. Première lettre écrite par Maurice, dix jours après sa commotion cérébrale, feuille recto-verso, avec lignes équidistantes de 0,8 cm, format 22 × 17,3 cm, pliée en quatre.

130. « Mes camarades qui étaient avec moi sont tués et déchiquetés dont mon camarade du Theil, Marcel, le frère à Madame Bonaventure et mon caporal qui venait de se raser cinq minutes avant, n'avait plus de tête. Ce n'est pas une chance, c'est un miracle que je sois sorti d'un carnage pareil, je pourrais dire des miracles, que j'en suis sorti. » GASTELLIER Maurice, *Mémoires*, *op. cit.*, p. 6. Marcel Eugène Liennard, né le 26 avril 1883 à Coulommiers, soldat 2e classe au 76e RI, est tué le 2 avril 1915 à Vauquois. [https://www.memoiredeshommes.sga.defense.gouv.fr] 3 février 2022.

Je t'écris drôlement, la tête couchée sur l'oreiller. Ici, on est très bien soigné et même gâtés, je ne mange que crème tous les jours, du lait et des œufs car du pain, je ne peux le croquer. Tu voudrais bien venir me voir, et moi je serais encore plus heureux de te voir mais çà m'embêtes que tu vienne toute seule si tu pouvais trouver un parent pour venir avec toi. Tu te renseigneras, il faut que tu te fasse faire un certificat à la Mairie et tu dois payer moitié prix, maintenant demande quelques renseignements à Jeanne sur la ligne. Ne te presse pas pour venir tout de suite comme ça.

Souhaite le bonjour à toute la famille et embrasse Mauricette et René pour moi. Je n'écris qu'à toi pour le moment, c'est assez dur pour moi, mais surtout ne te tourmente pas, tu vois que je ne suis pas gravement blessé et pour le moment, je ne suis plus en danger. Je n'ai pas reçu mon gros colis, je pense qu'il te reviendra un jour.

En attendant de te revoir, je t'embrasse de tout mon cœur et je serais heureux si je pouvais aller vous voir là-bas au Theil. Si seulement la guerre pouvait s'arrêter pendant ce temps là, ah là, là ! c'est affreux, si tu voyais çà.

Ton enfant qui t'aime.

Maurice

– Lettre 141 Tulle le 20 avril 1915, *ça me tape toujours dans la tête*[131]

Chère mère

J'ai reçu ta lettre du 16, hier, sur laquelle tu me dis que tu es rentrée dans de bonnes conditions[132]. J'ai reçu aussi *le Démocrate*, tu fais bien de continuer à me l'envoyer, ça me désennuie. Je vais un peu mieux tous les jours mais très peu de changement, çà me tappe toujours dans la tête, et c'est toujours de l'ouvrage pour moi de t'écrire ; c'est pourquoi, je serai un peu sans t'écrire du moment que tu sais que çà ne va pas mal. Tu me donneras des nouvelles d'Adrien. Je termine ma lettre en t'embrassant de tout mon cœur ainsi qu'à René.

Ton enfant qui t'aime.

Maurice

– Lettre 142 Tulle le 26 avril [1915], *je vois un peu trouble*[133]

Ma chère mère

Je viens de recevoir ton *Démo* ainsi que ta lettre du 24. Je suis levé en ce moment, je me lève comme ça, depuis trois ou quatre jours, les après-midi, ma tête est lourde mais enfin çà change un peu ; ça ma changé un peu la parole, je

131. Feuille recto, format 18 × 11,5 cm, pliée en deux.

132. « Ma pauvre mère vient me voir à Tulle car elle se tourmentait, le major de là bas lui avait envoyé une carte : état réservé. » GASTELLIER Maurice, *Mémoires, op. cit.*, p. 6.

133. Feuille recto-verso, format 18 × 11,5 cm pliée en deux.

parle un peu embrouillé, maintenant je vois un peu trouble mais tout cela ce passera, si seulement la guerre finissait pendant ce temps là.

Comme je vois les récoltes ne sont pas trop belles, pourtant par ici, il fait un temps moyen et n'a pas fait de *[illisible]* comme par chez nous.

Adrien a rudement voyagé depuis quelque temps comme je vois, il doit être au danger maintenant. J'ai vu le conscrit René sur *le Démocrate* ainsi qu'Oscar[134]. Enfin, espérons qu'ils ne partiront pas.

En attendant le plaisir de vous revoir ainsi que mon bon pays que je serai si heureux de ne plus quitter, je t'embrasse de tout mon cœur ainsi que René.

Ton enfant qui t'aime.

Maurice

– Lettre 143 Tulle, le 30 Avril 1915, *je vais toujours de mieux en mieux*[135]

Chère mère

Je vais toujours de mieux en mieux, maintenant je mange au réfectoire avec les autres. Il ne me reste plus qu'un peu de mal de tête et je n'ai pas grand force. Il pourrait se faire que le médecin m'envoie passer une quinzaine à Argentat, dans ce pays à 20 km de Tulle où l'on envoie les convalescents.

Enfin, plus longtemps ce sera, meilleur çà sera car je me reposerai, j'en ai besoin et je ne serai pas au danger. Enfin, écris moi toujours ici car les lettres me viendront, d'ici où je serai.

Maintenant, tu devrais mettre toujours ton adresse derrière la lettre, comme avant. Tu m'enverras aussi l'heure des trains, partant de Paris pour Coulommiers pour quand j'irai vous voir, comme j'espère y aller pour sept jours.

Je termine ma lettre car je ne sais pas si c'est parce que j'ai la flemme où parce que je ne suis pas fort mais j'ai mal à ma tête en t'écrivant. Il fait de jolis temps en ce moment par ici, c'est t'y dommage de ne pas être chez soi et libre. Quand est-ce que l'on y sera ?

En attendant le plaisir de vous voir tous en bonne santé, je vous embrasse de tout mon cœur.

Ton enfant qui t'aime.

Maurice

– Lettre 144 Tulle le 2 mai 1915, *j'ai toujours mal à la tête*[136]

Chère mère

J'ai reçu ta lettre du 28 hier. Tu me parles pour m'en aller en convalescence chez nous mais je ne sais pas si çà peut se faire. Si je le demande et que le médecin

134. René, son frère et Oscar, son cousin, tous deux de la classe 17, passent le conseil de révision.

135. Feuille recto-verso, format 18 × 11,5 cm, pliée en deux.

136. Feuille recto-verso, format 18 × 11,5 cm, pliée en deux.

dise, s'il peut s'en aller chez eux, c'est que ça va mieux et qu'il me donne que mes sept jours. Je comprends, il y a bien les Candas qui sont chez eux en convalescence pour 1 mois mais ça, ça peut dépendre du médecin qu'ils avaient. Ici, ceux qui boitent qui s'en vont pour une forte convalescence, on leur demande bien cette feuille d'hébergement comme quoi, leur famille peut les recevoir.

Enfin, on ira tout en allant, tout pendant que je pourrai resté ici j'y resterai et après j'irai vous voir pour ce que l'on me donnera. Mais ce que ça sera dur de repartir au dépôt ; c'est bien pourquoi, plus longtemps ça durera, meilleur ça sera. Je crois que je serai bien reçu tout partout où j'irai.

Je serai bien content de revoir ma vieille Mauricette ainsi que le conscrit René qui j'espère doit être un peu déluré, maintenant qu'il va être soldat. Il y aura dix mois que je ne les aurais pas vus et dans quels dangers j'étais exposés ? Enfin, je pense que vous êtes en bonne santé, moi, j'ai toujours mal à la tête ou s'en cela, çà va pas mal.

Je vous embrasse de tout mon cœur en attendant de plus près.

Maurice

– **Lettre 145 Tulle le 7 mai 1915,** *ça va mieux tous les jours*[137]

Ma chère mère

Je reçois à l'instant ta lettre du 4 mai[138]. Pour ma convalescence, je ferai pour le mieux, maintenant j'irai toujours vous voir pour sept jours à moins que, comme on disait ce matin, il vienne un ordre comme ce mois de septembre dernier, de ne plus accorder de permission aux blessés. Mais je ne pense pas.

Je n'ai pas envoyé de carte à Joseph mais je vais en racheter et je lui en enverrai une. J'ai toujours un peu mal à la tête mais çà va mieux tous les jours. J'aurai pu être comme il y en a un ici, par la secousse de l'obus, il est tombé sourd muet, on dit que çà reviendra.

Je ne peus pas beaucoup ouvrir la bouche, je suis longtemps pour manger mais j'ai toujours un appétit de cheval. Je sors maintenant dans le jardin et dimanche je vais aller dans Tulle voir un peu la ville. Il fait rudement lourd aujourd'hui et c'est un peu tous les jours comme çà.

La guerre ne change pas beaucoup quoique on voit toujours de bonne nouvelles sur les journeaux, maintenant voilà qu'ils vont nous asphyxier, c'est de plus en plus terrible, on ne sait comment faire pour se faire mourir[139]. Ah ! quand est-ce

137. Feuille recto-verso, avec lignes équidistantes de 0,8 cm, format 21,8 × 17,4 cm, pliée en quatre.

138. À l'hôpital en zone intérieure, le délai d'acheminement du courrier de sa mère est de trois jours.

139. Interdits par la convention de La Haye en 1899, les premiers gaz asphyxiants à base de chlore sont utilisés par l'armée allemande le 22 avril 1915 lors de la deuxième bataille d'Ypres dans les Flandres.

la fin ? Je termine ma lettre qui je pense vous trouvera en bonne santé en vous embrassant de tout mon cœur.

Ton enfant qui t'aime.

Maurice

Mauricette me dit que je trouverai petit Paul changé, qu'il me donnera une poignée de main. Je reçois, à l'instant une lettre d'Adrien du 14 avril, il n'avait pas su l'adresse de l'Hopital, elle avait déjà été dans trois hopitaux et j'en avais reçu une hier, qui avait mis, numéro 34 et qui était du 28 avril.

– **Lettre 146 Tulle le 10 mai 1915,** *j'irai d'ici une huitaine à Argentat*[140] (*ill. 19*)

Mon cher René

Je pense que j'irai d'ici une huitaine à Argentat, peut être, à mon idée pour une quinzaine de jours. Je serai avec vous peut être pour les 1er de Juin. Je pense que vous êtes comme moi en bonne santé. Tu embrasseras maman pour moi.

Ton frère qui te serre la main. Maurice

Ill. 19. Carte postale de Tulle adressée par Maurice Gastellier à René son frère, 10 mai 1915 (Archives familiales, DR). À la suite de sa première blessure à Vauquois le Vendredi saint 2 avril 1915, Maurice est transporté par train sanitaire le dimanche de Pâques à l'hôpital de Tulle.

140. Carte postale, format 14 × 9 cm. Archives familiales.

– Lettre 147 Tulle le 14 mai 1915, *dis moi si tes betteraves sont faites*[141]

Chère mère

J'ai reçu ta lettre du 10 ainsi que ton petit mot pour me demander si je pouvais connaître quelque chose sur ce jeune homme mais on n'en sait rien à l'hôpital où je suis. On ne l'a pas connu.

Comme je vois, il a fait un rude orage par chez vous, nous par ici, il pleut assez souvent de bonne ondées. Je pense que vous allez tous bien.

Moi, je suis toujours à Tulle à l'hôpital 34. Je vais me promener tous les deux jours dans la ville, mais je vois tout trouble et j'ai toujours mal dans la tête, il faut que j'évite les secousses car ça me tape dans la tête et dans le cou et me fait bien mal.

C'est un drôle de mal et je ne sais pas ce que le médecin pense de moi, s'il va m'envoyer bientôt à Argentat car il ne me demande jamais si çà va; une fois qu'on se lève, il ne vous demande plus rien. Ce qu'il me faudrait : çà serait comme Moïse à Jeanne, 6 mois de convalescence chez nous.

Maintenant, tu peux me parler un peu de notre culture, je m'y intéresserai toujours, ce n'est pas comme là bas, je t'assure que l'on ne pense pas beaucoup à tout çà, on se dit toujours : « tout à l'heure, je n'y serai peut être plus ».

Dis moi si tes betteraves sont faites, si les blés sont beaux, s'il y a des chardons, si tes avoines sont un peu refaites car tu m'avais dit qu'il n'avait pas bien levées[142].

En attendant ta réponse, je vous embrasse de tout mon cœur.

Ton enfant qui t'aime. Maurice

– Lettre 148 [Tulle, non daté][143]

Voilà l'école qui est transformée en hôpital temporaire et où je suis en traitement à Tulle. Maurice

– Lettre 149 [Tulle le 16 mai 1915], *je ne sais pas ce que le général pensera de moi*[144]

Chère maman

Il est question encore que ce général qui devait passer déjà quand tu es venu me voir va venir ces jours ci. Il est ici dans les autres hôpitaux de Tulle, il est question

141. Feuille recto-verso, format 18 × 11,5 cm, pliée en deux.

142. Sur la voie de la guérison, pour la première fois, depuis deux mois après sa blessure, il s'inquiète des betteraves, des blés et des avoines de la ferme.

143. Carte postale, Tulle, École supérieure de Jeunes transformée en hôpital, carte fortement endommagée, cachet de la poste illisible, adressée à son frère, format 14 × 8,7 cm. Archives familiales.

144. Cachets de la poste de Tulle du 17 mai et de la poste de Coulommiers du 19 mai. Lettre reçue par sa mère en deux jours. Feuille recto-verso, à carreaux de 0,8 × 0,4 cm, format 10,5 × 7 cm.

qu'il en ballance pas mal de l'hôpital et qu'il est rudement difficile. Je ne sais pas ce qu'il pensera de moi.

Ton enfant qui t'aime. Maurice

– **Lettre 150 Tulle le 17 mai 1915,** *j'ai toujours mal dans la tête*[145]

Ma chère mère

Il pleut en ce moment à torrents, c'est pourquoi j'en profite pour t'écrire un mot. J'ai toujours mal dans la tête, surtout quand il fait lourd et que le soleil luit, je leur ai demandé de l'eau sénative pour m'humecter le front mais çà ne me fait pas grand chose[146]. Je ne sais ce que le major pense de moi, quand il passe le matin au pied des lits, il ne me demande jamais si ça me tappe toujours dans la tête ou comment que ça va ; Il dit « a lui, le petit » et il rigole avec moi, puis voilà tout. Je comprends maintenant que Candas soit si longtemps chez lui, ça doit être long, si seulement il pouvait y avoir l'idée de me renvoyer chez nous pendant deux mois, çà serait ce qu'il me faudrait.

Cà me claque dans le cou quand je tourne la tête. Je crois, que s'il voit çà comme c'est, que ça me durera longtemps s'en retourner au front, s'il voit ça, comme moi je le pense. J'entendais un secrétaire de l'hôpital 34 qui disait qu'il envoyait de temps en temps aux parents des blessés, des nouvelles. Ce qu'ils t'en ont envoyé depuis la première que tu as reçu ? Et qu'est-ce qu'ils te disent ?

J'ai reçu la lettre de René, il me dit que tout nos champs sont pleins d'herbe mais tu lui diras qu'il faut qu'ils les nettoie pour que je les trouve propre quand je viendrais[147].

Je pense que vous êtes en bonne santé en attendant de vous voir, je vous embrasse de tout mon cœur.

Maurice

– **Lettre 151 Tulle le 20 mai 1915,** *tu diras à René... qu'il tache d'être ajourné*[148]

Chère mère

Je viens de recevoir ta lettre du 17. Aujourd'hui, çà ne va pas trop mal. Le général à passé hier et ils sont toujours difficile, eux. Selon ce que le major lui a dit, il a dit, vous n'avez qu'à l'envoyer tout de suite à Argentat pour environ trois semaines et voilà. Mais il ne m'a rien demandé et ne m'a pas regardé.

Enfin, je vois que je vais partir la bas ces jours ci, et à ce qu'il parait, qu'on y est très bien et même encore mieux qu'ici. Je crois que j'irai vous voir pour sept jours

145. Feuille recto-verso, format 18 × 11,5 cm, pliée en deux.

146. Eau sédative, lotion de camphre pour calmer la douleur.

147. Maurice se rétablissant, donne de nouveau ses ordres à son frère pour sarcler les champs afin d'enlever les mauvaises herbes.

148. Feuille recto-verso, format 18 × 11,5 cm, pliée en deux.

dans les 15 de Juin. Pour m'écrire, tu peux toujours écrire ici car les lettres sont envoyées d'ici, là bas. Quand j'y serai, je t'enverrai ma nouvelle adresse.

Tu diras à René qu'il ne fasse pas le costaud au conseil de révision et qu'il tache d'être ajourné car ce n'est pas une place à envier d'être soldat, en ce moment surtout. Je crois que quand j'irai le voir qu'il l'aura passé et je serai content qu'il ne soit pas pris car il resterait encore avec toi pour la moisson[149]. En attendant le plaisir de vous voir, quoique j'aimerais mieux le plus tard possible, je vous embrasse de tout mon cœur.

Ton enfant qui t'aime. Maurice

– **Lettre 152 Argentat le 21 mai 1915,** *je ne tarderai pas à aller vous voir*[150]

Chère mère

Me voilà arrivé à Argentat, chef lieu de canton de l'arrondissement de Tulle. Nous sommes ici comme dans un espèce de couvent et il va falloir faire sa prière et aller à la messe. S'il n'y a que cela, on peut le faire, on n'a l'air d'être très bien.

Voilà mon adresse : M. Gastellier hôpital Temporaire à Argentat, Corrèze. Tu m'écriras ici, maintenant. Je viens d'arriver ce matin, nous avons traversé des tunnels et ce n'était que des montagnes ici, à Argentat, il y a une assez belle vue, on aperçoit les montagnes au loin ; c'est situé sur la Dordogne mais la ville est tout à fait vieille. On va aller se promener un peu, cet après midi, voir la ville.

Je ne te dis plus rien pour aujourd'hui que seulement que je crois que maintenant, je ne tarderai pas à aller vous voir.

En attendant, je vous embrasse de tout mon cœur.

Ton enfant qui t'aime Maurice.

– **Lettre 153 Argentat le 22 mai [1915],** *il faut faire sa prière tous ensemble*[151]

Chère mère

Je viens de revoir encore une fois, ce général inspecteur de santé qui avait passé à Tulle. Il est arrivé hier, aussitôt que nous sommes arrivé, alors je m'attendais qu'il allait en ballancer pas mal. Et je ne me suis pas trompé, car de tout ceux qui y était, il n'en reste que deux, et moi, je lui ai dit que j'arrivais de ce matin et que c'était lui qui m'avait envoyé ici, quand il a fait l'inspection à Tulle.

Alors, il a dit au médecin qui nous soigne, le médecin d'Argentat, ~~qu'il pouvait me~~ ce petit là, vous pouvé le garder un bon mois et il me serrait la joue en rigolant avec moi. Je n'ai pas eu à me plaindre de lui, ce n'est pas comme les autres, ils lui en veule, ils disent qu'il aurait mieux fait de ~~passer~~ rester là où il était

149. Maurice anticipe le besoin de main-d'œuvre pour la moisson en cas de mobilisation de son frère.

150. Feuille recto, à carreaux de 0,8 × 0,4 cm, format 21 × 13,5 cm, pliée en quatre.

151. Lettre non signée, feuille recto-verso, avec lignes équidistantes de 0,8 cm, format 21,8 × 17,4 cm, pliée en quatre.

Ici, nous sommes dix huit, et nous allons rester à quatre mais il en reviendra d'autres, nous sommes très bien et tous ceux qui en sortent sont rouges de figure et engraissés. Ah ! ce que l'on mange bien, mais il faut faire sa prière tous ensemble dans la chambre avec les sœurs et aller aux vêpres à trois heures tout le reste de notre temps nous est libre et aux vêpres on chante des cantiques comme quand j'allait à la messe et au catéchisme. Cà semble drôle dans les premiers temps, heureusement que je m'en rappelle encore.

Je crois qu'il va pleuvoir aujourd'hui car les nuages touchent la montagne dans le lointain. Aujourd'hui, ça va très bien, je ne sais pas si c'est parce que le temps est frai, mais je vois du mieux ces jours ci. Je ne vois plus grand chose à te dire, comme je t'ai déjà écrit hier.

En attendant le plaisir de vous voir, je vous embrasse de tout mon cœur.

– **Lettre 154 Argentat le 25 mai 1915,** *Il faudrait que ma byciclette soit chez Mauricette*[152] (*ill. 20*)

Ma chère maman

Je viens de recevoir ta lettre du 22 mai qui avait été encore adressée à Tulle, ainsi que mon *Démocrate.* Comme je vois, on ne peut pas s'en aller pour Coulommiers,

Ill. 20. Carte postale d'Argentat adressée par Maurice Gastellier à Julia sa mère, 25 mai 1915 (Archives familiales, DR). À l'hôpital temporaire installé dans un couvent pour trois semaines de convalescence, il écrit « C'est la Dordogne que tu vois sur la carte. »

152. Carte postale, Argentat, Quartier du Port, format 14 × 9 cm. Archives familiales.

ça m'étonne, car selon ce que l'on voit sur les journeaux, je le croyais. Enfin, je descendrai à Mouroux, ça me fera une ballade. Il faudrait que ma byciclette soit chez Mauricette[153].

Enfin, je crois que j'ai encore un peu, avant d'aller vous voir, comme on m'a parlé d'un mois à rester ici. Je commence à me trouver heureux car je te dirai qu'à Tulle, je souffrai toujours de la tête. Maintenant ça va bien. Je pense que vous êtes de même. Ton enfant qui t'aime.

Maurice

C'est la Dordogne que tu vois sur la carte.

– **Lettre 155 Argentat le 31 mai 1915,** *j'ai mal dans la tête*[154]

Chère mère

J'ai reçu ta lettre du 27 mai, hier. Il y a des moments que çà va bien mais en ce moment, j'ai encore une drôle de tête, toujours des douleurs ; c'est en étant couché que çà me fait le plus de mal, une fois que je me suis levé, que je me suis bien débarbouillé, çà me remet.

Maintenant l'après-midi quand il fait chaud, ça me reprend et le soir, ça va tout à fait bien. Tout çà, c'est le sang à la tête. Si le major de Tulle, quand il me rappellera d'ici, voyait mon mal comme il est, il pourrait me donner encore un mois chez nous car je n'aurai pas la force de coucher au dépôt sur la paille. Et je suis bien faible mais comme j'aurai eu une convalescence ici, je peux me bomber pour en avoir une chez nous. Enfin, j'aurai toujours mes sept jours de permission, çà ne sera pas long.

Comme tu me dis, Piplard a été blessé, mais ce n'est pas parce que l'on ne parle pas de l'Argonne, qu'il n'y a pas de victimes. On a des victimes, même sans attaquer par les bombes, les obus et les balles.

Envoie moi toujours *le Démocrate,* je ne suis pas forcer de leur montrer. Maintenant, envoie moi une *Croix de Seine et Marne,* çà quand elles le verront, elles seront contentes. Comme je vois, c'est tes betteraves qui te tourmente mais il faut dire à René qu'il y en mette,

moi, quand même que je serai chez vous en convalescence, je ne pourrai même pas vous aider, je n'ai pas de force et étant baissé, j'ai mal dans la tête[155].

En attendant le plaisir de vous voir, je vous embrasse de tout mon cœur.

Maurice

153. Maurice se projette dans sa future permission de convalescence.

154. Feuille recto-verso, format 18 × 11,5 cm, pliée en deux. Écrite à l'encre noire, pour la première fois.

155. Rétabli, Maurice envoie ses consignes pour biner les betteraves, un travail éprouvant se faisant à la main et demandant beaucoup de main-d'œuvre.

– Lettre 156 Argentat le 3 juin 1915, *René va bientôt passer le conseil de révision*[156]

Chère mère

J'ai reçu ta lettre du 31 mai. Tu me dis qu'il fait sec et froid par chez nous mais ici, il pleut depuis quatre ou cinq jours, aujourd'hui, ça à l'aire de se remettre. Tu me dis que René a été malade, je pense que ça va mieux maintenant. Il va bientôt passer le conseil de révision, dans neuf jours, pourvu qu'il ne te le prenne, car c'est toujours une compagnie, surtout pour l'hiver.

Aujourd'hui, vous devez être en train de faner le trèfle du champ Fromont[157]. Comme je vois il y a des blessés du Theil. Prêta a pourtant parti au feu assez tard mais il n'empêche pas qu'il est blessé aussi. Thibaut n'a pas eu de chance. Montanglaust vont être débarrassé de tous les tuiliers des environs[158].

En ce moment, je n'ai pas trop mal à la tête, çà va assez bien. Monnette m'a écris, il m'en disait des « mon vieux Maurice » et je lui ai répondu. Il y a quinze jours que je suis ici, je compte encore toujours au moins autant car le général m'avait donner un mois. Ce que c'était terrible aussi du côté de Carency, il y en a eu de par chez nous, entre autre de la classe 15[159].

Enfin, je termine ma lettre en t'embrassant de tout mon cœur ainsi que René.

Ton enfant qui vous aime. Maurice

– Lettre 157 Argentat le 7 juin 1915, *on en apprend à cette guerre [...] la procession, tu parles si c'est bien*[160]

Chère mère

J'ai reçu ta lettre du 3 juin, hier après-midi. En ce moment, ça ne va pas mal, il fait pourtant chaud et un beau temps à faner, tout le monde s'y mets par ici, vous, çà doit être pareille, s'il fait un temps comme par ici. Mais enfin çà va bien,

156. Feuille recto-verso, format 18 × 11,5 cm, pliée en deux. Écrite à l'encre noire.

157. Le champ Fromont, nom d'une parcelle de la ferme qui sera urbanisée dans les années 1960-1970 sur le plateau du Theil pour donner naissance à la rue du Champ Frémont dans la Ville haute de Coulommiers.

158. Afin d'éviter les incendies, la loi de 1852 interdit les toits de chaume et les tuileries se développent alors dans la Brie. La famille Gastellier est, depuis la Révolution, une famille d'artisans tuiliers, en témoigne le carnet de l'ancienne tuilerie familiale. Archives familiales. La cuisson est une opération délicate, et à la mort de son père, Maurice âgé de 14 ans, se retrouve seul pour la fabrication de tuiles. La succession n'étant pas préparée, l'activité se recentre sur l'agriculture. Sur cette question, voir LAGADEC Yann et THIERRY Joël, *Maurice Gastellier, un jeune cultivateur briard mobilisé au 76e RI de Coulommiers pendant la Grande Guerre,* Bulletin de la Société historique de Meaux et sa région, n° 11, 2014, p. 225-238.

159. Le village de Carency, canton de Vimy, arrondissement d'Arras (Pas-de-Calais) est détruit lors de la bataille d'Artois de mai 1915.

160. Feuille recto-verso, à carreaux de 0,8 × 0,4 cm, format 20,7 × 13,5 cm, pliée en deux. Écrite à l'encre noire. Reçue deux jours plus tard, cachet de la poste de Coulommiers du 9 juin.

je me demande si çà me rattrappera encore car ça m'a déjà fait comme çà, j'ai été quelques jours sans souffrir de la tête et après, çà m'a repris pendant quelques jours.

Tu me dis que je ne sais pas me plaindre, mais çà c'est vrai, je ne pourrais pas dire du mal que je n'ai pas, mais si je souffrais encore quand je m'en irai je le dirai bien, mais pour le moment, çà va bien.

On en apprend à cette guerre, j'ai encore vu quelque chose que je n'avais jamais vu, la procession, tu parles si c'est bien, et comme le monde est dévôt ici, moi, je croyais que c'était défendu dans toute la France mais cela çà dépend de la municipalité et du maire[161].

Maintenant, aujourd'hui c'est la foire aux bestiaux, il y a du mouvement dans le pays. Ce matin, nous avons été à un enterrement d'un jeune homme marié, qui a attrappé la mort aux tranchées des suites de maladies. Tu parles, s'il y en a ici des morts, ils comptent sur 60 dans un pays comme Rebais sans compter les disparus[162]. Le monde vous regarde ici, avant j'étais habitué à dire bonjour au monde le premier mais ici, c'est eu qui le dise les premier.

Comme je vois tu as peur qu'on rappelle la classe à Joseph, ça serait bien embêtant[163]. En tous cas, ne te donne pas trop de mal à faner, tant pis s'il y en a de perdu, on ne le fanne pas, on le ramasse comme çà, c'est toujours ce que j'ai peur, que tu te fasse trop de bile. C'est un malheur de prendre tous le monde comme ça, et de laisser ceux qui ont le moins de force pour travailler, ah ! quelle civilisation, c'est le 20e siècle encore, on nous dit encore que les Allemands crèvent de faim depuis ce mois d'octobre, ils commencent à radotter.

Enfin, je termine ma lettre et je t'embrasse de tout mon cœur.

Bonjour à René.

Ton enfant Maurice.

– **Lettre 158 Argentat le 11 juin 1915,** *c'est demain le conseil de révision à René*[164]

Ma chère mère

Je ne crois pas que je souffrirai maintenant comme j'ai souffert car je n'ai plus mal à la tête comme avant. Ma tête est toujours sensible et le cou raide mais çà ne me fait pas souffrir comme avant le bourdonnement dans la tête. Maintenant,

161. Maurice est impressionné par la procession dans le contexte de la loi 1905, loi de séparation de l'Église et de l'État, vécue comme un traumatisme pour les catholiques. L'invocation de Dieu dans les serments devant la justice et la présence de la croix dans les Tribunaux sont interdites. Certaines municipalités vont au-delà de la loi en interdisant les processions sur la voie publique, les sonneries de cloches et le port des soutanes.

162. Maurice comptabilise les morts originaires du pays de Rebais.

163. Joseph âgé de 46 ans fait partie de la réserve de la territoriale et est donc susceptible d'être mobilisé selon les besoins.

164. Feuille recto-verso, avec lignes équidistantes de 0,8 cm, format 17,5 × 11 cm, pliée en deux. Écrite à l'encre noire.

je fauche pour la sœur et on fane mais on n'en fait qu'à sa force et je t'assure que çà me plais, c'est drôle quand il y a longtemps que l'on à fait son métier, ce que je serai heureux de reprendre çà et que çà soit fini, mais je n'ai jamais eu confiance pour la fin prochaine et je crois que je ne me suis pas tromper, c'est malheureux, tu sais.

C'est demain, le conseil de révision à René, je n'ai pas besoin de te dire que tu m'écrive tout de suite et pourvu que tu me dises qu'il est ajourné.

Ne te tourmente pas pour ce que me dit Monnette, je sais bien qu'il est un peu fou, je ne tiens pas plus que çà à être en permission avec lui car mes sept jours, je pourrai les passer dans ma famille, car çà sera un plaisir de vous voir tous, quand on pense qu'on retournera où ? heureusement qu'on ne le sait pas souvent.

Enfin, j'ai un copain de Rebais qui est à Rodez et que j'ai écris à ses parents pour savoir son adresse, qui me rassure un peu, il me dit qu'on peut compter deux ou trois mois au dépôt, çà m'étonne pourtant.

En attendant le plaisir de vous voir en bonne santé, je vous embrasse de tout mon cœur.

Ton enfant et frère qui vous aime. Maurice

– **Lettre 159 Argentat le 14 juin 1915,** *il [René] est ajourné, c'est un bonheur*[165]

Chère mère

Je viens de recevoir la lettre de René où il me dit qu'il est ajourné et Oscar, tant mieux, c'est un bonheur pour lui et pour toi[166]. Cà m'a fait grand plaisir quand je l'ai su hier, mais malheureusement, aujourd'hui, j'apprends une mauvaise nouvelle. Il faut partir ce soir, le major de Tulle nous rappelle tout de suite. Alors, tu peux m'attendre d'un jour à l'autre, çà dépend si je reste un jour ou deux à Tulle avant que de partir.

Je suis content de partir vous voir, mais j'aimerais mieux que çà soit pour plus tard. Le général m'avait pourtant dit que je pouvais rester un bon mois mais le major de Tulle n'a pas fait attention à çà.

Tu peux te préparer à mon arrivé d'un jour à l'autre, ah ! quel plaisir de revoir mon pays et ma famille depuis si longtemps que je l'ai quitté.

Je vous embrasse de tout mon cœur.

A bientôt. Maurice

165. Feuille avec lignes équidistantes de 0,8 cm, recto, format 21 × 13,5 cm, pliée en deux. Écrite à l'encre noire.

166. Dès le lundi 14 juin, Maurice est informé du résultat du passage de son frère au conseil de révision du vendredi 12 juin.

– Lettre 160 Brive le 16 juin 1915, *ma permission compte à partir de ce soir à minuit*[167]

Chère mère
Je suis au dépôt de convalescence de Brive. J'ai 20 jours de convalo qui compte à partir de demain. Envoi-moi tout de suite, s'il çà n'y est pas, mon certificat, plus tôt je l'aurai, plus tôt je parts pour Coulommiers et ma permission compte à partir de ce soir à minuit[168].
Je vous embrasse.
Maurice

– Lettre 161 [Rodez]

Un bonjour de Rodez à tous[169]. Maurice soldat à la 27e comp. du 76e *[illisible]* de Rodez Aveyron.

– Lettre 162 Rodez le 6 août 1915, *à la 27e compagnie*[170]

Chère mère
Je viens à la 27e compagnie comme je t'ai dit sur la carte que je vous ai envoyée ; je ne sais pas si je vais donner mon certificat car j'attends toujours, pour me renseigner à l'un et à l'autre, je vais peut être le donner demain tout de même.

Maintenant, je ne sais si l'on me donnera une permission quand même, car ils savent bien que la moisson ne durera pas bien longtemps maintenant, n'importe comment ils n'en donneraient que le 15 août. Et çà me coûte cher 10 f. pour aller et 10 f. pour revenir. Je les gagnerai t'y ? la bas ? Mais je m'embête tellement ici, que je vais peut être m'en occuper. Tu comprends ce n'est plus la vie de chez nous, je couche dans la chambre à Duquesne qui n'a jamais été au feu qui reste au Theil en face Bruneaux[171].

Je ne vois plus rien à te dire, que de souhaiter le bonjour à René et à Joseph. Je ne sais pas s'il fait beau chez vous, si vous avez déjà de l'ouvrage de faite. Ici, depuis que je suis arrivé, j'ai le nez plein et j'ai attrapé un peu de rume, il faut que je me fasse à la température du pays. Vous, je pense que vous êtes en bonne santé.

En attendant le plaisir d'aller vous voir, espérons le, avant d'aller au feu, je vous embrasse de tout mon cœur.
Maurice

---

167. Carte postale, Tulle, vue panoramique, format 14 × 9 cm. Archives familiales.
168. « Enfin, tant bien que mal, je peux sortir de cette terrible blessure. Je reviens en convalescence au Theil après onze mois de séparation, après avoir été plus de 20 fois à un millimètre de la mort. » GASTELLIER Maurice, *Mémoires*, *op. cit.*, p. 6.
169. Carte postale adressée à son frère, Rodez, non daté, cachet de la poste de Rodez du 3 août 1915, format 14 × 9 cm. Archives familiales.
170. Feuille recto-verso, à carreaux de 0,8 × 0,8 cm, format 21 × 13,5 cm, pliée en deux.
171. Myrtil Duquesne, soldat 2e classe au 76e RI. SGA/DMPA/Mémoire des hommes/ Fiche individuelle.

– Lettre 163 Rodez le 11 août 1915, *on a demandé ceux qui voulaient une permission agricole*[172]

Chère mère

J'ai déposé mon certificat au bureau car on a demandé ceux qui voulaient une permission agricole. Mais je ne sais pas si j'en aurai une pour çà, en tous les cas, çà serait pour le 15 août. Votre moisson sera presque finie.

Je vous embrasse de tout mon cœur.

Maurice

Je pense que vous allez bien, moi çà va.

– Lettre 164 Rodez le 13 août 1915, *vous avez bien du mal avec la moisson*[173]

Chère mère

J'ai reçu ta lettre, hier et une de Mauricette, comme je vois, vous avez bien du mal avec la moisson, moi qui croyais qu'il faisait beau temps comme ici. Il court le bruit que les permissions agricoles seront supprimées, j'aurai pourtant été heureux d'aller vous voir encore une fois avant de retourner voir cette sauvagerie.

Je viens de toucher 55 f. *[illisible]* de ma convalescence à 22 sous par jour plus mon prêt, ainsi tu vois que je pense faire la bombe, c'est même de trop dans son porte monnaie si je venais à le perdre.

Je vous embrasse de tout mon cœur.

Maurice

– Lettre 165 Rodez le 15 août 1915, *il arrive l'ordre qu'il n'y aurait pas de permission pour Seine-et-Marne*[174]

Chère mère

Je vois maintenant que je ne pourrai plus aller vous voir ; dire qu'hier, j'avais déjà payé mon train au sergent pour partir, j'étais heureux et une demi heure après, il arrive l'ordre qu'il n'y aurait pas de permission pour Seine-et-Marne et Seine-et-Oise, que la moisson était assez avancée. Tu parles si on était tous en colère, çà fait que l'on m'a rendu mon argent que j'avais donnée. J'aurais pourtant été heureux d'aller vous voir encore une fois avant d'aller là bas, quoique je sais bien que çà aurait été dur pour moi de repartir, car l'autre jour quand je suis reparti de chez nous, je n'y pensais pas du tout, car je croyais revenir encore une fois en permission.

Je me demande quand est-ce la fin de cette guerre et je ne vois pas les Russes faire du beau travail, ah ! oui çà va bien ! Je me demande s'il fait un peu de beau

172. Carte postale, Rodez, Place d'Armes, Cathédrale, rue du Terral, format 14 × 9 cm. Archives familiales.

173. Carte postale, Rodez (Aveyron), vue générale, format 14 × 9 cm. Archives familiales.

174. Feuille recto-verso, à carreaux de 0,8 × 0,8 cm, format 21,2 × 13,4 cm, pliée en quatre.

temps maintenant par chez vous. Ici, il pleut pourtant toujours plus qu'autre part, et depuis que je suis arrivé ici, il n'a jamais tombé une goutte d'eau. Si j'avais été chez nous, je t'aurais laissé un peu d'argent, car ça m'embête d'avoir plus de 70 f. dans ma poche si je venais qu'à les perdre. Car je t'ai dis que j'avais reçu l'indemnité de ma permission à 22 sous par jour.

Pour mon arrivée, je ne t'en ai pas parlé, mais j'aurai pu arrivé le lendemain que l'on ne m'aurait rien dit, j'aurais pu partir le 3 août de chez nous. Comme je vois, Adrien a une place au moins aussi bonne qu'avant, même meilleure. Tant mieux, Mauricette pourra être un peu plus tranquille. Enfin, faites la moisson du mieux possible, je me demande si je ferai celle de l'année prochaine[175].

Bonjour à René et à Mauricette. Celui qui vous embrasse de tout son cœur.

Maurice

– Lettre 166 Rodez le 17 août 1915, *votre moisson doit marcher*[176]

Chère mère

Je t'envoie des nouvelles toute fraiche par Duquesne qui vient en permission et qui part ce soir. Je ne sais pas si je vais rester à la 27e compagnie, car il y a une visite ce matin et on saura d'ici quelques jours si je reste là, ou si je passe à la 31e compagnie. A cette dernière, il faut barder plus qu'à la 27e où l'on ne fait presque rien.

Si je savais rester à la 27e encore un peu tu pourrais me renvoyer un autre certificat pour finir tes traveaux agricoles et battre tous tes grains, tu ferais mettre çà, car la moisson ils doivent trouver qu'elle est assez en avancé et ils ne veulent pas en donner maintenant.

Une fois à la 31e, il n'y a plus de permissions et il faut barder. Pour le certificat, on vient de me rendre le dernier, alors attend un peu pour aller en chercher un autre, je t'en reparlerai, mais je ne vois que ce n'est pas utile maintenant, c'est fini pour retourner chez nous.

Tu demanderas des détails à Duquesne sur ce que l'on fait et comment que l'on est. Je ne t'ai jamais dit, on ne couche pas sur la paille, mais c'est presque pareille, on couche dans un sac et on a deux couvertures, enfin, on peut se déshabiller.

Bien le bonjour à René et à Joseph. Je crois que votre moisson doit marcher, à moins qu'il fasse mauvais, mais ici, il fait toujours beau.

En attendant le plaisir de vous voir, je vous embrasse de tout mon cœur.

Maurice

175. Maurice se désespère de ne pouvoir faire la moisson de l'année 1916.

176. Feuille recto-verso, à carreaux de 0,8 × 0,8 cm, format 21,2 × 13,4 cm, pliée en quatre.

– Lettre 167 Rodez le 21 août 1915, *Charles Avarre a été tué*[177]

Chère mère

Tu dois savoir par Lheureux, le gendre au père Duval que je suis passé à la 31e compagnie, compagnie de marche et ensuite je passerai à la 25e, compagnie de départ. Tu dois avoir vu Duquesne aussi qui t'aura donné une lettre où je te réclamais un autre certificat, mais ce n'est plus la peine, maintenant je me demande si je vous reverrez et quand est-ce, je vois que c'est fini pour le moment car il n'y a qu'à la 27e compagnie que l'on peu avoir une permission.

Tu vois, mes deux voisins sont en permissions au Theil et moi je suis là, je l'aurais pourtant mérité plus qu'eux qui n'ont jamais été au feu. D'un sens, çà vaut mieux pour moi, car quand on sait où l'on va, je me demande la tête que j'aurais fait en repartant, pendant que l'autre jour quand j'ai parti de chez nous aussi bien toi, comme moi, nous croyons que l'on se reverrais avant que je reparte, car j'y comptais avoir une permission de moisson.

Je compte sur un mois de dépôt encore à passer et après nous recomençerons la misère. Au 1er octobre, j'aurai rentendu le canon et les torpilles, tu verras.

Mauricette m'a appris que Charles Avarre avait été tué ainsi tu vois, il était pourtant moins en danger que l'infanterie[178]. Voilà le travail, ah ! si seulement en arrivant, je recevais une petite blessure, ce que je serais heureux, je me dirais, je vais toujours les revoir encore une fois pendant qu'aujourd'hui je ne peu pas le dire.

Il vient de partir un fort renfort ce matin du 76e et il en faut des hommes tu sais, alors tu peux penser si on ne veux pas y moisir ici. Si tu voyais, ce n'est plus des hommes quand ils partent, ils sont tous en bombe et font des vies, et vaut mieux ne pas y penser car on tomberais fou.

Enfin, je ne vois plus grand chose à te dire pour aujourd'hui. Bien le bonjour par là, à toute la famille ainsi qu'à Joseph. En attendant le plaisir de retourner vous revoir, je t'embrasse de tout mon cœur.

Ton enfant qui t'aime. Maurice

Gastellier Maurice 31e compagnie du 76e Régi. d'Inf. au dépôt de Rodez.

– Lettre 168 Rodez le 28 août 1915, *je voudrais bien savoir si l'avoine, il y en a eu de perdu par le germé*[179]

Chère mère

Comme je vois maintenant que votre moisson est finie, il fait beau temps, c'est vrai que vous avez encore un peu de 2e coupe à faner. Ici, depuis trois semaines,

177. Feuille recto-verso, avec lignes équidistantes de 0,8 cm, format 22 × 17,5 cm, pliée en quatre.

178. Charles Avarre, né le 2 novembre 1890 à Vincennes (Seine), maître pointeur au 45e RAC, est blessé le 8 août 1915, meurt des suites de blessures à l'hôpital temporaire Fénelon à Bar-le-Duc le 14 août 1915. SGA/DMPA/Mémoire des hommes/Fiche individuelle.

179. Feuille recto-verso, à carreaux de 0,8 × 0,4 cm, format 26,5 × 21 cm, pliée en quatre.

jamais je n'ai vu pleuvoir à Rodez et le temps est encore au beau aujourd'hui, çà ne les gêne pas pour déchaumer car ils ne font pas grand façon à la terre. Duquesne t'a dit qu'il allait au feu, ah! oui, je m'en doute, d'abord il est encore à la 27 pendant que moi, je suis déjà à la 31. C'est comme Bouttour depuis qu'il est rentré de moisson, il est à l'infirmerie je l'ai vu hier pour la première fois, il vient de sortir. Il est toujours malade ici, et chez lui, jamais. Tu me demande comment va ma tête, mais maintenant il n'y a plus de changement et je crois que je m'en sentirai toujours, car çà m'a ébranlé salement la tête. Il y a des moments, je suis très bien et d'autres, la tête me tourne et elle est lourde. Comme je vois, c'est du conséquent que ta moisson cette année, je voudrais bien savoir si l'avoine, il y en a eu de perdu par le germé, çà ne devait toujours pas être comme il y a deux ans. J'ai reçu la lettre que tu m'avais envoyé à la 27e, mes camarades me l'ont amené. Duquesne m'a remis le colis, qui m'a fait bien plaisir, surtout la belle poire qui était à point, ainsi que le saucisson qui était épatant.

Tu pourras m'en envoyer un petit colis ainsi que quelques belles poires et une petite bouteille d'eau de vie, ne te tourmente pas pour si l'on me dit quelque chose, ils ne peuvent toujours pas me manger. Tu pourras me l'envoyer tout de suite pendant que je suis à 31e. Je ne vois plus grand chose à te dire pour le moment, j'ai déjà dépensé l'argent que tu m'avais donné, alors il me reste mes 55 f. que j'ai touché à la caserne pour ma convalo. Adrien m'a écrit mais il ne me dit pas où il est, même pas la contrée.

Bien le bonjour à René ainsi qu'à Joseph que tu avais peur qu'il parte avant de finir la moisson[180].

En attendant le plaisir d'aller vous revoir, je vous embrasse de tout mon cœur.

Ton enfant qui t'aime. Maurice

– Lettre 169 Rodez le 4 septembre 1915, *si tu as la batteuse, tu as encore besoin de beau temps*[181]

Chère mère

Je viens de recevoir tes deux lettres du 1er septembre. C'est malheureux de ne pouvoir avoir rien du tout de chez soi. Je me demande si tu leur avais dit que c'était des boites de conserve et du linge, qu'est-ce qui t'aurait dit? Tu me demandes pour Bouttour, pourquoi je n'ai pas été à cette compagnie là. Voilà comme c'est : tous les jeunes j'usqu'a 30 ans en arrivant sont à la 27e, après il passe à la 31e comp. de marche et ensuite à la 25e comp. de départ. Maintenant, les plus vieux, sont, en entrant, à la 28e. Bouttour, il est toujours reconnu malade, alors il y reste, après ils passent à la 32e et ensuite à la 26e comp. de départ. Duquesne est à la 27e. Il est comme Bouttour, toujours reconnu comme malade. Lheureux est à la 31e avec moi, il peut retourner à la 27e comme çà, lui à déjà arrivé. Cà n'empêche pas

180. Maurice est rassuré avec la fin de la moisson à laquelle ont participé son frère et Joseph.
181. Feuille recto-verso, à carreaux de 0,8 × 0,4 cm, format 26,5 × 21 cm, pliée en quatre.

qu'ils iront peut être un jour, car çà barde en ce moment pour les embusqués, il y en à tous les jours de relevé, entre autre : Mr Bonniaud de l'Ours, mon oncle Dumas qui arrive à la 28e compagnie avec Bouttour et Martin, il en fait une tête, mon oncle[182].

Il est question que l'on va partir au feu avec la classe 1916, et que l'on parte d'ici huit jours, déjà dans un camp dans le Tarn, il va y faire chaud sous les toiles de tentes, avec çà il fait déjà très froid ces jours ci à Rodez. Tu parles si le temps est vite changé dans ce pays là, il pleut en ce moment et fait une froid de loup. Je pense qu'il fait meilleur chez nous, car si tu as la batteuse, tu as encore besoin de beau temps. J'ai écris un mot à Monnette mais il est bassinant, je n'y avait pas écris depuis que j'étais ici, je me disais comme çà, il me fichera la paix.

Je pense que vous êtes en bonne santé et ne te tourmente pas quand je suis 4 ou cinq jours sans t'écrire, je ne suis pas au feu.

En attendant le plaisir de retourner ~~te~~ vous revoir, je t'embrasse de tout mon cœur[183].

Maurice

– **Lettre 170 Le 5 septembre [1915],** *j'espère que vous n'allez pas laisser votre pièce du tir*[184]

Chère mère

Ma lettre m'est arrivée du dépôt divisionnaire et je viens de recevoir mes 10 f. que tu m'as envoyé. Je n'entends plus parler de partir du côté où est Fernand Gastellier, j'espère que ce ne sera pas. Maintenant, pour une permission de 24 heures, j'y compte un de ces jours.

Cà fait que maintenant, j'ai de l'argent. Tu ne me parle que du mauvais temps, et pourtant maintenant, il fait bien beau et j'espère que vous n'allez pas laisser votre pièce du Tir[185]. Dire que c'était la plus belle, s'il avait été coupée tout de suite.

Enfin, en tous cas ne te tourmente pas pour ça, en tous cas, qu'elle reste et maintenant que tu as mon oncle et ma tante, tu ne t'ennuiera pas. Et ce pauvre René, qu'est-ce qu'il doit faire à Melun, tu lui as dit qu'il t'écrive aussitôt. Tu me donneras son adresse aussitôt que tu l'auras. Alors ton soldat, tu l'as gardé, tu as bien fait.

Maintenant, je vais te dire que moi, ça ne roule pas en ce moment comme il faut. Je ne me fait pas porter malade parce que je pense toujours aller vous voir

182. L'embusqué, c'est toujours l'autre, celui qui a obtenu la faveur d'un poste réputé « planqué » à l'arrière du front.

183. Lettre multi-adressée à sa mère et à toute la famille.

184. Feuille recto-verso, format 21 × 13,5 cm, pliée en quatre, avec l'illustration du « Foyer du Soldat ». Archives familiales.

185. La pièce du Tir, nom d'un champ de la ferme. Les autorités militaires ont procédé en 1876 à l'expropriation d'une partie du champ appartenant à Alexandre Gastellier, le grand-père de Maurice, pour les manœuvres et tirs du 76e RI.

ou sans celà, je tousse sec et des points dans le dos, je ne crois pas que çà dure, mais en tous cas, je ne suis pas costot en ce moment.

J'espère que tu es en bonne santé ainsi que mon oncle et ma tante que tu voudras bien souhaiter le bonjour.

Ton fils qui pense à toi.

Maurice

– **Lettre 171 Rodez le 12-9-[septembre 19]15,** *ton blé a pas mal rendu*[186]

Chère mère

Je viens de recevoir ta lettre du 8 septembre. Tu me dis qu'il fait beau chez nous, c'est comme ici. Le mauvais temps n'a pas duré longtemps et voilà le temps remis et la chaleur revenue. Même qu'il fait chaud à faire les marches en ce moment, avec çà je ne vaux plus ce que je valais l'année dernière, je suis moux et pas grand force et je vois que je ne changerai pas maintenant.

Quand je pense ce que travaillais quand j'avais 15 ans et jamais fatigué pendant qu'aujourd'hui, ma tête me tourne quand je veux aller vite et que je reçois des secousses, je ne peux même pas chahuter. Enfin, si c'était fini et qu'on revienne, il ne faudrait encore pas se plaindre.

Comme je vois, ton blé a pas mal rendu, je ne croyais pas que çà te ferait autant d'argent que çà cette année loin de là. J'ai fais le compte, c'est comme l'année dernière[187]. Duquesne est parti au 276e de ligne pour être avec ses frères, où s'en cela, il partirait au 76e et Lheureux est parti aussi au 143e de ligne et moi je ne veux pas tarder, car il est question que l'on parte demain à la 25e compagnie et aussitôt que nous sommes habillés, pour partir jeudi prochain, alors tu vois si ça barde. Ecris moi quand même à la 31e, si je passe demain à la 25e, je t'enverrai une carte, enfin c'est surement mon dernier dimanche à Rodez. Je vais me promener sur le bord de l'Aveyron cet après midi, et le soir on se paie à diner en ville comme tous les dimanches on fait, plusieurs camarades ensemble. Tu me demandes si mon copain de Rebais est parti, il y a trois, quatre jours, il est parti au 122e. Il en part partout, moi, je ne sais pas où j'irai. Je ne vois plus rien à te dire, en attendant le plaisir de vous revoir, je vous embrasse de tout mon cœur.

Bonjour à René. Maurice

J'ai vu dimanche dernier Melle Couesnon et des gens de Coulommiers avec Coudoin qui étaient venu le voir.

186. Feuille recto-verso, à carreaux de 0,8 × 0,4 cm, format 21 × 13,5 cm, pliée en deux. Écrite à l'encre bleue.

187. Maurice comptabilise à distance les rentrées d'argent et les compare à celles de l'année précédente.

– **Lettre 172 [Rodez]**[188] (*ill. 21*)

Mon cher René

Me voilà à la 25e compagnie et je crois que je pars demain pour le front. Bonjour à maman et à Mauricette.

Maurice

Ill. 21. Carte postale des Nouvelles Casernes de Rodez, adressée par Maurice Gastellier à René son frère, 14 septembre 1915 (Archives familiales, DR). Après sa première permission de convalescence chez lui au Theil, Maurice est affecté à la Caserne de Rodez, dépôt du 76e RI évacué de Coulommiers et de Paris.

188. Carte postale, non datée, vraisemblablement du 14 septembre 1915. Rodez (Aveyron), les Nouvelles Casernes, format 14 × 9 cm. Archives familiales.

Chapitre 5
DU 76ᴱ AU 19ᴱ RI
(OCTOBRE 1915-AVRIL 1916)

Après sa convalescence, Maurice retrouve son régiment profondément remanié en Champagne et est affecté à la 11e compagnie[1]. Le 76e RI, sous les ordres du lieutenant-colonel Viala, quitte provisoirement la 10e DI en juin pour former la 249e brigade du général Vaimbois avec le 131e RI et le 1er bataillon du 30e RI. La 125e DI, composée des 249e et 250e brigades prend part à la 2e bataille de Champagne[2]. Le général Joffre applique une stratégie offensive, destinée à percer le front de l'Artois à la Champagne. Elle s'avère inefficace et meurtrière avec près de 350 000 morts dans l'année 1915.

– La 2e bataille de Champagne

Le régiment gagne la Croix-Saint-Geantin le 24 septembre puis ses tranchées de départ en seconde ligne au nord de Saint-Thomas[3]. Devant lui, dans les tranchées de 1re ligne, le 47e RI déclenche l'assaut mais est rapidement stoppé par un violent tir de mitrailleuses. Le 76e RI est appelé pour soutenir l'attaque, Maurice écrit : « nous n'avons pu rien faire et nous avons perdu du monde[4] » (lettre du 26 septembre 1915).

---

1. Dans le secteur des Courtes-Chausses, le 76e RI subit de lourdes pertes : 39 tués, 180 blessés et 572 disparus, les 13 et 14 juillet dues aux tirs d'obus de grand calibre et d'obus asphyxiants. SDH/DAT, 26N546/5, JMO de la 249e brigade, 14 juillet 1915.

2. La 125e DI dans la IIIe Armée du général Sarrail est affectée comme troisième division au 5e corps d'armée.

3. Saint-Thomas-en-Argonne, canton de Ville-sur-Tourbe, arrondissement de Sainte-Menehould (Marne).

4. « Les hommes du 76e se mélangèrent avec ceux du 47e qui venaient de regagner leurs tranchées de départ. Ce mélange paralysa le mouvement et fit échouer l'action du 76e RI. » Caporal VASSAL, *Le 76e Régiment d'Infanterie dans la Grande Guerre*, *op. cit.*, p. 27. « Pertes au 76e : 18 tués, 173 blessés, 29 disparus. » SHD/DAT, 26N546/5, JMO de la 249e brigade, 25 septembre 1915.

Relevé le 26 septembre, le régiment se rassemble dans un ravin et bivouaque de part et d'autre de la route Florent-Sainte-Menehould. Il quitte son bivouac dans la nuit du 3 au 4 octobre. Maurice mentionne son cantonnement à Courtémont « Nous voilà en pleine Champagne » (lettre du 4 octobre 1915) et ses « deux ans » dans son nouveau « métier » : « Il y a deux ans aujourd'hui, j'entrais dans ce métier » (lettre du 14 octobre 1915).

– Le casque remplace le képi

Le casque faisant maintenant partie de l'équipement des fantassins, Maurice exprime ses réticences : « il y a rien qui me dégoûtte comme çà sur la tête, çà me fait mal à la tête » (lettre du 23 octobre 1915). Ambroise Harel, du 115e RI, témoigne de la même réticence : « Nous leur [les casques] fîmes d'abord mauvaise mine, parce que c'était lourd, que nos képis nous convenaient bien davantage. Mais cela changea vite : dès le lendemain, nous nous aperçûmes de leur utilité[5]. » Dans la nuit du 9 au 10 octobre, le 76e RI relève la 77e brigade jusqu'au 15 octobre puis le 37e RI dans la nuit du 20 au 21 octobre.

Maurice espère bénéficier du régime de permission réglementaire de six jours tous les quatre mois rétabli au cours de l'été 1915[6] : « j'irai dans huit jours car il va y avoir quatre mois dans les 1er de novembre mais je suis encore dans les 40e et il n'en part pas beaucoup » (lettre du 27 octobre 1915).

– Les épidémies d'oreillons et de typhoïde

Les épidémies de maladies infectieuses se développent en raison des mauvaises conditions d'hygiène de la troupe. Suite à un cas diagnostiqué en Champagne en septembre 1915, une épidémie d'oreillons se répand dans le régiment, quarante-cinq jours plus tard[7]. Des mesures sont prises : désinfection de la gorge des hommes avec la glycérine iodée, désinfection des abris et sapes des Meurissons et mise en quarantaine des unités infectées.

Maurice n'est pas affecté par cette épidémie d'oreillons mais est atteint d'une fièvre typhoïde. La vaccination pratiquée pour le régiment d'active en juillet 1914 a été étendue aux renforts de réservistes en novembre 1914 mais le vaccin ne protège pas des fièvres paratyphoïdes qui se propagent rapidement[8]. La typhoïde

5. HAREL Ambroise, *Mémoires d'un poilu breton*, Rennes, Ouest-France, 2009, p. 42.

6. Les permissions réglementaires suspendues au déclenchement de la guerre sont rétablies à partir de juillet 1915.

7. « La 2e compagnie, officiers et capitaine compris, est mise en quarantaine, c'est à dire dirigée sur les cantonnements de Nubécourt et isolée [...] les abris et sapes des Meurissons occupés par les unités du 76e RI furent désinfectés. [...] tous les hommes furent astreints à désinfecter leur gorge avec de la glycérine iodée. » SHD/DAT, 26N546/5, JMO de la 249e brigade, 8 novembre 1915.

8. La vaccination contre la seule *Salmonella typhi* n'est pas suffisante pour protéger contre la typhoïde. Des salmonelles très proches, *Salmonella paratyphi A* et *B,* sont suffisamment différentes pour qu'une immunisation contre l'une ne protège pas contre les autres. La

est une maladie infectieuse due à des bactéries du genre *Salmonella* dont le réservoir est strictement humain. La contamination résulte le plus souvent de l'ingestion d'eau ou d'aliments ayant subi une contamination fécale d'origine humaine ou d'une transmission directe de personne à personne. Les formes bénignes se manifestent par une diarrhée violente et de fortes températures, les formes graves entraînent des complications au niveau de l'intestin, du cœur ou du système nerveux et sont fatales en absence de traitement.

– À l'hôpital de Bar-le-Duc

Maurice est transporté à l'hôpital de Bar-le-Duc puis à l'hôpital Marie-Thérèse de Saint-Amand-Montrond (Cher) et envoyé en convalescence durant quatre mois comme Marc Bloch et beaucoup d'autres[9]. Alité durant cinq semaines, Maurice s'informe des nouvelles du pays dans « *le Démo* » et « *le Petit Parisien* » envoyés par sa mère et s'inquiète de l'état des cultures : « si les blés lèvent bien, dans quels champs vous en avez fait » (lettre du 15 novembre 1915). Il confirme à distance le montant de la paie de l'ouvrier : « tu as bien fait le prix, qu'il ne réclame pas davantage à la paie ce fou là » (lettre du 21 novembre 1915) et donne ses conseils à son frère : « qu'il fasse attention de bien atteler ses cheveaux et en les détellants[10] » (lettre du 27 novembre 1915).

– Une correspondance toujours difficile

La correspondance, abondante avec le retour au front en octobre, diminue en fin d'année 1915 et au premier trimestre de 1916 (***graphique 6***) : « les lettres ont été suspendues pendant les opérations de ces jours derniers » (lettre du 3 octobre 1915). Se méfiant du contrôle postal, Maurice code « B…s.j.. . » (lettre du 21 octobre 1915) pour la ferme de Beauséjour indiquée en clair précédemment (lettre du 10 octobre). L'historien Jules Isaac procède de même : « le fameux fortin de B.(…)[11] » (lettre du 28 juin 1915).

À la demande pressante de sa cousine lui réclamant une bague en aluminium, Maurice écrit « je vais tâcher de lui en faire une » (lettre du 23 octobre 1915). Un véritable art des tranchées se développe utilisant comme matière première débris d'obus et ferraille des champs de bataille. Les fantassins en majorité des travailleurs

vaccination contre ces deux paratyphoïdes est alors adjointe à celle contre la typhoïde. Ce sera le vaccin TAB, administré aux armées à partir de 1916.

9. C'est durant sa convalescence que Marc Bloch commence à écrire *Souvenirs de guerre* en 1915. BLOCH Marc, *Écrits de guerre…*, *op. cit.*, p. 119.

10. Le cheval est guidé manuellement par le charretier à l'aide des rênes et par la voix. C'est tout un savoir-faire empreint de patience et d'autorité dans une relation singulière entre l'homme et l'animal.

11. MICHEL Marc, *Jules Isaac, un historien dans la Grande Guerre, Lettres et carnets, 1914-1917*, *op. cit.*, p. 114.

manuels fabriquent bague ou chandelier en dépit des nombreuses tâches qui les sollicitent en cantonnement.

Maurice espère la fin de la guerre, au terme de sa mobilisation de trois ans, en octobre 1916 : « J'espère que dans six mois qu'il me reste à faire que ce sera terminer » (lettre du 6 avril 1916) [*graphique 6*].

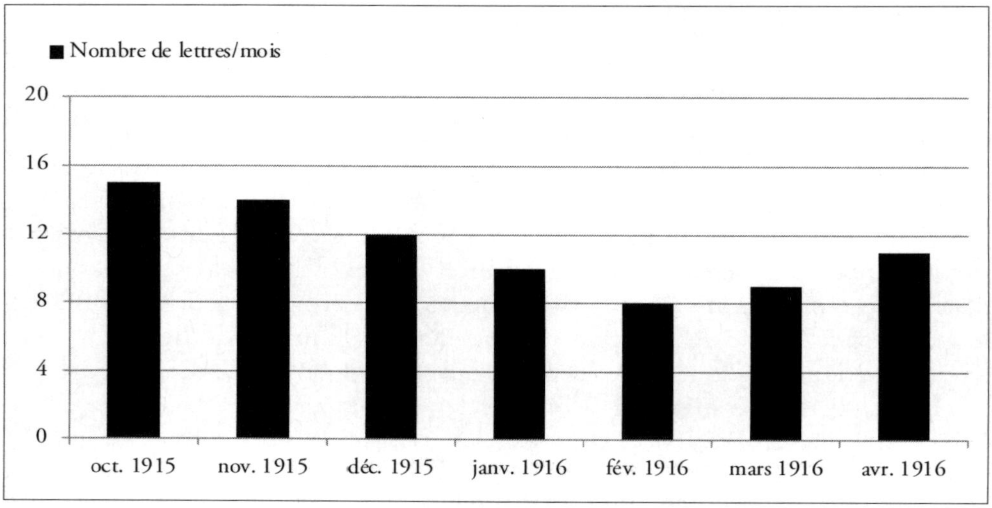

Graphique 6. Évolution de la correspondance d'octobre 1915 à avril 1916.

– Au camp de Labruguière

Maurice obtient une deuxième permission de convalescence au Theil à la mi-décembre, lui permettant de passer Noël auprès des siens. Après avoir rejoint en début d'année la caserne de Rodez puis le camp de Labruguière dans le Tarn, il effectue marches et travaux pour « reboucher des tranchées[12] » (lettre du 26 janvier 1916).

Sa mère lui apprend l'achat d'un cheval pour remplacer Bijou « tu me dis que tu viens d'acheter un cheval » (lettre du 21 mars). Il exprime la crainte de l'appel de Joseph dans la réserve territoriale : « çà barde pour la classe 88, pourvu qu'ils te laisse Joseph » (lettre du 25 mars 1916) et s'inquiète des betteraves : « je ne sais pas qui vous les arrangera » (lettre du 26 avril 1916).

– Le pain de Coulommiers

Maurice apprécie la saveur du pain « du pays » : « j'ai mangé du pain de Coulommiers à Rodez [...] je t'assure que c'est du gateau au prix de celui de Rodez » (lettre du 11 février 1916). Les colis ramenés à la caserne de Rodez après

12. Les marches et manœuvres sont autant de moyens d'occuper sainement la troupe en cantonnement y compris le creusement et le rebouchage de tranchées factices.

une permission sont des moments de convivialité et de partage et apportent aussi des saveurs du pays. Il faut dire qu'avec le « pain de guerre » composé d'une pâte de farine de blé cuite deux fois pour enlever toute l'humidité pour qu'il se conserve longtemps, le goût et surtout la texture ne sont pas au rendez-vous : et les soldats doivent le ramollir en le plongeant dans leur bouillon pour le consommer. Il en est de même pour le pain-biscuit, sans levure, soumis à une cuisson lente, qui se conserve plusieurs semaines[13].

– Le jeune « vétéran » au 19e RI

La correspondance de Maurice est particulièrement intéressante parce qu'elle révèle de « l'intérieur » du système mis en place les modalités d'un classement aussi « juste » que possible à partir de « points » pour l'affectation des renforts, « les bleus » des nouvelles classes comme des poilus déjà aguerris sortant d'une période de convalescence[14]. Dans une lettre du 19 mars, il explique à sa mère : « on nous place par ordre de mois de front […] je suis le 170e à partir » dans la 25e compagnie de dépôt. Comme il ne part que 100 hommes de renfort pour le 76e le lendemain, le rang de Maurice lui permet de rester à Rodez.

Absent du front depuis plus de cinq mois, il exprime son impatience : « j'ai peur d'être traité d'embusqué » (lettre du 15 avril 1916). Il échappe ainsi au départ d'un nouveau renfort destiné au 139e RI d'Aurillac, puis à un autre pour le 80e de Narbonne, et à un dernier partant au 74e RI de Rouen. Privé de ses copains, il est désemparé « J'aurais été heureux de partir au front avec le dernier renfort où j'avais de bons petits camarades et ils sont partis au 74e qui est le régiment de Rouen » (lettre du 22 avril 1916). Ce témoignage rejoint notamment celui de Louis Barthas, caporal au 280e RI : « L'escouade est une petite famille, un foyer d'affection où règnent entre ses membres de vifs sentiments de solidarité, de dévouement, d'intimité d'où l'officier et le simple sergent lui-même sont exclus[15]. »

Ce phénomène de réaffectation et de brassage est trop peu connu mais n'a rien d'exceptionnel. Le parcours de Maurice du 76e RI de Coulommiers au 19e RI de Brest illustre les évolutions des principes de recrutement face à l'ampleur des pertes et le quasi-abandon des logiques territoriales nées des réformes consécutives

13. De la même façon, Elie Préauchat et Paul Cocho, deux territoriaux bretons, confèrent au beurre salé qu'il reçoivent de leur épouse une saveur particulière. Dans le cas de Préauchat, le fait que ce beurre ait été fabriqué chez lui, à Saint-Launec, lui confère une saveur particulière qu'il ne manque pas d'évoquer dans ses carnets. Sur cette question, voir LAGADEC Yann, « Deux expériences de la captivité de guerre : Paul Cocho et Elie Préauchat, territoriaux du 74e RIT de Saint-Brieuc (1914-1919) », *Mémoires de la Société d'émulation des Côtes-d'Armor*, 2012, p. 471.

14. LAGADEC Yann et THIERRY Joël, *Un Briard parmi les Léonards. Maurice Gastellier, poilu columérien du19e RI (1916-1918),* Les Cahiers de l'Iroise, no 217, avril-mai-juin 2014.

15. *Les carnets de guerre de Louis Barthas, tonnelier, 1914-1918,* introduction et postface de Rémy Cazals, Paris, La Découverte poche, 2003, p. 10.

à la défaite de 1870-1871. Les témoignages de brassage entre provenances géographiques diverses lors des réorganisations des corps d'armée puis des divisions sont nombreux. Le capitaine Charles Ruellan, du 247e RI (Saint-Malo), qui retrouve son régiment en décembre 1915 après l'avoir quitté au mois d'août précédent suite à une blessure, note que celui-ci « n'a plus de breton que le nom car la moitié de nos hommes sont maintenant du Midi et du Centre[16] ».

Le recrutement du 19e RI à l'origine géographique, plus particulièrement du Finistère et de Loire-Inférieure, se renforce avec des hommes provenant de toutes les régions de la France[17]. Si en août-septembre 1914, les morts du 19e RI sont pour 93 % d'entre eux originaires de Bretagne – plus encore si l'on ne tient pas compte des officiers et sous-officiers de carrière –, ils ne sont plus que 40 % dans ce cas en avril-mai 1917 en incluant les Vendéens qui dépendent de la même 11e région militaire de Nantes[18].

Maurice affecté dans la 9e compagnie du 19e RI rejoint son nouveau régiment dans l'Aisne : « [je] ne porte plus les écussons du 76e mais ceux du 19e RI de Brest[19] » (lettre du 29 avril 1916). Et même si le 19e RI est de moins en moins un régiment breton, Maurice se met à espérer « une petite blessure pour aller voir la ville de Brest » (lettre du 28 avril 1916). Brest sous-préfecture du Finistère d'où est parti le régiment le 8 août 1914 pour participer au sanglant combat de Maissin le 22 août dans la fameuse « bataille des Frontières » avant de se battre sur la Marne en septembre puis sur la Somme à partir de l'automne 1914[20].

16. Sur ces questions, voir BOURLET Michaël, LAGADEC Yann et LE GALL Erwan (dir.), *Petites patries dans la Grande Guerre*, *op. cit.*, p. 38-40.

17. *Historique du 19e régiment d'infanterie pendant la guerre 1914-1918,* anonyme, sans date, Nancy/Paris/Strasbourg, Imprimerie Berger-Levrault, A2G1950, p. 6.

18. Nous remercions chaleureusement Sophie Carluer pour ces données. Sur le 19e RI dans la Grande Guerre, nous nous permettons de renvoyer à son blog [http://19emeri.canalblog.com] 31 janvier 2022.

19. Le régiment est l'unité la plus emblématique et la plus identitaire de l'armée avec son drapeau, ses chants et ses hauts faits répertoriés.

20. LAGADEC Yann et THIERRY Joël, *Un Briard parmi les Léonards…*, *op. cit.*, p. 43.

– Lettre 173 [Le 16 septembre 1915], *Un bonjour de Limoges Maurice*[21]

– Lettre 174 Saint-Dizier le 18 sept[embre 1915], *je vais tacher de demander ma 3e comp*[22]

Mon cher René
Je me dirige sur l'Argonne, je suis presque sûr d'aller au 76e, je vais tacher de demander ma 3e comp. C'est une belle promenade pendant trois jours et trois nuits dans des wagons de 1re et 2e classe. Je vous donnerai mon adresse.
Maurice

– Lettre 175 Le 19 sept[embre] 1915, *j'ai demandé la 11e compagnie*[23]

Chère mère
Nous sommes arrivés hier soir sur le front, nous voilà affecté à nos compagnies, je n'ai pu aller qu'au bataillon de Coulommiers, çà fait que j'ai demandé la 11e compagnie qui est commandée par Bornet. Tu le diras à ses belles sœurs où à sa femme, Mme Lantenois, ça fait qu'elles lui dirai si je peux avoir un petit truc.
Nous sommes au repos où nous étions dans les premiers de décembre, regarde sur mes anciennes lettres. Je ne t'en mets pas plus long car il fait nuit.
Je t'embrasse de tout mon cœur.
Maurice
Bornet, c'est le gendre à Lantenois de Vaux, ses belles sœurs me parlaient toujours quand je les rencontrais, quand j'ai été en convalescence.

– Lettre 176 Le 22 sept[embre] 1915, *nous ne savons pas du tout ce que l'on doit faire*[24]

Mon cher René
Nous sommes au repos comme je vous l'ai écris, nous ne savons pas du tout ce que l'on doit faire, on attend les ordres. Je pense que tu es en bonne santé ainsi que maman. Tu me diras ce que vous faites dans l'ouvrage, si c'est sec à labourer car je ne vois pas **souvent** pleuvoir. Tu diras à maman qu'elle m'envoie régulièrement *le Démocrate*, comme avant. On est pas malheureux, si ce n'est que ce n'est plus la cuisine de Rodez, mais il faut si refaire.

21. Carte postale, Limoges, Les Trois Ponts, cachet de la poste du 16 septembre, format 13,4 × 8,7 cm, adressée à son frère. Archives familiales.
22. Carte postale en couleur, Saint-Dizier, Le Grand Pont, format 14 × 9 cm, adressée à son frère. Archives familiales.
23. Feuille recto-verso, avec lignes équidistantes de 0,8 cm, format 17 × 11 cm, pliée en deux. Au dos de l'enveloppe figure le secteur postal du régiment : « secteur S 9 ».
24. Carte postale, Clermont-en-Argonne en ruines, 1914-1915, format 14 × 9 cm. Archives familiales.

En attendant le plaisir de vous revoir, je te serre la main. Bonjour à maman.
Ton frère
Maurice.

– Lettre 177 Le 23 septembre 1915, *le coup dont on parle depuis si longtemps*[25]

Chère mère et cher frère.

Je vous écris ces quelques mots avant de partir faire le coup dont on parle depuis si longtemps, le coup dont vous devez entendre parler en ce moment, et dont vous entendrez parler dans quelque temps[26]. Vous voyez que j'arrive bien, je tombe à pic. Vous pourrez lire ma lettre du 16 février, c'est la même chose et même pire, vous verrez ce que je vais faire[27].

En attendant d'autres nouvelles, je vous embrasse de tout mon cœur. Votre petit Maurice.

Bonjour à toute la famille, je n'ai pas le temps d'écrire à Mauricette.

– Lettre 178 Le 26 septembre 1915, *nous n'avons pu rien faire et nous avons perdu du monde*[28]

Chère mère

Je t'écris ce petit mot pour te donner de mes nouvelles qui ne sont pas mauvaises quoique nous en avons vu des durs de toutes les façons. Nous avons été pour faire ce que je t'ai dis, mais comme je le pensais, malheureusement, c'est toujours pareille, je ne sais pas s'ils ont réussi quelque part, mais nous, nous n'avons pu rien faire et nous avons perdu du monde, pas trop notre régiment, car nous étions en deuxième ligne. Notre colonel est blessé, notre commandant et notre lieutenant de compagnie, Bornet qui y était depuis le début pourtant[29]. Moi qui était venu à la compagnie pour être avec lui, car c'est un bon officier.

Enfin, on y était parti de bon cœur, mais à la force, on va se rebuter. A part la grêle d'obus et de balles, nous en voyons de toutes les façons avec le temps, car

25. Feuille recto, avec lignes équidistantes de 0,8 cm, format 17 × 11 cm, pliée en deux.

26. Le général Joffre déclenche, le 23 septembre, l'offensive destinée à percer le front en Champagne.

27. Maurice fait référence à la première offensive sur Vauquois du 17 février 1915 relatée dans la lettre du 19 et non du 16 février 1915. C'est une façon détournée de parler de la violence.

28. Feuille recto-verso, format 21,5 × 18 cm, pliée en quatre.

29. « Le Lieutenant-colonel Viala, blessé grièvement, conserve le commandement du 76e RI. Dans la nuit la 249e brigade est retirée de la ligne et retourne à ses bivouacs à l'ouest de la Croix-Gentin. » SHD/DAT, 26N427/1, JMO de la 125e brigade, 25 septembre 1915. C'est le commandant Bornet qui remettra à Maurice Gastellier la Légion d'honneur le 14 juillet 1960.

nous couchons au milieu des bois, les reins dans la boue et il tombe de la flotte toute la nuit.

Cà ne fait rien, je crois que je suis habitué à la misère d'un seul coup, çà ne vaut pas mon lit de ce mois de juillet. C'est drôle de voir tout le monde demander une petite blessure pour partir de cette vie abominable, mais malheureusement, c'est que çà ne choisit pas. Je pense que vous êtes en bonne santé et que votre ouvrage se fait dans de bonnes conditions.

Je me demande ce qu'il est résulté de l'affaire Lucillus avec sa luzerne qu'on lui avait brisé. En attendant le plaisir de retourner vous revoir, je vous embrasse de tout cœur.

Votre petit Maurice.

Je n'ai pas encore reçu de nouvelles depuis Rodez, je pense en recevoir bientôt, avec çà, il n'y a que cela pour nous remettre. Je n'ai pas encore vu Lambert, je pense le voir bientôt. Je vous vois vous consulter ensemble vous demander « avez-vous des nouvelles ? » avec Victor et Madame Gazonnois.

Maurice

– **Lettre 179 L'Argonne le 28 sept[embre] 1915,** *nous couchons dans les bois, sur la terre*[30]

Chère mère

J'ai reçu hier ta lettre envoyée à Rodez où tu me dis que vous ne pourrez y arriver avec votre ouvrage surtout si Joseph reste quelques journées pour ses pommes[31]. Maintenant, tu me dis qu'il fait sec par chez nous, qu'on ne peux labourer, je crois que le temps doit être changé aujourd'hui, car ici, c'était pareille, il faisait sec depuis longtemps, maintenant il pleut tous les jours et nous couchons dans les bois, sur la terre, on se cache comme on peut, avec des toiles de tente.

J'ai vu Lambert hier ainsi que Testard qui est au 131e de ligne. Testard m'a dit qu'il venait de voir s'en aller Huet le plus vieux, celui qui est marié, il était blessé dans l'attaque, c'était son régiment qui était parti devant nous, il était du 168e et nous, nous étions derrière[32]. Tu demanderas à la mère Huet comment çà va, elle sera contente, elle qui me demandait toujours comment çà allait. Tu ne m'as pas dit que ta voisine avait fait comme son mari, je l'ai vu sur *le Démocrate.*

Je reçois à l'instant ta nouvelle lettre, la première que tu m'envoie ici. Dans ma compagnie, j'ai beaucoup de copains de Doue, Saint-Cyr, mais pas de Coulommiers[33]. Ce que je serais content de manger des bonnes poires, il y en a qui en reçoive, ici, tu pourrais peut être essayer, on enveloppe çà avec du linge et

30. Feuille recto, à carreaux de 0,8 × 0,4 cm, format 21,5 × 13 cm, pliée en quatre.

31. Quand il ne travaille pas à la ferme, Joseph récolte des pommes chez lui.

32. Hermengilles Huet, blessé, est notifié dans l'état nominatif des pertes du 25 septembre 1915. SHD/DAT, 26N706/6, JMO du 168e RI.

33. Doue et Saint-Cyr-sur-Morin situés respectivement à 13 km et 16 km au nord-est de Coulommiers.

on leur dit que c'est des effets, tu me metterais mon passe montagne et une paire de chaussettes, si tu te décidais. Tu feras comme tu voudras. Tu sais je prends des défauts, je fume maintenant du tabac que l'on touche[34]. Tu me diras si, en haut de la mère Fleurentine, il y a beaucoup de pommes. En attendant d'autres nouvelles, je t'embrasse de tout mon cœur.

Maurice

Mon caporal a été habillé chez nous à la mobilisation, c'est Clavier, la mère Mulot le connait bien, il a fréquenté Marcelle dans un temps, et ils sont toujours resté bien, elle est venu le voir à la mobilisation chez nous.

– **Lettre 180 Argonne le 30 sept[embre] 1915,** *j'ai compté mes haricots, j'en avais 53, et ils étaient durs comme des cailloux*[35]

Chère mère

Nous sommes pas trop mal en ce moment. Nous sommes à l'abri de la mitraille et des obus, dans des cabanes bien faites et où l'on fait du feu à volonté. Nous sommes trop bien pour y rester longtemps, car je crois que çà ne tarderas pas à repartir, surtout qu'en ce moment, çà barde. Enfin, çà ne va pas trop mal en ce moment sur les journaux, tu dois en voir, c'est toujours qu'il y a un peu de vrai. Nous, de notre côté, c'est toujours pareille.

Vous devez pouvoir labourer en ce moment car il en a tombé encore cette nuit, heureusement que nous étions à l'abri. Maintenant, çà va faire grossir les pommes, vous allez en faire du cidre et dire que je bois de l'eau, on a même pas le droit d'acheter du vin, parce que, il y en a toujours qui se sahoule quand il peuve avoir du vin.

Ce que je trouve, c'est que l'on n'est pas si bien nourri que quand j'ai quitté, que j'ai été blessé. Hier, c'était même un peu exagéré, j'ai compté mes haricots, j'en avais 53, et ils étaient durs comme des cailloux. Aujourd'hui çà allait, enfin on est à la guerre, il ne faut pas être difficile.

Je ne vois plus rien à te dire pour aujourd'hui. Ne te tourmente pas si je suis quelques jours sans t'écrire, car dans les tranchées, ce n'est pas facile maintenant.

En attendant le plaisir d'aller vous voir, je vous embrasse de tout cœur.

Maurice

– **Lettre 181 Le 3 octobre 1915,** *les lettres ont été suspendues*[36]

Chère mère

Nous sommes toujours au repos dans nos cabannes dans le milieu des bois, nous sommes aussi bien que dans les cantonnements dans les pays. En ce moment, je ne suis pas costot, d'abord, j'ai encore mon mal de tête, je crois que c'est parce

34. Maurice prend goût au tabac distribué dans l'armée.

35. Feuille recto-verso, avec lignes équidistantes de 0,8 cm, format 21,5 × 18 cm, pliée en quatre.

36. Feuille recto-verso, avec lignes équidistantes de 0,8 cm, format 18 × 11 cm, pliée en deux.

que le temps change, voilà le beau temps revenu, et en plus de ça, voilà la diarrée qui me prend, et l'appétit ne va pas trop bien.

Pourvu que çà ne soit pas pour me faire comme l'année dernière à cette époque ci. Tu auras peut être été quelques jours sans recevoir de lettres car les lettres ont été suspendues pendant les opérations de ces jours derniers. Je crois qu'on ne tardera pas à partir dans les tranchées.

Je ne vois plus rien à te dire pour aujourd'hui que de souhaiter le bonjour à René. En attendant le plaisir de retourner vous revoir, je vous embrasse de tout mon cœur.

Maurice

– Lettre 182 Le 4 octobre 1915, *nous partons pour les tranchées*[37]

Chère mère

Deux mots pour te dire que nous nous sommes rapprochés des tranchées, nous y partons ce soir. Comme je vois, tu commence à t'ennuyer de ne pas recevoir de lettres, mais tu n'as pas à te tourmenter du moment que c'était tout le monde, c'était arrêté pour les opérations que tu as vu sur le journal. Maintenant, je crois que tu dois avoir reçu mes lettres et que tu es plus tranquille.

Nous nous sommes rapprochés d'Adrien, maintenant je crois que ne sommes plus loin l'un de l'autre car nous avons fait une forte marche sur l'ouest et nous voilà définitivement sorti de l'Argonne, depuis le temps que nous y sommes. Nous voilà en pleine de Champagne dans le département de la Marne.

Je fatigue toujours aux marches car ma dissenterie me retire toutes mes forces. Ne te tourmente pas si je suis quelques jours sans t'écrire, car je ne sais pas comment que les lettres vont marcher. En attendant la fin de cette maudite guerre, je t'embrasse de tout cœur.

Ton enfant qui t'aime.

Maurice

– Lettre 183 Courtémont le 6 octobre 1915, *je vois que votre ouvrage marche*[38]

Chère mère

Nous sommes toujours en attendant, pour partir, pour quand on aura besoin de nous pour le moment, nous sommes dans un cantonnement à dix km du front. Courtémont se trouve à sept ou huit km à l'ouest de Neuville-au-Pont et à 15 km à l'est de Suippes où je crois est Adrien[39]. J'avais bien vu, quand j'ai reçu ma dernière lettre, que tu te demandais qu'est-ce que ça voulait dire de ne plus recevoir de lettres, mais quand c'est tout le monde, tu dois bien te tranquilliser.

---

37. Feuille recto-verso, avec lignes équidistantes de 0,8 cm, format 18 × 11 cm, pliée en deux.
38. Feuille recto-verso, à carreaux de 0,4 × 0,4 cm, format 21 × 13 cm, pliée en deux.
39. Courtémont, canton et arrondissement de Sainte-Menehould (Marne) est situé à 7 km de Neuville-au-Pont et 20 km de Suippes.

Tu me raconte tout ce qui se passe, tout ce que tu vois sur *le Petit Parisien* mais on à les journaux, des cyclistes vont les chercher et quand il y a des victoires, on nous les lis vite au rapport. Tu me dis que Victor a confiance ainsi que son gendre, je lui en ai parler, il me dit : « à oui, faut pas faire attention au beau-père, tu sais aussi bien que moi comme il est ». Tu vois pour Lucillus, il n'en a rien été, tu te tourmentais, ce n'était pas si tourmentant que la guerre quoique tu crois que çà sera fini dans deux mois, mais on m'a dit au 15 octobre, tu vois que c'est meilleur que toi.

Enfin, je vois que votre ouvrage marche. Ecoute quand tu me parles de cidre, tu ne te figures pas ce que çà me fait. Ah ! du cidre doux, dire qu'on boit de l'eau froide, ça vous glace le vente et c'est çà qui vous fiche des coliques comme j'en ai. Je ne suis toujours pas costot avec ma tête, en plus de çà qui se fatigue de se coucher sur le dur. Cà ne vaut pas mon oreiller. J'ai vu Delaître, il m'a dit que Margalet était en convalo.

Comme tu ne me parles pas de votre santé, je pense qu'elle est excellente. Tu demanderas à René s'il fait sa raie, s'il est un peu plus coquet que quand il était conscrit et qu'est-ce qu'il fait. Il ne m'écrirait jamais un mot, il faut que je lui dise. En attendant le plaisir de vous revoir, je vous embrasse de tout mon cœur.

Maurice

– **Lettre 184 Le 8 octobre 1915,** *la cuisine, ce n'est pas extraordinaire, je ne t'en dis pas davantage*[40]

Chère mère

J'ai reçu, à l'instant, ta lettre du 4 octobre, où tu me dis que tu m'as envoyé un colis par la poste. Tu pourras m'en envoyer, comme ça régulièrement, et toujours à manger car tu sais, la cuisine, ce n'est pas extraordinaire, je ne t'en dis pas davantage[41].

Voilà ce qu'il me plait : saucisson, poires, pommes, pas trop de chocolat, fromages, soit camemberg ou fromage de chez nous, du pâté, maintenant si tu ose, une petite bouteille d'eau de vie, je ne te dis pas du cidre, parce que je sais que tu ne peux pas. Ne me mets pas de linge, sans que je te le demande.

Je me demande si je vais voir Adrien, un de ces jours, car nous nous rapprochons de lui. Il n'est pas au danger, beaucoup lui, mais vaut mieux que çà soit lui qui est la bonne place que moi, car il a encore plus besoin de revenir que moi car çà serait bien malheureux, s'il n'en revenait pas. Enfin, il faut espérer que l'on reviendra tous les deux.

40. Feuille recto-verso, à carreaux de 0,8 × 0,4 cm, format 21,5 × 13,5 cm, pliée en quatre.
41. La demande de nourriture est récurrente et rejoint le témoignage de Michel Urvoas : « Heureusement que j'ai des sous dans ma poche, sans cela je serais mort de faim. Je suis obligé d'acheter une livre de pain par jour. » THOME Jacques, *Le Fantassin de Kerbruc,* Vauchrétien, Édition Ivan Davy, La Botellerie, 1991, ISBN 2-86750-017-6, p. 69.

Je crois que l'on part d'ici ce soir, mais je ne sais pas pour aller où. En attendant la fin de cette drôle d'existence, je vous embrasse de tout mon cœur.

Maurice

– Lettre 185 Le 10 octobre 1915, *aujourd'hui anniversaire de la foire à Coulommiers*[42]

Chère mère

Je t'écris, aujourd'hui, anniversaire de la foire à Coulommiers. Cà me fait penser que l'année dernière, je t'écrivais ce jour là et je te disais, espérons que nous la ferons l'année prochaine.

Je t'écris cette lettre dedans les tranchées toutes blanches, dans le crayon car nous sommes en plein la Champagne pouilleuse, du côté de Beauséjour[43]. Au juste, tout à côté de la Ferme dont on parle en ce moment assez souvent au communiqué : Maisons de Champagne[44].

Par ici, nous avons avancé dernièrement, aujourd'hui on garde les tranchées et c'est assez calme[45]. Je ne sais pas combien allons nous y rester de jours.

S'il fait un temps comme çà par chez nous, çà doit être un plaisir de faire du blé et je crois que çà doit être votre ouvrage en ce moment. René doit y en mette derrière le semoir.

L'autre jour, aussitôt ma lettre envoyer, j'avais reçu mon colis, çà fait vite comme çà, comme la lettre. Tout était en bonne état, mais la poire n'était pas mur et un peu fané. Et il faut que l'on mange çà tout de suite car c'est trop lourd à traîner, on à déjà assez surtout nos deux cent cartouches. Quand tu m'enverras des fruits en colis postal mais çà presque murs, que çà soit bon à manger dans trois ou quatre jours.

En attendant de bonnes nouvelles de vous, je ~~pense~~ vous embrasse de tout mon cœur.

Maurice.

42. Feuille recto-verso, avec lignes équidistantes de 0,8 cm, format 21 × 17,7 cm, pliée en quatre.

43. La ferme de Beauséjour sur les communes de Minaucourt et Mesnils-les-Hurlus (Marne), bombardée dès les premières attaques de septembre 1914, est totalement détruite au printemps 1915. À 1 500 m au nord de la ferme, le fortin de Beauséjour, renforcé depuis 1914 par les Allemands, est tour à tour pris et repris plusieurs fois en février-mars 1915.

44. « Le secteur du 76e est compris entre la ferme de Maisons de Champagne exclu, à l'ouest, et la bifurcation de la route de Cernay avec le chemin de crête du massif de la cote 199, appelé Main de Massiges, à l'est, (front de 700 m). Le peloton de Génie, rattaché à la 249e brigade, reste avec le 76e RI pour travailler à l'organisation du secteur jour. » SHD/DAT, 26N546/5, JMO de la 249e brigade, 9-10-11 octobre 1915. C'est dans la tranchée des Tantes que Michel Urvoas est tué à l'ennemi le 10 octobre 1915. Le village Maisons de Champagne est situé dans le canton de Vitry-le-François (Marne).

45. Maurice fait probablement allusion à une progression de 4 km et aux prises de la butte de Tahure (191 m) et de la ferme de Navarin (192 m) situées au nord-ouest de Beauséjour.

Si tu es quelques temps s'en recevoir de lettre, ne te tourmente pas, car ce n'est pas facile a envoyer. En ce moment, je ne vais pas trop mal et je n'ai pas mal à la tête.

– **Lettre 186 Le 12 octobre 1915,** *tu parles de cadavres que l'on voit partout, de nos pauvres zouaves qui ont fait l'attaque ici*[46]

Chère mère

Je t'écris deux mots, en ce moment pendant que les Boches ne sont pas trop méchants et que c'est calme. Nous sommes en premières lignes, nous ne sommes pas si près qu'à Vauquois et pas arrosés de torpille ni de grenades. Enfin, si ça veux durer comme çà, çà pourra aller. On ne mange pas trop bien, toujours cette question, surtout dans les tranchées, alors tu peux m'envoyer des colis avec çà, quand nous irons au repos, j'ai peur qu'on soit dans les bois, et que l'on ne puisse rien acheter.

J'ai encore une dizaine de francs et je crois, que maintenant, il est question que l'on est renchérie, à partir du 1er octobre. Je n'ai encore pas touché depuis, je verrai si l'on touche nos cinq sous par jour, si c'est encore comme çà, on va demander à ce que la guerre dure encore longtemps[47]. Mais je crois que ce n'est pas la peine de le demander, parce que je ne vois plus la fin. Tu parles de cadavres que l'on voit partout, de nos pauvres zouaves qui ont fait l'attaque ici[48].

Ma diarrée et mes coliques sont passées et je n'ai pas mal à la tête comme il y a quelques temps. Enfin, çà va tout à fait bien et j'espère que vous, c'est de même.

Je t'averti que c'est ma dernière enveloppe que je t'envoie, si je n'en trouve pas, je ne sais pas comment je vais t'écrire. Enfin, envoie moi s'en une ou deux dans tes lettres, du papier, ce n'est pas pareille, j'en ai toujours un peu.

Je viens de recevoir une lettre de Liliane, quelles bêtises qu'elle vous raconte, elle croit que c'est toujours risible notre vie. J'y répondrerai quand j'aurai rien à faire et elle me réclame toujours une bague du front, elle ferai bien de m'envoyer un colis où au moins te donner pour que tu m'envoie, çà vaudrait mieux que ses bêtises.

---

46. Feuille recto-verso, avec lignes équidistantes de 0,8 cm, format 21 × 17,7 cm, pliée en quatre.

47. La solde du soldat 2e classe dans l'infanterie est revalorisée à cinq sous/jour soit un franc et demi/mois. Un sou vaut un centime, 100 sous faisant un franc. Julien Chopin, incorporé au 26e régiment d'artillerie du Mans, promu brigadier en juin 1915, mentionne la revalorisation de sa solde journalière à l'automne 1915 qui passe de 10 à 44 sous. CHOPIN Éric, *Le messager du front…*, *op. cit.*, p. 195.

48. Les zouaves, corps d'infanterie légère créé en 1830 en Algérie, sont mobilisés. Le 9e régiment de zouaves relève le 76e RI dans la nuit du 25 au 26 octobre. SHD/DAT, 26N546/5, JMO de la 249e brigade, 26 octobre 1915.

Enfin, je termine ma lettre par un beau soleil qui doit être un temps épatant à travailler et à faire les blés, je serais pourtant heureux de faire ce travail là avec vous, surtout aujourd'hui que ça va bien.

En attendant le plaisir de vous revoir, je vous embrasse de tout mon cœur.

Maurice

– **Lettre 187 Le 14 octobre 1915,** *nous sommes toujours en première ligne*[49]

Chère mère

J'ai trouvé du papier à acheté à l'instant, c'est pourquoi j'en profite pour t'écrire un mot, comme tu as l'habitude d'en recevoir tous les deux jours, tu ne serais pas tranquille. Je suis en bonne santé, je ne me sens de rien en ce moment dans la tête, nous sommes toujours en première ligne mais çà ne barde pas de trop en ce moment, je souhaiterais que çà dure comme çà[50]. Je ne sais pas combien que nous y resterons de temps.

Ne te tourmente pas pour mon vente, d'abord, çà va mieux et en tous cas, j'ai une bonne ceinture de flanelle que j'ai touché en partant de Rodez. Comme je vois, vous avez du travail en ce moment, comme tu me le dis sur ta lettre du 8 Octobre.

On vient chercher la soupe à sept km de la ligne de feu[51]. Je viens de voir Delaître, tu parle s'il est tranquille ici à arranger ses chevaux. Il a un bon truc, lui, il est à l'abri des obus et des balles.

Je termine ma lettre et je t'embrasse bien fort.

Maurice

Il y deux ans aujourd'hui, j'entrai dans ce métier, j'arrivais à Clignancourt[52].

– **Lettre 188 Le 16 octobre 1915,** *vous me direz si les betteraves ont rendus un peu*[53]

Chère mère

Nous sommes arrivés au repos ce matin, pour, je crois, 4 jours ; nous avons voyagés toute la nuit d'abord à pied, et ensuite on a pris les autobus qui nous ont amenés à 35 km du front. On entend même plus seulement le canon.

J'ai reçu la lettre à René et ce matin mon colis, c'est vraiment cher de payer 0,75 f. pour si peu de marchandise mais çà vient régulièrement au bout de

49. Feuille recto-verso, avec lignes équidistantes de 0,8 cm, format 17,5 × 10,5 cm, pliée en deux.

50. « Le 76e étend légèrement son front vers l'ouest pour occuper le secteur jusqu'au chemin de Maisons de Champagne à Ripont. » SHD/DAT, 26N546/5, JMO de la 249e brigade, 14 octobre 1915.

51. Les cuisines roulantes se mettent progressivement en place en arrière des premières lignes et les hommes de corvée apportent la nourriture quotidienne.

52. À l'occasion de ses deux ans de « métier » de militaire.

53. Feuille à carreaux de 0,4 × 0,4 cm, recto-verso, format 20,5 × 13 cm, pliée en quatre.

quatre jours. Et je t'assure que l'on peut le manger, surtout quand on est aux tranchées où l'on touche un petit repas et pas un gros pour une journée. C'est surtout du saucisson qui est le plus commode à recevoir, le fromage est un peu aplatit mais peu de chose.

Ici, on est à trente km de ~~front~~ Châlons, dans un méchant pays où l'on trouve pas grand chose à acheter, juste du vin blanc à 20 sous le litre et quelque bricole bien chère. Adrien m'a écris qu'il était à Somme-Suippe, je me suis renseigné, je suis à 30 km de lui[54].

Vous me direz si les betteraves ont rendus un peu, quand elles seront arrachées, je ne crois pas qu'elles soient grosses.

Je termine ma lettre en t'embrassant de tout mon cœur. Maurice

– **Lettre 189 Le 19 octobre 1915,** *trente cinq kilomètres aujourd'hui avec tout le fourbi sur le dos*[55]

Chère mère

Nous repartons aux tranchées en ce moment et avec nos jambes, tu vois que nous avons une belle ballade à faire, nous allons faire 35 kilomètres, aujourd'hui, avec tout le fourbi sur le dos et nous n'avons eu que trois jours de repos.

Je viens de passer à l'instant à six km d'Adrien, tu vois que c'est malheureux de ne pas pouvoir se voir. Je vais tout à fait bien en ce moment, heureusement, car avec un trajet pareille, je serais bien fatigué.

Tu m'enverras bientôt un billet de 5 f. dans une lettre car je n'ai plus que 4 f. et je viens de me munir de plusieurs bricole, beurre, fromage et pâté, que l'on paie bien cher, et il le faut pour dans les tranchées car on ne touche pas à manger de trop, comme je te l'ai déjà dit. Je croyais que l'on touchait 5 sous par jour mais c'est toujours pareille.

Je pense que vous êtes en bonne santé et que votre ouvrage marche assez vite. En attendant le plaisir de vous revoir, je vous embrasse de tout mon cœur.

Maurice

– **Lettre 190 Le 21 octobre 1915,** *tes betteraves t'ont fait un drôle de bénéfices*[56]

Chère mère

Je reçois ta lettre du 17 octobre où tu me dis que tu m'envoie un colis que j'espère recevoir cet après-midi, et où il y a un mandat de 10 f.. Tu aurais dû m'envoyer çà par 5 f. en billet et dans une lettre car les mandats, il faut les toucher et çà demande trois ou quatre jours.

---

54. Maurice et Adrien s'écrivent même si nous sommes loin d'avoir l'intégralité de leur correspondance.

55. Feuille à carreaux de 0,4 × 0,4 cm, recto-verso, format 20,5 × 13 cm, pliée en quatre.

56. Feuille recto-verso, avec lignes équidistantes de 0,8 cm, format 21 × 17,5 cm, pliée en quatre.

Ce que je ne comprends pas, c'est que tu n'as pas reçu ma lettre que je te disais que j'avais reçu mon premier colis où il y avait la poire. Tu me dis que tu as été quatre jours sans recevoir de lettre, c'est surement la lettre que je te parlais que j'avais reçu mon 1er colis que tu n'auras pas reçu, tu comprends, j'étais aux tranchées et on donne çà à des types qui vont à la soupe et il peut très bien l'avoir perdu. Tu pourras m'envoyer un caleçon quand tu voudras. Ne te tourmente pas pour tes colis, je les ai reçu tous les deux et j'espère recevoir l'autre, aujourd'hui ou demain.

Cà doit te faire du travail à préparer tout çà. Comme je vois, tes betteraves t'ont fait un drôle de bénéfices, maintenant il y à quelques choses comme pommes, c'est dommage que je ne sois pas chez nous[57]. Je suis en bonne santé, à part de temps en temps, ma tête me reprends, mais c'est peu de chose.

Nous sommes aux tranchées en ce moment, mais un peu en arrière, tout près de la ferme de B...s.j... où l'on parle tant depuis le printemps entre autre de la prise du fortin, nous sommes toujours à peu près à la même place[58]. Je pense que vous êtes en bonne santé et que c'est moi le plus malade.

En attendant notre retour, je t'embrasse de tout mon cœur. Maurice

Tu me diras combien tu paie le beurre, on en achète par ici, car on ne trouve que çà, on le paie 1 f. 25 la demi livre. Tu vois, tout le monde manger sur son bien car on touche à peu près la moitié de ce qu'il nous faut. J'espère que çà ne durera pas toujours comme çà, on mange déjà un peu mieux qu'en premier car on a réclamé aux officiers.

Je viens de recevoir mon 3e colis à l'instant.

Maurice

– **Lettre 191 Le 23 octobre 1915,** *je ne t'ai encore pas dit que je portais le casque*[59]

Chère mère

Je t'écris aujourd'hui 23 octobre, date qui me fait penser à mon pauvre père, lui, qui parlait tant de 1870 et qui disait toujours qu'elle reviendrait avant qu'il soit longtemps, il ne s'attendait pas que j'y ferai un bail dans cette guerre et que je pourrais savoir ce que c'est[60]. Enfin, espérons que l'on en reviendra et que çà ne tardera pas longtemps. En ce moment, çà remue dur dans les affaires, je ne sais pas qu'est-ce que cela va faire. Nous sommes toujours en tranchées et en réserve, la nuit, nous travaillons et le jour, on dort un peu le matin et les après-midi, on fait

57. Maurice suit de près les rentrées d'argent à la ferme avec la vente des betteraves.

58. Afin de contourner la censure, Maurice utilise le langage codé bien qu'il ait déjà indiqué en clair « Beauséjour » précédemment (lettre du 10 octobre).

59. Feuille recto-verso, à carreaux de 0,4 × 0,4 cm, format 21 × 13 cm, pliée en deux.

60. 23 octobre, date anniversaire de la mort de son père, le 23 octobre 1908.

des bagues en aluminium[61]. Liliane qui m'en réclame une depuis si longtemps, je vais tacher de lui en faire une.

Je suis en bonne santé et je pense que vous êtes de même. Je t'ai dis que j'avais reçu mon colis, le pâté était épatant, je ne savais pas ce que c'est mais j'ai vu que ce n'était pas de la camelote, maintenant le saucisson, je ne l'ai encore pas manger. Je t'ai dit que j'avais reçu mon mandat.

Cà commence à me gratter, je crois que je ne vais pas tarder à être comme les copains, pleins de poux. Je ne t'ai encore pas dit que je portais le casque comme tout le monde, il y a rien qui me dégoûtte comme çà sur la tête, çà me fait mal à la tête[62]. Je le mets que quand, je suis forcé, pour travailler et au repos que le lieutenant n'est pas là, je mets mon képi.

Je termine ma lettre en vous embrassant de tout mon cœur.

Ton enfant qui t'aime. Maurice (*ill. 22*)

Ill. 22. Carte postale de l'escouade de Maurice Gastellier, le casque remplace le képi, 23 octobre 1915. Maurice est debout au deuxième rang, le 4e en partant de la droite (Archives familiales, DR).

61. Comme ses camarades, Maurice se décide de confectionner une bague en aluminium pour sa cousine Liliane.
62. Une photo, non datée, montre l'escouade de Maurice, tous casqués, format 14 × 9 cm. Archives familiales.

– Lettre 192 Le 26 octobre 1915, *on nous a pourtant promis 5 sous par jour mais on touche toujours que notre simple sous*[63]

Chère mère

Nous voilà au repos, nous ~~sommes~~ avons été relevés cette nuit par les autos et nous sommes revenus dans notre ancienne contrée. Tout le monde est heureux de revenir par ici, car on ne peut acheter du vin dans la Champagne, on ne trouvait que des pays brûlés et pas d'habitant pour rien vendre pendant qu'ici, on trouve tout, alors maintenant, tu pourras m'envoyer quelques sous à la place de colis car çà coûte bien cher d'envoyer çà par la poste.

Nous voilà aux Islettes et je crois que nous allons aller dans les tranchées qu'ils étaient quand j'étais en convalescence chez nous et où nous étions pour le nouvel an. J'usqu'à présent, je n'ai pas vu le quart de ce que j'ai vu à Vauquois mais j'ai peur que çà ne dur pas longtemps.

En ce moment, je ne sais pas si c'est parce que nous n'avons pas roupillé cette nuit, mais j'ai un mal de tête du diable. Il me faudrait du repos mais tu comprends, là dedans, on ne dort pas souvent et mal. On nous a pourtant promis 5 sous par jour mais on touche toujours que notre simple sous. Je pense que vous êtes en bonne santé et votre travail marche dans de bonnes conditions.

En attendant le plaisir de vous revoir, je vous embrasse de tout mon cœur.

Maurice

– Lettre 193 [Le] 27 octobre [1915], *je marche sur Verdun et le régiment va être en ligne ces jours ci*[64]

Chère mère

Enfin, me voilà un peu remis, je croyais bien que vous m'aviez oublié. Mais je vois que c'est à la poste, qu'il faut en vouloir, car j'en reçois sept d'un coup aujourd'hui et quatre de toi, j'en ai pour une heure à les lire. Mais il faut bien mettre 12e compagnie, quand même que je me tromperais et que je te metterais à l'adresse 11e comme çà peut m'arriver. Tu pourras me renvoyer un billet de 5 f. Si je change de compagnie mais je ne crois pas tout de suite, je tacherai d'aller à la 11e avec mes anciens copains et je t'avertirai d'avance.

C'est bien embêtant que tu ais attendu comme çà à la gare de Coulommiers, encore je me disais Camus l'avertissant, elle n'aura pas à se déranger. Tu pourras m'envoyer mon passe montagne et le restant de saucisson et une petite bouteille si tu peux mais pas d'autres effets, on touche tout. Envoie moi çà à la 12e. Alors, je crois comprendre que le père Labiche est mort, sa femme va sans doute vendre les vaches. Comme je vois ma tante Mélie ta amené du raisin, il faudra m'en conserver pour quand j'irai, car tu sais, j'ai envie de bien manger quand j'irai vous voir et

63. Feuille recto-verso, à carreaux de 0,4 × 0,4 cm, format 20,5 × 13 cm, pliée en deux.
64. Feuille recto-verso, format 20,5 × 14,2 cm, pliée en quatre.

de faire des gauffres car çà sera la saison. Comme tu dis, maintenant, vous y aller tous les quatre mois, oui, j'irai dans huit jours car il va y avoir quatre mois dans les 1er de novembre mais je suis encore dans les 40e et il n'en part pas beaucoup[65].

Je marche sur Verdun et le régiment va être en ligne ces jours ci, mais la 12e est encore au repos étant du dépôt divisionnaire, je suis encore qu'à 40 km de ce coin maudit dont on a tant parlé et d'où l'on doit aller. J'ai reçu ton billet de 5 f..

Maintenant, oui il a été question qu'on devait aller à Salonique mais c'est fini, on a bien assez de boulot par ici, on nous vaccine pour d'autres fièvres aussi, mais moi, pour ne pas y passer, j'ai dit que j'y avais été à l'hôpital, car c'est de la babiole leur vaccin, c'est pour nous rendre malade[66].

On est au repos en ce moment mais d'un seul coup, on peut monter en auto et être sur le terrain[67]. Ton enfant qui t'embrasse de tout cœur.

Maurice

Ecris moi un peu plus souvent, maintenant tu as le temps le soir, ainsi que René qui ne pense pas beaucoup à moi.

– **Lettre 194 Le 28 octobre 1915,** *on va toucher nos cinq sous, tu l'auras vu sur le journal*[68]

Chère mère

Nous voilà, comme je t'ai dit sur ma dernière lettre, revenu dans notre ancienne contrée, je crois que nous sommes au repos pour huit jours, en voilà trois de fait. Tu ne m'enverras de l'argent que quand je te le dirai, car maintenant on va toucher nos cinq sous, tu l'auras vu sur le journal.

En ce moment, heureusement que l'on est au repos car je ne suis pas costot et j'ai un mal de tête fou. C'est comme çà, il y a des moments que çà va très bien et d'autres que je ne vaut pas un clou.

Je n'ai pas reçu de lettres de toi depuis quatre jours, j'espère en recevoir une ce soir ainsi que mon *Démo,* il n'y à que çà qui m'intéresse, plus que *le Petit Parisien.* Tu oublierai de m'en envoyer un, je le verrais tout de suite.

En attendant le plaisir de vous revoir, je vous embrasse de tout mon cœur.

Maurice

65. Les permissions rétablies à partir de l'été 1915 sont dispensées de façon parcimonieuse.
66. Pour enrayer l'épidémie de typhoïde, des mesures de désinfection et de vaccination sont prises.
67. Le transport des troupes par camion permet d'accroître la mobilité des fantassins.
68. Feuille recto-verso, avec lignes équidistantes de 0,8 cm, format 21 × 17,7 cm, pliée en quatre.

– Lettre 195 Le 30 octobre 1915, *la bouteille d'eau de vie ma bien arrivée*[69]

Chère mère

Je viens de recevoir ta lettre du 24 octobre. Tu vois que je savais bien que je t'avais rendu compte de mon premier colis. Aussitôt que je l'ai reçu, je te l'écris. Je viens de recevoir le colis à ma tante, je vais la remercier, il y avait du pâté de lapin en conserve, je me demande s'il sera aussi bon que le tien, je le mangerai, quand je serai dans les tranchées, maintenant la bouteille d'eau de vie m'a bien arrivée, mais elle était emballée, la preuve, c'est que le type qui apporte les colis a laissé tomber le colis et que çà ne la pas cassé[70].

Tu as peur de m'en envoyer surtout quand on reçoit çà au repos car on n'en touche pas, çà fait toujours plaisir. Ils font des économies, ils nous en donne que dans les tranchées et dans les tranchées, c'est pareille car avec la ration qui nous donne c'est pas conséquent.

Comme je vois, tu vas faire quelque chose comme cidre cette année.

Je suis toujours mal fichu, c'est pourquoi je n'ai pas grand goût pour écrire, en tous cas, je ne fait pas l'exercice, je me repose, le major m'en a exempté car j'ai été le voir[71]

Je pense vous que çà va bien et que votre travail diminue. Ton enfant qui pense à vous.

Maurice

Lettre de sa mère. Elle répond à une question posée par Maurice sur le prix du beurre (lettre du 21 octobre) : « tout est doublé » *soulignant l'augmentation du coût de la vie au pays.*

– Lettre 196 Le Theil 31 octobre 1915, *nous avons eu beaucoup de tués*[72] (*ill. 23*)

Mon cher Maurice

Comme je vois, te voilà retournée dans ton ancienne contrée, je voudrais bien savoir combien tu paie tout ce que tu achète par là, si c'est plus cher que chez nous, tu me demandais combien que je payais le beurre et bien c'est le même prix à quelques sous de différence, les fromages sont aussi hors de prix, le petit que je t'ai envoyé, je l'ai payé 16 sous, le saucisson que j'avais acheté à ta tante Sarah 27 sous, en un mot, tout est presque tout doublé ; tu dis que tu n'as pas vu le quart qu'à Vauquois mais si vous êtes en réserve, vous marchez après les autres.

Cependant, ça été terrible en Champagne puisque nous avons eu beaucoup de tués ; on dit que Girault est tué ainsi que le petit Vignot mais ce n'est pas officiel. Ils étaient dans le Nord. Je crois que vous touchez vos cinq sous à partir de

69. Feuille recto-verso, à carreaux de 0,4 × 0,4 cm, format 21 × 13 cm, pliée en deux.

70. Les pâtés de lapin de sa tante et de sa mère, confectionnés par les siens, ont la saveur singulière du « pays ».

71. Exercices et instruction sont au programme du régiment. SHD/DAT, 26N546/5, JMO de la 249e brigade, 27-31 octobre 1915.

72. Feuille recto-verso, écrite à l'encre noire, format 20 × 14 cm, pliée en deux.

Ill. 23. Enveloppe de la lettre de Julia du 31 octobre 1915 non parvenue à Maurice, portant la mention « Le destinataire n'a pu être atteint » illustrant les difficultés de la correspondance (Archives familiales, DR).

demain, dans quelques jours je te renverrai de l'argent mais je préfère t'envoyer un mandat puisque ça ne coûte rien et c'est plus sûr. Tu me disais il y a quelque temps que tu avais passé à six km d'Adrien, maintenant tu en es loin, lui, je crois qu'il est du côté de Belfort, il pourra dire qu'il a tenu toute la France, ça n'est pas comme toi qui est toujours à peu près dans la même contrée.

Je suis aller payer une petite note chez Miard et le comptable est un nommé Raoult qui a été blessé à la bataille de la Marne, il est de ta classe et m'a dit de te souhaiter le bonjour il me parlait de la bataille de Longuyon et dit que c'est des heures inoubliables, il a une jambe qu'il ne peut pas plier, alors je lui ai dit qu'il se trouve heureux dans son malheur que vous en avez vu bien d'autre encore depuis. J'ai vu Liliane, elle m'a dit : « crois-tu, ma tante, Maurice ne m'a pas encore répondu » alors je lui ai dit « il attend pour t'envoyer une bague en même temps », tu parles si elle était heureuse, si tu ne lui en a pas envoyée, envoie lui le plus tôt possible, il faut peu de chose pour la contenter; sa mère m'a donné deux boites de conserve que je t'enverrai dans un colis car elle dit qu'elle n'a pas le temps de faire des colis[73].

Il a l'air de vouloir pleuvoir mais ça ne trempe pas assez, je voudrais qu'il pleuve chez nous toute la nuit et toute la journée sans arrêter mais pas où tu es car je pense toujours à toi que tu couches dehors, je me demande si dans les tranchées, tu es à l'abri, quand est-ce que tu viendras coucher dans ton lit! En attendant ce bonheur tant désiré, je t'embrasse de tout mon cœur.

Ta mère.

73. Maurice a bien reçu la demande de bague de la part de sa cousine Liliane (lettre du 23 octobre 1915).

– Lettre 197 [Le] 1er novembre 1915, *je suis à l'infirmerie*[74]

Chère mère
Je suis à l'infirmerie en ce moment, mes lettres et mes colis vont être perdus[75] ; alors ne m'envoie plus rien, avant que je te le dise. Je te récrirai plus tard. Je t'embrasse de tout mon cœur. Maurice

– Lettre 198 Le 2 novembre 1915, *des nouvelles de l'hôpital*[76]

Chère mère
Je suis à l'hôpital de Bar-le-Duc, chef lieu de la Meuse. J'ai de la courbature fébrile, c'est à dire, il me faut du repos. Je ne souffre pas du tout quand je suis au lit et surtout je suis à l'abri du danger. Ne te tourmente pas. Ne fait pas comme à Tulle, ne vient pas me voir, ici, on n'a pas de permission, on retourne directement au front. Tu recevras des nouvelles de l'hôpital, nous, on nous défend d'écrire car çà nous fatigue. En attendant le plaisir de te revoir, je t'embrasse de tout mon cœur. Maurice

– Lettre 199 Le 5 novembre 1915, *envoie moi donc si tu veux un billet de 5 f*[77]

Chère mère
Je te r'écris un petit mot pour si tu n'avais pas reçu celui d'avant hier, car je n'ai pas le droit, il ne faudrait pas je sois vu. Je pense bientôt recevoir des lettres de toi, çà me désennuiera.
Envoie moi donc si tu veux un billet de 5 f. pour quand je quitterai, je crois que je mangerais bien et je n'ai pas beaucoup, je suis parti la veille qu'il me paie le prêt soit 6 f.75.
Je t'embrasse de tout mon cœur. Maurice

– Lettre 200 Le 7 novembre 1915, *je suis toujours au lit*[78]

Chère mère
Les lettres vont rudement vite ici, j'ai déjà reçu ton billet de 5 f.. Tout pendant que je suis à l'hôpital, j'en ai pas besoin, c'est quand je sortirais. Je suis toujours au lit, j'ai toujours de la fièvre, le soir. Quand on sort d'ici, on va à Chaumont passer une quinzaine de jours de repos avant de repartir au front[79]. Enfin, c'est toujours autant de passé, je compte toujours quinze jours ici et quinze à Chaumont, çà fera

74. Feuille recto, format 13 × 11 cm, pliée en deux.
75. La lettre de sa mère du 31 octobre n'est pas parvenue à Maurice.
76. Feuille recto-verso, format 18 × 11 cm, pliée en deux.
77. Feuille recto, à carreaux de 0,8 × 0,4 cm, format 20 × 13 cm, pliée en deux.
78. Feuille recto, à carreaux de 0,8 × 0,4 cm, format 21 × 13 cm, pliée en deux.
79. Chaumont, chef-lieu de canton (Haute-Marne).

un mois encore. Tu souhaiteras le bonjour à Mauricette et à Adrien s'il est arrivé en permission. Tu dois avoir reçu la note de l'hôpital. Tu me diras ce qu'il te dise[80].

En attendant de te revoir, ainsi que René, je vous embrasse de tout mon cœur.

Maurice

– **Lettre 201 Le 9 novembre 1915,** *je suis tout le temps couché*[81]

Chère mère

Ma fièvre commence à diminuer mais je commence a avoir faim, quoique on touche quelque chose comme lait, on touche trois litres par jour, mais çà ne vaut pas le pain. Tu pourras m'envoyer *le Démo*, çà me désennuiera, avec çà, maintenant, je peux lire. Je n'ai pas grand chose à te dire à chaque coup, car je suis tout le temps couché, je ne pense pas te raconter ce que je fais. Alors, je termine ma lettre en t'embrassant de tout mon cœur.

Ton enfant qui t'aime.

Maurice

– **Lettre 202 Bar le Duc le 11 novembre [1915],** *je suis toujours couché et au lait*[82]

Chère mère

Je reçois ta lettre du 9 avec un 2e billet de 5 f.. Maintenant, çà va bien comme çà, je sais bien que je trouverai bien à les dépenser quand je vais manger car on ne touche pas beaucoup a manger et on se fait ramener des petits pains ou des brioches. Pour le moment, je suis toujours couché et au lait, pourtant je ne suis pas malade du tout et je mangerais bien. Il n'y a pas encore assez de temps que ma fièvre est passée, j'ai eu j'usqu'à 39°4 et on me mettait dans des draps trempés dans l'eau froide tous les quatre heures, jours et nuit, c'est leur mode ici pour guérir la fièvre.

Pour une permission, il ne faut pas y compter et pourtant pendant nos 15 jours que nous passons à Chaumont, ils pourrait nous faire aller chez soi avant de repartir au front.

Tu ne m'as pas dis si tu avais pu faire du blé dans le bas du champ Fromont, et si tu avais fini tout çà. J'aurais pourtant été heureux d'aller faire un tour chez nous mais ce n'est encore pas le moment.

Ah! quand est-ce la fin de la guerre? En attendant de te revoir, je t'embrasse de tout mon cœur.

Ton enfant qui pense à toi.

Maurice

80. Le bulletin de santé militaire reçu par sa mère le 8 novembre indique : « Fièvre continue probable. Etat non alarmant pour l'instant. » Pavillon Villemin 1er étage salle 10 nº 16412, hôpital de Bar-le-Duc, format 15 × 9,5 cm. Archives familiales.

81. Feuille recto, à carreaux de 0,8 × 0,4 cm, format 21 × 13 cm, pliée en deux.

82. Feuille recto-verso, à carreaux de 0,8 × 0,4 cm, format 20 × 13 cm, pliée en deux.

– Lettre 203 Bar-le-Duc le 13 novembre [1915], *le major ne me mets encore pas à manger*[83]

Chère mère
Pas de changements, je vais toujours bien et le major ne me mets encore pas à manger et je ne me lève pas. Je vais lui demander demain à manger car j'ai faim et leur lait n'est pas toujours fameux. Plus je serai au lit, plus j'aurai de repos et avec çà il y fait meilleur que dans les tranchées car il fait, depuis deux jours un temps déplorable, il pleut sans arrêter. J'ai reçu tes deux *Démocrates* hier.
En attendant de te revoir, je t'embrasse de tout mon cœur.
Maurice
Je ne sais pas ce que tu dois faire faire à Joseph de ce temps là. Tu vas recevoir le bulletin de l'hôpital en même temps car ils les envoie le samedi.

– Lettre 204 Bar-le-Duc le 15-11-[novembre 19]15, *me dire combien que vous vendez tout çà et si les blés lèvent bien*[84]

Mon cher René
Je suis comptant d'avoir reçu ta lettre, et surtout de vous savoir en bonne santé car c'est le principal quand on se porte bien. Comme je vois, vous avez un bon botteleur, tu ne m'as pas dit combien qui vous prendrait du cent. Tu m'écrira de temps en temps, me dire combien que vous vendez tout çà et si les blés lèvent bien, dans quels champs vous en avez fait. Je ne pensais pas que Girault était au feu, je croyais qu'il était comme Lourdin et Chemin au 36e territorial[85]. Monnette m'as écris, mais je ne me presse pas pour lui répondre, il me dégoûte avec ses menteries, il me dit qu'il a retourné au feu, qu'il a été commotionné par un obus ah ! le menteur.
Je m'emfile toujours mes trois litres de lait par jour et je suis encore couché. C'est un major épatant, on n'y demanderait pas à manger il vous laisserait tout le temps au lait et je ne me presse pas pour lui en demander car j'ai entendu dire que, quand on était un mois à l'hôpital, qu'on avait droit à sept jours mais qu'on revenait quand même à Chaumont et au front sans aller au dépôt, alors, je vais lui demander pour dans deux jours à manger çà me fera 17 jours depuis le 1er nov. et on reste à peu près 15 jours à manger, cà me ferait mon mois, si çà pouvait être vrai, mais je n'y crois pas du tout. Le temps à l'air de se remettre, hier, les toits étaient tout blanc de neige qui avaient tombés la matinés, je ne pense pas qu'il en aie tombé chez nous.
Je t'embrasse ainsi que maman de tout mon cœur.
Maurice

83. Feuille recto, à carreaux de 0,8 × 0,4 cm, format 20 × 13 cm, pliée en deux.
84. Feuille recto-verso, à carreaux de 0,8 × 0,4 cm, format 20 × 13 cm, pliée en deux.
85. Raymond Girault, né le 30 novembre 1885 à Villemer (Seine-et-Marne), soldat 2e classe au 246e RI de Fontainebleau, est tué le 27 mai 1915 à Ablain-Saint-Nazaire, canton de Vimy, arrondissement d'Arras (Pas-de-Calais) dans la bataille de l'Artois [https://www.memoiredeshommes.sga.defense.gouv.fr] 31 janvier 2022.

– Lettre 205 Bar-le-Duc le 17-11-[novembre 19]15, *j'ai demandé à commencer à manger au major*[86]

Chère mère

Je suis toujours en bonne santé et je pense que vous êtes de même. Ici, il fait toujours froid et en ce moment, il neige encore et il n'est pas beaucoup de jours s'en çà, enfin, ce n'est pas des temps à être bien dans les tranchées. J'ai demandé à commencer à manger au major car je commence à avoir la dent, surtout quand on voit les autres manger et alors je commence demain. Je viens de répondre aux menteries de ce Monnette, pourvu qu'il ne continu pas à m'écrire. Je pensais hier, cette année que vous avez beaucoup de pommes, n'allez encore pas prendre le tonneau au vitriol, comme il y a deux ans pour mettre du cidre.

Je compte encore 15 jours ici : cinq jours à manger (tapioca et œufs sans pain), cinq jours à manger ordinairement avec tout petit bout de pain et cinq jours au grand régime ou davantage, ce qui fait à peu près quinze jours et après on va à Chaumont. Je me demande parfois ce que tu dois faire faire à Joseph et à ton premier commis René, d'un temps pareille.

En attendant le plaisir de te revoir, je t'embrasse de tout mon cœur.

Ton enfant qui t'aime.

Maurice

– Lettre 206 Bar-le-Duc le 19-11-[novembre 19]15, *je suis toujours au lit*[87]

Chère mère

J'ai commencé à manger hier mais ce n'est pas conséquent, je ne pense pas que çà me fasse du mal. Je suis toujours au lit pour une bonne raison, c'est qu'il n'y a pas d'habit d'hôpital à se mettre et ils ne veulent pas nous donner nos effets militaires, crainte qu'on sorte en ville.

A part çà, çà va toujours bien et vous j'espère que vous êtes de même. Le temps est un peu remis depuis deux jours, ce n'est pas un malheur car çà devait être la misère pour ceux qui sont en tranchées.

Je ne vois plus rien à te dire pour aujourd'hui. En attendant de vous revoir, je t'embrasse de tout cœur.

Ton enfant qui t'aime. Maurice

– Lettre 207 Bar-le-Duc le 21-11-[novembre 19]15, *ne te presse pas pour les labourer, à part les terres fortes, car c'est toujours trop tôt*[88]

Chère mère

J'ai reçu ta lettre du 19, hier, ce qui fait qu'elle a mis une journée pour venir. Je suis en très bonne santé et nous avons un major épatant, il ne nous pousse pas

86. Feuille recto-verso, à carreaux de 0,8 × 0,4 cm, format 20 × 13 cm, pliée en deux.
87. Feuille recto-verso, à carreaux de 0,8 × 0,4 cm, format 17 × 11 cm, pliée en deux.
88. Feuille recto-verso, à carreaux de 0,8 × 0,4 cm, format 20 × 13 cm, pliée en deux.

à manger, il préfère nous garder 15 jours de plus. Je ne sais pas ce que tu veux dire avec : « Joseph va partir » mais il n'a jamais été question de çà, c'est lui qui a toujours peur et qui te raconte çà, ah! quel soldat. Tu en as un botteleur la comme je vois, tu as bien fait le prix, qu'il ne réclame pas davantage à la paie ce fou là.

Liliane ne m'a pas encore écris, comme je vois le chouflie n'est pas changé, ah! je le connais bien et depuis la guerre, il est pire; maintenant, ma tante Angèle m'as envoyé une lettre et me dit qu'elle a encore un neveu de tué, je lui ai répondu hier.

Tu fais bien de tricycler les terres à avoine, mais çà ne doit pas faire grand chose en cette saison, ne te presse pas pour les labourer, à part les terres fortes, car c'est toujours trop tôt.

Je n'entend plus parler des sept jours de permissions, j'aurais pourtant été heureux d'aller vous voir, c'est là que j'aurais voulu manger des crêpes.

En attendant, je t'embrasse de tout cœur.

Maurice

– Lettre 208 Bar-le-Duc le 23-11-[novembre 19]15, *j'ai vu que le garçon Vignot était disparu*[89]

Chère mère

Je viens de recommencer à manger du pain aujourd'hui car j'ai pris le deuxième régime, on mange un peu plus et là je peux faire revenir deux petits pains par jour par l'infirmière et un peu de chocolat, çà fait, que comme on touche encore un litre de lait par jour, on fait du chocolat au lait.

Je viens de recevoir mon *Démocrate* où j'ai vu que le garçon Vignot était disparu, ce que tu ne m'avais pas dit, c'est le frère de Charlotte, maintenant la lettre de René du 21 nov. et une lettre de Liliane où elle me raconte toujours des bêtises à elle, plein six pages et elle m'a raconté l'histoire de Monnette[90]. Comme je vois, il est réformé, eh bien, il faut qu'il soit attigé, il est surement comme ses frères.

Maintenant, je passe à ce que René me dit sur sa lettre. Je n'ai pas reçu de lettre de Mauricette, ni d'Adrien et pourtant je lui ai écris il y a trois ou quatre jours, j'en attend une ces jours ci; comme je vois, vous avez bien mangé dimanche. René me dit qu'il y a un coq encore pour moi mais j'ai peur qu'il vive encore longtemps. C'est le mot tarte qui me fait venir l'eau à la bouche. Comme je vois, vous allez avoir un gros tonneau de cidre si vous en mettez dans le demi-muit[91].

Pour les blés, oui, c'est moi qui à fait la liste mais ce que je me rappelle, tu comprends quand on est là bas si tu crois que l'on pense à l'ouvrage, pendant qu'ici vous devez dire, il recommence à nous parler de l'ouvrage. Dans le bas du

89. Feuille recto-verso, format 20 × 15 cm, pliée en quatre.

90. Paul Vignot, né le 2 octobre 1888 à Louan (Seine-et-Marne), soldat 2e classe au 46e RI de Fontainebleau, est disparu au combat le 8 janvier 1915 au ravin des Meurissons [https://www.memoiredeshommes.sga.defense.gouv.fr] 31 janvier 2022.

91. Tonneau de 150 litres, le muid est une mesure ancienne pour les grains et liquides (vin, cidre).

champ ~~Fromont~~ du Buisson, il est toujours plus vert que dans le haut car le terrain est plus poussant et plus versant.

Ici, le temps est comme chez nous, couvert, et il ne neige plus. Tu pourras dire merci à René de sa lettre et que tous les dimanches il en fasse autant, çà le distraira, et moi çà me fera plaisir.

En attendant d'aller manger le coq, je vous embrasse de tout mon cœur, en attendant de plus près.

Celui qui pense à vous.

Maurice

– Lettre 209 Bar-le-Duc le 25-11-[novembre 19]15, *je suis toujours couché car il n'y a pas d'habits*[92]

Chère mère

Je commence à avoir de l'appétit et même bien faim, mais c'est que l'on ne touche pas beaucoup à manger, on fait bien rapporter quelques bricoles mais ce n'est pas conséquent et c'est défendu, car il ne faudrait pas que l'infirmière soit prise. Je te demanderais bien un colis, mais on ne les touche que lorsque l'on quitte l'hôpital, alors ce n'est pas la peine.

C'est comme les mandats, on les touche qu'en sortant, ils ont toujours peur qu'on mange de trop et qu'on retombe malade. Je suis toujours couché, car il n'y a pas d'habits, je commence à en avoir mal aux reins.

Je ne sais pas ce qu'il doivent te mettre sur la fiche de l'hôpital, mais ils ne doivent pas mettre, cas alarmant, car çà va tout à fait bien et dans la salle nous sommes 16, il n'y a qu'un qui est arrivé de ce matin qui est malade, tous les autres vont tout à fait bien et il y en a onze à partir avant moi et le major n'en fait pas partir bien vite. Il en part tout de même un demain.

A part çà, je pense que vous êtes en bonne santé, Adrien doit être parti. Je ne sais pas pourquoi Mauricette ne me réponds pas à ma lettre, d'habitude, elle me répond, un jour ou deux après.

Je ne vois plus rien à te dire, en attendant la fin de la guerre, qui, je crois, n'est pas prêt, je t'embrasse de tout mon cœur.

Maurice

– Lettre 210 Bar-le-Duc le 27-11-[novembre 19]15, *je compte rester encore quinze jours ici*[93]

Chère mère

Je suis toujours pareille, en bonne santé et dans mon lit en attendant que des camarades s'en aillent et me passent leurs habits. Il en part deux aujourd'hui, mais il y en a deux avant moi à habiller, les prochains partants, c'est pour moi les habits.

92. Feuille recto-verso, format 20 × 15 cm, pliée en deux.

93. Feuille recto-verso, à carreaux de 0,8 × 0,4 cm, format 21 × 17 cm, pliée en quatre.

C'est aujourd'hui que notre major part en permission, c'est un nouveau pour sept jours. J'ai réfléchi, il faudrait mieux que tu m'envoie un billet de cinq francs tout de suite dans une lettre simple, j'ai bien encore treize francs, mais dans quelques temps, je n'oserai plus t'en demander car je pourrais partir et à Chaumont, je peux changer d'adresse et ne pas y ~~laisser~~ rester longtemps après, partir au front et çà serait perdu. C'est pourquoi, il ne faudra plus que tu m'envoie rien sans que je te le réclame. C'est pas que je pense partir tout de suite, mais défois on peux s'attendre à tout. Je compte rester encore quinze jours ici, et autant à Chaumont, tu vois que l'année s'avancera et la paix qui va être signée à Noël sur le journal, alors tu vois[94].

La classe 17, de ce coup là, va, c'est presque sûr maintenant, partir le 15 décembre et on parle de la classe à Joseph ; on dit que les ouvriers métallurgistes de sa classe doivent travailler pour faire des obus, avant qu'on rappelle leurs classes, mais c'est pour les faire décider à travailler dans ces usines, mais ils ne peuvent pas prendre d'un seul coup la classe 17 et deux autres classes de vieux, çà ne se peut pas, rien que pour l'agriculture qu'ils en parlent déjà beaucoup aujourd'hui, où bien ils laisseraient les ouvriers agricoles[95].

Hier soir, il a neigé et faisait bien froid et le temps s'est raclairci la nuit, il a gelé fort et il fait un soleil épatant cet après midi. Je reçois ta lettre à l'instant du 25 nov. Comme je vois, Joseph va encore redevenir ronchonneau et toujours à réclamer. Je me demande comment il doit tricycler avec deux cheveaux, René, au contraire qu'il s'y mettre, mais qu'il fasse attention, de bien atteler ses cheveaux et en les détellants, toujours se méfier, il vaut mieux qu'il en fasse moins et qu'il écoute les conseils, si on lui en donne, pas Joseph, comme de juste, car il en donne pas souvent.

J'ai répondu à Liliane tout de suite. Je termine ma lettre en t'embrassant de tout mon cœur. Ton enfant qui t'aime.

Maurice

Je commence à avoir bien faim et on ne touche pas grand chose. Je me fais ramener des petits pains par l'infirmière et du chocolat.

– Lettre 211 Bar-le-Duc le 29-11-[novembre 19]15, *il gèle à pierre fendre*[96]

Chère mère

Je compte, à peu près, maintenant, aller vous voir, avant de repartir au front. Je viens de voir, comme tu peux l'avoir vu comme moi sur *le Petit Parisien* du 29 novembre, un article que je te mets dans ma lettre, disant que les malades soignés dans la zone des armées, auraient leurs sept jours de permission, avant de

94. Maurice accorde un crédit aux informations du journal relatant les propositions de paix provenant notamment du Vatican.

95. Le manque d'hommes concerne à la fois le front, dans les usines et dans les champs.

96. Feuille recto-verso, à carreaux de 0,8 × 0,4 cm, format 21,7 × 17 cm, pliée en quatre.

repartir au front. Maintenant, ce n'est pas ici qu'on donne çà, c'est à Chaumont, si c'était ici, avec le major qu'on a, je serais sûr d'y aller.

En tous cas, aussitôt mes sept jours finis, je retournerais à Chaumont et ensuite au front. Maintenant, ceux qui font une forte maladie ici, sont envoyés à l'intérieur, où ils ont une convalescence et après retourne au dépôt de leurs régiments.

Moi, pour trois jours de fièvre, que je ne me sentais, même pas malade, j'étais juste très faible, je vais tout de même tirer deux mois, et de ce temps là, il ne fait pas bon là bas dans les tranchées, depuis deux jours il gèle à pierre fendre et ce matin, voilà le dégèle et la pluie[97].

Je commence le grand régime demain, ce n'est pas un malheur car j'ai un bon appétit maintenant, je crois que je vais bientôt avoir des habits car il va y avoir deux sortants d'ici quelques jours.

En attendant d'aller vous voir, je pense que le coq n'est pas encore mangé, je vous embrasse de tout mon cœur.

Votre Maurice qui sera heureux d'aller vous voir.

– **Lettre 212 Bar-le-Duc le 1-12-[décembre 19]15,** *j'ai reçu hier le* Démocrate[98]

Chère mère

Rien de nouveau sur ma situation, toujours dans le lit et je mange pas mal maintenant, j'ai le grand régime et le dernier. Pour aujourd'hui, çà me semble bon, mais quand il va y avoir trois ou quatre jours que j'y serai, çà sera comme les autres, j'en mangerais bien encore autant. En ce moment, les sortants partent pas mal, bien plus vite qu'il y a quinze jours où il y en a parti qu'un dans notre chambre, en quinze jours de temps.

J'ai reçu hier *le Démocrate* ainsi que la lettre à René. Comme il me dit, nous allons faire des crêpes, mais il aurait dû m'en mettre une dans la lettre qu'il m'a envoyé. Enfin, il faut espérer que j'irai en manger autour du 15 décembre si j'ai une permission et que je serai chez nous pour que vous me souhaitiez mon anniversaire que j'ai passé, l'année dernière à dix mètres des Boches.

Joseph ne fait pas de grosses semaines, s'il ne vient que deux jours, le lundi et le mardi, il ne peut pas gagner 1 000 f. de reste par an. Comme je vois, il va moyennement en ce moment, enfin, passez par dessus et que René fasse attention avec lui, car après, il faudrait qu'il les mène les chevaux et je crois qu'il ferait du drôle de travail, à moins qu'il soit changé.

Comme je vois tu as un bon botteleur si tu n'as pas un bon charretier, çà vaut défois mieux que du monde du pays comme Duquesne surtout. En attendant le plaisir de vous revoir, je vous embrasse de tout mon cœur.

Maurice

97. Maurice songe à ses camarades restés aux tranchées dans le froid et la neige de l'hiver 1915-1916.

98. Feuille recto-verso, à carreaux de 0,8 × 0,4 cm, format 21,5 × 17 cm, pliée en quatre.

Si tu as encore le bout du *Petit Parisien* que je t'ai envoyé sur les permissions, r'envoie moi le, pour si j'en ai besoin.

– Lettre 213 Bar-le-Duc le 3-12-[décembre 19]15, *je vais me lever aujourd'hui*[99]

Chère mère

J'ai reçu hier ta lettre du 1er décembre, elles mettent toujours une journée pour venir, ce n'est pas long pour avoir des nouvelles ici[100]. Il y avait le billet de 5 f., maintenant tu dis que tu vas en mettre un dans la prochaine, c'est bien bon que je ne serai pas parti, mais ne m'envoie toujours que l'argent que je te demande, surtout que, pour m'en aller en permission, si en tous cas j'y vais, je n'ai pas besoin de grand argent car on ne paie pas le chemin de fer.

Tu me dis toujours que je ne me presse pas pour venir, mais ce n'est pas moi qui demandera à m'en aller, surtout que je sais qu'il ne fait pas bon dans les tranchées, depuis deux jours, il pleut jour et nuit.

Ici, ils nous font faire aller le commerce à la ville, ils nous gardent tous à notre arrivée, notre couteau, j'avais une demi livre de chocolat, mon pâté de lapin à ma tante, et je suis forcé d'acheter du chocolat et un couteau de quinze sous car manger sans couteau, ce n'est pas facile. Je le laisserais chez nous si j'y vais ou je le céderai à un autre.

Je vais me lever aujourd'hui car il y a un sortant dans la chambre et il y en a un qui ne tardera pas bien longtemps, çà sera mon tour dans huit à dix jours peut être avant. Tout se vend si cher cette année, la 2e couple 40f., c'est un bon prix, si tu vend le trèfle 35 f., çà pourra aller[101].

Mauricette ne m'écris toujours plus, je lui ai encore écris une autre lettre, je me demande si c'est qu'elle est malade, mais pourtant, tu me le dirais, elle qui m'écrivais toujours.

Je pense que vous êtes en bonne santé, moi çà va bien, à part un peu mon mal de tête habituel que je me resens ces jours ci et quelques coliques, mais ce n'est rien.

Je ne vois plus rien à te dire pour aujourd'hui. En attendant le plaisir de vous voir, je t'embrasse de tout mon cœur.

Maurice

---

99. Feuille recto-verso, à carreaux de 0,8 × 0,4 cm, format 21,5 × 17 cm, pliée en quatre.
100. Dans la zone de l'intérieur où est situé l'hôpital, Maurice est surpris de l'acheminement rapide du courrier.
101. Maurice donne son accord à distance pour le prix de vente des foins.

– Lettre 214 Bar-le-Duc le 5-12-[décembre 19]15, *je crois que je sors jeudi prochain*[102]

Chère mère

Je voudrais bien recevoir ma lettre que tu dois me mettre un deuxième billet de 5 f. dedans car je crois que je sors jeudi prochain. Tu vois que çà va vite maintenant, je te r'écrirai dans quelques jours, quand je saurai au juste, mais c'est presque sûr pour ce jour là. Je pars avant d'autres, que je croyais qui partirais devant moi, mais ils ont été bien plus malade que moi.

Maintenant çà va pas mal, mais je ne suis pas fort, depuis hier que je me lève, je tremble sur mes jambes. Mauricette m'a écris, hier, elle me dit qu'Adrien n'est plus conducteur, c'est une rudement bonne place qu'il perd là. Cà ne serait pas, en venant en permission, qui lui aurait fait perdre cette place ?

Enfin, comme je vois, çà tire à la fin le bon temps, quoique ici, on ne mange pas tout son sou, maintenant si je vais en permission, c'est autre chose, mais c'est çà. La pluie est tout de même arrêtée, mais il en à tombé, ces jours derniers.

En attendant le plaisir de vous voir, je vous embrasse de tout mon cœur.

Maurice

– Lettre 215 Bar-le-Duc le 7-12-[décembre 19]15, *je pars, c'est demain matin, mercredi 8 décembre*[103]

Chère mère

Je sais maintenant quand je pars, c'est demain matin, mercredi 8 décembre, alors tu vois que çà à été plus vite que je croyais. Maintenant, tu avais parlé que tu allais me mettre un billet de 5 f. dans la prochaine lettre, mais je n'en ai pas vu, et j'ai peur que tu me le mettre dans la prochaine que je serai parti, enfin, je dirai que l'on me renvoie mes lettres où je serai, où s'en cela, ce n'est pas que j'en ai besoin car j'ai encore 15 f..

J'ai reçu ta lettre du 4 décembre. Je ne comprends pas bien pour ta 2e couple, du moment que tu lui avais vendu 40 f. à lui, je croyais qu'il te l'aurais payée ce prix la, quand même, que la réquisition la paie 35f..

Je t'enverrai mon adresse demain, si j'ai une adresse que je pense ~~pour~~ y rester si je ne suis pas sûr, j'attendrai pour t'écrire.

Maintenant irai-je en permission ? Je me le demande encore ?

Je ne vois plus rien à te dire pour aujourd'hui, en attendant le plaisir de vous voir, je vous embrasse de tout mon cœur.

Maurice

J'ai reçu tes deux *Démocrate*, ainsi que le petit bout du *Petit Parisien.*

102. Feuille recto-verso, à carreaux de 0,8 × 0,4 cm, format 17 × 11 cm, pliée en deux.
103. Feuille recto-verso, à carreaux de 0,8 × 0,4 cm, format 17 × 11 cm, pliée en deux.

– Lettre 216 Bar-le-Duc le 8-12-[décembre 19]15, *je suis faible*[104]

Chère mère

Nous sommes reculés d'une journée et je pars que demain matin car il n'y avait pas de trains de malade pour Saint-Dizier. J'ai tout touché mon matériel et mes effets, ainsi que ma fiche[105].

Tu ne sais pas ce qu'il me mets dessus : fièvre tyfoïde benine, c'est à dire que si je n'avais pas été vacciné, j'aurais eu la tyfoïde et comme çà, j'ai eu le commencement, quelques taches de tyfoïde car çà se voit par tache. Alors, l'infirmier, aide major à dit que j'irai à l'intérieur pour avoir une convalescence ou toujours mes sept jours et après au dépôt. Cà fait que je saurai çà à Saint-Dizier demain, c'est là qu'ils nous envoie soit à Chaumont ou à l'intérieur.

Je n'ai pourtant pas été bien malade, je sais bien que je suis faible mais ce n'est pas beaucoup de ces trois jours de fièvre que j'ai eu, mais plutôt de cette ~~blessure~~ commotion, que je me sentirai toujours et heureusement que je n'ai pas un travail de tête comme métier car je ne pourrais plus le faire.

Enfin, si c'est comme l'infirmier m'a dit, j'irai vous voir car à Chaumont, il n'en donne pas soi-disant de permission.

Je t'embrasse de tout cœur.

Maurice

– Lettre 217 Bar-le-Duc le 8-12-[décembre 19]15, 1 heure de l'après midi, *notre départ a été retardé d'une journée*[106]

Mon cher René

Je reçois à l'instant ta lettre, heureusement que notre départ a été retardé d'une journée, car çà m'aurait embêté pour le billet de 5 f. que je viens de recevoir, quoique on me l'aurait tout de même envoyé, car je leur écrirai mon adresse. Il pleut aussi par ici, comme par chez nous, toutes les nuits et souvent dans le jour.

Tu trouve que je ne t'ai jamais répondu mais je te réponds sur ce que tu me dis, sur les lettres à maman, aujourd'hui, vous aurez, chacun la vôtre, comme çà, çà ira. Tu me demandes si c'est que j'achète des journeaux, mais par ici, c'est comme par chez nous, on en vend plus qu'on en donne, c'est chacun son tour à le prendre.

Maintenant, tu me raconte ce que tu as vu au cinéma, mais va, c'est beau à voir comme çà, mais c'est là bas, à ce qu'il parait que c'est affreux sur le front, ce

104. Feuille recto-verso, à carreaux de 0,8 × 0,4 cm, format 17 × 11 cm, pliée en deux.

105. Indications du bulletin médical : « A l'entrée : Etat typhoïdique. Observations du médecin traitant à la sortie : Syndrome typhoïdique bénin Entré au 8e j Temp 39 Pouls 88 Apyréxie (absence de fièvre) au 20e j. G. Régime le 29. Etat général : Satisfaisant. Sortie du service le 8 décembre. » Format 16 × 11,5 cm. Archives familiales.

106. Dixième type de carte de correspondance militaire, recto-verso, format 14 × 9 cm. Elle comporte une partie recto pour l'adresse et une partie verso pour la correspondance. Archives familiales.

n'est plus des hommes, c'est des paquets de boue, et il marche dans des tranchées de deux kilomètres, dans la boue, jusqu'au genoux.

Enfin, c'est honteux et çà sera plus dur cette hiver que l'hiver dernier. Heureusement que je suis ici et que maintenant, je crois que je passerai encore quelques temps sans y retourner.

Comme tu me dis, la classe 17, je crois qu'il vont la mettre dans de la ouate pour passer l'hiver, regarde si tu y avait été si tu aurait été chic.

En attendant le plaisir d'aller vous voir, et je crois maintenant que j'irai, je te serre la main.

Ton frère

Maurice

– Lettre 218 [Le 12 décembre 1915][107]

Je vais, je crois, à Saint-Amand (Cher). A demain des nouvelles.

Maurice

– Lettre 219 [Non daté] Bulletin de santé militaire[108]

Nature et caractère de la maladie ou blessure : Convalescent. Etat satisfaisant. Désirs exprimés par le blessé ou le malade. Bonne voie de guérison.

Bien le bonjour à tous. Maurice

– Lettre 220 Saint-Amand-Montrond le 10-12-[décembre 19]15, *nous sommes arrivés ici ce soir, après trente six heures de voyages*[109]

Chère mère

Deux mots ce soir pour te donner mon adresse, car nous sommes arrivés ici ce soir, après trente six heures de voyages et je crois que nous allons dormir cette nuit. Je ne m'attendais quand même pas à venir à l'intérieur surtout pour si peu de maladie et maintenant je suis sûr d'aller chez nous pour sept jours si ce n'est pas une petite convalo de 15 jours, mais je ne crois pas ; en tous cas envoie moi toujours un certificat pour convalescence du maire comme quoi tu peux me nourrir, enfin tu sais bien.

Ici, on ne doit pas y rester bien longtemps, car on est guéri et l'on vient que pour avoir notre permission, mais on peut défois y rester huit à quinze jours. Enfin, je ne sais encore rien, je ne suis pas encore renseigné et je n'ai encore même

107. Carte postale adressée à son frère, vue générale de Bourges, cachet de la poste de Coulommiers du 12 décembre, format 14 × 9 cm. Archives familiales.

108. Bulletin de santé adressé à sa mère, cachet de la poste du 3 décembre 1915, « Ce bulletin, destiné à la famille, doit être envoyé avec l'assentiment de l'intéressé et à la personne désignée par lui. Il doit être établi et expédié chaque semaine par les soins du médecin traitant. », format 14,5 × 9,5 cm. Archives familiales.

109. Feuille recto-verso, format 23 × 15,5 cm, pliée en quatre.

pas vu le major. Saint-Amand est sous-préfecture du Cher et est grand comme Coulommiers. Voilà mon adresse M. Gastellier hôpital militaire Marie-Thérèse à Saint-Amand (Cher).

Je pense faire les fêtes de Noël chez nous ou bien ceux du jour de l'an et après çà sera le dépôt de Rodez encore un coup.

A bientôt d'autres nouvelles. En attendant d'aller vous voir, je t'embrasse de tout mon cœur. Bonjour à René, il doit avoir reçu ma carte de Bourges.

Maurice

– **Lettre 221 Saint-Amand-Montrond le 12-12-[décembre 19]15,** *je pourrai peut être avoir une permission de labour*[110]

Chère mère

C'est aujourd'hui dimanche, je sors de table et je t'assure que j'ai le ventre plein ; nous avons mangé une bonne assiettée de soupe, après purée de pommes de terre à volonté, deux belles portions de poulet rôti, et quelque chose d'épatant, tu comprends, c'est un monsieur de Bourges, comme Verdier de l'Ours, il tient un hôtel au moins aussi grand, qui nous fait la cuisine ; maintenant, en plus un quart de vin et un gâteaux par derrière. Tu vois que çà peut aller, et cet après midi, nous allons au cinéma mais nous n'allons pas avoir beau temps car il pleut encore comme çà arrive souvent en ce moment.

Le médecin nous donne des cartes tous les samedis qu'on envoie à nos famille et où il met son idée et sa signature ; tu ~~dois avoir reçu la mienne hier ou aujourd'hui~~ devras recevoir la mienne la veille de celle là, car je te l'ai envoyée hier. Je me suis renseigné pour savoir comment on restait ici. On nous à dit qu'ils n'avaient pas l'habitude de donner de convalescence pour chez soi et qu'on restait environ quinze jours ici et ensuite que j'irais en convalescence dans un château dans les environs, peut être une quinzaine et après qu'ils donnaient sept jours pour chez soi.

Maintenant, j'ai réfléchi qu'au dépôt, je pourrai peut être avoir une permission de labour, çà réussira sans doute mieux que la permission de moisson. En tous cas, je serais heureux de passer une convalescence chez nous, mais comme on est, je peut presque dire, aussi bien nourri et couché ici et le monde n'est pas si jaloux de nous voir, çà m'est bien égale. C'est vrai que le monde on s'en fiche, mais il vaut mieux s'en méfier, en autre, ta mère Delaître si le sien n'est encore pas venu, elle ne se doute pas que je préférerais ne pas avoir été en permission depuis le début de la guerre et avoir la place qu'il a, car il ne sait pas ce que c'est que la boue des tranchées et les attaques à la baïonnette. Enfin, tu vois que nous ne sommes pas mal ici, et que je ne suis pas si à plaindre qu'Adrien qui doit trouver que çà ne vaut

110. Feuille recto-verso, avec lignes équidistantes de 0,8 cm, format 21,5 × 17,5 cm, pliée en quatre. Écrite à l'encre noire.

pas la place de conducteur surtout par ces temps là. Enfin, je termine ma lettre en t'embrassant de tout mon cœur.

Maurice

Bien le bonjour à René. Ne m'envoie pas d'argent car j'en ai et je n'en dépense presque pas ici ; je ne touche pas mon prêt mais j'aurai encore quelque chose à touché au dépôt, à cinq sous par jour, çà me fait déjà 20 f. qu'ils me doivent, car on est payé qu'au dépôt et on gagne autant ici, qu'au feu. Est-ce que Boutour est au feu ? tu m'en avais parlé dans un temps, çà ne serait pas un malheur.

Maurice

– Lettre 222 Saint-Amand-Montrond le 15 décembre 1915, *j'ai reçu le* Démo[111]

Chère mère

Comme je t'ai dis j'avais reçu mon 2e billet de 5 f. à Bar-le-Duc la veille de partir, parce que l'on avait été retardé d'une journée, maintenant le lendemain, j'ai reçu *le Démo* et une autre lettre que mon copain m'a envoyée ici car je lui avais envoyé mon adresse et que je viens de recevoir à l'instant. Sur cette lettre, tu me parles comme si j'étais à Chaumont, alors tu auras été heureuse de savoir que j'étais à l'intérieur, car tu étais comme moi, tu ne t'y attendais pas.

Je n'ai encore pas reçu de lettres de toi, que tu m'as envoyées à Saint-Amand, mais je m'y attends bientôt. Comme tu me dis, si tu as bon appétit tes forces vont revenir vite, mais je crois que j'ai bon appétit ; et tu parles, on est que des convalescents qui viennent de Bar-le-Duc et qui ont été au moins un mois s'en manger, tu penses, qu'est-ce qu'on mange, les cuisiniers n'ont jamais vu çà, avec çà on nous donne du pain tendre, l'autre jour on avait vidé tous les boulangers de la ville.

On va se promener dans la campagne tous les deux jours et de ce beau soleil là, il y fait bon, je pense qu'il fait le même temps par chez nous et le temps à l'air de vouloir rester à la gelée. Delaître est tout de même venu en permission mais çà ne doit pas être long six jours. J'en reviens pas avec ce Monnette eh bien, jamais je ne le croyais, avoir un toupet pareille, et pourtant je connaissais bien ces manières. Dire que c'est de ma faute, si je n'avais pas sorti avec lui, çà n'aurait pas arrivé ; quand je rencontrais Liliane, je lui causais et lui c'était pareille et il a bientôt fait de faire connaissance.

Tu pourras m'envoyer un certificat, mais on nous a dit qu'on aurait pas de convalescence, qu'on partirait d'un jour à l'autre dans les environs, dans des annexes qu'ils ont, pour environ trois semaines et après qu'on avait sept jours. Enfin, il ne faut pas se plaindre pour ce que j'ai eu car ce n'est qu'un commencement de tyfoïde et non pas la tyfoïde comme tu l'as eu, loin de là. C'est ce qui fait que je ne peux avoir de convalescence chez nous, surtout avec mon billet d'hôpital qu'on me donne en ce moment, qui est bien marqué état tyfoïde bénin, c'est à

111. Feuille recto-verso, à carreaux de 0,8 × 0,4 cm, format 21,5 × 17 cm, pliée en quatre. Écrite à l'encre noire.

dire qui avait un peu du genre tyfoïde pendant que ceux qui l'ont eu fort, leurs feuilles sont marquées : tyfoïde sévère.

J'ai lu *le Démocrate* où je vois deux copains de la classe 14 de Coulommiers qui sont prisonniers. Je vois aussi ton pauvre locataire du champ du Buisson, Salmon qui s'est suicidé de dépit de voir une vie pareille et d'avoir perdu son fils à la guerre[112]. En attendant d'aller vous voir, je t'embrasse de tout mon cœur.

Maurice

– Lettre 223 Saint-Amand-Montrond le 18-12-[décembre 19]15,
il [le général] nous envoie à Bourges pour passer devant la commission[113]

Chère mère

J'ai reçu la lettre de René du 13 décembre et la tienne du 15. Comme je vois, on t'a renvoyé le colis et la lettre du front. Tu me dis qu'il fait mauvais temps par chez nous mais c'est bien pareille ici, il pleut tous les jours, quel métier çà doit être dans les tranchées, Mauricette m'a écris et elle me dit qu'Adrien n'a plus des lettres comme avant et qu'il se plaint, que c'est abominable, lui qui était si heureux, il débute bien par ce temps là. Maintenant, tu dois être bien embarrassé à trouver de l'ouvrage à ton charretier, avec çà, çà va qu'à moitié en ce moment, comme je vois, çà va être René qui va mener les chevaux un de ces jours ; il n'est pas content avec ses neuf sous de l'heure de ce temps là.

Maintenant, je suis en bonne santé et je ne pense plus rester longtemps ici et je crois que je vais bientôt aller vous voir. Si tu m'écris, comme tu peux toujours le faire, ne me mets pas d'argent dans les lettres, surtout que j'ai assez, ici, on touche nos cinq sous de prêt. Oui, le général a passé et il a dit que nous pouvions aller passer notre convalescence chez nous et il nous envoie à Bourges pour passer devant la commission, je ne sais pas quand ? mais bientôt. Maintenant, pourvu que là bas qu'ils ne nous donnent pas que sept jours, car j'ai déjà vu çà, des soldats être proposés par un général pour un mois de convalescence et n'avais que leurs sept jours. Enfin, il faut espérer à une convalescence de un mois et je passerais les fêtes du nouvel an chez nous. Pourvu qu'il fasse un temps un peu mieux favorable.

Tu me dis que tu seras forcer de me nourrir à l'hôtel de l'Ours mais non, tu me feras des crêpes et je serai content. Comme je vois Piplard sera au dépôt comme moi, il a eu quelque chose comme convalescence. En attendant d'aller vous voir, je vais continuer à bien manger ici j'usqu'à ce qu'on me fiche à la porte et je crois que quand je serai chez nous, mon appétit sera un peu calmé.

Enfin, je ne ~~sois~~ suis pas le plus malheureux en ce moment, mais c'est Adrien, comme dit Mauricette, lui qui avait toujours confiance, il est complètement désespéré.

112. Aristide Salmon, né le 1er septembre 1883 à Saint-Léger (Seine-et-Marne), soldat 2e classe au 276e RI, est tué le 5 septembre 1914 à Villeroy (Seine-et-Marne) [https://www.memoiredeshommes.sga.defense.gouv.fr] 31 janvier 2022.

113. Feuille recto-verso, format 20 × 14,5 cm, pliée en quatre. Écrite à l'encre noire.

Je ne vois plus rien à te dire que de souhaiter le bonjour à René et qu'il tâche d'être un peu plus beau gosse que quand il s'est fait tiré en portrait ; il ne va pas être content, je ne lui ai pas répondu à lui, mais qu'il prenne la lettre aussi bien pour lui.
Je termine ma lettre en t'embrassant de tout mon cœur.
Maurice

– **Lettre 224 Saint-Amand-Montrond le 19 décembre 1915,** *on vient de m'annoncer que l'on nous vidait de l'hôpital*[114]

Chère mère
Ce soir, comme fête de mes 22 ans, on vient de m'annoncer que l'on nous vidait de l'hôpital. Je m'y attendais, comme je te l'ai dis, je pars demain matin pour Bourges, en attendant pour Coulommiers bientôt, peut être dans une huitaine.
Je t'écrirai demain à Bourges, mes lettres doivent me suivre d'ici à Bourges. Je suis en bonne santé et je vous pense de même.
A bientôt. Je t'embrasse de tout mon cœur.
Maurice

– **Lettre 225 Rodez le 4 janvier 1916,** *tu avais peur que je sois en retard*[115]

Chère mère
Je suis arrivé hier à Rodez sans incident. Je suis à la 28e compagnie mais je passe la visite demain et je pense aller à la 27e ou rester à la 28e. Enfin, si tu m'écris, écrit moi à la 28e. En tous cas, je te dirai demain si je suis changé.
On ne m'a rien dit pour mon arrivée, comme tu avais peur que je sois en retard. J'ai vu au départ de Coulommiers Melle Lantenois Claire, qui m'a donné une lettre pour Bornet et de lui souhaiter le bonjour, mais je ne le vois pas, je voudrais bien le voir pour lui remettre.
René à bien revenu de la gare, il aura été au cinéma. Enfin, je suis en bonne santé et je vous pense de même.
En attendant te revoir, je t'embrasse de tout cœur.
Maurice

– **Lettre 226 Rodez le 7 janvier 1916, 27e comp. du 76e dépôt de Rodez (Aveyron),** *j'espère que votre ouvrage marche un peu*[116]

Chère mère
J'ai passé la visite hier et je suis passé à l'instant à la 27e. Tu vois que je marche encore bien pour ne pas faire longtemps ici, mais enfin j'espère ne pas être parti dans un mois au feu.

114. Carte postale, Saint-Amand-Montrond (Cher), rue Nationale, format 14 × 9 cm. Archives familiales.
115. Feuille recto, à carreaux de 0,8 × 0,4 cm, format 21 × 13,5 cm, pliée en quatre.
116. Feuille recto-verso, à carreaux de 0,8 × 0,4 cm, format 21 × 13,5 cm, pliée en deux.

En ce moment, çà va très bien et j'espère que vous êtes de même en bonne santé. J'ai, comme je t'ai dit je crois, une lettre pour remettre à Mr Bornet que Melle Claire m'avait donnée et ce qui m'embête, c'est que je ne peux jamais le voir et j'aurais voulu y remettre moi même comme surement elle doit y parler de moi. Tu lui diras si tu la vois que je ne pense le voir, je vais peut être la lui faire remettre si je ne peux le voir.

Je n'ai encore pas touché mon argent qu'ils me doivent, mais je crois que c'est ici que je vais le toucher. J'espère que votre ouvrage marche un peu, mais pas l'ouvrage où il faut de la gelée, car il ne gèle pas souvent.

En attendant de vous revoir, je t'embrasse de tout cœur.

Maurice

Bonjour à René. Bornet n'est pas dans la caserne où je suis et il est avec les bleus, et le soir il se trouve au mess des officiers où je ne peux aller le trouvé là comme de juste.

M. Gastellier 27e comp. du 76e dépôt de Rodez (Aveyron).

– **Lettre 227 Rodez le 12 janvier 1916,** *vos travaux n'iront pas vite cette année*[117]

Mon cher René

Voilà encore le mauvais temps revenu, la gelée n'a pas durée longtemps, vos travaux n'iront pas vite cette année. A part çà, je pense que vous êtes en bonne santé, moi çà va très bien. Je sors un peu, les soirs dans Rodez, mais ce n'est plus la distraction de cet été ; il fait nuit, il fait mauvais pour çà, il faut entrer dans les bistrots pour faire une manille et il n'y a plus grand copain et leurs sous diminue, on en voit qui sont sans le sou maintenant.

En attendant de te revoir je te serre la main. Bonjour à maman pour moi.

Maurice

– **Lettre 228 Rodez le 14 janvier 1916,** *on a été en marche aujourd'hui sans sac, mais j'étais fatigué*[118]

Chère mère et cher frère

Je commence à m'ennuyer de ne pas recevoir de lettres de vous. On m'a dit qu'on a entendu mon nom appeler aux lettres il y a quelques jours mais moi j'étais de garde et je n'ai pas pu l'avoir et où est elle passée ? je n'en sais rien.

Je pense que vous êtes en bonne santé, mais çà ne fait rien, j'aime bien connaitre les nouvelles de la maison. Moi, çà va très bien, on a été en marche aujourd'hui sans sac mais j'étais fatigué quand j'ai rentré ; je vous ai déjà écris une lettre de

117. Carte postale Rodez sous la neige, Place de la Cité, format 13,5 × 9 cm. Archives nationales.

118. Feuille recto-verso, à carreaux de 0,8 × 0,4 cm, format 21 × 13,5 cm, pliée en deux. Écrite à l'encre noire.

la 28e, une de la 27e et une carte de la 27e que je pense que vous aurez reçu. Enfin, c'est embêtant de changé de compagnie comme çà. J'étais de garde dans la caserne des bleus, hier, j'ai été les voir, tu parles s'ils sont gâtés et s'ils sont bien. René aurait été heureux d'être avec eu mais il est encore mieux où il est.

J'ai vu Bornet et je lui ai causé pour la première fois, car je ne l'avais encore pas vu, et je lui ai demandé si on lui avait remis ma lettre, il m'a dit que oui, qu'il me remerciait mais je lui ai dit qu'il n'y avait pas de quoi, surtout que je lui ai fait remettre le quatrième jour, car je croyais toujours le voir et je ne le rencontrais jamais. Il m'a causé un moment et m'a dit il fallait venir chez nous, mais aurait fallu que je sache où c'était. Piplard est arrivé avant hier, mais je croyais que tu l'aurais vu avant de partir, mais il m'a dit qu'il ne t'avais pas vu.

Tu dois voir sur le journal comme çà va dans nos expéditions, les voilà qui reviennent tous les zouaves de là bas, Fernande et Duval doivent être revenus, qu'est-ce que çà va faire, c'était bien la peine d'aller las bas. Je ne vois plus rien à vous dire pour aujourd'hui, je pense que lorsque vous recevrez cette lettre que j'aurai reçu de vos nouvelles.

En attendant de vous revoir, je vous embrasse de tout mon cœur.

Maurice

– Lettre 229 Rodez le 15 janvier 1916, *tout renchéri*[119]

Chère mère

Je viens tout de même de recevoir une lettre de chez nous et *le Démo* que tu fais bien de m'envoyer sans que je te le dise, car j'aime bien lire les nouvelles du pays. Mais je n'y comprends pas grand chose sur ce que tu me dit, car je suis sûr que tu m'en as envoyé d'autres et que je n'ai pas reçu, et où sont elles passées, je n'en sais rien. Tu me dis que tout renchéri à propos de ta fosse de sur la route de Rebais, je m'en aperçois, le vin, que je payais huit sous ce mois d'août, on le payais quatorze il y a huit jours et voilà que c'est seize sous. Maintenant, je ne comprends rien avec ton logement, c'est donc que tu l'as louer et a qui ? pour quand ? c'est malheureux de ne pas recevoir ses lettres, c'est au moins à quelqu'officier de la classe 17.

Tu me dis que çà tonne dur en Champagne, mais c'est quand ils ont attaqué à ce coup là, c'est eu les Boches qui ont attaqué, heureusement que le 76e n'y était plus car il y aura eu des victimes. J'espère que René va mieux et que çà n'a rien été. Si il était à la place à ses copains, comme voilà Raymond Fayet, alors le père n'en a plus un seul, il n'a plus que des femmes à consoler jusqu'à Mademoiselle Léonie qui doit s'ennuyer de Raymond[120]. Moi, çà va bien et j'espère que vous êtes de même tous les deux. En attendant de vos nouvelles que j'ai tant attendus

119. Feuille recto-verso, à carreaux de 0,8 × 0,4 cm, format 21 × 13,5 cm, pliée en deux.
120. Alexandre Fayet, né le 22 février 1880 à Saint-Cyr-sur-Morin (Seine-et-Marne), soldat 2e classe au 276e RI, est tué le 2 décembre 1914 à Courte-Chausse en Meuse. [https://www.memoiredeshommes.sga.defense.gouv.fr] 31 janvier 2022.

depuis quinze jours, je t'embrasse, chère mère, de tout mon cœur. Ton enfant qui pense à toi.

Maurice

– **Lettre 230 Rodez le 19 janvier 1916,** *je fais des travaux de terrasse*[121]

Chère mère

Je reçois à l'instant ta première lettre que tu m'as envoyé à Rodez. Alors, comme je t'avais dis que je ne comprenais pas ce que tu me disais sur la deuxième lettre. Maintenant je comprends et je sais à qui tu as loué ta maison, je pense que c'est une bonne location, si c'est une bonne cliente comme je le pense. Ma lettre, tu me l'avais bien adressé à la 28e et comme j'étais à la 27e elle est venu à la 27e, je n'étais pas aux lettres et ils me l'ont envoyé au camp de Labruyère où l'on va après et elle est revenu où je l'ai tout de même. Maintenant *le Démo* que tu m'as mis du 31 décembre, ce n'étais pas la peine, je l'ai lu chez nous car je n'ai parti que le 2 janvier.

Enfin, voilà ma correspondance qui commence à prendre son cours et je pense maintenant tout recevoir car je les fais prendre quand je ne suis pas là. Je fais des travaux de terrasse en ce moment, çà fais que je ne prends pas la garde et çà, çà me plait, je pense rester encore une vingtaine de jours à Rodez et après autant à Labruyère, au camp, alors le 1er mars arrivera et peut être la fin de la guerre[122].

Il fait bien beau en ce moment mais je crois que çà va changer, vous devez avoir charrier votre fumier où toujours une partie.

Je suis en bonne santé, je vous pense de même, René doit voir les bleus faire l'exercice sur la route de Rebais à charrier le fumier. En attendant de vos nouvelles qui je pense seront toujours bonnes, je t'embrasse de tout mon cœur.

Bonjour à René. Maurice

– **Lettre 231 Rodez le 21 janvier 1916,** *la nourriture à la 27, c'est bien bien moyen, c'est même médiocre*[123]

Mon cher René

Aujourd'hui, c'est à toi que j'écris, comme tu t'as dévoué pour m'écrire, je pense en faire autant, et avec çà tu deviens bon, voilà que tu mets l'adresse sur l'enveloppe, c'est vrai qu'il faudra bien que tu saches quand tu seras soldat, maman ne sera pas là pour t'écrire l'enveloppe. J'ai reçu la lettre de maman du 17. Elle se demande si j'ai payé le train, mais non, je n'ai rien payé, maintenant la nourriture à la 27, c'est bien bien moyen, c'est même médiocre, mais moi, comme je suis pionnier et que je mange sur le chantier, je suis bien nourri et nous touchons un litre de vin pour deux, mais on travaille. Je n'ai encore rien touché comme

121. Feuille recto-verso, format 15 × 10 cm, pliée en deux.

122. Maurice espère toujours la fin de la guerre.

123. Feuille recto-verso, à carreaux de 0,8 × 0,8 cm, format 21,5 × 13,5 cm, pliée en deux.

indemnité, mais je les touche demain et aujourd'hui j'ai touché mon prêt, 2f.50 pour dix jours; il était temps, car je n'avais plus un sous, mais je n'ai pas attendu après et comme je savais que je toucherais çà ces jours çi, je ne voulais rien te vous demander, comme je n'aime pas avoir beaucoup d'argent dans ma poche.

Tu dis que les bleus t'appellent, embusqué, mais tu comprends que tu n'es pas forcé d'aller te promener les voir. Çà m'étonne qu'il n'a pas gelé par chez nous, car ici il a fait beau pendant trois jours et gelé, c'était un temps épatant. Je me disais René doit y en mettre sur la route de Rebais à charrier le fumier.

Tu me dis que Piplard a six mois de réforme, mais il ne me l'a pas dit, encore hier, que je lui ai causé. J'espère que ma lettre te trouvera, ainsi que maman, que tu voudras bien embrasser pour moi, en bonne santé.

Ton frère qui te serre la main.

Maurice

Adrien m'a écris aujourd'hui, je ne sais pas ce qu'il avait, mais il devait être gai il me mettait Vive la fin de la guerre.

– **Lettre 232 Rodez le 23 janvier 1916,** *il va y avoir des permissions agricoles*[124]

Chère mère

Avant de partir me promener, car c'est aujourd'hui le repos hebdomadaire, quand on travaille toute la semaine, on peut se reposer le dimanche, alors j'en profite pour t'écrire un mot. Je viens d'écrire a mon sergent major car je n'ai pas reçu mes 6 f. 75 que l'on me devait à la 11e. J'ai reçu mon prêt de l'hôpital et ma convalescence, maintenant je me demande ce qu'il va me répondre et s'il me répondra. On dit qu'il va y avoir des permissions agricoles, alors si je n'étais pas parti au camp le 1er février, je pourrais peut être avoir 15 jours. Envoie moi toujours un certificat comme quoi je suis cultivateur et que tu as besoin de moi[125]. Maintenant, çà ne veut pas dire que j'irais, mais çà m'embêterais si je pouvais y aller et que je n'ai pas de certificat.

Tu pourras m'envoyer aussi 5 f. car si je ne touche pas mon prêt de la 11e comp. et que j'aille en permission je n'aurais pas de trop, car là c'est moi qui faut qui paye et il me faut 15 f. rien que pour aller chez nous, et avec ce que j'ai, çà irait. Jamais on a vu une hiver pareil à Rodez; il fait des temps du mois de mai, le temps est clair comme un verre et il ne gèle pas, si seulement il avait gelé pour mener votre fumier, çà irait très bien à labourer votre terre forte. Si je vais chez nous, tu n'auras pas seulement d'ouvrage à me donner, mais tant pis, si çà peut me retarder de 15 jours c'est toujours autant[126].

124. Feuille recto-verso, à carreaux de 0,8 × 0,8 cm, format 21,5 × 13,5 cm, pliée en deux.
125. Les permissions agricoles de 15 jours sont surtout accordées aux mobilisés de l'arrière se trouvant dans les dépôts ou aux territoriaux de la réserve. Maurice comme la grande majorité des paysans au front a peu de chance de bénéficier de cette possibilité. LAOUENAN Roger, *Le Poilu des tranchées*, Spézet, Coop Breizh, 2008, p. 254.
126. Maurice anticipe la future permission pour réaliser les labours d'hiver à la ferme.

En attendant le plaisir de retourner vous voir, je t'embrasse de tout mon cœur.
Ton enfant qui voudrait bien en voir la fin.
Maurice

– Lettre 233 Rodez le 26 janvier 1916, *un département que je ne connais pas, le Tarn*[127]

Chère mère
Il part un renfort pour le camp de Labruguière le 1er Février et maintenant je suis du prochain après je pense autour du 10 février, je vais voir encore un département que je ne connais pas, le Tarn et après on revient à Rodez pour se faire habiller avant de partir au feu. Alors, je ne pense plus aller chez nous et avec çà ils ne demande pas de certificat agricole, c'est vrai qu'il est encore temps du moment que je n'ai encore pas le mien, mais maintenant je ne serai plus inapte et c'est fini pour y aller et pourtant tout le monde te dit que je ne retournerai pas au feu sans aller en permission, il s'y connait le monde. Il part souvent des renforts en ce moment au 76e, je crois qu'ils ne tarderont pas à faire comme le 25 septembre pourvu que je ne sois pas encore arrivé. Maintenant, il part un renfort aussi pour Salonique, mais rien que des volontaires, dire qu'ils en trouvent toujours, les soldats se dégoutent tellement ici, qu'ils croient que c'est meilleur la bas.

J'ai reçu ta lettre de Piétrement, mais je venais de lui écrire, je n'ai encore pas reçu de nouvelles de mon sergent major de la 11e. Je suis toujours à reboucher des tranchées et il fait des temps épatant, on est nu bras toute la journée, et fait aussi chaud comme en été et dire qu'il fait mauvais, tout le temps par chez nous, comme tout le monde l'écris aux soldats de par chez nous[128]. Je travaille avec un vieux à reboucher des tranchées qui était avec Joseph à Mary *[illisible]*, c'est Duviquet, tu parles d'un fameux, il a déjà été au feu au 276e et à été évacué, on est tous ensemble avec nos pères, je suis aussi avec un Duval de Marolles qui a 42 ans, parent avec les Lantenois.

Je vous pense en bonne santé, moi çà va très bien en ce moment. En attendant de vous revoir, je t'embrasse de tout mon cœur.
Maurice

– Lettre 234 Rodez le 29 janvier 1916, *je tousse pas mal*[129]

Chère mère
Je reçois à l'instant ta lettre du 25, ainsi que ton billet de 5 f. dedans. Comme je vois René est passé trimard de batteuse, mais il doit revenir à la nuit et la lanterne ne va pas trop bien, elle s'éteint souvent, qu'il ne se fasse pas fiche un procès, maintenant pourvu qu'il ne crève pas, car il ne sait pas l'arranger. Tu lui a acheté

127. Feuille recto-verso, à carreaux de 0,8 × 0,8 cm, format 21,5 × 13,5 cm, pliée en quatre.
128. Rebouchage de tranchées, marches et exercices sont les activités en caserne.
129. Feuille recto-verso, à carreaux de 0,8 × 0,8 cm, format 21,5 × 13,5 cm, pliée en quatre.

une plaque, tu as bien fait car quand je serai en permission, mais je ne crois pas tout de suite, il faudra que je retourne à la butte comme dit mon oncle Marcel.

Enfin, je pense recevoir mon certificat bientôt, alors d'ici dix jours que je parte au camp, si ils pouvaient demander des permissionnaires pour la culture, je courrais au bureau, mais c'est douteux. Si Candas vient le 9 février tu n'y donneras rien, car j'ai bien peur de ne plus être à Rodez où bien çà serait dans ces jours là que je partirai au camp.

En ce moment, je tousse pas mal, j'ai attrapé çà à reboucher nos tranchées, il fait beau et chaud, on se met nu bras et l'on sue et c'est là que j'ai pris çà. Mais je pense que çà ne sera rien, c'est plutôt que çà me fait mal à la tête, à la force de tousser. Il fait toujours un temps de mois de mai et çà m'étonne qu'il ne fasse pas beau chez nous. Je vous pense en bonne santé.

En attendant d'aller vous voir, je t'embrasse de tout mon cœur.

Maurice

– **Lettre 235 Rodez le 2 février 1916,** *tout est cher et de plus en plus*[130]

Chère mère

C'est aujourd'hui la Chandeleur, mais je vois que ne vais pas encore changer de patron, car c'est aujourd'hui changement de termes chez les ouvriers de culture, maintenant si j'étais chez nous, on ferait des crêpes. C'est que je ne crois plus y retourner sans aller au front, j'ai pourtant reçu mon certificat, mais j'aime mieux l'avoir, ils ne demandent pas de permissionnaires pour la culture. Enfin, je vais quand même rester au dépôt plus longtemps que cet été. Je pense partir au camp autour du 10 février.

Je n'ai pas vu sur le journal que la classe 17 allait repasser la révision, ce n'est peut être pas tout de suite, en tout cas dit à René qu'il ne se fasse pas tant remarquer qu'à l'autre coup, et n'y mets pas de faux col à sa chemise, car il a trop de mal à le retirer. Tu ne parle plus de ta locataire de sur la route de Rebais, y entre t'elle bientôt ?

J'ai écris comme je t'ai dis à mon sergent major de la 11e mais il ne me répond pas et pourtant on pourrait se servir de son argent car, tout est cher et de plus en plus, et on est mal nourri, le soir, on est forcé de finir de manger en ville, une frite, une salade et du vin qui renchéri de deux sous toute les semaines, maintenant c'est 18 sous le litre. S'il ne m'a pas envoyé mes 6 f.75 dans quelques jours, j'écrirai au commandant de compagnie. Enfin, tu vois que quand ils nous donneront plus cher par jour, ils nous nourrissent moins, alors c'est pareille. Ah ! çà va pas mal. Tu vois le travail des zeppelins, je n'ai pas besoin de t'en parler tu le sais aussi bien que moi, qu'ils n'allent pas sur Coulommiers toujours[131].

130. Feuille recto-verso, à carreaux de 0,8 × 0,4 cm, format 21 × 13 cm, pliée en deux.
131. Les zeppelins, dirigeables à coque rigide, sont utilisés comme bombardiers à partir de 1915.

J'espère que ma lettre vous trouvera en bonne santé, moi, çà va de même. Comme je vois, vous avez arrivé à charrier votre fumier, pourvu que çà n'est pas brisé la terre. Je ne vois plus rien à te dire, en attendant de vous revoir, je t'embrasse de tout mon cœur.

Maurice

– **Lettre 236 Rodez le 5 février 1916,** *j'ai été voir une expérience agricole*[132]

Chère mère

Depuis deux jours, il fait un vent comme jamais je n'ai vu chose pareille, il faut tenir debout pour ne pas tomber, avec çà dans ces pays là, c'est l'habitude du temps de faire beaucoup d'air. Et ce matin, voila la pluie entrain de cette nuit et çà à l'air de vouloir tomber. Hier, par ce vent là, j'ai été voir une expérience agricole, il y avait un monde fou, on ne se croirait pas en guerre ici. C'était des labours à la vapeur et je t'assure que çà faisait du bon travail, mais la terre allait bien et on a donné une permission de la journée pour les cultivateurs qui voulaient aller le voir[133] (***ill. 24***).

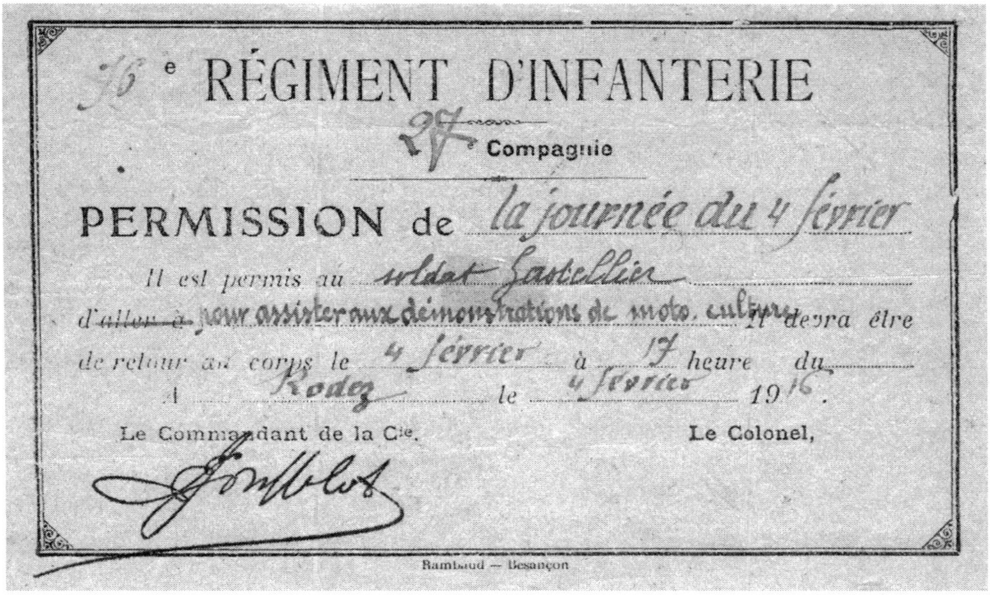

76e RÉGIMENT D'INFANTERIE
27e Compagnie
PERMISSION de la journée du 4 février
Il est permis au soldat Gastellier
d'aller à pour assister aux démonstrations de moto. culture Il devra être
de retour au corps le 4 février à 17 heure du
A Rodez le 4 février 1916.
Le Commandant de la Cie. Le Colonel,
Rambaud — Besançon

Ill. 24. Permission agricole d'une journée accordée à Maurice Gastellier le 4 février 1916 (Archives familiales, DR). Dans la lettre du 5 février adressée à sa mère, il écrit « pour voir une expérience agricole, il y avait un monde fou, on ne se croirait pas en guerre ici, C'était des labours à la vapeur et je t'assure que cela faisait du bon travail ».

132. Feuille recto-verso, à carreaux de 0,8 × 0,8 cm, format 21,5 × 13,5 cm, pliée en deux.
133. « Permission de la journée du 4 février. Il est permis au soldat Gastellier pour assister aux démonstrations de motoculture. Il devra être de retour au corps le 4 février à 17 heure. » Format 15 × 9,5 cm. Archives familiales.

J'ai reçu une lettre de Marguerite Dumas, qui me dit que vous voyer des boches même dans la journée, alors que vous commencez à avoir la frousse à Coulommiers, mais ce n'est pas si dangereux que sur le front. Enfin, il faut espérer qu'ils n'en jetteront pas sur Coulommiers. Le sergent major ne répond pas souvent et je vois que je vais perdre ces 6f.75, mais quand je partirai au camp, je le dirai au lieutenant de la 27e car il demande si on a quelque chose à réclamer.

Tu pourrais donner un petit colis à Candas, si il part le 9 et qu'il arrive le 10, dis lui que je suis chambre 74bis à la 27e comp[134]. Mets lui deux paires de chaussettes car je n'ai besoin que çà comme linge. Je pense partir au camp autour du 12 février. J'ai toujours du rum en ce moment et çà fait que j'ai un peu plus mal à la tête. Enfin, je crois que çà va se passer et j'espère que vous, vous êtes en bonne santé.

Bonjour à René. Ton enfant qui t'embrasse de tout cœur.

Maurice

– Lettre 237 Rodez le 6 février 1916, *voilà de l'eau et de la neige fondue*[135]

Chère mère

Je viens de recevoir ta lettre du 2 février. Tu me l'a commencée comme la mienne que je t'ai écris le 2 également : c'est aujourd'hui la Chandeleur ! Tant mieux, il a bien raison René de manger des crêpes pendant qu'il le peux car çà ne durera pas tout le temps. Comme je vois, votre terre de sur la route de Rebais est finie, tant mieux car il y en voilà de l'eau et de la neige fondue depuis 24 heures.

Je t'écris aujourd'hui, pour te dire que tu m'envoie de l'argent car avant que je parte au camp, çà sera juste et quand je change je n'aime pas, car on est assujetti de le perdre. Je n'ai pas pensé à çà hier, c'est pourquoi je te récris aujourd'hui, pour que tu m'en envoie le plus tôt possible. J'ai toujours un peu de rhume, comme tu me dis, tu pourrais boire du lait, j'en ai déjà bu deux fois mais au prix que c'est, j'aime mieux prendre un grogue, c'est le même prix qu'un lait, 0 f.35. Je ne vois plus rien à te dire pour aujourd'hui.

Puisse ma lettre vous trouver en bonne santé. Je t'embrasse de tout cœur.

Maurice

J'ai voulu écrire aujourd'hui à la plume mais elle va tellement mal que je n'y écrirai plus.

– Lettre 238 Rodez le 10 février 1916, *je reçois à l'instant le colis*[136]

Chère mère

Je reçois à l'instant ta lettre du 6 février, tu ne me parles pas si Candas va venir aujourd'hui et s'il m'amènera un colis. Je serais pourtant heureux car je serai

134. Gustave Candas, né le 29 juin 1890, sergent au 76e RI. [https://www.memoiredeshommes.sga.defense.gouv.fr] 31 janvier 2022.

135. Feuille recto-verso, à carreaux de 0,8 × 0,4 cm, format 21 × 13 cm, pliée en deux. Écrite à l'encre noire.

136. Feuille recto-verso, à carreaux de 0,8 × 0,8 cm, format 21,5 × 13,5 cm, pliée en deux.

obligé d'acheter des chaussettes et comme tu me dis : « tu n'as pas l'air riche », heureusement, que je touche mon prêt demain. Et ce cochon de sergent major de la 11e qui n'a rien envoyé, ni au bureau pour me remettre, ni m'a répondu. Si je retourne au 76e, il peut être sûr que j'irai le trouver. Tous les autres ont été payé de leur prêt au front mais moi il y en avait de trop, il préfère le garder.

Tu ne me dis pas si tu as fait un bail avec ta locataire de sur la route de Rebais et de combien d'année. Je pars au camp de Labruyère, dimanche 13 février, je pense compter 24 jours, alors le 13 mars, je serai en Argonne ou ailleurs, j'arriverai, comme en septembre pour la marche en avant. Comme je vois, Chemin a trouver son cheval maigri et Bijou est-il engraissé depuis le premier janvier ? car il était rudement maigre. Je ne vois plus rien à te dire pour aujourd'hui et je termine en t'embrassant de tout cœur.

Maurice

Je n'avais pas mis ma lettre à la boite et voilà que je reçois à l'instant le colis par Candas avec la bouteille d'eau de vie, ainsi que le billet de 5f. et les bricolles et les deux paires de chaussettes. Cà me fait plaisir, surtout pour ces dernières car c'est elles que j'attendais le plus. Maintenant, comme je vois tu m'envoie un mandat, je me demande si c'est ici, ou si tu me l'envoira à Labruyère.

Je pars le 13 comme je t'ai dis au camp. Tu peux m'écrire là bàs quand tu voudras, sans m'envoyer d'argent, car ce n'est pas sûr, sûr que je serai là ; mais enfin, voilà mon adresse que je vais être : M. Gastellier 76e inf. 26e comp. à Labruguière (Tarn). Tu peux m'écrire à **cette adresse**. On m'a dit que çà s'écrit Labru**gui**ère et non Labr**uy**ère comme je t'ai mis plus **haut.**

– Lettre 239 Rodez, le 11 février 1916, *j'ai mangé du pain de Coulommiers à Rodez*[137]

Chère mère

J'ai reçu mon mandat ce matin de 10 f. et hier, comme je t'ai dis, ma lettre dans le colis à Candas où il y avait 5f.. Hier soir, il a voulu que je sorte avec lui et un de ses copains où j'ai mangé une salade, comme j'ai l'habitude faire tous les soirs car comme je t'ai dis, on ne mange pas de trop à la caserne. Maintenant, j'ai mangé du pain de Coulommiers à Rodez, il en avait presque un quatre livre et je t'assure que c'est du gateau au prix de celui de Rodez[138]. Cà fait que tu seras tranquille maintenant, j'ai tout reçu ce que tu m'as envoyé.

Il y a déjà des bleus du 76e qui sont morts et un hier du 36e territoriale, c'est à dire, de notre régiment car c'est le 36e qui est la territorial du 76e et hier, il y a un vieux, qui couche à côté de moi, depuis trois semaines, qui est tombé gravement malade, il a eu 40° de fièvre et je croyais qu'il allait mourir à côté de moi. Enfin,

137. Feuille recto-verso, à carreaux de 0,8 × 0,4 cm, format 21 × 13,5 cm, pliée en deux.
138. Maurice se plaint souvent de la mauvaise qualité du pain de guerre et retrouve la saveur du pain du « pays ».

il est à l'hôpital maintenant. La température est très mauvaise en ce moment à Rodez. Mais moi, çà va et je pars au camp après demain. Je te dis çà mais j'espère que ce n'est pas çà qui te tourmentra pour moi car il est assez de se tourmenter quand on est au feu.

Alors, tu peux m'écrire. M. Gastellier 76e d'inf. 26e comp. à Labruguière (Tarn).

En attendant de vous revoir, je t'embrasse de tout cœur.

Maurice

– **Lettre 240 Labruguière le 13 février 1916,** *nous logeons chez l'habitant*[139]

Mon cher René

Je suis arrivé au camp à la 26e comp. Nous logeons chez l'habitant dans un pays comme Boissy. Je crois qu'il fera meilleur qu'à Rodez. Voilà mon adresse M. Gastellier 76e inf. 26e comp. 5e esc. à Labruguière (Tarn).

Je te serre la main. Bonjour à maman. Ton frère Maurice. (*ill. 25*)

Ill. 25. Carte postale du camp militaire de Labruguière dans les Causses, où Maurice Gastellier effectue des marches et travaux « pour reboucher des tranchées », adressée à René son frère, 13 février 1916 (Archives familiales, DR).

139. Carte postale, Labruguière, vue du Camp du Causse et le bout du Pont, route de Castres, format 13,9 × 8,8 cm. Archives familiales.

– Lettre 241 Labruguière le 15-2-[février 19]16, *je compte partir au feu autour du 10 mars*[140]

Chère mère

Je n'ai encore pas reçu de vos nouvelles depuis que je suis à Labruguière, mais je pense en recevoir demain car, comme je t'ai donné mon adresse à Rodez, tu auras pu m'écrire tout de suite. Nous sommes mieux nourris qu'à Rodez et il y a de la différence, l'exercice n'est pas dure, demain, on part en marche mais je pense pas que çà soit bien dur.

Maintenant, j'ai fait une drôle de rencontre à Labruguière, hier. J'étais devant la porte de mon logement, entrain de chahuter avec des copains et tout d'un coup voilà que j'entend appeler : « non mais, Maurice », et je vois en face dans une maison, un soldat je me dit, qui que c'est qui m'appelle Maurice. Et il avance, c'était Fernand Charpentier qui est versé dans l'auxiliaire et qui sert la cuisine au mess des adjudants. Cà fait il m'a payé un canon et le café et m'a dit d'y aller tous les jours boire le café et nous sommes toujours ensemble à part quand je pars à l'exercice. Il en était aussi épaté de me voir là. Il m'a dit de te souhaiter bien le bonjour ainsi qu'à René et Mauricette. Cà fait que je ne m'ennuie pas ici, c'est dommage que je ne suis pas pour rester longtemps ici, je compte partir au feu autour du 10 mars.

Il fait beau en ce moment et fait plus chaud qu'à Rodez, c'est un chef lieu de canton de 3 000 habitants, arrondissement de Castres. Dimanche, nous sommes partis de Rodez à 10 heures, nous sommes passé à Carmaux, à Albi, à Castres et nous sommes arrivé à 4 heures ici.

En attendant de vous revoir je t'embrasse de tout mon cœur. Bonjour à René.

Ton enfant qui t'aime. Maurice

– Lettre 242 [Le 27 février 1916], *on nous change notre linge sale, pour du propre*[141]

Chère mère

Voilà le mauvais temps qui commence, heureusement que nous ne sommes pas mal, ce n'est plus comme les débuts où il n'y avait pas un abrit, et nous touchons des bottes en caoutchouc, en plus de çà, on nous change notre linge sale pour du propre. Heureusement, car nous n'avons plus le courage et surtout la force que l'on a eu, c'est vraiment trop long.

Tu sais que nous sommes mélangés avec ces nouveaux alliés qui, je crois, ne seront pas mauvais à se défendre, mais c'est le canon qui les démoralise, c'est comme moi, tu comprends, c'est tellement terrible. René de ce temps, pourrait

140. Feuille recto-verso, avec lignes équidistantes de 0,8 cm, format 22,5 × 17 cm, pliée en quatre.

141. Carte-lettre, non datée, cachet de la poste du 27 février 1916, format 13 × 10 cm, pliée en deux, couleur beige.

bien penser à son frère ; s'il était ici, il serait heureux de recevoir des lettres, alors qu'il me fasse un mot de temps en temps et qu'il me dise ce qu'il a fait. Je termine en vous embrassant de tout cœur en attendant de plus près.

Maurice. M. Gastellier 11e comp. Secteur 83.

– **Lettre 243 Labruguière le 8 mars *[1916]*,** *je suis le 125e à partir*[142]

Chère mère

Je suis encore à la 26e compagnie mais je vais passer à la 25e après demain. Il y a trois semaines qu'il n'y a pas eu de renfort ici, mais je crois qu'il va y avoir un fort départ dans quelques jours pour un autre régiment qui aura eu de forte perte, moi, je suis le 125e à partir, mais si le renfort compte plus de 124 hommes, je serai dedans. Tu peux toujours m'écrire ici et m'envoyer *le Démocrate* à la 26e. Il fait, en ce moment, un assez beau temps, la neige est fondu, ici, mais tout au tour sur les montagnes, c'est tout blanc. Je suis en bonne santé et je pense que ma lettre vous trouvera comme elle me quitte. Je ne bois plus de notre bon cidre en mangeant et pourtant je suis avec le cidrier tous les jours, je suis avec Rieben de Boissy[143].

En attendant d'aller vous revoir, je vous embrasse de tout mon cœur.

Bonjour à René.

Maurice

– **Lettre 244 Labruguière le 12 mars [1916],** *ne faite pas vos avoines par le frais, attendez que çà ressuie*[144]

Chère mère

Aujourd'hui, dimanche je vais en profiter pour t'envoyer de mes nouvelles qui sont bonnes. Je suis passer à la 25e compagnie mais comme il n'y a pas de place, je reste à la 26e pour manger et coucher, alors tu peux écrire à la 26e comme à l'habitude, s'il part un grand renfort, comme j'y compte, je peux partir d'un jour à l'autre surtout comme je vois les affaires en ce moment sur les journaux.

On vient de me dire, que la classe à Joseph était rappelé, mais je ne l'ai pas vu sur le journal, j'ai vu les ajournés que l'on allaient reprendre, alors je ne te vois pas la veille d'être bien servie pour faire tes avoines. Si Joseph est parti, tu me le diras.

En tous cas, ne faite pas vos avoines par le frais, attendez que çà ressuie, car voilà le hale de mars qui est entrain par ici, si c'est pareille par chez nous, c'est mauvais d'arranger les terres par le mou, quand il fait sec derrière. Maintenant,

142. Feuille avec lignes équidistantes de 0,8 cm, recto, format 21,5 × 17 cm, pliée en quatre.

143. Rieben, cidrier bouilleur de cru au hameau de Speuse sur la commune de Boissy-le-Châtel (canton de Coulommiers, arrondissement de Meaux, département de Seine-et-Marne) est mobilisé au 76e RI.

144. Feuille recto-verso, avec lignes équidistantes de 0,8 cm, format 21,5 × 17 cm, pliée en quatre.

René veut toujours semer trop fort surtout dans les terres fortes où l'on doit semer qu'à sept boisseaux et dans la plaine à sept et demi[145].

Je ne t'ai pas dit, Fernand n'est plus ici, il est parti dans une usine, alors ses bandes me sont restées et je n'en ai pas besoin, je serai obligé de les jeter car je ne veux pas m'embarasser de çà surtout que j'ai des guètes en cuir. Je pense que ma lettre vous trouvera en bonne santé, j'ai reçu ton journal et ta lettre que tu m'avais envoyés avant que je parte en permission, mais je n'ai encore rien reçu, depuis que je suis arrivé, de nouvelle lettres ~~mais~~, je pense en recevoir aujourd'hui. Tu m'enverras l'adresse à mon oncle Léon que je n'ai pas prise avant de partir, ce n'est pas que je veux lui écrire aujourd'hui car je vais changer d'adresse à chaque instant, il n'y aura qu'au front que je pourrai lui écrire. En attendant de vous revoir, je vous embrasse de tout cœur.

Maurice

Je viens de voir sur le journal, qu'on rappelait seulement les hommes de la classe 88, ceux qui n'avait pas été appelé au début de la guerre, c'est à dire ceux du midi. Alors Joseph resterait.

– **Lettre 245 Labruguière le 15 mars 1916,** *çà ressuie plus vite que chez nous et tout le monde fait de l'avoine*[146]

Chère mère

J'ai reçu ta première lettre, depuis que je suis parti de chez nous, celle où tu me disais que Victor était tombé d'une congestion et que tu l'avais mené chez Berthai dans la rue pierreuse. Il fait un chic temps en ce moment par ici et je pense que c'est pareille par chez nous, mais ici çà ressuie plus vite que chez nous et tout le monde fait de l'avoine, plante des pommes de terre et roule les blés et çà va, on ne peut mieux mais aujourd'hui, il à fait rudement du vent et je crois que çà nous ramènera de l'eau. Ici, il y a un mois aujourd'hui qu'il n'y a pas eu de renfort du 76e et je crois que maintenant çà ne tardera pas, on s'y attends tous les jours, en tous cas, je suis le 170e à partir sur deux cent qu'il y a, alors tu vois que s'il y a un petit renfort, que je resterai, mais je n'y compte pas car je croirai plutôt qu'il partira un bon départ à ce coup la! Aussitôt que je partirai, je te l'écrirai aussitôt, pour le moment tu peux m'envoyer *le Démo* et de vos nouvelles qui j'espère sont bonnes.

Pierrelée, le sergent de Boissy est revenu de permission et m'a dit que Soyer était resté à l'hôpital à Coulommiers. Il fait un temps épatant, comme je te dit depuis huit jours et un soleil de juillet et çà n'empêche pas qu'on voit toujours de la neige sur la montagne, c'est drôle de voir çà, quand on ne le voit pas on ne le

145. Maurice donne ses consignes pour les semis d'avoine de printemps. Le boisseau, mesure pour les graines, vaut environ 13 litres en région Parisienne.

146. Feuille recto-verso, à carreaux de 0,8 × 0,4 cm, format 28 × 21,5 cm, pliée en quatre. Écrite à l'encre noire.

croirai pas, faire si chaud et voir de la neige tous les jours et tout au tour de vous, mais çà diminue tous les jours d'épaisseur.

Je suis en bonne santé et j'espère que ma lettre vous trouvera comme elle me quitte. Enfin, je vois maintenant qu'il faut y retourner avant que çà soit fini cette sauvagerie et au lieu de onze puissance en guerre en Europe c'est douze, maintenant[147].

Enfin, encore une fois, quand est-ce la fin ? pauvre jeunesse que nous passons ! Je me demande si on se rabituera au travail et si on aura encore un peu d'idée. Enfin, en attendant d'aller vous voir, je t'embrasse, chère mère de tout mon cœur. Bonjour à René et pourvu qu'il te reste, quoiqu'il ne vale pas cher, et qu'il ne soit pas encore pris à ce coup la ! Ton enfant qui pense à vous.

Maurice

– **Lettre 246 Labruguière le 19 mars [1916],** *je suis le 170e à partir*[148]

Chère mère

Il part un renfort de deux cents hommes demain, cent pour le 76e et cent pour 276e et je ne pars pas comme on nous place à la 25e par ordre de mois de front, celui qui n'y à pas été en tête et tout en allant alors je suis le 170e à partir et je ne pars pas comme il en part qu'un cent de l'active. Alors, tu vois que je ne suis pas dans ceux qui ont le moins de mois de front, je n'en avait que vingt qui en avait plus que moi. Je suis à peu près sûr de partir le prochain renfort qui peut être dans huit jours, peut être avant. Je crois passer à la 25e demain, quand le renfort sera parti car il y aura de la place mais tant pis, écris moi quand même à la 26e.

Comme je vois, Victor est bien pris et d'un seul coup. Maintenant, le fils Lenoble est tué aussi, lui qui avait monté en grade assez vite je le connais bien, on s'est vu sur le front[149]. Lirot, le peintre, je ne le connais pas[150]. Il fait un vent de chien en ce moment et je crois que çà tournera à l'eau. Je suis en bonne santé et j'espère que ma lettre vous trouvera en ~~bonne santé~~ comme elle me quitte. En attendant, le plaisir de vous revoir, je t'embrasse, chère mère, de tout mon cœur.

Bonjour à René, s'il n'est pas encore parti **soldat.**

Maurice

147. Le 9 mars 1916, l'Allemagne déclare la guerre au Portugal suite à l'arraisonnement des navires de commerce allemands présents dans ses ports.

148. Feuille recto-verso, avec lignes équidistantes de 0,8 cm, format 21,5 × 17 cm, pliée en quatre.

149. Henri Lenoble, né le 21 juin 1891 à Coulommiers, sous-lieutenant au 289e RI, meurt des suites de ses blessures dans l'ambulance 1/55, le 5 mars 1916 à Romain (Marne). [https://www.memoiredeshommes.sga.defense.gouv.fr] 31 janvier 2022. Son nom figure sur le monument aux morts de Coulommiers.

150. Lucien Lirot, né le 30 janvier 1877 à Coulommiers, soldat 2e classe au 36e territoriale d'infanterie, meurt des suites de blessures, le 28 février 1916 à Chevert, commune de Belrupt (Meuse). [https://www.memoiredeshommes.sga.defense.gouv.fr] 31 janvier 2022. Son nom figure sur le monument aux morts de Coulommiers.

Envoie moi pendant que je suis ici cinq francs dans une lettre car après, je partirai au front et je changerai d'adresse tous les deux jours et il me faudra de l'argent, adresse : à la 26e compagnie merci d'avance.

– Lettre 247 Labruguière le 21 Mars, *tu viens d'acheter un cheval*[151]

Chère mère

Je reçois à l'instant ta lettre du 16 mars, où tu me dis que tu viens d'acheter un cheval. Mais ce n'est pas pour rien, ce n'est pas ordinaire un prix pareil, pourvu qu'il soit bon et pas maladif. Maintenant, je pense qu'il te l'auras donné à l'essai une quinzaine, tu ne m'en parles pas. Maintenant, tu vas remettre le cheval à Chemin, pourvu qu'elle ne s'aperçoive de rien et qu'il n'aie pas de colique dans ces moments là, car çà pourrait ne pas aller tout seul. Pour Joseph, il doit être heureux mais je ne pense pas qu'il parte soldat comme je t'ai dit sur l'avant dernière lettre. Tu pourras lui dire, quand même qu'il soit fort, qu'il ne force pas que c'était toujours notre défaut et tu pourras lui donner à manger plus qu'à Gamin et prendre plus cher à tes clients[152]. Comme je vois, Victor ne va pas comme tu as l'air de me dire sur ta lettre. Je ne sais encore rien sur mon départ. Je suis en bonne santé, à part encore mon mal de tête qui à l'air de vouloir me reprendre, çà allait pourtant bien depuis quelques temps, je crois bien que j'y tomberai fou dans ce métier là.

Enfin, je vous pense en très bonne santé ; Mauricette me dit que son petit va très bien ainsi qu'elle. En attendant de vos nouvelles ainsi que de votre cheval et que René se méfie avec un cheval entier qu'il ne connait pas, je vous embrasse de tout cœur.

Maurice

– Lettre 248 Labruguière le 25 mars [1916], *pourvu qu'ils te laisse Joseph mais il sera pris un jour aussi*[153]

Chère mère

Je reçois à l'instant ta lettre ainsi que ton billet de 5 f. que je te remercie. Je ne sais encore rien sur notre départ, en attendant je suis en bonne santé et bien dans cette petite ville ; comme nourriture, c'est extra, sauf que c'est un peu juste mais comme j'ai de l'argent, je fini, en mangeant une salade et en buvant un coup chez un petit marchand de vin où ce n'est pas trop cher, à part le vin qui est toujours à dix huit sous.

Tu ne me parle pas si tu as vendu le cheval à Madame Chemin et si elle t'a dis quelque chose, pourvu qu'elle ne trouve pas qu'il soit maladif. Comme je vois, çà barde pour la classe 88, pourvu qu'ils te laisse Joseph mais il sera pris un jour

151. Feuille recto-verso, format 17,5 × 13 cm, pliée en quatre.
152. Sa mère loue son cheval, Gamin, pour faire des travaux agricoles chez les voisins.
153. Feuille recto-verso, à carreaux de 0,8 × 0,8 cm, format 21 × 13 cm, pliée en quatre.

aussi, ah ! il doit se tourmenter aussi bien que toi, il aimerait mieux rester chez nous aussi[154].

Comme tu me dis, il y a eu encore des vides par chez nous. Les deux Duquesne n'écrivent plus, c'est toujours à se demander pour la famille[155]. Enfin, en attendant la fin de cette guerre, je t'embrasse, chère mère, de tout mon cœur. Bonjour à René.

Maurice

Puis ma lettre vous trouver en bonne santé[156]

– Lettre 249 Labruguière le 28 mars 1916, *votre travail doit marcher avec votre cheval neuf*[157]

Chère mère

Je viens de passer à la 25ᵉ compagnie aujourd'hui car il y avait de la place, il vient de partir un renfort hier et je n'étais encore pas dans le nombre. Mais je compte être dans le prochain maintenant, tu comprends, on fait toujours partir ceux qui ont le moins de mois de front et je n'étais pas en tête de la liste, je suis dans les vingtièmes avant dernier.

Je viens de recevoir une carte de mon oncle Léon ce soir car je lui avais écris aussitôt que j'avais reçu son adresse. Maintenant, je ne reçois pas beaucoup de nouvelles d'Adrien en ce moment mais je pense que Mauricette en reçoit tous les jours, la dernière fois qu'il m'a écris, il me disait que l'artillerie Boche leur jetait quelque chose comme obus. Enfin, çà devient long et je ne me voit encore pas pouvoir dire, me voilà tranquille avec vous à travailler. Dire que je devrais n'avoir plus que six mois à faire.

Enfin, je suis en bonne santé et je pense que ma lettre vous trouvera comme elle me quitte. S'il fait beau comme par ici, votre travail doit marcher avec votre cheval neuf.

En attendant le plaisir de vous voir, je vous embrasse de tout cœur.

Maurice

Ecris-moi à la 25ᵉ compagnie.

---

154. Joseph, de la classe 1888, fait partie de la réserve de la territoriale et susceptible d'être mobilisé.

155. Myrtil Duquesne, né le 7 mai 1895 à Coulommiers, soldat 2ᵉ classe au 76ᵉ RI, est tué le 10 mars 1916 à la Ville-au-Bois (Aisne). [https://www.memoiredeshommes.sga.defense.gouv.fr] 31 janvier 2022. Son nom ne figure pas sur le monument aux morts de Coulommiers.

156. Il faut lire : « Puisse ma lettre vous trouver en bonne santé. »

157. Feuille recto-verso, à carreaux de 0,8 × 0,8 cm, format 21,5 × 14 cm, pliée en quatre.

– Lettre 250 Rodez le 30 mars 1916, *une marche de vingt cinq kilomètres*[158]

Chère mère

Hier, après avoir fait une marche de vingt cinq kilomètres et rentré à six heures du soir, nous nous sommes couchés tranquillement et cette nuit à minuit, voilà que l'on vient nous réveiller pour partir en renfort. Je suis arrivé ce matin à onze heures et voilà que l'on me dit que nous partions au 139e d'infanterie après demain à Aurillac (Cantal) qui est sous Verdun mais voilà, comme j'étais dans les derniers que je suis suppléants et que je ne pars pas. Mais il doit y avoir un autre renfort après demain pour le 80e de Narbonne ou pour le 276e, alors je ne sais pas où je suis pour aller mais toujours est il que je pars bientôt. Il part des renforts en ce moment presque l'un sur l'autre, c'est à faire comprendre quelque chose encore.

Voilà mon adresse : M. Gastellier 76e d'infanterie 30e compagnie à Rodez (Aveyron) et mettre dans un coin (suppléants du 139e d'inf.). A part çà, je suis en bonne santé mais il ne fait guère bon ici à côté de Labruguière, c'est à remarquer, ici, il fait un vent glacial.

J'ai vu Gaston Piplard qui m'a dit que Delaitre avait été enterré par un obus[159]. En attenant de retourner vous revoir, je vous embrasse de tout mon cœur.

Maurice

Je vous pense en bonne santé et j'espère que votre cheval va bien ainsi que vos travaux. Bonjour à René. J'espère qu'il doit y en mettre en ce moment que ça presse. Je te remets la lettre à Chemin.

– Lettre 251 Rodez le 31 mars 1916, *c'est toujours ceux qui ont plus de mois de front qui restent*[160]

Chère mère

Deux mots pour te dire que je retourne à Labruguière demain matin, en attendant un prochain renfort car j'étais suppléant. Tu vois qu'il n'y a pas besoin de se faire porter malade comme il y en a pour rester longtemps au dépôt car je pars encore après tout ces types là. Je croyais bien partir quand même car tout çà se fait porter malade mais ils n'ont pas été reconnus. Et c'est toujours ceux qui ont plus de mois de front qui restent.

Tu m'écriras à la 25e compagnie à Labruguière, comme avant. Tu m'enverras encore dix francs la bàs, comme çà si je pars dans huit jours, j'aurai ce qu'il me faut. Je te remercie à l'avance.

En attendant de vos nouvelles, je vous embrasse de tout mon cœur.

Maurice

158. Feuille recto-verso, avec lignes équidistantes de 0,8 cm, format 22 × 17 cm, pliée en quatre.

159. Louis Delaître, soldat au 317e RI, tué le 6 mars 1916, repose à la Nécropole nationale Pont-de-Marson, située dans la commune de Minaucourt-le-Mesnil-lès-Hurlus (Marne). [https://www.memoiredeshommes.sga.defense.gouv.fr] 31 janvier 2022.

160. Feuille recto-verso, à carreaux de 0,8 × 0,4 cm, format 13,5 × 10,5 cm, pliée en deux.

– Lettre 252 Castres le 2 avril 1916, *je ne resterai pas longtemps sans repartir*[161]

Mon cher René

Pour mon anniversaire de ma blessure, aujourd'hui 2 avril, je suis venu me balader à Castres qui est à huit kilomètres de Labruguière. Il fait rudement chaud ici en ce moment, plus chaud qu'à Rodez. Je crois que je ne resterai pas longtemps sans repartir mais je pense plutôt repartir au 76e pendant que l'autre jour, je partais au 139e si j'étais parti.

Bonjour à maman et je te serre la main.

Ton frère Maurice

Ecrivez moi à la 25e comp. à Labruguière (Tarn)

– Lettre 253 Labruguière le 6 avril 1916, *tous les huit jours, je recule sur la liste de départ*[162]

Chère mère

Je veux t'écrire à la plume mais c'est une triste plume, enfin du moment que je suis entrain, je vais continuer. Tu m'as écris à la 26e compagnie l'autre jour mais c'est que je m'étais trompé pour mettre mon adresse car je suis toujours à la 25e et je ne veux pas retourner à la 26e maintenant.

On ne parle pas de renfort en ce moment, c'est vrai que l'on ne le sais pas d'avance mais en tous les cas, tous les huit jours, je recule sur la liste de départ car il y en a qui passe à la 25e qui ont moins de mois de front que moi. Enfin, je n'ai pas à me plaindre à ce coup là.

Je suis en bonne santé et j'espère que vous êtes de même. Maintenant, tu me diras d'où vous en êtes dans votre ouvrage car voilà le mauvais temps qui reprend et heureusement que nous sommes rentrés de marche de ce matin car nous avons parti coucher dans la paille dans un petit pays à vingt kilomètres de Labruguière.

René ne nous parle plus de son conseil de révision pourvu qu'il reste avec toi car il ne serait pas heureux dans le métier de soldat. Enfin, il serait temps que çà soit fini. J'espère que dans six mois qu'il me reste à faire que ce sera terminer[163].

En attendant ce jour tant désiré je t'embrasse de tout mon cœur.

Bonjour à René.

Maurice

161. Carte postale de Castres (Tarn), Jardin de l'Evêché (dessiné par Lenôtre), format 14 × 9 cm. Archives familiales.

162. Feuille recto-verso, à carreaux de 0,8 × 0,8 cm, format 21 × 13,5 cm, pliée en deux. Écrite à l'encre noire.

163. Maurice espère la fin de la guerre au terme de sa mobilisation de trois ans, en octobre 1916.

– Lettre 254 Labruguière le 7 avril [1916], *Tu ne me parle pas d'Adrien et moi, je ne reçois plus de ses lettres*[164]

Chère mère

Tu vas peut être dire que je commence à dépenser de l'argent mais écoute il faut que j'en profite pendant que je suis là. Alors, si tu veux m'en renvoyer autant que je viens d'en recevoir et dont je te remercie, je les accepterai, avec çà en ce moment, nous sommes dans une petite chambre où l'on est très bien, avec un petit poêle et nous avons notre propriétaire qui est une bonne vieille et quand on fait de la salade, elle nous l'assaisonne et elle nous vend des œufs et nous les faire cuire. Tu me dis que je suis veinard mais je m'en aperçois, à part quand j'ai mon mal de tête mais en ce moment, çà va très bien et j'espère que vous êtes de même.

Tu ne me parle pas d'Adrien et moi, je ne reçois plus de ses lettres, dis moi donc qu'est-ce qu'il fait. J'espère que Mauricette va bien ainsi que René. Il pleut depuis 36 heures sans arrêts et je crois que çà va continuer toute la nuit. En attendant le plaisir de te voir je t'embrasse, chère mère de tout mon cœur.

Maurice

Aujourd'hui, j'ai fait la lessive et j'ai mis sécher çà chez la vieille.

– Lettre 255 Labruguière le 13 avril 1916, *on ne voit plus beaucoup de soldats qui ont fait le début*[165]

Chère mère

Je crois bien que je vais finir la guerre ici. Il vient de repasser un renfort de la 26e compagnie à la 25e et ils sont presque tous passés sur la liste, pour partir avant moi car ce n'est tous que des ajournés repris pendant la guerre ou des gars de la classe 14 ou 15, alors ils ont moins de front que moi et çà fait que je suis encore dans les cent quarante à partir et il y a un mois, j'étais dans les cent vingt. Je t'assure que l'on ne voit plus beaucoup de soldats qui ont fait le début.

En ce moment, on nous fait faire de l'exercice en plaine pour quand on se rebattera et qu'on avancera comme ils ont toujours dans l'idée et les gradés nous racontent toujours, vous verrez en plaine, ce ne sera plus comme dans les tranchées, c'est la qu'il faudra vous baisser. Je leur répond : « je sais ce que c'est, je l'ai fait », ils me prennent pour un bleu. Ils nous font barder en ce moment mais ils ont beau faire, ils ne me feront pas demander à partir avant mon tour mais je ne chercherai pas à m'embusquer ou à me faire porter malade pour ne pas repartir surtout que je sais que je n'y resterai pas bien longtemps sans retomber malade car je ne suis toujours pas bien fort et il me faut du repos et la bas, on ne dors pas beaucoup. Enfin à part çà, je suis en bonne santé et j'espère que ma petite lettre vous trouvera comme elle me quitte.

164. Feuille recto-verso, à carreaux de 0,8 × 0,8 cm, format 21 × 13,5 cm, pliée en quatre.
165. Feuille recto-verso, à carreaux de 0,8 × 0,8 cm, format 21 × 13,5 cm, pliée en quatre. Écrite à l'encre noire.

Comme je vois, vous êtes pas en retard dans votre ouvrage, on voit que René y en mets maintenant. Ah ! çà sera lui ton gâté après la guerre car moi qui ne vaudra pas cher, enfin, vivement ce jour là et qu'on reprenne son ouvrage.

Ce qu'il m'a touché aussi sur ta dernière lettre, c'est le garçon à Pasquier qui a été tué, Mary, lui on n'y fait pas attention, un blessé on dit, il a de la veine quand je l'ai dit au cidrier de Speuse, Riében car je suis toujours avec lui ici, çà lui a fait quelque chose, lui qui le connaissait très bien[166].

Enfin, en attendant d'aller vous revoir, je t'embrasse de tout mon cœur.

Bonjour à René.

Maurice

– Lettre 256 Labruguière le 15 avril [1916], *tu ne vas plus savoir quoi faire à ton gros cheval*[167]

Chère mère

J'ai reçu hier soir ta lettre avec les deux billets de cinq francs dedans. Je t'en remercie et Mauricette m'a écris hier aussi et m'a mis un billet de cinq francs également car elle m'a dit que tu lui avais dit que je n'étais pas riche, enfin me voilà un peu remonter. Je pourrais aller vous voir si je voulais mais j'ai peur d'être traité d'embusqué, maintenant dépenser 35 francs pour aller là bas pour deux jours et demi car on peut demander quatre jours pour Pâsques et avec le chemin de fer, çà me ferait que deux jours et demi chez nous, alors je leur laisse, tu me diras, qu'est-ce que t'en dis si je fais bien.

Comme je vois, tu ne vas plus savoir quoi faire à ton gros cheval, en tous cas, en ce moment, il ne fait guère bon travailler car il ne doit pas faire meilleur chez nous que par ici où il pleut souvent en ce moment. Je suis en bonne santé et j'espère que vous êtes de même. En attendant le plaisir de vous revoir, je t'embrasse de tout mon cœur.

Maurice

– Lettre 257 Labruguière le 20 avril 1916, *je ne crois plus partir*[168]

Chère mère

Tu me demande si c'est comme chez nous, pour le mauvais temps mais je crois qu'il n'y a guère de différence car c'est tous les jours de l'eau. C'est vrai que nous, çà nous fait plaisir, on ne demande tous que de l'eau pour ne pas aller à l'exercice car dans ce métier, on devient rudement fénéant. Maintenant, je suis

166. Paul Pasquier, né le 25 janvier 1894 à Boissy-le-Châtel, soldat 2e classe au 44e BC, est tué le 1er avril 1916 au Bois Caillette devant Verdun (Meuse). [https://www.memoiredeshommes.sga.defense.gouv.fr] 31 janvier 2022.

167. Feuille recto-verso, avec lignes équidistantes de 0,8 cm, format 17 × 11 cm, pliée en deux.

168. Feuille recto-verso, à carreaux de 0,8 × 0,8 cm, format 20,5 × 13,5 cm, pliée en deux. Écrite à l'encre noire.

à la 92e à partir sur 60 qui viennent de passer à la 25e comp. hier, il y en a 58 qui sont passés sur la liste avant moi et qui avait donc moins de mois de front que moi et dans dix jours, il en repassera donc encore avant moi si je ne suis pas parti. Enfin aujourd'hui, je ne crois plus partir, c'est plutôt fait et sans essayer de rester car je t'assure qu'aujourd'hui, il y avait deux petits copains qui étaient dans ma chambre et qui sont partis au feu, j'aurais été heureux de partir avec eux, je t'assure qu'au régiment, on voit de triste sire mais on en voit bien aussi de gentils, çà leur faisait de la peine de me quitter et avec çà que c'était des gars qui ont été appelés il y a six mois et qui n'ont pas été au front car il faisait leur classe. Enfin, je suis en bonne santé et je pense que ma petite missive vous trouvera ~~en bonne santé~~ comme elle me quitte.

En attendant d'aller vous voir, je t'embrasse, chère mère de tout mon cœur. Bonjour à René et dit lui qui m'écrive une petite lettre çà me fera plaisir.

Ton enfant qui pense à toi.

Maurice

– **Lettre 258 Labruguière le 22 avril [1916],** *j'aurais été heureux de partir au front*[169]

Chère mère

Ce soir que mes copains sont partis en renfort hier, je suis tout seul et j'en profite pour t'écrire un petit mot. Je suis chez le marchand de vin et je prends un café et je suis tranquille pour écrire, j'irais bien au cinéma mais çà me fait mal aux yeux de regarder çà. Je ne sais pas qu'est-ce que je ferai demain et après, qu'on ne marche pas, il faut que je me refasse d'autres copains quand il en revient des nouveaux car tous les autres sont partis et moi je reste toujours, ils ne veulent plus de moi et tous ceux qui sont revenus dans ma chambre partiront encore avant moi car il n'ont pas tant de front que moi.

J'aurais été heureux de partir au front avec le dernier renfort où j'avais de bons petits camarades et ils sont partis au 74e qui est le régiment de Rouen, comme j'ai idée d'être évacué encore une fois, je verrais cette belle ville que je ne connais pas[170]. Maintenant, on ne fournit plus qu'à d'autres régiments et le 76e en reçoit de n'importe quels régiments, alors c'est douteux que j'y retourne.

Ce qui m'embête, c'est que j'ai du petit linge de corps qui ne vaut plus rien et si je savais rester encore ici un peu, je te dirais de m'envoyer un colis car j'ai déjà acheté une paire de chaussettes et je peux recommencer. Maintenant, mes chemises qui étaient si usées car je croyais en toucher en partant en renfort, ce n'est plus mettables.

169. Feuille recto-verso, à carreaux de 0,8 × 0,8 cm, format 20,5 × 13,5 cm, pliée en quatre. Écrite à l'encre noire.

170. Absent du front depuis plus d'un an, Maurice est impatient de partir avec ses camarades du 76e.

Enfin, je t'en reparlerai, pour le moment, on ne fait plus grand chose car il pleut tous les jours et voilà deux jours de fêtes. En ce moment, çà va tout à fait bien, c'est vrai que l'on a du repos, ce qui me fatigue, c'est les nuits à passées, c'est pourquoi je te dis toujours que lorsque je repartirai au front je retomberai malade. Enfin j'en profite en ce moment, ce n'est pas ordinaire de passer tant de temps ici, je n'aurais jamais cru çà quand je te disais que je repartirais au 1er mars, çà ne sera même pas pour le 1er mai, c'est vrai que je ne peux pas savoir. J'ai attrappée Liliane sur une lettre que je lui ai envoyé hier car çà fait deux lettres que je lui ai envoyée et qu'elle ne m'a pas répondu. Mademoiselle a été vexée parce que je n'ai pas été la voir, elle m'avait dit qu'elle ne m'écrirait plus. Tu lui en parlera.

Je pense que ma lettre vous trouvera comme elle me quitte, c'est à dire en parfaite santé et reçois de ton fils ses plus charmants baisers.

Maurice

Bonjour à René. Tu vois que ce soir, je suis courageux, je t'ai fais un journal.

– **Lettre 259 Labruguière le 26 avril [1916],** *faire vos betteraves à sucre s'il fait ce temps là*[171]

Chère mère

J'ai une chance à part en ce moment, il vient de repartir un renfort de quatre vingt dix et j'étais le quatre vingt treizième, çà fait que cette nuit tous mes copains sont partis et me voilà resté tout seul dans ma chambre. Il reste plus, à la 25e compagnie, que les plus anciens de la guerre, ceux qui ont 14 à 18 mois de front et hôpital car l'hôpital en sortant du front compte comme campagne. Enfin, je crois que je suis pour le prochain maintenant mais çà peut ne pas être tout de suite car il y en voilà de l'active qui part depuis un mois et il n'y en reste pas beaucoup à Labruguière.

En ce moment, il fait un temps de juillet depuis le lendemain de Pâques et je crois que çà va durer mais il fait chaud faire l'exercice, on s'habille en tenue d'été, en treillis blanc. Mes journées de Pâques n'ont pas été mauvaises mais ont ne s'amuse pas comme quand on a des copains et ici, c'est çà d'embêtant, c'est que l'on change toujours. Pour le linge, ne m'envoie pas, j'acheterai une serviette et une chemise s'il faut, si je vois que je reste ici encore un peu mais c'est douteux maintenant. Tu m'enverras, s'il te plait deux billets de cinq francs, il me reste encore 12 francs, mais si je pars, je trouverais à les dépenser. Je suis en bonne santé et puis ma lettre vous trouver comme elle me quitte.

Vous allez parler de faire vos betteraves à sucre s'il fait ce temps là mais je ne sais pas qui vous les arrangera, çà ne sera toujours pas moi car je crois que je ne suis plus à toi que pour te demander de l'argent. En attendant de vos nouvelles je t'embrasse, chère mère de tout mon cœur. Bonjour à René, on ne parle plus

171. Feuille recto-verso, avec lignes espacées de 0,8 cm, format 21,5 × 17 cm, pliée en quatre. Écrite à l'encre noire.

s'il doit passer le conseil, en tous cas çà ne presse pas, qu'il te reste. Ton enfant qui t'aime.

Maurice

J'ai une drôle de plume mais il ne faut pas regarder à l'écriture.

– **Lettre 260 Labruguière le 27 avril 1916,** *je pars en renfort demain matin*[172]

Mon cher René

Je pars en renfort demain matin, je ne crois pas au 76e car çà doit être pour Verdun. Maman m'enverra mon argent ici, si elle ne l'a pas envoyé, qu'elle me l'envoie immédiatement à la 30e compagnie du 76e à Rodez. Je suis en bonne santé et je vous pense de même. Tout le restant de la 25e compagnie par à ce coup ci.

Mon cher René, je termine ma lettre en te serrant la main.

Maurice

– **Lettre 261 Rodez le 28 avril [1916],** *c'est pour de bon, nous repartons à la guerre*[173]

Chère mère

Maintenant, c'est pour de bon, nous repartons à la guerre, je suis habillé a neuf et je pars lundi matin à quatre heures pour le 19e d'infanterie qui est je crois sous Verdun et qui est le régiment de Brest. Tu vois que depuis deux ans et demi que je porte les écussons de notre brave 76e de Coulommiers, voilà que je l'ai quitté et si j'ai la chance d'être évacué, j'irai voir ce coin de la France que je ne connais pas encore et voir la mer car Brest est un port de mer de la Bretagne. Je n'ai pas à me plaindre car quand je pense que je devais partir au 139e d'infanterie le 1er avril et que je pars le 1er mai, c'est à dire un mois après et pour un régiment, au moins aussi beau et plus plaisant comme dépôt comme on a toujours la pensée quand on part, mais malheureusement il y en a beaucoup qui ne le connaîtrons pas mais il faut espérer que je ne serai pas de ceux là et que je recevrais une petite blessure pour aller voir la ville de Brest.

Je n'ai encore pas reçu le mandat télégraphique que je t'ai demandé par dépêche mais je crois le recevoir demain matin. Enfin, tu le diras à Mauricette que je pars à ce régiment, j'y écrirai dans quelques jours. En attendant de vous revoir mais je ne pars pas du côté, je vous embrasse de tout mon cœur.

Ton enfant qui t'aime. Maurice

Bonjour à René.

---

172. Onzième type de carte de correspondance militaire, modèle A^2 pour les soldats au dépôt du corps ou à demeure dans une localité. Elle porte la mention : « Cette carte doit être remise au vaguemestre. Elle ne doit porter aucune indication du lieu d'envoi ni aucun renseignement sur les opérations militaires passées ou futures. S'il en était autrement, elle ne serait pas transmise. » Elle comporte une partie recto pour l'adresse et une partie verso pour la correspondance, format 14 × 9 cm. Archives familiales.

173. Feuille recto-verso, à carreaux de 0,8 × 0,8 cm, format 22 × 17,2 cm, pliée en quatre. Écrite à l'encre noire.

– **Lettre 262 Rodez le 29 avril 1916,** *je suis habillé à neuf et ne porte plus les écussons du 76e mais ceux du 19e*[174]

Chère mère

J'ai reçu ce matin le mandat télégraphique de 25 f. que tu m'as envoyé. Je t'en remercie, çà fait que je vais pouvoir faire mon voyage de trois jours pour partir au 19e d'infanterie comme je t'ai dit hier que j'allais. Maintenant, j'ai fait un petit colis ce soir, du linge que je ne voulais pas emmener pour m'embarrasser et je l'ai envoyé en gare de Coulommiers au nom à ma tante Mélanie, çà ma coûté que douze sous ; je crois que c'était préférable, çà fait que tu n'auras que d'aller le chercher chez eux, tu lui demanderas si elle a eu quelques sous à donner. Maintenant, pour la dépêche du mandat téléphonique, j'avais tout payé, dix sept sous pour la dépêche et la course en bécane jusqu'au Theil autant, çà ma fait trente quatre sous, alors tu n'avais rien à donner.

Je suis habillé à neuf et ne porte plus les écussons du 76e mais ceux du 19e d'infanterie de Brest. Je vais faire ma dernière journée demain dimanche à Rodez, je ne pense plus le revoir maintenant. En attendant je suis en bonne santé et j'espère que vous êtes de même.

Ton enfant qui t'embrasse de tout son cœur.

Maurice

174. Feuille recto-verso, à carreaux de 0,8 × 0,8 cm, format 17 × 11 cm, pliée en quatre. Écrite à l'encre noire.

Chapitre 6
LA GUERRE DES MINES (MAI-OCTOBRE 1916)

Maurice rejoint son nouveau régiment à Fresnes-en-Tardenois le 3 mai 1916, dans la 11e compagnie du 3e bataillon : « il est au grand repos à 50 km du front car il a pris beaucoup à Verdun ». Lorsque les fantassins ne sont pas en ligne, ils sont au « repos ». Le terme de repos est trompeur car durant cette période, les exercices, manœuvres, défilés ou prises d'armes se multiplient. Le « grand repos » désigne ce temps d'éloignement de la ligne de front où le fantassin échappe aux rotations infernales entre première et seconde ligne et où le régiment reçoit ses renforts pour combler les pertes.

En Champagne en septembre 1915, puis en ligne depuis le 30 mars 1916 à Thiaumont au nord de Verdun où il a subi de nombreuses pertes, le 19e RI est relevé le 18 avril. Il rejoint Bar-le-Duc puis Château-Thierry dans l'Aisne pour se reconstituer sous le commandement du colonel de Chaunac de Lanzac.

Le 6 mai, le régiment marche vers le nord-est par Ronchères, Goussaucourt, Villers-Agron, Romigny, jusqu'à Ville-en-Tardenois. Il continue sa marche par Faverolles, Jonchery-sur-Vesle et Prouily pour atteindre Trigny à 15 km au nord-ouest de Reims, et y séjourne jusqu'au 14 mai. Le 15, le 19e RI se remet en route vers le front par Hermonville et Bouvancourt après avoir cantonné à Guyencourt, Roucy et Bouffignereux.

– La cote 108

Les hauteurs dominant la vallée de l'Aisne sont fortifiées par les troupes allemandes avec un système de défense perfectionné et des abris profonds : « Les pentes sud de la ligne de crêtes s'étendant devant tout le secteur étaient couvertes d'un lacis de tranchées ennemis toutes protégées par d'épais réseaux de fils de fer barbelés et réunis par de nombreux boyaux[1]. »

1. « Le mont Sapigneul cote 108 limité au nord-ouest par le canal latéral à l'Aisne s'étendait en arc de cercle sur un front d'environ 2 kilomètres bordant le canal de l'Aisne à la

Maurice code sa position : « Je t'écris à côté des boches, je suis à la même place que j'étais la dernière fois que j'ai pris les tranchées, c'est à dire à la c^.. 1. 8. » (lettre du 3 août 1916). La cote 108, au sud-est de Berry-au-Bac, est une tête de pont solidement occupée par les troupes allemandes où la guerre des mines y est particulièrement active, et Maurice écrit : « nous avons fait sauter quatre murs aujourd'hui, tu parle d'un tremblement de terre[2] » (lettre du 6 août 1916) [*carte 7*].

La technique des mines se modernise même si tous les travaux sont réalisés à la main avec des outils de mineurs jusqu'en janvier 1916[3] : « Dans la guerre des mines le vieil adage tactique "qui tient les hauts tient les bas" se trouve inversé[4]. » Pour contrer l'avantage pris par les troupes allemandes, un système de contre-mines est mis en place. On distingue trois étages successifs de mines : « Un étage supérieur les 1er, 2e et 3e trimestres 1915, un étage intermédiaire le 4e trimestre 1915 et en janvier-février 1916 et enfin un étage inférieur sur le reste de 1916[5]. »

Les explosions provoquant des entonnoirs de plus de 40 m de diamètre avec des pertes sévères se succèdent. Maurice en témoigne : « la côte à sautée et les Boches ont attaqués, heureusement que je n'y étais pas » (lettre du 22 juin 1916) ainsi que Gaston Mourlot du 65e RI, sapeur affecté au Génie de la 22e DI : « Un premier camouflet suivi d'un bombardement saute vers minuit ensuite ce

Marne jusqu'à l'écluse sud de Sapigneul […] une véritable forteresse. Des crêtes et de toutes ces tranchées l'ennemi avaient des vues superbes non seulement sur notre organisation de première ligne, mais sur toute la plaine s'étendant jusqu'à Cormicy et sur les pentes nord des collines situées immédiatement en arrière de ce village. Tout mouvement chez nous était donc impossible de jour autrement que par les boyaux entre Cormicy et les premières lignes, soit sur une distance de 3 kilomètres. » FLOCH Marcel, *La longue marche du 19e RI de Brest pendant la première guerre mondiale, Amicale du 19e RI de ligne, ISBN 2-9527668-0-0 ISBN 978-2-9527668-0-07, tome I*, p. 160. Berry-au-Bac dans le canton de Neufchâtel-sur-Aisne, arrondissement de Laon (Aisne) situé à 16 km au nord-ouest de Reims.

2. « L'ennemi puissamment retranché sur les hauteurs de la cote 108 et de la cote 91 (Mont Sapigneul), dominait nos positions. Il ne cessait de nous tâter par des patrouilles mordantes et surtout de nous harceler par des tirs incessants de gros minens qui pulvérisaient nos points d'appui établis à l'Ecluse nord, le long du canal, et au pont de Sapigneul. Ajoutez à cela la guerre de mines de la cote 108, exaspérante, déprimante pour nos hommes qui entendaient dans la profondeur du sol le travail interrompu des perforations allemandes. » FLOCH Marcel, *La longue marche du19e RI de Brest pendant la première guerre mondiale, tome I, op. cit.*, p. 169.

3. « La galerie souterraine éclairée électriquement et dans laquelle s'ouvraient les abris de ses sapeurs, était pourvue d'une voie ferrée de 40 qui permettait l'arrivée facile et à l'abri du matériel et des explosifs. L'avancement dans les galeries se faisait à l'aide de perforatrices fonctionnant à l'air comprimé. » FLOCH Marcel, *La longue marche du 19e RI de Brest pendant la première guerre mondiale, tome I, op. cit.*, p. 162.

4. HEMEZ Rémy, *La guerre des mines à la cote 108,* Magazine *Tranchées* n° 5, avril-mai-juin 2011, Louviers, Ysec Éditions, p. 45.

5. « à partir de février 1916 un système de mines entièrement nouveau et encore plus bas de 8 mètres environ », *La guerre des mines à la cote 108, op. cit.*, p. 47.

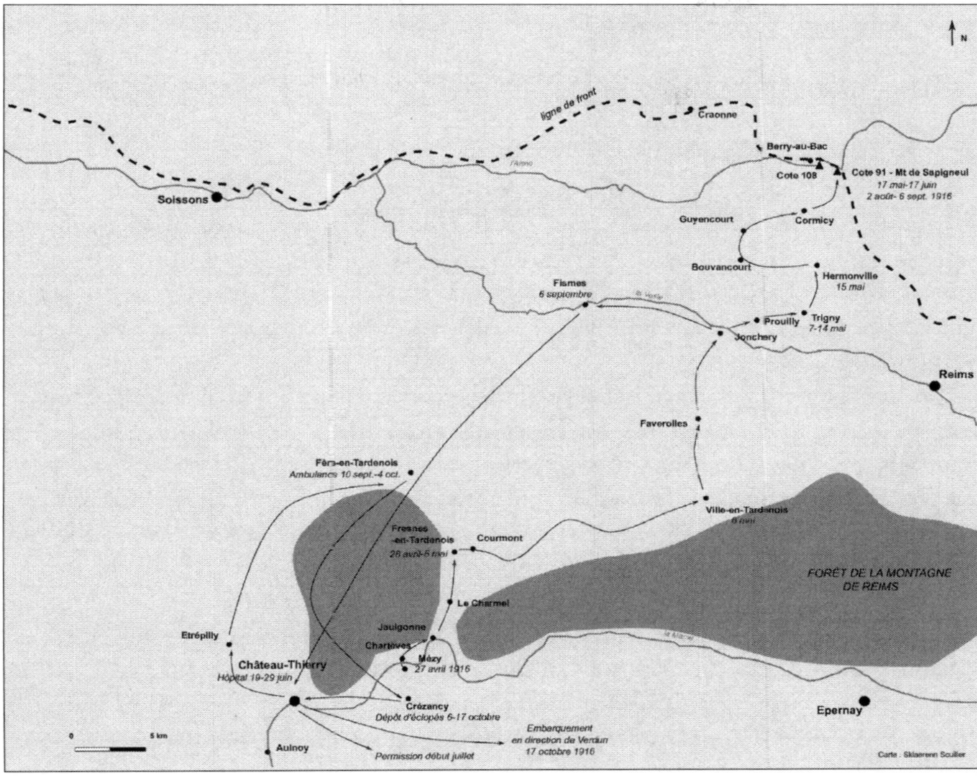

Carte 7. La guerre des mines dans le secteur de la cote 108 à Berry-au-Bac (mai-octobre 1916).

fut une explosion d'une mine à peine une heure et demie après qui déchaîna un bombardement de part et d'autre pendant plus d'une heure[6] » (Carnet de guerre du 21 juin 1916). Et Maurice de poursuivre : « les Boches ont fait sauté une mine encore où je suis et où j'ai couché plus de 4 fois et ont enterré vivant 30 ou 40 hommes » (lettre du 18 août 1916), « il vient de sauter une mine cette nuit encore [...] il y aura eu encore des victimes[7] » (lettre du 5 septembre 1916).

6. Un camouflet désigne une charge d'explosif. MOURLOT Gaston, *Un ouvrier-artisan en guerre..., op. cit.*, p. 169.

7. « Les tranchées se modernisaient, il y avait des abris dans terre à 6 mètres de profondeur. [...] Quand on était dans des terrains plats, on n'avait que les attaques à craindre mais quand on se trouvait sur des hauteurs, il y avait la guerre des mines, ça ne valait encore pas mieux. On entendait, dans ces abris, des wagonnets où les allemands creusaient des galeries pour nous faire sauter. Celui qui adressait à être là quand ça sautait, il était enterré vivant ou tué et le génie français en faisait autant. » GASTELLIER Maurice, *Mémoires, op. cit.*, p. 14.

Maurice mentionne l'orage qui noie les tranchées : « il vient de tomber une forte orage qui a arrosé tous les boyaux » (lettre du 26 août 1916) indiqué également par Léon-Antoine Dupré, présent avec le 35e RAC de Vannes à la cote 108[8].

– À l'hôpital de Château-Thierry

Au milieu « des poux et des rats » (lettre du 2 juin 1916) les conditions d'hygiène des fantassins ne cessent de se dégrader et diverses pathologies se développent. Affaibli à la suite de sa typhoïde, Maurice souffre de conjonctivite et est envoyé à l'hôpital de Château-Thierry pour une consultation auprès du centre d'ophtalmologie. Après un séjour de 14 jours à l'hôpital, il bénéficie d'une permission de cinq jours.

De retour dans les tranchées de Sapigneul, le 14 juillet dans la 12e compagnie de dépôt, il effectue un stage de cinq jours afin d'être signaleur. Finalement Maurice reste simple fantassin et retourne le 2 août dans la 11e compagnie pour effectuer des travaux en deuxième ligne. Le régiment est relevé le 7 septembre, cantonne dans la région de Château-Thierry où une nouvelle fois il se reconstitue avec l'arrivée de renforts[9].

Des ambulances automobiles et des petits hôpitaux temporaires, proches du front, sont progressivement mis en place. Maurice, de nouveau transporté en ambulance au dépôt d'éclopés à Crézancy pour soigner un furoncle à la jambe, se souvient : « Il y a aujourd'hui 3 ans j'étais plus heureux qu'aujourd'hui et je signais mon départ pour le métier militaire » (lettre du 13 octobre 1916). Avec une formule pleine d'optimisme, il n'oublie pas l'anniversaire de sa mère : « si j'étais chez nous, je pourrais te souhaiter tes 45 ans, âge dont j'espère est à peu près le milieu de ton existence » (lettre du 21 septembre 1916). Il rejoint son régiment dans la région de Saint-Dizier à la mi-octobre.

– Le contrôle postal

La correspondance, 14 lettres par mois en moyenne, diminue en juillet avec sa permission (***graphique 7***). Pour contourner l'interdiction de localisation, Maurice indique sa position à proximité de « la grande ville [...] qui commence par R » (lettre du 6 mai 1916). R pour Reims, l'historien Jules Isaac procède de même : « Il est nullement question de permissions, nous n'avons pas le droit d'aller à R

8. Léon-Antoine Dupré, engagé volontaire à 17 ans au 35e RAC de Vannes, écrit le 26 août 1916 : « Il fait de l'orage et la pluie tombe. Il n'y a pas assez du bruit du canon, il faut encore le tonnerre en plus. » *Carnet de route d'un gosse des tranchées*, Neuilly-sur-Seine, Michel Laffont, 2013, p. 56.

9. « Par l'itinéraire Prouilly, Fismes, Fère-en-Tardenois, Beuvardes, le régiment par étapes atteignit Château-Thierry et s'installa dans les villages voisins d'Essonnes-sur-Marne et d'Aulnoy ». FLOCH Marcel, *La longue marche du 19e RI de Brest pendant la première guerre mondiale, tome I, op. cit.*, p. 165.

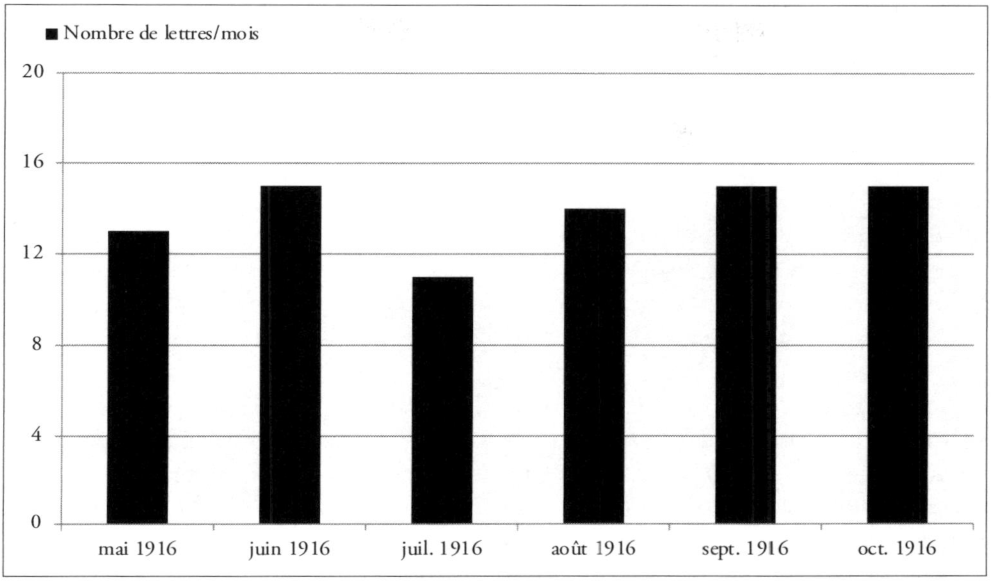

Graphique 7. Évolution de la correspondance de mai à octobre 1916.

tout à côté[10] » (lettre du 30 avril 1915). Craignant des sanctions, Maurice n'hésite pas à écrire deux lettres le même jour, l'une à sa mère, l'autre à son frère : « Je mets l'adresse à René car on pourrait trouver mal comme on ne doit pas envoyer deux lettres à la même personne, la même journée » (lettres du 10 septembre).

Pour la première fois depuis le début de la guerre, trois enveloppes portent le tampon « contrôlé par l'autorité militaire » (lettres du 19 juin, 11 août et 17 septembre 1916). La surveillance du courrier postal, mise en place en 1915, est un moyen de connaître le moral des troupes et d'apprécier son évolution. Le contrôle s'effectue par sondages, entre une et quatre lettres sur 100 sont lues afin de renseigner un formulaire : échos de la situation militaire, avis sur la nourriture, appréciations positives, négatives, etc.[11].

– René de nouveau ajourné

Son jeune frère, ajourné une première fois le 12 juin 1915 en raison de sa mauvaise santé, repasse devant la commission médicale en mai 1916 pour être de nouveau ajourné. Maurice en est informé : « il ne doit pas être content, lui qui aurait voulu être soldat » (lettre du 22 mai 1916).

10. MICHEL Marc, *Jules Isaac, un historien dans la Grande Guerre, Lettres et carnets, 1914-1917*, *op. cit.*, p. 105.
11. COCHET François et PORTE Rémy (dir.), *Dictionnaire de la Grande Guerre…*, *op. cit.*, p. 274.

– Les soldats à la ferme

Alors qu'il était à la ferme familiale pour faire les travaux de binage, fenaison et de moisson en 1915, Maurice s'interroge sur le devenir de Joseph, faisant parti de la réserve de la territoriale : « pour qu'il ne parte pas soldat, est-ce que c'est lui qui s'en est occupé ou si c'est toi qui a été voir le maire de Boissy » (lettre du 27 juillet 1916). Très préoccupé, il écrit : « tu te donne rudement du mal avec les binages [...] tu prenais un soldat l'année dernière que j'étais là et cette année, tu n'en prends pas » (lettre du 2 juin 1916), « je te vois sans bras pour la moisson [...] qu'ils gardent leurs soldats du moment qu'il n'est pas venu » (lettre du 23 juillet 1916), « il ne faut pas compter sur moi » (lettre du 4 août 1916), « tu ne me dis pas combien tu as gardée ton soldat » (lettre du 28 août 1916).

Les Préfets disposent d'un contingent de militaires du service auxiliaire de plus en plus restreint pour être affecté aux gros travaux des champs : semis, binage, fenaison, récolte et battage. Mais la mise à disposition de ces soldats, moyennant rémunération par les cultivateurs, est de plus en plus difficile et loin d'être automatique. L'état des militaires mis à disposition sur la commune de Coulommiers indique la présence d'un soldat à la ferme familiale sur la période du 15 juillet au 31 août 1916[12].

12. Les Archives municipales de Coulommiers mentionnent l'affectation d'un soldat à la ferme familiale : « Etat des travailleurs militaires nécessaire à l'exécution des travaux de moisson, période du 15 juillet au 31 août 1916, Vve Gastellier, un ouvrier. » 4H117.

– Lettre 263 Meaux le 3 mai 6 heures du matin, *en route pour le front*[13]

Mon cher René

Je passe à Meaux ce matin, en route pour La Fère. Bien le bonjour à toute la famille. Je pense à vous.

Maurice

– Lettre 264 Fresnes le 3 mai 1916, *nous venons de trouver notre 19e Rég*[14]

Chère mère

Nous venons de trouver notre 19e Rég. il est au grand repos à 50 km du front car il a pris beaucoup à Verdun. Nous sommes à 65 km de Coulommiers, alors tu vois que je vais défendre notre pays à ce coup là, car nous sommes en face de notre pays du Theil. Fresnes est du canton de Fère-en-Tardenois, arrondissement de Saint-Quentin, département de l'Aisne. Je suis fatigué de ce voyage depuis trois jours sans dormir, nous sommes passé par Juvisy et Noisy-le-Sec et je me disais, nous allons passé soit à Meaux ou à Coulommiers mais nous sommes passé à Meaux. Je ne vois plus rien à te dire, tu diras à toute la famille que je suis là car je ne veux pas trop le dire de crainte que la lettre soit décacheté.

Je vous embrasse de tout cœur.

Maurice

– Lettre 265 Le 4 mai 1916, *je suis tombé comme au 76e dans la 11e compagnie*[15]

Mon cher René

Je te récris ce soir pour si l'autre était égarée pour que tu sache où je suis. Je suis à soixante km de Coulommiers et au repos pour un mois, je crois car notre régiment a souffert sous Verdun. Si jamais Adrien venait en permission, dit à Mauricette, qu'elle te le fasse dire tout de suite si je pouvais aller le voir en 24 ou 48 heures, c'est douteux mais j'ai bien Piétrement mon copain au 122e qui avait pu réussir à aller chez lui. En attendant d'aller vous voir, je te serre cordialement la main. Embrasse bien maman pour moi.

Ton frère M. Gastellier 19e d'infant 11e comp. Secteur Postal 83.

Je suis tombé comme au 76e dans la 11e compagnie. J'espère que j'y aurai de la chance comme au 76e.

Bon courage et à Bientôt.

Maurice

Dis moi si tu as reçu mes deux lettres du 4 mai et mon adresse d'où je suis au juste.

---

13. Onzième type de carte de correspondance militaire, format 14 × 9 cm. Archives familiales.

14. Carte-lettre, format 14 × 11,5 cm, pliée en deux.

15. Carte-lettre et feuille recto-verso, format 15,5 × 11,5 cm, pliées en deux.

– **Lettre 266 Le 6 mai 1916,** *il y a maintenant dans ce régiment un mélange du diable*[16]

Chère mère

Nous nous sommes rapprochés du front, aujourd'hui et nous sommes maintenant entre le pays où nous étions hier et la grande ville que j'ai été visité, le premier dimanche de juillet 1914 que j'étais au camp et nous marchons sur cette dernière que tu dois comprendre ce que je veux dire, qui commence par R. et je crois que nous prendrons les tranchées dans cette direction, mais je ne crois pas tout de suite encore[17]. Maintenant, je peux te dire que la cuisine est bien faite mais ce n'est pas gros et il faut que j'achète à manger quand j'en trouve. Je viens d'acheter du saucisson de Lorraine mais qui est cher, c'est abominable et autre chose ; du chocolat, je n'y tiens pas, des camenberts, çà coule de trop de cette chaleur. Alors, tu pourrais m'envoyer de petits colis qu'il y ait du saucisson de conserve pas mal car c'est ce qu'il y a de préférable, une serviette comme linge, quelques petite boite de conserve. C'est pas si commode car c'est grand, un boite de conserve, mais on est deux ensemble et on mange ensemble et paye ensemble.

Tu connais bien mon adresse maintenant, M. Gastellier 19e d'infanterie 11e compagnie Secteur Postal 83.

Il y a déjà pas mal de temps que je n'ai rien reçu de vos nouvelles car quand on change comme çà, mais j'espère en recevoir bientôt ce qui me fera plaisir. Il y a maintenant dans ce régiment un mélange du diable, de tout les pays, des vieux ou des classes 14-15-16. Mais de mes classes, je n'en vois plus, je ne pense pas en trouver dans ma section[18].

Pour de l'argent, j'ai encore 16f. et tu m'en enverras que quand je t'en demanderai car je préfère t'en demander au dernier moment comme je sais que je n'ai pas besoin de te le demander deux fois pour que tu m'en envoie. Tu me diras si tu as reçu mon colis d'effets et si votre travail est en avance, si votre salade laitue est bonne, çà me fait penser que j'en mangerais bien une ce soir. Mais quand est-ce ?

En attendant de vous revoir, je t'embrasse de tout mon cœur.

M. Gastellier

Bonjour à René.

16. Feuille recto-verso, avec lignes équidistantes de 0,8 cm, format 22 × 17 cm, pliée en quatre.

17. R. pour Reims.

18. Maurice témoigne de son adaptation dans son nouveau régiment tout en exprimant son attachement à sa classe et son sentiment de déraciné dans sa nouvelle section où se mêlent jeunes recrues et anciens.

– **Lettre 267 Le 10 mai 1916,** *nous ne prendront les tranchées que dans une dizaine de jours, pas avant car le régiment à tellement été esquinté*[19]

Chère mère

Je n'ai toujours encore pas reçu de tes nouvelles, j'attendais toujours pour te récrire mais ce soir n'ayant encore rien, je t'envoie un mot pour te dire que nous ne sommes pas malheureux jusqu'à présent, nous sommes dans des cabannes en planches, toujours à la même place, bien couchés, de bons gradés mais c'est la nourriture qui est de pire en pire. Tu peux m'envoyer des colis qu'il y ait à manger surtout du saucisson, où de l'argent si tu préfère, comme voilà en ce moment qu'on est à l'arrière, je peux acheter ce qu'il me faut, il me faut en ce moment 20 sous par jour comme je touche 5 sous, çà me fait 0 f.75[20]. Je crois que nous ne prendront les tranchées que dans une dizaine de jours, pas avant car le régiment à tellement été esquinté qu'il a besoin de repos. Tu peux dire au monde que je suis dans les tranchées car ils sont comptant quand ils nous savent en danger.

Je pense que tu sais où je suis à peux près comme je t'ai expliqué sur ma dernière lettre à 22 km du front. Si tu veux, je vais te raconter mon menu de ce soir. D'abord, nous avons eu un camenberg pour six que nous avons mangé en premier, après nous avons eu la soupe, le café, ensuite on apprend qu'il y a du vin, çà fait que nous avons eu notre quart de vin et après, voilà qu'il y a du bœuf de conserve à l'huile au vinaigre mais entre çà je t'écris ma lettre car il à fallu attendre une demi heure entre chaque plat. On est forcé de rire en mangeant dans ces conditions. Maintenant après la soupe, on part au muguet, c'est pourquoi je t'en mets quelques brins dans ma lettre[21]. Je compte demain recevoir de vos nouvelles, je sais bien que ce n'est plus comme au dépôt, çà reste dans les postes et il faut plus de temps pour y arriver.

Bien le bonjour à René, qui j'espère travaille à force en ce moment car l'herbe doit commencer à pousser.

Ton fils qui t'aime pour la vie.

Maurice

19. Feuille recto-verso, avec lignes équidistantes de 0,8 cm, format 22 × 17 cm, pliée en quatre.

20. Les zones arrières à proximité du front sont des lieux d'échanges monétaires et permettent d'améliorer le quotidien de la troupe.

21. Maurice ne manque ni d'humour en décrivant son diner « On est forcé de rire » ni de charge affective avec le muguet joint à la lettre pour ce premier mai loin des siens.

– **Lettre 268 Le 12 mai 1916,** *du changement dans le raisonnement des hommes et même des gradés*[22]

Chère mère

Depuis bientôt trois semaines que je n'avais pas reçu de tes nouvelles, tu penses si je suis heureux ce soir de recevoir ta lettre ainsi que ton billet de 5f.. Hier, quand je n'avais encore rien, je commençais à me faire de mauvaises idées. Je t'assure que çà te fait plaisir de recevoir des nouvelles mais moi c'est au moins pareille et je sais bien qu'aussitôt que tu auras reçu ma nouvelle adresse, tu m'auras écris mais c'est qu'ici, çà reste dans des postes quelques jours. Ainsi je reçois ta lettre du 8, ce soir 12 courant. Alors, je te réponds sur ta lettre. Tu me demandes si nous sommes nourris en partant au front. Oui, mais nous ne touchons que de la viande de conserve qui n'est pas fameuse, du singe, comme on appelle çà dans le terme militaire et notre pain.

Comme je vois, c'est toujours la terre de sur la route de Rebais qui te tourmente et moi, maintenant, c'est toujours la guerre, c'est toujours la fin qu'on se demande; c'est drôle, aujourd'hui je me dis, vous y arriverez toujours bien à les faire et avant c'était toujours le travail qui me tourmentait, c'est vrai que c'est autre chose, le métier que nous avons en ce moment[23]. Je pense que ton nouveau cheval va bien car tu ne m'en parles pas.

Oui, comme tu me dis, je suis mieux ici, qu'à Verdun, ce pauvre Adrien, il voit le travail car il y est de près. J'ai reçu une lettre de ma tante Angèle qui me dit encore bien des victimes ainsi que toi, Calone qui devait se marier avec la fille de Blondel, notre ancien bourrelier. Non, je n'ai personne de connaissance à ce nouveau régiment, à part un gars de Beautheil qui est venu du 76e comme moi, mais il est à la 10e compagnie, il y en a de toute la France, mélangé, comme tous les régiments. Comme je vois René va retourner se faire voir qu'il ne fasse pas comme à l'autre coup.

Enfin, je ne peux te dire comme si je te parlais de près mais à chaque coup que je reviens au front, je trouve du changement dans le raisonnement des hommes et même des gradés. Tu dois comprendre, je ne t'en dis pas davantage. Je crois maintenant que çà ne dureras pas l'hiver prochain, voilà mon idée[24]. Je suis en bonne santé et je vous pense de même, toujours à la même place à 20 km de Reims et je crois que nous prendrons les tranchées par là mais on en parle encore pas. En attendant de vos nouvelles, je vous embrasse de tout mon cœur.

Votre fils et frère. Maurice

---

22. Feuille recto-verso, avec lignes équidistantes de 0,8 cm, format 21,5 × 17 cm, pliée en quatre.

23. Mobilisé, Maurice, le cultivateur-soldat reste un cultivateur préoccupé des travaux de la ferme familiale et fait son « métier que nous avons en ce moment », le métier de la guerre.

24. Les armées françaises et britanniques engagent une série d'offensives simultanées avec « le grignotage » de Joffre contre la stratégie « de l'usure » de l'armée allemande.

– Lettre 269 Le 14 mai 1916, *le canon tonne fort en ce moment*[25]

Chère mère

Je suis toujours à la même place et en bonne santé. Le canon tonne fort en ce moment et il est question que l'on va partir d'ici et se rapprocher du front, je crois, demain matin. Tu ne m'as pas dit si tu as reçu ma carte de Trilport quand j'ai parti au 19e et mon colis de linge que je t'ai envoyé de Rodez. Je viens de recevoir ton colis. Mais je suis comme toi, c'est honteux de donner 1f. pour si peux. Tu aurais plutôt fait de m'envoyer de l'argent et je l'achèterais moi même étant au repos quoique je le paie chère, çà me coûterais encore moins chère. Le pain d'épice, ce n'était que de la poussière, çà ne m'as pas fait de profit et la boite, c'était du chocolat fin mais ces babioles ne me disent plus rien, j'aime autant à manger. On ne sait jamais comment faire, mais envoie moi plutôt de quoi acheter, çà te coûteras moins chère et moins de temps à passer.

Ton enfant qui t'embrasse de tout son cœur.

Maurice

– Lettre 270 Le 17 mai 1916, *nous allons prendre les tranchées*[26]

Chère mère

Nous sommes venus hier plus près de la ligne de feu et nous avons eu un temps déplorable, maintenant il fait un temps épatant et je crois que nous montons en ligne ce soir[27]. Nous sommes avec la réserve de mon ancien régiment, nous allons prendre les tranchées où Duquesne a été fait prisonnier. C'est dommage que tous mes régiments sont mélangés car je me trouverais avec tous les vieux de Coulommiers. En regardant l'ennemi, nous sommes plus sur la gauche d'où nous étions et d'où je croyais que l'on allait.

A part çà, j'espère que René n'est pas encore pris et qu'il est néanmoins en bonne santé ainsi que toi. Moi çà va bien.

En attendant d'aller vous revoir je vous embrasse de tout cœur.

Maurice

Lenoble est enterré à 2 km d'ici, il était au 289e d'inf.[28].

---

25. Carte-lettre, format 14 × 11 cm, pliée en deux

26. Carte-lettre, format 14,5 × 10,5 cm, pliée en deux.

27. Gaston Mourlot du 65e RI de Nantes (dans la 21e DI, la division sœur de la 22e DI) passe dans la compagnie 11/52 du génie attachée à la 22e DI dans le secteur de la cote 108. Dans son carnet de guerre du 17 mai 1916, il écrit : « Nous dominons [...] le village de Pévy situé à mi pente et d'où débouchent des troupes du 19e et 118e qui prennent position en ligne cette nuit. » MOURLOT Gaston, *Un ouvrier-artisan en guerre..., op. cit.*, p. 162.

28. Henri Lenoble, sous-lieutenant au 289e RI, né à Coulommiers le 21 juin 1891, meurt dans l'ambulance 1/55 des suites de ses blessures à Romain, au pied de la cote 108, dans le canton de Fismes (Marne) le 5 mars 1916. SGA/DMPA/Mémoire des hommes/Fiche individuelle.

– Lettre 271 Le 20 mai 1916, *René est ajourné, eh bien tant mieux*[29]

Chère mère

Nous sommes maintenant en lignes mais en réserve, alors on est encore pas si mal qu'en première ligne, alors je ne peux encore te dire si c'est beaucoup mauvais. ~~Je n'ai encore pas reçu mon colis, mon deuxième~~ mais j'ai reçu ta lettre que tu me disais que René est ajourné, eh bien, tant mieux c'est assez de moi qui soit là et Adrien que l'on peut compter aussi bien que moi. J'ai reçu encore une lettre de Liliane, ce n'est pas ordinaire les bêtises qu'elles me mets, elle voudrait pouvoir être à ma place, pour voir les boches, elle à l'air de croire que c'est une place à envier. J'y céderais pourtant bien ma place.

Je termine ma carte en te disant qu'il fait un temps épatant, que je suis en bonne santé et je vous pense de même. Je t'embrasse de tout cœur.

Maurice.

J'ai reçu mon colis, à l'instant, merci et remerci mon oncle Ernest.

– Lettre 272 Le 22 mai 1916, *il y a de quoi faire, si seulement j'étais avec vous*[30]

Chère mère

Je reçois ta lettre du 19 ce soir et j'en profite pour t'envoyer de mes nouvelles. Je sais bien que vous devez être fatigués quand vous rentrez d'échardonner[31] comme je vois il y a de quoi faire, si seulement j'étais avec vous, çà irait toujours un peu plus vite et je ne serais pas plus fatigué et pourtant je ne fais pas grand chose mais que le repos qui n'est pas fort la nuit, çà me courbature comme la dernière fois que j'ai reparti au front et pourtant le secteur n'est pas trop mauvais, ce n'est plus comme à Vauquois. Comme je vois, ton cheval Mouton va encore être un cheval maigre, c'est malheureux pourtant un cheval entier est d'ordinaire plutôt gras, enfin nourrissez le bien et ne le forcer pas comme on a forcé les autres[32].

J'ai reçu le colis comme je t'ai dit et le saucisson était épatant surtout quand on a pas grand chose à manger où du pas mangeable comme on a en ce moment. Il fait rudement chaud en ce moment et je sue à t'écrire. J'ai vu sur le journal que Pasquier était bien tué comme tu me l'avais dit, maintenant Gaboyard a été

29. Carte-lettre, format 14,5 × 10,5 cm, pliée en deux.

30. Feuille recto-verso, format 14,5 × 10,5 cm, pliée en deux.

31. Échardonner, c'est couper les chardons au ras du sol à l'aide d'une petite lame métallique montée sur un long manche. Cela se pratique à la main, au mois de mai, ni trop tôt afin que les chardons ne repoussent pas, ni trop tard pour ne pas concurrencer les céréales. Biner, sarcler, couper et arracher les mauvaises herbes, c'est le travail des femmes et des enfants de la ferme familiale. Le désherbage chimique se limite à l'époque à l'utilisation du sulfate de cuivre en vigne.

32. Un « cheval maigre », c'est un mauvais cheval, un « cheval entier » (non castré) est plus nerveux et donc plus difficile à conduire.

blessé, tu ne m'en a pas parlé[33]. Enfin, à part ma fatigue, çà ne va pas mal et je pense que vous êtes en bonne santé également.

René doit être tranquille, maintenant qu'il a passé le conseil mais il ne doit pas être content, lui qui aurait voulu être soldat.

Je termine ma lettre en vous embrassant de tout mon cœur.

Maurice

– **Lettre 273 Le 25 mai 1916,** *pour aller vous voir, il ne faut y compter car nous sommes toujours en lignes*[34]

Chère mère

Je reçois à l'instant ta lettre où il y avait un billet de 5f.. Merci bien. Maintenant pour aller vous voir, il ne faut y compter car nous sommes toujours en lignes et ce n'est plus le moment, je ne veux pas la demander, ce n'est plus comme quand nous étions au repos. Je ne pourrais voir Adrien mais je crois que je ne tarderai pas à aller vous voir en sortant de l'hôpital car je commence à me fatiguer, a passé les nuits, je ne peux plus porter ma tête, je ne suis bien que couché. Je pense que vous êtes en bonne santé.

En attendant de vous revoir, je vous embrasse de tout cœur.

Maurice

– **Lettre 274 Le 28-5-[mai 19]16,** *je suis toujours en ligne mais en 2e et il n'y a pas trop de danger*[35]

Chère mère

Je pense qu'Adrien doit être parmi vous en ce moment. Moi, je suis toujours en ligne mais en 2e et il n'y a pas trop de danger. Je ne suis pas trop fatigué en ce moment, c'est vrai que l'on travaille à proportion comme nous sommes nourris. On fait des traveaux tantôt la nuit, tantôt dans le jour et pas foulé comme au 76e, c'est vrai qu'on ne pourrait pas avec notre quart de vin et notre petit bout de bœuf. J'espère que vous êtes en bonne santé, il fait beau temps en ce moment depuis hier car il en a tombé depuis quelques jours.

Envoie moi quand tu auras l'occasion un petit colis, à manger surtout, car ici on est pas assez en arrière pour trouver à manger. Celui qui pense à vous.

Maurice

Bonjour à Adrien

33. Paul Pasquier, tué le 1er avril 1916 au Bois Caillette devant Verdun, déjà mentionné dans la lettre du 13 avril.

34. Carte-lettre, format 14,5 × 10,5 cm, pliée en deux.

35. Carte-lettre, format 14,5 × 10,5 cm, pliée en deux.

– Lettre 275 Le 30 mai 1916, *les betteraves à sucre, est-ce qu'elles sont binées comme il faut*[36] *?*

Chère mère

Il ne fait pas trop beau en ce moment, je remarque que c'est comme tous les ans, à la fin de mai et commencement de juin, quand on commence la Saint-Jean. Je pense que vous n'êtes pas en train de faire la fanerie mais que lorsqu'il fera beau que vous vous y mettrez ; vous devez être dans les betteraves à sucre, est-ce qu'elles sont binées comme il faut[37] ? Nous sommes toujours en lignes, l'autre jour il a tombé un obus près de moi et elle n'a pas éclatée, heureusement car j'aurais peut être bien été mouché. Enfin, je suis en bonne santé en ce moment et je vous espère de même et plus fort car vous devez mieux manger. J'ai eu le bonheur de recevoir un colis de ma tante Angèle, ce qui m'a fait du bien.

En attendant d'aller vous voir, je vous embrasse de tout mon cœur.

Bien le bonjour à René et à Adrien s'il est là.

Maurice

– Lettre 276 Le 2 juin 1916, *je suis aussi dans les poux et dans les rats*[38]

Chère mère

Il y a aujourd'hui vingt deux mois que nous sommes en guerre et tout le monde a encore croyance pour la fin ce mois ci, mais moi, non. Je ne sais pas si ce bruit là court aussi par chez nous. Enfin, çà va en ce moment, depuis que je suis en tranchées, je ne sais pas si c'est parce que je suis à l'air. En tous cas, je ne suis pas qu'a l'air car je suis aussi dans les poux et dans les rats. L'autre jour, je passais à côté de notre cuisine à minuit pour aller au travail et il y avait une dizaine de rats sur notre bidoche, alors tu vois et quand il arrive notre morceau on est encore content de le manger avec appétit. Nous sommes en deuxième ligne depuis une dizaine de jours et je crois que nous montons en 1re ligne et dans un secteur que ce n'est pas trop bon. La réserve de mon ancien régiment se trouve un peu à gauche de nous[39]. Nous autres, je crois que tu te doute où nous sommes.

Comme je vois, tu te donne rudement du mal avec les binages, c'est donc que tu bine les betteraves ? Maintenant, tu prenais un soldat l'année dernière que j'étais là et cette année, tu n'en prends pas, si tu ne vois personne du pays, je ne sais pas qui rentrera ta luzerne et ton foin et c'est que cette année, il ne faut pas compter sur moi car il faut passer à l'hôpital avant d'aller vous voir, et il y a des moments que je me vois partir mais quand çà va un peu, je me dis ce n'est ni la Saint Jean

36. Carte-lettre, format 14,5 × 10,5 cm, pliée en deux.

37. Maurice s'inquiète de l'avancement des travaux des foins et des binages et dicte ses consignes pour biner les betteraves « comme il faut ».

38. Feuille recto-verso, avec lignes équidistantes de 0,8 cm, format 22 × 17 cm, pliée en quatre.

39. Maurice n'a pas totalement coupé les liens avec le 76e RI, son ancien régiment.

ni la moisson que je ferai cette année[40]. Tu me diras ce que tu dis de vos récoltes, surtout blés et avoines. Si tu es fatiguées, comme je peux le croire, tu le diras à René qu'il m'écrive un peu. Tu n'as qu'à prendre Joseph pour faire votre ouvrage et laisser les cheveaux à l'écurie.

Mauricette m'a écrit et Adrien, qu'il est arrivé. On vient chacun son tour mais jamais on peut venir ensemble. Je crois que l'on se verra qu'à la fin de la guerre, si elle n'est qu'en 1920, ce n'est pas prêt que l'on se voie. Je termine ma lettre en te disant que tu souhaite le bonjour à Adrien, s'il n'est pas reparti ainsi qu'à René.

En attendant de vous revoir je t'embrasse de tout cœur.

Ton enfant qui t'aime. Maurice

– **Lettre 277 Le 4 juin 1916,** *Nous fesons en ce moment du travail d'art et de patience pour nous amuser*[41]

Chère mère

J'ai reçu ton billet de 5 f. et je t'en remercie. Maintenant, tu n'as pas a te tourmenter quand je suis dérangé car c'est assez de ton ouvrage pour te tourmenter, moi, je suis à la guerre, je ne peux pas toujours être heureux. Mais en ce moment çà va bien, et je vous pense de même. Nous fesons en ce moment du travail d'art et de patience pour nous amuser, je vais t'en envoyer dans ma prochaine lettre, alors découpe ton enveloppe avec des ciseaux et au bord et tu verras mon travail pendant que je devrais en fanerie, mais çà nous passe le temps.

En attendant de vos nouvelles, je t'embrasse de tout cœur.

Maurice

– **Lettre 278 Le 5 juin 1916,** *tu garderas ces feuilles en souvenir*[42]

Chère mère

Voilà notre travail que l'on s'amuse à faire avec des feuilles de chênes naturelles que l'on fait ce que l'on veut[43]. Tu me diras, si il faut deux n. à Liliane que j'y en envoie une de son nom[44]. A part çà, je suis en bonne santé et je vous pense de même. Tu garderas ces feuilles comme souvenir. En attendant d'aller vous revoir, je t'embrasse de tout mon cœur.

Maurice

40. À la même époque, l'an dernier, Maurice était en permission de convalescence suite à sa blessure. Le régime des permissions de sept jours tous les quatre mois mis en place en 1915 est loin d'être automatique et respecté dans les faits.

41. Carte-lettre, format 14,5 × 10,5 cm, pliée en deux.

42. Onzième type de carte de correspondance militaire, format 14 × 9 cm. Archives familiales.

43. Les feuilles et fleurs séchées jointes aux lettres sont investies d'une forte charge affective.

44. Maurice avait déjà mentionné la réalisation d'une bague en aluminium pour Liliane (lettre du 23 octobre 1915).

– **Lettre 279 Le 7 juin 1916,** *bon courage dans vos travaux si vous êtes en fanerie, çà ne doit pas aller bien de ce temps là*[45] *!*

Chère mère
Je t'écris dans mon abrit pendant qu'il fait un temps de chien. Heureusement que l'on a de bons souterrains car les torpilles rappliquent dur. Je suis toujours en bonne santé et je vous pense de même. J'ai un copain qui était de mon escouade et qui couchait à côté de moi, qui était malade, il y a un mois moins huit jours et a été évacué et il vient de revenir, sans aller à l'intérieur. Il a été quinze jours à l'hôpital au collège de Coulommiers et a été huit jours en permission et a regagner tout de suite ici, son régiment. Voilà ce qu'il me plairait et ici, c'est la contrée pour être évacué, soit Provins, Meaux ou Coulommiers. Enfin sur la situation, rien à signaler et toujours la même chose, toujours la même vie. Enfin, bon courage dans vos travaux si vous êtes en fanerie, çà ne doit pas aller bien de ce temps là.
En attendant d'aller vous aider, je t'embrasse chère mère de tout cœur.
Maurice

– **Lettre 280 Le 8 juin 1916,** *jour de la Saint-Médard, je me demande s'il va pleuvoir*[46]

Chère mère
Pour aujourd'hui, jour de la Saint-Médard, je me demande s'il va pleuvoir car çà arrive souvent en ce moment ; s'il pleut aujourd'hui, en voilà pour quarante jours. Tu vois que je me rappelle encore des dictons. Nous sommes toujours en lignes mais moi, pour le moment j'envisage un truc qui ne sera peut être pas mauvais, si çà peut aller, je te dirais quoi si çà reste car nous ne sommes que deux qui le savent à la compagnie ; j'ai appris çà à Paris à la caserne. S'ils en prennent toujours, je suis sûr d'y rester et je ne serais pas malheureux.
Pour le moment, je vous pense comme moi, en bonne santé.
Maurice
Ton fils qui t'embrasse de tout cœur.

– **Lettre 281 Le 11 juin 1916,** *c'est aujourd'hui la Pentecôte, on a repos*[47]

Chère mère
Nous sommes arrivés au repos de cette nuit dans un pays où il y a assez de monde et de quoi acheter ce que l'on veut. Je ne sais pas pour combien de temps, on parle de douze jours, comme on a été pas mal de temps aux tranchées. C'est aujourd'hui la Pentecôte, on a repos parce que l'on est relevé de cette nuit, où

45. Carte-lettre, format 14,5 × 10,5 cm, pliée en deux.
46. Carte-lettre, format 14,5 × 10,5 cm, pliée en deux.
47. Carte-lettre, format 14,5 × 10,5 cm, pliée en deux.

sans cela, je crois que l'on doit faire des travaux pendant que l'on sera ici[48]. En attendant, je suis en bonne santé et je vous pense de même. Ma tante Mélanie m'a écris et Mauricette également, elle doit m'envoyer un colis que je pense recevoir aujourd'hui.

En attendant d'aller vous revoir je t'embrasse de tout cœur.

Maurice

– **Lettre 282 Le 12 juin 1916,** *au repos à 12 km de Reims*[49]

Chère mère

Je reçois ton colis ou il y a la bouteille d'eau de vie, le saucisson et la boite de conserve mais je t'assure que je peux me trouver heureux de le recevoir en bon état car il était percé et je ne croyais pas la bouteille encore entière car c'était pas assez entortillée. Mais çà me fait plaisir quand même et tu pourras m'en remettre et l'envelopper mieux quand tu m'en enverras, et me mette une paire de bretelle car les miennes ne sont plus fameuses.

En attendant de vous revoir, je t'embrasse de tout cœur. Je suis en bonne santé et je vous pense de même. Je suis au repos à 12 km de Reims et on voit la cathédrale.

Maurice

– **Lettre 283 Le 15 juin 1916,** *il faut espérer que cette guerre va se terminer et que j'aille avec vous faire la moisson*[50]

Chère mère

Nous sommes au repos, toujours dans un pays où l'on trouve tout ce que l'on veut. Je suis en bonne santé et je vous pense de même. Pendant notre repos, nous faisons des tranchées à l'arrière, j'aime mieux çà que de faire, comme avant, l'exercice, surtout que l'on en fait qu'à sa guise. Il fait un peu meilleur aujourd'hui que les autres jours mais je crois que çà ne durera pas. Je me demande si vous allez vous mettre en train de faner, c'est malheureux un temps pareille et après tout arrivera d'un coup.

Il faut espérer que cette guerre va se terminer et que j'aille avec vous faire la moisson, où sans cela, çà serait la première que je ne fait pas.

Ton enfant qui t'embrasse de tout cœur.

Maurice

48. Maurice mentionne pour la première fois la fête de la Pentecôte.

49. Carte-lettre, format 14,5 × 10,5 cm, pliée en deux.

50. Lettre-enveloppe, format 15,5 × 11 cm, pliée en deux.

– **Lettre 284 Le 17 juin 1916,** *vous n'allez pas être en avance*[51]

Chère mère

J'ai reçu ta lettre du 13 où tu me dis qu'il fait bien mauvais temps aussi par chez nous, qu'heureusement que tu n'as pas de soldat mais tu en aurais pris un pour le 15, je crois que tu l'aurais occupé car vous n'allez pas être en avance. Maintenant, tu te demande ce truc, qu'est-ce que c'est, quand je te le dirai, c'est signaleur, je serais en deuxième ligne au lieu d'aller en première, çà ne m'empêcherait pas d'être tué quand même si çà avait l'occasion mais moins et moins de veillée à prendre, moi qui a besoin de repos, çà ferait mon affaire[52]. En attendant d'aller vous voir je t'embrasse, chère mère, de tout cœur.

Maurice

Bien le bonjour à René.

– **Lettre 285 Le 19 juin 1916,** *je vais prendre une consultation à Château-Thierry pour les yeux*[53]

Chère mère

Je t'envoie deux mots pour te dire que je vais prendre une consultation à Château-Thierry pour les yeux. Je disais toujours que je m'en occuperait et je me suis décidé car j'ai toujours la vue faible et des douleurs dans les yeux, toujours suite de ma blessure. Je te donnerai des détails au plutôt que je saurai.

Je crois revenir à ma compagnie demain, j'aurai besoin d'argent mais attends que je sois rentré. J'ai fait faire quelques photos, quatre, ce qui m'a coûté 2f.. Je t'en envoie une. Tu me diras, qu'est-ce que tu dis de ma figure, toujours avec mes yeux fermés. Il me manquerait plus que des lunettes, je serais beau gars après. En attendant d'aller vous voir et de te donner des détails, je t'embrasse de tout mon cœur.

Maurice

– **Lettre 286 Le 20 juin 1916, 2e lettre,** *j'ai vu l'oculiste*[54]

Chère mère

J'ai vu l'oculiste, et il m'a dit qu'il allait me garder pour me reposer, que c'était de la fatigue, alors je veux bien[55]. Ce n'est pas parce que tu me vois à l'hôpital qu'il

51. Lettre-enveloppe, format 15,5 × 11 cm, pliée en deux.

52. Afin de mieux communiquer, les signaleurs utilisent divers moyens, lampes, fusées éclairantes, pigeons, radio et avions pour renseigner les quartiers généraux, les bataillons d'infanterie et les compagnies d'artillerie et fournir un appui aux réglages des tirs d'artillerie. La transmission des signaux TPS utilisant les courants induits se propageant dans le sol est testée en 1915.

53. Feuille recto-verso, format 17,5 × 11 cm, pliée en deux. L'enveloppe comporte la mention « Contrôlé par l'autorité militaire ». Archives familiales.

54. Lettre-enveloppe, format 15,5 × 11 cm, pliée en deux.

55. « Le soldat Gastellier a quelques troubles d'hypermétropie qui disparaitront je pense avec le port de verres de 0 D 0 4/ + *[illisible]* Il y aurait avantage à diriger le récipiendaire

faut croire que je suis malade, car je vais aussi bien qu'avant, il y a des moments que çà ne va pas mais en ce moment çà va bien. C'est parce que j'avais lavé mes bandes molletières et elles n'étaient pas sec le matin pour aller au travail que je me suis décidé d'aller voir le major et tu vois qu'on me garde quelques jours, et après qu'on me donne une permission, je ne l'aurai pas gagnée. Mais ne crois pas à celà, çà serait trop de chance. Ecris moi ici, si tu veux, mais ne m'envoie pas d'argent tant pis car je peux m'en aller d'un jour à l'autre. Ton enfant qui pense à toi.

M. Gastellier hôpital d'évacuation n° 11 Annexe 3 Château-Thierry.

– **Lettre 287 Le 22 juin 1916,** *si je pouvais aller vous aider à la fanerie, çà me ferait plaisir*[56]

Chère mère

Je n'ai pas revu le major oculiste depuis que je t'ai écris la dernière lettre, alors je ne peux te donner d'autres détails sur mon temps à rester ici. Enfin, je peux toujours te dire que je suis en bonne santé et que si je pouvais aller vous aider à la fanerie, çà me ferait plaisir et j'espère que çà irait car c'est de la tranquillité qu'il me faut maintenant et non des bombances chez Liliane comme elle aurait voulu que j'aille faire la dernière fois et que je n'ai pas été. Je serai content d'aller les voir mais qu'elle ne me demande pas trop de détails sur la guerre, elle qui croit toujours que c'est une distraction, qu'elle y aille voir.

Si tu as pris le journal d'aujourd'hui, tu auras vu qu'où nous étions exactement la côte à sautée et les Boches ont attaqués, heureusement que je n'y étais pas[57]. On les entendais piocher en dessous de nous quand on y était. Enfin, dans l'espoir de pouvoir aller vous aider, je t'embrasse de tout mon cœur.

Maurice

J'espère que René doit y en mette de ce temps là.

Pour mon adresse mettre comme çà.

M. Gastellier hop. d'évacuation n° 11 Annexe 3 Secteur postal 3.Il y en a qui partent ce matin et n'ont pas de permission.

---

sur le centre ophtalmologique de Fismes, le malade ayant besoin de verres. » Ordonnance médicale du 14 juin 1916, ambulance XI, format 10,6 × 9,3 cm. « Admis à l'annexe le 20/06/16, Conjonctivite *[illisible]* guérie. Rejoindra son corps après une permission de 7 jours. » Certificat médical du centre d'ophtalmologique de Château-Thierry, 3 juillet 1916, format 16 × 11 cm. Archives familiales.

56. Feuille recto-verso, format 21 × 14,2 cm, pliée en quatre.

57. « L'explosion eut lieu le 21 juin [...] La batterie du 35e RAC commandée par le lieutenant Dourver, par un tir d'une précision étonnante, ouvrit plusieurs brèches dans le réseau barbelé [...] En un instant, la tranchée du canal entre l'écluse nord et le village de Sapigneul et les points d'appui de gauche et du centre de la tranchée de la Corde furent complètement bouleversés [...] Les pertes furent sévères [...] ce coup de main fut malheureusement payé trop cher. » FLOCH Marcel, *La longue marche du 19e RI de Brest pendant la première guerre mondiale, tome I, op. cit.*, p. 163 et 165.

– **Lettre 288 Le 24 juin 1916,** *je ne sais pas ce que le major à envie de faire de moi car il ne me dit rien jusqu'à présent*[58]

Chère mère

Je t'écris aujourd'hui pour te tranquiliser sur mon billet de 5f. que je viens de recevoir. Comme j'ai toujours soin quand je pars de dire à un copain qu'il me garde mes lettres que je lui donnerai mon adresse si je ne reviens pas, je lui ai écris tout de suite et justement j'en avais plusieurs entre autre celle là que j'avais un billet de 5f. qui aurait pu être perdu. Comme çà m'embêtait de te dire tu m'en envoie ici car je pense partir aussi bien demain comme dans cinq ou six jours, çà m'a fait plaisir. Je ne sais pas ce que le major à envie de faire de moi car il ne me dit rien jusqu'à présent ; veux t'il me gardé dix jours pour me donner une perme de sept jours comme il dit, que c'est de la fatigue, que je me repose, je n'en sais rien ou va t'il me renvoyer à ma compagnie ces jours ci ? Comme je vois, la femme de la poste est agréable, qu'est-ce que çà peut lui faire qu'il y ai du beurre dans le colis. Maintenant, je n'en reviens pas avec le petit Jaggi, il peut dire qu'il en aura vu avant de mourir, lui qui était pourtant gentil à côté de ses frères qui sont si vauriens.

Cà te semble drôle que je vois la cathédrale de Reims mais çà serait malheureux si un monument pareil était écrasé complètement, on voit toute la carcasse. Voilà le temps changé mais je ne crois pas que çà reste à la pluie et çà serait malheureux car vous devez *[illisible]*. D'un sens, çà a rafraichi le temps car il faisait une chaleur affreuse, on était mal fichu. Je ne vois plus rien à te dire pour aujourd'hui, à part que çà va bien et je vous espère de même.

En attendant d'aller vous aider, je vous embrasse de tout mon cœur. Ton enfant qui pense à toi.

Maurice

– **Lettre 289 Le 26 juin 1916,** *tu es monté en bras pour la fanerie et la moisson*[59]

Chère mère

Je reçois ensemble tes deux lettres, celle du 23 à mis un jour de retard comme tu n'avais pas mis N° 11. Oui, comme tu dis je suis bien prêts de chez nous, soit quarante kilomètres, je pourrais faire çà en vélo en trois heures ; mais ce n'est pas la peine que tu vienne me voir, qu'est-ce que tu viendrais faire, il vaut mieux que tu reste à te reposer pour pouvoir faner tranquillement dans la journée car tu dois avoir assez d'ouvrage et en même temps je pourrais très bien être parti ~~d'un jour à l'autre~~ car je ne sais ce que je fais là. Comme tu dis, il faut espérer que tu auras une permission de convalescence mais je ne peux y croire, enfin maintenant, je vois que tu es monté en bras pour la fanerie et la moisson. Tu te tourmentais pour le billet de 5f. mais tu dois être tranquille comme tu sais que je l'ai reçu.

58. Feuille recto-verso, format 21 × 14,2 cm, pliée en quatre.
59. Feuille recto-verso, format 21 × 14,2 cm, pliée en quatre.

Comme je vois, ma lettre de ma photo a été ouverte, il n'y avait rien de déplacé dessus ? je crois. Pour moi, je ne sais encore rien, çà me fait six jours, n'importe comment je ne resterai pas plus de dix jours. Je pense voir l'oculiste aujourd'hui, va t'il me saccer, où à t'il l'idée de me garder dix jours pour avoir une perme, je ne sais rien, en tous les cas, s'il me renvoie sans perme, j'aurais préférer rester là bas car maintenant pour un coup que j'avais une bonne place, ce que je t'avais dit, je l'ai perdue. Je suis en bonne santé et puis ma lettre vous trouver de même. Ton enfant qui t'embrasse de tout son cœur.

Maurice

Tu ne m'as pas dit que Touret était mort. J'ai tombé à le voir sur *le Démocrate*.

– Lettre 290 Le 29 juin 1916, *j'ai vu l'oculiste aujourd'hui*[60]

Chère Mère

J'ai vu l'oculiste aujourd'hui, on était deux dans le même cas pour les yeux. Il dit : vous, attendez un peu, je vais vous regarder à la fin. Alors il me regarde les yeux, il me dit : vous n'avez jamais reçu de coup sur la tête, je lui dit ma blessure et explique que j'ai reçu une poutre, dans l'éboulement de la cabanne qui m'avait aux trois quarts assommé. Il me demande, combien ai-je resté à l'hôpital pour çà. Alors après, il me console en me disant que j'avais de la chance à m'en être tiré comme çà, qu'il fallait que j'ai eu le cerveau bien accroché, qu'il en avait vu beaucoup par des choques pareilles qui était devenu fou. Alors, je lui dit, que faudrait pas que çà soit aujourd'hui car il y a des moments que j'y suis pas mal, que les maux de tête m'abrutissent. Il m'a dit, quel métier faites vous, je lui dit, cultivateur, alors çà reviendra vite quand vous rentrerez dans votre métier, plus que si vous travaillez dans des usines.

Après tout çà, il me dit, puisque c'est çà, je vais vous donner du repos, vous l'avez gagné car depuis 15 mois que vous êtes comme çà et jamais vous êtes fait porter malade pour çà, il faut que vous soyez courageux. Je crois qu'il doit m'envoyer quinze jours quelque part et après surement, j'aurai une perme, alors je crois que je toucherai encore un peu à la moisson cette année. Je crois partir de Château-Thierry, ces jours ci. Voilà le mauvais temps revenu depuis quelque temps, surement, tu dois avoir de la marchandise de coupée pas mal et j'ai peur que la pluie dure encore.

Enfin, en espérant que vous êtes en bonne santé, moi çà bien, je vous embrasse de tout cœur en attendant de plus près.

Maurice

60. Feuille recto-verso, format 21 × 14,2 cm, pliée en quatre.

– Lettre 291 Le 8-7-[juillet 19]16, *j'ai toute la figure enflée, maintenant un furoncle à la jambe... je suis exempt de service*[61]

Chère mère

Je te récris aujourd'hui car je me demande si tu as eu ma lettre d'hier, parce que je l'ai mise dans une boite que je me demandais si çà partira. Je te disais que nous sommes relevés et que nous allons embarquer pour, on ne sait rien, mais on croit pour la Somme ; çà va, si tu veux aujourd'hui mais j'ai eu une piqure à la lèvre et j'ai toute la figure enflée, maintenant un furoncle à la jambe et je ne fais pas d'exercice car je suis exempt de service. Tout çà vient des saloperies dont on était mangé aux tranchées. Cà me donne un peu de fièvre et mon mal de tête.

A part çà, çà va je vous pense en bonne santé. Je vous embrasse.

Maurice

– Lettre 292 Le 13 juillet 1916, *un bonjour de Meaux*[62]

Mon cher René

Je repars à la même place et t'envoie un bonjour de Meaux ainsi que maman. Je t'écris pendant que le train marche.

– Lettre 293 Le 14 juillet 1916, *j'ai une belle arrivée, à côté des boches, tout de suite*[63]

Chère mère

Pour mon 14 juillet, j'ai eu une bonne promenade à faire avec le sac pour chercher la compagnie que je viens de trouver, qui est en ligne depuis deux jours. Tu vois qu'en sortant de permission, j'ai une belle arrivée, à côté des boches, tout de suite. On ne m'a rien dit pour mon arrivée comme tu avais peur que je sois en retard.

J'ai vu mon oncle Ernest en partant mercredi et m a donné à manger à volonté dans ma musette, m a payé un café et goutte et en plus donné dix francs. Tu vois que c'est un bon bonhomme, personne des autres m'en a offert tant. Celui qui t'embrasse de tout cœur. Maurice

61. Carte-lettre de couleur verte avec cinq drapeaux en noir et blanc de la France, du Royaume-Uni, Serbie, Belgique, Russie, format 17 × 13,5 cm, pliée en deux.

62. Douzième type de carte postale militaire. Elle porte la mention : « Cette carte peut être employée par les Militaires ou les Civils. » Elle comporte une partie recto pour l'adresse et une partie verso pour la correspondance. Format 14 × 9 cm. Archives familiales.

63. Carte-lettre, format 15 × 11 cm, pliée en deux.

– Lettre 294 Le 16 juillet 1916, *ils étaient contents de ma goutte que je leur ai payé*[64]

Chère mère

Je suis maintenant versé à la 12e compagnie et n'a resté à la 11e avec mes copains qu'une journée mais il y a beaucoup de changements maintenant dans tous çà. D'abord, tous ceux qui arrivent de permissions après hôpital partent à la 12e compagnie et on est un peu en arrière, et on part tranquille quelques fois en première ligne et l'on fait l'exercice, çà fait que me voilà revenu ce matin de première ligne pour être ici, à 12 km des boches sensément au repos, comme un espèce de dépôt. Je peux rester là quelques jours en attendant d'être versé dans les compagnies qui vont en lignes.

En attendant, rien de neuf, je recevrai quand même mes lettres si tu m'écris à la 11e car mon caporal me les enverra à la 12e. Ils étaient contents de ma goutte que je leur ai payé, je t'assure, ils voudraient bien qu'il arrive des permissionnaires comme moi tous les jours[65]. Alors écris moi à la 12e maintenant.

En attendant la fin de la guerre, je t'embrasse de tout cœur. Bonjour à René.

Maurice

– Lettre 295 Le 16 juillet [1916], *j'ai déjà du mal à t'écrire.... je ne vois plus rien*[66]

Chère mère

Dis à Mauricette ainsi qu'à Liliane et toute la famille que je ne peux leur écrire. J'ai déjà du mal à t'écrire, c'est l'habitude mais je ne vois pas du tout comment je t'écris. Je ne vois plus rien sur un journal. Je ne peux plus sortir par le soleil.

Maurice

– Lettre 296 Le 19 juillet [1916], *ce n'est pas facile à moi pour écrire*[67]

Chère mère

Je ne te laisse pas sans nouvelles en ce moment, quoique ce n'est pas facile à moi pour écrire. Aujourd'hui, le temps étant couvert, çà a été et le major m'a mis un pansement sur l'œil et m'exempt d'exercice. Il m'a dit que çà me durerait quarante huit heures, c'est soi disant parce que les infirmiers m'ont mis des gouttes dans les yeux et ce n'était pas de la bouteille qu'il fallait, tu vois comme c'est bien fait. Je voudrais bien que çà soit çà et que çà revienne au plus vite ! Ton enfant qui t'embrasse de tout cœur.

Maurice

J'ai reçu une lettre de *[illisible]* et j'ai été forcé de la faire lire. Je lui ai répondu

64. Feuille recto-verso, format 17,5 × 13,5 cm, pliée en deux.

65. Les colis sont l'occasion de partage avec ses camarades.

66. Carte-lettre, format 14 × 11 cm, pliée en deux.

67. Carte-lettre, format 14 × 11 cm, pliée en deux.

– **Lettre 297 Le 20 juillet [19]16,** *les infirmiers s'étaient trompés de bouteilles pour me mettre dans les yeux*[68]

Chère mère
Voilà ma vue à peu près revenue, je t'assure que je commençais à me tourmenter et tout çà par la faute des infirmiers qui s'étaient trompés de bouteilles pour me mettre dans les yeux. Je vois encore pas trop bien mais ce n'est plus rien à côté d'avant hier que je ne voyais plus que pour me conduire.

J'ai reçu une lettre d'Adrien, hier, que j'ai été obligé de faire lire et maintenant, je peux la lire moi-même. Je suis toujours au repos à la 12e comp. qui est la compagnie de dépôt en attendant d'aller retrouver ma compagnie aux tranchées. A part çà, je suis en bonne santé et je vous pense de même.
Ton enfant qui t'embrasse de tout cœur.
Maurice

– **Lettre 298 Le 21 juillet [19]16,** *je vois par ici la moisson marcher bon train de ce temps chaud*[69]

Chère mère
Me voilà revenu tel qu'avant, j'ai toujours les yeux un peu trouble mais je vois clair. Ce n'est pas un malheur. Et maintenant, tu pourras m'écrire sur ton travail et ton soldat. Je vois par ici la moisson marcher bon train de ce temps chaud qu'il fait ces jours ci. Nous sommes toujours au repos dans un pays tout près, d'où j'ai parti quand j'ai été évacué et pas malheureusement et je puis te dire qu'il y a du changement comme nourriture, maintenant qu'il y a des pommes de terres et qu'elles sont bien arrangées. Je crois que je ne tarderai pas à aller travailler en premières lignes. Enfin pour le moment, je ne suis pas au danger, c'est toujours autant. Je vous pense comme moi en bonne santé.
Bonjour à René. Celui qui t'embrasse de tout cœur.
Maurice
Maintenant je ne t'écrirai que tous les 2 ou 3 jours.

– **Lettre 299 Le dimanche 23 juillet [1916],** *je te vois sans bras pour la moisson*[70]

Chère mère
Je viens de travailler dans les tranchées à la même place et les torpilles y tombent toujours. Je suis revenu à la même place à ma compagnie de dépôt, et tous les jours il en part renforcer les compagnies, je ne sais pas quand je partirai mais pour le moment, je ne suis pas trop mal et en bonne santé. Aujourd'hui dimanche, nous

68. Carte-lettre, format 14 × 11 cm, pliée en deux.
69. Carte-lettre, format 14 × 11 cm, pliée en deux.
70. Feuille recto-verso, format 21 × 14,2 cm, pliée en deux.

avons marcher toute la matinée mais cet après midi, nous avons repos et je pense roupiller cette nuit, un peu tranquille. On trouve tout ce que l'on veut à acheter et moi j'achète de la bière, çà rafraichi bien et vaut mieux que du vin, et moitié moins cher car on la paie 0f.50 le litre. Comme nourriture, on est bien nourrit et je trouve du changement avec les mois passés.

Je vois par ici la moisson aller rudement vite. Tous les seigles vont bientôt être coupés et je crois qu'ils ne tarderont pas à se mettre aux blés car les voilà mûrs. Cà doit être pareille chez nous et je te vois sans bras pour la moisson. Si j'étais que toi, j'aurais été dire à la mairie qu'ils gardent leurs soldats du moment qu'il n'est pas venu et tu aurais pris Fayet et après tu étais tranquille[71]. Je remarque que les blés vont être bons par ici et pèseront bon poids, je crois que c'est pareille des nôtres car ce temps là doit leur faire du bien.

Je pense que ma lettre vous trouvera en bonne santé et en attendant, toujours la même chose, la fin de cette vie, recevez, chère mère et cher frère, mes plus chers baisers.

Maurice

– **Lettre 300 Le 27 juillet 1916,** *je t'envoie un portrait à la dernière page*[72] (*ill. 26*)

Chère mère

Je t'envoie un portrait à la dernière page, tu me diras si tu connais cette tête là, c'est un copain, dans l'escouade qui à fait çà. J'ai reçu tes deux lettres, celle entre autre que tu me parlais de Joseph. Pour les prix, je n'ai rien à te dire pourvu qu'il te reste, c'est tout ce que je demande car tu en as besoin. Mais, est-ce que quand tu as demandé à Chanvallon, le nombre de bottes, tu l'avais déjà demandé à Joseph, ou sans celà tu n'avais que de lui dire que tu ne t'en rappelais plus. Maintenant, combien tu lui donneras le mois de septembre et ensuite ?[73] Maintenant, pour qu'il ne parte pas soldat, est-ce que c'est lui qui s'en est occupé ou si c'est toi qui à été voir Géas, la maire de Boissy[74]. René a t'il tué beaucoup de sanglier, qu'il n'aie pas fait comme le voisin d'un de mes copains, en allant à la chasse aux sangliers, le maire à tué un conseiller par maladresse, c'était à Souppes-sur-Loing dans l'arrondissement de Fontainebleau.

Tu te rappelle, il y a deux ans, le 27 juillet, quand Laplêche est venu me chercher au champ du Buisson, je crois que vous allez avoir de l'ouvrage encore cette année, la dedans. Je suis toujours à la compagnie de dépôt, et au repos en ce moment dans un chic pays à l'arrière toujours à la même place et en bonne santé, mes yeux vont bien en ce moment, il fait pourtant du soleil mais c'était cette camelotte qu'ils m'avaient mis l'autre jour qui m'avait fait çà. Enfin, j'espère que

71. Maurice est bien conscient des difficultés d'obtenir la main d'œuvre nécessaire pour la moisson.

72. Feuille recto-verso, format 21 × 14,2 cm, pliée en quatre.

73. Maurice interroge sa mère sur le paiement de Joseph, ouvrier agricole à la ferme familiale.

74. Joseph âgé de 47 ans est toujours susceptible d'être mobilisé dans la réserve de la territoriale.

Ill. 26. Portrait de Maurice Gastellier réalisé par « un copain », lettre du 27 juillet 1916 (Archives familiales, DR).

vous allez bien en ce moment, maintenant vous devez être fatigués. Bon courage, en attendant d'aller vous revoir, je vous embrasse de tout cœur.

Maurice.

Voir à l'autre page[75].

– Lettre 301 Le 29 juillet [1916], *on en a tous assez, çà fait deux ans dans quelques jours, c'est long*[76]

Chère mère

Je t'envoie de mes nouvelles qui sont toujours très bonnes mais fatiguées car on fait des manœuvres et des revues, et par cette chaleur, il y fait bon. Mais je crois que vous devez avoir chaud aussi dans les champs, votre Saint-Jean doit être fanée mais si c'est comme par ici, la moisson des blés va commencé lundi, à force. Enfin, je ne suis pas mal ici, mieux qu'en ligne mais çà irait encore mieux si c'était fini car on en a tous assez, çà fait deux ans dans quelques jours, c'est long. En attendant d'aller vous voir, je vous embrasse de tout cœur.

Maurice

75. Portrait de Maurice fait par un copain anonyme à la dernière page de la lettre. Archives familiales.

76. Carte-lettre, format 14 × 11 cm, pliée en deux.

– Lettre 302 Le 2 août 1916, *pour mon deuxième anniversaire de la guerre, je pars en ligne*[77]

Chère mère

Pour mon deuxième anniversaire de la guerre, je pars en ligne et je suis versé à la 11e comp. dans mon escouade que j'étais avant avec tous les copains. C'est fini la compagnie de dépôt et nous allons recommencer la même vie mais je suis remplacé aux signaleurs, enfin il faut espérer que j'y retournerai.

En attendant, il fait rudement chaud mais je suis en bonne santé et je vous espère de même. Bonjour à René. Ecris moi comme avant à la 11e.

Celui qui t'embrasse de tout cœur.

Maurice

– Lettre 303 En lignes le 3 août 1916, *les boches ont fait sauté une mine*[78]

Chère mère

Je t'écris à côté des boches, je suis juste à la même place que j'étais la dernière fois que j'ai pris les tranchées, c'est à dire à la **c^... 1. 8.**[79]. Les torpilles y tombent toujours et on dort dans un souterrain quand on est pas de garde où l'on se demande si l'on va pas sauter car ce matin les boches ont fait sauté une mine, **quelques blessés**. Ce n'est pas facile à écrire, alors j'écrirai à Mauricette quand nous serons au repos, quand tu la verras tu lui diras que je suis retourné à la 11e comp.

Je suis en bonne santé et je vous espère de même et en pleine moisson. Ton enfant qui pense à vous.

Maurice

– Lettre 304 Le 4 août 1916, *je suis toujours à côté des boches*[80]

Chère mère

Je te fais ma lettre ce soir mais elle ne partira que demain après midi. Je suis toujours à côté des boches, pour le moment, ils nous laissent tranquille, pourvu que çà dure. Je me suis reposé toute la matinée car j'étais au petit poste toute la nuit sans roupiller. Comme je vois, votre moisson est entrain et je crois que vous aurez du coton cette année, et il ne faut pas compter sur moi et pourtant je préfèrerais, je ne serais pas assujetti à sauter où à être enterré vivant comme on se demande tous les jours.

A part çà, je suis en bonne santé et je vous espère de même.

En attendant notre retour, je vous embrasse de tout cœur. Bonjour à René.

Maurice

77. Carte-lettre, format 14 × 11 cm, pliée en deux.

78. Carte-lettre, format 14 × 11 cm, pliée en deux.

79. Maurice code en soulignant chaque lettre de la « cote 108 » à Berry-au-Bac.

80. Carte-lettre, format 14 × 11 cm, pliée en deux.

– Lettre 305 En ligne le 6 août [1916], *nous avons fait sauter quatre murs*[81]

Chère mère

Je t'envoie de mes nouvelles aujourd'hui qui sont toujours bonnes, quoique çà barde toujours. Je ne sais pas si tu le verras sur le communiqué mais nous avons fait sauter quatre murs aujourd'hui, tu parle d'un tremblement de terre[82].

Maintenant ce qui m'embête, c'est de savoir Joseph malade, je voudrais bien voir ta prochaine lettre et que çà aille mieux. Vous, j'espère que çà va bien. C'est malheureux d'être là pendant qu'il y a temps d'ouvrage à la maison.

Enfin, en attendant la fin, je t'embrasse chère mère de tout cœur.

Maurice

– Lettre 306 Le 9 août 1916, *je voudrais bien savoir si Joseph va mieux et comment va votre moisson*[83]

Chère mère

Tu ne connais pas ce portrait mais ce n'est pas facile à faire comme çà en trois minutes au crayon simple, c'est ~~moi~~ le mien qu'il à fait. Maintenant, je ne t'ai pas dit que mon oncle Ernest m'a répondu une lettre, première depuis la guerre mais il y avait encore 5f. dedans, tu penses maintenant, c'est le meilleur de la famille, après toi comme de juste, çà tu m'en a envoyé plus que çà depuis deux ans. Quand il aura l'idée de te donner du saucisson, tu le prendras et un jour que tu auras le temps tu me ferais un colis, tu pourrais me mettre une paire de chaussettes aussi. Comme mangé, c'est surtout du saucisson que je préfère ou du fromage.

Maintenant pour de l'argent, je n'ai encore pas touché à mon billet de 20 f. que j'ai parti chez nous, et en plus le billet que je viens de recevoir de mon oncle, çà me fait 25 f., tu n'as pas besoin de m'en envoyer. Je voudrais bien savoir si Joseph va mieux et comment va votre moisson. En tous cas, c'est un riche temps en ce moment et pas si chaud qu'il y a huit jours. A part çà, je suis en bonne santé et je vous pense de même.

Je suis toujours en ligne depuis sept jours et nous en avons encore pour autant et après sept jours de repos.

Enfin, je me demande quand est-ce la fin. Je ne vois plus rien à te dire en attendant de te dire lire. Je t'embrasse de tout cœur ainsi que René.

Maurice

81. Carte-lettre, format 14 × 11 cm, pliée en deux

82. « Quatre mois de guerre de mines, de bombes, d'explosions, de coups de mains soldat. » DURET Alfred et CATTA Tony, *Le colonel Taylor (1871-1918),* Nantes, Librairie Vié, 1927, p. 136.

83. Feuille recto-verso, format 17,5 × 11 cm, pliée en deux.

– **Lettre 307 Le 11 août 1916,** *je sais le mal que vous devez avoir en moisson*[84] (*ill. 27*)

Chère mère

Je ne suis pas malheureux en ce moment, je suis venue en auto à 15 km des lignes pendant que mes camarades sont en lignes, comme j'étais hier soir pour passer un stage de 5 jours pour la signalisation et je suis venu avec mon meilleur copain car nous sommes deux par compagnie et comme j'y étais avant, j'ai été désigné ainsi que lui. Nous sommes nourris avec les dragons et on trouve à acheter ce que l'on veut comme à Coulommiers[85]. Pense donc, nous avons acheté des artichauts tout cuit et de l'assaisonnement et nous faisons des repas épatants et tu comprends que je vais en profiter pendant que je le peux car ce n'est pas toujours

Ill. 27. Enveloppe de la lettre de Maurice Gastellier du 11 août 1916 adressée à Julia sa mère, « contrôlée par l'autorité militaire » (Archives familiales, DR).

84. Deux feuilles recto-verso, formats 13,5 × 9,5 cm et 13,5 × 8 cm, pliées en deux.

85. Les escadrons de dragons, intégrés aux divisions d'infanterie, assurent par leur mobilité des missions de couverture et de liaison.

la bonne vie comme çà, Je ne fais presque rien et bien nourri pendant que je sais le mal que vous devez avoir en moisson, renseigne moi un peu d'où vous en êtes, je préférerais être avec vous et avoir plus de mal que j'en ai, et que çà soit fini.

Dans cinq jours, je retourne à mon escouade et j'arriverai quand ils reviendront au repos, pour sept jours et çà fera quatorze jours de tranchées qu'ils auront fait. Enfin, je suis en bonne santé et je vous pense de même. Je vais être 5 jours sans recevoir de vos lettres car j'ai quitté ma compagnie et j'ai dit au caporal qu'il me les gardent en attendant que je revienne. En attendant, écris moi toujours à la 11e comp du 19e d'inf.

Pour terminer ma lettre, je t'envoie mes plus charmants baisers. Bonjour à René. Ton enfant qui pense à toi.

Maurice

– Lettre 308 Le 13 août 1916, *vous devez marcher à la moisson*[86]

Chère mère

Je suis toujours ici pour mon stage de cinq jours pour la signalisation. C'est dommage que çà ne dure pas plus longtemps car je suis pourtant bien. Il y a longtemps que j'ai été si heureux au front. Quand tu recevras cette carte, je serai retourné à ma compagnie et je recevrai mes lettres car en ce moment je n'ai rien. Je suis en bonne santé et vous pense de même. Vous devez marcher à la moisson. Il a plut un peu ce matin mais ce n'est rien.

Bonjour à René. Ton enfant qui t'embrasse de tout cœur.

Maurice

Suite Je reçois tout de même ta première lettre adressée à la 14/2 à l'instant.

– Lettre 309 Le 18 août [19]16, *les boches ont fait sauté une mine*[87]

Chère mère

Je t'écris ces quelques lignes pour te dire que je suis en bonne santé, je suis à mon escouade et au repos pour encore 5 jours, maintenant je ne sais pas si je serai signaleur aux tranchées, je ne peux rien dire. Maintenant, les Boches ont fait sauté une mine encore où je suis et où j'ai couché plus de 4 fois, et ont enterré vivant 30 ou 40 hommes, tu vois si on peut dormir tranquille. Ah oui, vivement la fin de cette vie.

Celui qui pense à vous et t'embrasse de tout cœur.

Maurice

Je te pense en bonne santé ainsi que René.

86. Carte-lettre, format 14,5 × 12 cm, pliée en deux et feuille recto, format 6,5 × 4,5 cm.
87. Carte-lettre, format 14,5 × 12 cm, pliée en deux.

– **Lettre 310 Le 20 août 1916,** *après demain on remonte en ligne*[88]

Chère mère

Je viens de recevoir ton colis en très bon état et qui m'a fait bien plaisir ainsi que ta lettre de vous savoir en bonne santé. Est ce que tu as fait ton colis chez ma tante Mélanie car elle avait l'air de me dire que tu ne les faisais plus chez elle mais je lui ai dit que tu ne m'en envoyais plus beaucoup. C'était quand je suis parti de ma perme et qu'elle me donnait des conserves. Je suis au repos encore en allant faire des travaux en arrière, et après demain on remonte ~~encore~~ en ligne sans seulement s'avoir bien nettoyé. Enfin, je vois que votre moisson a été vite mais pas en ce moment car il pleut souvent.

Ton fils qui t'embrasse de tout cœur.

Maurice

– **Lettre 311 Le 22 août 1916,** *je pense que votre moisson marche bien*[89]

Chère mère

Pour aujourd'hui, deuxième anniversaire de la bataille de Longwy, nous repartons en ligne ce soir et nous ne sommes pas plus avancé. Et toujours quand est-ce la fin! Enfin, je suis en bonne santé et je vous espère de même. Tu me parle de ton soldat mais tu ne me dis pas s'il travaille bien et d'où qu'il est. Je crois que l'avoine doit être belle, cette année car elle aura *[illisible]* et il a assez plu. Je pense que votre moisson marche bien quoique il ne fasse plus si beau qu'avant.

En attendant la fin de cette vie de sauvage, je t'embrasse, chère mère de tout mon cœur.

Maurice

– **Lettre 312 Le 24 août 1916,** *je suis en ligne*[90]

Chère mère

Enfin, nous voilà au 24 août, je ne sais pas si l'on va me renvoyer dans un mois car je suis libérable mais j'en doute fort[91]. Pour le moment je suis en ligne, je n'ai pas le poste que je croyais, je veille au crénaux, mais çà ne bombarde pas de trop pour le moment. Comme je vois, le 76e va aller à Verdun s'il est à Mailly au repos[92]. J'avais su que Pietrement était blessé car il m'a écris déjà 2 fois depuis qu'il est à l'hopital, dans l'Ardèche.

Enfin, je pense que vos avoine doivent se lier petit à petit car le temps n'est pas trop mauvais quoique pas sûr.

En attendant de vos bonnes nouvelles je t'embrasse de tout cœur.

Maurice

88. Carte-lettre, format 14,5 × 12 cm, pliée en deux.
89. Carte-lettre, format 14,5 × 12 cm, pliée en deux.
90. Carte-lettre, format 14,5 × 12 cm, pliée en deux.
91. Maurice évoque ses trois ans de service militaire sans trop croire à sa libération prochaine.
92. Maurice garde des liens forts avec son régiment d'origine.

– Lettre 313 Le 26 août 1916, *nous sommes là pour notre existence maintenant*[93]

Chère mère

Nous sommes toujours en ligne et arrosé de torpilles mais enfin je suis toujours en bonne santé et je vous pense de même; depuis quelques jours, il doit avoir fait bon à votre moisson mais aujourd'hui il vient de tomber une forte orage qui a arrosé tous les boyaux, çà fait que nous sommes dans l'eau[94].

Tu me diras si vous êtes avancées dans votre ouvrage et si ton soldat est toujours là. Je ne te dis plus, vivement la fin de cette guerre car on ne ferait que çà et je crois que nous sommes là pour notre existence maintenant. Je pense que René doit y en mette maintenant qu'il va sur vingt ans.

En attendant de vous revoir, je vous envoie mes plus doux baisers.

Maurice

– Lettre 314 Le 28 août 1916, *votre moisson est terminée*[95]

Chère mère

Je viens de recevoir ta lettre où tu me dis que votre moisson est terminée. Ce n'est pas un malheur car le temps n'est plus épatant et il ne fait pas bon dans les tranchées, je te l'assure. Mais vous avez été vite mais tu ne me dis pas combien tu as gardée ton soldat et combien tu en as de travées de pleine[96]. Oui, je me doute que tu dois être fatiguée, eh bien, et René est il làs aussi? Mais çà été vite cette année, on ne dirait pas que vous avez commencé si tard, vous finissez plus tôt. On va repartir au créneau pour toute la nuit, on dormira demain matin, un peu.

Enfin, je vous envoie mes plus doux baisers.

Maurice

– Lettre 315 Le 31 août 1916, *le monde croit que çà va finir la guerre*[97]

Chère mère

Je reçois à l'instant ta lettre où il y avait le billet de 5 f. dont je te remercie. Cà ne me pressait encore pas. Tu me diras s'il y avait pas mal de pommes de terre blanche. Je voudrais bien voir ta remise, tu dis qu'il n'y en a pas beaucoup mais il y en a autant que les autres années et je crois que l'avoine jettera du grain.

---

93. Carte-lettre, format 14,5 × 12 cm, pliée en deux.

94. « Les abris étant peu profonds et insuffisants, les pertes journalières étaient lourdes [...] les tranchées bouleversées dans la journée devaient être refaites à l'aide de sac de terre. » FLOCH Marcel, *La longue marche du 19e RI de Brest pendant la première guerre mondiale, tome I, op. cit.*, p. 165.

95. Carte-lettre, format 14,5 × 12 cm, pliée en deux.

96. Maurice se soucie de la quantité de gerbes de céréales récoltées et rangées à l'abri dans le hangar.

97. Carte-lettre, format 14,5 × 12 cm, pliée en deux.

Moi, je suis toujours en ligne et ce qui m'embête en ce moment, c'est les poux qui m'empêche de dormir et pas facile de laver son linge de ce temps là. Voilà la Roumanie avec nous tout de même, je suis sûr que le monde croit que çà va finir la guerre, ah! je le voudrais bien mais penses tu[98].

Enfin, encore 5 jours, nous sommes relevés le 5 sept pour 7 jours, et après on recommence.

Ton enfant qui t'aime. Maurice

– **Lettre 316 Aux Tranchées le 2 septembre 1916,** *j'aurais pourtant été heureux de voir nos travées pleines de récolte*[99]

Chère mère

Nous sommes encore là pour trois jours comme nous sommes relevés le 5 au soir pour 7 jours bien gagnés de repos. Il fait un peu meilleur qu'il y a quelques jours car il ne faisait pas trop bon, par ces temps de pluie. Je suis toujours en bonne santé et je vous pense de même. Pour le moment, vous devez être un peu dépressé de vos ouvrages qu'il fait du beau temps et vous êtes un peu plus tranquille. J'aurais pourtant été heureux de voir nos travées pleines de récolte mais il faut espérer que j'irai voir l'avoine dans le grenier.

En attendant ce jour là, je vous envoie, chère mère et cher frère, mes plus doux baisers.

Maurice

– **Lettre 317 Le 5 septembre 1916,** *il vient de sauter une mine cette nuit encore*[100]

Chère mère

Nous sommes encore en lignes et nous ne sommes pas relevés ce soir, je crois dans un jour ou deux, et il va y avoir du changement dans notre division qui, je crois, va changer de place et où allons nous aller? Je n'en sais rien. Je te tiendrai au courant. A part çà, sur notre côté il vient de sauter une mine cette nuit encore, çà nous fait sauter dans la cabane, il y aura eu encore des victimes, c'est çà qui nous fait le plus peur et c'est un quartier, où il y en saute très souvent. Tant mieux si ma tante Angèle est heureuse de voir çà bien avec la Roumanie, c'est vrai que çà ne peux qu'aller mieux mais je crois que çà sera comme avec l'Italie.

Ton enfant qui t'embrasse.

Maurice

---

98. Entrée en guerre aux côtés des forces franco-britanniques, la Roumanie reconstitue son armée avec le soutien d'une mission militaire française.

99. Carte-lettre, format 14,5 × 12 cm, pliée en deux.

100. Carte-lettre, format 14,5 × 12 cm, pliée en deux.

– Lettre 318 Le 7 septembre 1916, *toute la division et arrivé au repos de cette nuit*[101]

Chère mère

Nous voilà relevé du secteur de l'Aisne, toute la division et arrivé au repos de cette nuit à 15 km de la ligne de feu pour 4 jours pour se nettoyer, et après on embarque pour où, je n'en sais rien mais on croit pour la Somme. En tous cas, on sera à peu près 25 jours sans aller en lignes et après çà pourra peut être bien barder. J'ai reçu le billet de cinq francs de ma tante, çà fait que je pourrai bien vivre pendant mon voyage et mon repos. Je vous espère en bonne santé, j'ai reçu aussi une lettre de Mauricette qui me dis qu'elle croit que çà ne va pas mal. Enfin je t'embrasse de tout mon cœur.

Maurice

Bonjour à René.

– Lettre 319 Le 10 septembre 1916, *un furoncle à la jambe*[102]

Chère mère

Je t'assure que je souffre en ce moment avec un furoncle à la jambe et cette piqûre à la figure avec çà le major me fiche des coups de bistouris. Ah! oui, j'en vois ces jours ci. Nous voilà près de Fère-en-Tardenois et on embarquera ces jours ci, hier on s'est rapproché en faisant 25 km que j'ai fait en voiture car je ne peux marcher. On va passer à Meaux et à Noisy mais après, si on va en Argonne ou à Verdun, on pourrait passer par Coulommiers mais je crois que c'est pour la Somme. J'espère que vous êtes en meilleure santé que moi.

Ton enfant qui t'embrasse de tout cœur.

Maurice

– Lettre 320 Le 10 septembre [1916], *on ne doit pas envoyer deux lettres à la même personne la même journée*[103]

Chère mère

Je mets l'adresse à René car on pourrait trouver mal comme on ne doit pas envoyer deux lettres à la même personne, la même journée. Je suis à un km d'où j'étais au repos dans une ambulance, formé dans un château, je suis dans un chic lit et ne souffre pas trop quand on ne touche pas à mon mal.

101. Carte-lettre de couleur verte avec cinq drapeaux en noir et blanc de la France, du Royaume-Uni, Serbie, Belgique, Russie, format 17 × 13,5 cm, pliée en deux.
102. Carte-lettre de couleur verte avec cinq drapeaux en noir et blanc de la France, du Royaume-Uni, Serbie, Belgique, Russie, format 17 × 13,5 cm, pliée en deux.
103. Carte-lettre de couleur verte avec cinq drapeaux en noir et blanc de la France, du Royaume-Uni, Serbie, Belgique, Russie, format 17 × 13,5 cm, pliée en deux.

Tu n'as pas besoin de trop dire que je suis encore à l'hôpital surtout que je ne compte pas avoir de perme pour çà.

Ton enfant qui t'embrasse de tout cœur.

M. Gastellier ambulance 1/64 Secteur 3 a.

– Lettre 321 Le 13 septembre [1916], *je suis au lit*[104]

Chère mère

Je suis toujours à l'ambulance et a encore souffert depuis deux jours. A la figure, voilà que c'est terminé mais pas encore à la jambe, quoique il y ait déjà du travail de fait. Je suis au lit, çà m'a donné de la fièvre pendant 2 jours entre 38° et 39° mais c'est presque fini. Je crois que je vais retourner à mon régiment dans quatre ou cinq jours, juste pour aller peut être attaquer. Il ne faut pas que tu compte sur une permission.

Ecris moi à cette adresse Ambulance 1/64 Secteur 3 a.

Celui qui t'embrasse de tout son cœur.

Maurice

– Lettre 322 Le 15 septembre 1916, *ça cogne*[105]

Chère mère

Deux mots pour te dire que nous sommes toujours ici. Quoique ça cogne *[illisible]*. René sera parti quand tu recevras *[illisible]*. As tu trouvé quelqu'un *[illisible]*.

Je te quitte en t'embrassant de tout cœur.

– Lettre 323 Le 15 septembre 1916, *je suis toujours à l'ambulance*[106]

Chère mère

Je suis toujours à l'ambulance, à la figure c'est terminé mais ma jambe, on me fait crier encore un peu tous les matins en me farfouillant en dedans avec une tige enveloppée de ouate pleins de teinture d'iode, jusqu'à dix centimètres dans la peau. Tu peux m'écrire ici, mes lettres suivront quand je serai parti d'ici. Je pense rester encore cinq ou six jours. Je vous pense en bonne santé.

La division n'est pas encore embarquée mais je crois que çà ne tarderas pas et çà bardera après, surement ils m'attendait.

Celui qui pense à vous.

Maurice

104. Carte-lettre de couleur verte avec cinq drapeaux en noir et blanc de la France, du Royaume-Uni, Serbie, Belgique, Russie, format 17 × 13,5 cm, pliée en deux.

105. Carte postale, Vitry-le-François, le Jardin de l'Hôtel de Ville, le Monument Carnot, format 14 × 9 cm. Archives familiales.

106. Carte-lettre de couleur verte avec cinq drapeaux en noir et blanc de la France, du Royaume-Uni, Serbie, Belgique, Russie, format 17 × 13,5 cm, pliée en deux.

– **Lettre 324 Le 17 septembre [19]16,** *je me lèverais dans 4 jours*[107] (*ill. 28*)

Chère mère

Je viens de recevoir ta première lettre adressée à l'ambulance mais il faut mettre secteur 3 **a.** Et j'ai écris à Joseph aujourd'hui également. Alors, tu vas avoir deux soldats, eh ! bien si tu n'avais pas eu d'ouvrage, fallait que tu le garde quand même, c'est drôlement fait, cette année[108]. Si jamais avait fallu que j'aille en perme, tu aurais pu mettre la grande marmite et çà n'aurait encore pas été la vie civile, çà aurait été encore la vie militaire et je ne serais pas tant gâté que si j'étais tout seul. L'infirmière qui est autant que le major m'a dit que je me lèverais dans 4 jours, après je peux être balancé d'un jour à l'autre.

Ton fils qui t'embrasse de tout son cœur.

Maurice

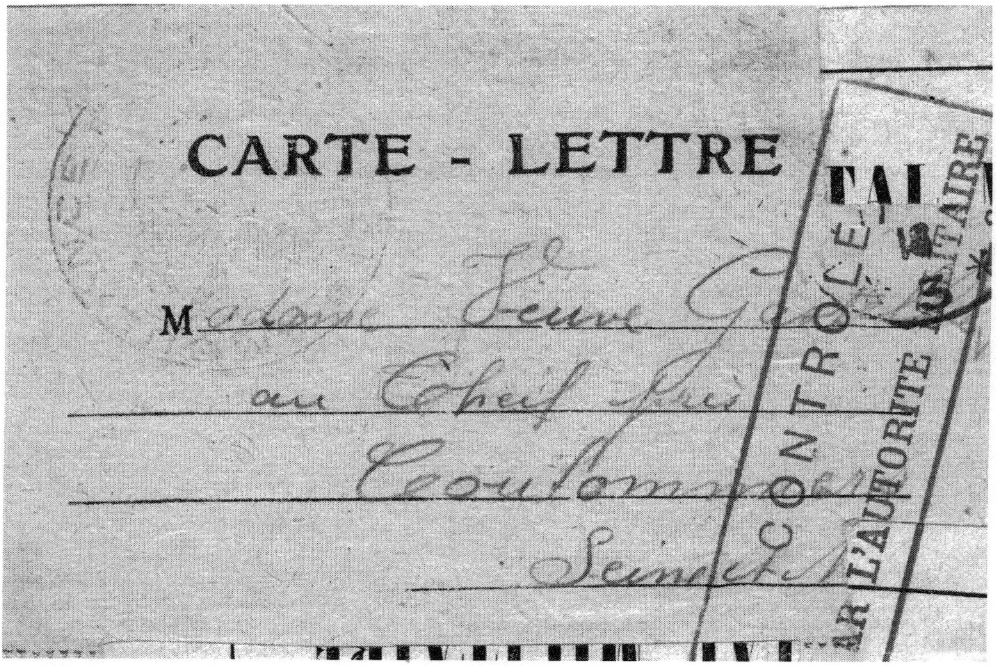

Ill. 28. Carte-lettre de Maurice Gastellier du 17 septembre 1916 adressée à Julia sa mère, « contrôlée par l'autorité militaire » (Archives familiales, DR).

107. Carte-lettre, format 14 × 11 cm, pliée en deux.

108. La mise à disposition de soldats pour les travaux d'automne notamment l'arrachage de betteraves.

– Lettre 325 Le 19 septembre [1916], *je suis encore au lit*[109]

Chère mère

Pas de changement sur ma situation, je suis encore au lit quoique je marcherais bien maintenant, surtout que je m'embête dans le lit. Tu vas surement me dire que je ne suis jamais content mais quand je suis à l'hôpital, les journées me paraisse double, je suis forcé de faire un somme pour que çà passe plus vite. Je crois me lever ces jours ci, et savoir si je suis pour m'en aller bientôt ou si je reste encore quelques jours. En tous cas, ma jambe ne me fait plus de mal, il n'y a plus que le trou à se refermer.

Je termine en t'envoyant mes plus doux baisers.

Bien le bonsoir à René. Je vous pense en bonne santé.

Maurice

– Lettre 326 Le 20 sept[embre] 1916, Ambulance 14/2 Secteur 3a, *le major ne veut encore pas que je me lève*[110]

Chère mère

Je suis toujours au lit car le major ne veut encore pas que je me lève mais je ne sais pas pourquoi car çà va mieux. J'ai reçu des nouvelles de mes copains, ils ne seront encore pas embarqués mais sont du coté de Château-Thierry et y sont allés à pied[111]. Ils me disent que j'aille en perme et que je leur ramène de la gniole (eau de vie) où sans cela qu'ils ne me recevront pas à l'escouade. C'est demain que je passe dans la réserve, je devrais compter du 0 demain matin mais je reste. Enfin, j'espère que vous êtes en bonne santé, moi çà va très bien maintenant.

Ton enfant qui t'embrasse de tout cœur.

Maurice à suivre

J'ai reçu ta lettre du 17 sept, je ne pense pas avoir d'autres furoncle, je n'y tiens pas mais on ne m'a pas purgé. Maintenant, je ne souffre plus du tout, il n'y a plus que le trou à se reboucher. Je ne connais pas de nouvelles de mon régiment mais j'ai un copain qui m'écriras et je pense qu'ils sont embarqués. Comme je vois, il y a du choléra cette année.

suite

109. Carte-lettre, format 14 × 11 cm, pliée en deux.

110. Carte-lettre, format 14 × 11 cm, et feuille recto-verso, format 10 × 9,5 cm, pliées en deux.

111. Gaston Mourlot dans ses carnets de guerre des 16 et 17 septembre 1916 nous renseigne sur le parcours du régiment : « Le 19e a été prévenu de son déplacement, il doit se rendre de l'autre côté de Château-Thierry, ce qui doit lui faire comme étape quelque 35 kilomètres [...] l'on marche en colonne et encadré par un bataillon du 62e en tête et un du 19e en queue, aussi jusqu'à Cierges en passant par Charnery une marche lamentable interrompue par des à-coups fréquents à cause des trains de combats réglementaires. » *Un ouvrier-artisan en guerre…*, *op. cit.*, p. 186.

Comme je vois, tu as une belle nièce à Saints. Comme tu dis, tu aurais été contente de me voir venir passer sept jours mais moi aussi, mais çà serait trop souvent. Voilà la nouvelle adresse de l'ambulance : amb. 14/2 Secteur 3 a. Tu me mettra cette adresse maintenant, et pas trop de détails car je ne sais pas si je serai encore la.

– **Lettre 327 Le 21 septembre 1916, Ambulance 14/2 Secteur 3a,** *si j'étais chez nous, je pourrais te souhaiter tes 45 ans*[112]

Chère mère

Je t'envoie cette carte que tu recevras le jour où, si j'étais chez nous, je pourrais te souhaiter tes 45 ans, âge dont j'espère est à peu près le milieu de ton existence. Mais je te souhaiterais d'avoir moins de tourment pour ces autres années, que tu as eu depuis quelques années. Tu vas me dire que c'est étonnant que je pense à ton anniversaire mais c'est que je pensais à ma libération qui devait être dans 3 jours et qui m'a fait penser que c'était le jour de tes 45 ans[113]. Je ne change pas de place mais nous changeons de major et de numéros d'ambulance. Je ne sais pas s'il sera meilleur que l'autre, en tous cas il ne peux me garder longtemps car je suis sensément guéri.

Ton enfant qui t'aime.

Maurice

– **Lettre 328 Le 25 septembre 1916,19e d'inf. 11e comp. Amb.14/2 Secteur 3a,** *je ne compte plus sur une permission car le major n'en donne plus*[114]

Chère mère

Je me lève maintenant et je ne compte plus sur une permission car le major n'en donne plus. Avec l'autre, j'aurais peut être pu en avoir une tout de même. En tous cas, il nous envoie passer quelques jours, avant de rejoindre notre régiment, du côté de Lagny, si je pouvais avoir 24 heures, j'essayerais tout de même d'aller vous voir, çà me plairais encore mais çà sera peut être trop dur. Ecris moi toujours ici, car je ne sais encore pas si je suis pour partir en tous cas, çà ne tardera pas maintenant.

En attendant le plaisir d'aller vous voir, je vous embrasse de tout cœur.

Maurice

112. Carte-lettre, format 14 × 11 cm, pliée en deux.

113. Julia Beaurepaire née le 24 septembre 1871. Sur la famille de Maurice voir LAGADEC Yann et THIERRY Joël, *Maurice Gastellier, un jeune cultivateur briard mobilisé au 76e RI de Coulommiers pendant la Grande Guerre*, Bulletin de la Société historique de Meaux et de sa région, n° 11, 2014, p. 226.

114. Carte-lettre, format 14 × 11 cm, pliée en deux.

– Lettre 329 Le 27 septembre 1916, Ambulance 14/2 Secteur 3a, *je pense partir vendredi ou samedi*[115]

Chère mère

Je me lève tous les jours et on ne me mets plus qu'un peu de teinture d'iode sur la place de mon abcès et je pense partir vendredi ou samedi car çà va tout à fait. Je n'ai pas reçu de nouvelles de mon régiment depuis qu'ils étaient du côté de Château-Thierry[116]. C'est comme j'attendais les lettres pour faire réponse et on ne reçoit rien, je crois que çà va mal ici pour les distributions de lettres. Pourtant je pense que tu dois m'avoir écris depuis que c'est l'ambulance 14/2, mais je n'en ai encore pas reçu. Tu peux arrêter de m'écrire maintenant car ceux qui me viendront après seront perdus.

Ton enfant qui pense à toi.

Maurice

– Lettre 330 Le 29 septembre 1916, Ambulance 14/2 Secteur 3a, *je suis en meilleure santé*[117]

Chère mère

Il va être temps que je parte de l'hôpital car çà me fait comme à Château-Thierry, je crois que je tomberais malade. J'ai d'abord mes maux de tête et çà me claque dans le cou quand je tourne la tête comme quand j'étais à Tulle. Je suis en meilleure santé quand je suis à ma compagnie, enfin il faut que je patiente car s'ils sont, comme je le crois, dans la Somme, je suis encore mieux qu'eux[118]. Le major ne m'a encore rien dit pour que je parte mais c'est étonnant. Je vous pense en bonne santé, c'est aujourd'hui que ton soldat doit partir tu vas en avoir un autre ces jours ci.

Ton enfant qui t'embrasse de tout cœur.

Maurice

– Lettre 331 Le 1er octobre [19]16, *le major à commencé aujourd'hui à me parler que j'allais pouvoir sortir ces jours ci*[119]

Chère mère

Je suis encore ici mais le major à commencé aujourd'hui à me parler que j'allais pouvoir sortir ces jours ci. Je ne reçois plus de tes nouvelles car je t'ai dit trop tot de ne plus m'écrire, maintenant ce n'est plus la peine car les lettres seraient

115. Carte-lettre, format 14 × 11 cm, pliée en deux.

116. Avec l'afflux de renforts, le 19e RI est en exercice à Étrépilly, à 7 km au nord-ouest de Château-Thierry.

117. Carte-lettre, format 14 × 11 cm, pliée en deux.

118. Sans contact avec son régiment, Maurice fait état des rumeurs.

119. Carte-lettre, format 14 × 11 cm, pliée en deux.

perdues. Enfin, mon furoncle est terminé et çà va, à part quand mes maux de tête me prennent, en ce moment, çà va.

Je pense que vous êtes en bonne santé; en attendant d'aller vous voir, maintenant qu'on pourra y aller tous les 4 mois et qu'on va toucher 0.4 s par jour, je vous envoie mes plus doux baisers.

Maurice

– **Lettre 332 Le 3 octobre 1916,** *je crois que s'il voulait me donner une permission, que je la prendrais*[120]

Chère mère

Je suis toujours ici mais est presque sûr maintenant de sortir après demain car je ne peux passer l'hiver ici, je serais trop bien et je serais obligé de demander à m'en aller. C'est malheureux d'avoir dit trop tôt de ne plus m'écrire, aujourd'hui, je ne reçois plus rien, ni de mon copain, çà fait que je ne sais où ils sont. Mais je crois qu'ils sont encore au repos tout en faisant de grandes marches. Je suis en bonne santé mais je crois que s'il voulait me donner une permission que je la prendrais. Quand je te dis, il je parle du major. Maintenant, ne m'écris plus, ce n'est plus la peine.

En attendant d'aller vous voir, je t'embrasse de tout cœur. Bonjour à René.

Maurice

– **Lettre 333 Le 4 octobre 1916,** *vous aller commencer à arracher les betteraves*[121]

Chère mère

Je pars ce matin et sans permission, je crois même que je ne vais pas dans un dépôt d'éclopés, alors je ne pourrai aller en 24 heures. On passe la visite à Château-Thierry, alors tu penses que je ne peux me plaindre et ceux qui n'ont plus rien sont renvoyés à Noisy pour être habillé et après, en route. Je ne peux te dire de m'écrire car je vais trainer pendant quatre ou cinq jours. Je vous pense en bonne santé, je crois que vous aller commencer à arracher les betteraves, ces jours ci.

Je termine en vous embrassant de tout cœur.

Maurice.

120. Carte-lettre, format 14 × 11 cm, pliée en deux.
121. Carte-lettre, format 14 × 11 cm, pliée en deux.

– Lettre 334 Le 6 octobre 1916, *au dépôt d'éclopés à Crézancy*[122]

Chère mère

Je suis en ce moment à Château-Thierry et pars aujourd'hui, je crois au dépôt d'éclopés à Crézancy (Aisne) pour quelques jours[123]. Ecris moi là, car je suis inquiet de savoir de vos nouvelles mais ne pas mettre d'argent surtout que j'en ai assez en ce moment et que la lettre peut être égarée. J'ai su que la division était embarquée mais pas pour la Somme, pour du côté de Verdun où l'Argonne, je ne sais au juste[124]. Je suis en bonne santé mais ne m'amuse pas à traîner comme çà, mais comme je crois mon régiment en ligne, je suis toujours aussi bien qu'eux de ce temps là. J'espère que ma lettre vous trouvera en bonne santé. Ton enfant qui pense à toi.

Maurice Gastellier 19e d'inf. 11e comp. dépôt d'éclopés à Crézancy (Aisne).

Bonjour à René.

– Lettre 335 Eclopés de Crézancy (Aisne), le 7 octobre 1916, *je pense y rester 7 ou 8 jours*[125]

Chère mère

Je suis comme je t'ai dit hier à Crézancy dans le commencement de la Brie à six km de Condé-en-Brie et neuf de Château-Thierry[126]. Je pense y rester sept ou huit jours et tu peux m'écrire ici, je t'avertirai quand je penserai sortir pour que tu ne m'écrive plus. Il n'y a pas de permission de 24 h et çà ne serais pas facile d'y aller. On peut sortir le soir après la soupe et dans l'après midi, il y a des promenades par les infirmiers. Je suis en bonne santé et vous pense de même. Je t'embrasse de tout cœur.

Voilà mon adresse M. Gastellier 11e comp. du 19e d'Inf. au dépôt d'éclopés de Crézancy (Aisne).

– Lettre 336 Crézancy le 9 octobre [1916], *nous voilà à la foire de Coulommiers*[127]

Chère mère

J'espère avoir bientôt de vos nouvelles, çà commence à être long. Je ne sais plus d'où vous en êtes dans vos ouvrages, si tu as un soldat et si tes betteraves s'arrachent

122. Carte-lettre, format 14 × 11 cm, pliée en deux.
123. Extrait de certificat médical : « Sorti le 4 Octobre 1916. Furoncles de la jambe gauche et de la face guéris. Evacué sur Dépôt d'Eclopés de la zone des Armées. » Archives familiales.
124. Le régiment débarque début octobre en gare de Blesmes-Haussignémont (situé à 13 km à l'est de Vitry-le-François) pour une reprise en mains de la troupe. FLOCH Marcel, *La longue marche du 19e RI de Brest pendant la première guerre mondiale, tome I, op. cit.*, p. 166.
125. Carte-lettre, format 14 × 11 cm, pliée en deux.
126. Crézancy situé dans le canton de Condé-en-Brie, l'arrondissement de Château-Thierry (Aisne).
127. Carte-lettre, format 14 × 11 cm, pliée en deux.

car nous voilà à la foire de Coulommiers. Je me demande aussi s'il y a des pommes. Maintenant, il faut espérer que vous êtes en bonne santé, moi, çà va de même. Je ne sais si je suis pour rester encore, en tous cas, écris moi, ici : M. Gastellier 19e d'inf. dépôt d'éclopés de Crézancy (Aisne). Ne t'occupe pas de l'adresse que je mets derrière, c'est pour s'il se perdre, qu'elles retournent à mon régiment, comme je ne suis pas pour rester bien longtemps ici.

En attendant d'aller vous voir, je t'embrasse de tout cœur.

Maurice

– **Lettre 337 Crézancy le 11 octobre [1916],** *il y a des victimes dans la Somme*[128]

Chère mère

Je viens de recevoir de tes nouvelles et bien content de savoir d'où vous en êtes. Comme tu dis, il y a des victimes dans la Somme, je le comprends ; qu'est ce que tu veux, le monde croit que c'est une victoire, c'est sur le journal[129]. Mais quand on apprend tout çà, çà change. Théodule le médaillé, c'est ce qu'il cherchait, enfin, c'est tout de même honteux. Et ma tante Angèle, qu'est ce qu'elle dit avec çà *[illisible]* ce qu'elle m'a envoyé 5 f. elle ne bat pas en retrait, elle se **replie.** J'ai reçu une lettre d'Adrien mais il ne me dit pas où il est mais il est toujours au dépôt, il n'est pas mal. Tu seras plus tranquille, sans soldat. Je ne crois plus rester longtemps maintenant.

Je t'embrasse de tout cœur.

Maurice

– **Lettre 338 Crézancy le 13 octobre 1916,** *il y a aujourd'hui 3 ans.. je signais mon départ pour le métier militaire*[130]

Chère mère

Il y a aujourd'hui 3 ans j'étais plus heureux qu'aujourd'hui et je signais mon départ pour le métier militaire pour partir, demain 14 octobre pour Paris, je ne m'attendais pas à ce qu'il me pendait au derrière[131].

Enfin, je pense partir mardi prochain et par Noisy-le-Sec ; alors ayant reçu une lettre de mon copain, qu'ils étaient encore au repos à 13 km de Vitry-le-François,

128. Carte-lettre, format 14 × 11 cm, pliée en deux.

129. La grande offensive franco-britannique de la bataille de la Somme, du 22 septembre au 6 octobre, permet une progression des alliés dans la région de Combles au nord de Péronne. Les pertes se montent à environ 650 000 Allemands, 420 000 Britanniques et 195 000 Français. COCHET François et PORTE Rémy (dir.), *Dictionnaire de la Grande Guerre…, op. cit.*, p. 977.

130. Carte-lettre, format 14 × 11 cm, pliée en deux.

131. Maurice fait son « métier militaire », son « travail » de soldat comme il écrit à plusieurs reprises. C'est « un rapport ordinaire à la guerre, envisagée comme une épreuve à traverser sain et sauf le plus vite possible ». LOEZ André, *La Grande Guerre, op. cit.*, p. 53.

je crois passer par Coulommiers, le mercredi au train de 5 ou 6 heures[132] Je t'en recauserai (et ne pas pouvoir aller vous voir). Je vois que je suis à l'hôpital pendant qu'ils ont été au repos et je vais arriver pour le boulot soit pour y passer l'hiver ou attaquer.

Ah, je crois que je ne tarderai pas à retourner à l'hôpital pour autre chose car j'en ai assez, autour à ceux qui se sont *[illisible]*.

– **Lettre 339 Le 17 octobre 1916,** *je crois passer chez vous, demain mercredi, au train de soldat sur le coup de 5 heures*[133]

Chère mère

Je pars à 1 heure cet après midi et je ne sais où je vais, dans quelles directions mais je crois passer chez vous, demain mercredi, au train de soldat sur le coup de 5 heures. Je t'écris une carte pour que çà aille plus vite.

Je suis en bonne santé et vous souhaite être de même. Ton enfant qui t'aime pour la vie.

Maurice

– **Lettre 340 Le 18 octobre [1916],** *je suis retourné par Château-Thierry, Châlons, Vitry-le-Françcis et parti pour Saint-Dizier*[134]

Chère mère

Tu dois avoir eu des nouvelles par Camus de Pontmoulin qui m'a vu à Noisy. Je suis retourné par Château-Thierry, Châlons, Vitry-le-François et parti pour Saint-Dizier. Je t'écris dans le train entre Châlons et Vitry. Ecris moi, si tu veux, une lettre à la 11e compagnie mais après attend que je te donne mon adresse car je pense aller à la 12e comp. Bien le bonjour à René.

Ton enfant qui t'embrasse de tout cœur.

Maurice

Camus t'auras dit comme j'ai attendu à Noisy-le-Sec.

– **Lettre 341 Le 20 octobre 1916,** *on va embarquer ces jours ci pour où ? je n'en sais rien*[135]

Chère mère

Je suis arrivé à destination à 3 km de Saint-Dizier (Haute-Marne) au dépôt divisionnaire à Bettancourt. J'ai resté à la 11e comp. avec mes copains qui sont à 15 km d'ici pendant deux jours et je crois que l'on va embarquer ces jours ci

132. Le régiment cantonne toujours dans la région de Blesmes-Haussignémont.
133. Onzième type de carte de correspondance militaire, format 14 × 9 cm.
134. Onzième type de carte de correspondance militaire, format 14 × 9 cm.
135. Carte-lettre, format 14 × 11 cm, pliée en deux.

pour où ? Je n'en sais rien[136]. J'ai vu un soldat du 416e, je lui ai donné un mot pour Adrien. J'ai vu mon plus près pays du 19e qui est de Beautheil qui m'a dit qu'il avait vu Joseph à Coulommiers, mercredi, il y a huit ou dix jours, qui lui a donner de mes nouvelles car Proffit ce copain là me connait, il est venu du 76e avec moi[137].

Ton enfant qui t'embrasse de tout cœur.

Maurice

Tu peux m'envoyer un peu d'argent maintenant à la 12e cie. Merci.

136. « Le séjour à Blesmes-Haussignemont dura jusqu'à la fin octobre. Pendant cette période la remise en mains de la troupe continua. Les fusils mitrailleurs venant d'être délivrés aux unités, il fallut se familiariser non seulement avec le maniement de ces armes nouvelles, mais aussi avec leur emploi tactique. » FLOCH Marcel, *La longue marche du 19e RI de Brest pendant la première guerre mondiale, tome I, op. cit.*, p. 166-167.

137. Dans son nouveau régiment, Maurice évoque ses nouveaux « copains » sans les nommer, ces noms ne diraient rien à sa mère, au contraire de ceux du « pays » au 76e RI servant à la diffusion des informations familiales et locales.

Chapitre 7
LA BATAILLE DE VERDUN (NOVEMBRE 1916-JANVIER 1917)

Les collines qui entourent Verdun et dominent la vallée de la Meuse sont autant de positions idéales pour le contrôle de la ville. Après avoir occupé le fort de Douaumont le 25 février, le Mort homme et la cote 304, le 6 mars, le fort de Vaux le 7 juin, les troupes allemandes tentent en vain de s'emparer de la ville de Verdun. Les 19 régiments allemands ne progressent plus et la bataille de Verdun s'enlise.

Le 19e RI rejoint une nouvelle fois Verdun. Pour Maurice, c'est le premier contact sur cette position. Le régiment fait face aux attaques allemandes d'avril 1916 dans les bois de Nawé, à l'ouest de Douaumont. Du 20 au 30 octobre 1916, il cantonne sur des péniches amarrées sur le canal de la Meuse à Haudainville à 5 km au sud de Verdun[1].

– Un affrontement gigantesque

Les Allemands disposent d'une infrastructure logistique conséquente grâce à laquelle hommes et matériels sont acheminés. Côté français, Verdun est seulement relié à Bar-le-Duc par une route et un chemin de fer à voie étroite, sous la menace de l'artillerie allemande. Les voies ferrées françaises à l'est sont inutilisables ou peu performantes. La ligne Paris-Verdun, proche du front, est régulièrement coupée par les tirs d'artillerie allemands. Le chemin de fer à voie étroite « le Meusien » de Verdun à Bar-le-Duc, ne peut transporter plus de 800 tonnes par jour alors que les besoins sont dix fois plus grands. L'élargissement de la route Bar-le-Duc-Verdun permet la circulation de deux lignes de convois en sens contraire (***carte 8***).

---

1. FLOCH Marcel, *La longue marche du 19e RI de Brest pendant la première guerre mondiale, tome I, op. cit.*, p. 169.

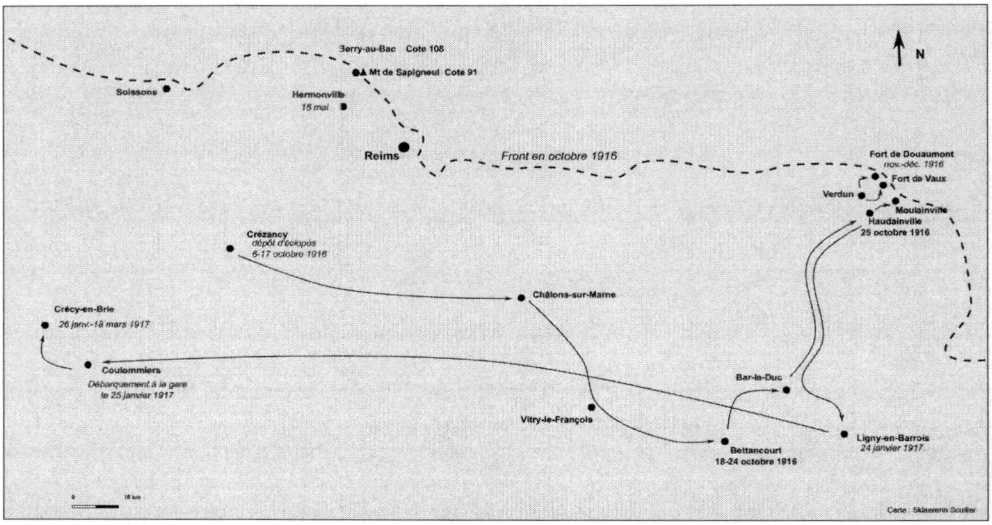

Carte 8. La bataille de Verdun (octobre 1916-mars 1917).

Le général Pétain réorganise la rotation des troupes. La plupart des régiments d'infanterie, soit 66 divisions, passe plusieurs semaines dans un déluge de fer et de feu. Une véritable noria de véhicules transportant hommes et matériels se met en place sur la route Bar-le-Duc-Verdun, « la Voie Sacrée », véritable cordon ombilical de Verdun. Les grandes offensives françaises destinées à reconquérir le secteur débutent en août 1916 avec la reprise de Fleury-devant-Douaumont[2]. Cinq divisions d'attaques, les 126ᵉ, 38ᵉ, 37ᵉ, 133ᵉ et 22ᵉ DI (dont fait partie le 19ᵉ RI) et trois divisions de soutien, les 6ᵉ, 128ᵉ et 113ᵉ DI, sont engagées à partir du 20 octobre 1916. La supériorité numérique des troupes françaises est notable face aux cinq divisions de la Vᵉ armée allemande. Le fort de Douaumont est repris le 24 octobre par le régiment d'infanterie colonial du Maroc dans un brouillard dense.

– La reprise du fort de Vaux (3 novembre 1916)

Le 19ᵉ RI monte en première ligne à partir du 30 octobre aux côtés de la 22ᵉ DI, et surprend les troupes allemandes dans un épais brouillard. Le fort de Vaux, abandonné par les Allemands, est repris dans la nuit du 2 au 3 novembre par le 298ᵉ RI[3]. Le commandant Bosquet du 19ᵉ RI décrit le pilonnage des lignes : « rien ne peut résister à cet ouragan de fer : percutants, fusants, semblent descendre du ciel en un bruit infernal. C'est un roulement continu, un vacarme abominable :

2. Fleury-devant-Douaumont, à 4 km au sud de Douaumont, au nord-est de Verdun.

3. « Au cours de ces cinq jours héroïques avons progressé de 800 à 900 mètres : c'est peu, par rapport aux souffrances endurées et aux pertes subies, mais c'est beaucoup, car nous avons enlevé une position formidablement organisée, le bois Fumin. » FLOCH Marcel, *La longue marche du 19ᵉ RI de Brest pendant la première guerre mondiale, tome I, op. cit.*, p. 186.

des mottes de terre, des cailloux volent de tous côtés, les éclats d'obus sifflent avec un crissement rageur [...] un déluge de fer : les ravins sont infranchissables en raison des lourdes nappes de gaz toxiques, et des schrapnels qui tombent en pluie d'acier fumant ». Maurice écrit : « c'est pas fini, c'est abominable[4] » (lettre du 1er novembre 1916). Le 9 novembre, le 118e RI relève le 19e RI qui rejoint son cantonnement de péniches à Haudainville.

Après une permission, Maurice retrouve son régiment dans le bois Fumin, à l'ouest du fort de Vaux : « on nous a envoyé en ligne[5] » (lettre du 20 novembre 1916). Les travaux d'organisation et de défense se déroulent dans les nuits glacées où se mêlent pluie et neige fondue. Le 30 novembre 1916, le lieutenant-colonel Paul Taylor remplace le lieutenant-colonel Chaunac de Lanzac à la tête du régiment. Le sous-lieutenant Joseph Cadiou, prêtre, professeur au Séminaire de Quimper et officier de renseignement auprès du nouveau commandant Taylor, écrit :

> « Les travaux sont poussés activement de nuit : on creuse des boyaux, on aménage les anciennes tranchées. Le sol est formé de cadavres, à chaque coup de pelle ou de pioche on déterre des lambeaux de chair humaine, des ossements revêtus d'une viande putride, des cranes défoncés où apparaît une cervelle décomposée; jamais fossoyeur n'a connu pareille besogne. Les corvées sanitaires qui se risquent la nuit sur le champ de bataille ne peuvent suffire à la besogne et chose effroyable mais réelle, il nous arrive de rencontrer ça et là quelques chiens affamés qui viennent vers vous, une bave sanguinolente aux lèvres où sont restés accrochés quelques horribles reliefs de leur funèbre repas. De véritables armées de rats ont envahi les anciennes positions allemandes et dans les profondeurs du sol se repaissent de chair humaine[6]. »

L'historien Jules Isaac, détaché dans une section de repérage de l'artillerie sur Verdun, est chargé de collecter des indications pour ajuster les tirs de batterie. Il décrit les conditions des fantassins (lettre du 19 octobre 1916 adressée à sa femme).

---

4. « En fin de cette première journée, les pertes sont déjà sévères : 1er bataillon : 21 tués, 50 blessés dont le lieutenant Saint-Eloi, 2e bataillon : 4 tués, 29 blessés, 3e bataillon : 4 tués, 2 blessés. » FLOCH Marcel, *La longue marche du 19e RI de Brest pendant la première guerre mondiale, tome I, op. cit.*, p. 176.

5. « Les pertes actuelles en tués et blessés s'élèvent approximativement de 40 à 50 hommes par compagnie [...] nos hommes sont à bout : sans repos, sans sommeil, sans ravitaillement, dévorés par la soif [...] après un tel effort surhumain, il aurait fallu un long repos, mais après huit jours, le 19e remontait là-haut. » FLOCH Marcel, *La longue marche du 19e RI de Brest pendant la première guerre mondiale, tome I, op. cit.*, p. 184, 186 et 189.

6. Le sous-lieutenant Cadiou poursuit : « Je m'excuse de donner ces détails macabres dont je garantis l'authenticité, mais alors que les communiqués officiels rassuraient l'arrière par des "Rien à signaler" sur le front de Verdun, voilà qu'était le théâtre de notre vie quotidienne. » FLOCH Marcel, *La longue marche du 19e RI de Brest pendant la première guerre mondiale, tome I, op. cit.*, p. 189.

« Nous encore, nous sommes des privilégiés [...] mais les pauvres camarades qui sont dans la tranchée, obligés de piétiner nuit et jour dans ces flaques de boue, entre ces murs de boue, de manger, de dormir, dans la boue, toujours dans la boue[7] ! »

– Les premières batailles aériennes

Afin de contrer la suprématie allemande dans les airs, l'aviation française est réorganisée avec la création d'un 1er Groupement de chasse permettant d'associer plusieurs appareils de combats en patrouilles. La constitution d'unités de chasse françaises formées de plusieurs escadrilles marque une étape décisive dans la stratégie de la guerre aérienne. Les premiers affrontements d'avions de chasse ont lieu en 1916 dans la Somme. Une véritable bataille aérienne de grande ampleur se déroule pour la première fois dans le ciel de Verdun. Maurice est impressionné : « tu parles d'avion en l'air, c'était comme des corbeaux et tu parles si les obus pleuvaient » (lettre du 10 décembre 1916). Ainsi qu'en témoignent Gaston Mourlot, du 65e RI de Nantes : « des avions qui ne cessent de circuler tout l'après-midi, il y en a une flopée à nos couleurs et très peu de croix noires[8] » et le sous-lieutenant Cadiou du 19e RI : « l'aviation engage de nombreux combats et il ne se passe pas de journée sans que nous soyons les témoins de drames aériens[9] » (***carte 9***).

– La victoire d'Hardaumont (15 décembre 1916)

La puissance de feu est énorme : « il y a un bombardement comme jamais je n'ai vu depuis le début de la guerre » (lettre du 14 décembre 1916) ; « Nos bouches à feu n'ont cessé de vomir toute la nuit » indique Gaston Mourlot[10]. L'offensive du 15 au 18 décembre permet une progression des troupes françaises sur une profondeur de cinq km. Pour la première fois, Maurice parle de victoire et écrit deux lettres le 17 décembre : « c'est une victoire [...] ce sont les marocains et les chasseurs à pieds de nos lignes et nous sommes parti derrière et nous conduisions les prisonniers [...] on nous a dit 7 500[11] » (lettre du 17 décembre 1916).

Le 4e Zouaves appartenant à la 38e DI est aux avant-postes de la dernière offensive de décembre 1916. La France, comme la Grande-Bretagne, fait appel aux peuples de ses colonies. Plus de 600 000 hommes sont mobilisés :

7. MICHEL Marc, *Jules Isaac, un historien dans la Grande Guerre, Lettres et carnets, 1914-1917*, *op. cit.*, p. 209.

8. Carnet de guerre du 10 décembre 1916, MOURLOT Gaston, *Un ouvrier-artisan en guerre...*, *op. cit.*, p. 210.

9. FLOCH Marcel, *La longue marche du 19e RI de Brest pendant la première guerre mondiale, tome I*, *op. cit.*, p. 191.

10. Carnet de guerre du 15 décembre 1916, MOURLOT Gaston, *Un ouvrier-artisan en guerre...*, *op. cit.*, p. 219.

11. « Nous prîmes 90 canons et fîmes 5 400 prisonniers. » DURET Alfred et CATTA Tony, *Le colonel Taylor (1871-1918)*, *op. cit.*, p. 143.

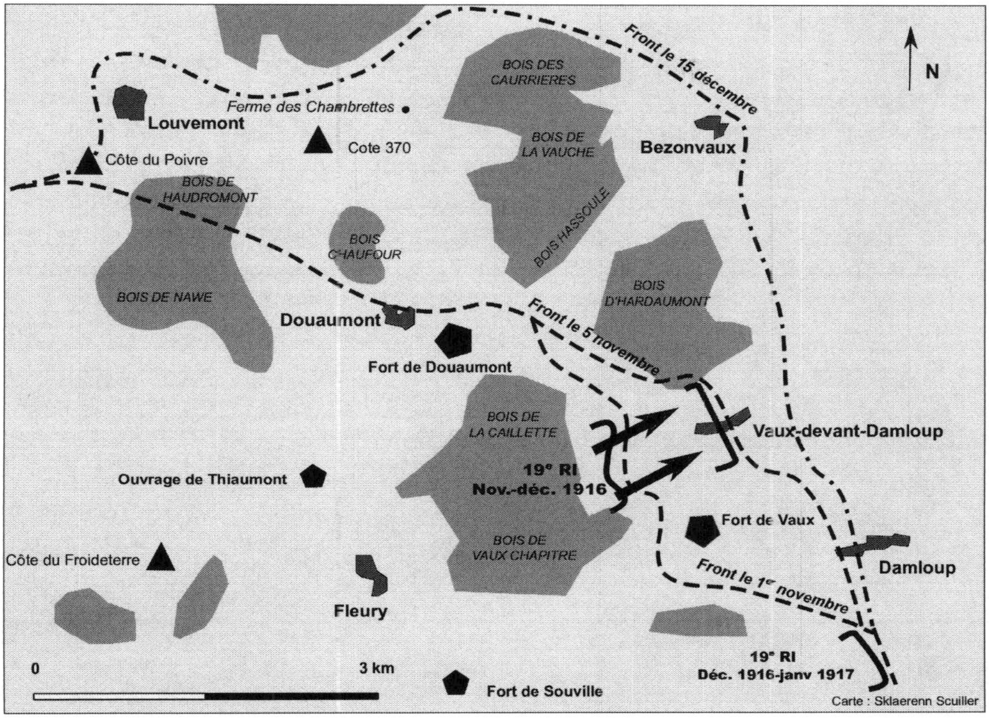

Carte 9. Les combats du 19e RI dans le secteur du fort de Vaux (novembre 1916-janvier 1917).

300 000 hommes du Maghreb et 200 000 hommes d'Afrique tous appelés « Sénégalais » : les hommes des territoires de l'Afrique occidentale française et de l'Afrique équatoriale française correspondant aux États actuels du Sénégal, du Mali, du Burkina Faso, de la Côte d'Ivoire, du Bénin, du Niger et de la Mauritanie, les hommes du Madagascar, de Djibouti, de l'Indochine, de la Polynésie et de la Nouvelle Calédonie. Le bilan des dix mois de la bataille de Verdun est de 160 000 tués français et 140 000 tués allemands.

Relevé par le 118e RI au bout de huit jours, le 19e RI rejoint son cantonnement à Belrupt où il passe Noël[12]. Le 26 décembre, le régiment remplace le 62e RI à Moulainville dans la plaine de la Woëvre jusqu'au 22 janvier : « Je viens de recevoir mon colis, il était plein de boue, mais était, heureusement bien entoilé[13] » (lettre du 7 janvier 1917).

12. FLOCH Marcel, *La longue marche du 19e RI de Brest pendant la première guerre mondiale, tome I, op. cit.*, p. 191. Belrupt, situé dans le canton et l'arrondissement de Verdun, à 6 km au sud-est de Verdun.

13. Moulainvile, situé dans le canton et l'arrondissement de Verdun, à 9 km à l'est de Verdun. « Secteur sans histoire, plutôt calme [...] Rien de comparable évidemment au pilonnage du bois Fumin [...] nous sommes dans la boue, dans une mer de boue et c'est encore la meilleure des défenses. » FLOCH Marcel, *La longue marche du 19e RI de Brest pendant la première guerre mondiale, tome I, op. cit.*, p. 192.

– Des lettres courtes

La correspondance double en fin d'année (*graphique 8*) avec des lettres courtes dans lesquelles Maurice sans cacher la situation tente de rassurer tout en faisant état de « terrain labouré par les obus [...] il y a quelque chose comme cadavres sur le terrain » (lettre du 8 décembre) ; « depuis quinze jours que l'on ne se débarbouille pas [...] ne vous tourmenter pas pour moi, çà été très bien, quoique çà a bardé » (lettres des 14 et 15 décembre 1916) ; « Nous sommes terrés comme des taupes » (lettre du 30 décembre 1916), « je croyais bien y rester encore à ce coup là, les obus tombaient partout autour de nous » (lettre du 22 janvier 1917).

Il ne cache pas les conditions difficiles et la rigueur de l'hiver 1916-1917 : « il y a toujours des pieds gelés » (lettre du 1er janvier 1917). « On prend la garde au petit poste, 7 heures par nuit dans la boue par dessus les souliers et de la neige jusqu'au genoux et sans pouvoir bouger » (lettre du 17 janvier 1917) ; « il gèle et y a toujours de la neige » (lettre du 19 janvier 1917).

Maurice s'inquiète pour les semis de blé à la ferme familiale : « Tu me diras si vous avez fait du blé et si le champ de la route de Rebais a été hersé » (lettre du 22 novembre 1916).

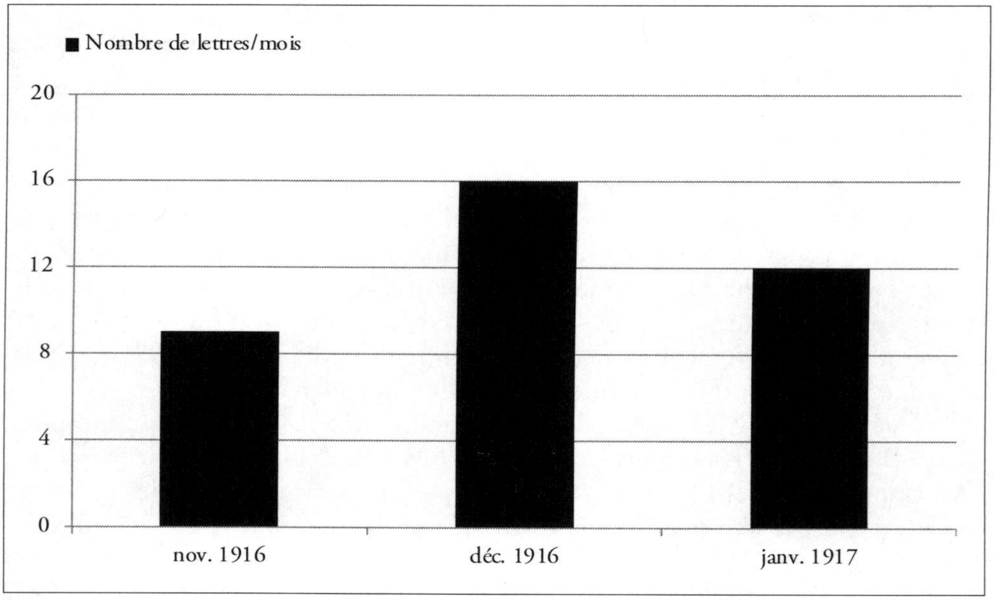

Graphique 8. Évolution de la correspondance de novembre 1916 à janvier 1917.

– Les rationnements

Faute d'approvisionnement suffisant, le prix des denrées alimentaires est en forte hausse et rend les conditions de subsistance de plus en plus difficiles. Sa mère lui apprend la mise en place des mesures de rationnement qui concernent d'abord le sucre, 700 g/mois/adulte et le pain 600 g/jour/adulte : « Pour le sucre, je croyais que tu n'avais droit qu'à 10 kg » (lettre du 8 décembre 1916).

– Lettre 342 Le 22 octobre 1916, *on se rapproche des lignes*[14]

Chère mère

Nous sommes toujours à la même place mais je crois que l'on part demain en auto et l'on se rapproche des lignes. Je crois que je n'ai pas réussi pour reprendre mon ancienne vie car il fait un froid du mois de janvier, et gèle de 5 a 6 degrés au dessous de zéro, et çà d'un seul coup. Tu penses, moi qui arrive de dans un bon lit, s'il fait bon dans les granges, je crois que j'aurai du mal à m'y faire et que je ne serai pas longtemps sans retourner à l'hôpital. Je vous pense en bonne santé et m'ennuie de vos nouvelles.

Ton enfant pour la vie.

Maurice

– Lettre 343 Le 25 octobre 1916, *quand on fait des marches pareille il me faut du pinard*[15]

Chère mère

Je crois que je me rapproche d'Adrien mais je ne sais quel pays il se trouve, je pourrais être à côté de lui et ne pas le savoir. Nous venons d'où je t'avais dit que j'ai retrouvé le 19e et marchons sur ce coin qui a tant bardé pendant de long mois, et je crois que çà va recommencer, et que notre division va en prendre sa part car elle est reposée depuis sept semaines de repos[16]. Aujourd'hui nous avons repos et je t'assure que je suis fatigué, moi qui sortait de l'hôpital et porter le sac complet et des trajets pareille, çà me dresse. Voilà le mauvais temps qui reprend, çà va bien aller pour faire votre boulot. Enfin, je suis toujours en attendant de tes nouvelles et j'ai été forcé de trouver le sergent major pour qu'il me prêtre 5 f. qui sont à peine gagné et quand on fait des marches pareille, il me faut du pinard car s'il fallait que je boive de l'eau comme dans la retraite, je serais fichu. Je ne sais d'où vous en êtes dans vos travaux, alors je ne t'en parle plus. Depuis six semaines, voilà deux lettres que je reçois et dire qu'il y a que çà pour nous remettre.

Enfin, je vous pense néanmoins en bonne santé. Bonjour à René et à Joseph.

Ton enfant qui t'aime. Maurice

– Lettre 344 Le 29 octobre 1916, *je devais partir en permission ces jours ci*[17]

Chère mère

Deux mots pour te dire que l'on vient de m'annoncer que je devais partir en permission ces jours ci. Je pense arriver avant cette lettre si çà réussi. Je t'en parlerai si j'y vais, pourquoi je ne m'en doutais pas.

14. Carte-lettre, format 14 × 11 cm, pliée en deux.

15. Feuille recto-verso, format 20,7 × 14,3 cm, pliée en deux.

16. « ce coin qui a tant bardé pendant de long mois », c'est Verdun mais Maurice ne le nomme pas.

17. Carte-lettre, format 14 × 11 cm, pliée en deux.

Ton enfant qui t'embrasse de tout cœur.
Maurice

– Lettre 345 Le 30 octobre [19]16, *au moment d'avoir ma permission… voilà qu'elles sont supprimées*[18]

Chère mère

Au moment d'avoir ma permission, car je suis le premier à partir et elle est au bureau, il ne manque plus que la signature, voilà qu'elles sont supprimées pour notre division et j'ai peur qu'ils s'aperçoivent au bureau de leur erreur. Je te raconterais cela quand j'irai. Alors, je peux aller vous voir d'un jour à l'autre, comme je peux y aller dans deux ou trois mois. Tu vois comme je suis fixé.

En attendant, je suis en bonne santé et je vous pense de même. Ecris moi toujours à la 12e.

Ton enfant qui t'embrasse de tout cœur.
Maurice

– Lettre 346 Le 1er novembre [1916], *c'est pas fini, c'est abominable*[19]

Chère mère

Je veux bien que tu me fasse de grandes lettres mais j'aimerais mieux en recevoir plus souvent et qu'elles soient moins longues s'il le faut, car il me semble qu'avant tu m'écrivais plus souvent et tu pourrais bien m'envoyer *le Démo*. Je crois que tu as peur que je vois tous mes copains disparaitrent mais je sais bien comme c'est, et c'est pas fini, c'est abominable. Je pense bien que je connais Coutrot, c'est lui qui est venu chercher notre pauvre Margot[20]. Et Liliane doit en être au cent coups quand elle me parlait « J'ai vu Coutrot du 76e ». Oui, il ne reste plus que Delaître mais lui, il peut en revenir, il a de la veine, je suis sûr qu'il est toujours où il était. Maintenant, je reçois ton deuxième billet de 5 f. dans cette lettre, je te remercie; tu me dis que j'aurais dû t'en demander plutôt mais quand je ne suis pas sûr de mon adresse, de rester où je suis, j'aime autant m'en passer plutôt que çà soit perdu.

Tu me dis qu'il fait mauvais[21] mais je m'en aperçois et tu n'aurais pas dû aller travailler chez Mauricette si longtemps que çà, je m'en doutais que tu laisserais ton ouvrage et maintenant, où as-tu eu de la semence? pour battre, ce n'est pas gênant, si tu avais fait tes blés; enfin ne te tourmente pas, ton ouvrage, aussi mal qu'elle ira, elle ira toujours mieux que la mienne. Pour le moment, je ne suis pas

18. Carte-lettre, format 14 × 11 cm, pliée en deux.

19. Feuille recto-verso, format 20,7 × 14,3 cm, pliée en quatre.

20. Charles Coutrot, soldat 2e classe au 276e RIT, puis affecté au 36e RIT, né à Chailly-en-Brie le 18 novembre 1878, meurt à l'hôpital temporaire No 58 à La Guerche (Cher). [https://www.memoiredeshommes.sga.defense.gouv.fr] 31 janvier 2022.

21. Ce sont des pluies continuelles et un brouillard « si épais qu'on n'y voit pas à plus de 100 m », TULBERGUE Jean-Pierre, *Les 300 jours de Verdun*, Service historique de la Défense, Paris, Éditions Italiques, 2006.

mal car notre compagnie est dépôt et je suis dans une grange avec de la paille fraîche et je n'ai pas de poux, j'en suis fier mais mon ancienne compagnie et mon régiment est la **<u>bàs</u>** et je crois que je ne vais pas tarder à aller combler les vides[22]. Maintenant pour la permission, il n'y a en a plus, alors j'ai peur de ce que je t'ai dis ou s'en cela je suis le premier, ce n'est pas le 2e. Enfin, je suis en bonne santé et vous espère de même. Je crois qu'on va pas tarder a se rapprocher du régiment car on est un peu loin d'eux.

Dis à René qu'il pense un peu à son frère en lui écrivant un mot. Votre fils et frère qui vous embrasse de tout cœur.

Maurice

– **Lettre 347 Le 3 Novembre 1916,** *çà cogne dur par ici, on va aller au travail*[23] (*ill. 29*)

Chère mère

Je n'ai encore pas reçu ton colis mais j'ai reçu hier la lettre où tu me disais ce que tu m'envoie. Tu comprend maintenant, les correspondances ne vont pas aller vite, car je suis arrivé près de cette ville qui a tant fait parler, et notre régiment est en ligne et çà cogne dur par ici, on va aller au travail sans doute car les tranchées sont démolies par les bombardements[24].

Ton enfant qui t'embrasse de tout son cœur.

Maurice

Je voudrais bien savoir où est Adrien.

S'adressant à sa belle mère Julia, Adrien, le beau-frère de Maurice, lui écrit « Chère Mère » *et termine la lettre par la formule* « Votre fils qui vous embrasse ».

– **Lettre 348 Le 5 novembre 1916,** *ma nouvelle adresse. A. Plaisant infirmier 416e inf 4e cie*[25]

Chère Mère

Nous sommes changés de place, nous voilà un peu à l'arrière, sans doute pas pour bien longtemps. Nous sommes dans un camp. Je suis toujours en bonne santé et désire que soyez vous et René de même.

Mon adresse est changée. Voilà ma nouvelle adresse. A. Plaisant infirmier 416e inf 4e cie (S 198).

Votre fils qui vous embrasse de tout cœur.

Adrien

22. Pouvoir dormir sur de la paille propre! Maurice se félicite de ses relatives conditions de confort.

23. Carte postale, format 14 × 8,8 cm.

24. « cette ville qui a tant fait parler », c'est Verdun mais Maurice ne l'écrit pas.

25. Lettre écrite à l'encre noire par Adrien, son beau-frère, feuille recto-verso, format 18 × 11,5 cm, pliée en deux. Très peu de lettres d'Adrien ont été conservées dans les Archives familiales.

Ill. 29. Carte postale « la Grande Guerre 1914-1916 », adressée par Maurice Gastellier à Julia sa mère montrant Verdun bombardée, 3 novembre 1916 (Archives familiales, DR).

– Lettre 349 Le 5 novembre 1916, *je suis toujours derrière Verdun*[26]

Chère mère

Je viens de recevoir mon colis mais ne me renvoie plus de poulet car c'est malheureux de voir jeter çà comme je l'ai fait. J'ai essayé de le manger mais j'ai été forcé de le jeter, il empoisonnait. Maintenant la bouteille était intacte, je n'ai eu que çà de bon, maintenant je croyais que tu m'avais mis un passe montagne, mais çà sera pour le prochain, pour le moment çà va, il ne fait pas froid.

J'ai reçu une lettre d'Adrien et je sais où il est, je suis à dix ou douze kilomètres de lui[27]. Il a vu passé mon ancienne compagnie et je l'aurais vu, si j'y avais été, mais je préfère être ici car qu'est ce qui doit y avoir de moins, car ils ont pris Vaux et sont la bàs. On ne connait encore pas de détails au juste, moi, je suis toujours derrière Verdun, nous allons aller dans les compagnies d'un jour à l'autre[28].

On nous a averti qu'il ne fallait plus compter manger comme ces temps derniers, car on pouvait tout acheter pour la cuisine, et maintenant, ce n'est plus pareille et on s'en aperçoit car la cuisine va redevenir comme au mois de mai.

---

26. Feuille recto-verso, format 20,5 × 14,4 cm, pliée en quatre.

27. Maurice demande régulièrement des nouvelles d'Adrien.

28. Maurice indique sa localisation sur Verdun après avoir envoyé une carte postale de Verdun bombardée.

J'attends de tes nouvelles, pour le moment je suis en bonne santé et je vous espère de même. Pour les permissions, on n'en parle plus.

Ton enfant qui t'embrasse de tout cœur.

Maurice

– Lettre 350 Le 8 novembre 1916, *le régiment est relevé, et il y en a en moins*[29]

Chère mère

Je crois encore partir en permission, il est temps car on commence à avoir un triste temps. Le régiment est relevé, et il y en a en moins, alors on peut partir dans d'autres compagnies, ces jours ci. Je ne sais si je vais partir vous voir, alors je t'écris pour si je n'y allais pas, que t'ais de mes nouvelles. Pour le moment çà va et je vous pense de même.

Je crois que tes blés sont forcés d'être fini par ce temps là.

Je vous embrasse de tout cœur.

Maurice

– Lettre 351 Le 20 novembre 1916, *j'ai eu une chance à part car je serais dans Vaux à l'heure qu'il est*[30]

Chère mère

J'ai fait un bon voyage, on nous a envoyé en ligne car il nous croyais au régiment et après, nous sommes revenu retrouvé la 12e où je l'ai quittée au dépot divisionnaire. Tous mes copains sont partis, j'ai eu une chance à part car je serais dans Vaux à l'heure qu'il est. Je crois que lorsqu'il vont descendre que je partirai dans les compagnies car ils vont avoir encore des pertes en sortant. Ecris moi à la 12e.

Celui qui pense à vous.

Maurice

– Lettre 352 Le 22 novembre [19]16, *Tu me diras si vous avez fait du blé*[31]

Chère mère

Tu dois avoir reçu ma lettre que je te disais que j'étais arrivé dans de bonnes conditions. Il y a eu un renfort de ma compagnie, de la 12e, qui est parti dans le régiment et je serais parti si je n'avais pas été en permission, et je serais en lignes. Le régiment est relevé à la fin de la semaine et je compte partir dans les autres compagnie autour de dimanche, je tacherai de partir à la 11e, mon ancienne compagnie, quoique il y en aura de moins de mes copains. Ecris moi quand même toujours à la 12e, elles suivraient où je serais. On reçoit en renfort de la classe 17. Tu vois si René était soldat, il serait comme nous deux Adrien.

29. Carte-lettre, format 14 x 11 cm, pliée en deux.

30. Carte-lettre, format 14 x 11 cm, pliée en deux.

31. Deux feuillets recto-verso, format 14,5 × 10 cm, pliés en deux.

Tu me diras si vous avez fait du blé et si le champ de la route de Rebais a été hersé, il n'y aurait eu que lundi et encore, çà ne devait trop être sec[32]. Tu vois en mangeant quand Joseph nous disait que son copain Brussat avait été blessé d'un coup de baïonnette, j'ai rencontré de ses copains qui en causait, il s'est coupé au bras avec un couteau en découpant de la viande et il est au 108e territorial et non au 108e d'active. Joseph, il croit tous leurs vanterie chez Menard.

Bonjour à René.

Ton enfant qui t'embrasse de tout cœur.

Maurice

– **Lettre 353 Le 24 novembre 1916,** *hier le canon à marcher, c'était affreux*[33]

Chère mère

Je reçois ta première lettre, celle du 19 novembre, hier soir. Oui, j'ai oublié ce que tu m'as dit, j'y ai pensé aussitôt parti mais ne te tourmente pas pour çà car j'ai une serviette du régiment, et des chiffons j'en ai trouvé. Ne m'envoie rien pour l'instant, surtout que je suis à la veille de changé de compagnie. J'ai su qu'Adrien était resté chez ma tante en revenant de chez nous. René a été a Boussois : y a t il été en byciclette ? Oui, je l'espère. Hier, le canon à marcher, c'était affreux, jamais on avait vu çà, il doit y avoir encore du nouveau.

Je termine en t'embrassant de tout cœur.

Maurice

– **Lettre 354 Le 28 nov [embre] 1916,** *j'ai bien des copains de moins*[34]

Chère mère

Je change de compagnie demain, c'est plus que sûr demain matin car il manque du monde ; je te donnerai ma nouvelle adresse et je crois qu'il ne va pas faire bon par là, c'est toujours les obus, on n'attaque pas mais il tombe des obus abominable et pas de tranchées, que de trous d'obus pour se cacher. Et il ne fait pas chaud en ce moment par ces temps de brouillard, vivement la paix mais je crois qu'ils attendront qu'il n'y en ai plus. J'ai bien des copains de moins, entre autres un que j'ai bu avec lui, la goutte que tu m'as envoyée dans un colis avant que j'aille en permission. Vivement que notre division s'en allé de ce secteur, jusqu'à présent, moi, je n'ai pas eu à me plaindre. Je crois que je recevrai une lettre de toi, ce soir et envoie moi *le Démo.* Ceux qui me viendront à la 12e me parviendront à ma nouvelle compagnie. Je pense que vous êtes en bonne santé, moi, çà va bien pour le moment.

Ton enfant qui t'aime de tout cœur.

Maurice

---

32. De retour de permission, Maurice donne ses consignes sur les travaux de la ferme.

33. Carte-lettre, format 14 × 11 cm, pliée en deux.

34. Feuille recto-verso, format 20,5 × 14,3 cm, pliée en deux.

– Lettre 355 Le 29-11-[novembre 19]16, *à part la misère, çà va bien*[35]

Chère mère

Je n'ai pu retourner à mon ancienne compagnie à la 11e. Je suis à la 9e. Nous sommes un peu en arrière et dans trois jours, nous montons en premières lignes. Tu parles de boue et d'eau par ici. Et il fait rudement froid, les pieds dans l'eau comme çà. Enfin à part la misère, çà va bien. Je vous pense en bonne santé. Je ne t'écrirai peut être pas si régulièrement mais ne te fais pas de mauvais sang.

Je t'embrasse de tout cœur.

Maurice

– Lettre 356 Le 1er décembre 1916, *à chaque coup que l'on redescend des première ligne, il y en à qu'un quart qui revient*[36]

Chère mère

Je reçois ta lettre du 29 et *le Démo* qui me vienne de la 12e. Je suis, comme je t'ai déjà dit, versé à la **9e** compagnie. Pour mon rhum çà va mieux, çà se passe par d'autres misères, on peut encore couché dans des abrits car on est qu'en réserve mais demain nous montons en première ligne où se n'est que trou d'obus. A chaque coup que l'on redescend des première ligne, il y en à qu'un quart qui revient, avec les malades, les pieds gelés, les blessés et tués. Tu me dis que Lambert et les autres en ont assez, ils sont comme **nous tous.**

Je t'envoie mes plus doux baisers.

Maurice

– Lettre 357 Le 3 décembre 1916, *nous montons en première ligne, ce soir*[37]

Chère mère

Nous sommes toujours à la même place et nous montons en première ligne, ce soir. Il ne fait toujours pas chaud à prendre la garde cette nuit ; le pire, c'est les pieds, il y a toujours des pieds gelés. Tu me dis que tu as vendu deux wagons de paille de blé mais il ne doit pas t'en rester beaucoup. Maintenant pour ton cidre, tu as bien fait pour ce prix la surtout.

Enfin, je ne vois plus rien à te dire pour l'instant et vous souhaite d'être en bonne santé, moi, çà va bien en ce moment.

Je t'embrasse de tout cœur.

Maurice

35. Carte-lettre, format 14 × 11 cm, pliée en deux.
36. Carte-lettre, format 14 × 11 cm, pliée en deux.
37. Carte-lettre, format 14 × 11 cm, pliée en deux.

– **Lettre 358 Le 5 décembre [19]16,** *tu parle d'une boue, c'est abominable*[38]

Chère mère

Nous sommes en ligne de ce temps là par la neige et la flotte, tu parle d'une boue, c'est abominable, on est dans un état déplorable. A part çà, je suis en bonne santé et il y a des évacués tous les jours, maintenant c'est le canon qui m'assomme, j'ai peur que çà me joue quelque tour, si jamais il en tombais une tout près de moi comme à Vauquois. Enfin jusqu'à présent, çà va et vous pense de même.

Je t'embrasse de tout cœur.

Maurice

– **Lettre 359 Le 8 décembre 1916,** *il y a quelque chose comme cadavres sur le terrain*[39]

Chère mère

Je crois que nous allons faire une bonne période en lignes et pourtant dans ce secteur avec cinq jours c'est assez. Nous sommes toujours entre les deux en question V. et D. et tout prêt de chacun car il ne sont pas loin l'un de l'autre[40] ; quand j'irai te voir, je te raconterai cela, tu parles de terrain labouré par les obus, je me suis perdu ce matin par le brouillard[41] j'ai sauté les trous dans l'eau dans la boue pendant deux heures sans renconterai quelqu'un et avec ma viande et vin. C'est terrible, mais on voit que çà été pire car il y a quelque chose comme cadavres sur le terrain.

Pour le sucre, je croyais que tu n'avais droit qu'à 10 kg et tu me dis 20 kg. Je termine en t'embrassant de tout cœur. Maurice

– **Lettre 360 Le 10 décembre 1916,** *tu parles d'avion en l'air, c'était comme des corbeaux*[42]

Chère mère

J'ai reçu ta lettre du 5 décembre, la première adressée à la 9e comp et je crois avoir reçu toutes les autres de la 12e. Tu continuera à m'envoyer *le Démocrate*. Nous avons encore, je crois, 5 jours ici car nous sommes relevés le 15 décembre au soir. Et si j'ai le bonheur de m'en sauver, je compte que l'on partira du secteur et étant au repos, on pourra se refaire de notre misère que l'on a car j'ai trois copains de parti en permission d'avant hier, j'espère qu'il y aura quelque chose à ragrainer quand ils reviendront.

---

38. Carte-lettre, format 14 × 11 cm, pliée en deux.
39. Carte-lettre, format 14 × 11 cm, pliée en deux.
40. V pour le fort de Vaux et D pour le fort de Douaumont.
41. Gaston Mourlot fait état d'« un épais brouillard qui s'élevait du côté des lignes » dans son carnet de guerre du 8 décembre 1916, *Un ouvrier-artisan en guerre…, op. cit.,* p. 209.
42. Carte-lettre, format 14 × 11 cm et un feuille recto-verso, format 13 × 9,5 cm, pliée en deux.

Tu me demande de quel corps je suis, je suis du 11e Corps mais nous marchons qu'un demi corps ensemble, nous, c'est à dire une division, nous faisons parti de la 22e Division. Si c'est le 18e qui est chez vous, c'est le corps de Bordeaux et pas celui d'Adrien, surtout qu'il n'est pas par là car il m'a écris qu'il se rapprochait de moi.

Suite de la carte-lettre. En tous les cas, si tu en loge, dis que tu n'as pas de place dans tes greniers autour de chez nous car dans les bâtiments, çà ne serait encore rien mais s'il fallait qu'ils t'en mettent autour de ta maison et s'il y en a dans les halles, ils doivent te réquisitionner de la paille pour coucher les hommes[43]. Et ne te mets pas sur le pied de faire du commerce avec eux, quand même tu n'as plus de boisson. Je ne sais pas s'ils vont loin au repos, maintenant tu ne me vois pas au repos au Theil, en tous cas ce n'est pas étant par ici que j'irais où il faudrait être relevé, aller au repos par chez vous et aller soit dans la Somme ou entre Soissons et Reims après.

Oui, comme tu dis, nous sommes dans la boue, on n'aurait pas besoin de çà, çà serait déjà assez d'être au danger mais si l'on est pas tué d'une façon, il faut mourrir de l'autre. En ce moment, le temps est couvert, nous sommes moins vu quoique hier, il a fait beau alors tu parles d'avion en l'air, c'était comme des corbeaux et tu parles si les obus pleuvaient.

Enfin, je suis quand même en bonne santé et te pense de même ainsi que René.

Maurice

– **Lettre 361 Le 12 décembre 1916,** *avec toute cette terre remuée... il n'y aurait pas besoin de labourer pour faire de l'avoine*[44]

Chère mère

Je suis toujours à la même place et tu pourras le savoir au juste car c'est là qu'il va y avoir encore quelque chose, ces jours ci, juste en face nous, et j'ai peur qu'on y soit encore car on est relevé que le 15 au soir. Enfin, espérons que l'on sera relevé.

Je suis en bonne santé mais il pleut plus souvent qu'il fait beau et nous voyons de la misère avec l'eau, et surtout la boue, avec toute cette terre remuée car par ici, il n'y aurait pas besoin de labourer pour faire de l'avoine, il ne pousse pas un poil d'herbe dans plus de vingt mille hectares mais on pourrait égaliser. Dans un coin, c'est une forêt, tout les arbres sont déchiquetés, même ceux qui ont 4 mètres de tour. Enfin c'est terrible, il faut le voir pour y croire.

Ton enfant qui t'embrasse de tout cœur.

Maurice

43. Lorsque la troupe cantonne à l'arrière, les cultivateurs sont tenus de fournir les réquisitions demandées en céréales et fourrages pour les chevaux et de laisser leurs habitations aux officiers et sous-officiers.

44. Carte-lettre, format 14 × 11 cm, pliée en deux.

– Lettre 362 Le 14 décembre 1916, *depuis quinze jours que l'on ne se débarbouille pas*[45]

Chère mère
Je ne sais pas si on va être relevé comme je te l'avais dit mais on n'entends rien dire pour le moment. Pour ce que je t'avais dit sur ma dernière lettre, cela a été reculé. Pour le moment, il y a un bombardement comme jamais je n'ai vu depuis le début de la guerre, surtout par nous car les boches reçoivent quelque chose et nous çà sera peut être notre tour demain ou tout à l'heure[46]. Enfin, vivement la relève car depuis quinze jours que l'on ne se débarbouille pas et que l'on est dans la boue, on a tous des figures à faire peur[47]. Je suis en bonne santé mais commence à avoir une sale toux ou rhume, comme beaucoup d'ailleurs.
Ton enfant qui t'embrasse de tout cœur.
Maurice

– Lettre 363 Le 15 décembre 1916, *çà a été très bien, quoique çà a bardé*[48]

Mon cher René
Je suis en bonne santé et ne vous tourmentez pas pour moi, çà a été très bien, quoique çà a bardé. Je vous pense de même en bonne santé et vous écrirai quand on sera au repos, peut être bientôt mais pas le jour que je vous avais dit.
Bien embrasser maman pour moi, je te serre la main.
Maurice

– Lettre 364 Le 17 décembre 1916, *c'est une victoire mais on ne prend toujours que des trous d'obus*[49]

Chère mère
Tu dois avoir vu le journal car çà y est aujourd'hui et c'est pourquoi je t'écris tous les jours, car je pense que tu dois te tourmenter, maintenant je t'écrirai moins souvent, ~~car~~. Je nous pense au repos pour dix jours, alors je passerai mon anniversaire et Noël, ici. ~~Alors~~ Tu as vu la carte du journal, ~~alors~~ nous étions à huit cent du Fort de Douaumont, c'est à dire à droite dans les pentes d'Hardaumont, où

45. Carte-lettre, format 14 × 11 cm, pliée en deux.
46. « Jamais je n'ai vu pareille abondance de projectiles dégringoler sur les tranchées adverses [...] C'est un ouragan indescriptible de fer, de feu, de flammes ; canons et mitrailleuses crachent la mort à pleine gueule. » FLOCH Marcel, *La longue marche du 19e RI de Brest pendant la première guerre mondiale, tome I, op. cit.*, p. 191.
47. Les mauvaises conditions d'hygiène sont la règle commune, Paul Cocho, soldat au 74e RIT, écrit en novembre 1914 : « Quinze jours sans se laver! Sans tirer ses souliers! » COCHO Paul, *Mes carnets de guerre et de prisonnier..., op. cit.*, p. 25.
48. Onzième type de carte de correspondance militaire, format 14,5 × 9 cm. Archives familiales.
49. Carte-lettre, format 14 × 11 cm et feuille recto-verso, format 13,5 × 10,5 cm, pliées en deux.

nous avons le plus avancé, nous avons pris toutes leurs vues et maintenant, on sera moins bombardés, c'est une victoire mais on ne prend toujours que des trous d'obus et de la boue, c'est un petit bénéfice ; à part, que nous leur avons fait quelque chose comme prisonniers et pris des canons[50].

Maintenant, on parle de paix mais je crois que c'est comme à l'habitude pour nous endormir. En tous cas, les boches nous l'on dit qu'ils le savaient depuis deux jours, que le kaiser leur parlait de paix offerte à la France.

Alors, j'attends mon colis et te remercie à l'avance. Maintenant pour mon oncle Léon, il a de mes nouvelles car je lui ai écris, il y a quatre ou cinq jours et j'avais son adresse. Mais Lambert est bien heureux d'être en permission de 20 jours, tu parles d'un cultivateur d'imprimerie. Maintenant, tu vois, mon plus proche au pays du 19e, je savais qu'il était blessé et gravement mais ils ne savaient pas, à sa compagnie, qu'il était mort, tu vois il a été blessé déjà 2 fois au 76e, et maintenant le voilà tué[51]. Sa pauvre mère qui n'a que lui, ah ! c'est malheureux.

Maurice

Enfin, je termine en t'embrassant de tout cœur. Maurice

– **Lettre 365 Le 17 décembre 1916,** *les marocains et les chasseurs à pieds*[52]

Chère mère

Enfin ça y est, nous sommes arrivés de cette nuit au repos et dans un état, c'est affreux, jamais je n'ai vu çà, dans la boue jusqu'au genoux. Maintenant, tu as vu le travail que l'on a fait, ce n'est pas nous car ce sont les marocains et les chasseurs à pieds de nos lignes et nous sommes parti derrière et nous conduisions les prisonniers, il à descendus quelque chose mais je ne peux l'évaluer, on nous a dit 7 500, on verra çà demain sur le journal, nous avons pas eu de trop forte perte mais il y en a assez[53].

Je suis en bonne santé, à demain des nouvelles. Je pense que ma lettre vous trouvera de même.

Ton enfant qui t'embrasse. Maurice

50. Gaston Mourlot mentionne le 15 décembre : « Le butin se dénombre dès ce soir, au bout de 6 heures d'action, à 5 400 prisonniers, 30 pièces d'artillerie. » *Un ouvrier-artisan en guerre…, op. cit.,* p. 219.

51. Aucun nom n'est fourni.

52. Carte-lettre avec en noir et blanc les drapeaux de la France, Belgique, Royaume-Uni, Russie, Serbie, format 14 × 11 cm, pliée en deux.

53. Carnet de guerre de Gaston Mourlot du 18 décembre 1916 : « Les journaux qui mentionnent la réussite de l'attaque avec 7 500 prisonniers, donc 2 000 de plus qu'il nous en avait été annoncé le premier jour. » *Un ouvrier-artisan en guerre…, op. cit.,* p. 220.

– Lettre 366 Le 19 décembre 1916, *c'est des enveloppes qu'il me faut*[54]

Chère mère

J'ai reçu ton colis en très bon état, hier matin, et ta lettre, mais c'est des enveloppes qu'il me faut et pas de papier, car on ne trouve rien à acheter dans ces pays dévastés et c'est ma dernière carte lettre, alors envoie moi en dans une lettre, tout de suite. Tu pourras m'envoyer aussi un colis, où tu mettras un caleçon et du saucisson comme j'en ai reçu. Nous recevons encore de la classe 17 avec nous, je nous crois au repos pour encore une semaine et il ne fait pas chaud, je tremble en t'écrivant, enfin on est mieux que la bas. C'est demain mon anniversaire, quelle belle fête, ne m'envoie pas d'argent, on ne trouve rien à acheter.

Je t'embrasse de tout cœur.

Maurice

Je suis en bonne santé et vous pense de même.

– Lettre 367 Le 21 décembre 1916, *j'espère que maintenant vous me savez au repos*[55]

Chère mère

Je me demande si vous avez de mes nouvelles maintenant, car par ces attaques, elles auront été arrêtées et pourtant je t'écrivais tous les jours pour te tranquilliser. Maintenant, je suis bien au repos, mais on ne trouve rien à acheter et je crois qu'on ne va pas remonter par ici et qu'on va partir au grand repos, peut être où était Adrien quand il est venu en perme. J'ai reçu la carte de René qui me disait que vous n'aviez plus de nouvelles, j'espère que maintenant vous me savez au repos. J'ai reçu la réponse de mon oncle Léon, il me demande si je veux un colis, je vais lui répondre.

Je suis en bonne santé et vous pense de même. Ton enfant qui t'embrasse de tout cœur.

Maurice

– Lettre 368 Le 24 décembre 1916, *les labours doivent marcher pour avoines*[56]

Chère mère

Nous sommes toujours au repos dans la même contrée mais çà ne nous empêche pas d'aller au travail en ligne, ce que j'ai fait hier, c'est pourquoi je n'ai pu t'écrire

54. Carte-lettre avec en noir et blanc les drapeaux de la France, Belgique, Royaume-Uni, Russie, Serbie, format 14 × 11 cm, pliée en deux.

55. Carte-lettre avec en noir et blanc les drapeaux de la France, Belgique, Royaume-Uni, Russie, Serbie, format 13,5 × 10,5 cm, pliée en deux.

56. Carte-lettre avec en noir et blanc les drapeaux de la France, Belgique, Royaume-Uni, Russie, Serbie, format 13,5 × 10,5 cm, pliée en deux, et feuille recto-verso, format 10 × 6,5 cm.

car j'ai rentré trempé à 9 heures du soir[57]. On doit toujours aller au grand repos, je crois demain et en auto. J'ai reçu tes deux lettres, celle du 18 et du 20 et le billet à ma tante Angèle. Je ne comprends pas ce que tu veux dire avec l'exemplaire qu'on doit nous donner pour avoir été à l'attaque, je ne t'ai pas parlé de çà, dis moi ce que tu veux dire. Je viens de recevoir ce soir le colis de pâté et un autre billet de 5 f. de Mauricette, vivement qu'on aille à l'arrière, car ici on ne peut rien acheter et j'ai gagné 3f.50 cet après midi à la manille et touché mon prêt, je ne peux

suite

plus fermer mon porte monnaie. Il part beaucoup de permissionnaire en ce moment, ce qui fait voir qu'on va aller au grand repos mais on attends toujours. Je réponds à Mauricette et à ma tante Angèle pour les remercier de leur billet. Je suis en bonne santé et vous pense de même. Je pense que les labours doivent marcher pour avoines quoique il ne fait pas trop bon en ce moment.

Ton enfant qui t'embrasse de tout cœur.

Maurice

– **Lettre 369 Le 26 décembre 1916,** *nous remontons en ligne*[58] (*ill. 30*)

Mon cher René

Je reçois ta lettre du 23 décembre et en même temps un colis de ma tante Mélanie, ce qui me fait bien plaisir, car en fait de grand repos, il faut des hommes et nous remontons en ligne, je crois demain en première ligne mais je crois que ça ne sera pas si terrible qu'à l'autre coup[59]. Ah oui, en fait de paix, je crois que c'est fini. A part çà, je suis en bonne santé et vous pense de même. C'est bien, écris moi le soir quand tu n'as rien à faire car çà fait toujours plaisir à ton frère de savoir de vos nouvelles, et parle toujours de votre travail.

Embrasse bien maman pour moi et ton frère qui pense à toi, te serre la main.

Maurice

– **Lettre 370 Le 28 décembre 1916,** *encore un tué au Theil, il n'en restera plus*[60]

Chère mère

Je t'envoie cette carte avant de monter en lignes car nous remontons ce soir à la même place et en même temps, t'envoie ainsi qu'à René, mes vœux de bonheur et

57. C'est la même expression qu'emploie Gaston Mourlot dans son carnet de guerre du 7 décembre 1915 : « je devrais aller au travail ce matin », *Un ouvrier-artisan en guerre…, op. cit.*, p. 123.

58. Carte postale adressée à son frère René, représentant des fantassins au repos avec une légende que Maurice personnalise : « Je pense à ~~toi~~ tous et je ne puis dormir !... Courage et patience jusqu'au retour et quelle joie ce jour là. » Format 14 × 9,5 cm. Archives familiales.

59. Après avoir espéré le « grand repos », Maurice remonte finalement en première ligne.

60. Carte-lettre avec en noir et blanc les drapeaux de la France, Belgique, Royaume-Uni, Russie, Serbie, format 13,5 × 10,5 cm, pliée en deux.

Ill. 30. Maurice Gastellier personnalise la légende de la carte postale adressée à René son frère : « Je pense à ~~toi~~ tous », 26 décembre 1916 (Archives familiales, DR).

de santé pour la nouvelle année, qui je me demande si ce sera l'année libératrice. Tu vois notre nouvel an où je vais le passer en fait de grand repos qu'on devait avoir.

Enfin, je suis en bonne santé et espère que ma lettre vous trouvera de même. J'ai reçu ta lettre avec enveloppe mais ne m'envoie plus car j'en ai trouvé maintenant. J'ai vu qu'il y avait encore un tué au Theil, il n'en restera plus.

Je termine en t'embrassant de tout cœur ainsi que René.

Maurice

– **Lettre 371 Le 30 décembre 1916,** *nous sommes terrés comme des taupes*[61]

Chère mère

Nous sommes comme je t'ai dit avant hier, retourné à la même place en ligne, c'est à dire tout près du même nom qu'où restait mon oncle Eugène quand il s'est marié[62]. Çà ne barde pas tant que la dernière fois mais dans quel état nous sommes, je n'ose te le dire. Nous sommes terrés comme des taupes et il y pleut comme dehors et je ne sais pas si c'est de cela que çà vient mais j'ai des maux de dents comme çà ne m'a jamais fait, je ne peux plus seulement manger, il me faut

61. Carte-lettre avec en noir et blanc les drapeaux de la France, Belgique, Royaume-Uni, Russie, Serbie, format 14 × 11 cm, pliée en deux.

62. Le secteur du fort de Vaux, Vaux, hameau sur la commune de Coulommiers où habitait son oncle Eugène.

avaler sans mâcher[63]. Enfin, tu vas me dire que je ne suis pas heureux mais c'est la vérité, à part çà je suis en bonne santé et vous pense de même tous deux.

Ton enfant qui t'embrasse de tout cœur.

Maurice

– **Lettre 372 Le 1er janvier 1917,** *je ne sais encore quand nous serons relevés*[64]

Chère mère

Voilà une nouvelle année qui commence et encore une année de guerre; quand je pense qu'il y a 28 mois et demi j'étais déjà par ici, cantonné dans un patelin, là en face où sont les Boches maintenant. Je ne sais encore quand nous serons relevés mais toujours est-il que le plus tot sera le meilleur car toujours de la pluie, et il y a toujours des pieds gelés. Aujourd'hui, nous avons fait notre 1er janvier, nous avons touché deux bouts de viande sec, trois quarts de vin, un quart de champagne, un cigare, une orange et quelque petit beurre[65]. Si j'avais été chez vous, je n'aurais pas eu de champagne, et je pense que j'aurai mieux mangé.

Je termine en t'embrassant de tout cœur.

Maurice

– **Lettre 373 Le 3 janvier 1917,** *c'est abominable dans l'état que nous sommes*[66]

Chère mère

Cà fait six jours ce soir que nous sommes ici et tu parles d'un temps, c'est abominable dans l'état que nous sommes, et ce qu'il y a de pieds gelés. Je ne sais encore combien de temps que nous sommes ici mais je nous crois bien à moitié et je crois qu'on ne sortira pas beaucoup car il y en a des évacués. Je ne reçois plus de lettres, je me demande si c'est l'effet des fêtes qui met du retard. Je n'ai plus mal aux dents et est en assez bonne santé quoique nous sommes toujours dans l'eau. Je pense que ma lettre vous trouvera mieux que moi.

Je termine en t'embrassant de tout cœur.

Maurice

---

63. Le sous-lieutenant Cadiou écrit : « Nous sommes dans la boue, dans une mer de boue, et c'est encore la meilleure des défenses. Les tranchées sont peu profondes et on a dû suppléer à leur peu de profondeur par des parapets de sacs à terre et de grandes hottes d'osier que l'on remplit de pierres. » FLOCH Marcel, *La longue marche du 19e RI de Brest pendant la première guerre mondiale, tome I, op. cit.*, p. 192.

64. Carte-lettre avec en noir et blanc les drapeaux de la France, Belgique, Royaume-Uni, Russie, Serbie, format 13,5 × 10,5 cm, pliée en deux.

65. À titre de comparaison, Gaston Mourlot énumère son menu du 1er janvier 1916 : « Un litre de vin et un quart de champagne, de la gniole, du jambon, du saucisson, du pâté, de la marmelade de confiture, des pommes, une orange et enfin à chacun un demi-londres [cigare de La Havane]. » Collectif CRID 14-18, *Un ouvrier-artisan en guerre…, op. cit.*, p. 128.

66. Carte-lettre avec en noir et blanc les drapeaux de la France, Belgique, Royaume-Uni, Russie, Serbie, format 13,5 × 10,5 cm, pliée en deux.

– Lettre 374 Le 4 janvier 1917, *je ne suis pas mal nourri en ce moment*[67]

Chère mère

Je reçois ce soir ton colis que René m'a mis à la poste, et en bonne état : la bouteille d'eau de vie, la madeleine et le poulet. Je te remercie mais je ne suis pas mal nourri, en ce moment et pour le travail que çà te fait, ce n'est plus la peine de m'en envoyer, maintenant. Ma tante Angèle m'a envoyé 5 f. et ma tante Mélanie m'a promis un colis ces jours ci, alors tu vois que je ne suis pas malheureux. Mais toi, comme je vois, ça ne va toujours pas fort, c'est toujours ce rume comme tous les ans mais fait attention en sortant du feu, de ne pas aller trop dehors et René, çà va je l'espère. Il ne fait toujours pas chaud, heureusement qu'on est pas mal couché mais c'est le matin au travail.

Je termine en t'embrassant de tout cœur.

Ton enfant qui t'aime. Maurice

– Lettre 375 Le 5 janvier 1917, 19e d'inf. 9e comp. Secteur 83, *à quand la relève*[68]

Chère mère

Çà va nous faire huit jours ce soir, ah ! tu parles si on les compte mais on ne sait encore pas à quand la relève. Tu parles de mal réussir avec le temps, toujours de l'eau et les boches qui se mettre de la partie, aujourd'hui en nous bombardant. Je reçois des lettres maintenant à la mode et je sais que mon colis est arrivé à ma section et ne l'a encore pas car je suis détaché d'eux et on ne peut aller, les voir dans le jour. Pourvu qu'ils me le conserve, les lettres ont me les amène, tu me mettras une enveloppe dans chaque lettre car je nous vois toujours pareille, et dans ce secteur. Tu vas avoir des soldats comme je vois. Dans le prochain colis, met moi mes guêtres en cuir, une paire de chaussettes et une serviette.

Je vous pense en bonne santé, j'ai reçu la carte de René, merci.

Je vous embrasse de tout cœur.

Maurice

– Lettre 376 Le 7 janvier 1917, *je ne sais encore quand nous sommes relevés*[69]

Chère mère

Nous sommes toujours ici et je ne sais encore quand nous sommes relevés, d'ici deux à trois jours, à ce que je crois. Je suis en bonne santé et vous pense de même. Je viens de recevoir mon colis, il était plein de boue mais était heureusement bien entoilé. Je reçois tes lettres mais plus tôt avec du retard et toi, çà doit être de même

67. Carte-lettre, format 14,7 × 10,7 cm, pliée en deux, couleur beige.

68. Carte-lettre avec en noir et blanc les drapeaux de la France, Belgique, Royaume-Uni, Russie, Serbie, format 13,5 × 10,5 cm, pliée en deux.

69. Carte-lettre avec en noir et blanc les drapeaux de la France, Belgique, Royaume-Uni, Russie, Serbie, format 13,5 × 10,5 cm, pliée en deux.

pour les miennes car je suis en lignes depuis dix jours et sur tes lettres tu ne le sais encore pas ; mais je crois que çà va marcher mieux, maintenant que les fêtes sont terminées. Marguerite à Dumas m'a envoyé une chic carte mais Liliane me laisse tomber, elle ne m'écris plus seulement.

Ton enfant pour la vie.

Maurice

– **Lettre 377 Le 9 janvier 1917,** *c'est pour cette été (la paix) et quand on sera à cette été, pour quand çà sera ?*[70]

Chère mère

Nous sommes tout de même au repos et pas pour longtemps, on parle de remonter demain soir mais en réserve dans les bois. Enfin, c'est terrible pendant qu'il y en a qui sont au repos à 100 km du front par chez nous, nous, on ne voit pas de civil pour nous vendre quelque bricol. ~~Enfin, envoie moi toujours une enveloppe dans chaque lettre.~~ J'ai reçu ta lettre du 3 janvier, je me demande si tu vas avoir des soldats et qu'ils ne t'en mette pas dans le grenier, surtout. Je ne sais pas ce que tu veux dire avec la Gauloise, tout çà c'est des truques de journeaux. Je viens de recevoir un colis de mon oncle Léon et l'autre jour, mais je crois te l'avoir dit, un de ma tante Mélanie.

Je suis fatigué mais en assez bonne santé, pour la misère qu'on voit, c'est extraordinaire. Comme je vois maintenant, c'est pour cette été (la paix) et quand on sera à cette été, pour quand çà sera ?[71] Et pourtant, çà ne peu plus aller, mais comment çà peut finir ?

Enfin, j'espère que vous êtes en bonne santé et tu pourras dire à René que ses copains, c'est le premier coup qu'il monte, mais ils en on assez, ils ont bien débuté pour l'hiver.

Je termine en vous embrassant de tout cœur.

Maurice

– **Lettre 378 Le 11 janvier 1917,** *on ne tardera pas à monter*[72]

Chère mère

Nous sommes rapprochés des lignes et en cantonnement dans un bois, dans des baraques. Il ne fait guère chaud ici mais il fait meilleur que dehors ; en ce moment, il neige tous les jours et il y a quinze centimètres de neige. Enfin, espérons qu'il va faire meilleur ces jours ci car on ne tardera pas à monter. Mon oncle Ernest m'a envoyé un billet de 5 f., je ne sais plus quoi faire de mon argent car on ne trouve

70. Feuille recto-verso, format 17,5 × 11 cm, pliée en deux.
71. Maurice ne se fait pas trop d'illusion sur la proposition allemande du 12 décembre 1916 d'une conférence de la paix rejetée par les alliés.
72. Carte-lettre, format 14 × 11,5 cm, pliée en deux.

que quelque camarade qui passe pour vendre quelque bricol, à part çà rien. Je reçois toujours tes lettres, entre autre celle que tu me parlait de Joseph.

Je t'embrasse de tout cœur. Maurice

– **Lettre 379 Le 15 janvier 1917,** *nous remontons ce soir en ligne*[73]

Chère mère

Voilà le repos terminé et nous remontons ce soir en ligne. Cà ne va pas mal en ce moment mais j'ai des névralgies assez souvent. J'ai quelque chose dans la tête, toujours depuis ma blessure, et cette nuit j'ai eu des douleurs dans les gensives et ce matin j'ai une joue, le double de l'autre. Je vous pense en bonne santé.

J'ai reçu mon colis avec mes jambières et mon saucisson, je crois qu'elles me serreront. Comme je vois les soldats vous font du tort par là.

Je termine en vous embrassant de tout cœur.

Maurice

– **Lettre 380 Le 17 janvier 1917,** *on prend la garde au petit poste, 7 heures par nuit*[74]

Chère mère

Si tu voyais ma position pour t'écrire tu dirais, çà ne m'étonne pas que c'est pas trop bien écrit. Mais çà n'est rien, c'est pour te la faire parvenir, il me faut que je fasse un km par un temps affreux. Depuis 15 jours, il y a de la neige sans discontinuer mais de ce coup là, c'est à ne plus sortir de dans notre trou. On prend la garde au petit poste, 7 heures par nuit dans la boue par dessus les souliers et de la neige jusqu'au genoux et sans pouvoir bouger. Enfin, je ne souffre pas trop des pieds comme il y en a car j'ai des bons souliers et j'ai mis mes guêtres[75].

Alors, ne te tourmente pas si je suis quatre ou cinq jours sans t'écrire, je ferai pour le mieux. Je termine en t'embrassant de tout cœur ainsi que René.

Maurice

– **Lettre 381 Le 19 janvier 1917,** *nous [...] avons encore eu des victimes*[76]

Chère mère

Je suis toujours en ligne, çà fait quatre jours ce soir, et on ne sait pas pour combien de temps nous sommes là. Nous sommes bombardés assez souvent et avons encore eu des victimes mais enfin je me suis encore bien tiré. Je suis en bonne santé mais en voit toutes les nuits avec le froid, il gèle et y a toujours de la neige une bonne épaisseur. Aujourd'hui, ayant l'occasion, je te fais parvenir cette

73. Carte-lettre, format 14 × 11,5 cm, pliée en deux.

74. Carte-lettre, format 14 × 11,5 cm, pliée en deux.

75. « L'hiver est très rigoureux, les hommes grelottent de froid. » FLOCH Marcel, *La longue marche du 19e RI de Brest pendant la première guerre mondiale, tome I, op. cit.*, p. 192.

76. Carte-lettre, format 14 × 11,5 cm, pliée en deux.

lettre et n'écris qu'à toi, tout pendant que je serai en ligne. Tu diras à Mauricette que je me porte bien. Enfin, tu pourras dire que j'en ai vu encore cette hiver.

J'espère que ma lettre vous trouvera, toi et René en bonne santé.

Je t'embrasse de tout cœur.

Maurice

– **Lettre 382 Le 22 janvier 1917,** *je croyais bien y rester encore à ce coup là*[77]

Chère mère

Enfin, nous voilà relevés pour de bon du fameux secteur de cette nuit et partons dans le train ou en auto demain, où ? on ne sait pas. Ce n'est pas un malheur car je croyais bien y rester encore à ce coup là, les obus tombaient partout autour de nous entre autre, un gros a deux mètres de moi et il n'a pas éclaté, il faut avoir de la veine.

J'étais avec un petit copain de la classe 17, ah ! le petit, il était content d'être relevé, il était comme moi. Nous avons eu six tués dont deux de la classe 17 dans notre compagnie.

Je reçois mon colis avec une petite bouteille, je crois que c'est de l'eau de vie, je vais regarder çà. Merci.

Ton fils qui t'aime de tout cœur.

Maurice

77. Carte-lettre, format 14 × 11,5 cm, pliée en deux.

Chapitre 8
SUR LE CHEMIN DES DAMES (FÉVRIER-MAI 1917)

Le régiment quitte la Woëvre et Maurice mentionne son transport en chemin de fer dans le froid : « nous avons touché de la paille et deux couvertures » (lettre du 24 janvier 1917). Gaston Mourlot, du 65e RI, précise le 4 février 1917 : « il y eut jusqu'à 17 au-dessous de zéro[1] ». Le 19e RI débarque en gare de Crécy-en-Brie, situé à 15 km de Coulommiers, pour une période de repos et d'instruction de six semaines, du 11 février au 25 mars, et se préparer aux offensives du printemps 1917[2]. À son arrivée à Crécy, le colonel Taylor déclare : « Si l'on savait tout ce qu'on fait ces petits soldats, on se mettrait à genoux devant eux[3] ! »

– Une correspondance réduite

Maurice écrit très peu contrairement à son habitude, une seule lettre en février et trois en mars. Cantonné à Crécy-en-Brie pour un « grand repos » à proximité des siens, c'est une situation exceptionnelle, bénéficiant de permissions de 24 heures pour rendre visite à ses proches durant six dimanches de la période de repos[4]. La correspondance augmente ensuite avec le retour au front, le plus souvent des lettres courtes : « c'est un mauvais moment » (lettre du 20 avril 1917) puis chute avec sa convalescence au Theil en juin (***graphique 9***).

– La ville au quatre S

Quittant Crécy-en-Brie le 25 mars, le régiment est transporté par camion-automobile en direction du nord-est. Il traverse Meaux, La Ferté-Milon, Villers-

---

1. MOURLOT Gaston, *Un ouvrier-artisan en guerre…*, *op. cit.*, p. 229.

2. Crécy-en-Brie, chef-lieu de canton, arrondissement de Meaux, situé à 15 km de Coulommiers.

3. DURET Alfred et CATTA Tony, *Le colonel Taylor…*, *op. cit.*, p. 148.

4. « J'étais fou de joie, nous avons été cantonné à Crécy pour un mois mais ça ne pouvait plus durer, j'étais trop heureux. » GASTELLIER Maurice, *Mémoire de jeunesse*, *op. cit.*, p. 10.

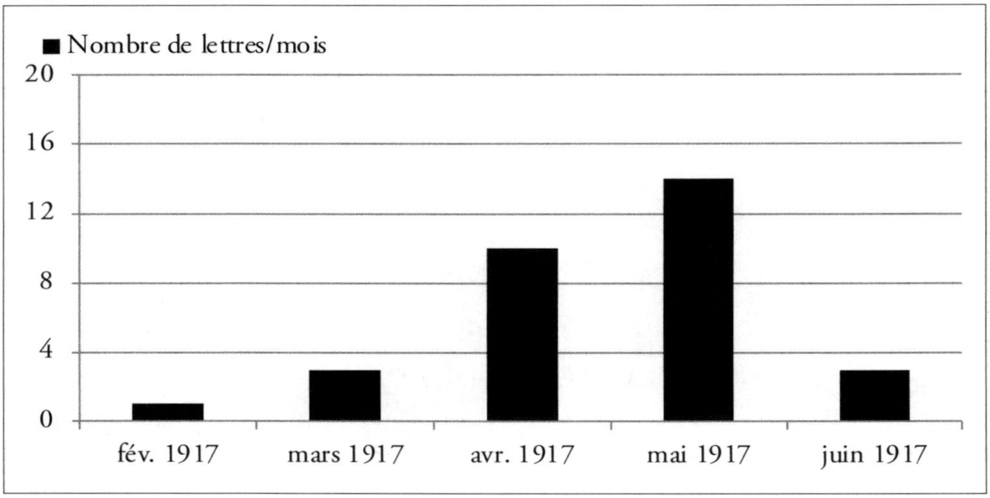

Graphique 9. Évolution de la correspondance de février à juin 1917.

Cotterets pour gagner Soissons. Se méfiant du contrôle postal, Maurice multiplie les devinettes pour donner sa position : « Nous sommes [...] arrivés sur la droite d'où l'on parlait en permission dans la grande ville » (lettre du 26 mars 1917) ; « il faut quatre S pour écrire le nom[5] » (lettre du 28 mars 1917).

Les trois bataillons du 19e RI en tête de la 22e DI montent en ligne, s'emparent de Margival et se dirigent vers le village de Laffaux[6]. Maurice insiste : « tu ne comprends pas où je suis » (lettre du 3 avril 1917). Voulant de nouveau renseigner sa position, il souligne les lettres de « **Mar g i v a l** » (lettre du 30 mars 1917). Il renseigne le village de Laffaux par une devinette décrivant l'outil agricole, la faux : « nous avons attaqué en face d'un village qui porte le nom de ce qui est accroché sous l'hangar de chez nous, à côté de la grande échelle et de ta lessiveuse » (lettre du 5 avril 1917) [*carte 10*].

– La 2e bataille de l'Aisne

Le général Nivelle remplace le général Joffre et engage une offensive qui se veut décisive en vue de provoquer une rupture du front. L'objectif est d'atteindre rapidement le Chemin des Dames, une route de 25 km située sur une crête dominant

5. « La ville [de Soissons] a beaucoup souffert : le faubourg St-Waast et le quartier de la gare ne sont qu'un amas de ruines [...] la cathédrale fait peine à voir : la Tour nord est presque entièrement démolie, de larges brèches sont ouvertes dans les murs de la nef centrale, les voutes sont crevées. » FLOCH Marcel, *La longue marche du 19e RI de Brest pendant la première guerre mondiale, Amicale du 19e RI de ligne, tome I, op. cit.*, p. 203.

6. Margival et Laffaux, dans le canton de Vailly-sur-Aisne – arrondissement de Soissons – sont situés à 10 km au nord-est de Soissons, à l'extrémité ouest du Chemin des Dames.

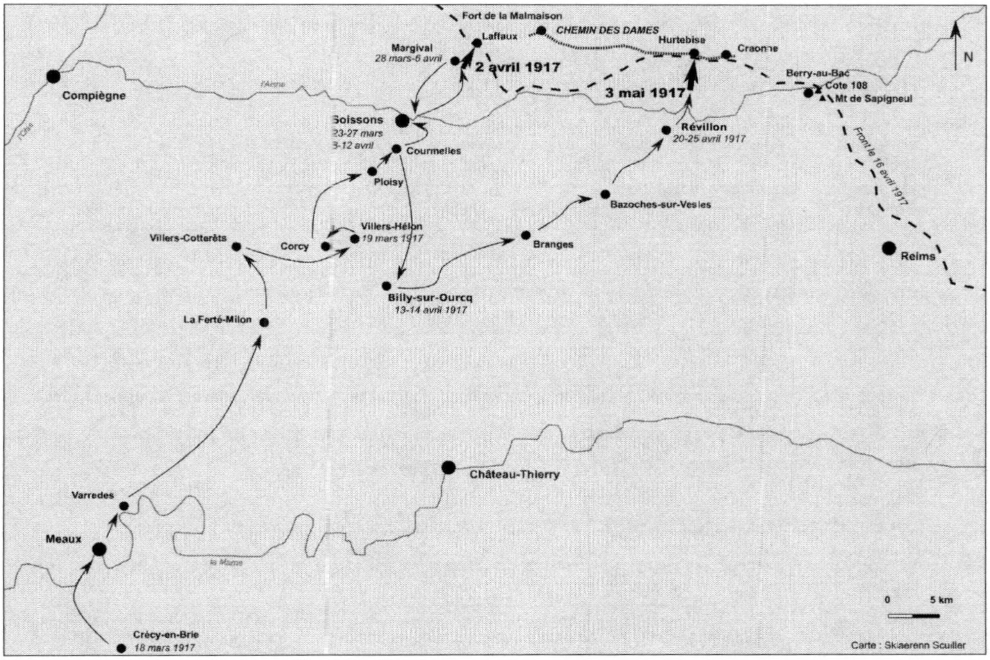

Carte 10. Le 19e RI sur le Chemin des Dames : Laffaux et Hurtebise (mars-mai 1917).

de plus de 100 m, les vallées de l'Aisne et de l'Ailette[7]. Les troupes allemandes, installées sur les plateaux du Soissonnais, ont aménagé les creutes, ces carrières souterraines d'exploitation du calcaire depuis l'époque gallo-romaine et les ont transformées en véritables forteresses et abris bétonnés.

Au soir de l'attaque du 3 avril conduite par le 1er et le 3e bataillon du 19e RI, le bataillon de Maurice, il écrit une courte lettre : « Nous venons de faire une journée terrible. » Et le sous-lieutenant Cadiou détaille :

> « l'ennemi déclenche sur nous un feu nourri d'obus de tous calibres. Le ravin de Margival est intenable [...] une véritable tornade de mitraille [...] s'abat sur le plateau de Laffaux : il n'est pas possible qu'un être humain puisse franchir indemne un tel barrage [...] je dois à la mémoire de mes chefs, les colonels Desthieux et Taylor [...] de dire qu'ils n'ont cessé d'attirer l'attention du commandement sur les risques d'une pareille entreprise [...] sur l'insuffisance de préparation de notre artillerie. Le commandement a exigé l'attaque : elle a couté cher au 19e[8] ».

7. Le Chemin des Dames doit son nom aux « Dames de France », les filles de Louis XV pour lesquelles ce chemin a été aménagé.

8. FLOCH Marcel, *La longue marche du 19e RI de Brest pendant la première guerre mondiale, tome I*, *op. cit.*, p. 208-209.

Les conditions de subsistance sont de plus en plus difficiles compte tenu de l'insuffisance des approvisionnements. La ration quotidienne n'étant pas toujours assurée, Maurice est obligé de « mendier du pain aux territoriaux car on en touche pas toujours » (lettre du 21 avril 1917).

Le 7 avril, le 19e RI est relevé par le 118e RI qui tente, lui aussi, de s'emparer de Laffaux. Le colonel Taylor écrit le 11 avril : « je n'ai pas cessé de dire que je faisais toutes réserves sur la réussite, étant donné qu'on imposait l'attaque immédiate et par un bout où je ne voulais pas aller, ensuite que c'était une action à engager avec beaucoup d'artillerie et très peu d'infanterie[9] ». Pendant un mois, les régiments se relayent et y multiplient vainement les assauts et Maurice remplace un temps un signaleur blessé : « Me voilà passé signaleur [...] il y avait bien des bleus qui voulaient y être mais le lieutenant a dit qu'il fallait des anciens » (lettre du 24 avril 1917). Le 1er mai, un régiment de cuirassiers, combattant à pied, s'empare « d'un monceau de ruines qui s'appelait Laffaux[10] ».

– La 2e blessure à Hurtebise (6 mai 1917) [*ill. 31*]

Le 19e RI est en ligne depuis le 5 mai dans le secteur d'Hurtebise dont il code la position : « Tu me diras si tu comprends où je suis[11] » (lettre du 4 mai). Le 6 mai, Maurice atteint d'un éclat d'obus dans l'épaule gauche, est transporté à l'hôpital de Royallieu à Compiègne : « je suis heureux [...] une jolie blessure » (lettre du 7 mai 1917)[12]. La bonne blessure, dans l'argot des combattants, est celle qui éloigne le soldat du danger sans gros dommages physiques.

Le colonel Taylor, écrit : « Le 19e RI vient de vivre, après Verdun, les heures les plus sanglantes de son histoire. Ses efforts ont été sublimes mais ses sacrifices ont été vains : l'ennemi tient toujours le plateau d'Hurtebise [...] Le Chemin des Dames n'est plus qu'un immense cimetière[13]. » Gaston Mourlot du 65e RI indique le 8 mai 1917 : « De tout ce régiment [le 19e] il ne reste plus que la valeur de deux compagnies [...] ce coin est aussi mauvais sinon plus que les secteurs de Verdun au mois d'avril en 1916 [...] les Boches [...] étaient établis d'une façon inexpugnable avec des tranchées cimentées[14]. »

9. DURET Alfred et CATTA Tony, *Le colonel Taylor…, op. cit.*, p. 156.
10. FLOCH Marcel, *La longue marche du 19e RI de Brest pendant la première guerre mondiale, tome I, op. cit.*, p. 209.
11. La ferme d'Hurtebise, située à l'extrémité est du Chemin des Dames, est en ruine dès les premiers mois de la guerre.
12. La caserne de Royallieu, créée en 1913, abrite un hôpital militaire situé dans les faubourgs de Compiègne, sous-préfecture de la Somme.
13. FLOCH Marcel, *La longue marche du 19e RI de Brest pendant la première guerre mondiale, tome I, op. cit.*, p. 230.
14. Carnet de guerre de MOURLOT Gaston, *Un ouvrier-artisan en guerre…, op. cit.*, p. 262.

Ill. 31. Carte postale du Chemin des Dames, Hurtebise, 1917 (Archives familiales, DR). Le 6 mai 1917, Maurice Gastellier est blessé par un éclat d'obus dans l'épaule gauche dans le secteur d'Hurtebise.

– Un échec sanglant

La préparation de l'artillerie française est insuffisante face aux solides défenses allemandes dont les mitrailleuses fauchent les poilus par centaines. Les pertes officielles s'élèvent à plus de 100 000 victimes. Le dénombrement du Service historique de l'armée de terre est de 102 043 tués, blessés et disparus, non compris 5 183 Russes[15]. Un grand nombre de blessés ne peuvent être soignés à temps. D'abord suspendue dans la nuit du 7 au 8 mai, l'offensive Nivelle est arrêtée définitivement le 15 mai.

– Les désordres au 19e RI

Les actes d'indisciplines dans l'armée se multiplient même s'ils restent relativement limités avec 30 000 à 40 000 mutinés, indisciplinés ou manifestants. Ce sont d'abord les unités situées en premier ligne au Chemin des Dames qui sont concernées puis le mouvement protestataire touche les deux tiers environ de l'armée française[16].

Le 16 mai, le régiment quitte le Chemin des Dames et gagne par étapes Fescamp dans la région de Montdidier. Des désordres éclatent le 16 juin à Remaugies, lors d'une représentation théâtrale[17]. Des coups de feu sont tirés tandis que le

15. Service historique de l'armée de terre, 16N1686.
16. Sur cette question voir PEDRONCINI Guy, *Les mutineries de 1917*, Paris, Presses universitaires de France, 1967, p. 89.
17. PEDRONCINI Guy, *Les mutineries de 1917*, *op. cit.*, p. 89, 92 et 94.

19e RI tente d'entraîner le 118e RI à manifester. Le contrôle postal parle peu de ces mouvements d'indiscipline. Hospitalisé, Maurice n'en fait pas état dans sa correspondance.

Une véritable crise de confiance, conséquence de l'impasse d'une stratégie militaire, s'installe. Pétain remplace Nivelle le 15 mai et reprend en main l'armée. Il combine à la fois une répression, – plusieurs centaines de condamnations à mort sont prononcées mais graciées neuf fois sur dix par le président de la République – et l'adoption de meilleures conditions de vie des combattants. L'amélioration des permissions et de la nourriture mais aussi le retour à une stratégie militaire plus réaliste rétablissent le calme. Le colonel Taylor ne se contente pas de « punir énergiquement les fortes têtes, fort rares d'ailleurs au régiment » mais s'applique particulièrement à « améliorer les conditions de vie matérielle de la troupe » notamment en améliorant le système des permissions[18].

– La mobilisation de René dans l'auxiliaire

Les jeunes gens « ajournés » repassent à trois reprises devant les commissions médicales et ce n'est qu'au troisième passage qu'une décision définitive est prise. René de santé fragile est ajourné une première fois en 1915, une deuxième fois en 1916[19]. Quand les ajournements et exemptions sont supprimés en 1917, il est classé le 30 mai 1917 au service auxiliaire par la commission de réforme de Coulommiers pour « scoliose vertébrale légère[20] ». Il laisse sa mère, seule sur l'exploitation familiale à la veille de la moisson : « tu ne l'auras toujours plus avec toi » lui écrit Maurice quand il apprend la nouvelle (lettre du 3 juin). Les services auxiliaires regroupent les jeunes hommes « atteints d'infirmités ou difformités » interdisant le service en campagne et intégrés dans l'administration territoriale.

– La 3e permission de convalescence

De son lit d'hôpital, Maurice vit au rythme des saisons et du calendrier cultural de la ferme familiale préoccupé du déficit de main-d'œuvre : « tes betteraves vont lever mais c'est pour les biner » (lettre du 13 mai 1917), « tout a été gelé » (lettre du 23 mai 1917) et donne ses consignes : « Les avoines, ordinairement on ne fait que de les roulées, car ce n'est pas beaucoup utile de les herser » (lettre du 31 mai 1917).

Il se réjouit : « d'aller faire la Saint Jean un peu avec vous » (lettre du 23 mai 1917) mais est déçu de ne pouvoir faire les foins lors de sa permission de convalescence : « je viens un peu trop tôt […] au 1er juin, çà ne sera pas encore mûr », (lettre du 25 mai 1917).

18. DURET Alfred et CATTA Tony, *Le colonel Taylor…*, *op. cit.*, p. 166.
19. René décèdera à Coulommiers le 7 avril 1922 atteint de tuberculose.
20. Registre matricule de René, Oscar Gastellier (19 août 1897-7 avril 1922), Archives départementales de Seine-et-Marne.

– Lettre 383 Le 24 janvier 1917, *au repos près de Ligny-en-Barrois (Meuse)*[21]

Chère mère

Nous voilà enfin relevés, comme je t'ai dit sur ma dernière lettre, et nous sommes venus en chemin de fer au repos près de Ligny-en-Barrois (Meuse)[22]. Il fait bien froid mais nous avons touché de la paille et deux couvertures, heureusement.

Comme je vois, te voilà dans les soldats aussi, en tous cas, tu seras plus tranquille avec des chevaux qu'avec de l'infanterie, et çà te fera du fumier[23].

Je pense que tu es en bonne santé ainsi que René, moi, çà va bien en ce moment, surtout ici. Il y a trois semaines que la neige couvre la terre par ici.

Ton fils pour la vie.

Maurice

– Lettre 384 Le 26 janvier 1917, *le temps est à la pleine gelée*[24]

Chère mère

Nous ne sommes pas trop mal en ce moment mais je crois que l'on doit se déplacer encore, et aller peut être bien où Adrien était quand il est venu en perme. Je suis en bonne santé et espère que ma lettre vous trouvera de même. Je ne sais pas ce que tu dois faire faire à Joseph si c'est comme ici, car le temps est à la pleine gelée, et la neige est depuis trois semaines couvert la terre[25].

Je commence à dépenser de l'argent pendant que je le peut, je me nourri bien, surtout que je sais que ce n'est pas toi qui y trouvera mal, j'achète jusqu'a des œufs à 5 sous, mais pas tous les jours, maintenant du chocolat au lait etc...

Ton enfant qui t'embrasse de tout cœur.

Maurice

21. Carte-lettre, format 14 × 11,5 cm, pliée en deux.

22. Ligny-en-Barrois, chef-lieu de canton, arrondissement de Bar-le-Duc (Meuse). Le régiment « débarque à Menaucourt, petit village du Barrois, à six kilomètres sud-est de Ligny ». FLOCH Marcel, *La longue marche du 19e RI de Brest pendant la première guerre mondiale, tome I, op. cit.*, p. 192.

23. La ferme familiale est réquisitionnée pour loger les chevaux de la cavalerie en cantonnement.

24. Carte-lettre, format 14 × 11,5 cm, pliée en deux.

25. « Les hommes grelottent de froid dans leur cantonnement et, chose étrange, dans ce village de l'est où la température hivernale est ordinairement basse, il n'y a pas d'appareil de chauffage. » FLOCH Marcel, *La longue marche du 19e RI de Brest pendant la première guerre mondiale, tome I, op. cit.*, p. 192.

– **Lettre 385 Le 13 février 1917,** *j'ai bien arrivé dimanche soir, sans incident*[26] (*ill. 32*)

Chère mère

Je n'ai pas été ce soir chez Mauricette, aussi je t'écris deux mots pour te dire que j'ai bien arrivé dimanche soir, sans incident[27]. Pour dimanche prochain, j'ai peur d'être de garde et de ne pouvoir y aller le matin. Je pense aller chez Mauricette, demain soir.

Je suis en bonne santé et vous pense de même.

Je t'embrasse de tout cœur.

Maurice

J'espère que René va en allant mieux.

Ill. 32. Carte postale de Crécy-en-Brie, où le 19e RI est cantonné pour un « grand repos », 13 février 1917 (Archives familiales, DR). C'est une situation exceptionnelle pour Maurice que cette période d'instruction de six semaines à proximité des siens.

26. Carte postale, format 14 × 9 cm.

27. Le 11 février est le premier des six dimanches de permission que Maurice passe au Theil chez les siens.

– Lettre 386 Le 26 mars 1917, *un de chez nous à été tué*[28]

Chère mère

Nous sommes partis hier soir d'un seul coup et arrivés sur la droite d'où l'on parlait en permission dans la grande ville tout près, où Venet est resté, nous avons reçu quelques obus. Je crois que çà va barder, là en face. Je suis en bonne santé et vous pense de même. Tu me diras si vous avez fait vos blés et si vos avoines marchent car il fait un riche temps et si le bas flanc est décloué.

Les Boches ont tout sciés les arbres fruitiés en s'en allant et nous ont fait des pièges en entrant dans leurs cabanes. Un de chez nous à été tué, et trois de blessé en ouvrant une porte, ce qui à fait partir des grenades.

Ton enfant qui t'embrasse de tout cœur.

Maurice

– Lettre 387 Le 28 mars 1917, *il faut quatre S pour écrire le nom*[29]

Chère mère

Je n'ai plus grand temps pour écrire et plus grand goût car je n'y suis plus habitué mais enfin je t'envoie toujours de mes nouvelles. Nous sommes toujours à la même place, tu dois avoir compris, il faut quatre S pour écrire le nom[30].

On travaille tous les jours à déblayer les routes en attendant d'aller se cogner car je crois qu'ils nous réservent quelques choses. Tous les arbres fruitiers sont coupées et tout bouleversé, tu parles de ruines. Des champs comme celui au gros, tout abattu.

Tu me diras si tu loge des soldats encore. Je vous espère en bonne santé, comme moi d'ailleurs.

Je termine en t'embrassant de tout mon cœur.

Maurice

– Lettre 388 Le 30 Mars [19]17, *nous sommes en ligne*[31] (*ill. 33*)

Chère mère

Je suis en ligne depuis deux jours à *[blanc]*[32]. Il y fait rudement mauvais et froid surtout qu'il n'y a pas de tranchées, dire qu'il faisait si beau la semaine dernière, et maintenant que nous sommes en li**g**ne vo**i**là la pluie et la neige. Enfin, je suis en bonne santé et espère que ma lettre **v**ous trouvera de même. Je n'ai encore p**a**s reçu de **l**ettre de toi depuis mon retour mais espère ces jours ci.

Je termine en t'embrassant de tout cœur. Bonjour à René.

Maurice

28. Carte-lettre, format 14 × 11,5 cm, pliée en deux.

29. Carte-lettre, format 14 × 11,5 cm, pliée en deux.

30. Soissons, la ville aux quatre S.

31. Carte-lettre, format 14 × 11,5 cm, pliée en deux.

32. Pour renseigner sa position et contourner la censure, Maurice laisse un blanc et souligne les lettres de **Mar g i v a l**.

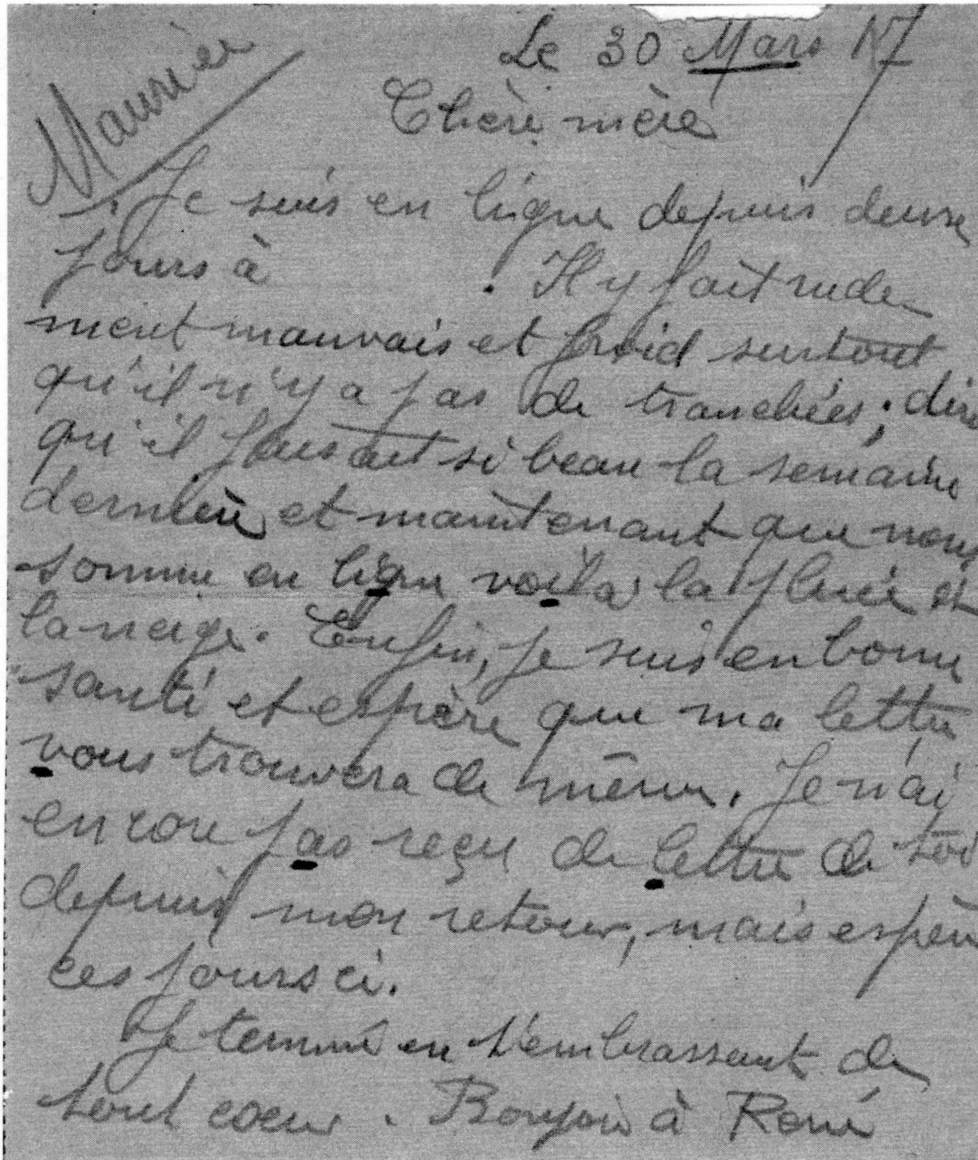

Maurice

Le 30 Mars 17

Chère mère

Je suis en ligne depuis deux jours à ! Il y fait rudement mauvais et froid surtout qu'il n'y a pas de tranchées ; dire qu'il faisait si beau la semaine dernière et maintenant que nous sommes en ligne voilà la pluie et la neige. Enfin, je suis en bonne santé et espère que ma lettre vous trouvera de même. Je n'ai encore pas reçu de lettre de toi depuis mon retour, mais espère ces jours ci.

Je termine en t'embrassant de tout coeur. Bonjour à René

Ill. 33. Lettre de Maurice Gastellier indiquant la position de Margival sur le Chemin des Dames, 30 mars 1917 (Archives familiales, DR). Les lettres **Mar-g-i-v-a-l** sont soulignées contournant ainsi la censure.

– Lettre 389 Le 1er avril 1917, *je suis encore à travers la mitraille*[33]

Chère mère

Dire qu'il y aura demain deux ans que j'ai été blessé, et que j'en étais déjà bien fatigué, de cette guerre et je suis encore à travers la mitraille mais pas tout à fait si terrible que j'étais à Vauquois[34]. On avance un peu, tu dois voir çà sur le journal mais avec toujours quelques victimes. Je ne sais pas si tu peux arriver à faire de l'avoine mais il pleut tous les jours ici. Vous ne devez savoir quoi faire en cette saison, c'est affreux. Il ne reste plus rien par ici, tous les lignes de chemins de fer enlevés, plus un arbre fruitier debout, tous sciés et abattus. On avance mais il nous reste que du désert. Ils ont tout emmenés chez eux.

Je t'embrasse de tout cœur.

Maurice

– Lettre 390 Le 3 avril 1917 au soir, *nous venons de faire une journée terrible*[35]

Chère mère

Comme je vois, tu ne comprends pas où je suis. Tu sais bien qu'où tu me dis que les Boches ne sont pas reculés, c'est à l'autre grande ville de gauche et sur ma dernière lettre, je t'ai souligné les lettres pour te faire voir le patelain, au juste que je suis en ligne depuis cinq jours ou six. Pour la nourriture, tu me demande, quand on est en ligne, c'est juste, tu pourras m'envoyer un petit colis avec saussisson. Nous venons de faire une journée terrible, tu ~~en entendras~~ le verras peut être sur le journal mais çà à été jusqu'à présent[36].

Je vous espère en bonne santé.

Je t'embrasse chère mère de tout cœur.

M. Gastellier

– Lettre 391 Le 5 avril 1917, *espère être relevés pour faire Pâques au repos*[37]

Chère mère

Il fait bien mauvais temps en ce moment, et fait aussi froid que cet hiver. Nous sommes en lignes mais espère être relevés pour faire Pâques au repos. J'espère que tu sais où je suis et que tu vois la carte, nous avons attaqué en face d'un village qui porte le nom de ce qui est accroché sous l'hangar de chez nous, à côté de la

33. Carte-lettre, format 14 × 11,5 cm, pliée en deux.

34. « Nous tentions de progresser sur un plateau dénudé balayé par les feux nourris et incessants des mitrailleuses de la cote 170. » FLOCH Marcel, *La longue marche du 19e RI de Brest pendant la première guerre mondiale, tome I, op. cit.*, p. 204.

35. Carte-lettre, format 14 × 11,5 cm, pliée en deux.

36. « Une journée terrible » mais Maurice n'en dira pas plus et ajoute « çà été jusqu'à présent ».

37. Carte-lettre, format 15 × 11,5 cm, pliée en deux.

grande échelle et de ta lessiveuse[38]. Je m'en suis bien tiré mais j'ai des copains de moins et mon caporal est blessé et mon commandant de compagnie et tu parles s'ils sont heureux ~~et bien d'autres~~. Je suis en bonne santé et te pense de même ainsi que René.

Je termine en t'embrassant de tout mon cœur.

Maurice

– **Lettre 392 Le 8 avril 1917,** *au repos dans la ville aux quatre S*[39]

Chère mère

Nous voilà au repos, dans la ville aux quatre S. Je crois qu'on va aller se reformer à l'arrière un peu mais pas pour longtemps, car çà presse maintenant, et on doit remettre çà plus sur la droite. Nous avons du mal maintenant pour avancer, et pourtant ce n'est pourtant pas l'artillerie qui manque car c'est extraordinaire ce qu'on laisse tomber sur eux. C'est à en être abruti par le canon, on a un mal de tête fou, tous ces jours d'attaque là. A part çà, je suis en bonne santé et je pense que vous êtes de même. C'est une période qui a été dur pour le froid et la boue surtout qu'il n'y a plus de gourbit, maintenant qu'on a avancé.

Enfin, on va peut être se reposer cette nuit. J'ai su qu'Adrien était en perm. Tu me parleras de tes blés. Je termine car je n'y vois plus.

Ton enfant qui t'embrasse de tout cœur.

Maurice

– **Lettre 393 Le 11 avril 1917,** *d'où en sont tes avoines*[40] *?*

Chère mère

Nous sommes encore dans la ville aux quatre S mais je crois que l'on va se déplacer ces jours ci, peut être, aujourd'hui. On doit se rapprocher de la ville d'où tu me croyais en premier et d'où j'étais avant de partir du côté de Verdun[41]. Je suis en bonne santé et espère que ma lettre vous trouvera de même. Il y a déjà un peu que je n'ai pas reçu de tes nouvelles mais j'y compte aujourd'hui. Je ne sais pas si tes blés verdissent mais il fait pas des temps pour çà car il neige tous les jours. Maintenant, d'où en sont tes avoines ?

Je termine en t'embrassant de tout cœur.

Maurice

38. Maurice code la position du village de Laffaux : « le nom de ce qui est accroché sous l'hangar de chez nous ». La faux constituée d'un manche et d'une lame d'acier, est utilisée pour couper les céréales et l'herbe des prairies.

39. Feuille recto-verso, format 17,7 × 11 cm, pliée en deux.

40. Carte-lettre, format 15 × 11,5 cm, pliée en deux.

41. « Le régiment cantonne à Billy-sur-Ourcq où il séjourne les 13 et 14 avril. » FLOCH Marcel, *La longue marche du 19e RI de Brest pendant la première guerre mondiale, tome I, op. cit.*, p. 213. Billy-sur-Ourcq est située à 9 km au sud-est de Soissons.

– **Lettre 394 Le 13 avril 1917,** *je voudrais savoir aussi si tes blés d'automne verdissent un peu*[42]

Chère mère

Je reçois ta lettre du 8 avril où tu me dis qu'il y a six jours que tu n'as pas de nouvelles. Moi, çà a été pareille, pour moi, elles ont été arrêtées. On fait de grandes marches et on change tous les jours de pays. Comme connaissance au 19e, je ne vois personne de par chez nous comme tu me demande sur ta dernière lettre[43]. Je suis en bonne santé et vous pense de même. Comme je vois, tu n'es plus trop embêté avec tes locataires de la chambre à grain. Je voudrais savoir aussi si tes blés d'automne verdissent un peu et si les autres sont levés.

Je termine en t'embrassant de tout cœur et en serrant cordialement la main à René.

Maurice

– **Lettre 395 Le 20 avril 1917,** *c'est un mauvais moment*[44]

Chère mère

Je t'écris mais je ne sais dans combien de temps, elle t'arrivera car en ce moment tout est arrêté, excepté la guerre car c'est quelque chose par ici, tu dois le savoir. Nous sommes comme je t'ai dis, plus sur la droite en regardant le nord. Je voudrais bien être un mois plus vieux car c'est un mauvais moment, et toujours de l'eau. Après çà, je suis en bonne santé et vous pense de même ; mes lettres doivent être attendues de vous en ce moment. Heureusement, nous avons eu nos permissions il y a quelques temps car maintenant il y en a guère.

Je termine en t'embrassant et en serrant la main à René.

Maurice

– **Lettre 396 Le 21 avril 1917,** *les grandes attaques, ce sont des coloniaux surtout qui les ont fait et nous marchons derrière, mais ce soir c'est notre tour*[45]

Chère mère

Je viens de recevoir ton colis ce qui m'a fait bien plaisir surtout par ici, où l'on ne trouve rien ou c'est trois fois le prix et payer la commission, alors c'est honteux et il nous faut souvent mendier du pain aux territoriaux car on en touche pas toujours. Tu parles si çà barde par ici les grandes attaques, ce sont des coloniaux surtout qui les ont fait et nous marchons derrière, mais ce soir c'est notre tour[46].

42. Carte-lettre, format 15 × 11,5 cm, pliée en deux.

43. Dans son nouveau régiment Maurice cherche vainement des connaissances du « pays » pour renseigner sa mère.

44. Carte-lettre, format 15 × 11,5 cm, pliée en deux.

45. Carte-lettre, format 15 × 11,5 cm, pliée en deux.

46. Les trois bataillons du 4e régiment de marche de zouaves de la 38e DI sont en première ligne.

Tu m'enverras un autre colis avec saucisson et beurre, si tu peux (les œufs étaient écrasés), enveloppe bien le colis et un peu d'argent, pas dans une lettre, pour quand nous descenderons des lignes.

Je termine en t'embrassant de tout cœur.

Maurice

– **Lettre 397 Le 24 avril 1917,** *me voilà passé signaleur en remplaçant un qui a été blessé*[47]

Chère mère

Je t'envoie de mes nouvelles qui sont toujours bonnes, surtout que nous ne sommes pas encore montés en lignes mais je crois que çà sera proche maintenant. Me voilà passé signaleur en remplaçant un qui a été blessé. Je serais toujours un peu mieux, c'est bien mon tour quoique on est encore en danger. Il y avait bien des bleus qui voulaient y être mais le lieutenant à dit qu'il fallait des anciens[48]. Voilà tout de même le beau temps revenu, ce n'est pas un malheur mais c'est un peu tard. Je me plairais chez nous en ce moment par ces belles journées, je me reverrais vivre.

Enfin, c'est la vie comme çà maintenant, il n'y a plus de chez soi, ni de lit, c'est la paille, la saleté et coucher dehors.

Je t'embrasse de tout cœur.

Maurice

– **Lettre 398 Le 26 avril 1917,** *nous montons ce soir*[49]

Chère mère

Nous montons ce soir, je ne sais si le secteur est mauvais ~~mais~~, je ne crois pas que çà soit pour attaquer mais souvent il n'y fait pas bon quand même[50]. Je viens de voir le régiment d'Adrien mais lui, comme il est au dépot divisionnaire, il est plus à l'arrière, peut être pas trop loin quand même mais comme l'on monte, je ne compte plus le voir tout de suite. Je suis en bonne santé et espère que ma carte te trouvera de même ainsi que René.

J'espère recevoir une lettre de toi ces jours ci, maintenant, envoie moi donc *le Démo* si tu veux. Je t'embrasse de tout cœur.

Maurice

47. Carte-lettre, format 15 × 11,5 cm, pliée en deux.

48. Maurice a été promu signaleur remplaçant suite à son stage de signaleur en janvier 1916.

49. Carte-lettre, format 15 × 11,5 cm, pliée en deux.

50. Le 19e RI relève le 116e. FLOCH Marcel, *La longue marche du 19e RI de Brest pendant la première guerre mondiale, op. cit.*, p. 217.

– Lettre 399 Le 1er mai 1917, *mon caporal signaleur et un autre viennent d'être blessé grièvement*[51]

Chère mère

Il y a un an aujourd'hui que suis parti de Rodez pour le 19e et tout çà, je ne suis pas plus avancé. Tu vois, je ne suis pourtant pas mal maintenant et çà n'empêche pas que mon caporal signaleur et un autre viennent d'être blessé grièvement, heureusement, que je n'étais pas avec eux, à ce moment là. C'était pourtant deux bons petits gars. Avant hier, il vient de tomber un avion Boche à côté de nous qui avait été abattu par un des notres mais il tomba doucement, et ils n'ont été que blessé et fait prisonniers. Je n'ose plus penser aux permissions car ils n'en part plus, alors ce n'est pas prêt que çà arrive pour moi. En ce moment, nous sommes un peu mieux nourris mais tu peux quand même m'envoyer un colis tous les douze ou quinze jours, j'ai reçu celui de ma tante.

Je t'embrasse de tout cœur.

Maurice

– Lettre 400 Le 4 mai 1917, *c'est terrible dans ce coin, aussi bien en l'air comme sur terre*[52]

Chère mère

Je suis toujours en ligne et le coin devient rudement mauvais, ce n'est pas ordinaire, le bombardement aussi bien d'un côté comme de l'autre. Encore **h**ier, un avion est tombé en flamme dans les lignes ennemies, je ne sais si c'est à no**u**s où aux Boches. Enfin, c'est te**r**rible dans ce coin, aussi bien en l'air comme sur **t**erre, déjà nous le voyons tous les jours sur le communiqué, c'est ce coin dont on parle le plus. J'ai perdu mon couteau et çà me gêne rudement, envoie moi s'en un au plus tôt dans un colis, çà me rendra **b**ien service. Je pense que vous êtes en bonne santé, moi j'a**i** comme un point dans le dos, çà me gêne en respirant, je ne sais pas ce que c'est, à part çà, çà va. Je commence à avoir des poux, nous devenons sale, dans cette poussière et jamais **se** débarbouiller.

Je termine en t'embrassant de tout cœur.

Maurice

Tu me diras si tu comprends où je suis, et mes points[53].

51. Carte-lettre, format 15 × 11,5 cm, pliée en deux.

52. Carte-lettre, format 15 × 11,5 cm, pliée en deux.

53. Pour renseigner sa position, Maurice souligne les lettres de **h u r t e b i se**.

– Lettre 401 [Le] 7 [mai] avril 1917, *je suis heureux, ce que tu me souhaite sur ta dernière lettre je l'ai, je suis blessé et une jolie blessure*[54]

Chère mère

Enfin, je suis heureux, ce que tu me souhaite sur ta dernière lettre je l'ai, je suis blessé et une jolie blessure, un écla d'obus, grosseur d'une balle, m'est entré dans l'épaule et m'a descendu dans le bras gauche et est sorti dix centimètres plus bas[55]. C'est hier soir, à cinq heures et demi que çà m'est arrivé, aux grandes attaques de Craonne, exactement à Hurtebise, on attaquait pour la 2e fois depuis avant hier[56]. Je vais dans la zone d'étapes car aujourd'hui pour aller à l'intérieur, il faut être comme je ne voudrais pas. Si seulement ils m'envoyait à Coulommiers. Ne m'écris plus. Je t'embrasse de tout cœur. Maurice

Je ne souffre pas de trop.

– Lettre 402 Le 8 mai 1917, *le pauvre 19e et même les autres, c'était terrible, combien j'en ai de mort de mes copains*[57]

Chère mère

Je te récris pour que je sois sûr que tu sache ma belle blessure que je viens de recevoir et que je t'ai détaillé sur ma lettre d'hier. Malheureusement, il y en a beaucoup qui n'en ont pas de même, j'ai eu de la chance car le pauvre 19e et même les autres, c'était terrible, combien j'en ai de mort de mes copains. Je vais très bien, peut être un peu de fièvre, ~~mais~~ je peux me promener mais remue difficilement le bras gauche[58]. Ne te dérange pas surtout pour venir me voir car j'irais d'ici un mois en permission et je te donnerais des détails, mais pas tout à fait comme les journaux vous en donnent. Je termine en vous embrassant de tout cœur. J'ai vu que René repassait le conseil[59].

M. Gastellier 19e d'inf. hop. temp. No 16. Pav A 3 Salle 6 à Royallieu près Compiègne (Oise).

---

54. « Il doit y avoir une erreur, c'est le 7 mai » a ajouté Maurice plusieurs années après. Carte-lettre, format 15 × 11,5 cm, pliée en deux.

55. Maurice donne les explications sur sa « jolie blessure » l'éclat d'obus étant ressorti sans dommages physiques importants.

56. Maurice donne précisément sa position où il a été blessé.

57. Carte-lettre, format 15 × 11,5 cm, pliée en deux.

58. Certificat médical de l'hôpital, daté du 8 mai : « Nature de la blessure : plaie de l'épaule. Moyens curatifs employés : radioscopie, pas de corps étranger. » Archives familiales.

59. René, ajourné deux fois, est de nouveau convoqué devant la commission médicale du conseil de révision, les exemptions et ajournements étant supprimés.

– Lettre 403 Le 10 mai 1917, *cà m'embête de changer d'hôpital pour mes lettres*[60]

Chère mère
Je suis encore ici mais doit changer d'hôpital, je crois, demain et aller à une quinzaine de kilomètres d'ici, comme je n'ai pas l'éclas dans le bras, car il est sorti, je ne suis pas difficile à soigné maintenant. Mon bras va tout à fait bien et ne me fait pas plus de mal que l'autre, sauf que je ne peux pas le remuer facilement. Cà m'embête de changer d'hôpital pour mes lettres mais je pense bien qu'elles suivront. Tu me diras si tu as toujours des soldats dans ton grenier car en ce moment, ils doivent vite déménager.
Envoie moi *le Démo.* Je termine en t'embrassant de tout cœur.
Maurice

– Lettre 404 Le 13 mai 1917, *çà pousse en ce moment, tes betteraves vont lever*[61]

Chère mère
Ne te tourmente pas pour la can-graine car on est piqué contre quand on est blessé, maintenant, j'aimerais mieux qu'elle soit plus grave ma blessure car on nous guérit çà vite aujourd'hui et ne pense rester un mois comme je t'avais dit. Je ne crois plus partir où je devais aller, alors envoie moi de suite deux billet de 5 f. si tu veux avant que je change car tu vois, l'autre, où va t-il aller et mon colis, c'est çà qui est embêtant. Et ici, on ne touche pas notre prêt, on le touche qu'en rentrant à la compagnie, çà fait qu'après, je serai plus tranquille. Met bien à l'adresse Pavillon à 3 et à Royallieu, la salle 6, ce n'est pas urgent. J'ai toujours le bras lourd mais vas très bien, je n'ai plus mal dans le dos.
Oui, comme tu dis, çà pousse en ce moment, tes betteraves vont lever mais c'est pour les biner, moi, j'irai bien 7 jours mais ce n'est pas long et puis on n'a plus beaucoup l'idée au travail quand on sait ce que l'on doit revoir.
Bonjour à René. Je t'embrasse de tout cœur.
Maurice

– Lettre 405 Royallieu le 16 mai 1917, *notre division est relevée*[62]

Chère mère
Je suis toujours ici et je n'entends plus parler de changer d'hôpital, comme on nous l'avais dit. Je ne souffre plus mais a toujours le bras un peu endormi mais çà revient vite. Je compte finir le mois avant d'aller vous voir. Notre division est relevée et ils m'ont écrit qu'ils croyaient aller au repos encore du côté de

60. Carte-lettre, format 14 × 11 cm, pliée en deux.
61. Carte-lettre, format 14 × 11 cm, pliée en deux
62. Carte-lettre, format 14 × 11 cm, pliée en deux.

Meaux[63]. Cà aurait été chic encore pour moi mais je préfère être ici. Les permissions remarchent maintenant[64].

Je m'occupe pour tacher de recevoir ma lettre qu'il y avait un billet.

Je t'embrasse de tout cœur.

– **Lettre 406 Royallieu le 18 mai 1917,** *je savais que tu avais de l'artillerie*[65]

Chère mère

Je reçois ta lettre avec les deux billets de 5 f. et je te remercie, maintenant, me voilà tranquille. Je compte toujours finir à peu près le mois et après tu pourras préparer de la bonne cuisine car j'ai envie de me rattrapper car ici, comme nourriture, il y a de la différence avec les débuts, on est pas si gâté, c'est vrai que çà dur trop longtemps. Oui, je savais que tu avais de l'artillerie, tu me diras quel régiment.

J'espère que ma lettre te trouvera en bonne santé ainsi que René.

Je termine en vous embrassant de tout cœur.

Maurice

– **Lettre 407 Royallieu le 22 mai [19]17,** *je n'ai rien reçu de chez nous, même pas le Démo*[66]

Mon cher René

Il y a déjà quatre jours que je n'ai rien reçu de chez nous, même pas *le Démo,* c'est donc que les lettres sont arrêtées. Je vais bien et vous pense de même. Je termine en te serrant la main. Embrasse bien maman pour moi.

Maurice

– **Lettre 408 Royallieu le 23 mai [1917],** *les avoines et la luzerne si çà a été bien fait devraient être épatantes*[67]

Chère mère

Enfin, je reçois une lettre mais toujours pas de *Démo*, çà me distrairait pourtant de lire les nouvelles du pays. Comme je vois les soldats te font du beau travail, maintenant moi qui croyais nous voir une belle plaine, alors je n'y comprends plus rien, tout qui va si bien cette année, à part ce qui a été fait avant l'hiver, çà je n'en dit rien car tout à été gelé. Maintenant, les avoines et la luzerne, si çà a été bien fait, devraient être épatantes Comme je vois, ta pensionnaire ne te plaisais pas plus que çà, je m'en doute bien.

63. Le régiment franchit l'Aisne et par étapes rejoint le 11e corps d'armée dans la région de Montdidier, sous-préfecture de la Somme.

64. Le colonel Taylor fait partir 25 % de l'effectif en permission. FLOCH Marcel, *La longue marche du 19e RI de Brest pendant la première guerre mondiale, tome I, op. cit.*, p. 231.

65. Carte-lettre, format 14 × 11 cm, pliée en deux.

66. Carte postale, Compiègne, la Place de l'Hôtel de Ville, format 13,5 × 9 cm. Archives familiales.

67. Carte-lettre, format 14 × 11 cm, pliée en deux.

Réponds moi sur cette lettre mais ne met plus d'argent car je ne pense plus rester longtemps.

Je t'embrasse de tout cœur.

Maurice

– **Lettre 409 Royallieu le 25 mai 1917,** *c'est un riche temps [...] pour faire les binages, mais as-tu quelqu'un*[68] *?*

Chère mère

Oui, je savais que René repassait la révision. Tu peux toujours m'écrire quand je saurai quand je partirai je te le dirai si je le sais d'avance. Tu vois, je reçois deux lettres de toi, en deux jours et l'autre jours, je n'en recevais pas. Je te dis toujours que je suis du 11e Corps et de la 22e Division. Je crois que voilà le beau temps revenu, c'est un riche temps pour la saison, pour faire les binages, mais as-tu quelqu'un? C'est dommage que je viens un peu tôt, ou sans cela j'aurai pu faner encore cette année mais au 1er Juin, çà ne sera pas encore mûr.

J'ai reçu des lettres et un colis de ma tante Mélanie qu'on m'a renvoyé mais pas le tien, ni ta lettre au billet de 5 f. que tu m'avais envoyée quand j'étais blessé.

Je t'embrasse de tout cœur.

Maurice

– **Lettre 410 Le 28 mai 1917,** *je crois arriver chez nous autour du 2 juin*[69]

Chère mère

Je suis guéri maintenant, je crois arriver chez nous autour du 2 juin mais écris moi toujours car je ne demanderai pas à partir si défois je restais encore un peu, j'aime bien avoir des lettres. Hier, c'était fêtes, alors on a eu un petit artichaut chacun mais pas de sauce pour le manger, alors c'est sensément perdu ah! c'est terrible, tu parles de çà[70]. Tu peux me préparer de la salade laitue si tu en as et du coq mais ce n'est pas le moment des poulets mais enfin je veux me rattrapper et bien manger. J'ai reçu une lettre de Mauricette avec un billet de 5f., heureusement, que je n'étais pas parti.

Maurice

Je t'embrasse de tout cœur.

– **Lettre 411 Royallieu le 31 mai 1917,** *notre régiment est au repos dans la Somme*[71]

Chère mère

J'ai reçu ta lettre du 27 et *le Démo,* hier. Comme je vois, tu es toujours dans les soldats. Je pense bien qu'il ne faut pas laisser tes outils au soleil et il faut défendre

68. Carte-lettre, format 14 × 11 cm, pliée en deux.
69. Carte-lettre, format 14 × 11 cm, pliée en deux.
70. Fête de la Pentecôte mais Maurice ne le précise pas.
71. Carte-lettre, format 14 × 11 cm, pliée en deux.

de les sortir. Les avoines, ordinairement, on ne fait que de les roulées car ce n'est pas beaucoup utile de les herser. Je n'ai plus de pansement et pense aller vous voir pas longtemps après l'arrivée de cette lettre, peut être le lendemain, je ne peux te dire au juste. Notre régiment est au repos dans la Somme du côté de Montdidier[72]. Je ne demande pas d'aller le voir bientôt mais je crois que çà ne tarderas pas.

Je termine en t'embrassant de tout cœur ainsi que le conscrit.

Maurice

– **Lettre 412 Le 31 mai après midi, 2e lettre,** *je suis content d'aller faire la Saint-Jean un peu avec vous*[73]

Chère mère

Le major vient de passer et m'a proposé pour 15 jours, je crois que je vais les avoir car ce n'est encore pas décidé tout à fait, çà ne sera que mardi que je serai sûr et j'arriverai mercredi dans la nuit ou jeudi dans la journée au plus tard. C'est chic pour une petite blessure comme çà. Je suis toujours veinard dans mes convalescences. Ecris moi encore en recevant cette lettre et çà sera fini. Enfin, je suis content d'aller faire la Saint Jean un peu avec vous.

A jeudi prochain.

Maurice

Je voudrais bien savoir si René est pris dans l'auxiliaire où pas.

– **Lettre 413 Royallieu le 3 Juin 1917,** *je compte [...] arriver mercredi à minuit ou jeudi*[74]

Chère mère

Je reçois la carte de René me disant qu'il était dans l'auxiliaire, c'est drôle, je m'y attendais. Il ne sera pas au danger mais tu ne l'auras toujours plus avec toi, il te faudrait un gosse. Je crois que je serai chez nous encore pour le voir, avant qu'il parte car çà ne tardera pas. Ah ! il va faire du beau, à çà pourrait le dégourdir un peu. Je compte sur mes 15 jours et arriver mercredi à minuit ou jeudi dans le courant de la journée. Çà fait que tu en auras deux d'un coup et après plus du tout mais enfin, je compte que j'aurai droit à mes sept jours, un mois après retourner de ma convalo car çà ne compte pas.

Je termine en vous embrassant.

Maurice

72. Le 19e RI cantonne, pour trois semaines de repos, dans la région de Lassigny-Fescamp-Montdidier.

73. Feuille recto-verso, format 17,5 × 11 cm, pliée en deux.

74. Carte-lettre, format 14 × 11 cm, pliée en deux.

Chapitre 9

De la Somme à la Courtine (juillet-septembre 1917)

Après sa permission de convalescence, Maurice rejoint la 12e compagnie de son régiment dans le secteur du Fayet au nord-ouest de Saint-Quentin. Il indique sa position sous forme de devinette : « Mon régiment est en ligne du côté de l'arrondissement (grande ville qui commence comme où reste mon oncle Ernest) » (lettre du 28 juin 1917) pour nommer Saint-Quentin[1].

– Des évolutions significatives

Le consensus national est mis à mal avec les mouvements sociaux du printemps 1917. La crise des effectifs est génératrice de tensions alimentant les soupçons envers ceux qui « s'embusquent » et se soustraient à la guerre. L'embuscage est relatif : pour un combattant, le militaire affecté à l'arrière ou au bureau est embusqué, de même que l'ouvrier dans l'usine. Maurice y fait allusion lors de son séjour inattendu en Creuse : « tu me croyais dans une usine, alors tu crois qu'on est taillé pour être embusqué » (lettre du 20 septembre 1917).

Pétain s'attache à améliorer le quotidien des troupes sur deux points importants pour le moral et la vie quotidienne des fantassins : la nourriture et les permissions. Un régime nouveau de permissions de sept jours tous les quatre mois rentre en application à partir de septembre 1917. Maurice s'en félicite : « pommes de terres nouvelles [...] avec beurre jamais je n'ai vu ça depuis 4 ans que je suis soldat » (lettre du 4 juillet 1917). « les permissions vont plus vite[2] » (lettre du 9 juillet 1917).

---

1. L'oncle Ernest, charcutier, habite le village de Saints, situé dans le canton de Coulommiers (Seine-et-Marne). Le 19e RI relève le 408e RI dans la région de Saint-Quentin, sous-préfecture de l'Aisne. FLOCH Marcel, *La longue marche du 19e RI de Brest pendant la première guerre mondiale, tome I, op. cit.*, p. 66.

2. Voir le détail des mesures prises par Pétain pour améliorer la quotidien de la troupe. PEDRONCINI Guy, *Les mutineries de 1917, op. cit.*, p. 241-243.

L'évolution vers une guerre moderne passe par la mise en place d'une véritable formation et une réorganisation des unités. Les dépôts divisionnaires rattachés aux Centres d'instruction divisionnaires mettent en œuvre une formation aux nouvelles techniques militaires. La puissance de feu des unités est décuplée avec l'adoption du premier fusil-mitrailleur, le Chauchat[3]. Nécessitant un tireur et un pourvoyeur – qui équipe les troupes françaises et le corps expéditionnaire américain en 1917 –, les Anglais et les Allemands privilégient eux les mitrailleuses légères. Maurice effectue « un stage pour apprendre la mitrailleuse [...] c'est trop dur à porter » (lettre du 4 juillet 1917).

Il fait état de l'usage des masques à gaz suite à des bombardements allemands d'obus toxiques : « ils nous ont jeté des gaz et a fallu mettre les masques[4] » (lettre du 13 août 1917).

– L'affectation de René au 31e RI

Deux lettres de René adressées à sa mère illustrent la condition des jeunes conscrits inaptes au service armé et affectés au service auxiliaire. Dans un style bien différent de Maurice, une écriture et une orthographe bien moins maîtrisées, René écrit « j'en ai jamais tant bu » (lettre du 9 juillet 1917) témoignant de « l'imprégnation alcoolique systématique de certains soldats de l'arrière[5] ». Incorporé le 4 septembre 1917 en tant que soldat 2e classe au 31e RI dans la 29e compagnie du service auxiliaire stationné à Melun, la commission médicale de Melun le réforme temporairement pour « faiblesse, déformation thoracique droite, légère scoliose » le 17 septembre 1917[6].

– L'attente d'une permission pour la moisson

Son frère cadet mobilisé, Maurice surveille à distance les travaux à la ferme : « votre fanerie ne marche pas trop bien car le temps est orageux » (lettre du 4 juillet 1917). Il s'inquiète des conditions climatiques et de leurs conséquences pour la moisson : « si tout est versé, ça fera du travail » (lettre du 12 juillet 1917). Il attend avec impatience sa permission : « Ecris moi d'où en est la moisson et si tu crois qu'elle sera mûr dans dix jours » (lettre du 17 juillet 1917). De retour à Saint-Quentin aux côtés des lignes anglaises, il se soucie de l'avancée des moissons : « c'est malheureux d'avoir mis ces trois champs là sur la terre » (lettre du 13 août 1917).

L'état nominatif des militaires du service auxiliaire mis à la disposition des cultivateurs indique le soldat 2e classe, Paul Guinet, à la date du 10 août 1917,

3. Le Chauchat est une arme automatique à tir continu avec une cadence de 240 coups à la minute.
4. Le sous-lieutenant Cadiou mentionne que le port de masques concerne aussi les chevaux. FLOCH Marcel, *La longue marche du 19e RI de Brest pendant la première guerre mondiale, tome I*, *op. cit.*, p. 250.
5. Sur cette question, voir COCHET François, *1914-1918...*, *op. cit.*, n° 222, p. 19-32.
6. Registre matricule, Archives départementales de Seine-et-Marne.

chez Mme Veuve Gastellier. Maurice interroge : « pour combien de temps, tu as ton soldat[7] ? » (lettre du 21 août 1917).

En partance avec son régiment en gare de Montdidier, il débarque en gare de Versailles-Matelots. Impressionné d'être « acclamé par tout le monde dans Versailles » (lettre du 28 août 1917), il traverse Paris pour une permission de 24 heures avant d'embarquer pour une « destination inconnue » (lettre du 9 septembre 1917).

– Une mission inattendue

Suite à un accord entre le tsar et le gouvernement Poincaré, des soldats russes débarquent en France en 1916 afin de faire face à la pénurie en hommes. Dès qu'ils ont connaissance de la révolution de février 1917, des tensions importantes se font sentir. Les Russes blancs acceptent de continuer à se battre en France alors que les Russes rouges veulent rentrer au pays pour soutenir la révolution. Le commandement militaire, inquiet de la contagion possible des idées révolutionnaires sur les troupes françaises, décide d'isoler les troupes russes loin du front, au camp de la Courtine en Creuse.

Les 3 000 soldats du 19e RI débarquent, le 11 septembre, à Aubusson avec la mission d'encadrer les Russes blancs armés par les troupes françaises. Stationnés au nord-ouest du camp militaire, les consignes de non-intervention directe sont strictes : « Le régiment ne devait pas intervenir directement. Ce soin était imparti à des unités russes restées fidèles. Le 19e RI avait seulement comme mission de protéger la population et, le cas échéant, de prêter main forte aux éléments d'ordre[8]. » On peut légitimement se demander, pourquoi a-t-on fait appel au 19e RI ? Charles Massé indique que le ministre de la Guerre, lui-même, fait venir le 19e RI « afin d'avoir sous la main, en cas de difficultés imprévues, des vétérans habitués à voir couler le sang » plutôt que « des bleus » de la classe 18, peu aguerris et certainement moins sûrs[9].

– La bataille russe de la Courtine

Les Russes rouges exigent le retour en Russie pour participer à la révolution et fraternisent avec la population locale. La 3e brigade, soutenue par les troupes françaises, établit un siège autour de la 1re brigade retranchée à l'intérieur du camp. Le 12 septembre, la population civile est évacuée du camp. Le 14 septembre, le général commandant le corps expéditionnaire russe, aux côtés des Russes blancs, fait le siège du camp investi par les révolutionnaires et exige leur reddition. Le 16 septembre, les premiers obus sont tirés par les troupes loyalistes sur les retranchés qui résistent pendant deux jours. Le 18 septembre, la rébellion est réduite et

---

7. Archives municipales de Coulommiers 4H22.

8. DURET Alfred et CATTA Tony, *Le colonel Taylor…*, *op. cit.*, p. 178.

9. Le 21e régiment de dragons et une batterie du 246e RI d'artillerie accompagnent le 19e RI. FLOCH Marcel, *La longue marche du 19e RI de Brest pendant la première guerre mondiale, tome I, op. cit.*, p. 256.

deux vaguemestres du 19e RI sont atteints par des tirs isolés. Le nombre de victimes du côté russe, une dizaine de tués et une cinquantaine de blessés, fait toujours polémique[10]. Les plus récalcitrants sont envoyés au bagne tandis qu'il est proposé aux autres de s'engager dans l'armée française soit pour combattre, soit comme travailleur militaire. Cet épisode reste mal connu et Charles Massé conclut : « Nous repartîmes pour le vrai front sans avoir compris ce qui avait eu lieu[11]. »

La correspondance, d'une dizaine de lettres par mois, chute durant le séjour en Creuse (***graphique 10***). L'autocensure est telle que Maurice écrit très peu. Les lettres sont peu nombreuses et brèves : « tous ce [que] je pourrais te dire, je ne peux te l'écrire […] je ne peux te dire qu'une chose, que je suis en bonne santé », (lettre du 15 septembre 1917). Il adresse un message codé : « sommes venus pour un travail que tu ne te doute pas du tout […] Sur ma prochaine lettre, assemble, l'une après l'autre, les lettres majuscules […] R…U…C…E… R…E…V…O… L… T… E… » (lettres des 11 et 12 septembre 1917) et une carte postale de Felletin[12].

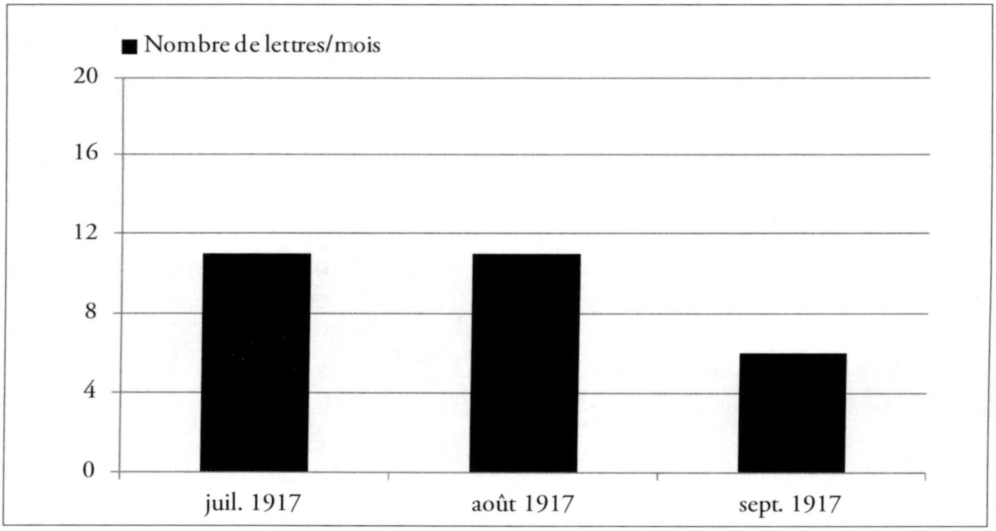

Graphique 10. Évolution de la correspondance de juillet à septembre 1917.

10. Lieutenant-colonel DIAS (dir.), *Camp militaire national de la Courtine, 1901-2001, Cent ans d'histoire*, Presses du Point d'Impression de l'Armée de Terre de Saint-Maixent-l'École, 2001, p. 65-66.

11. « Un […] moment […] qui apparut comme très énigmatique, même à ceux d'entre nous qui le vécurent car la censure alors interposait un voile entre nos personnes et les événements qui se passaient sinon à portée de nos yeux, tout au moins à portée de nos oreilles. » CHASSE Charles, dans FLOCH Marcel, *La longue marche du 19e RI de Brest pendant la première guerre mondiale, tome I, op. cit.*, p. 253-256.

12. Felletin situé à 20 km environ au nord du camp de la Courtine.

– **Lettre 414 Le 28 juin 1917,** *nous sommes à 20 km du front mais tout est rasé*[13]

Chère mère
Je suis arrivé hier soir à ma compagnie. Tout à bien été. Maintenant, je suis en bonne santé mais çà ne vaut plus chez nous. Nous sommes à 20 km du front mais tout est rasé, alors nous couchons, comme qui dirait sur le pâtis en face chez Delaître et nous montons nos toile de tente car il pleut en masse. Mon régiment est en ligne du côté de l'arrondissement (grande ville qui commence comme où reste mon oncle Ernest). Nous sommes en liaisons avec ceux qui se sont battus chez nous au Theil.
Je termine en vous embrassant de tout cœur.
Maurice

– **Lettre 415 Le 30 juin 1917,** *on couche sous nos toiles de tente*[14]

Chère mère
Nous sommes toujours à la même place et m'attends à aller vous voir pour la moisson dans un petit mois car ma convalo de 15 jours ne compte pas. Nous sommes dans un petit patelain où tout est brulé, et où les Boches ont fait un cimetière, à côté. On couche sous nos toiles de tente. Je compte rester trois semaines au dépot divisionnaire et est à huit km de Nesles. Je suis en bonne santé et vous pense de même. Je pense que René n'entend encore rien dire pour son départ.
Je termine en t'embrassant de tout cœur.
Maurice

– **Lettre 416 Le 4 juillet 1917,** *un stage pour apprendre la mitrailleuse*[15]

Chère mère
Je fais en ce moment un stage pour apprendre la mitrailleuse, ce qui ne me plais pas de trop, surtout s'ils étaient pour m'y mettre en ligne mais çà n'y fais pas car c'est trop dur à porter ça dans les boyaux et j'aime mieux porter mon fusil et pourtant les mitrailleurs ne vont pas à la baïonnette. J'ai reçu 31 f. pour mon prêt d'hôpital et de convalo. Je crois que votre fanerie ne marche pas trop bien car le temps est orageux. Tu me diras si tu sais où je suis si ma lettre t'as arrivé, on est toujours bien nourris, pommes de terres nouvelles rôtis à la robe de chambre avec beurre. Jamais, je n'ai vu çà depuis quatre ans que je suis soldat.
Je t'embrasse de tout mon cœur.
Maurice

13. Carte-lettre, format 14 × 11 cm, pliée en deux.
14. Carte-lettre, format 14,5 × 11,5 cm, pliée en deux.
15. Carte-lettre, format 14,5 × 11,5 cm, pliée en deux.

– Lettre 417 Le 5 juillet 1917, *les permissions ne vont plus si vite*[16]

Chère mère

Rien de changer pour le moment, je suis toujours en bonne santé et vous pense de même. Je me demande si René à eu des nouvelles pour son départ, c'est vrai que çà ne presse pas. Maintenant, le temps est un peu remis, je crois que vous allez finir votre Saint-Jean dans quelques jours. Après vous attendrez la moisson et j'espère que je vous aiderai un peu quoique les permissions ne vont plus si vite, en tous cas, tu pense demandez un soldat. Pour ta cave, as-tu fait faire quelque chose?

Je termine en t'embrassant de tout cœur.

Maurice

– Lettre 418 Le 9 juillet [19]17, *la moisson, elle muri pas vite*[17]

Chère mère

J'ai reçu une lettre de toi du 4 et une du 7 juillet en deux jours, puis la carte de mon copain et celle d'Adrien. Pour Adrien, je lui ai écris deux fois que je partais le 25 juin, et il m'écrit le 26 Juin, pour chez nous, c'était pour que çà nous serve pour nous deux. Pour la moisson, elle muri pas vite mais moi, c'est pareille pour ma perme, çà ne marche pas et je crois que je serais parti en renfort avant; en tous cas, la bas, c'est calme et je crois que les permissions vont plus vite au régiment. Comme je vois tes betteraves ne sont plus belles mais çà reviendra peut être bien mais çà les retarde tout de même.

Je termine en t'embrassant de tout cœur.

Maurice

Un nombre restreint de lettres de René ont été conservés dans les Archives familiales. Dans deux lettres adressées à sa mère, il détaille les conditions de son affectation au dépôt de Melun.

– Lettre 419 Melun le 9-7-[juillet 19]17 31e Inf. 29e Cie, Service auxiliaire, *j'ai bien peur d'être pris pour le service armée*[18]

Maman

Je ne sais pas comment je t'ai mis sur la 1re lettre (j'ai été à la va-vite) car je ne me suis pas soûlé, j'ai bien bu un verre par bouteille, mais ce n'est pas en buvant 5 verres (5 bouteilles) que je me suis soulé, j'ai voulu te dire que j'ai fait la bombe, car j'en ai jamais tant bu par chez nous, et puis je n'en ai pas payé beaucoup, il y avait un copain qui a payer casiment tout, à lui tout seul, on ne m'a pas vu aller de travers, ni je n'avais pas mal à la tête[19]. En parlant de santé, il y en a tous les jours

16. Carte-lettre, format 14,5 × 11,5 cm, pliée en deux.
17. Carte-lettre, format 14,5 × 11,5 cm, pliée en deux.
18. Feuille recto-verso, format 22 × 17 cm, pliée en quatre.
19. René décrit les conditions d'oisiveté des jeunes ajournés en attente de repasser devant la commission médicale.

qui tombent malade, c'est la chaleur qui fait ça, moi, jusqu'en ce moment, ça va je voudrais bien être malade le jour de la révision, car j'ai bien peur d'être pris pour le service armée, car manger comme je n'ai mangé chez nous (une cuisine épatante très bonne, je suis toujours forcé d'en jeter car j'en ai de trop) tu sais que j'aime bien les pommes de terre avec de la sauce, du veau avec des carottes épatantes, haricots pas trop cuits par fois, mais épatant et des fois des choux, voilà la cuisine militaire.

En parlant du prix, ma tante Mélanie, me donne un billet de 5 francs quand j'ai parti alors je l'ai dépensé come j'ai voulu, ce n'est pas à toi. Je ne prends rien à mes copains, j'ai perdu une fourchette, je mange avec ma cuillère, ce n'est pas si pire que celui qui avait mis un billet de 20 f. dans la poche de sa capote et qui a changé son vêtement en laissant son billet dans cette poche, il ne sait pas à qui, qu'il la changé.

Aujourd'hui dimanche, ceux qui voulaient aller se promener à Brie-Comte-Robert voilà la sortie avec les gradés, ne pas sortir des rangs, aller s'esquinter dans le milieu de la plaine, pas à boire et bien j'aime bien mieux me reposer sur mon plumard à écrire une lettre ou deux. La 1re sortie que j'aurai à faire, j'irai mener le colis que j'ai déposer avec les autres au dernier étage, chez mon oncle Firmin, si ce n'est pas loin. Tu souhaiteras bien le bonjour à toute la famille, ainsi qu'au soldat, Mr Louis.

Si je pouvais avoir une perme dimanche et si Maurice s'il est toujours à Versailles, s'il pouvait venir aussi qu'on soit tous les deux soldats à la maison. Comme je vois, il n'a pas été très longtemps avec vous. Tu me donneras toujours des nouvelles de lui. Votre champ est-il fini de lier ? avec cette terrible orage qu'il a pris dans la nuit de jeudi ou vendredi, c'était aussi pire que quand chez nous dans la nuit d'un samedi au dimanche éclair et tonnerre[20]. Allez vous avoir la batteuse, demain lundi ? comme tu le disais. Pourrais demander la vrai adresse d'Adrien à Mauricette ? et me la donner et ton soldat qu'est-ce qu'il fait ? est-il toujours chez nous. Les pommes de terre ative sont-elles arracher[21].

A ce matin, il s'a amener un soldat dans ma chambrée, il a regarder un peu, il allait s'en aller quand je l'ai reconnu, il ne s'attendait pas à moi dans cette chambre, c'était Milot qui revenait de perme.

Je ne vois plus rien à te dire. Je t'embrasse. René

Tu ne m'as pas mis de fil n'y d'aiguilles, j'ai été forcé d'en acheter et puis un copain qui coud tous ce que j'ai à coudre car je ne sais pas coudre. C'est Collet l'ancien commis Guerrier épicier j'y paye un verre à chaque coup qui coud. Il n'y a seul que lui de par chez nous, Petit et Olive sont à la même que moi comp. mais ils sont une chambre plus bas que moi.

Ce n'est pas la peine que tu me mettes la chambre, on change toujours, mets service auxiliaire 31e inf. 29e c.

20. René s'inquiète des dégâts provoqués par l'orage dans la nuit du 5 au 6 juillet 1917.

21. Il s'agit des pommes de terre précoces dites « hâtives ».

– Lettre 420 Mercredi 12-7-[juillet 19]17, *il a marquer faiblesse cardiaque sur la feuille*[22]

Maman

Cet après-midi, je crois bien qu'on ne va pas faire l'exercice, alors je vais t'écrire deux mots. Il y a trois jours que je n'ai pas reçu une lettre, je voudrais bien en recevoir une tous les deux jours car au bout de deux jours, si je n'en ai pas reçu, je commence à m'ennuyer. Je vais te raconter qu'est-ce que j'ai fait depuis dimanche. D'abord, j'ai été un peu malade, j'ai ai vu un peu de rhume, ça commence à aller mieux, mais ces jours-ci j'étais près à me porter malade, je n'ai pas osé car si on ne m'avait pas reconnu, j'aurais été puni. Ca fait au lieu de boire du vin, j'ai bu deux cafés bouillants par jour, jusqu'aujourd'hui, ça me fait sortir du pognon, ça coûte cinq sous le verre.

Lundi soir, j'ai été passer le conseil de revision, j'ai dit au major que j'avais un mal dans la colonne vertébrale, il m'a bien regarder, il m'a reconnu. Il m'a demander si j'étais malade souvent l'hiver, j'ai répondu que j'avais souvent la grippe et le mal de cœur et je lui ai dit que j'étais souvent faible alors pour ces deux dernières maladies, il a marquer faiblesse cardiaque sur la feuille[23]. Pour la colonne vertébrale, je ne sais pas qu'est-se qu'il a mis, mais il en a mis long, je n'ai pas encore reçu la feuille, mais je crois bien que je ne suis pas pris dans le service armée, y avoir dit tous ce que j'y ai dit, m'avoir demander tout ce qu'il m'a demander[24].

Hier, on a passer la revue. Il a venu un général de corps d'armée, le matin et le général de division l'après midi, ça fait qu'on a rester toute la journée immobile. Je ne t'ai pas dit quand j'ai été voir le major, il m'a fait lire à 6 mètres de grosses lettres un œil fermer, le 1er j'ai bien pu lire, mais quand j'ai été pour ouvrir l'œil fermer, je voyais trouble, alors je l'ai dit au major, ça fait qu'il l'a marquer sur ma feuille. Je t'assure que ça commence à barder, le caporal devient dur. Il fait mettre les retardataires d'a partir. Aujourd'hui avec un autre, j'ai commencé ma lettre a une heure et je suis encore entrain a cinq heures car on vient d'aller au bains douches, l'eau très douce et on a jouer, c'est à dire faire des bêtises[25].

Et votre ouvrage, où vous en êtes ? est-ce que la batteuse est venu ? et ton soldat est-il toujours chez nous ? qu'est-ce qu'il fait ? Tu y souhaiteras le bonjour à Mr Louis et à mon oncle et ma tante.

Enfin ! je me demande si je vais pouvoir finir ma lettre, à cinq h. je continuai quand la soupe est sonnée, alors j'ai laisser la lettre de côté, et je la fini à sept h.

---

22. Feuille recto-verso, format 21 × 17,5 cm, pliée en quatre, cachet de la poste en date du 9 août 1917.

23. René détaille son troisième passage devant la commission médicale.

24. Le registre des matricules indique « Réformé temporairement par la commission de réforme de Melun du 17 septembre 1917 pour faiblesse, déformation thoracique droite, légère scoliose. » Archives départementales de Seine-et-Marne.

25. René témoigne du désœuvrement des jeunes hommes en attente d'affectation.

Pendant la soupe, il y a encore ai vu une distribution de lettre, mais j'en ai pas encore reçu. Le manger est toujours très bon, hier soir, c'était la sauce tomate avec du riz et ce soir, ainsi qu'hier, à onze heures, on a mangé une purée de pois. Mais du pinard, on en touche tous dimanches. Alors, tu vois, on est forcer de dépenser de l'argent, car on ne peut manger sans boire un coup.

Voilà la nuit, je n'y vois plus. Je termine en t'embrassant.

René Gastellier soldat au 31e d'inf. 29e comp. Service auxiliaire

– **Lettre 421 Le 12 juillet 1917,** *si tout est versé çà fera du travail*[26]

Chère mère

Comme je vois vous avez eu de l'orage par chez nous. Ici aussi, mais pas si terrible, çà ne brule pas les maisons, ni verse pas les blés et avoines car les maisons sont brulées d'avance et les récoltes, il n'y en a pas. Comme je vois, çà ne sera pas une permission de repos encore pour moi si tout est versé, çà fera du travail; enfin, je n'ai pas de chance, moi qui croyait voir la moisson se faire toute seule. Cà va bien en ce moment, à part que j'ai encore mal à la tête, c'est jours derniers, j'espère que çà va aller mieux surtout que voilà le beau temps maintenant revenu. Je termine en t'embrassant de tout mon cœur.

Maurice

Je pense que ma lettre vous trouvera en bonne santé

– **Lettre 422 Le 14 juillet 1917,** *nous avons eu un quart de champagne et un demi litre de vin en plus de l'habitude*[27]

Chère mère

Nous avons fait le 14 Juillet, aujourd'hui, et qui se termine par la pluie. Nous avons bien mangé ce matin mais ce soir, les cuistots étaient saoults et c'était brulé et dégoutant. Nous avons eu un quart de champagne et un demi litre de vin en plus de l'habitude. Je suis en bonne santé et vous pense de même. J'ai reçu ton éguille et la toile à émery. Comme je vois, çà a bardé à l'hopital avec cette orage et monsieur Boutour qui était en permission[28].

Enfin, je termine en t'embrassant de tout cœur.

Maurice

26. Carte-lettre, format 14,5 × 11,5 cm, pliée en deux.

27. Carte-lettre, format 14,5 × 11,5 cm, pliée en deux.

28. La récolte du champ de blé près de l'hôpital des Templiers sur le plateau du Theil a été fortement perturbée par l'orage dans la nuit du 5 au 6 juillet (mentionné par René dans sa lettre du 9 juillet) causant des pertes importantes.

– Lettre 423 Le 17 juillet 1917, *où en est la moisson*[29]

Chère mère

Je te dirai qu'il y a parti pas mal de permissionnaire, hier, et maintenant je ne tarderai pas, peut être dans dix jours, peut être avant. Ecris moi d'où en est la moisson et si tu crois qu'elle sera mûr dans dix jours car si j'avais été sûr qu'elle soit mûr, j'aurais réclamé et j'aurai parti hier car il y a quatre mois. Maintenant, toi qui nous croyais plus heureux que vous, nous touchons du pain aussi noir que vous et bien plus dur et çà, d'un seul coup, depuis quatre jours. Adrien doit être reparti et Lambert doit être là. A ce dernier, demande lui s'il a toujours des nouvelles de Bisson et où il est.

Je termine en t'embrassant de tout cœur et à Bientôt, bonjour à René.

Maurice

– Lettre 424 Le 20 juillet 1917, *je vais arriver surement trop tôt en permission*[30]

Mon cher René

Comme je vois, je vais arriver surement trop tôt en permission car je pense arriver, comme cette lettre, à quelques jours près. Mais tu comprends que dans ce métier, il faut la prendre quand on vous la donne car après ils peuvent être supprimées si je peux, je commencerai la moisson, ce qui me ferais pourtant plaisir mais autrement, il faudra que tu en donne un coup, tout seul ; si elle se trouvait comme les autres années, çà aurait bien tombé. Je suis en bonne santé et te pense de même ainsi que maman. Comme je vois, il fait bien mauvais chez nous, c'est comme ici, et vous ne savez pas quoi faire.

Ton frère qui t'en serre cinq. Embrasse bien maman pour moi.

Maurice

– Lettre 425 Le 22 juillet 1917, *je me suis coincé le doigt de la main droite avec la mitrailleuse*[31]

Chère Mère

Je crois que si çà va comme çà, la moisson sera mur quand j'arriverai car il n'en part plus en ce moment et je suis le premier à partir. Si je ne suis pas parti le 24, je pars encore sous les obus travailler en première ligne avec le régiment mais toujours à la même compagnie 12e[32]. C'est pour dire, je serai au danger et je n'aurai encore pas ma perme. En tous cas, c'est un beau temps qui prend aujourd'hui, je crois que çà va avancer les blés. Je suis en bonne santé, à part une bricole, que je me suis coincé le doigt de la main droite avec la mitrailleuse mais ce n'est presque

29. Carte-lettre, format 14,5 × 11,5 cm, pliée en deux.
30. Carte-lettre, format 14,5 × 11,5 cm, pliée en deux.
31. Carte-lettre, format 14,5 × 11,5 cm, pliée en deux.
32. La 22e DI tient le secteur au nord-ouest de Saint-Quentin en liaison avec, sur sa gauche, les Anglais qui ont établi une ligne de résistance.

rien, heureusement, car la veille d'aller en moisson. Je crois que dans deux jours çà sera guéri.

Ton enfant qui pense à toi.

Maurice

– **Lettre 426 Le 24 juillet 1917,** *la moisson doit murir ces jours ci*[33]

Chère mère

Je suis toujours le 1er ou le 2e à partir mais il n'y a pas de permissions et je pars travailler en ligne, je crois que çà ne m'empêchera pas de venir en permission, aussitôt qu'il y aura un départ mais il faut attendre que les autres reviennent, peut être dans trois ou quatre jours[34]. Je t'écris mal car j'ai un doigt entortillé et qui ne se passe pas vite, la moisson doit murir ces jours ci, maintenant je pense qu'elle sera mûr quand j'arriverai. Je suis en bonne santé et vous pense de même. Je reçois bien tes lettres, je t'avais demandé si la moisson était mur bientôt, et aussitôt tu me l'écrivais. Votre trèfle va bien fané. Je termine en t'embrassant de tout cœur.

Maurice

– **Lettre 427 Le 26 juillet 1917,** *il y tombe des obus*[35]

Chère mère

Je suis devant cette ville qui commence comme la commune où reste mon oncle Ernest[36]. On travaille tantôt le jour, tantôt la nuit, il y tombe des obus mais ce n'est plus là comme où j'ai été blessé, c'est un peu plus calme. Les permissions ne marchent pas comme j'aurai voulu, je ne crois pas arriver dans le mois de juillet, c'est vrai que çà vaut mieux, çà fait que la moisson devra être entrain. Dans mon idée, je crois que vous serez pour commencer lundi prochain. Ecris moi toujours à la 12e c. mais ne mets pas d'argent surtout que j'en ai encore pas mal. Je t'embrasse de tout cœur.

Maurice

– **Lettre 428 Le 28 juillet 1917,** *je pars demain soir dimanche*[37]

Chère mère

Je suis toujours au travail et à près à partir en perme, aussitôt qu'il y en partira, je suis de ceux là et tu peux m'attendre maintenant, et commence la moisson avec ton autre soldat René. Je vois bien la ville en question car je suis tout près mais

33. Carte-lettre, format 14,5 × 11,5 cm, pliée en deux.

34. Le terme « travail » régulièrement utilisé par Maurice. C'est ce même terme qu'utilise Gaston Mourlot : « Nous devons partir au travail. » Carnet du 24 octobre 1917, MOURLOT Gaston, *Un ouvrier-artisan en guerre…*, *op. cit.*, p. 139.

35. Carte-lettre, format 14,5 × 11,5 cm, pliée en deux.

36. Maurice renouvelle sa devinette pour coder sa position de Saint-Quentin, l'oncle Ernest habitant à Saints.

37. Carte-lettre, format 14,5 × 11,5 cm, pliée en deux.

c'est calme, on ne pourra pas rester longtemps par ici, c'est sûr, il ne tombe pas assez d'obus. Il fait chaud et la moisson doit marcher vite, ces jours ci. Je vous espère comme moi en bonne santé. Ton enfant qui pense à toi.

Maurice

Voir dernière heure en haut. Je pars demain soir, dimanche et arrivera lundi, peut être avant cette lettre.

– Lettre 429 Le 11 août 1917, *çà cogne ces jours ci*[38]

Chère mère

Je suis arrivé dans mon coin au juste, d'où je sortais et non au dépot divisionnaire, mais j'en fais quand même encore parti mais est retourné au travail à 500 m ou 1 km des lignes. Et je t'assure que çà y est changé par ici et ce n'est plus bien calme, çà cogne ces jours ci et je crois qu'il va falloir du renfort et que je tarderai pas a y partir. Mon voyage a été bon mais fatiguant 33 km dans la journée à pied, sans toucher rien et pas avoir dormi la nuit. Je me demande si vous moissonnez et qu'est-ce que le mécanicien a dit de la javeleuse[39]. Vous n'aurez pas marché longtemps le jour que je suis parti car il a plut une heure après.

– Lettre 430 Le 13 août 1917, *on été bombardés toute la matinée*[40]

Chère mère

C'est toujours la même chose pour le temps et je ne sais pas, qu'est-ce que vous devez dire. Maintenant, si le temps reste comme çà, ne coupez que quand vous pourrez lier en allant car c'est malheureux d'avoir mis ces trois champs là sur la terre. Je crois que çà va devenir vilain. Nous, tu as vu surement le communiqué et tu vois que çà barde mon secteur tranquille, tu as vu sur le journal, nous étions au juste dans le petit pays qui porte le même nom que ton moissonneur du Tir, de tes trois petits champs d'avoine[41].

Ce matin, on était au travail et on été bombardés toute la matinée, et après ils nous ont jeté des gaz et a fallu mettre les masques[42].

---

38. Carte-lettre, format 14 × 11 cm, pliée en deux.

39. De retour de permission, Maurice se soucie des réparations de la moissonneuse et de la poursuite de la moisson. La moissonneuse-javeleuse fauche et dépose les blés en brassées sur le sol. Ces javelles (brassées) sont ensuite manuellement et une par une, liées et mises en gerbes puis en petites meules dans les champs.

40. Carte-lettre, format 14 × 11 cm, pliée en deux.

41. Le régiment occupant le secteur du Fayet depuis deux mois, Maurice envoie ce message codé compréhensible seulement par son entourage familial : Fayet, voisin apportant son aide pour la moisson.

42. Gaston Mourlot en témoigne dans son carnet de guerre du 14 août 1917 : « Je me réveille ce matin à trois heures et suis surpris par l'odeur de gaz suffocants que je ressens. » *Un ouvrier-artisan en guerre…*, *op. cit.*, p. 282.

Dans quelques jours, je crois que je partirai au régiment car il y a eu des trous. Ecris moi quand même à la 12e.

Je termine en t'embrassant de tout cœur ainsi que René.

Maurice

– Lettre 431 Le 15 août 1917, 19e Régiment d'infanterie, 3e bataillon, 12e compagnie Secteur Postal N° 83, *il y a un dépôt de moissonneuses ici qui pourrissent*[43]

Chère mère

J'ai reçu ta lettre du 10 août et je savais ce qu'il y avait de cassé à la javeleuse car je venais d'en voir une, ici dans le milieu des champs qui était démontée. Il y a un dépôt de moissonneuses ici qui pourrissent que les gens avaient sorti pour qu'elles ne brulent pas, plus de trente. Elle est peut être arrangée maintenant mais c'est toujours de l'eau, alors vous ne pouvez rien faire. Je crois que tu occupe ton soldat dans le champ au père Armand mais ce n'est pas pour çà que tu l'as pris. Charri-tu encore de la paille et est-ce tu as été payée? Je ne savais pas que René partais le 4-7.

Je suis en bonne santé et pense que ma carte te trouvera de même ainsi que René. Par ici, on est un peu bombardé et travaille la nuit mais j'espère que l'on sera bientôt relevé mais ce sera pour aller dans les compagnies et je serai encore plus au danger, alors çà ne vaut guère mieux.

Je t'embrasse de tout mon cœur.

Maurice

– Lettre 432 Le 17 août [19]17, *il fait mauvais temps, je pense à vous tous les jours avec votre moisson*[44]

Chère mère

Je reçois ta lettre du 13 août et je me doute bien qu'il fait mauvais temps et je pense à vous tous les jours avec votre moisson. Aujourd'hui, çà ressuie tout à fait bien, ce n'est pas le vrai beau temps mais si çà pouvait durer quelques jours, il faut faire les champs faciles si la javeleuse veut aller et lier en allant, maintenant tu ne me parle pas de Fayet, il t'en coupe toujours. Comme je vois ton soldat à l'air de bien marcher, dit moi son nom car je peux aller au repos par là car il est question d'être relevé. Surtout, si le temps n'est pas sûr, ne coupez pas mouillé pour pouvoir lier tout de suite, ou fait plutôt arracher des pommes de terre à ton soldat et s'il fait beau, mettez vous en avance pour les blés car avec les pommes? Coupe ta luzerne

43. Douzième type de lettre-enveloppe de correspondance militaire, format 16 × 12,5 cm, pliée en deux. Elle comporte une partie recto pour l'adresse et une partie verso pour la correspondance. Archives familiales.

44. Lettre-enveloppe de correspondance militaire, format 16 × 12,5 cm, pliée en deux.

et vaudrait peut être mieux le labourer de suite pour le blé, et le trèfle aussitôt qu'il sera poussé, enterrez-le[45].

Ne me met plus *le Démo* de l'année dernière comme tu viens de le faire mais celui de la semaine dernière.

Je t'embrasse de tout cœur.

Maurice

– **Lettre 433 Le 19 août [19]17,** *c'est aujourd'hui que René à 20 ans*[46]

Chère mère

Je suis exquinté de ma nuit car nous sommes relevés et avons fait 25 km cette nuit[47]. On est rendu au DD d'où j'étais quand j'ai parti au travail et on repart à l'arrière demain, 28 km à faire dans la journée et l'on va à 25 km à l'est du pays de ton soldat moissonneur et sur la ligne, toute la division est relevée et je crois que l'on change de secteur, si seulement on retournait par chez nous[48]. Tu auras vu sur le journal que les boches avaient mis le feu à la cathédrale d'où j'étais, je l'ai vu flamber[49]. Ce n'est encore pas le beau temps certain mais vous devez marcher ces jours ci quand même. J'espère que tu es en bonne santé ainsi que René, moi, voilà encore ma tête qui me contrarie, j'ai des étourdissements et des maux de tête, c'est surement d'avoir passé la nuit, ah ! je m'en sentirai toujours. A part çà, la santé est bonne.

Je repense tout d'un coup que c'est aujourd'hui que René à 20 ans. Je lui souhaite une fête et qu'il ne fasse pas comme moi, trois ans de guerre.

Je t'embrasse de tout cœur.

Maurice

– **Lettre 434 Le 21 août 1917,** *faites d'abord les champs qui vont vite*[50]

Chère mère

Je crois que la nouvelle lune a remis le temps comme tu le pensais et je crois que vous devez barder. Sais tu pour combien de temps, tu as ton soldat ? J'espère

45. Maurice ne cesse de donner fermement ses ordres à sa mère aidé par un travailleur agricole, soldat du service auxiliaire, René étant sur le départ pour le 4 septembre.

46. Douzième type de lettre-enveloppe de correspondance militaire, format 16 × 12,5 cm, pliée en deux.

47. « Le régiment est relevé par le 329e RI […] La relève se fait sans incident notable, malgré les tirs habituels de contre batterie qui surprennent les troupes montantes […] Par étapes successives, le régiment gagne la région de Montdidier. » FLOCH Marcel, *La longue marche du 19e RI de Brest pendant la première guerre mondiale, tome I, op. cit.*, p. 250.

48. DD, dépôt divisionnaire.

49. Il s'agit de la basilique de Saint-Quentin. « Le 15 août 1917, vers 20 heures, flambe la belle collégiale de Saint-Quentin. » FLOCH Marcel, *La longue marche du 19e RI de Brest pendant la première guerre mondiale, tome I, op. cit.*, p. 243.

50. Douzième type de lettre-enveloppe de correspondance militaire, format 16 × 12,5 cm, pliée en deux.

que la luzerne de la Croix est coupée et surtout ne mettez pas beaucoup de javelles sur la terre, où il y a de l'herbe, on le laisse une journée ou deux et aussitôt liés[51]. S'il fait sec, liez le matin par la rosée car çà doit s'égrainer comme le diable et faites d'abord les champs qui vont vite et laisser le champ du Tir pour à la fin. Et Fayet d'où en est-il ? Je suis où je t'ai dit, au repos à l'arrière et après je ne sais si on ne montera pas vers le haut, tu comprends ou si on retournera d'ou l'on sort.

Je pense que ma lettre te trouvera en bonne santé ainsi qu'à René. On est pas trop mal nourri mais comme on trouve de la salade, on en achète pour nous régaler un peu.

Je t'embrasse de tout cœur.

Maurice

– **Lettre 435 Le 23 août [19]17,** *je serai pourtant heureux d'être avec vous à faire la moisson*[52]

Chère mère

Je crois que de ce coup la que vous devez marcher à la moisson, le temps n'est jamais bien sûr mais il fait tous les jours beau ; je pense que la luzerne de la Croix est sec. Moi, je suis toujours au repos, du côté où je t'ai dis, et il est question que l'on irait du côté de la capitale mais je t'en reparlerai. Je suis en bonne santé et vous pense de même. Je serai pourtant heureux d'être avec vous à faire la moisson mais j'espère que René me remplace et que çà marche de ce temps là. Je serais pourtant heureux de recevoir *le Démo* mais je n'ai reçu que *le Démo* que j'avais eu en permission.

Je ne te demande pas de m'écrire souvent en ce moment car je sais que tu dois être fatigué le soir, mais envoie moi *le Démo*, je termine en vous embrassant de tout cœur.

– **Lettre 436 Le 25 août 1917,** *vous marchez bien à la moisson*[53]

Chère mère

Je reçois ta lettre du 20 août et comme je vois, vous marchez bien à la moisson et ces jours ci, surement, vous allez vous avancer, c'est vrai qu'il est temps. Enfin, je serais pourtant heureux d'être avec vous et ce pauvre René, il va être fatigué pour partir ; maintenant, toi, ne t'esquinte pas de trop non plus, surtout qu'il fait beau, il vaut mieux finir un jour après. Comme je vois ton soldat va bien, alors,

51. La luzerne du champ de la Croix. Maurice donne ses ordres très précisément de façon à limiter les pertes de grains à la récolte.

52. Douzième type de lettre-enveloppe de correspondance militaire, format 16 × 12,5 cm, pliée en deux.

53. Douzième type de lettre-enveloppe de correspondance militaire, format 16 × 13 cm, pliée en deux.

tu pourras lui donner une petite pièce en plus, comment l'as tu ? (3 f. par jour de reste) et est-ce à lui que tu paie[54] ? Alors, Joseph ne doit pas bouder en ce moment.

Je suis à 12 km du pays où reste les parents de ton soldat et embarquont cette nuit pour l'intérieur (tout près de Versailles), je ne sais pas ce que çà veut dire, le bruit court que çà serait pour aller du côté où est Fernand Gastellier mais c'est comme toujours, on ne peut rien croire[55].

René n'a pas encore reçu sa feuille et as tu parlé à ma tante Angèle pour venir. La prochaine lettre, je serai loin du front, plus que vous.

Je vous embrasse de tout cœur.

Maurice

– **Lettre 437 Le 27 août 1917,** *acclamé par tout le monde dans Versailles*[56]

Chère mère

Nous sommes venus au repos dans l'intérieur, je ne sais pourquoi et avons descendu hier à la gare de Versailles et toute la division, avons traversé la ville, passé près du chateau de Napoléon ou plutôt de Louis XIV et il s'est mis à pleuvoir et nous avons arrivés dans une ferme à 13 km de Versailles, du côté de Chevreuse. Ce n'est pas la peine de venir ici pour être si mal, mal couché et loin de toute ville et ne pas trouvé rien à acheter.

Tu parle d'un dimanche que nous venons de passer, acclamé par tout le monde dans Versailles, on ne se croyait plus à la guerre mais je crois qu'on nous réserve quelque chose[57]. Voilà votre moisson arrêtée car il fait bien mauvais.

Je termine en vous embrassant de tout cœur.

Maurice

54. Maurice donne ses consignes pour la rétribution du soldat sur la ferme. La circulaire du sous-préfet de Coulommiers, du 14 avril 1916, précise les indemnités dues aux soldats : « Les militaires des équipes agricoles seront considérés non plus comme des permissionnaires, mais bien comme exécutant un service commandé. En conséquence, ils percevront l'intégralité de leur solde au compte de l'Etat. Les indemnités en espèces à leur allouer par les agriculteurs seront ramenés aux chiffres du tarif annexé à l'Instruction du 23 août 1910 (1 f. 65 plus les frais de nourriture et de voyage aller et retour à la charge des agriculteurs). » Archives municipales de Coulommiers, 4H22.

55. « Le soir, le régiment prenait le train en gare de Montdidier pour débarquer le lendemain 26 août à Versailles-Matelots. » FLOCH Marcel, *La longue marche du 19e RI de Brest pendant la première guerre mondiale, tome I, op. cit.*, p. 250.

56. Douzième type de lettre-enveloppe de correspondance militaire, format 16 × 13 cm, pliée en deux.

57. « Nous traversons les rues de Versailles au son de la musique [...] il y a de la joie, beaucoup de joie dans les cœurs. » FLOCH Marcel, *La longue marche du 19e RI de Brest pendant la première guerre mondiale, tome I, op. cit.*, p. 251.

– Lettre 438 Le 28 août 1917, *nous sommes à 10 km de la grande ville V*[58]

Chère mère

Je reçois ta lettre du 23 août un peu en retard car on était en déplacement. Nous sommes à 10 km de la grande ville V[59]. Je suis en bonne santé et vous pense de même. Comme je vois vous n'êtes pas si en avance que Guerbette mais tu ne me parle pas de votre javeleuse si vous en avez fauché quelque champ et si Fayet t'en fauche un peu car faudrait mieux que vous rentriez et que Fayet fauche le Tir à la faux, aujourd'hui, il fait un vent de chien, ça va à rentrer mais ça ne durera pas car il faudra qu'il pleuve de ce vent là[60]. Maintenant, Joseph doit labourer de ce temps là.

Il est question d'avoir des permes de 24 h mais faudrait payer son voyage, alors envoie moi de suite un billet de 10 f., si ça pouvait se faire qu'on reste ici, çà me ferait plaisir d'aller voir votre travail car je crois que ce pauvre René ne va pas tarder à partir, çà serait fatiguant pour moi mais que veux tu ! Je termine en vous embrassant de tout cœur.

Maurice

– Lettre 439 Le 30 août 1917, *surtout sort avec des copains convenables*[61]

Mon cher René

Je reçois ta lettre où tu me dis que tu pars au 31e à Melun avec petit et Olive, mais toi tu ne seras pas dans la même compagnie qu'eux ou bien tu ne toucheras pas de fusil car tu es dans l'auxiliaire, comme çà tu ne seras pas embarrassé pour aller à Melun avec eux. Surtout, sort avec des copains convenables et fait attention à ton porte monnaie, la nuit, on le met ~~dans~~ en dessous ton oreillé avec ton pantalon, tâche de touché des effets qui t'aille bien et range les en ordre, qu'on ne te les prenne pas. Je compte changé de compagnie, ces jours ci, mais écris moi quand même à la 12e compagnie, met pas (3e bataillon) ce n'est pas urgent. Il ne fait pas trop bon mais beaucoup de vent et vous devez rentrer quand même.

Bon courage, mon vieux René.

Je t'embrasse de tout cœur ainsi que maman.

Maurice

58. Lettre-enveloppe de correspondance militaire, format 16 × 13 cm, pliée en deux, et feuille recto, format 11 × 7 cm.

59. V. pour Versailles, comme indiqué en clair dans sa lettre précédente.

60. Guerbette et Fayet sont parmi les cultivateurs apportant leur aide pour les travaux sur la ferme familiale.

61. Douzième type de lettre-enveloppe de correspondance militaire, format 16 × 12,5 cm, pliée en deux.

– Lettre 440 Le 1er septembre 1917, *j'ai un rum du diable de m'avoir fait couper les cheveux*[62]

Chère mère

Je suis maintenant revenu à mon ancienne 9e compagnie et si quelquefois je me trompais que je mette 12e, toi, ne te trompe pas et met bien 9e. Je vais recevoir ceux de la 12e car j'ai dit à un camarade de me les envoyer ici à la 9e. Je suis fatigué d'hier, on a fait 15 km pour rejoindre le régiment et en plus j'ai un rum du diable de m'avoir fait couper les cheveux, c'est comme en hiver quand on se fait tondre. Je crois que René va partir quand vous recevrez cette lettre, donne lui mon adresse, maintenant, votre moisson doit se faire petit à petit quoique il ne fait pas beau. Tu me diras comment vous avez placé çà sur la remise[63]. Pour des 24 heures, je ne crois pas pouvoir y aller ici.

Je t'embrasse de tout cœur.

Maurice

– Lettre 441 Le 3 septembre 1917, *en permission de 24 heures*[64]

Chère mère

Je crois pouvoir arriver en permission de 24 heures chez nous un de ces jours, je ne sais quand, en tous cas, je ne serai pas longtemps chez vous, je peux venir aussi bien en semaine ou bien le dimanche et arrivera sur le coup de onze heures et serai obligé de partir le soir sans coucher[65]. Il fait un temps épatant en ce moment, c'est malheureux que tu n'ai plus de monde et moi, il faut pas compter sur moi et pourtant on ne fait pas grand chose. J'ai toujours du rum et mal à la tête et pas costot, en ce moment. C'est malheureux de laisser perdre l'avoine du Tir, elle était pourtant belle mais tu pourrais la faire coupé à Fayet[66]. Mon oncle et ma tante Angèle doivent être arrivés. Tu leur souhaiteras le bonjour. Ce pauvre René part demain.

Je termine en t'embrassant de tout cœur.

Maurice

62. Douzième type de lettre-enveloppe de correspondance militaire, format 16 × 12,5 cm, pliée en deux.

63. Les récoltes correspondantes à chacun des champs sont rangées par niveau dans le hangar, appelé communément « remise ».

64. Douzième type de lettre-enveloppe de correspondance militaire, format 16 × 12,5 cm, pliée en deux.

65. Le régime de permission est nettement amélioré à partir de l'été 1917.

66. L'avoine du champ du Tir, nom d'une parcelle de la ferme.

– Lettre 442 Le 8 septembre 1917, *je traverse tout Paris à pied*[67]

Chère mère

J'ai arrivé hier matin à bon port sans incident et sans retard[68]. J'ai pris le train à Coulommiers à huit heures avec Marcel Pontlevé[69] et sommes arrivé à minuit à Paris. Il a fallu que je traverse tout Paris à pied pour aller à Denfert Rochereau et j'ai couché dans un vagon de 1re Classe jusqu'à six heures et j'ai arrivé à sept à Bures[70].

Je pars de suite travailler.

Je termine en t'embrassant de tout cœur.

Bonjour à mon oncle et à ma tante.

– Lettre 443 Le 9 septembre 1917, *destination inconnue*[71]

Chère mère

On embarque ce soir et pars pour destination inconnue[72]. Alors, j'en profite pour t'écrire, aujourd'hui, car je crois que çà ne sera pas facile, ces jours ci. Je crois que votre champ de Tir doit s'avancer car il a fait beau. Depuis que je suis parti et si vous êtes pour avoir la batteuse, je vous vois du travail ces jours ci.

Je suis en bonne santé et pense que vous êtes de même. Je t'embrasse de tout cœur ainsi que mon oncle et ma tante.

Maurice

– Lettre 444 Le 11 septembre 1917, *un travail que tu ne te doute pas du tout*[73]

Chère mère

Nous voilà venu loin de chez nous, à l'opposée du front dans la Creuse, dans un camp et sommes venu pour un travail que tu ne te doute pas du tout. Ce n'est pas pour le moment si terrible qu'au front mais çà pourrait y devenir. Je ne peux te le dire et pense changer d'adresse dans quelque temps et il va y avoir du retard

67. Lettre-enveloppe de couleur bleue, format 14 × 10 cm, pliée en deux.

68. Au retour d'une permission de 24 heures.

69. Marcel Pontlevé, oncle de Maurice, est reconnu inapte par la commission de réforme de Rodez, le 18 mars 1916. Classé au service auxiliaire par décision de la commission de réforme de Versailles du 30 novembre 1916, il est détaché le 7 janvier 1917 à la maison Darracq à Suresnes. Source Registre matricule.

70. Bures-sur-Yvette, lieu de cantonnement du 3e bataillon, situé à 17 km au sud de Versailles.

71. Lettre-enveloppe de couleur bleue, format 14 × 10 cm, pliée en deux.

72. « Sans renseignements sur les intentions du commandement, les hommes envisagent les hypothèses les plus invraisemblables : Italie, Salonique, Russie, disent certains. » FLOCH Marcel, *La longue marche du 19e RI de Brest pendant la première guerre mondiale, tome I, op. cit.*, p. 251.

73. Lettre-enveloppe de couleur bleue, format 14 × 10 cm, pliée en deux.

dans les lettres[74]. Sur ma prochaine lettre, assemble, l'une après l'autre, les lettres majuscules[75]. Je suis en bonne santé et espère que vous êtes de même.

Vous embrasse de tout cœur.

Maurice

– **Lettre 445 Le 12 septembre 1917,** *est-ce que tu as fini ta moisson*[76] (*ill. 34*)

Chère mère

René t'a-t'il écris ? **U**n sale temps en ce moment. **C**e retard pour les lettres. **E**n ce moment, je suis en bonne santé. (un mot)

René doit leur en faire de l'ouvrage. **E**cris moi à la même adresse. **V**ivement la fin de cette manœuvre. **O**n n'est pas trop en danger en ce moment. **L**e secteur n'est pas trop mauvais jusqu'à présent. **T**u dois avoir la batteuse.

Est-ce que tu as fini ta moisson. 2e[mot] Je termine en t'embrassant de tout cœur ainsi que mon oncle et ma tante[77].

Maurice

tu as reçus ma dernière lettre ?

– **Lettre 446 Le 13 septembre 1917, M. Gastellier 19e inf. 9e comp Secteur 83,** *réponds moi*[78] (*ill. 35*)

Chère mère

As-tu reçu mes deux lettres d'ici et réponds moi. J'espère que tu es, ainsi que mon oncle et ma tante, en bonne santé. Moi, çà va bien. Je t'embrasse de tout cœur.

Maurice

– **Lettre 447 Le 15 septembre 1917,** *ce je pourrais te dire, je ne peux te l'écrire*[79]

Chère mère

J'espère que tu connais notre nouvelle campagne si tu as reçu mes deux dernières lettres. On se trouve en position et ne fait pas chaud coucher dehors et il fait pourtant beau. C'est dommage que je ne pars pas bientôt en permission et je crois que ce n'est pas prêt, pas devant deux mois, où sens cela, je pourrais te causer ainsi qu'à mon oncle, le vieux soldat et tous ce je pourrais te dire, je ne peux te l'écrire. Alors, je ne puis te dire qu'une chose, que je suis en bonne santé

---

74. « Le 11 septembre, aux premières heures de la matinée nous débarquions à Aubusson pour une mission inattendue. » FLOCH Marcel, *La longue marche du 19e RI de Brest pendant la première guerre mondiale, tome I, op. cit.*, p. 251.

75. Indication du message codé dans la lettre qui suit.

76. Lettre-enveloppe de couleur bleue, format 14 × 10 cm, pliée en deux.

77. En assemblant les initiales en majuscules et en caractères gras, cela donne **R U C E R E V O L T E**.

78. Carte postale, la Creuse pittoresque, Felletin, route d'Aubusson, format 14 × 9 cm. Archives familiales. Felletin, chef-lieu de canton, arrondissement d'Aubusson (Creuse).

79. Lettre-enveloppe de couleur bleue, format 14 × 10 cm, pliée en deux.

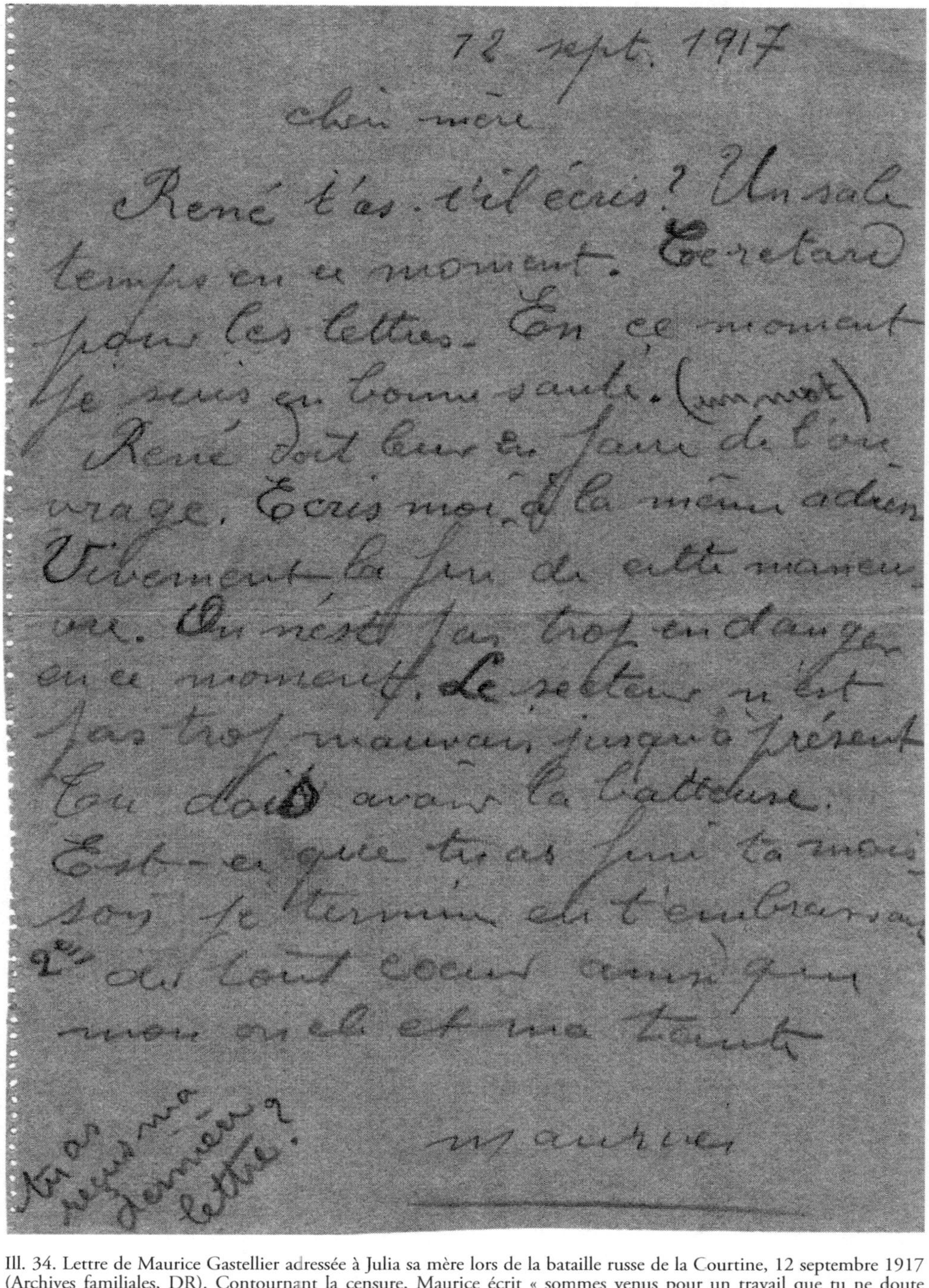

12 sept. 1917

Cher mère

René t'as-t-il écris ? Un sale
temps en ce moment. Ce retard
pour les lettres. En ce moment
je suis en bonne santé. (un mot)
René doit leur en faire de l'ou-
vrage. Écris moi à la même adress
Vivement la fin de cette manœu-
vre. On n'est pas trop en danger
en ce moment. Le secteur n'est
pas trop mauvais jusqu'à présent
Tu dois avoir la batteuse.
Est-ce que tu as fini ta mois-
son je termine et t'embrasse
2eme du tout cœur ainsi que
mon oncle et ma tante

Maurice

Tu as reçus ma dernière lettre ?

Ill. 34. Lettre de Maurice Gastellier adressée à Julia sa mère lors de la bataille russe de la Courtine, 12 septembre 1917 (Archives familiales, DR). Contournant la censure, Maurice écrit « sommes venus pour un travail que tu ne doute pas du tout […] sur ma prochaine lettre, assemble, l'une après l'autre, les lettres majuscules » ce qui donne R-U-C-E R-E-V-O-L-T-E.

Ill. 35. Carte postale de Felletin, adressée par Maurice Gastellier à Julia sa mère, 13 septembre 1917 (Archives familiales, DR). Passant outre les consignes de ne donner aucun lieu de localisation, Maurice n'hésite pas à envoyer cette carte du village de Felletin situé à 20 km au nord du camp militaire de la Courtine.

en ce moment et que je vous souhaite à être de même. Je reçois ta lettre et celle à René. Mais il en a fait une bombe, qu'il ne se laisse pas manger son argent mal à propos. Je change de compagnie et écris mois à la C. M. 3 au lieu de 9e comp.

Je t'embrasse de tout cœur.

Maurice

– Lettre 448 Le 19 sept[embre 19]17, 19e infanterie C.M. 3 Secteur 83,
je me demande si votre moisson est battue, si çà à rendu[80]

Chère mère

Avec ce changement de front et ce changement de compagnie, j'ai un retard du diable dans mes lettres et je n'en reçois pas. Alors, je me demande si votre moisson est battue, si çà à rendu, si vous êtes en bonne santé. Moi, çà va pour l'instant et çà cogne moins que la haut, quoique nous avons déjà eu des victimes, si çà n'allait pas plus mal, çà irait mais c'est çà[81] ! S'il fait aussi sec que par ici,

80. Lettre-enveloppe de couleur bleue, format 14 × 10 cm, pliée en deux.
81. Le 18 septembre au matin, vers 10 h, deux vaguemestres, tombent dans une embuscade à l'entrée du camp sous les feux des balles russes. Le sergent Lemeur, blessé au ventre, meurt en arrivant à l'hôpital tandis que le sergent Feger survit à ses blessures. Lieutenant-colonel DIAS, *Camp militaire national de la Courtine*, *op. cit.*, p. 64.

vous devez nettoyer le champ de la Croix. As tu toujours des nouvelles de René. Je pense qu'il m'écrira bientôt.

Je termine en t'embrassant, chère mère, de tout mon cœur.

Maurice

– **Lettre 449 Le 20 septembre 1917,** *nos ennemis se sont apaisés et nous ont rendus leurs armes*[82]

Chère mère

Nous sommes relevés car nos ennemis se sont apaisés et nous ont rendus leurs armes et maintenant qu'on a plus besoin de nous, on repart dans un jour ou deux pour le front. Tu parles de voyage, je pense passer à Meaux dans quelques jours car on compte retourner avec notre division qui est entre la ville aux quatre S et la place ou j'ai été blessé dernièrement. Nous sommes encore dans le département que je t'ai dit et on a pas eu trop de mal mais quelques tués. Maintenant tu me croyais dans une usine, alors tu crois qu'on est taillé pour être embusqué. Je termine en t'embrassant de tout cœur et te souhaite une bonne anniversaire pour tes 46 ans[83].

Ton fils qui t'aime.

Maurice

– **Lettre 450 Le 21 septembre [19]17,** *vous direz à maman qu'elle me dise ce qu'elle à vendu son blé*[84]

Cher oncle et chère tante

Je vous envoie de mes nouvelles, à vous pour changer, quoique ceux que j'envoie à maman sont aussi bien pour vous[85] Nous comptons regagner le front ces jours ci. Vous avez compris ce que notre régiment était venu faire par ici. Vous direz à maman qu'elle me dise ce qu'elle à vendu son blé, les 100 kg. Pour l'année, il ne faut pas se plaindre du rendement[86]. Vous souhaiter le bonjour au soldat ainsi qu'à Joseph. J'espère que vous êtes tous en bonne santé, moi, çà va bien en ce moment.

Je termine en vous embrassant, cher oncle et chère tante ainsi que maman de tout mon cœur. Est-ce que René écrit?

Votre neveu Maurice.

82. Lettre-enveloppe de couleur bleue, format 14 × 10 cm, pliée en deux.

83. Maurice n'oublie pas l'anniversaire de sa mère, le 24 septembre.

84. Lettre-enveloppe de couleur bleue, format 14 × 10 cm, pliée en deux.

85. Lettre multi-adressée, destinée à circuler et à être lue par toute la famille.

86. Les rendements du blé, son prix de vente, tout y passe, Maurice se préoccupe des rentrées d'argent de la moisson.

– Lettre 451 Le 23 septembre 1917, *nous avons la permission d'aller à Aubusson*[87]

Chère mère

C'est aujourd'hui dimanche et il fait un temps admirable. Nous avons, je crois encore deux jours avant d'embarquer pour le front. Cet après-midi, nous avons la permission d'aller à Aubusson, ce que je vais faire, çà passera le dimanche. Il fait bon arracher vos pommes de terre et préparer vos terres à blé et dire que ~~moi~~ je ne sais quoi faire de moi du matin au soir [88]. Je reçois mes lettres venant de la 9e comp. En ce moment, nous ne sommes pas mal nourris mais c'est dans le train, çà changera et on ne touchera que du singe mais je m'acheterai des provisions à Aubusson.

Je termine en t'embrassant de tout cœur ainsi que ma tante et mon oncle Aristide.

Ton fils qui pense à toi.

Maurice

– Lettre 452 Le 24 septembre [19]17, *je repars pour le front*[89]

Merci de ta lettre, je repars pour le front. Bien le bonjour à tous.

Ton frère.

Maurice

87. Lettre-enveloppe de couleur bleue, format 14 × 10 cm, pliée en deux.

88. Durant l'épisode de la Courtine, les consignes étaient de ne pas intervenir directement.

89. Carte postale de Châteauroux, vue sur l'Indre, format 14 × 9 cm, adressée à son frère. Archives familiales.

Chapitre 10
RETOUR SUR LE CHEMIN DES DAMES (OCTOBRE 1917-JANVIER 1918)

Le 19e RI quitte le camp de La Courtine pour retrouver le front « à six km de la ville au quatre S » (lettre du 25 septembre 1917). Maurice s'interroge sur l'avancement des semis à la ferme : « D'où en êtes vous dans vos terres à blé ? » (lettre du 27 septembre 1917).

– La bataille de La Malmaison

Le 19e RI marche sur Vailly-sur-Aisne au pied du Chemin des Dames que Maurice code **ch...** « Tu sais d'où venaient les artilleurs qui t'on démolit ton batiment eh! bien, je suis là, c'est vrai qu'il est long ce **ch...**[1] » (lettre du 3 octobre 1917). Le régiment relève le 116e RI dans la nuit du 30 septembre au 1er octobre dans le secteur du Panthéon avec deux bataillons en ligne et un bataillon en réserve près de la ferme Hameret à l'extrémité ouest du Chemin des Dames. De nouveau, Maurice précise sa position en contournant la censure : « Tu crois que je suis du côté où j'ai été blessé mais je t'ai dit que je suis plus à l'ouest, environ sept kilomètres » (lettre du 5 octobre 1917) [*carte 11*].

L'offensive sur La Malmaison, confiée à la 22e DI, est précédée d'une intense préparation d'artillerie : « çà cogne ces jours ci, c'est à vous rendre fou [...] la terre tremble, il faut que je quitte tout et que je bouche mes oreilles » (lettre du 17 octobre 1917). Le 23 octobre, le colonel Taylor écrit : « mes hommes n'en peuvent plus [...] vous les avez éreintés. Cela je le dis quand c'est vrai[2] ». Les troupes allemandes répondent par des bombardements d'obus au gaz moutarde, surnommé ainsi du fait de son odeur caractéristique. Gaston Mourlot du 65e RI, précise : « de nouveaux gaz dits vésicants [...] traversent les vêtements et atteignent principalement les yeux, le nez, la bouche et les parties génitales [...] certains

1. Vailly-sur-Aisne, chef-lieu de canton, arrondissement de Soissons est situé dans la vallée de l'Aisne, à une vingtaine de kilomètres au nord-est de Soissons.
2. DURET Alfred et CATTA Tony, *Le colonel Taylor*, *op. cit.*, p. 188.

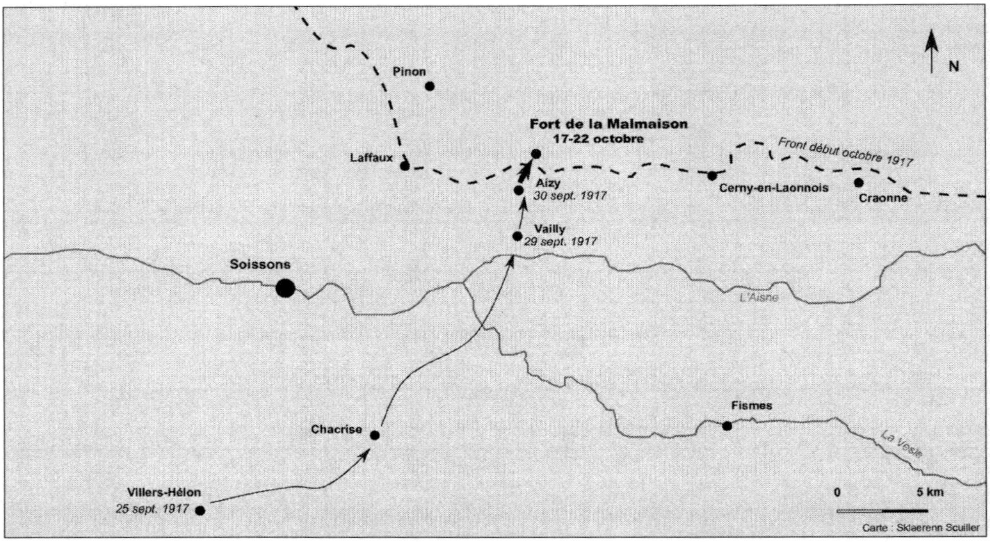

Carte 11. Le 19e RI et l'attaque du fort de La Malmaison sur le Chemin des Dames (septembre-octobre 1917).

ont les yeux enflés tandis que d'autres sont complètement aveugles[3] ». À base de sulfure d'éthyle dichloré, actif pendant plusieurs semaines, le gaz moutarde entraîne des cloques sur la peau, irrite fortement les yeux et provoque des hémorragies externes et internes.

– L'intoxication au gaz moutarde (21 octobre 1917)

La veille de l'attaque de La Malmaison, le 22 octobre, Maurice est intoxiqué et transporté en ambulance à l'hôpital militaire de Meaux : « qu'est-ce qu'on a eu comme intoxiqués » (lettre du 24 octobre 1917). Le fort de La Malmaison est repris le 24 octobre. Après les échecs du printemps, c'est un premier succès tactique remporté sur une zone d'attaque volontairement limitée du Chemin des Dames. Ce recul des troupes allemandes redonne quelque espoir aux fantassins qui occupent maintenant le plateau de La Malmaison.

– À l'hôpital de Meaux

C'est la troisième blessure de Maurice. La correspondance, abondante en octobre, chute lors de son séjour à l'hôpital militaire de Meaux à proximité de ses proches (***graphique 11***). La ville de Meaux, située à 20 km de Coulommiers, abrite une garnison militaire, dans le quartier Luxembourg avec caserne, écuries, manèges et hôpital[4].

3. Carnet de guerre des 21 et 23 octobre 1917, MOURLOT Gaston, *Un ouvrier-artisan en guerre…*, *op. cit.*, p. 338.
4. Le quartier de Luxembourg doit son nom au chef du 23e Régiment de Dragons, le comte de Luxembourg qui a combattu les Pays-Bas en 1690 à Fleurus.

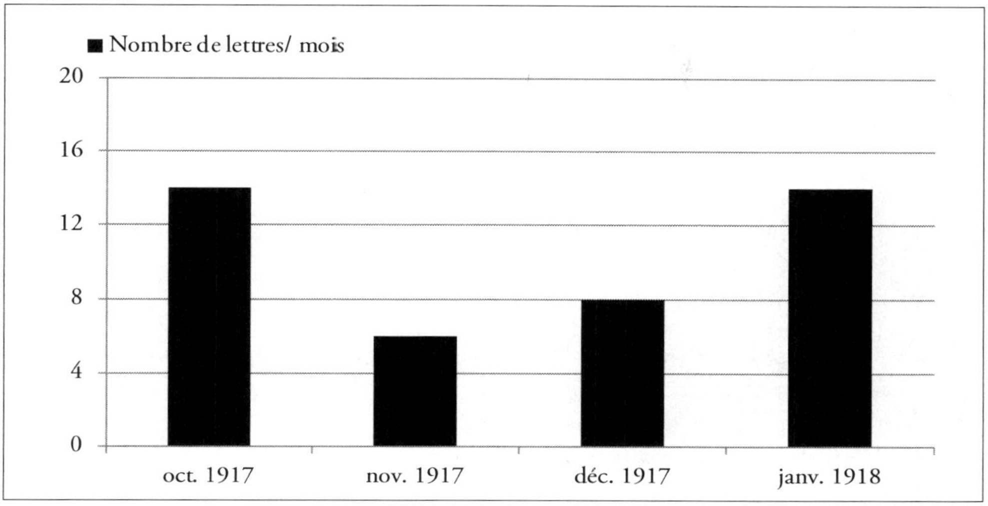

Graphique 11. Évolution de la correspondance d'octobre 1917 à janvier 1918.

– La récolte tardive des betteraves

À la mi-octobre, les betteraves ne sont pas encore récoltées. Préoccupé par les travaux d'automne à la ferme, Maurice écrit : « Vous allez bientôt avoir du travail, les pommes, les betteraves et les blés » (lettre du 27 septembre 1917). Après la visite de sa mère à l'hôpital, il donne ses conseils : « Vous devez avoir beau temps pour arracher les betteraves, alors profitez en et ne viens pas me voir » (lettre du 24 octobre 1917). Craignant les intempéries, l'arrachage des betteraves à la main étant long et pénible, il s'inquiète : « La terre à betteraves doit être trempée » (lettre du 13 octobre), « il ne faudrait pas que les betteraves gèlent » (lettre du 13 novembre 1917).

Soucieux des semis de blé derrière betteraves souvent problématiques en cas de récolte tardive des betteraves, il demande : « si vos betteraves sont bientôt fini d'arracher et si le champ va pouvoir être encemencé » (lettre du 3 novembre 1917).

– La 4e permission de convalescence

La correspondance s'interrompt quand Maurice quitte l'hôpital le mardi 20 novembre pour sa 4e permission de convalescence au Theil jusqu'au 10 décembre : « c'est sûr que ce sera mardi [...] je vais arriver pour 20 jours » (lettre du 18 novembre 1917).

Pour la première fois dans sa correspondance, Maurice parle de « ma petite connaissance » (lettre du 10 octobre 1917) puis « une jeune fille de 18 à 20 ans [...] tu me fais rire avec ton chuchotage que j'ai une connaissance, je voudrais bien [...] alors si tu m'en trouve une dans ces âges, tu pourras me la présenter » (lettre du 17 janvier 1918). Évoquant une demande explicite en vue de mariage, c'est une façon de se projeter déjà dans l'après-guerre.

– La fourragère au 19e RI

Après son séjour auprès des siens, Maurice rejoint le CID 22, le centre d'instruction divisionnaire de la 22e DI à Terny-Sorgny, « à quatre km de la ville au 4 S » (lettre du 14 décembre 1917), au nord du Chemin des Dames[5]. Il apprend que le 19e RI vient de recevoir la fourragère, décoration collective destinée à distinguer le régiment. Constituée d'une cordelette tressée se portant à l'épaule gauche de l'uniforme, la fourragère est remise en valeur en 1917 par le général Pétain qui décore lui-même le 19e RI, le 8 décembre 1917, à Chacrise[6]. Le soir même, le colonel Taylor fait paraître l'ordre du jour suivant :

> « La Fourragère gagnée par le 19e régiment d'infanterie sur les champs de bataille [...] est la légitime récompense d'une attitude au feu qui ne s'est jamais démentie depuis près de trois ans et demi, et qui a consacré la réputation du régiment, faite de mordant, de bravoure, de ténacité et d'audace. D'autres avant nous y ont contribué dont beaucoup sont tombés. En recevant une récompense que plus que tout autre, ceux-là méritaient, nous élevons notre pensée vers eux. Les morts ne sont jamais des absents ; nous saurons unir notre joie présente à leur mémoire pour leur retourner leur part de gloire[7]. »

L'hiver 1917-1918 est rude : « çà nous gèle dans le nez[8] » (lettre du 24 décembre 1917). Gaston Mourlot précise : « Le temps ne se réchauffe pas bien, au contraire, il fait peut-être plus de quinze degrés au-dessous lorsque le soleil est couché[9]. »

– La première citation

Après trois ans et demi de guerre, Maurice reçoit sa première citation « pour sa présence au front, sa belle attitude devant l'ennemi et en raison de ses blessures » soulignant les aléas de son obtention : « à Hurtebise, j'avais été proposé pour la croix de guerre, et comme le lieutenant avait été tué, c'était tombé à l'eau[10] » (lettre du 25 janvier 1918).

---

5. Terny-Sorny, canton de Vailly-sur-Aisne, arrondissement de Soissons (Aisne) est situé à 10 km au nord de Soissons.

6. DURET Alfred et CATTA Tony, *Le colonel Taylor, op. cit.*, p. 190.

7. FLOCH Marcel, *La longue marche du 19e RI de Brest pendant la première guerre mondiale, tome I, op. cit.*, p. 272.

8. Landricourt, canton de Coucy-le-Château-Auffrique, arrondissement de Laon (Aisne) est situé à 19 km au nord de Soissons.

9. Carnet de guerre du 21 décembre 1917, MOURLOT Gaston, *Un ouvrier-artisan en guerre..., op. cit.*, p. 350.

10. Citation à l'ordre du régiment n° 937 du 23 janvier 1918, 19e RI, CM 3, 11e Corps d'Armée, signée par le colonel Taylor. Format 32,5 × 21 cm. Archives familiales.

Maurice rêve déjà à la prochaine permission : « Avant hier, on me donne une citation qui me vaut deux jours en plus pour ma prochaine perme ; hier, c'est la fourragère qui me vaut deux jours » (lettre du 26 janvier 1918). Le colonel Taylor s'applique particulièrement à ce que tous les hommes du 19e RI, obtiennent les dix jours de permission réglementaire avant la fin de janvier 1918 auquel il ajoute deux jours supplémentaires en raison de la fourragère[11].

11. DURET Alfred et CATTA Tony, *Le colonel Taylor, op. cit.*, p. 193.

– **Lettre 453 Le 25 septembre [19]17,** *à six km de la ville au quatre S*[12]

Chère mère

J'arrive à l'instant, après avoir traversé presque toute la France, à six km de la ville au quatre S. Et tu pense si on va dormir cette nuit. Je ne pense pas rester là longtemps et compte monter en lignes dans quelques jours. Du moment que nous sommes venus par ici, je crois que çà va mal, tu comprends car c'est notre habitude maintenant. Je suis en bonne santé et vous espère de même. Comme je vois, toi qui te croyais toute seule pour l'hiver, ce pauvre René est rentré pourtant il avait l'air de s'y faire[13]. En tous cas, il n'a pas à se tourmenter car nous, on ne sais pas si on rentrera, et si l'on rentre, on ne sera pas si solide que lui. Maintenant, il n'a plus qu'à chercher à se marier.

Bien le bonjour à tous.

Ton enfant pour la vie.

Maurice

– **Lettre 454 Le 27 sept[embre]1917,** *où en êtes vous dans vos terres à blé*[14] *?*

Chère mère

Je suis encore à la même place que lorsque l'on est débarqué. On s'attend tous les jours à partir. Je suis en bonne santé et espère que ma petite carte vous trouvera tous de même. Tu me diras si Cellerin t'a redonné de l'argent, si Caillet (je crois me rappeler qu'il te devais de l'argent), s'il te la donné et si ta paille t'est payée[15]. Maintenant, est-ce que tu pourras encore en charrier car Chiquerille ne doit pas être contente de toi. Vous allez bientôt avoir du travail, les pommes, les betteraves et les blés, vous pouvez vous mettre en avance[16]. D'où en êtes vous dans vos terres à blé?

Je termine en t'embrassant de tout cœur ainsi que mon oncle, ma tante et René. Je reçois deux *Démo* et je pense recevoir une lettre aujourd'hui.

M. Gastellier

– **Lettre 455 Le 29 septembre [19]17,** *je te demande des détails sur ton blé*[17]

Chère mère

Tu crois que je ne reçois pas tes lettres mais je te répète que si. Tu comprends, hier encore, je te demande des détails sur ton blé, etc... et le soir même, tu m'écris et je sais tout ce que je te demande. Pourvu qu'il te vienne un soldat comme l'autre et s'il fait sec à ne pas pouvoir arracher les betteraves, çà serait bien

12. Lettre-enveloppe de couleur bleue, format 14 × 10 cm, pliée en deux.
13. René est de retour à la ferme après sa réforme temporaire du 17 septembre 1917.
14. Lettre-enveloppe, format 15,5 × 11,5 cm, pliée en deux.
15. Maurice suit à distance les dettes et rentrées d'argent sur la ferme.
16. Maurice est préoccupé par les travaux d'automne à la ferme.
17. Lettre-enveloppe de couleur bleue, format 14 × 10 cm, pliée en deux.

embêtant[18]. Tu peux me dire sur tes lettres, si tu comprends où je suis, ce n'est pas comme moi, tes lettres ne sont jamais ouvertes. On se rapproche demain, et le 1er, monte en lignes[19].

Je termine en t'embrassant de tout cœur.

Bien le bonjour à tous.

Maurice

– **Lettre 456 Le 1er octobre 1917,** *nous partons cette nuit en lignes*[20]

Chère mère

Nous sommes tout près des lignes et je crois que çà cogne par ici. Nous partons cette nuit en lignes, sur ma prochaine lettre, je tacherai de te faire savoir au juste mais tu dois savoir à peu près[21]. Je suis en bonne santé et vous espère de même, tous. Il fait des temps admirables ces jours ci. Cà doit bien aller dans votre champ de la Croix mais dam, c'est pour vos betteraves et si tu as ton soldat, il ne pourra les arracher et après, quand il va se mettre à pleuvoir, çà sera comme tous les ans[22].

Bien le bonjour à mon oncle et ma tante, s'ils sont encore là et à René, ton soldat du 31e.

Je termine en t'embrassant de tout cœur.

Maurice

– **Lettre 457 Le 3 octobre 1917,** *je ne te parle plus de l'ouvrage car ici je n'y songe pas souvent*[23]

Chère mère

J'en profite pendant que c'est un peu calme car çà n'arrive pas souvent par ici, pour t'écrire un mot et te donner de mes nouvelles qui sont pas mauvaises quoiqu'il y a des mauvais quarteurs. Tu sais d'où venaient les artilleurs qui t'ont démolit ton batiment eh! bien, je suis là, c'est vrai qu'il est long ce **ch...** mais ma prochaine lettre, je tacherai de te le dire plus au juste[24]. Je ne te parle plus de l'ouvrage car ici je n'y songe pas souvent. J'espère que ma lettre vous trouvera tous en bonne santé.

Bien le bonjour à mon oncle, ma tante et René.

Ton enfant qui t'embrasse de tout cœur.

Maurice

18. L'arrachage manuel des betteraves est très difficile quand la terre est très sèche.

19. Le 1er octobre.

20. Lettre-enveloppe de couleur bleue, format 14 × 10 cm, pliée en deux.

21. Le 19e RI relève le 115e RI dans le secteur du Panthéon.

22. De nouveau, Maurice revient sur la difficulté de l'arrachage des betteraves s'il fait trop sec ou s'il fait trop humide.

23. Lettre-enveloppe de couleur bleue, format 14 × 10 cm, pliée en deux.

24. Ne voulant pas donner d'indication géographique sur sa position, Maurice indique **ch...** pour Chemin des Dames.

– Lettre 458 Le 5 octobre 1917, *sale comme des cochons*[25]

Chère mère

Tu n'as pas à te tourmenter pour mon adresse, elle n'est pas changée, quoique je suis changé de région, depuis la Creuse. Tu crois que je suis du côté où j'ai été blessé mais je t'ai dit que je suis plus à l'ouest, environ sept kilomètres[26].

Je crois que nous serons relevés bientôt mais pas pour longtemps, pour pouvoir nous nettoyer car ici on est sale comme des cochons pleins de poussières, les cheveux et la barbe. Tu as acheté des boues de ville pour le champ Fromont mais n'en achète pas pour l'hiver car tu as le temps de trouver du fumier qui vaudra mieux. Ce pauvre Degouet, ils n'ont toujours pas de nouvelles, enfin c'est la vie[27].

Oscar[28] est bien en soldat, tu trouve, lui, il se trouverait peut être aussi bien en civil. Envoie moi, si tu veux un billet de 5 f. car je n'ai plus beaucoup. Merci à l'avance.

Bien le bonjour à mon oncle, ma tante et René.

Ton fils qui t'embrasse de tout cœur.

Maurice

– Lettre 459 Le 8 octobre 1917, *c'était affreux pour nous*[29]

Chère mère

Enfin, nous voilà un peu tranquille, pas pour longtemps, je crois, juste le temps de nous nettoyer et il y a de quoi faire. Il faisait beau mais depuis qu'il pleut, c'est pourtant un **bon** temps pour vous mais c'était affreux pour nous[30]. Et en plus de çà, il y avait des bombardements qui n'étaient pas naturel, nous avons encore eu des, comme Marcel Degouet, mais moi, çà a été encore cette fois ci.

J'espère que vous êtes en bonne santé, tous. Vivement la permission, dix jours chez vous, çà sera toujours autant de pris.

Je termine en t'embrassant de tout cœur ainsi que mon oncle, ma tante et René. Ton enfant qui pense à vous.

Maurice

---

25. Lettre-enveloppe, format 15,5 × 11,5 cm, pliée en deux.

26. Le régiment est à une quinzaine de kilomètres d'Hurtebise où Maurice a été blessé le 6 mai 1917.

27. Pierre, Marcel Degouet, né le 11 novembre 1889 à Mouroux, caporal au 276e RI est tué le 30 août 1917 à Verdun. [https://www.memoiredeshommes.sga.defense.gouv.fr] 31 janvier 2022.

28. Oscar-Emile-Léon, cousin de Maurice, est entrepreneur en maçonnerie à Coulommiers. De la classe 17, comme René, la commission de réforme de Coulommiers du 30 mai 1917 l'affecte au service armée sauf infanterie. Il est incorporé le 3 septembre 1917 au 30e RAC comme 2e canonnier. Source Registre matricule.

29. Lettre-enveloppe, format 15,5 × 11,5 cm, pliée en deux.

30. Toujours préoccupé par l'arrachage des betteraves à cause du temps trop sec, il se félicite de l'arrivée de la pluie.

– Lettre 460 Le 10 octobre 1917, *nos pommes doivent être mûres*[31]

Chère mère

A l'heure qu'il est, je devrais être en train de danser avec ma petite connaissance car c'est aujourd'hui le 10 oct. et me voilà là, dans un bois, comme les sauvages et on ne se plaindrait pas s'il ne fallait pas remettre çà, demain soir[32].

Par un temps comme il fait, tu parle si l'on redescend dans un état et le coin n'est pas bon, avec les bombardements qui se font tous les jours. A onze heures, après manger, j'ai eu des coliques du diable mais c'est bien passé et pourtant j'ai commencé à mettre ma ceinture de flanelle, il y a quatre ou cinq jours.

A part çà, çà va bien et j'espère que ma lettre vous trouvera de même. Cà doit avoir trempé pour labourer maintenant et nos pommes doivent être mûres, tu me diras ton rendement. Faites en beaucoup car cet été, il fera encore soif.

Je te quitte en t'embrassant de tout cœur ainsi que René, mon oncle et ma tante.

Maurice

– Lettre 461 Le 11 octobre 1917, *le champ à Thomas est il labouré*[33] *?*

Chère mère

Je t'écris aujourd'hui car demain çà ne me sera pas si facile, nous y seront retournés. Ah! il va encore y faire bon. Ne te tourmente pas si je suis un peu plus longtemps à t'écrire.

Je reçois ta lettre du 7 oct. et pour la première fois, elle était controlée mais tu peux toujours mettre où tu me penses être car ce n'est plus comme moi[34]. Tu mettais que tu me voyais au ch..... mais çà n'était pas barré et c'est bien là que je suis. Je pense aller dans cinq semaines en perme, pas avant car il n'y a guère que deux mois[35]. Le champ à Thomas est il labouré?

Je termine en t'embrassant de tout cœur.

Ton enfant qui t'aime.

Maurice

– Lettre 462 Le 13 octobre 1917, *la terre à betteraves doit être trempée*[36]

Chère mère

Nous sommes où nous étions, il y a quelques jours mais le coin est un peu plus calme mais c'est çà, il faudrait que çà dur mais dam, c'est le mauvais temps, toujours pleuvoir, c'est affreux la pluie que l'on reçoit et la boue et moi qui a des

31. Lettre-enveloppe, format 15,5 × 11,5 cm, pliée en deux.

32. Première fois que Maurice fait allusion à sa « petite connaissance » au bal.

33. Lettre-enveloppe, format 15,5 × 11,5 cm, pliée en deux.

34. Maurice indique à sa mère que sa lettre du 7 octobre a été contrôlée.

35. Le colonel Taylor s'applique particulièrement à faire partir tout son monde tous les quatre mois de l'année. DURET Alfred et CATTA Tony, *Le colonel Taylor, op. cit.*, p. 166-167.

36. Lettre-enveloppe, format 15,5 × 11,5 cm, pliée en deux.

chaussures qui sont percées, je voudrais bien en toucher mais çà ne sera qu'au repos maintenant.

Enfin, je suis en bonne santé et espère que vous êtes de même. Vous ne devez pas beaucoup travailler maintenant et si tu as ton soldat sur le dos, c'est çà qu'il y a d'embêtant avec eux[37]. La terre à betteraves doit être trempée.

Je te quitte en t'embrassant de tout cœur.

Bien le bonjour à mon oncle, ma tante et René.

Maurice

– **Lettre 463 Le 15 octobre 1917,** *c'est affreux à marcher dans les boyaux pleins d'eau*[38]

Chère mère

Je suis toujours à la même place et il n'y fait toujours pas chaud mais je crois que le temps à l'air de se remettre un peu. Cà ne ferait pas de mal car par cette pluie, c'est affreux à marcher dans les boyaux pleins d'eau.

Maintenant, on va toucher nos effets d'hiver et une couverture en plus mais il faut attendre que l'on soit arrivé au repos. Pour le moment, il faut que je voyage pour avoir mes lettres car nous sommes à deux, détachés de la compagnie mais ce n'est pas pour longtemps et je ne suis pas plus mal.

J'espère que vous êtes en bonne santé, moi, çà va bien.

Je termine en t'embrassant de tout cœur ainsi que mon oncle, ma tante et René.

Maurice

– **Lettre 464 Le 17 octobre 1917,** *çà cogne ces jours ci, c'est à vous rendre fous*[39]

Chère mère

J'ai reçu hier ta lettre du 11 octobre ainsi que le billet de cinq f. et t'en remercie. Comme tu dis, je devrais aller vous aider à arracher les betteraves, eh bien, c'est le moment.

Tu parles si çà cogne ces jours ci, c'est à vous rendre fous et si Adrien est en perme, il est bienheureux car çà va barder encore par ici quoique lui n'est pas sous le bombardement[40].

Comme je vois, vous allez faire du cidre en masse, tant mieux car j'espère aller vous aider à le boire cet été. Au moment où je t'écris, mon papier s'envole et la **terre** tremble, il faut que je quitte tout et que je bouche mes oreilles. Enfin, je

37. Les militaires du service auxiliaire sont affectés pour une période donnée dans la ferme indépendamment des conditions climatiques et des intempéries qui peuvent entraîner des retards dans les travaux des champs.

38. Lettre-enveloppe, format 15,5 × 11,5 cm, pliée en deux.

39. Lettre-enveloppe, format 15,5 × 11,5 cm, pliée en deux.

40. « Les hommes sont usés jusqu'à la corde [...] dans les sections les effectifs diminuent rapidement. » FLOCH Marcel, *La longue marche du 19e RI de Brest pendant la première guerre mondiale, tome I, op. cit.*, p. 265.

suis en bonne santé et vous espère de même, tous. Je tacherai d'aller vous voir vers le 20 novembre.

En attendant reçois chère mère, mes plus doux baisers.

Maurice

– Lettre 465 Le 19 octobre 1917, *il ne doit pas faire bon à vos betteraves de ce temps là*[41]

Chère mère

Je suis toujours dans les mêmes conditions que je te disais sur ma dernière lettre. Alors, je ne t'en dis pas davantage et espère que l'on va bientôt aller au repos, si toujours au moins un peu à l'arrière pour se nettoyer. Je suis en bonne santé et espère que vous êtes de même. Il ne doit pas faire bon à vos betteraves de ce temps là, s'il pouvait faire beau, maintenant çà serait trempé.

Je me demande si Adrien est en perme, moi, ce n'est pas encore pour tout de suite. Je termine en t'embrassant de tout cœur ainsi que mon oncle, ma tante et René.

Maurice

– Lettre 466 Le 24 octobre 1917, 19e inf. hop. du Luxembourg 3e division à Meaux (Seine et Marne), *qu'est-ce qu'on a eu comme intoxiqués*[42]

Chère mère

Je te récris pour te dire qu'il y a du mieux. Je vois pas mal clair mais je tousse beaucoup la nuit et suis au lait jusqu'à présent. C'est drôle comme cette saloprit de gaz vous fait tousser et m'avait arranger les yeux. Tu as vu sur le journal comme çà a barder où j'étais.

Jamais je n'avais vu un bombardement pareille pendant six jours, alors les Boches qui savaient qu'on allait attaquer, nous ont envoyé des gazs et qu'est-ce qu'on a eu comme intoxiqués. J'étais en face du fort de La Malmaison et à été intoxiqué la veille de l'attaque[43].

Vous devez avoir beau temps pour arracher les betteraves, alors profitez en et ne viens pas me voir car ce n'est pas facile à toi et çà va bien.

Je termine en t'embrassant de tout cœur ainsi que mon oncle, ma tante et René.

Maurice

---

41. Lettre-enveloppe, format 15,5 × 11,5 cm, pliée en deux.

42. Lettre-enveloppe, format 15,5 × 11,5 cm, pliée en deux.

43. « Ambulance 12/20 sur H0432 le 21 octobre 1917, blessure : intoxication gazeuse, moyens curatifs : conjonctivite. Entré le 22 octobre 1917 à l'hôpital Luxembourg à Meaux, diagnostic d'entrée : vésication. » Certificat médical de Maurice. Format 16 × 11 cm. Archives familiales.

– Lettre 467 Le 26 octobre 1917, *c'était quelque chose comme bombardement*[44]

Chère mère

Je n'ai encore pas reçu de lettres depuis que je suis à l'hôpital mais je pense en recevoir aujourd'hui. Pour l'instant, çà va pas mal, mes yeux sont encore bien rouges mais je n'en souffre plus et je tousse toujours un peu, c'est toujours l'effet des gazs. Je ne boit encore que du lait mais me lève comme je veux et on ne peut même pas sortir dans Meaux. A l'instant, je reçois ta lettre.

Comme je t'ai dit, ce n'est plus la peine de venir, déjà je ne serai pas longtemps sans y aller et tu viendrais, je ne pourrais même pas sortir avec toi.

Comme tu dis, je suis mieux ici que la bas, je m'en doute car c'était quelque chose comme bombardement, toujours de pire en pire.

Bonjour à tous.

Je termine en t'embrassant de tout cœur.

Maurice

– Lettre 468 Le 28 octobre 1917, *il est question de ne pas donner de permission*[45] (*ill. 36*)

Mon cher René

Mais on n'entend plus parler de toi, qu'est-ce que tu as, qu'est-ce que tu fais. Il est question de ne pas donner de permission pour nous mais en tous cas, j'y aurais droit quand même, pour ma permission de front.

Je te serre la main.

Maurice

– Lettre 469 Le 31 octobre 1917, *j'espère que vous avez fait un bon voyage*[46]

Chère mère

Hier soir, j'ai encore rudement toussé, je ne pouvais arriver à dormir et ce matin je me suis plains au major mais on ne vous fait pas grand chose. Enfin, on est toujours aussi bien que dans l'Aisne. J'espère que vous avez fait un bon voyage et as-tu rentré le soir chez nous ?

Maintenant, je n'ai même pas pensé à te dire de souhaiter le bonjour à mon oncle, ma tante, René et Joseph mais j'espère que tu l'auras fait[47].

Je termine en t'embrassant de tout cœur.

Maurice

---

44. Lettre-enveloppe, format 15,5 × 11,5 cm, pliée en deux.

45. Carte postale, Meaux, entrée du quartier Luxembourg, adressée à son frère, format 14 × 9 cm. Archives familiales.

46. Carte-lettre, format 14 × 11 cm, pliée en deux.

47. La mère et la sœur de Maurice lui rendent visite à l'hôpital de Meaux.

Ill. 36. Carte postale de Meaux adressée par Maurice Gastellier à René son frère, 28 octobre 1917 (Archives familiales, DR). Intoxiqué le 22 octobre à La Malmaison sur le Chemin des Dames, Maurice séjourne à l'hôpital militaire de Meaux situé dans le quartier Luxembourg durant un mois à proximité des siens.

– Lettre 470 Le 3 novembre [19]17, hop. du Luxembourg 3e division à Meaux, *pas le droit de sortir*[48]

Chère mère

C'est aujourd'hui le marché à Meaux, mais on le regarde par la fenêtre car on a toujours pas le droit de sortir[49]. Cà va déjà mieux mais je tousse toujours la nuit pas mal. Je me demande si vos betteraves sont bientôt fini d'arracher et si le champ va pouvoir être encemencé cette année. Moi, j'irai vous voir quand je serai sûr qu'il n'y aura plus rien à faire.

Enfin, je voudrais bien n'y aller que dans six mois et resté à l'hopital pour l'hiver car dans les tranchées, il n'y fera pas bon encore.

Je t'embrasse de tout cœur.

Maurice

48. Carte-lettre, format 14 × 11 cm, pliée en deux.

49. Le samedi 3 novembre 1917, samedi jour du marché de Meaux.

– Lettre 471 Le 6 novembre [19]17, *on ne peut pas sortir de cette prison, c'est bassinant*[50]

Chère mère

Comme je vois, mes deux cyclistes sont rentrés dans de bonnes conditions[51] Çà fait que René connait un peu tous les arrondissements de son département. Maintenant, tu me dis que Margallet viendra me voir, mais çà m'étonnerait beaucoup, encore plus que Petit. Eh ! bien, et sa connaissance, il la préfère, à moi.

Enfin, çà va bien maintenant, et je crois que de ce temps là, je préférerais être sorti, car on ne peut pas sortir de cette prison, c'est bassinant. Mais, toujours cette question, c'est quand je serai sorti, çà sera pour aller la bas.

Bien le bonjour à tous.

Ton enfant qui t'embrasse de tout cœur.

Maurice

– Lettre 472 Le 9 novembre [19]17, *je compte être sortant lundi matin*[52]

Chère mère

Je t'écris pour te donner de mes nouvelles qui sont bonnes maintenant et en même temps pour te dire que je compte être sortant lundi matin. Je ne suis pas sûr car le major ne m'a encore rien dit ; en tous cas, çà va bien. Maintenant, je compte avoir 20 jours, si il n'y a rien de changé. Vous ne devez pas faire de blé, par ces temps baveux, je vois que vous allez en laisser encore cette année, enfin c'est la guerre. J'espère que vous êtes tous en bonne santé.

Je termine en t'embrassant de tout mon cœur ainsi que mon oncle, ma tante et René.

Maurice

– Lettre 473 Le 13 novembre [19]17, *il ne faudrait pas que les betteraves gèlent*[53]

Chère mère

Je t'avais fait dire par Petit que j'ai vu dimanche, que je pensais venir mercredi ; mais maintenant, je pense que ce sera que vendredi, sur les 11 heures. Petit t'aura dit que j'avais sortit un peu car on avait eu la permission d'aller au concert. Maintenant, je vais mieux et est au vin et à la viande. Je serais heureux d'être chez nous de ce temps là, vous devez pouvoir travailler mais il ne faudrait pas que les betteraves gèlent car vous devez les charrier en ce moment.

---

50. Carte-lettre, format 14 × 11 cm, pliée en deux.
51. Maurice reçoit la visite de son frère et d'un voisin.
52. Carte-lettre, format 14 × 11 cm, pliée en deux.
53. Carte-lettre, format 14 × 11 cm, pliée en deux.

Que ma lettre vous trouve, comme elle me quitte. Bien le bonjour à tous. Ton enfant qui t'embrasse de tout son cœur.

Maurice

– Lettre 474 Le 16 novembre [19]17, *je te dis toujours que je viens et je reste*[54]

Chère mère

Je crois toujours partir et je suis toujours ici, en tous cas, je ne veux pas demander ; le major m'a dit que je tousse encore, alors, il ne me fera sortir que mardi, je pense. Alors, j'arriverai sur les onze heures du matin. Je n'ai plus de vos nouvelles car je te dis toujours que je viens et je reste, mais je pense que vous êtes en bonne santé. Tu souhaiteras le bonjour à Petit, je crois que je le verrais avant qu'il parte.

Je termine en t'embrassant de tout cœur ainsi que mon oncle, ma tante et René.

Ton enfant qui t'aime.

Maurice

– Lettre 475 Le 17 novembre [19]17, *je prends le train à 5 heures moins le quart*[55]

Chère mère

Enfin, me voilà mis sortant pour lundi, je croyais que ce serait mardi mais le major à dit pour lundi. Alors, je prends le train à 5 heures moins le quart, le matin et arrivera chez nous, vers onze heures, je crois car je ne veux pas faire 24 km à pied[56]. Si tu reçois de mes lettres, mets moi les de côté. Je nesuis pas fâché de partir car je finirais par m'y ennuyer et on à du pain, qui n'est plus mangeable.

J'espère que ma lettre vous trouvera tous en bonne santé.

Je termine en t'embrassant de tout cœur. Bien le bonjour à tous. Ton enfant qui t'aime.

Maurice

– Lettre 476 Le 18 novembre [19]17, *le pain n'est plus mangeable*[57]

Chère mère

Depuis le temps que je te dis, quand est-ce je vais arriver ; de ce coup là, c'est sûr que ce sera mardi, vers les onze heures.

Si ma lettre t'arrive assez tôt, tu pourras me préparer un poulet, si elle n'arrive pas assez tôt, ce sera pas perdus. Je n'aurais pas demander à partir, mais je ne suis pas faché car le pain n'est plus mangeable et mauvais à la santé, jamais on a vu çà[58].

54. Carte-lettre, format 14 × 11 cm, pliée en deux.

55. Carte-lettre, format 14 × 11 cm, pliée en deux.

56. La ferme familiale du hameau du Theil à Coulommiers est à 28 km environ de Meaux.

57. Carte-lettre, format 14 × 11 cm, pliée en deux.

58. De nouveau Maurice se plaint de la qualité du pain. Le pain de guerre, base de la ration du fantassin, varie en quantité et en qualité selon l'intendance. En 1917, le pain de guerre

Alors, je vais arriver pour 20 jours çà me fera jusqu'à la mi décembre[59].
Bien le bonjour à tous. Je termine en t'embrassant de tout cœur en attendant de plus près.
M. Gastellier

– Lettre 477 Le 14 décembre [19]17, *notre régiment à eu la fourragère*[60]

Chère mère
J'arrive à la 12e compagnie et je suis, ce matin, fatigué comme c'est toujours dans ces voyages car je t'assure qu'on en fait des voyages et des attentes pour nos trains. Je me suis rendus à Noisy et on m'a envoyé au Bourget où je me suis fait habillé et j'ai touché tout ce que je veux : capote, soulier et tricot, deux chemises et deux caleçons tout neuf. Je suis à quatre km de la ville au quatre S et le régiment va remonter en lignes[61]. Je crois que notre régiment à eu la fourragère, alors tu vois, çà sera sur le journal.
Voilà mon adresse : M. G. 12e comp. du 19e inf. CID Secteur 83[62].
Je t'embrasse de tout cœur.
Maurice
J'espère que tu es en bonne santé ainsi que René.

– Lettre 478 Le 16 décembre [19]17, *le régiment retourne demain en lignes*[63]

Chère mère
Je suis toujours ici et le régiment retourne demain en lignes. Je ne sais pas combien de temps que je resterai au CID, mais il est probable que lorsque le régiment descendera, qu'il faudra des renforts. Tu sais, j'ai un beau billet de 50 f. dans ma poche qu'on m'a donné en rendant cinq f. alors je vais acheter une lampe électrique, comme j'ai de l'argent et heureusement car tu sais, je n'ai rien touché à Coulommiers, mon oncle Ernest, même pas de saucisson. Pour moi, c'est ma tante qui y a fait peur car elle était là. Et au bureau de tabac, c'est la crise.
Je t'embrasse de tout cœur.
19e M. Gastellier 12e CID S.83.

---

fabriqué avec une farine moins pure est de mauvaise qualité, le taux d'extraction de la farine passant de 74 % en 1915 à 85 % en 1917. DUPUICH Jean-Jacques, *L'alimentation du soldat en 14-18*, Louviers, Ysec Éditions, 2012, p. 75.

59. « Sortie le 20 novembre 1917. » Certificat médical à l'hôpital Luxembourg à Meaux. Format 16 × 11 cm. Archives familiales.

60. Carte-lettre, format 14 × 11 cm, pliée en deux.

61. La ville au quatre S, la ville de Soissons.

62. Une formation technique militaire est dispensée dans les CID (Centre d'instruction divisionnaire) au sein de chaque division d'infanterie.

63. Carte-lettre, format 14 × 11 cm, pliée en deux.

– Lettre 479 Le 16 décembre [19]17, *vous me direz si les corbeaux vont dans le blé du champ Fromont*[64]

Chère mère

Alors, je te r'écris ce soir parce que je recevais une ~~lettre~~ première lettre de toi. Je me suis dit, c'est qu'il y a du neuf. Alors, le champ du Tir est labouré et ton foin est bottelé, tu vas le mener, c'est jours ci. Oui, si vous labourer le champ du bout du Theil, il ne faut pas mettre de luzerne car le bas est trop sale mais il ne faut pas arracher les fils de fer si on ne vous l'a pas dit car c'est sérieux. Maintenant, Chiquerille à fait affaire avec toi, 15 f. des mille, est-ce que çà ira. Vous me direz si les corbeaux vont dans le blé du champ Fromont.

Bonjour à René, je t'embrasse de tout cœur.

– Lettre 480 Le 18 décembre [19]17, *je prends la garde dans une gare*[65]

Chère mère

Je n'ai pas grand chose à te dire pour aujourd'hui, mais je peux tout de même dire qu'il fait bien froid avec neige et gelée[66]. Moi, je prends la garde dans une gare et il ne fait pas trop bon la nuit mais ce n'est pas à comparer au régiment qui est en lignes en ce moment. Hier, j'avais un point dans le dos comme jamais ce ne m'avait fait et tous çà, c'est des mauvais temps pour moi et pour ma tousse. Pour le moment, mon point est passé et vous j'espère que çà va. C'est toujours ton fumier qui doit t'embêter.

Bonjour à René.

Ton fils qui pense à toi. Maurice

– Lettre 481 Le 21 décembre [19]17, *il faudra des renforts*[67]

Chère mère

Je crois que René à oublié mes 24 ans, cette année car ils sont sonnés et je n'ai rien reçu. Ah ! oui, cette hiver qui s'annonce dure encore. Tu as réussi à vendre ton foin par la pluie et le brouillard, tant mieux il aura peser plus lourd car de ce temps là, c'est bien sec[68]. Que les blés ne fassent pas comme l'année dernière !

64. Carte-lettre, format 14 × 11 cm, pliée en deux.

65. Carte-lettre, format 14 × 11 cm, pliée en deux.

66. « Il fait froid, il neige et les routes couvertes de verglas rendent la marche difficile. Les deux villages de Terny et de Leury sont en ruines : nous ne trouvons, pour passer la nuit, que de misérables abris allemands démunis de tout moyen de chauffage. On y gèle. » FLOCH Marcel, *La longue marche du 19e RI de Brest pendant la première guerre mondiale, tome I, op. cit.*, p. 5.

67. Carte-lettre, format 15 × 11 cm, pliée en deux, couleur beige.

68. En période humide, le foin vendu au poids pesant plus lourd, rapporte plus.

Je crois que lorsque le régiment descendera, qu'il faudra des renforts car il doit y avoir des pieds gelés. Ah! çà sera terrible pour la 4e[69].

Je termine en t'embrassant de tout cœur.

Maurice 12e c.

– Lettre 482 Le 24 décembre [19]17, *les avions nous ont arrosés de bombes*[70]

Chère mère

Je reçois la lettre à Pietrement et celle de Bruneau mais elle n'était pas à moi, c'était marqué M. Gastellier cordonnier, c'était au boiteux. Il fait de plus en plus froid, çà nous gèle dans le nez et il faut un renfort, je ne sais pas si je serai de ceux là. Cette nuit, nous avons eu une pannique du diable, les avions nous ont arrosés de bombes et on s'est sauvés et couru de ce froid, toute la soirée. Il en est tombé à 20 mètres de moi, mais s'en faire de dégats, c'était étonnant. René est tombé avec son cheval[71].

Je termine en t'embrassant de tout cœur.

Maurice

– Lettre 483 Le 26 décembre [19]17, *des pays brulés*[72]

Chère mère

Nous voilà rapprocher des lignes pour y travailler mais je reste à la 12e car le renfort est parti d'aujourd'hui[73]. C'est toujours l'hiver, il y a de la neige, une bonne épaisseur et nous sommes dans des pays brulés. Je reçois ta lettre du 22. Je suis mieux que par ces temps de fortes gelés car j'avais des points et des douleurs a chaque instant. Comme je vois, tu ramasse de l'argent mais tous çà, c'est beau mais il faudrait la paix.

Enfin, pour le moment, je ne suis si mal qu'en ligne et après, si on pouvait aller au repos. J'espère que vous êtes en bonne santé. J'ai reçu mon colis, merci.

Je termine en t'embrassant de tout cœur.

Bonjour à René.

Maurice

69. La 4e année de guerre.

70. Carte-lettre, format 15 × 11 cm, pliée en deux, couleur beige.

71. Maurice ne donne pas de détail sur l'accident de René. La conduite du cheval de trait ne s'improvise pas et obéit à des règles de prudence qu'il convient de respecter sous peine d'accident, le cheval pouvant facilement prendre peur.

72. Carte-lettre, format 15 × 11 cm, pliée en deux, couleur beige.

73. Le régiment occupe le secteur de Landricourt-Courson, au nord de Soissons. « Dans le Bois de Mortier, nous ne sommes séparés de l'ennemi que par une simple clairière large de 200 mètres. » FLOCH Marcel, *La longue marche du 19e RI de Brest pendant la première guerre mondiale, tome I, op. cit.*, p. 5-6.

– Lettre 484 Le 28 décembre [19]17, *espérons la fin de cette guerre pour la nouvelle année*[74]

Chère mère

Je t'écris aujourd'hui pour t'envoyer de mes nouvelles et en même temps pour t'envoyer ainsi qu'à René, mes vœux de bonheur et de santé pour l'année que nous allons commencer. Et toujours la même chose, espérons la fin de cette guerre pour la nouvelle année et que je vous revienne pour toujours. En attendant, il fait de plus en plus terrible, on va travailler dans la plaine déserte, à l'arrière des lignes, çà vous coupe les oreilles et ce soir, c'est la neige, à outrance. Enfin, à part çà, je suis quand même en bonne santé et espère que ma lettre vous trouvera de même.

Bonjour à René. Je termine en t'embrassant de tout mon cœur.

Ton fils qui t'aime. Maurice

– Lettre 485 Le 1er janvier 1918, *qu'est-ce que vous faites avec les chevaux d'un temps pareil*[75] *?*

Chère mère

C'est aujourd'hui le jour de l'an, on n'a pas eu à se plaindre de la cuisine, deux oranges, un cigare, un litre de vin, café, et un quart de champagne, bifteck et frites. Mais tu sais, il ne fait toujours pas chaud, mais je me demande, qu'est-ce que vous faites avec les chevaux d'un temps pareil ? Tu diras à René que je le remercie de ses deux lettres et que je trouve qu'il cause bien et qu'il a un beau style. Il m'a dit aussi que tu n'aurais pas été contente si je n'avais pas fait le cidre. C'est vrai, si le cidrier n'est pas encore venu. Lambert n'est pas mal à Boissy, souhaite lui le bonjour et à René.

Je t'embrasse de tout cœur.

Maurice

Lettre d'Oscar, cousin de Maurice, adressée à Julia et René. Atteint de méniscite chronique (inflammation du ménisque articulaire) Oscar est affecté à la défense des aéronefs dans le 63e RAC par la commission de réforme d'Orléans du 22 novembre 1917, puis au 5e RAC le 4 décembre 1917[76].

– Lettre 486 Le 3-1-[janvier 19]18, *une drôle de vie*[77]

Chère Tante, chère René

Je m'empresse, peut-être un peu trop tardivement, à vous envoyer mes vœux et souhaits sincères pour une bonne et heureuse année ainsi qu'une santé mais surtout, le prompt rétablissement de la paix car je m'aperçois maintenant que c'est

74. Carte-lettre, format 15 × 11 cm, pliée en deux, couleur beige.
75. Carte-lettre, format 15 × 11 cm, pliée en deux, couleur beige.
76. Source Registre matricule.
77. Carte-lettre, format 15 × 11 cm, pliée en deux.

une drôle de vie que nous menons actuellement et principalement dans le secteur de Verdun et je souhaite à mon vieux René de rester le plus longtemps dans la vie civile ce qui est encore la meilleure. J'espère que Maurice se porte bien ainsi que vous même quand à moi ça ne va pas mal pour le moment mais je ne ris pas tous les jours principalement la semaine de Noël et Noël surtout. En attendant de vous voir prochainement.

Je vous embrasse. Oscar

Voici mon adresse O. Beaurepaire SRS= 31 Subsistant aaa. 162 Secteur postal 218.

– **Lettre 487 Le 7 janvier 1918,** *René est toujours à l'hôpital*[78]

Chère mère

Je t'écris, ce n'est pas pour ce que j'ai à te dire car notre vie est toujours la même et comme çà jusqu'à la libération[79]. Mais comme je sais que tu aimes bien savoir si je suis en bonne santé, tu n'as qu'à te dire, quand je ne t'écris pas, c'est que je suis en bonne santé et c'est comme çà, en ce moment, et j'espère que tu es de même.

René m'a écris, il est toujours à l'hôpital[80]. Dis moi ce que vous faites, si la rivière monte car il fait bien mauvais, à part cette nuit qu'il a gelé !

Je t'embrasse de tout cœur. Maurice

– **Lettre 488 Le 10 janvier [19]18,** *René [...]il aura des chances d'être réformé ou d'avoir une convalo*[81]

Chère mère

Je reçois ta lettre où tu me dis que tu as eu de la troupe. Encore, ils t'ont tout retourné, des troupes de passages, c'est toujours pareille, il vaut mieux des troupes qui restent[82]. Tu me dis qu'ils t'ont sorti le crosekil mais tu veux dire le rouleau car on n'a pas de crosekil[83]. Maintenant pour René, mais laisse le donc à l'hôpital, plus il y restera, plus il aura des chances d'être réformé ou d'avoir une convalo[84]. Du moment qu'il est soldat, et que tu ne peux l'avoir, il ne touche pas son prêt mais envoie lui quelques sous. C'est moi qui lui dit d'y rester où sans cela, il n'est pas si fénéant, plutôt gourmant, je croirais.

Je t'embrasse de tout cœur. Maurice

78. Carte-lettre, format 14,5 × 11,2 cm, pliée en deux.
79. Première fois que Maurice emploie le mot « libération ».
80. René hospitalisé à la suite de l'accident avec son cheval.
81. Carte-lettre, format 16 × 11 cm, pliée en deux.
82. Les troupes de passage réquisitionnent la grange pour une nuit ou plus dans la ferme familiale.
83. Le croskill, composé d'une série de disques métalliques enfilés sur un axe horizontal et indépendants, est un outil de travail du sol qui tasse le sol et brise les mottes, alors que le rouleau se contente de tasser le sol.
84. Maurice espère que René, blessé lors de sa chute avec son cheval, pourra être réformé.

– Lettre 489 Le 10 janvier 1918, *voilà qu'ils t'on mis des soldats, il ne manque plus que çà*[85]

Chère mère

Je viens de recevoir ta lettre du 6 qui m'embête bien de te savoir toujours malade et comme je vois Mauricette est encore pire que toi. Je sais bien que c'est le triste temps en ce moment, car moi, je tousse aussi un peu et pourtant le temps n'a pas souvent de prise sur moi, et pourtant je t'assure que je n'ai pas toujours chaud mais je pense plus à vous qu'à moi, car ~~moi~~, je préférerais être malade que vous, car j'irais où je serais mieux qu'ici ; et plus je serai ici, plus j'aurai de souvenir pour plus tard, tels que bronchite, douleurs etc. Et voilà qu'ils t'on mis des soldats, il ne manque plus que çà.

En espérant que ta santé soit meilleur, reçois mes meilleurs baisers. J'espère que René est en bonne santé.

Maurice

– Lettre 490 Le 12 janvier [19]18, *vivement la permission*[86]

Chère mère

Comme je vois, vous allez légèrement mieux, surtout Mauricette. Mais il faut espérer que ce temps meilleur va te remettre complètement ; çà sera assez de ton tourment avec tes soldats, car je vois que çà recommence encore. Moi, çà va bien, à part quelque bricole de temps en temps, comme des coliques, cette nuit mais c'est passé.

Vivement la permission que je retourne vous voir. Bonjour à René.

Ton enfant qui pense à toi. Maurice

– Lettre 491 Le 16 janvier [19]18, *vous devez pouvoir retravailler mais çà doit être moux*[87]

Chère mère

Je n'ai pas grand chose à te dire pour aujourd'hui mais je t'envoie tout de même de mes nouvelles qui sont toujours bonnes, comme j'ai l'habitude, tous les deux ou trois jours. Je ne sais pas quand je partirai au régiment mais pour l'instant, çà ne va pas trop mal, à part l'humidité qui me rend le mal de dents. Vous, j'espère que çà va et vous devez pouvoir retravailler mais çà doit être moux.

Bonjour à René. Adrien ne m'écris plus.

Ton fils qui t'embrasse de tout cœur. Maurice

85. Carte-lettre, format 15 × 11 cm, pliée en deux.
86. Carte-lettre, format 15 × 11 cm, pliée en deux.
87. Carte-lettre, format 16 × 11,5 cm, pliée en deux.

– Lettre 492 Le 17 janvier [19]18, *tu me fais rire*[88]

Chère mère

Je reçois ta lettre du 12 elles ne mettent maintenant guère que trois ou quatre jours. Il est question de partir d'ici mais on n'en sait davantage. Alors! Joseph est passé patron, comme je vois. Pour le champ à Prêta, si tu n'as pas grand chose à faire de ce temps là, du défriche, çà va bien; fais le, on prend quelques sous de plus que pour le labour[89].

Maintenant, changeons, tu me fais rire avec ton chuchotage que j'ai une connaissance, je voudrais bien car tu as l'air de dire que je suis encore jeune, mais je trouve que c'est la bonne âge et non à 30 ans, et une jeune fille de 18 à 20 ans. Alors, si tu m'en trouve une dans ces âges, tu pourras me la présenter, je n'en ai pas. Et si tu veux être rentière, c'est à toi à me pousser au contraire, à me marier au plus tôt[90].

C'est malheureux, pour René, d'être pareille, c'est comme çà dans le régiment, celui qui n'a pas de goût, on en a pas pour lui. Je voudrais être en perme avec lui, tu verrais, si je le dresserais. S'il ne se presse pas de trop, je peux y tomber[91].

Je termine en t'embrassant de tout cœur.

Ton enfant qui t'aime. Maurice

– Lettre 493 Le 19 janvier 1918, *le champ Fromont, on ne sait encore pas, qu'est-ce que sera le blé*[92]

Chère mère

Enfin, je crois que tu serais un peu mieux et espère même que ça va mieux tout à fait, maintenant.

Pourquoi qu'il y avait un timbre sur ma lettre que tu m'as envoyée le 14? çà me semblait drôle de voir un timbre de 0,15 dessus. Comme je vois, le champ Fromont, on ne sait encore pas, qu'est-ce que sera le blé! René n'aura pas fait grand chose dans ses champs depuis que je suis parti car il a toujours mauvais, mais il va y en mettre maintenant.

Je termine en t'embrassant de tout cœur.

Maurice

---

88. Lettre-enveloppe, format 16,2 × 10,7 cm, pliée en deux.

89. Maurice donne ses consignes pour les travaux de Joseph, l'ouvrier agricole de la ferme.

90. En parlant de « connaissance » de « jeunes filles » Maurice se projette déjà dans l'après-guerre.

91. Maurice souvent empreint d'une certaine rudesse à l'égard de son frère.

92. Carte-lettre, format 15,5 × 11,5 cm, pliée en deux.

– Lettre 494 Le 21 janvier 1918, *le temps est propice pour les blés*[93]

Chère mère

Je suis toujours au CID, car le régiment n'ayant pas de perte, il ne faut pas de renfort. Il y a deux caporaux de ma compagnie qui sont partis au 58e d'infanterie instruire la classe 18, tu me voie, si j'avais été caporal et qu'on m'ai envoyé au Theil. Ils iront peut être te voir s'ils sont au Theil. Je suis en bonne santé et vous pense également. Qu'est-ce que vous faites, le temps est propice pour les blés et pour les labours. Je pense que René en jette un coup au labour et tu lui souhaiteras le bonjour.

Je termine en t'embrassant de tout cœur.

Maurice

– Lettre 495 Le 24 janvier [19]18, *tes soldats te font du potin*[94]

Chère mère

Tu reçois bien mes lettres mais il y a des jours que je ne me rappelle pas depuis quand je t'ai écris et je peux être un peu plus longtemps. Et ici, comme c'est bien calme, je ne t'écris pas si souvent, en moyenne tous les trois jours ! Comme je vois, tu ne me dis pas que çà va mieux tout à fait et pourtant, le travail est favorable. Tes soldats te font du potin, mais jusqu'à l'extinction, il n'y a rien à dire. J'ai toujours pas mal d'argent et ne souffre pas en ce moment, mais çà durera t'il ?

Bonjour à ton premier commis et à ton 2e (Duru)[95]

Ton enfant qui t'embrasse de tout cœur.

Maurice

– Lettre 496 Le 25 janvier [19]18, *je viens de recevoir ma citation*[96] (*ill. 37*)

Chère mère

Je t'écris, aujourd'hui, les autres jours, je ne sais quoi te raconter car c'est toujours pareil mais aujourd'hui, je viens de recevoir une paperasse.

Je ne sais pas si je t'avais dit qu'à Hurtebise, j'avais été proposé pour la croix de guerre, et comme le lieutenant avait été tué, c'était tombé à l'eau. Mais çà vient d'être retrouvé et je viens de recevoir ma citation pour mon ancienneté, ma belle attitude au feu et mes blessures.

Alors, tu me vois en perme, fourragère, croix de guerre, insigne de blessé, il ne me reste plus que d'y aller et j'aurais 12 jours, deux en plus, pour la citation.

Je termine en t'embrassant.

Maurice

93. Carte-lettre, format 15,5 × 11,5 cm, pliée en deux.

94. Carte-lettre, format 15,5 × 11,5 cm, pliée en deux.

95. Premier commis de ferme, une façon un peu rude de nommer René son frère.

96. Carte-lettre, format 15,5 × 11,5 cm, pliée en deux.

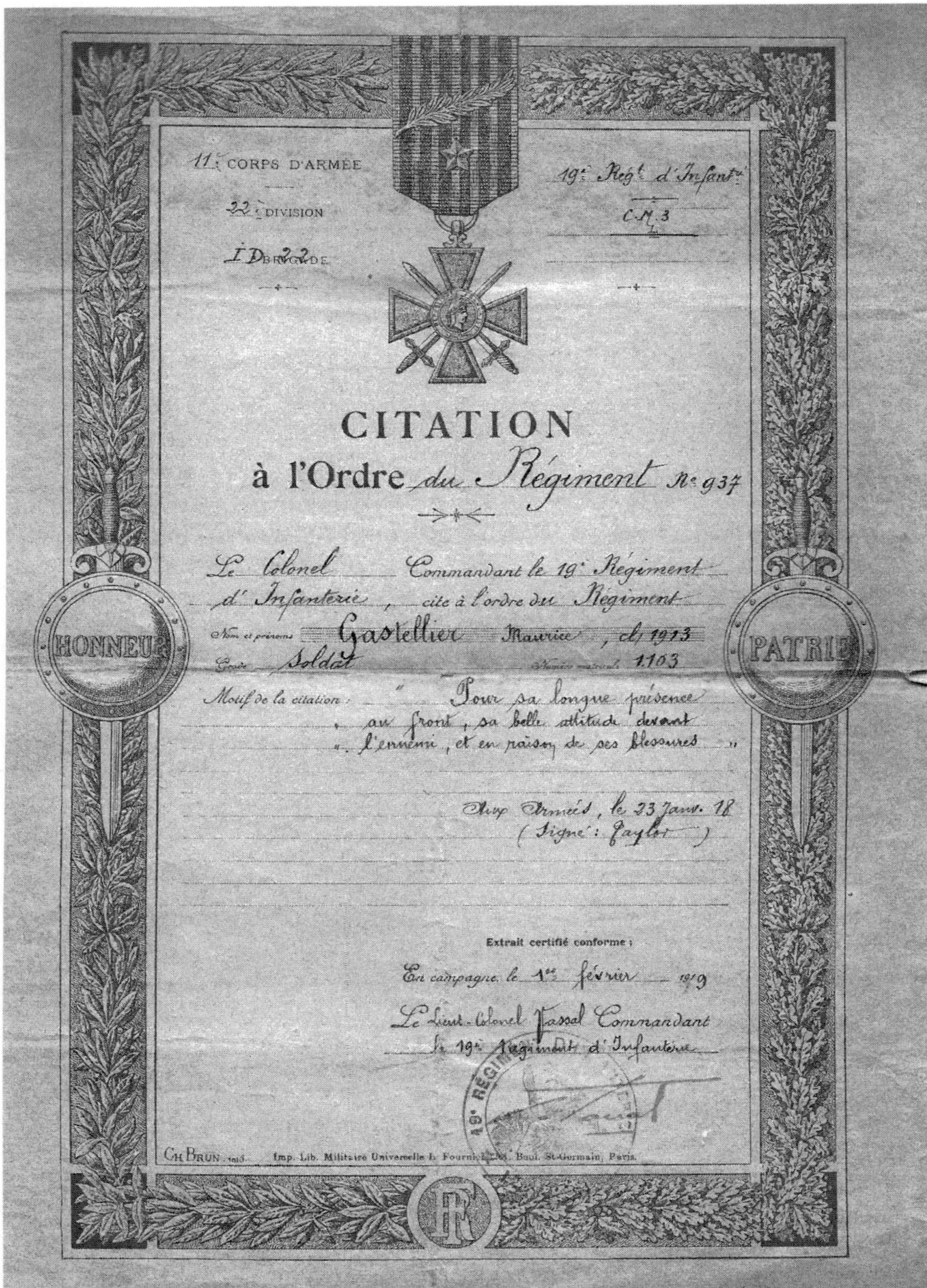

11e CORPS D'ARMÉE

22e DIVISION

I D 22 BRIGADE

19e Régt d'Infantie

C.M.3

CITATION

à l'Ordre du Régiment N° 937

Le Colonel Commandant le 19e Régiment d'Infanterie, cite à l'ordre du Régiment

Nom et prénoms Gastellier Maurice, cl. 1913

Grade Soldat Numéro matricule 1103

Motif de la citation : « Pour sa longue présence au front, sa belle attitude devant l'ennemi, et en raison de ses blessures »

Aux Armées, le 23 Janv. 18

(Signé : Gaylor)

Extrait certifié conforme :

En campagne, le 1er février 1919

Le Lieut-Colonel Fassal Commandant le 19e Régiment d'Infanterie

Ill. 37. Après trois ans de guerre, première citation attribuée à Maurice Gastellier « pour sa présence au front, sa belle attitude devant l'ennemi et en raison de ses blessures », 23 janvier 1918 (Archives familiales, DR).

– Lettre 497 Le 26 janvier 1918, *on m'envoie en ligne*[97]

Chère mère

Avant hier, on me donne une citation, qui me vaut deux jours en plus pour ma prochaine perme ; hier, c'est la fourragère qui me vaut deux jours pour la 2e perme que j'aurai, alors ce n'est pas près.

J'espère que la paix sera revenue d'ici là. Mais aujourd'hui, c'est autre chose, on m'envoie en ligne et demain je te dirai ma nouvelle adresse, je vais tacher d'aller à la 9e.

Je termine en t'embrassant de tout cœur.

Maurice

97. Carte-lettre, format 15,5 × 11,5 cm, pliée en deux.

Chapitre 11
La guerre de mouvement (février-août 1918)

Le débarquement des troupes américaines s'accélère dans les ports de l'Atlantique. Les premières unités font leur apprentissage aux côtés des forces française et britannique. L'impatience est grande de voir l'armée américaine intervenir tant les rangs des armées française et anglaise s'éclaircissent.

– L'instruction du *104th US Infantry Regiment*

Le 19e RI participe à l'instruction du *104th US Infantry Regiment* commandé par le général Shelton et se positionne, le 9 février 1918, dans les Bois de Mortier et de Quincy, au nord de Soissons. Maurice se félicite de leur arrivée : « nous allons avoir des voisins, les américains mais pas assez car il en faudrait pour nous remplacer » (lettre du 5 février 1918). Gaston Mourlot, du 62e RI, indique « la visite d'officiers américains du génie » (carnet de guerre du 5 février 1918) après avoir regretté leur arrivée tardive : « ils ne viendront sur le front que lorsque nous serons complètement réduits à l'état le plus rachitique qu'il soit » (carnet du 16 novembre 1917)[1].

Après qu'un obus soit tombé près d'eux, Maurice s'étonne de leur empressement à prendre des photos : « ils [les américains] voulaient photographier le trou et la cabane comme souvenir » (lettre du 7 février 1918). Le sous-lieutenant Joseph Cadiou, du 19e RI, décrit : « la bonne et saine camaraderie » entre les troupes américaine et française[2]. Conformément aux consignes d'instruction et de jumelage entre les deux régiments, le secteur reste sous commandement du

1. MOURLOT Gaston, *Un ouvrier-artisan en guerre…*, *op. cit.*, p. 345 et 357.

2. « On fait popote commune, on échange de vieux boutons, des douilles d'obus, de petits objet de fabrication poilutique française contre de beaux produits américaines et de bons paquets de cigarettes américaines. » FLOCH Marcel, *La longue marche du 19e RI de Brest pendant la première guerre mondiale, tome II,* Amicale du 19e RI de ligne, ISBN 2-9527668-0-0 ISBN 978-2-9527668-0-07, p. 19.

colonel Taylor : « les mitrailleurs américains seront seulement amenés en première ligne après trois jours passés en position de soutien[3] ».

– La bataille de l'Avre

Une première offensive allemande, la bataille de l'Empereur, est engagée, le 21 mars 1918. La Kaiserschlacht enfonce les lignes britanniques à Saint-Quentin et menace la liaison entre les armées anglaise et française. L'aviation allemande intervient massivement. En cantonnement dans la région de Lagny-sur-Marne, Maurice mentionne l'explosion provoquée par « les gothas » (lettre du 20 mars 1918), les bombardiers biplans allemands capables de transporter des charges explosives sur de grandes distances. La guerre aérienne gagne en intensité. Des appareils de plus en plus nombreux sont engagés, ce qui provoque des explosions comme celle de la Courneuve au nord-est de Paris[4].

À peine arrivé au repos dans la banlieue de Paris, le 19e RI embarque en camions le 23 mars au petit matin pour rejoindre le lendemain, Rethonvillers et Balâtre au nord-est de Roye[5]. Le régiment marche sur Nesles le 25 mars avec l'ordre de s'en emparer. La mission est impossible tant la déferlante allemande est massive. La 22e DI composée des 19e, 62e et 118e RI se retrouve seule, sans appui, sans soutien de l'artillerie. Les hommes manquent de munitions. Le sous-lieutenant Joseph Cadiou écrit : « Nous sommes livrés à nos moyens d'infanterie [...] notre propre artillerie n'est pas encore arrivée[6] » (***carte 12***).

– La 4e blessure à Roye (26 mars 1918)

Blessé le 26 mars à la sortie de Roye, Maurice détaille longuement son errance sur la route de Montdidier durant 24 heures « je reçois une balle de mitrailleuse dans la jambe droite [...] pas d'ambulance, il a fallu que je me débrouille pour aller à Montdidier, 16 km et je ne pouvais de moins en moins marcher, je sautais d'une patte sur un camion qui se sauvait et j'étais sans pansement [...] j'ai encore la bonne blessure » (lettre du 28 mars 1918). Les bombardements redoublent ; les infirmiers sont débordés par l'abondance des blessés et le manque de véhicules sanitaires[7]. Gaston Mourlot, dans la compagnie 11/52 du génie attachée à la 22e DI, écrit : « c'est la panique en grand[8] » (carnet du 26 mars 1918).

---

3. Le détail des consignes figure dans l'ordre de relève du colonel Taylor du 7 février 1918, *ibid.*, p. 19-20.
4. *Ibid.*, p. 26.
5. Rethonvillers et Balâtre, situés dans le canton de Roye, l'arrondissement de Montdidier (Somme).
6. *Ibid.*, p. 31.
7. *Ibid.*, p. 36-37.
8. MOURLOT Gaston, *Un ouvrier-artisan en guerre...*, *op. cit.*, p. 376-377.

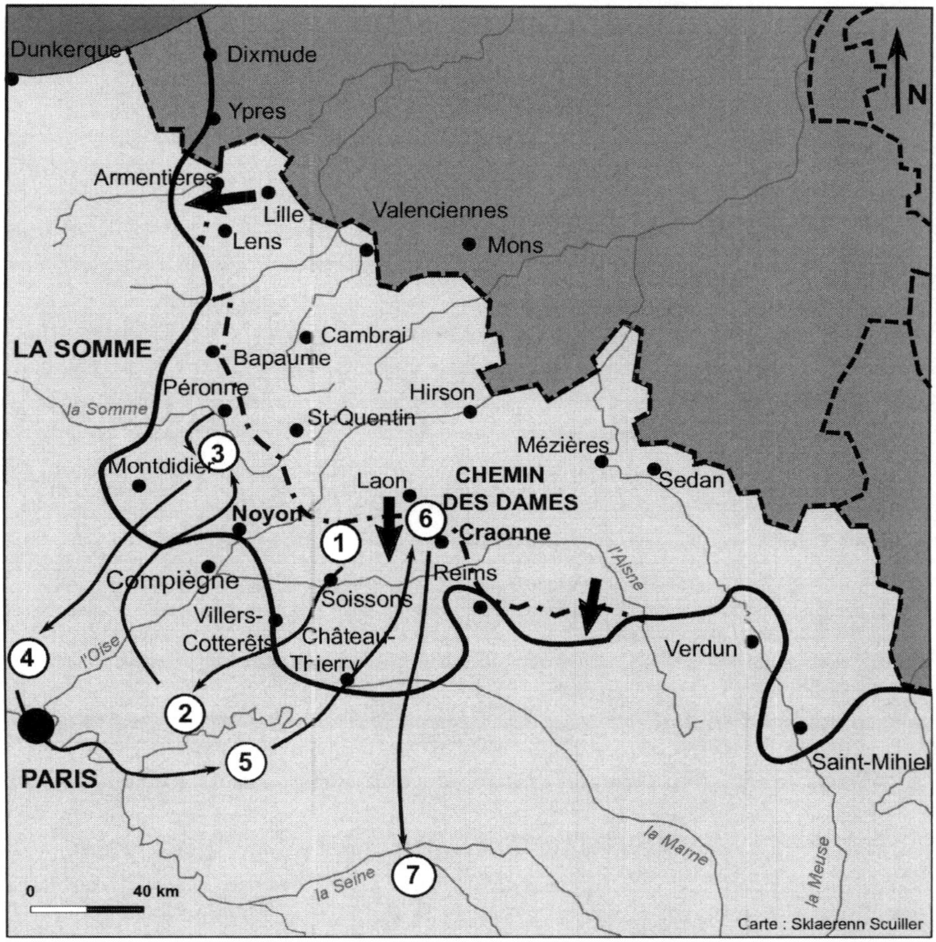

① 8 déc. 1917-10 mars 1918 : au CID de la 22e DI, en ligne dans le secteur de Courson.
② 10-23 mars 1918 : relève et repos dans les environs de Pomponne.
③ 25-26 mars 1918 : combats retardateurs face à l'offensive allemande entre Nesle et Roye dans la Somme. Blessure à Roye le 26.
④ 28 mars-23 avril 1918 : évacuation et hospitalisation à Rouen.
⑤ 23 avril-9 mai 1918 : permission et convalescence au Theil.
⑥ 10 mai-27 mai 1918 : retour dans le secteur du Chemin des Dames, affecté au CID de la 22e DI.
⑦ 27 mai-5 juin 1918 : le 19e RI est anéanti lors de l'offensive allemande du 27 mai sur le Chemin des Dames. Les rescapés se replient en direction de Romilly-sur-Seine, par Dormans et Sézanne.

Offensives allemandes du printemps 1918.
Front mi-mars 1918.
Front début juin 1918.

Carte 12. Le 19e DI face aux offensives allemandes du printemps 1918 : Somme et Chemin des Dames (mars-juin 1918).

« Il [le 19e RI] n'a plus de munitions : cinq cartouches par homme au 3e bataillon » écrit le commandant Cordon[9]. Le colonel Taylor exhorte son arrière-garde : « Tenez, tenez coûte que coûte, jusqu'à l'arrivée des renforts[10]. » L'arrivée du 35e régiment d'artillerie et de la 70e DI permet d'arrêter l'avance allemande sur la route Roye-Montdidier. Le 30 mars, le régiment, réduit de plus de moitié, est mis à disposition de la 38e DI. Le colonel Taylor mentionne : « pertes : 600 hommes, 100 de plus qu'à Laffaux et Hurtebise [...] nous ne cessions d'être encerclés [...] on n'avait ni artillerie, ni munitions[11]. »

– À l'hôpital de Rouen

La correspondance, avec une dizaine de lettres mensuelles en début d'année, diminue avec son séjour de quatre semaines à l'hôpital et sa cinquième permission de convalescence[12] (***graphique 12***).

De son lit à l'hôpital de Rouen « un hôpital civil un peu catholique où l'on fait le jour sans viande mais qui valle mieux que ceux militaire où l'on est si mal, comme celle de Meaux » (lettre du 29 mars 1918), il s'inquiète pour les « poux » des chevaux de la ferme (lettre du 5 avril 1918). Les conditions économiques se durcissent avec le rationnement : le pain, le lait, le chocolat et le sucre sont taxés[13]. Maurice anticipe sur sa ration de pain lors de sa prochaine permission au Theil : « J'espère avoir 600 g de pain, moi, car avec 400 g, çà n'irait pas » (lettre du 18 avril 1918).

– La 3e bataille de l'Aisne

Le 11 mai 1918, Maurice retrouve le Chemin des Dames pour la troisième fois. La 22e DI occupe un front de 14 km, de Moussy-Verneuil à Craonnelle[14]. L'objectif de Ludendorff est d'engager une attaque décisive contre les forces britanniques avant l'arrivée massive des troupes américaines. La supériorité numérique et la mise en œuvre d'une artillerie puissante combinée à une mobilité accrue de l'infanterie équipée de mitrailleuses légères doivent faire la différence.

Cette cinquième offensive allemande en quelques semaines, de six divisions soit 54 000 hommes, est lancée sur un point faible du dispositif français : 9 500 fantassins français – neuf bataillons des régiments actifs et neuf bataillons des territo-

9. FLOCH Marcel, *La longue marche du 19e RI de Brest pendant la première guerre mondiale, tome II*, *op. cit.*, p. 44.

10. DURET Alfred et CATTA Tony, *Le colonel Taylor*, *op. cit.*, p. 214.

11. FLOCH Marcel, *La longue marche du 19e RI de Brest pendant la première guerre mondiale, tome II*, *op. cit.*, p. 50.

12. Les convalescences successives de Maurice représentent 80 % du total des permissions.

13. Des tickets de rationnement pour le pain sont institués attribuant une quantité en fonction de l'âge et de la situation professionnelle et familiale : 100 grammes pour les enfants de moins de 3 ans, 400 grammes pour les travailleurs de force.

14. Moussy-Verneuil et Craonnelle, situés dans le canton de Craonne, l'arrondissement de Laon (Aisne).

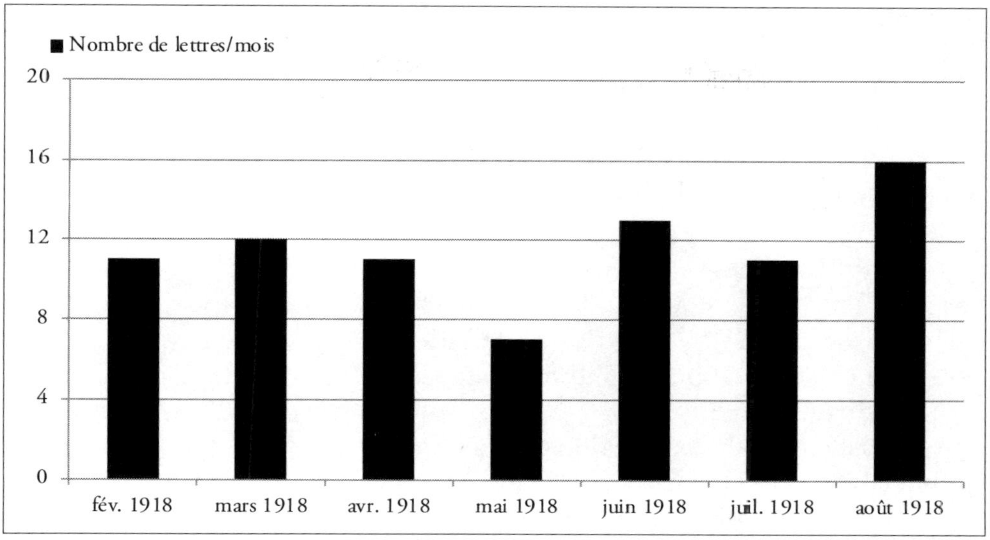

Graphique 12. Évolution de la correspondance de février à août 1918.

riaux – le 62e RI de Lorient au centre, le 118e RI de Quimper à droite et le 19e RI à gauche, les renforts pour reconstituer les régiments décimés par la grippe espagnole étant insuffisants[15].

Sur le Chemin des Dames, l'attaque allemande est déclenchée le 27 mai. Le succès est foudroyant, le 19e RI, à l'instar de la plupart des unités de la 22e DI et du 11e corps d'armée, est balayé en quelques heures. L'éperon de Vaumaires est pris et les derniers îlots de résistance sont rapidement encerclés. Le colonel Taylor, à la tête d'une vingtaine d'hommes et officiers – le reste de deux bataillons du régiment – est tué sous un feu de mitrailleuses. Tous les JMO du régiment sont perdus et les historiques des 62e et 118e RI indiquent la supériorité tactique allemande : « L'infanterie allemande est allégée au maximum, elle est capable d'allure très vive [...] évolue avec souplesse, utilise ses mitrailleuses légères par la combinaison du feu et du mouvement[16]. »

Les troupes allemandes reprennent le fort de La Malmaison et franchissent l'Aisne le 29 mai. Elles s'emparent de Soissons et atteignent la Marne à Château-Thierry le 1er juin. Maurice dicte ses directives à sa mère quand les troupes allemandes menacent la Seine-et-Marne : « Si çà recommence, montez vos voitures comme il faut » (lettre du 4 juin 1918). Il fait part du rapport de force inégal : « j'en vois des cruelles depuis quatre jours » (lettre du 1er juin 1918), « on était un contre peut être 10 et pas un canon » (lettre du 4 juin 1918). C'est le 27 mai que le lieutenant Paul Cocho, du 74e RIT, est blessé et fait prisonnier :

15. DURET Alfred et CATTA Tony, *Le colonel Taylor*, *op. cit.*, p. 235.
16. *Historique du 62e Régiment d'infanterie (1914-1918)*, Paris, Charles-Lavauzelle, 1920, p. 39. *Historique du 118e Régiment d'Infanterie (1914-1918)*, Paris, Fournier, 1923, p. 38.

« Nous autres, qui le tenions ce chemin des Dames, nous savions bien qu'il n'était guère défendu. La densité d'occupation avait été très réduite : un régiment tenait le secteur occupé par deux ou trois autrefois [...] Maintes fois, durant mon séjour au 19e avec le colonel, j'ai entendu des officiers supérieurs expérimentés, émettre l'avis que le Chemin des Dames était à la merci d'une attaque sérieusement montée en force par l'ennemi[17]. »

– La 22e DI exangue

La 22e DI est réduite à l'échelle d'un bataillon : « nous ne sommes plus 500 » note dans son carnet de guerre Gaston Mourlot qui évalue à une soixantaine, les rescapés du 62e et à 250 au grand maximum, ceux du 118e RI[18]. Les pertes du 19e RI se montent à plus de 1 600 hommes, soit plus de la moitié des effectifs : « il y a une malheureuse division déployée sur un front de 14 kilomètres, décimée par le feu, qui lutte à un contre dix, contre les meilleures troupes d'Allemagne, appuyés par une artillerie formidable [...] jamais peut-être le 19e n'a connu un pareil désastre[19] ».

Du fait du changement dans les modes de recrutement et d'affectation des renforts, le régiment n'est plus « breton » que par le lieu où son dépôt reste implanté, les effectifs ayant été, du fait des pertes, tant de fois renouvelés et, surtout, de moins en moins à partir du dépôt du 19e RI. La proportion des morts du régiment originaires de la Bretagne en mai-juin 1918 est tombée à 32 % même si le Finistère est le plus représenté[20].

Les 29 et 30 mai, la division se replie. Les débris du régiment, moins de 100 combattants, cantonnent à Montmirail. Exténués, « pendant deux jours, ils ont dormi, dormi[21] ». Maurice écrit des lettres courtes : « Notre régiment a été complètement anéantie [...] on était un contre peut être dix et pas un canon [...] On part pour Romilly-sur-Seine, 26 km demain à pied » (lettres du 4 juin 1918). De nombreux renforts provenant d'un régiment dissous, le 252e RI, le reconstituent *ex nihilo* ou presque, sous la direction de son nouveau chef, le lieutenant-colonel Vassal.

– L'Hartmannswillerkopf (*carte 13*)

Maurice indique son embarquement à Arcis-sur-Aube à destination de la frontière : « Depuis le temps que je parlais d'aller en Allemagne, m'y voilà [...] nous sommes en face Thann » (lettre du 15 juin 1918). Le régiment débarque au

17. Sur cette journée du 27 mai voir COCHO Paul, *Mes carnets de guerre et de prisonnier...*, *op. cit.*, p. 122-123.

18. MOURLOT Gaston, *Un ouvrier-artisan en guerre...*, *op. cit.*, p. 398.

19. FLOCH Marcel, *La longue marche du 19e RI de Brest pendant la première guerre mondiale*, *tome II*, *op. cit.*, p. 88.

20. Sur cette question voir le blog de Sophie Carluer. [http://19emeri.canalblog.com] 31 janvier 2022.

21. *Ibid.*, p. 95.

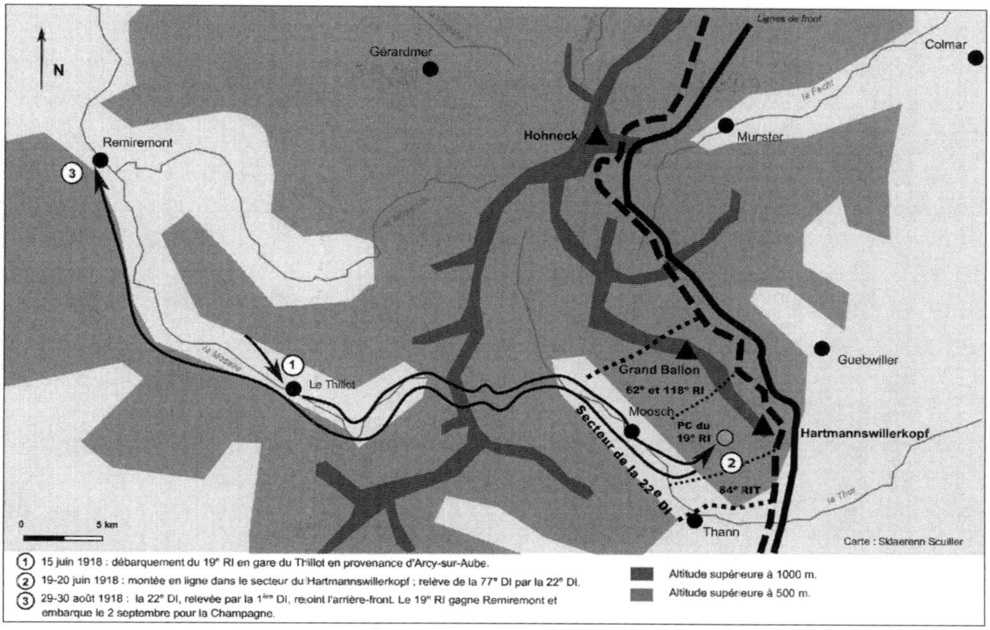

Carte 13. Le 19e RI dans le secteur de l'Hartmannswillerkopf (juin-août 1918).

Thillot, franchit la frontière située sur la ligne de crêtes des Vosges pour pénétrer en Alsace par le col de Bussang et relève la 77e DI dans la nuit du 19 au 20 juin.

Maurice est impressionné par les montagnes « On voit les nuages tomber sur les montagnes » (lettre du 17 juin 1918). Il code sa position : « prendre le petit nom du plus jeune à Berteaux, après le pays où reste Chatton où l'on allait chercher ses betteraves, et ensuite mettre Koff » (lettre du 29 juillet 1918), ce qui signifie : Armand-Villers-Koff pour Hartmannswillerkopf, surnommé Viel Armand par les poilus. Il renouvelle son message codé à René : « Maman n'a pas compris » (lettre du 7 août).

Ce massif montagneux, culminant à 956 m, occupé par les troupes allemandes dès janvier 1915, est l'objet de combats meurtriers durant toute l'année 1915. Durant l'été 1918, ce front est calme, les troupes allemandes et françaises se retrouvant face à face sur les mêmes positions qu'en janvier 1915.Ce qui n'exclut pas des bombardements et l'utilisation de gaz : « Hier, les Boches ont fait un coup de main sur nous, sans réussir » (lettre du 22 août).

– Les avoines et le blé de mars

Saison après saison, Maurice se soucie de l'avancement des travaux et de l'entraide entre voisins : « Comment vous charrirer le fumier du tir, avec Bruneau qui a labouré son champ ? » (lettre du 27 février 1918), « il va être le moment de faire les avoines et le blé de mars » (lettre du 7 mars 1918), « vous devez avoir chaud à échardonner » (lettre du 22 mai 1918).

– La gare de Coulommiers bombardée

Maurice indique la suppression des « perms » avec la « nouvelle offensive » (lettre du 18 juillet 1918), la seconde bataille de la Marne. C'est le début de la grande contre-offensive alliée destinée à repousser les troupes allemandes au nord de la Marne. Son inquiétude est grande, alors que la gare de Coulommiers est bombardée les 31 mai et 15 juillet 1918 avec des obus de 45 et de 75 : « Qu'ils nous mettent pas le feu dans nos beaux champs de blé » (lettre du 20 juillet 1918)[22]. Il réprimande son frère sur le déroulement de la moisson : « nous avons beau être pris tous les ans, il faut encore que vous coupiez de la moisson d'avance » (lettre du 7 août 1918).

– Le carnet de pécule

Maurice envoie son carnet de pécule à sa mère lui en détaillant le mécanisme : « Je t'envoie aujourd'hui mon carnet de pécule que tu voudras bien mettre de côté, avec mes lettres si tu veux, dans ma boite il y a 28 f. dessus et j'en ai un, ici qu'il y a 100 f. dessus mais il n'est pas fini. Toute cette argent sera payée après la guerre, alors conserve çà. Maintenant, on gagne un peu plus cher, nous avons 3 f. par jour, quand nous sommes en lignes mais on ne touche que 1 f. et le reste est sur le carnet de pécule (au repos nous avons 0,25) » (lettre du 3 août 1918).

Le pécule de guerre, mis en place en 1917-1918, est payable au moment de la libération des militaires ou, en cas de mort ou de disparition, à leur veuve ou ayant droit. La moitié des payes de guerre est versée en espèces aux combattants, l'autre moitié est versée sous forme d'apposition de timbres sur un carnet de pécule destiné à constituer une épargne pour les combattants. Des timbres spéciaux d'anciennes figurines retirées du service des retraites ouvrières et paysannes ont été aménagés avec la mention « pécule de guerre » et l'indication de la valeur : un fr (petit modèle couleur verte), deux fr (petit modèle couleur rouge), cinq fr, 10 fr et 20 fr (grand modèle couleur violette) et sont apposés sur le carnet de pécule par l'administration militaire[23].

– Quand René va-t-il partir ?

Maurice s'inquiète de l'avancement de la moisson : « j'espère que c'est la dernière que tu fais sans moi » (lettre du 21 août 1918) et du rappel de René au 31e RI dans le service auxiliaire, sa réforme n'étant que temporaire : « c'est René que je voudrais savoir s'il doit partir bientôt » (lettre du 25 août 1918).

---

22. RICHARD Yves, *Coulommiers*, Étrépilly, Les Presses du Village, 2000, ISBN 2-84100-2322, p. 156.

23. Sur cette question voir *Cahier nº 1 septembre 2009, Cercle d'étude de la philatélie fiscale*, 66 rue Garibaldi, 75015 Paris, p. 35.

– **Lettre 498 Le 27 janvier [19]18,** *le secteur est calme pour l'instant, mais çà durera-t-il*[24] *?*

Chère mère

Je suis arrivé en première ligne mais je n'ai pu aller à mon ancienne compagnie, la 9e et je suis versé à celle que j'étais, il y a un an et demi ; voilà mon adresse M. Gastellier 19e infanterie 11e cie Secteur 83. Donne mon adresse à la famille, surtout à Mauricette en attendant que je leur écrive. Le secteur est calme pour l'instant, mais çà durera-t-il ? Enfin, que vous soyez en bonne santé comme moi, c'est tout ce que je vous souhaite mais comme je vois, tu ne vas encore pas trop bien.

Je termine en t'embrassant de tout cœur.

Maurice

– **Lettre 499 Le 31 janvier [19]18,** *de ce temps là, çà doit aller à travailler*[25]

Chère mère

Je t'écris en ce moment au petit poste, ainsi tu vois qu'il faut que le secteur soit calme car jamais je n'ai écris étant de faction. Il ne m'empêche pas entre chaque ligne, de jeter les yeux en face de moi, voir si les voisins ne viendraient pas m'embêter. Tu peux mettre ma nouvelle adresse de côté, M. G. 11e comp du 19e S. 83. Il ne fait toujours pas chaud la nuit et maintenant, voilà le temps couvert, que çà ne soit pas de la neige. Je crois qu'on est là pour un bout sans aller au repos. Et vous, que faite vous ! de ce temps là, çà doit aller à travailler. Maintenant, je me demande si tu vas mieux et René, il tient bon.

Je termine en t'embrassant de tout cœur.

Maurice

– **Lettre 500 Le 3 février [19]18,** *notre coin cogne un peu en ce moment*[26]

Chère mère

Comme je vois, Oscar[27] est mieux que moi en ce moment, s'il est en perme et moi je suis toujours en première ligne, après çà sera Adrien et moi ensuite dans deux petits mois. Tu as vu a Paris, on les entend bien passer la nuit, çà a été le tour aux nôtres qui sont partis à leurs tours. Notre coin cogne un peu en ce moment. Comme je vois les blés sont beaux. Il fait un temps épatant mais comme je vois, çà ne te guéri pas encore tout à fait. Que ma lettre nous trouve comme elle me quitte.

Ton enfant qui t'aime de tout cœur.

Maurice

24. Carte-lettre, format 15,5 × 11,5 cm, pliée en deux.
25. Carte-lettre, format 15,5 × 11,5 cm, pliée en deux.
26. Carte-lettre, format 15,5 × 11,5 cm, pliée en deux.
27. Oscar, le cousin de Maurice, au 5e RAC.

– Lettre 501 Le 5 février [19]18, *nous allons avoir des voisins, les américains*[28]

Chère mère

Je reçois ta première lettre de la 11e, celle du 2 février. Tu mets ton adresse trop en gros, et on le met à l'envers, comme çà on ne confont pas. J'ai quand même des copains à la 11e mais j'aurais préféré la 9e quand même. Tu me diras combien tu touche de pain et René aussi, moi je sais bien que je ne crèverai pas de faim en perme et je voudrais bien y être. Cà doit aller bien a labourer. Pour l'instant, on est toujours en première ligne et nous allons avoir des voisins, les américains mais pas assez car il en faudrait pour nous remplacer.

Ton enfant qui t'embrasse de tout cœur.

Maurice

– Lettre 502 Le 7 février [19]18, *un bombardement du diable*[29]

Chère mère

On se paye quelque chose comme première ligne, encore pour une bonne semaine et çà y cogne assez souvent. Ce matin, nous avons eu de la misère, un bombardement du diable, un obus est tombé à l'entrée de notre gourbit (cabane), il n'y a rien eu de touché[30]. Les américains ne sont pas habitués, ils voulaient photographier le trou et la cabane, comme souvenir, ils auront belle. Mais nous l'avions déjà rebouché. J'espère que vous êtes, comme moi, en bonne santé.

Bonjour à René.

Ton enfant qui t'embrasse de tout cœur.

Maurice

– Lettre 503 Le 10 février [19]18, *toujours en première ligne*[31]

Chère mère

Pas grand chose de neuf, toujours en première ligne et encore pour une petite semaine, çà fera une bonne tournée, on pourra aller au repos. Nous sommes avec ces nouveaux alliés, je ne sais pas ce qu'ils feront, on verra çà à l'avenir. Je pense que vous êtes en bonne santé, moi çà va toujours bien mais commence à me fatiguer des nuits sans beaucoup dormir. Je vais te quitter en t'embrassant de tout cœur ainsi que René.

Bonjour à Joseph.

Maurice 11e com

---

28. Carte-lettre, format 15,5 × 11,5 cm, pliée en deux.

29. Carte-lettre, format 15,5 × 11,5 cm, pliée en deux.

30. Le gourbi désigne un abri de fortune en planches. C'est un terme d'origine arabe dialectal algérien, utilisé par les troupes du Maghreb et passé dans le langage des poilus.

31. Carte-lettre, format 13,5 × 10,2 cm, pliée en deux.

– Lettre 504 Le 12 février [19]18, *devant moi, il n'y a plus personne, que les boches*[32]

Chère mère

Je reçois tes lettres en ce moment, avec un peu de retard. Oui, je suis où tu penses, mais un peu au nord, à environ 19 km[33]. Je suis toujours en première ligne, je pense que lorsque tu recevras cette lettre, que çà sera ma dernière journée, après j'irais au petit repos. Je sais qu'Adrien est en perme, depuis un peu, il m'a écris sa nouvelle adresse, et rien qu'à voir l'adresse, je vois qu'il n'est pas si malheureux que moi, il ne craint que les obus et encore c'est tout à peine mais moi, je suis toujours le pauvre, devant moi, il n'y a plus personne, que les Boches[34]. Je crains les obus, en plus les balles, les grenades, d'être prisonnier, d'être enfiler par les Boches, jamais tranquille, tout en étant dans un secteur, **pas trop**! mauvais. Comme je vois, vous ne valez pas cher, surtout René, enfin, meilleur santé à tous.

Ton enfant qui t'embrasse de tout cœur.

Maurice

– Lettre 505 Le 14 février 1918, *çà serait gai, s'il ne tombait pas toujours ces obus*[35]

Chère mère

Enfin, c'est demain, jamais je n'aurai fait si longtemps sans quitter. Le temps est humide en ce moment mais çà n'empêche pas d'entendre les oiseaux chanter comme au mois de mai, çà serait gai, s'il ne tombait pas toujours ces obus. Pourquoi achète tu encore une rateleuse, mais l'autre va bien pour ce que l'on a, et après l'autre restera encore là[36]. Ma tante Angèle m'a écris mais a été longue à me répondre; et Liliane, çà ne doit pas aller les affaires car elle ne m'écris pas souvent en ce moment. C'est toujours ce bonsang de fermier qui t'embête.

Je termine en vous embrassant de tout cœur.

Maurice

– Lettre 506 Le 16 février 1918, *au repos pour quatre ou cinq jours*[37]

Chère mère

Enfin, nous voilà au repos pour quatre ou cinq jours et pas loin, dans des carrières où il ne fait pas clair et pas seulement d'air, pas de civils. Ce n'est pas çà,

32. Carte-lettre, format 13,5 × 10,2 cm, pliée en deux.

33. Le régiment est dans les bois de Quincy et de Mortier, à une vingtaine de kilomètre au nord de Soissons.

34. Dans le bois de Mortier, « Nos lignes ne sont séparées, dans la partie nord, que par une simple clairière. » FLOCH Marcel, *La longue marche du 19ᵉ RI de Brest pendant la première guerre mondiale, tome II, op. cit.*, p. 25.

35. Carte-lettre, format 13,5 × 10,2 cm, pliée en deux.

36. La râteleuse, outil tiré par un cheval pour ramasser le foin.

37. Carte-lettre, format 13,5 × 10,2 cm, pliée en deux.

après 20 jours de 1re ligne, tu vois. Je suis en bonne santé et vous espère de même. Maintenant pour le fumier, c'est ennuyeux de ne pas en avoir ; pour le blé de mars, on en met qu'un petit demie, surtout aux gué des îles que çà verse toujours[38]. Je n'irai en perme que pour Pasques, c'est à dire dans cinq semaines. Enfin, je termine en t'embrassant de tout cœur.

Maurice

René va t'il mieux ?

– Lettre 507 Le 18 février 1918, *un temps à être en perme*[39]

Chère mère

Je t'écris aujourd'hui, un peu tranquille et par un beau soleil, çà serait un temps à être en perm mais malheureusement, on est toujours là. Cette nuit, nous avons encore eu du bombardement, mais nous, comme nous sommes au repos, nous pouvons nous garantir, quoique nous faisont quelque petit travaux d'arrière.

Je suis en parfaite santé et vous souhaite de même. Qu'est-ce que font tes bleus, t'empêchent t'ils de dormir. René ne doit plus pouvoir labourer avec la gelée, çà serait un temps à charrier fumier.

Je t'embrasse de tout cœur. Maurice

– Lettre 508 Le 21 février [19]18, *je pense remonter en ligne, ces jours ci*[40]

Chère mère

Oui, tu étais un peu longtemps sans m'écrire, à cette fois, je te croyais encore malade, alors je t'attendais pour t'écrire. Et je pense que tu es comme moi, en bonne santé, je pense remonter en ligne, ces jours ci, çà n'a pas été long. Adrien ne comprends pas que je sois encore là depuis le début, et pourtant. Tu vois Joseph qui voulait enlever les fils de fer barbelés alors il n'y a pas moyen. Ah ! tes bonsang de bleu, ils se croient quelque chose. Et René, çà va ? Je termine en t'embrassant de tout cœur ainsi que René.

Ton fils qui t'aime.

Maurice.

– Lettre 509 Le 23 février [19]18, *René laboure, moi, je me dégoûte*[41]

Chère mère

Je suis remonté d'hier soir mais pas en première ligne, en deuxième, et l'on est pas trop mal pour l'instant. Je suis en bonne santé et vous, comment çà va ? que faites vous, du blé de mars, çà doit être un temps exprès, quel beau temps, cette année, c'est sûr que le mois de mars ne sera pas si beau. Joseph doit tailler les midi

38. Maurice donne ses consignes pour les apports de fumier pour les blés de printemps.

39. Carte-lettre, format 13,5 × 10,2 cm, pliée en deux.

40. Carte-lettre, format 13,5 × 10,2 cm, pliée en deux.

41. Carte-lettre, format 13,5 × 10,2 cm, pliée en deux.

de ce temps là, et René laboure, moi, je me dégoûte, enfin, c'est toujours comme çà et quand la fin. Je termine en t'embrassant de tout cœur.

Ton fils qui t'aime de tout cœur.

Maurice

– Lettre 510 Le 27 février [19]18, *tu travailles dur*[42]

Mon cher René

Il y a deux jours que je réclamais que tu m'écrive et voilà que je reçois de tes nouvelles et **4 pages**, c'est bien. Vous êtes en bonne santé, c'est déjà beaucoup, moi aussi. Oui, comme tu dis, tu travailles dur. Vous avez mis de notre paille aux longs sillons, mais çà ne vaut rien pour le blé, il aurait fallu de la gadoue, maintenant, au père Armand, vous pouvez y mettre du blé de mars, s'il y a de l'herbe et pas de luzerne, tu comprends il n'a pas gelé, c'est forcé. Comment vous charrirer le fumier du tir, avec Bruneau qui a labouré son champ ?

Je suis toujours en 2e ligne. Lambert ne se fait pas de mauvais sang à faire la guerre à Montanglaust. Et tu me parles de permission, mais çà ne roule pas les perme, je crois que çà sera pour Pasques, mais pas devant.

Mon cher René, embrasse bien maman pour moi.

Ton frère qui t'en serre cinq.

Maurice

– Lettre 511 Le 2 mars [19]18, *pourquoi il y a eu erreur dans les betteraves*[43] ?

Chère mère

Voilà la neige revenu, c'était sûr que le mois de mars ne pourrait valoir le mois de février et il ne fait pas chaud prendre la garde dehors[44]. Quand on est pas de garde, nous avons un gourbit où l'on est pas mal, à part quand il faut le quitter pour poser du fil de fer et nous en posons quelque chose toutes les nuits, j'en ai les mains brisées. On a peur de cette fameuse offensive.

Pourquoi il y a eu erreur dans les betteraves, donc ? Comme çà, il est descendu un avion Boche près de Coulommiers, par Vaudoy. Que ma lettre vous trouve comme elle me quitte. Ton fils qui pense toujours à vous.

Maurice

42. Carte-lettre, format 13,5 × 10,2 cm, pliée en deux.

43. Carte-lettre, format 13,5 × 10,2 cm, pliée en deux.

44. « C'est la neige qui tombe toute la journée. [...] Je plains les pauvres fantassins par le temps affreux [...] il ne cesse de tomber de l'eau ou de la neige et je me loue de rester à la grotte. » Carnet de guerre des 2 et 4 mars 1918, MOURLOT Gaston, *Un ouvrier-artisan en guerre...*, *op. cit.*, p. 361.

– Lettre 512 Le 4 mars [19]18, *c'est tranquille en ce moment*[45]

Chère mère

Je suis toujours à la même place et c'est tranquille en ce moment par ces temps déplorables, les avions ne voient rien et alors l'artillerie ne tire pas. C'est un triste temps pour travailler et prendre la garde mais à côté de çà, jamais je n'ai vu si calme ; que les Boches ne nous réserve rien, c'est le principal[46].

Je suis en bonne santé et espère que ma lettre vous trouvera de même. J'ai reçu une lettre d'Adrien, il me dit qu'où il est, il y a bal tous les soirs, il a de la chance, nous, à dix kilomètres à l'arrière il n'y a aucun civil et aucune maison.

Ton fils qui t'embrasse de tout cœur.

Maurice

– Lettre 513 Le 7 mars 1918, *le moment de faire les avoines et le blé de mars*[47]

Chère mère

Nous sommes relevés ce soir et partons au repos près de la ville à quatre S, mais à pied, çà nous fait 18 km à faire cette nuit, alors tu vois, je pense que ce sera pour une quinzaine[48]. Maintenant, je crois que l'on reviendra dans ce coin après. Comme je vois, Cellerin pense à vous, moi aussi, c'est pourquoi, je voudrais aller vous voir mais il faut attendre son tour. Je suis en bonne santé et vous pense de même. Je crois qu'il va être le moment de faire les avoines et le blé de mars mais il n'y a rien de perdu, surtout pour l'avoine, alors René doit treiller les haricots quand il pleut[49].

Je termine en vous embrassant de tout cœur.

Maurice

– Lettre 514 Le 10 mars 1918, *le blé et les betteraves vont être chers*[50]

Chère mère

J'ai reçu la lettre de René et la tienne du 8. Comme tu dis, c'est un temps épatant, ce n'est pas ordinaire un hiver pareil, à souhaiter que çà continue, mais il faudrait une perm de six mois, comme tu me dis. Si seulement j'avais déjà mes douze jours, mais çà ne marche pas. Vous allez avoir le moment de faire blé et avoine et surtout le temps pour. J'espère que tu es en bonne santé et René égale-

45. Carte-lettre, format 13,5 × 10,2 cm, pliée en deux.

46. Maurice ne fait pas mention des offres de fraternisation que le régiment reçoit « sous forme de pancartes ou de drapeaux rouges ou blancs que l'ennemi vient planter, la nuit, à quelques centaines de mètres de nos lignes ». FLOCH Marcel, *La longue marche du 19e RI de Brest pendant la première guerre mondiale, tome II, op. cit.*, p. 25.

47. Carte-lettre, format 13,5 × 10,2 cm, pliée en deux.

48. « La ville à quatre S », Soissons.

49. « Treiller », trier les haricots conservés et suspendus par leurs tiges en haut d'un hangar afin de sécher avant d'être consommés à la ferme familiale.

50. Carte-lettre, format 13,5 × 10,2 cm, pliée en deux.

ment, moi, çà va. Le blé et les betteraves vont être chers mais Joseph aussi, mais que veux tu, donne lui ce qui demanderas[51].

Je t'embrasse de tout cœur.

Maurice

– Lettre 515 Le 14 mars 1918, *nous faisons des marches tous les matins*[52]

Chère mère

Nous faisons des marches tous les matins et toujours en reculant de ce maudit coin, c'est à dire en allant par chez moi, mais j'ai peur qu'on arrête avant d'y arriver[53]. Je suis bien comptant d'en partir car tu parles de nuits qu'on passait à la ville aux quatre S avec les avions, toute la nuit, il fallait se lever et aller dans les caves, comme les Parisiens. En ce moment, je ressent du mal dans mes oreilles, c'est-il suite à ma commotion ou depuis aux obus qui m'ont éclaté près de moi. Enfin, je crois que çà sera rien et si j'avais eu ma perme et si on remontait en ligne, j'aimerais mieux que çà n'aille pas mais tu comprends, on va à l'arrière.

J'espère que vous êtes en bonne santé. Je termine ~~en bonne santé~~ en vous embrassant de tout cœur.

Maurice

– Lettre 516 Le 16 mars 1918, *l'on va encore marcher*[54]

Chère mère

J'ai reçu ta petite lettre où tu me dis que tu as un sergent de logé mais tu sais, tâche que quand j'irai, il ne soit plus là car je veux mon lit, lui après. Tu sais, j'ai quelque chose dans les jambes, je suis arrivé dans notre département à pied ; je suis à Crouy-sur-Ourcq, à 35 km de chez nous, mais je crois que l'on va encore marcher près de la capital mais si c'est pour y rester, on sera encore à la guerre car aujourd'hui, c'est la guerre partout, surtout dans ce coin[55]. Et alors, tu ne m'écris plus beaucoup, c'est vrai que vous devez être comme moi aujourd'hui, bien fatigué, mais vous c'est de l'utilité, mais moi, je serai plus utile avec vous à jardiner où à faire de l'avoine.

Je vous embrasse de tout cœur en attendant de plus près.

Maurice

51. De nouveau Maurice intervient pour la paye de l'ouvrier de la ferme.

52. Carte-lettre, format 13,5 × 10,2 cm, pliée en deux.

53. Relevé, le régiment marche par étapes plein sud pour cantonner.

54. Carte-lettre, format 13,5 × 10,2 cm, pliée en deux.

55. Maurice indique précisément sa position, Crouy-sur-Ourcq, situé à une quarantaine de kilomètres au nord de Coulommiers.

– **Lettre 517 Crouy-sur-Ourcq, le 17 mars 1918,** *vous devez faire toujours de l'avoine*[56]

Chère mère

Tu me dis que tu ne reçois pas beaucoup de mes nouvelles, mais je crois qu'on m'en a fichu au pannier car je met où l'on passe trop souvent. Demain, on remet çà en allant sur Paris, c'est à dire sur Lagny-sur-Marne[57]. Heureusement qu'il fait beau car on est éreinté et avec çà, je ne me repose pas bien avec mon mal d'oreille. Si çà continue, j'irai voir un spécialiste. Alors, ton adjudant c'est un loufoque mais c'est-il un bébète ou une brut emmerdant, comme loufoque et qu'il me fasse de la place quand j'irai, je ne peux encore te dire au juste quand j'irai.

Quel beau temps en ce moment, vous devez faire toujours de l'avoine. Je termine en t'embrassant de tout cœur ainsi que René.

Maurice.

Je suis forcé de mettre dans une enveloppe car j'avais mis l'adresse à Mauricette : Madame Plaisant Adrien à Boussois de Mouroux par Coulommiers (Seine et Marne).

– **Lettre 518 Le 20 mars [19]18,** *nous sommes exquintés*[58]

Chère mère

Nous sommes tout près de Paris à 20 km, mais plus mal logés qu'à arrière du front, et nous sommes exquintés, tu parles de km que l'on a dans les jambes. Dire qu'hier, j'étais à St-Fiacre, à 18 km de chez moi et j'étais mort de fatigue, alors je n'ai pu aller vous voir[59]. Voilà le mauvais temps. Les permes ne marchent pas, peut être que maintenant qu'on est arrivé, que l'on va partir beaucoup, enfin, je ne peux rien te dire. Je peux arriver dans deux jours comme dans 25 jours. J'ai su aussitôt cette explosion; mais vous, vous êtes bien placé même pour les gothas, vous n'avez rien à craindre, pendant que nous, on quitte le danger pour venir dans un autre. Je termine en t'embrassant de tout cœur ainsi que René.

Maurice

56. Maurice mentionne Crouy-sur-Ourcq en tête de lettre. Carte-lettre, format 13,7 × 11,2 cm, pliée en deux.

57. Maurice continue sa marche avec le régiment pour atteindre Lagny-sur-Marne.

58. Carte-lettre, format 13,7 × 10,2 cm, pliée en deux.

59. Saint-Fiacre, canton de Crécy, arrondissement de Meaux (Seine-et-Marne) est situé à 20 km de Coulommiers. Le 3e bataillon séjourne à Brou-sur-Chantereine, canton de Vaires-sur-Marne, arrondissement de Torcy (Seine-et-Marne) est situé à 40 km de Coulommiers.

– Lettre 519 Le 22 mars [19]18, *voilà notre repos*[60]

Chère mère

Enfin, je vois maintenant ce que c'est que notre repos, nous voilà sur le théâtre de l'opération qui t'a fait une secousse j'usqu'à chez nous. Après quatre mois de tranchées, nous allons décombrer, remettre le chantier en place. Qu'on ne retombe pas dans les grenades, c'est le principal et tu sais, il y a quelque chose. Je te dirai çà en perme ; le pire, c'est qu'il en part que pareil que lorsque l'on était en ligne et je ne compte plus pour ce mois, pas devant quinze jours, s'il n'y a pas de changement. Voilà notre repos, on aura peut être plus de distraction, mais plus de dépense, alors si tu veux m'envoyer un billet, çà me fera plaisir.

Ton enfant qui t'embrasse de tout cœur.

Maurice

– Lettre 520 Le 25 mars 1918, *avec les Anglais*[61]

Chère mère

Il ne faut plus compter sur ma perm pour l'instant et nous voilà, en fait de grand repos, venu avec les Anglais. Nous sommes parti d'un seul coup de Saint-Denis, hier à midi, en auto, et nous voilà ici, dans un coin terrible j'usqu'à aujourd'hui, nous n'avons pas dormi, mais si il faut reprendre ce que les Anglais ont perdu, on a pas fini[62]. Je pense que çà sera, comme toujours çà a été depuis bientôt quatre ans et que retournerai vous voir. Je termine en vous embrassant de tout cœur.

Maurice

Toujours même adresse.

– Lettre 521 Rouen le 28 mars [19]18, *une balle de mitrailleuse dans la jambe droite*[63]

Chère mère

Autant j'ai eu de la misère depuis quatre ou cinq jours, autant me voilà heureux aujourd'hui. Nous venions au grand repos près de Paris, il y a cinq ou six jours et nous avons la malchance que les Boches attaquent sur les Anglais et qu'il fallait beaucoup de renfort. On embarque dans des autos et voyage dimanche dernier tout l'après midi et la nuit pour arriver dans la Somme plein de poussière et éreinté. Et il fallait y aller de suite car les boches avançaient toujours, tous les habi-

60. Carte-lettre, format 13,7 × 10,2 cm, pliée en deux.

61. Carte-lettre, format 13,7 × 10,2 cm, pliée en deux.

62. Le repos est de courte durée : « Au bout du troisième jour, le repos prend fin et des camions emportent le 19e au secours de l'armée anglaise dont le front vient de céder en face de Saint-Quentin. » FLOCH Marcel, *La longue marche du 19e RI de Brest pendant la première guerre mondiale, tome II, op. cit.*, p. 26.

63. Feuille recto-verso, à carreaux de 0,8 × 0,8 cm, format 21,8 × 17,4 cm, pliée en quatre.

tants se sauvaient, c'était comme en 1914, on brulait tout ce qui pouvait leur être utile ou détruisait hangar d'aviation, les tas de munitions, cave pleine de vin. Et nous les arrêtions dans leurs avances avec du mal et non sans pertes. Le 25, nous nous reculions dans la nuit car les avions anglais avaient remarqué de forts renforts ennemis qui s'amenaient et ils nous auraient été impossible de tenir les Boches mais le 26, ils nous ont fait quitter Roye. Toujours quelques copains y restaient.

Moi, je ne pensais pas être tué, ni blessé, mais je croyais rester entre leurs mains. Notre compagnie avait ordre de les arrêter devant Roye, mais leurs forces étaient trop fortes et s'avançaient tout en nous mitraillant, là, je me retourne pour me placer dans une tranchée pour mieux tirer dessus sans être vu, je reçois une balle de mitrailleuse dans la jambe droite en traversant la ligne de chemin de fer à la sortie de Roy, route de Montdidier, ma pensée a été sur vous. Je me suis dit : « Est-ce que je vais rester dans leurs mains à ces monstres et ils avançaient toujours, et pas loin. Peut-être en me sauvant, je vais aller chercher la mort Saint-Quentin. » Mais j'ai dit : « plus vous revoir, plus de permission, il n'y a que çà qui me fait vivre ». Alors j'ai tout jeté ; sac, fusil, bidon plein de vin pour l'escouade, musette ou il y avait deux chemise neuve, deux caleçons, une lampe électrique, calot tout neuf qu'on m'avait fait il y a deux jours, croix de guerre, fourragère. Enfin, je n'ai pensé qu'à ma peau et je l'ai eu encore à ce coup là.

Après, pas d'ambulance, il a fallu que je me débrouille pour aller à Montdidier, 16 km et je ne pouvais de moins en moins marcher, je sautais d'une patte sur un camion qui se sauvait et j'étais sans pansement. A Montdidier, je prends le train sanitaire, je pars le soir. Nous allions arriver à Amiens, voilà la gare bombardée par avions, la ligne coupée, il nous faut attendre 24 heures, sans bouger, je me disais je ne m'en sauverai pas, mais si, me voilà avec quelques camarades de la compagnie et arrivés dans un hopital admirable, une nourriture épatante[64]. Je crois que je ne l'ai pas volé, pour la 4e fois, je ne sais pas, à la force si çà va être fini mais je le crois que c'est la bataille décisive. Alors en fait de perme, il faut que j'attendre être guéri. J'espère que vous êtes en bonne santé et que votre travail va bien, moi, je ne pourrais encore pas vous aider beaucoup aux semailles.

Ton enfant qui t'embrasse de tout son cœur. Maurice

64. « Blessé le 26 mars 1918 près Roye par balle, plaie *[illisible]* transversale au 1/3 inférieur de la cuisse droite, face interne, blessure de guerre. Entré n° 5211 le 28 mars 1918. » Certificat médical de l'hôpital de Rouen. Format 21 × 17 cm. Archives familiales.

– Lettre 522 Le 28 mars 1918, *mouché pour la 4e fois*[65]

Chère mère

Deux mots pour te dire que je viens d'être mouché pour la 4e fois et j'ai encore la bonne blessure, une balle dans la jambe, qui est traversée et çà va bien. A demain, des nouvelles. J'ai été blessé à Roye avant hier. Je passe à Rouen.

Je t'embrasse de tout cœur ainsi qu'à René.

Maurice

– Lettre 523 Le 28 mars 1918, *écris moi à cette adresse*[66]

M. Gastellier Hôpital aux. N° 1 rue St Gervais 84 Rouen Seine inf. Ecris moi à cette adresse. Je t'avais demandé de l'argent mais si tu me l'a envoyée, elle va bien se promener, pourvu qu'elle ne soit pas perdu. Bonjour à Joseph.

– Lettre 524 Le 29 mars 1918, *dans un hôpital civil de Rouen, un peu catholique, où l'on fait le jour sans viande*[67]

Chère mère

Je pense que tu as reçu ma carte que je t'ai dis que j'avais été blessé ainsi que ma lettre détaillée qui la suivait. Je suis très bien ici, dans un hôpital civil de Rouen, un peu catholique, où l'on fait le jour sans viande, mais qui vale mieux que ceux militaire où l'on est si mal, comme celle de Meaux, par exemple. Il fait encore meilleur ici, surtout qu'il fait mauvais temps et que les Boches continue. Que çà ne fasse pas comme lorsque vous étiez vers Montereau, il faudrait prendre votre avance mais je te dit çà, mais ne le prends pas au sérieux. Envoie moi de l'argent car l'autre, si tu me l'as envoyée, je ne suis pas près de l'avoir, et des nouvelles car il y a 15 jours que je n'ai rien, mais je sais bien que tu m'écris, mais avec les attaques! on ne les touchent pas.

Je t'embrasse de tout cœur.

Maurice

65. Treizième type de carte de correspondance des Armées de la République, modèle A1 pour les troupes en opérations avec la mention : « Les militaires aux Armées ne doivent pas porter leur adresse sur les cartes postales qu'ils expédient à découvert, ils se bornent à les signer. Ils ne peuvent donner leur adresse à leurs correspondants que sous enveloppe close. » Format 14 × 9 cm. Elle comporte une partie recto pour l'adresse et une partie verso pour la correspondance. Archives familiales.

66. Feuille recto-verso, format 11 × 8,7 cm.

67. Carte-lettre, format 14 × 11 cm, pliée en deux.

– Lettre 525 Rouen le 1er avril 1918, *je n'ai encore rien reçu comme lettres*[68]

Chère mère

Je pense que tu as reçu mes deux cartes de Rouen ainsi que ma lettre détaillée, tu me le diras. Je n'ai encore rien reçu comme lettres depuis une vingtaine de jours, tu penses si je me fais vieux, mais je sais qu'il te faut le temps de recevoir mes lettres, mais enfin j'y compte pour demain ou après, tu m'enverras aussi *le Démo*. Je vais très bien, ne boite plus beaucoup, et ne souffre aucunement, il y en a assez sans moi, ici, je t'assure. Tu parles de nourriture, surtout hier pour Pasques et du pain frais et cidre à volonté[69]. Mais je crois qu'on reste pas longtemps ici que dans les autres hopitaux, aussitôt à peu près guéris, on part. Enfin, je ne pense encore pas a celà, pour l'instant. Je me demande ce que vous faites et surtout si vous êtes en bonne santé depuis si longtemps que je ne sais plus rien.

Je t'embrasse de tout cœur ainsi que René.

Maurice

– Lettre 526 Le 3 avril 1918, *tu as fait de la goutte, c'est très bien*[70]

Chère mère

Enfin, voilà que je reçois une lettre de toi, mais je ne sais encore rien ; ni, si vous allez bien, ni qu'est ce que vous faites ainsi que Joseph, d'où en est votre ouvrage ? Ah ! tu me croyais à la Courneuve, mais çà a été vite pour repartir et vite blessé, tu penses que j'étais forcé d'y venir. Tu m'avais envoyé dix francs le mercredi et j'étais blessé de la veille. Je vais tacher de les recevoir, mais çà sera dur, car il y a tellement des changements, dans des retraites pareille. Tu as fait de la goutte, c'est très bien. Je crois que l'on ne veut pas y couver ici, avec çà, çà sèche vite ma plait. Et après ma perme, on doit avoir besoin d'hommes, quoique on aie pas de pertes. Bien le bonjour à René et à Joseph.

Je t'embrasse de tout cœur.

Maurice

– Lettre 527 Le 5 avril 1918, *tes chevaux ont des poux*[71]

Chère mère

J'ai reçu ta lettre avec les 10 f. et te remercie, çà n'a pas fait comme avec l'autre. J'ai pourtant écris, mais comme toute les lettres du front sont arrêtés, j'ai peur quelle se perdre. On est toujours bien, mais ce qu'est embêtant, c'est qu'on ne peut sortir. Alors, tes chevaux ont des poux, il ne manque plus que çà. Il n'y a plus d'importance pour l'intérieur, maintenant, on rentre de suite au régiment, on a

68. Carte-lettre, format 14 × 11 cm, pliée en deux. Écrite à l'encre noire.

69. Maurice précise « pour Pâques », du « pain frais », sous-entendu plus frais que le pain militaire distribué à la troupe.

70. Carte-lettre, format 14 × 11 cm, pliée en deux.

71. Carte-lettre, format 14 × 11 cm, pliée en deux.

trop besoin d'hommes. Alors, Coulommiers est gare régulatrice, il ne manque plus que çà, heureusement qu'on est loin de la gare, çà vaut mieux. Les permissions de front étant supprimées, je ne pourrai avoir que 10 jours au lieu de 22 jours.

Je t'embrasse de tout cœur.

Maurice

– **Lettre 528 Le 7 avril 1918,** *j'ai acheté une autre croix de guerre*[72]

Chère mère

Je vais toujours de mieux en mieux, ma plaie, car ma santé est toujours bonne. Je ne crois pas faire un mois, comme je t'avais dit, mais toujours encore dix jours et après, j'irai vous voir pour 10 ou 12 jours. J'ai fait un peu des frais, j'ai acheté une autre croix de guerre, car l'autre est resté la bàs et il me faudra encore une fourragère mais on verra plus tard[73]. J'ai reçu une lettre de Marguerite Maire qui me dit que toute la famille est réuni chez elle, il ne manque que l'amoureux et Moïse. Je pense recevoir de tes nouvelles demain.

Bien le bonjour à René et une petite lettre de lui. Tu lui diras que j'irai le voir après les travaux finis.

Je t'embrasse de tout cœur. Maurice

– **Lettre 529 Le 9 avril 1918,** *la chance d'être blessé dans les premiers combats*[74]

Chère mère

Je crois que l'on va pouvoir sortir un peu aujourd'hui dans Rouen, alors je vais sortir une heure car il ne fait guère beau. Je croyais recevoir de tes nouvelles mais rien. Je reçois une lettre de Germain, mais du front, rien non plus. Je ne sais pas mais comme j'ai eu la chance d'être blessé dans les premiers combats, j'ai peur qu'ils aie eu des pertes encore après[75]. Alors, je ne reçois pas mes vieilles lettres. Tu me parles que vous allez planté vos pommes de terre mais c'est il labouré et fumé car je n'ai rien reçu, peut être me l'as tu dit.

Je termine en t'embrassant de tout cœur.

Maurice

72. Carte-lettre, format 14 × 11 cm, pliée en deux.

73. Maurice se hâte de récupérer sa croix de guerre, 12 jours après avoir tout abandonné, sac, bidon, fusil.

74. Carte-lettre, format 14 × 11 cm, pliée en deux.

75. Après avoir été relevé par le 369e RI le 8 avril, le 19e RI, embarque à Saint-Just-en-Chaussée pour être transporté en camions vers le sud dans la région de Vic-sur-Aisne à Berny-Rivière et Saint-Christophe où est intégré un renfort de plus de 800 hommes. FLOCH Marcel, *La longue marche du 19e RI de Brest pendant la première guerre mondiale, tome II*, *op. cit.*, p. 49-50.

– Lettre 530 Le 11 avril 1918, *mes blessures ont toujours été épatante*[76]

Chère mère

Je commençais à m'ennuyer de ne pas avoir de lettre, mais tu comprends je reçois la tienne aujourd'hui du 6, elle a mis cinq jours. Je ne reçois pas mes anciennes. Pour tes betteraves, je croyais qu'au Gué des Isles, que l'on mettrais des pommes de terre, car avec les peupliers on aura rien. Pour Nadeau, le temps est mauvais en ce moment car moi, j'ai encore mal à la tête, mais je n'en suis encore pas là, c'est terrible, cette tête. Depuis, mes blessures ont toujours été épatante, heureusement. Ce n'est pas beaucoup, quatre litres d'avoines, oh ! c'est de pire en pire. Tes chevaux sont à peu près guéri de leurs poux mais tu ne me parles plus de Joseph, l'as tu renchéri ?

Pour ma blessure, voilà que çà sèche, il ne m'en resterais pas pour longtemps mais il a passé un major dentiste qui cherchait de l'ouvrage et m'a dit qu'il fallait que j'aille le voir, si j'en avais encore pour longtemps a l'hôpital, j'y ai dit que oui. Alors, il va me les plomber, et m'a dit qu'il y avait du travail, alors çà peut me faire trainer un peu et en même temps, çà me fera du bien. Alors, je pense maintenant m'en aller autour de samedi en huit.

Çà fait que je sors tous les jours, matin et soir, et promène dans Rouen qui est une belle petite ville, j'y tiendrais je le pense, car çà barde, surtout sur les Anglais.

Je termine en t'embrassant de tout cœur ainsi que René.

Maurice

– Lettre 531 Rouen le 13 avril 1918, *dans huit jours, je ne tarderai pas à retourner voir ce fameux Coulommiers*[77]

Chère mère

Moi qui croyais partir d'ici, sans connaitre la ville, je crois que je m'y ballade assez pour la connaitre. Je suis libre toute la journée, le matin en allant aux dents et le soir car on a la permission. Alors, c'est de pire en pire, vous avez du mal a vous nourrire, ce n'est pas la peine d'en faire pousser. Je retourne lundi, pour me faire arracher mes racines de dents, il a fini de me les plomber, je ne sais pas si çà ira mieux. Je n'en ai plus pour longtemps et je pense que dans la fin de l'autre semaine, c'est à dire dans huit jours, je ne tarderai pas à retourner voir ce fameux Coulommiers, peut être avant. Et cet adjudant, où couche-t'il, il faut me préparer ma chambre où je le fiche dehors ou dans le grenier, il sera encore mieux que moi, en lignes.

Je t'embrasse de tout cœur.

Ecris moi encore quand même. Si tu reçois des lettres pour moi, garde moi-les.

Maurice

---

76. Carte-lettre, format 14 × 11 cm, pliée en deux et feuille recto-verso, format 10,5 × 9 cm, pliée en deux.

77. Carte-lettre, format 15 × 12 cm, pliée en deux.

– Lettre 532 Le 14 avril 1918, *je compte être chez nous dimanche*[78]

Chère mère

Me voilà en ordre maintenant, j'ai reçu toutes mes vieilles lettres, ainsi que celle que tu m'as envoyé 5f.. Ca me fait 10 lettres aujourd'hui dont 15 f.[79].Tu comprends, j'ai écris à plusieurs place et il me les fallait, maintenant je sais tout ce qui se passait chez nous. J'ai reçu tous tes *Démos* et petit mot dedans, d'autre de copains, de Liliane, etc.…

Alors, il reste la discution sur l'adjudant. Ecoute, je tiendrais bien a avoir ma chambre et çà serait juste, il me semble que je suis plus que lui. Je veux bien, s'il est gentil, c'est déjà quelque chose mais tu peux lui dire, que je veux ma chambre, qu'il couche dans l'autre. Maintenant s'il fallait, pour toi, s'il te rendait bien plus tranquille avec tes soldats, que tu tienne à le conserver, je passerais encore par dessus mais je ne voudrais pas dire, il couche dans mon lit et moi je suis plus mal.

Enfin, fait pour le mieux, peut être sera-t-il parti, maintenant, je compte être chez nous dimanche au plus tard, continuer quand même à m'écrire ici. Si tu reçois des lettres pour moi, garde les.

Ton enfant qui t'embrasse de tout cœur.

Maurice

– Lettre 533 Le 16 avril 1918, *il fait bien froid pour tes jeunes luzernes*[80]

Chère mère

Il fait un bien vilain temps en ce moment, pourvu qu'il fasse meilleur quand j'irai en perme. Je compte toujours partir, samedi après midi ou lundi au plus tard mais j'ai peur d'être obligé de coucher à Paris, à moins que, comme Coulommiers est gare régulatrice, qu'il y ai des trains la nuit. J'ai voulu me faire tirer pour pas cher mais j'en ai pour mon argent, tu trouve car je suis bien noir, 13 pour 30 sous[81].

Mauricette m'a écris, elle se désole bien, elle a l'air de dire qu'elle est bien malade, c'est drôle, elle s'est donné trop de mal et n'aurait elle pas attrappé un chaud et froid! Mon régiment remonte du côté de Craonne, ainsi tu vois que je suis mieux ici[82].

Il fait bien froid pour tes jeunes luzernes, maintenant Joseph n'a donc pas à jardiner que tu le fais couper du bois. Je pense que vous êtes en bonne santé.

Ecris moi toujours. Ton enfant qui t'embrasse de tout cœur.

Maurice

78. Carte-lettre, format 15 × 12 cm, pliée en deux.

79. Après sa blessure, le courrier de sa mère lui parvient à l'hôpital en retard.

80. Carte-lettre, format 15 × 12 cm, pliée en deux.

81. « Se faire tirer », se faire photographier. La photo est un élément important de la correspondance; en envoyant une photo aux siens, il veut prouver qu'il est bien rétabli de sa blessure.

82. « Embarqué à nouveau en autos-camions, le régiment est emmené à l'est de Soissons et cantonne à Presles, Boves-sur-Aisne et Saint-Mard. » FLOCH Marcel, *La longue marche du 19e RI de Brest pendant la première guerre mondiale, tome II, op. cit.*, p. 51.

– Lettre 534 Le 18 avril [19]18, *j'espère avoir 600 g de pain*[83]

Chère mère

Plus grand chose à te dire pour l'instant, je vais mieux et ne sais quand je pars, peut être bien, samedi. En tous cas, écris moi car je ne suis pas sûr encore. Je serais heureux de venir en perm mais tu comprends, j'ai toujours le temps, car 12 jours, ne sera pas long. En tous cas, le temps ne serait pas favorable en perm, pas plus qu'il l'est ici, quel temps triste. Pour aujourd'hui, on nous a donné des billets pour aller au théâtre, alors tu vois on ne peine pas. On a toujours du cidre à volonté et bien nourri. J'espère avoir 600 g de pain, moi, car avec 400 g, çà n'irait pas. Mais René doit en avoir juste, qu'il ne te mange pas ta part.

Que ma lettre vous trouve en bonne santé, moi j'ai un nerf dans le cou qui me fait mal, aujourd'hui, c'est peut être d'avoir trop dormi.

Ton enfant qui t'embrasse de tout cœur.

Maurice

– Lettre 535 Le 20 avril 1918, *ma blessure est guérie*[84]

Chère mère

Je suis encore ici mais je crois que le départ est proche maintenant. Je ne vais plus au dentiste et ce n'est pas un malheur car maintenant, j'ai mal aux dents tous les jours, et avant je n'avais pas mal. Ma blessure est guérie, le major m'a vu et m'a mis sortant mais je ne sais pas si c'est pour lundi soir ou mardi soir, le départ d'ici[85]. J'arriverai à Paris sur les 9 heures 1/2 mais je ne sais pas si je pourrai avoir un train à la gare de l'Est si tard ou si il me faudra coucher à la gare, chose qui ne me dit rien.

Si j'avais su je ne t'aurais pas dit, si tôt que je devais sortir car tu ne m'écris plus, je vais toujours à la distribution, mais rien. Je termine en t'embrassant de tout cœur en attendant de plus près. Bien le bonjour à René qui n'a toujours pas voulu m'écrire.

Maurice

– Lettre 536 Le 11 mai 1918, *j'ai eu le malheur de caser ma bouteille d'eau de vie*[86]

Chère mère

Je suis arrivé à bon port au CID qui est bien où l'on m'avais dit[87]. Pour l'instant, je ne fais encore rien, et heureusement, car on est fatigué, quoique je n'ai pas

83. Carte-lettre, format 15 × 12 cm, pliée en deux.

84. Carte-lettre, format 15 × 12 cm, pliée en deux.

85. Le certificat médical de l'hôpital de Rouen indique : « Sortie le [Mercredi] 24 avril 1918. » Format 21 × 17 cm. Archives familiales.

86. Carte-lettre, format 15 × 12 cm, pliée en deux.

87. Après sa permission de convalescence, Maurice rejoint son régiment au Chemin des Dames.

eu à me plaindre à ce coup là, même pas dans le train car j'ai pu me coucher. On était que quatre dans le compartiment et heureusement car on a voyagé toute la nuit. J'ai eu le malheur de caser ma bouteille d'eau de vie, crois-tu! enfin, vaux mieux çà qu'une jambe de cassée. Est-ce que ton adjudant est parti? Je ne sais pas si je viendrai en perme bientôt, mais je ne pense pas. Enfin, je suis en bonne santé et vous pense de même. J'ai touché tout à neuf au Bourget.

Je t'embrasse de tout cœur ainsi que René.

Maurice

– **Lettre 537 Le 14 mai 1918,** *les chevaux ne doivent pas fatigué s'il fait le même temps qu'ici*[88]

Chère mère

Je crois que les chevaux ne doivent pas fatigué, s'il fait le même temps qu'ici car c'est toujours la pluie! Nous, nous sommes dans une petite ferme où il y a deux petites ouvrières de la maison, elles ont l'une 17, l'autre 22 ans, je t'assure que si j'en avais une comme çà après la guerre, que je ne penserais plus à mes misères que j'ai endurées[89]. Enfin, quand on rentre comme çà, on a pas grand goût, surtout de ce temps là et avec çà, je tousse un peu et n'est pas trop bien. Enfin j'espère que vous êtes en meilleur santé. Je termine en t'embrassant de tout cœur.

Maurice

Toujours même adresse.

– **Lettre 538 Le 15 mai 1918,** *38°1 de fièvre*[90]

Chère mère

Hier soir, en rentrant de l'exercice, il m'a fallu aller coucher. J'avais mal a la tête et a la gorge et ce matin, j'étais courbaturé dans tous les membres. Alors, j'ai été à la visite, et je suis deux jours, exempt de service, couché, j'avais 38°1 de fièvre. Si çà va pas mieux, je suis fichu de retourner à l'hôpital. Quoique maintenant, ils ont du mal à évacuer et faut être bien malade. J'espère que vous, çà va mieux que moi, surtout que vous avez de l'ouvrage.

Ton enfant qui t'embrasse de tout son cœur.

Maurice

88. Carte-lettre, format 14,5 × 10,5 cm, pliée en deux.

89. Maurice se projette dans l'après-guerre et le mariage avec une jeune fille déjà évoqué dans une lettre du 17 janvier 1918.

90. Carte-lettre, format 14,5 × 10,5 cm, pliée en deux.

– **Lettre 539 Le 17 mai 1918,** *je viens de retourner à l'exercice*[91]

Chère mère

Je vais un peu mieux maintenant, je n'ai plus de fièvre et plus mal à la tête, alors je viens de retourner à l'exercice, cet après midi mais tu parle de suer, c'est affreux, je ne sais pas si c'est parce que je suis moux mais je crois qu'il n'a jamais fait si chaud. S'il fait pareil chez nous, çà va bien sécher vos terres à graines, surtout celle a betteraves, çà va pas trop faire bien. Il n'est que les graines qui sont faites comme sur la route de Rebais, c'est ceux la, les mieux. Je pense que je vais aller un peu mieux mais il ne faudrait pas tant de chaleur. Je termine en t'embrassant de tout cœur ainsi que René.

Maurice

même adresse.

– **Lettre 540 Le 20 mai 1918,** *pour la luzerne, il faudra attendre dans un mois car c'est de la jeune*[92]

Chère mère

Tu me demande si j'ai mangé ma salade, oui, mais elle devenait pas belle. Comme je vois, c'est calme chez vous mais j'ai peur que d'ici que j'alle en perme, qu'elles seront encore supprimées. Enfin, on ira tout en allant. Les avions viennent toutes les nuits nous embêter, mais on est dans un patelin un peu loin des villes, çà fait qu'on est pas trop bombardé. Je vais mieux mais je suis mal par ces temps de chaleur. Je crois que vous ne tarderai pas à faucher votre trèfle mais pour la luzerne, il faudra attendre dans un mois car c'est de la jeune.

Je t'embrasse de tout cœur ainsi que René.

Maurice

– **Lettre 541 Le 22 mai 1918,** *vous devez avoir chaud à échardonner*[93]

Chère mère

Je ne suis pas beaucoup courageux de ce temps là mais il faut pourtant que je t'écrive. Alors, tu as voulu faire cette luzerne, ah! çà fera quelque chose de bien, et encore il est venu un temps épatant s'il a plu aussitôt; ici, le temps a été orageux mais il n'a pas plu, çà fait sept jours qu'il fait une chaleur du diable. Enfin, je ne suis pas trop mal et vous, vous devez avoir chaud à échardonner[94].

91. Carte-lettre, format 14,5 × 10,5 cm, pliée en deux.
92. Carte-lettre, format 14,5 × 10,5 cm, pliée en deux.
93. Carte-lettre, format 14,5 × 10,5 cm, pliée en deux.
94. Couper les chardons dans les champs de céréales se faisait manuellement.

J'irai guère en perme, que dans un mois, çà ne marche pas et s'il ne sont pas arrêté avant si les Boches remettent çà. Je cantonne dans une ferme, mais pas comme ouvrier. J'espère que vous êtes en bonne santé.
Je t'embrasse de tout cœur.
Maurice
René, une petite lettre s.v.p.

– **Lettre 542 Le 24 mai 1918,** *vos récoltes doivent pousser*[95]

Chère mère
Voilà le mauvais temps revenu, quoique il est plutôt bon que mauvais, çà fera du bien à tout. Moi, je suis toujours un peu à l'arrière, et à la 12e. Mais, s'il venait à se déclancher l'attaque dont on craint, on y part comme les autres. Et tu sais, ce n'est pas la peine que les Américains viennent nous aider, car on a l'air de nous dire qu'il ne faut plus compter avoir du repos comme avant et des permes tous les 4 mois, alors tu vois.
Je pense que vos récoltes doivent pousser, jamais, je n'ai vu les blés comme par ici, cette année. Je suis en bonne santé et vous pense de même.
Ton enfant qui t'embrasse de tout cœur.
Maurice

– **Lettre 543 Le 1er juin 1918,** *j'en vois des cruelle depuis quatre jours*[96]

Chère mère
Cà ne va pas mieux, je t'assure que j'en vois des cruelle depuis quatre jours et nous nous rapprochons de chez nous. J'espère qu'ils n'iront pas au Theil et que vous êtes encore la bas. Moi, je m'en suis tiré comme j'ai pu mais pas sans mal, maintenant, nous sommes en réserve, je suis à 45 km de la maison mais espère ne plus marcher dans ce sens. Que ma lettre vous trouve en bonne santé.
Ton enfant qui t'embrasse de tout cœur.
Maurice

– **Lettre 544 Le 2 juin 1918,** *j'ai fait toute la retraite*[97]

Mon cher René
Deux mots pour te dire que je suis en bonne santé et que j'ai fait toute la retraite encore à ce coup là. Dis moi, si vous êtes en bonne santé, qu'est ce qui se passe à la maison, si vous êtes restés. Je t'embrasse de tout cœur, les permes je n'en parle plus. Embrasse bien maman, pour moi. Même adresse. Maurice

---

95. Carte-lettre, format 14,5 × 10,5 cm, pliée en deux.
96. Carte-lettre, format 16,5 × 12,5 cm, pliée en deux.
97. Carte postale de Condé-en-Brie, avenue de la gare, format 13,7 × 8,7 cm. Archives familiales.

– Lettre 545 Le 3 juin [19]18, *je m'en suis tiré*[98]

Chère mère

Cà va très bien, je m'en suis tiré, non sans souffrance terrible, par la faim, la poussière et la fatigue[99]. Je voudrais des nouvelles de vous. Avez vous été pour partir.

Je t'embrasse de tout cœur ainsi que René.

Maurice même adresse.

– Lettre 546 Le 4 juin 1918, *notre régiment a été complètement anéantie*[100]

Chère mère

Tu dois déjà avoir reçu de mes nouvelles depuis mon odyssée mouvementée. Mais maintenant, c'est à vous que je pense et je voudrais de vos nouvelles pour savoir ce que vous avez fait. Surtout ne vous démoralisé pas dans ces coup là et prenez le temps comme il vient. Si çà recommence, montez vos voitures comme il faut, tout près et quand vous saurez que çà approche, partez qu'à ce moment là. Mais ne t'occupe pas des autres qui sont au loin comme Mauricette, il ne faut pas, je sais ce que çà fait, c'est truc là. René est assez grand maintenant pour s'en charger et au besoin Joseph. Les voilà à 50 km, je te l'avais bien dit, je ne voulais pas vous faire peur, mais c'était bien mon idée qu'ils attaqueraient entre Reims et Soissons[101]. Je pense que çà continue.

Enfin, on ira tout en allant et surtout ne vous faites pas de mauvais sang, mangez bien, ne forcer pas dans le travail et ne penser qu'à votre santé. Pour les avions, je crois que vous ne craignez rien, pas comme à la ville. Nous, nous avons été des plus dans la bataille, en plein centre comme tu le savais.

Notre régiment a été complètement anéantie, alors, nous sommes monté, le remplacer et la retraite était en plein, et toute notre artillerie ramassée[102]. Notre pauvre CID, rien que des blessés de la Somme qui rentrait tout nouvellement, on était un contre peut être dix et pas un canon, on est reculé sur Fère, en maintenant leur avance, je pensais passer chez nous mais nous avons reculé sur Dormans et il y a deux jours que nous sommes remplacés par les Américains[103].

98. Carte-lettre, format 14,5 × 10,5 cm, pliée en deux.

99. À la suite de l'attaque allemande du 27 mai, Maurice écrit trois lettres courtes. Ce n'est que dans la lettre suivante qu'il donne plus de détails sur l'attaque qui a anéanti le régiment.

100. Feuille recto-verso, format 17,5 × 11 cm, pliée en deux.

101. Le pays de Coulommiers et la Seine-et-Marne sont menacés et Maurice donne ses conseils pour quitter la ferme devant l'avancement des troupes allemandes.

102. Le régiment est rapidement contraint au repli, manquant du soutien de l'artillerie. « Le 27 mai, à 3h30, après une préparation d'artillerie de trois heures d'une violence jusqu'alors inconnue, l'infanterie allemande attaque et submerge littéralement les régiments de la division. » *Historique du 19e régiment d'infanterie pendant la guerre 1914-1918, op. cit.*, p. 5.

103. Huit jours après la journée meurtrière du 27 mai, Maurice écrit deux lettres sur l'attaque allemande. Le lieutenant Cadiou écrit : « Jamais, même dans les journées les plus fulgurantes de Verdun, nous n'avons connu un pareil déluge. Obus de tous calibres, fusants, percutants, toxiques se succèdent s'accompagnent, s'entrechoquent à une cadence extra-

Nous sommes de passage à Montmirail, Sézanne pour aujourd'hui et allons au repos à Romilly-sur-Seine et je l'ai gagné[104]. J'en ai encore vu des durs, il y a un moment je croyais crever par la poussière des autos et la fatigue et la faim ; enfin, je m'en suis tiré et en bonne santé et pense que vous êtes de même.

Je crois qu'Adrien est venu du côté que l'on était. Bien le bonjour à Mauricette. Je termine en vous embrassant de tout cœur, toi et René, en attendant de plus près mais quand ?

Maurice

même adresse. dis moi si tu as reçu cette lettre au timbre boche.

– Lettre 547 Le 4 juin au soir, *Je suis content de savoir que vous étiez près à partir avec Joseph*[105]

Mon cher René

Je viens de recevoir la lettre de maman et est un peu rassuré pour vous. Je suis content de savoir que vous étiez près à partir avec Joseph. On lui donne la voiture à charger, pendant que vous préparé la vôtre avec la maie, avec tout ce qu'il y a de papier et après, tu va à sa rencontre avec la bécane et que vous vous trouviez ensemble en montant par Chailly-en-Brie, au dernier moment. Je ne pense pas que l'on arrive à cette terrible fin.

N'achetez rien d'avance et nourri tes chevaux quand même, et empli des sacs d'avoine tout près[106]. On part pour Romilly-sur-Seine, 26 km demain à pied.

Au revoir, mon vieux René.

– Lettre 548 Le 6 juin [19]18, *il n'y a plus de perme*[107]

Chère mère

Alors, tu as des nouvelles fraiches et moi aussi, de vous et de Coulommiers qui m'a bien étonné de savoir à ce point là. Ce copain risquait bien, moi je savais que çà y couterait cher, c'est pourquoi je n'ai pas été avec lui, il a de la prison, on ne sait encore pas combien[108]. Merci pour la bouteille de goutte, et ma tante Mélanie m'a donné un colis. Je comprends qu'on aie pas grand goût à l'ouvrage. Pour la

rapide. » FLOCH Marcel, *La longue marche du 19e RI de Brest pendant la première guerre mondiale, tome II, op cit.*, p. 67.

104. « Les débris du régiment ont cantonné à Montmirail. Pendant deux jours, ils ont dormi, dormi presque sans arrêt. Maintenant ils descendent vers l'arrière, vers la Seine. » FLOCH Marcel, *La longue marche du 19e RI de Brest pendant la première guerre mondiale, tome II, op. cit.*, p. 95.

105. Carte-lettre, format 14,5 × 10,5 cm, pliée en deux.

106. L'avance allemande est telle que Maurice donne de nouveau ses consignes pour quitter précipitamment la ferme familiale dans la deuxième lettre de la journée.

107. Carte-lettre, format 14,5 cm × 10,5 cm, pliée en deux.

108. Le copain a été puni de prison pour avoir rendu visite aux siens lors du passage du régiment dans la Marne, ce qui est formellement interdit.

St Jean par ici, ce n'est pas la guerre et c'est en plein. Je suis à Conflans-sur-Seine à quatre km de Romilly-sur-Seine[109].

J'ai toujours la même adresse et si je pars en renfort, çà suivra. Ne compte pas sur moi dimanche car il n'y a plus de perme.

Je t'embrasse de tout cœur. Alors René, tu es aussi à la guerre.

– **Lettre 549 Le 8 juin [19]18,** *le nouveau choc qui j'espère sera le dernier*[110]

Chère mère

Je t'envoie ma nouvelle adresse, je suis versé au régiment à la 9e Cie du 19e inf. Secteur 83. Cà ne me change pas car aujourd'hui le CID marche aussi bien. Cà fait que j'attends le nouveau choc qui j'espère sera le dernier[111]. Je suis en bonne santé, met bien mon adresse de côté. Maintenant, donne moi donc l'adresse des beaux parents à Jeanne car si on était perdu, tu leur écrirais et moi je leur demanderais ton adresse. Je pense que ma lettre vous trouvera en bonne santé et toujours au Theil.

Je termine en t'embrassant de tout cœur ainsi que René.

Maurice

– **Lettre 550 Le 12 juin [19]18,** *on est à l'exercice*[112]

Chère mère

Je te r'écris aujourd'hui pour te dire que je suis encore changé de compagnie et rentré à CM 3[113]. Maintenant, c'est mon adresse définitif, je suis bien et voudrais bien rester encore un peu mais j'ai peur que çà ne dure pas, on parle déjà de retourner. Hier, on a demandé tous ceux qui n'avais pas eu leur permission de front, alors je me demande si c'est que çà voudrait reprendre, çà ne serait pas un malheur.

Pour l'instant, on est à l'exercice et je t'écris pendant la pause sur le bord de la Seine mais on est mangé aux moustiques.

Et vous, que faites vous ? Avec tous ces changements de compagnie, çà me met du retard dans mes lettres. Vous devez faner en ce moment. Alors, je te quitte, chère mère en t'embrassant de tout cœur, en attendant de plus près. Bonjour à René.

M Gastellier 19e inf. CM3 Secteur 83

109. Maurice donne précisément sa position Conflans-sur-Seine au nord de Romilly-sur-Seine pour aller cantonner « le 6 juin à Saint-Just-Sauvage ». FLOCH Marcel, *La longue marche du 19e RI de Brest pendant la première guerre mondiale, tome II, op. cit.*, p. 95. Saint-Just-Sauvage et Conflans-sur-Seine sont situés dans le canton d'Anglure, l'arrondissement d'Épernay (Marne) au nord de Romilly-sur-Seine, chef-lieu de canton, arrondissement de Nogent-sur-Seine (Aube).

110. Carte-lettre, format 14,5 cm × 10,5 cm, pliée en deux.

111. Maurice espère que ce sera la dernière offensive.

112. Feuille recto-verso, à carreaux de 0,8 × 0,8 cm, format 17,3 × 11,2 cm, pliée en deux.

113. CM 3, troisième compagnie de mitrailleuse.

– Lettre 551 Le 15 juin [19]18[114]

Un bonjour de Troyes.
Maurice

– Lettre 552 Le 15 juin [19]18, *nous sommes en face Thann*[115] (*ill. 38*)

Chère mère

Depuis le temps que je parlais d'aller en Allemagne, m'y voilà. Tu parles de pays sauvage, perdu dans les montagnes mais je crois que comme guerre, çà vaudra mieux que l'Oise ou l'Aisne, c'est bien notre tour. Nous sommes venus embarquer à Arcis-sur-Aube, à pied et débarquer à la frontière[116]. Nous sommes en face Thann. Je suis en bonne santé et vous pense de même. Je suis maintenant à 500 km de chez vous et ne vois plus les permes marcher souvent.

Ill. 38. Carte postale de Coulommiers adressée par Maurice Gastellier à Julia sa mère « en face de Thann à 500 km de chez nous », 15 juin 1918 (Archives familiales, DR).

114. Carte postale de Troyes, le Jardin du Ravelin, adressée à son frère René, format 14 × 9 cm. Archives familiales.
115. Carte postale de Coulommiers, rue de la Ferté-sous-Jouarre, format 14 × 9 cm. Archives familiales.
116. « Le commandement envoie toute la division achever sa convalescence en Alsace. » FLOCH Marcel, *La longue marche du 19e RI de Brest pendant la première guerre mondiale, tome I, op. cit.*, p. 97-98.

Tu fais bien de vendre le plus possible car moi, çà sera toujours mon idée... mais pense le seulement, ne dis pas de trop. Je crois que pour l'été, on ne sera pas mal, par ici. Bien le bonjour à René.

Je termine en t'embrassant de tout cœur, de bien loin.

Maurice

– **Lettre 553 Le 17 juin 1918,** *on monte ce soir en 1ere ligne*[117]

Chère mère

Depuis deux jours, il pleut sans arrêter, c'est une vraie pluie de 48 heures et dire qu'on monte ce soir en 1re ligne mais le pire c'est d'y aller car je crois qu'il doit y avoir de bon gourbit dans ce secteur et qu'on y craindra pas la pluie. On voit les nuages tomber sur les montagnes, c'est bizarres. Pour le moment, on ne voit plus les journaux, je me demande si les boches avancent encore dans l'Oise. S'il fait le même temps par là qu'ici, je crois qu'ils doivent être arrêtés, et vous, dans votre fanerie, ça doit être de même. Je crois que vous devez en être à vos jeunes luzerne, alors si elles sont coupées, elles seront tristes, c'est vrai que ce n'est peut être pas tourmentant. En espérant que vous soyez, comme moi, en bonne santé, je termine, chère mère, en t'embrassant de tout mon cœur, sans oublier René.

Depuis que je change de compagnie, mes lettres ne m'arrivent plus très bien et plus de *Démo,* c'est il que Verron a eu peur des gothas !

Enfin, vivement qu'elles me viennent à la CM 3.

Envoie moi un petit billet, çà me fera plaisir car dans ces déplacements, on en mange beaucoup, on ne touche que du singe, bœuf de conserve et on ne peut le manger.

Merci à l'avance.

Maurice

– **Lettre 554 Le 20 juin 1918,** *nous en avons vu des durs pour monter en ligne*[118] (*ill. 39*)

Chère mère

Nous en avons vu des durs pour monter en ligne avec tant de détours et tant de côte, c'est terrible, tu parles de paysages. Où sans çà les quelques villages ne sont pas mal et il y a du civil, jeune ou vieux. Ceux qui n'étaient pas partis à la mobilisation, bien plus que dans nos pays. Je suis pas mal, c'est calme mais je suis détaché de ma CM 3 et j'ai peur de recevoir mes lettres avec beaucoup de retard. Enfin, pourvu que tu reçoive les miennes et que vous soyez au Theil en bonne santé. Ici, il y a beaucoup de malade, moi, çà va bien.

117. Feuille recto-verso, à carreaux de 0,8 × 0,8 cm, format 22,4 × 17,4 cm, pliée en quatre.
118. Carte postale de Thann, la Grande Guerre 1914-1918, quelques maisons atteintes par le bombardement, format 14 × 9 cm, 20 juin 1918. Archives familiales.

Ill. 39. Carte postale adressée par Maurice Gastellier à Julia sa mère montrant la ville de Thann bombardée durant « La Grande Guerre 1914-1915 », 20 juin 1918 (Archives familiales, DR).

Il fait du sale temps et il gèle blanc, on fait du feu, heureusement qu'on a du bois. Je termine en t'embrassant de tout cœur ainsi que René.

Maurice

M. Gastellier 19e inf. CM3 Secteur 83.

– **Lettre 555 Le 22 juin 1918,** *je ne reçois pas mes lettres car je suis détaché de ma compagnie*[119]

Chère mère

Pour le 1er jour de l'été, c'est déplorable la journée et c'est tous les jours pareille, qu'il fait en ce moment. On parle que les permes reprennent mais je n'entends rien dire, pourtant je devrais être dans les premiers. J'espère qu'il ne fait pas ce temps là chez nous et que vous êtes en bonne santé, comme moi d'ailleurs.

Je ne reçois pas mes lettres car je suis détaché de ma compagnie et je ne sais où elles vont et pour me les amener, c'est difficile, pour 500 m, il faut faire trois km et ce n'est que monter, descendre.

Je suis toujours près Metzeral, ah ! les beaux pays que çà fait[120]. Je t'embrasse de tout cœur ainsi que René en attendant de plus près.

CM 3 19e R. d'inf. S.P. 83.

119. Carte-lettre de couleur bleue avec dessin du glorieux 75, format 13,5 × 11,5 cm, pliée en deux.

120. Metzeral, canton de Munster, arrondissement de Colmar (Haut-Rhin).

– Lettre 556 Le 2 juillet 1918, *on est bien nourri, je souhaiterais que çà dure comme çà*[121]

Chère mère

J'ai reçu ta première lettre ainsi que *le Démo*. Maintenant, j'ai vu un copain qui m'a dit qu'il m'a envoyé une carte chez nous, que tu as peut être reçu depuis que je suis parti. Tu pourrais me mettre dans une lettre une feuille de toile à émery pour nettoyer fusil et une équille avec un grand trou, car j'en ai, mais je ne pense pas entrer le fil dans le trou[122]. Nous ne sommes pas mal, quoique toujours sous nos toiles de tente et on peut dire qu'on est bien nourri, je souhaiterais que çà dure comme çà. Je compte si çà va bien aller dans trois semaines en permission et que René sera encore la et que je ne sois encore pas avec mon oncle.

Je termine en vous embrassant de tout cœur.

Maurice

– Lettre 557 Le 12 juillet 1918, *j'ai été trois jours pour arriver en lignes*[123]

Chère mère

Tu dois dire que j'ai eu du mal à écrire car tu dois t'impatienter, mais écoute je ne fais que d'arriver d'hier soir. J'ai été trois jours pour arriver en lignes, ils ont juste été au repos quand j'étais en permission[124]. Nous sommes un peu à droite d'où j'étais, en face la grande ville que l'on aperçois de nos lignes, commençant par S.~~D.~~ Nous sommes dans un secteur qui est pas toujours calme et dont on a parler beaucoup, en 1915. J'ai trouvé, en arrivant, ton billet et celui de ma tante Angèle. Tu devras recevoir des lettres pour moi, envoie moi les toujours C.M.3.

Je vous embrasse de tout cœur, toi et René.

Maurice

– Lettre 558 Le 14 juillet 1918, *en lignes pour encore 16 jours*[125]

Chère mère

Je suis en lignes pour encore environ 16 jours, tu vois que j'ai réussi en arrivant pour les trouver, qu'ils venaient de monter ; quand même, le secteur est assez calme, quoique il a été bien terrible en 1915. Je me suis trompé en te disant ainsi qu'à Mauricette, que je me trouvais en face la ville qui commençais par S, ce n'est pas de ce côté là. Je voulais dire en face M. Pour l'écrire, tu commence par le nom

121. Carte-lettre, format 14,5 × 11,5 cm, pliée en deux.
122. « équille » pour aiguille.
123. Carte lettre, format 13,5 × 11,5 cm, pliée en deux.
124. Probablement une permission de l'ordre de quatre jours.
125. Carte lettre, format 13,5 × 10,5 cm et feuillet recto-verso, format 12,7 × 10 cm, pliés en deux.

de tes marchands de poire qui reste dans la rue du Pont du Theil, à côté de notre clos, et ensuite trois autre lettre[126].

Alors, cette ville qui est à six km en face nous, on la voit à l'œil nu et la nuit, ce n'est que des lumières plein mais on ne veut pas la détruire, çà fait que les Boches sont tranquilles, dans quelques jours, on va voir les gens faire leurs moissons car la voilà jaune[127]. J'espère que lorsque tu recevras ma lettre, tu m'auras envoyé ma photo. Si elles sont bien, à mon idée, tu en garderas une, une autre à moi, une à Mauricette, une à ma tante Angèle, une à Marguerite Dumas, et l'autre à Liliane.

En Champagne quand je venais, la moisson était en plein, surtout qu'il n'y a que des seigles, c'est plus attifs[128]. Quand je suis arrivé vers Chaumont, il s'est mis à pleuvoir à peu près la nuit mais depuis, il ne pleut plus. Je pense que vous devez en avoir reçu aussi car vous en aviez besoin. Et Girault doit te depresser tes betteraves, s'il a plut[129].

Je me demande si on va avoir, aujourd'hui 14 juillet, une petite amélioration dans notre ordinaire et si on va avoir comme d'habitude, le champagne. En tous cas, on touche du joli pain, je te l'assure comme jamais j'en avais touché, à souhaiter que çà dure aussi[130].

Tu devras recevoir encore une lettre pour moi, surement, tu dois me l'avoir déjà renvoyée. Merci pour celle dont j'attendais, oui, j'aurais dû aller voir Caillaux, surtout que je ne suis parti qu'à onze heures de la gare. Je t'ai dis aussi que j'avais reçu mon billet en arrivant, dans ma lettre. Je vais terminer en t'embrassant de tout cœur ainsi qu'à René et bon courage pour la moisson, pourvu que çà ne verse pas[131]. Maurice

– **Lettre 559 Le 15 juillet 1918,** *c'est assez calme*[132] (*ill. 40*)

Chère mère

Mon copain part en permission et passe à Coulommiers, alors, je lui fait remettre cette lettre à la gare, tu me diras si elle arrive avant les autres. Cette deuxième lettre dont tu viens de m'envoyer était de lui. Nous sommes toujours dans le même coin et c'est assez calme ; il fait beau mais toujours du grand vent.

126. Maurice code M pour Mulhouse, avec une devinette compréhensible uniquement par ses proches : Mulo, marchand de poires, et trois lettres : u.s.e.

127. Les champs de céréales jaunissent à maturité.

128. Les seigles murissent plus précocement que les blés.

129. Maurice n'oublie pas les travaux de la ferme, le binage des betteraves et la moisson.

130. À souligner car ce n'est pas souvent que Maurice se félicite du pain de guerre.

131. La verse des céréales provoquée par des orages rend plus difficile la moisson et entraîne des pertes de rendement.

132. Carte-lettre de couleur bleue avec dessin du glorieux 75, format 13,5 × 10,5 cm, pliée en deux.

Ill. 40. Carte-lettre militaire adressée par Maurice Gastellier à Julia sa mère, illustrée du « glorieux 75 » emblématique de l'Armée française, 15 juillet 1918 (Archives familiales, DR).

J'espère que ma lettre vous trouvera en bonne santé, moi, je suis de même. Tu as su que je suis parti de onze heures de Coulommiers.

Ton enfant qui t'embrasse de tout cœur.

Maurice CM3

– **Lettre 560 Le 16 juillet [1918],** *je ne vois plus seulement pour t'écrire*[133]

Chère mère

Deux mots pour te dire qu'hier, en allant à l'exercice par le soleil, les yeux m'ont éblouis et je ne pouvais plus continuer et depuis, je ne vois plus seulement pour t'écrire. Alors demain, je vais voir un oculiste et surement, je ne peux rester ici. Je vais être forcé de faire lire mes lettres maintenant, alors écris moi que le principal.

Celui qui t'embrasse. Maurice.

Je ne vois même pas ce que je t'ais écris.

133. Carte-lettre de couleur bleue avec dessin du glorieux 75, format 14 × 11,2 cm, pliée en deux.

– Lettre 561 Le 18 juillet [19]18, *Je pense que tu as été chercher ma photo et que je vais bientôt la recevoir*[134]

Chère mère

Ma dernière lettre, je l'ai donnée à un camarade qui partait en perm pour qu'il l'a mette a Coulommiers mais le pauvre, il a été forcé de la mettre ici car le lendemain, il revenait avec moi car avant qu'il parte de la gare où il devait prendre le train, elles étaient supprimées, avec cette nouvelle offensive[135]. Comme çà, elle t'aurais arrivée plutôt mais elle a arrivée que pareille. Vous aurez encore eu peur mais je crois qu'il n'en a été rien. Je pense que tu as été chercher ma photo et que je vais bientôt la recevoir, voir comme je suis beau[136].

Nous en avons encore pour 11 jours, çà va bien.

Ton enfant qui t'embrasse de tout cœur. Maurice

– Lettre 562 Le 20 juillet 1918, *Qu'ils nous mettent pas le feu dans nos beaux champs de blé*[137]

Chère mère

Alors, çà ne va pas mieux par chez nous, tu vois je te le disais, si ils nous bombardaient avec le canon, il serait probable que le Theil prendrait quand ils tirraient trop court. Cà m'étonne d'eux pourtant de tirer si mal car c'est assez loin de Coulommiers et comme je vois, il n'en est pas encore tombé dans la ville. Enfin, il faut espérer que çà ne durera pas et que ce n'est que pendant leur offensive. Maintenant, je crois que chez nous, c'est encore pas le vrai passage de leurs obus car c'est plus sur Pontmoulin que nous sommes et le plus mauvais serait à mon idée, la ferme de l'hôpital et le haut du Theil, ainsi que notre beau champ Fromont. Qu'ils nous mettent pas le feu dans nos beaux champs de blé de la plaine de l'hôpital avec leurs obus, il ne manquerait plus que çà[138].

Pour vous, le meilleur, serait par la rue du Rôti, mais je sais bien, que vous ne pouvez y aller, surtout les obus tombent dispersées, mettont tous les deux heures, alors, çà ne serait pas facile mais en tous cas, je vous dit, par chez nous, il ne doit pas y avoir tant à craindre que vers l'hôpital et maintenant, c'est bien rare si les Boches ne règlent pas leur tire avec leurs avions, et ne tire pas plus loin, c'est à dire sur la ville.

Enfin, je pense qu'il n'y a pas eu de victimes et que vous, je crois que vous ne devez pas être trop peureux, c'est le principal, pas vous affoller ; avant, vous ne les entendier pas les bombes d'avions, mais maintenant ce n'est peut être plus pareille,

134. Carte-lettre, format 15,5 × 11,2 cm, pliée en deux.

135. Il s'agit de la seconde bataille de la Marne déclenchée le 18 juillet 1918.

136. Maurice est impatient de recevoir sa photo prise lors de sa dernière permission.

137. Carte-lettre, format 13,5 × 10,5 cm et feuillet recto-verso, format 12,7 × 10 cm, pliés en deux.

138. Maurice s'inquiète de l'impact des bombardements aériens sur Coulommiers.

vous devez les entendre. Et René qu'est ce qu'il dit de çà, il va savoir ce que c'est que la guerre. Moi, je suis toujours en ligne mais le secteur n'est mauvais, il n'y tombe que quelques obus, comme au Theil mais pour nous, c'est calme mais vous, ce n'est plus pareille. Tiffon a eu la veine d'être blessé, le lendemain de son arrivée, tu parles d'un veinard, et pas grave.

Vous devez les entendre siffler les obus, ceux là, il n'y a pas de danger, c'est qu'ils sont loins, mais ceux qui viendraient vite, comme **l'éclair,** il faut se coucher, c'est qu'ils viennent près[139]. Je crois que lorsque vous recevrez cette lettre, vous commencerez la moisson, bon courage et surtout bonne chance !

Ton enfant qui pense à vous et vous embrasse de tout cœur.

Maurice

– Lettre 563 Le 22 juillet 1918, *c'est terrible pour tout le monde*[140]

Chère mère

Je te fais réponse à ta lettre du 18 juillet. Alors, tu ne peux m'envoyer ma photo, je serais pourtant curieux de la voir, tu m'assure pourtant que je suis bien mais c'est que ce n'est pas dans mon habitude, alors, çà me semble drôle. Il y a six jours que nous sommes tranquille mais cette nuit, nous avons eu un drôle de réveil, un bombardement terrible tout autour de nous et tu sais pas par qui, par ceux qui ont voulu te payer les œufs six sous, alors tu vois, alors nous avons averti et je crois qu'on va leur apprendre à faire attention[141]. Comme je vois, çà barde aussi chez nous, enfin, c'est terrible pour tout le monde et Mauricette, elle n'a plus qu'un cheval[142].

Ton enfant qui pense à vous autant qu'à lui.

Maurice

– Lettre 564 Le 24 juillet 1918, *vous allez essayer la moissonneuse que je voudrais bien savoir si elle va marcher*[143]

Chère mère

Si vous avez commencé la moisson et qu'il fasse le même temps qu'ici, çà ne doit pas aller comme la Saint-Jean car il ne fait guère bon. Et ici, quand il fait beau, il fait chaud, aussitôt que le temps est couvert, c'est un froid terrible et la pluie est toujours glaciale et lancée par un vent de chien. A part çà va bien et vous, je me demande si le canon tire toujours, maintenant qu'ils sont évacués de

139. Maurice détaille ses conseils aux siens face aux bombardements.

140. Carte-lettre de couleur bleue avec dessin du glorieux 75, format 13,5 × 11,2 cm, pliée en deux.

141. Il s'agit de tirs de l'artillerie française mal réglés.

142. Sa sœur Mauricette se retrouve en difficulté avec un seul cheval pour les gros travaux de la ferme.

143. Carte-lettre de couleur bleue avec dessin du glorieux 75, format 13,5 × 11,2 cm, pliée en deux.

Château-Thierry, peut être qu'ils sont arrêtés[144]. J'espère que le temps ~~est~~ va se remettre et que vous allez essayer la moissonneuse que je voudrais bien savoir si elle va marcher. Tu diras à René qu'il me fasse un petit mot quand il pleuvra, qu'il ne moissonnera pas. Le secteur va bien, nous sommes encore en ligne pour cinq jours et après un petit repos. Enfin, je ne me plains pas surtout quand je sais que çà barde par ailleurs. Je termine en t'embrassant de tout mon cœur ainsi que René.

Maurice CM 3

– **Lettre 565 Le 26 juillet 1918,** *vous devez commencer la moisson. Est ce que çà s'est versé par ces dernières pluies ?*[145]

Chère mère

Alors, Oscar vient de venir en perm[146]. Mon copain, lui, est parti maintenant et est chez lui ; c'est dommage qu'il n'est pas facile, de toi, de savoir quand il repassera à Coulommiers, où sans quoi, tu lui aurais donné un petit colis et il aurait été heureux de voir quelqu'un de chez nous, mais c'est impossible. Alors, vous devez commencer la moisson. Est ce que çà s'est versé par ces dernières pluies ? Nous on voit les Boches faire la leur et on ne tire pas dessus, car on a peur qu'ils y ait des civils, et comme c'est un peu des nôtres, on ne tire que sur les tranchées. On voit toute la ville dont je t'ai parlé qui est éclairée toute la nuit et chez nous, à 30 km on se méfie d'une cigarette, c'est bien çà. On a eu deux blessés, aujourd'hui, par les obus Boches. Encore trois jours et on va au repos. Est ce que le canon tire encore ?

Je t'embrasse de tout cœur. Maurice CM 3

– **Lettre 566 Le 29 juillet 1918,** *dans un coin qu'à été un des plus terrible du quartier en 1915*[147]

Chère mère

Nous redescendont au repos ce soir pour dix jours et après nous remontons encore une 20 aine de jours, cinq cent mètres à droite, d'où nous sommes, juste en face la ville que je t'ai dit. Ici, nous sommes dans un coin qu'à été un des plus terrible du quartier en 1915. Pour l'écrire, il s'agit de prendre le petit nom du plus jeune à Berteaux, après le pays où reste Chatton où l'on allait chercher ses betteraves, et ensuite mettre Koff et tout rassembler ensemble et tu trouve l'endroit[148].

144. Il faut lire : « A part cela, ça va bien. » Les troupes allemandes se replient à partir du 19 juillet 1918.

145. Carte-lettre de couleur bleue avec dessin du glorieux 75, format 13,5 × 11,2 cm, pliée en deux.

146. Oscar, cousin de Maurice, affecté au 163e régiment d'artillerie depuis le 1er août 1918.

147. Carte-lettre de couleur bleue avec dessin du glorieux 75, format 13,5 × 11,2 cm, pliée en deux.

148. Armand(Berteaux)-Villers (le lieu d'habitation de Charton)-Koff pour Hartmannswillerkopf. Depuis la fin décembre 1915 qui a vu le quasi-anéantissement du 152e RI, les troupes françaises restent accrochées aux pentes tandis que les troupes allemandes occupent le sommet.

Il fait toujours bien mauvais temps. J'espère que vous, il fait meilleur et que vous êtes en train de faire la moisson. Tiffon est toujours à l'hopital; il a l'air de dire qu'il ira en perme voir à Coulommiers, s'il vient chez nous, ne lui donne pas de colis pour moi car il rentrera au DD et évite le, plutôt, si tu le voit venir car c'est un copain si on veut avec moi, je n'ai pas à me plaindre, mais on ne peut pas savoir[149]. J'ai acheté une montre à un copain 12 f. je crois qu'elle n'est pas mauvaise. En tous cas, j'ai encore assez d'argent pour l'instant.

Ton enfant qui t'embrasse de tout cœur.

Bonjour à René.

Maurice

Je crois que le fils Guerbette peut se préparer[150].

– **Lettre 567 Le 1er août 1918,** *l'amoureux à Marguerite Maire est tué, enfin il n'en restera plus*[151]

Chère mère

Comme tu dis, après qu'il va t'avoir mis des dents, çà ira bien et pourtant j'en doute car ta moissonneuse, je crois que s'il n'y avait que les dents, que çà irait quand même[152]. Enfin, c'est à souhaiter que çà soit de cela que çà dépende et que ça aille après? Oui, Mauricette m'a parlé pour le cheval mais c'est impossible et pourtant les nôtres ne seront pas foulés mais il nous les faut sur la main. Elle me dit aussi que l'amoureux à Marguerite Maire est tué, enfin il n'en restera plus.

Vous êtes tranquilles avec les obus, maintenant Coulommiers est dégagé, c'était pour que vous puissiez dire que vous avez été à la guerre. Nous sommes au repos dans ce pays et pas mal mais il faudra encore remonter.

Ton enfant qui t'embrasse de tout cœur.

Maurice

– **Lettre 568 Le 3 août 1918, M. Gastellier 19e inf. CM 3 Secteur 83,** *vous avez coupé le champ de la Croix*[153]

Chère mère

Je t'envoie aujourd'hui mon carnet de pécule que tu voudras bien mettre de côté, avec mes lettres si tu veux, dans ma boite; il y a 28 f. dessus et j'en ai un, ici

149. DD, dépôt divisionnaire.
150. Guerbette, un voisin cultivateur au Theil.
151. Carte postale de Thann, format 14 × 9 cm. Archives familiales.
152. La moissonneuse dispose d'un système de doigt (nommé dent par Maurice) dans lequel se déplace une lame constituée de sections. L'ensemble du couple de doigt-section de la lame se comporte comme une paire de ciseaux pour couper les tiges de céréales.
153. Deux feuillets avec lignes équidistantes de 0,8 cm, recto-verso, format 16,7 × 11 cm, pliés en deux.

qu'il y a 100 f. dessus mais il n'est pas fini[154]. Toute cette argent sera payée après la guerre, alors conserve çà. Maintenant, on gagne un peu plus cher, nous avons 3 f. par jour, quand nous sommes en lignes mais on ne touche que 1 f. et le reste est sur le carnet de pécule (au repos nous avons 0,25).

As tu reçu ma photo hier mais vous n'êtes pas difficile, même pas ma tante Angèle, qui me dit aujourd'hui, que je suis épatant. Alors, tu me diras si tu l'a reçu ainsi que mon carnet de pécule.

Comme çà, la moissonneuse va tout de même bien, alors vous avez coupé le champ de la Croix en un après-midi mais tu ne m'as pas dit si vous avez fini, celui de la rue du Rôti, que vous avez commencé avant d'être réparée. Alors tant mieux. Comme çà, vous devez barder en ce moment et moi, je ne fais pas grand chose, je t'assure. Nous sommes au repos encore cinq jours et nous ne sommes pas malheureux mais quand je pense qu'il va falloir remettre çà pour 20 jours, alors on peut être tranquille.

Alors bon courage et Guerbette va t'il te couper ton champ Fromont ? Il peut en profiter aussi avec son gas car je vois que c'est son reste ; il part au mois d'octobre[155].

Je te quitte, chère mère, en t'embrassant de tout cœur ainsi que René.

Maurice

P.C. est-ce que ton nouveau commis va bien ?

– **Lettre 569 Le 5 août 1918,** *vous devez marcher à la moisson*[156]

Chère mère

Il y a quatre ans, je montais cette nuit dans le train pour cette affreuse guerre. Aujourd'hui, j'y suis encore et vous vous avez su aussi, pas ce que c'est que ~~c'est que~~ la guerre mais ce que l'on peut appeler le tourment de la guerre. Il était temps pour nos pays et maintenant, il y a bon, comme çà, vous allez faire votre moisson tranquille.

Moi, je suis au repos encore pour trois jours et c'est tout à fait bien ces petits pays. Il y a quelque chose comme famille, c'est pire que des nichées de lapin. Le dimanche, il y a des scènes patriotiques, si tu voyais çà. Hier, c'est le Ministre de l'Instruction Publique de Paris qui est venu aux prix, ici.

Je pense que vous devez marcher à la moisson quoique il fait des orages assez souvent. En vous espérant en bonne santé, je vous embrasse de tout cœur.

Maurice

154. Maurice se projette dans l'après guerre en demandant pour la première fois à sa mère de « bien mettre de côté, avec mes lettres [...] dans ma boite ».

155. L'entraide entre voisins est importante notamment pour les moisons et la mobilisation du fils Guerbette, en octobre 1918, sera autant de main-d'œuvre en moins.

156. Carte-lettre, format 13,7 × 10,5 cm, pliée en deux.

– Lettre 570 Le 7 août 1918, *il faut toujours finir la moisson*[157] (*ill. 41*)

Mon cher René

Alors, te voilà encore embêté avec ce métier mais il faut toujours finir la moisson et ne pas laisser ta patronne en plant. Comment maman va t'elle encore faire, elle doit encore se tourmenter et il y a de quoi. Maintenant, peut être, ils te laisseront. Alors, nous avons beau être pris tous les ans, il faut encore que vous coupiez de la moisson d'avance. Maintenant, çà va germer en javelle et pour retourner çà, des javelles de blé surtout, çà fait du travail ; comme je vois, la javeleuse marche bien maintenant[158]. Alors, vous avez des voleurs de poules, c'est bien çà et dire que c'est des embusqués ; quelque chose comme des Parisiens, c'est leurs systèmes.

Alors maman n'a pas compris où je suis et où je monte encore demain pour 20 jours. Et pourtant, c'est bien simple, vous connaissez les trois noms. D'abord petit Berteaux, après le pays à Chatton et après Koff, alors çà te fait le nom[159]. Mais ce n'est pas sur la carte. C'est un Mont dont on a tant parlé en 1915, mais çà ne peut être marqué sur votre carte, je ne pense pas.

Mon vieux René, si Guerbette est content, moi aussi. Il changera peut être, en tous cas, çà dépend dans quoi il sera aussi car lui, il peut être dans l'artillerie. Vous avez bien fait de ne pas toucher au fumier le long du bois.

Avez vous du beau pain, nous, il est bien blanc mais on nous dit qu'a l'intérieur, comme toi tu seras, qu'ils ne sont pas bien nourris[160].

Merci pour le billet ; maintenant, ce n'est plus la peine de m'envoyer de l'argent, avant que j'en demande car j'ai 55 f. dans ma poche pour aller en ligne. On a touché un rappel d'argent qu'on nous devait et maintenant on va toucher 26 sous par jour en lignes et 2 f. sur le pécule, ceux là, on ne les touche pas mais enfin, çà nous fait quand même 1 f. 30 en lignes et 5 sous au repos.

Bon courage et je te quitte en te serrant la main. Embrasse bien maman pour moi.

Ton frère Maurice

157. Feuille avec l'insigne Le Foyer du Soldat, Union Franco-Américaine, recto-verso, format 21 × 13,4 cm, pliée en quatre.

158. Maurice exprime ses réprimandes sur la façon dont est organisé le chantier de la moisson qui doit être adapté en fonction de la main-d'œuvre et de la météo. La moissonneuse-javeleuse est une machine qui fauche le blé et le met en javelles, c'est-à-dire en brassées coupées à terre et non liées. Les javelles sèchent sur le sol avant d'être rassemblées et liées en gerbes puis mises debout en tas. En cas d'orages, les épis reposant sur la terre humide peuvent germer et pourrirent si les javelles ne sont pas assemblées, liés rapidement et mises en tas.

159. Deuxième fois que Maurice code sa position : Armand-Villers-Koff pour Hartmannswillerkopf.

160. Maurice questionne son frère sur le « beau » pain et mentionne pour la première fois du pain « blanc ».

LE FOYER DU SOLDAT
Union Franco-Américaine

Y.M.C.A.

le 7 Août 1918

Mon cher René

Alors te voilà encore embêté avec ce métier mais il faut toujours finir la moisson et ne pas laisser ta patronne en plant. Comment maman va t elle pour con[illegible] elle doit encore se [illegible] et il y a de quoi. Maintenant peut être ils te laisseront. Alors nous avons beau être pris tous les ans, il faut encore que vous coupiez de la moisson d'avance ? Main-

Ill. 41. Maurice Gastellier écrit à Julia sa mère sur un papier à lettre à l'entête « *Le Foyer du Soldat* de l'Union Franco-Américaine », témoignant des contacts avec le *104th US Infantry Régiment* lors de son instruction auprès du 19e RI, 7 août 1918 (Archives familiales, DR).

– Lettre 571 Le 9 août 1918, *Adrien est en perme*[161]

Chère mère

Ce n'est pas parce que je n'ai pas de papier que je t'écris sur une petite feuille, au contraire. Tu comprends, je me suis munie car me voilà arrivé ici, hier soir, encore pour 20 jours. Pour le moment, le secteur est calme et j'espère qu'il ne changera pas. Enfin, nous voilà un peu retiré de ce coin si terrible, c'est étonnant, nous qui connaissait que ces secteurs mauvais, un peu aux autres. Alors, Adrien est en perme, il dit aussi qu'il était dans un bon coin. Il va pouvoir goûter à la moisson, ce n'est pas comme moi.

Alors vous, depuis quelque temps vous ne devez rien plus faire mais je crois que çà va se remettre, le temps n'annonce pas trop mal.

Et René va encore aller voir si on veut de lui, quand il saura, il m'enverra un mot[162]. Pourvu qu'on te le laisse. Quoique il était ton plus mauvais, je crois que c'est encore ton meilleur, il ne t'abandonne pas, c'est pas comme nous deux Mauricette. As tu su si c'était vrai que le fiancé à Marguerite, était tué. Alors, votre Coulommiers est dégagé, ils sont reculés tout vos bonsang de Boches, et René pourra dire, si on le traite de bleu un jour, qu'il sait ce que c'est que les obus.

Que vous soyez en bonne santé, moi, çà va bien. Ton enfant qui t'embrasse de tout cœur.

Maurice

– Lettre 572 Le 11 août 1918, *encore dix huit jours à être enterrés*[163]

Chère mère

Alors, tu as reçu ma photo et mon carnet de pécule. Et tu veux que je sois bien, du moment qu'on te l'as dit mais on ne voulais pas te dire que j'étais mal. Je sais qu'Adrien vient de venir en perm, alors maintenant, c'est mon tour, il y a un mois que je suis rentré, je peux compter, si çà va bien aller dans six mois. Oui, il fait bien mauvais temps depuis quelque temps mais je crois que çà veut se remettre. Adrien n'aura pas réussi, il n'aura pas pu moissonner. Il est dans un secteur calme et bien, moi aussi, surtout ces jours ci, à souhaiter que çà dure. Et je crois que ce n'est pas partout pareille en ce moment. Heureusement aussi pour lui car sa place n'est plus celle qu'il a eu autrefois. Oui, la montre va très bien, c'est une montre grossière qui a l'air de bien aller, c'est çà qui faut ici.

161. Feuille recto-verso, format 12,7 × 10 cm, pliée en deux.
162. René, réformé temporairement pour un an, est susceptible d'être rappelé pour effectuer des périodes au service auxiliaire.
163. Feuille recto-verso, format 12,7 × 10 cm, pliée en deux.

Je pense que vous êtes, tous deux René, en bonne santé. Moi, çà va bien, encore dix huit jours à être enterrés, on y reste le moins possible mais dehors on est toujours plutôt vu et puis on risque de recevoir quelques obus ou une rafale de mitrailleuses.

Je te quitte en t'embrassant de tout cœur ainsi que René.

Maurice

– Lettre 573 Le 14 août 1918, *dans nos trous comme des sauvages*[164]

Chère mère

Pas grand chose a te dire de nouveau tout pendant qu'on sera dans ce secteur et surtout en ligne. On est là, dans nos trous comme des sauvages, on sort de temps en temps et c'est toujours très calme. Je vois le journal et connais les nouvelles. Maintenant, je voudrais bien savoir si René va être pris et votre moisson marche-t-elle? de ce temps là, çà doit marcher toujours, si il fait comme par ~~chez nous~~ ici, c'est un temps admirable. Que votre santé soit bonne, moi, çà va bien.

Je te quitte en t'embrassant de tout mon cœur ainsi que René.

Maurice

– Lettre 574 Le 16 août 1918, *votre moisson marche bien*[165]

Chère mère

Je n'ai pas grand chose de neuf à te dire, on est toujours en ligne et c'est très calme, alors, on fait de plus longues tournées de tranchées. Je pense que c'est aujourd'hui que Mauricette a 26 ans et je souhaite une bonne fête à René pour ses 21 ans dans trois jours[166].

J'espère que vous êtes en bonne santé et que votre moisson marche bien. C'est peut être trop sec, même pour vous en ce moment car il fait une chaleur à vous rendre malade, moi, çà ne roule pas à mon idée; que vous que çà aille, c'est le principal.

Je termine en t'embrassant de tout cœur ainsi que René.

Maurice

164. Carte-lettre, format 13,5 × 10,5 cm, pliée en deux.

165. Carte-lettre, format 13,5 × 10,5 cm, pliée en deux.

166. Maurice n'oublie pas les anniversaires de sa sœur (née le 16 août 1892) et de son frère (né le 19 août 1897).

– Lettre 575 Le 18 août [19]18, *vous bardez à la moisson, il n'y a plus de dimanche*[167]

Mon cher René

Alors, te voilà encore repris dans ce métier mon pauvre, quand tu me dis çà, çà m'embête bien pour maman mais où tu me fait rire, c'est quand tu me parles de demander à aller à Brest. Alors, tu veux voyager comme çà mais je me demande si tu y arriverais, et toi qui s'ennuyait à Melun, çà serait autre chose, la bàs à Morlaix car ce n'est plus à Brest le 19e, là bàs, tu serais au bout de la France et moi, à l'autre bout. Si ce n'était pas comme çà, avec maman, je préférerais que tu alles là bàs, mais dans ce cas, çà te couterais cher pour venir en perme car il faut espérer que tu viendras avant de partir au front car on ne sera pas longtemps s'en t'envoyer à l'arrière peut être vers le Theil.

Alors vous bardez à la moisson, il n'y a plus de dimanche mais vous avez du mauvais pain, mais il ne faut pas croire que tu en auras du bon, car il n'y a que les troupes du front qui en ont du bon.

Je t'embrasse de tout cœur ainsi que maman. Quant pars-tu ?

Maurice

– Lettre 576 Le 20 août 1918, *votre moisson doit s'avancer*[168]

Chère mère

Tu vois si je suis fénéant, avec mes cartes lettres doubles, je t'écris un coup avec la carte, je décolle l'autre feuille et avec une enveloppe, y a de quoi te récrire, il faut vivre à l'économie. Et pourtant, je gagne assez cher et a toujours mon porte monnaie plein, enfin je trouverais bien a le dépenser au repos surtout que là, on ne gagne pas bien cher et on trouve a en placer.

Alors, comme çà René aurait voulu aller à Brest, eh bien tu ne l'aurais jamais retrouvé. Mais comment penses tu faire avec çà, n'importe comment, il ne faut pas penser rester seule. Il n'est plus question de mon oncle Lemaire, je ne crois pas et tu pourrais peut être trouver un petit commis de 15 à 17 ans.

Maintenant, vous ne savez quand il va partir, peut être que vous allez me le dire sur la prochaine lettre. Enfin c'est bien embêtant, pour ce qu'il va leur être utile, en tous cas il pourra peut être avoir des permes s'il n'est pas trop bête pour s'en occuper, quand il y aura une quinzaine qu'il sera arriver. Si on parle de l'envoyer en équipe dans une ferme, il n'a qu'a dire, que tu es seule et qu'il demanderais si il pouvait venir au Theil[169]. Maintenant, votre moisson doit s'avancer, quel temps épatant pour la faire, tu ne m'as jamais parler de tes moissonneurs, çà a t'il marché. Je t'assure que j'aurais été heureux de voir notre champ Fromont en

167. Carte-lettre, format 13,5 × 10,5 cm, pliée en deux.

168. Feuille recto-verso, format 12,7 × 10 cm. Écrite à l'encre noire.

169. René, comme les militaires du service auxiliaire ajournés puis réformés temporairement, est susceptible d'être affecté à l'arrière pour des tâches agricoles dans les fermes.

tas, il devait y avoir quelque chose et encore pire à la Croix mais le champ était moins grand.

J'ai voulu écrire à la plume pour un coup, le papier va bien mal. Que ma lettre vous trouve en bonne santé.

Ton enfant qui t'embrasse de tout son cœur.

Maurice

– **Lettre 577 Le 21 août 1918,** *tu as bien fais de couper ta deuxième coupe de trèfle*[170]

Chère mère

Pour la peine que vous travaillez bien, je vais t'écrire une lettre de plus, que vous n'ayez pas de tourment pour moi car je crois que vous devez en avoir assez avec le travail. Comme çà, René a encore eu un petit dérangement, j'espère que ma lettre le trouvera rétabli, ainsi que toi en bonne santé, comme moi d'ailleurs. Ce que j'ai toujours peur pour toi, que tu ne sois pas malade car tu force toujours de trop, surtout dans des chaleurs pareilles ; heureusement qu'en été, tu n'as jamais de dérangement car je vous verrais pas bien planté.

Enfin, j'espère que c'est la dernière que tu fais sans moi et que l'année prochaine, je serais là pour te seconder[171]. Comme çà, tu batterais aussi, alors on ne parle plus de Chiquerille. Vous fanez aussi mais je ne sais pas si vous faites du travail ! C'est vrai que le temps y fait pour beaucoup. Tu as bien fais de couper ta deuxième coupe de trèfle ; à t'il poussé un peu ?

Oui, travaille bien, je te pardonnerai si tu es quatre ou cinq jours sans m'écrire, repose toi plutôt le soir surtout que je peine pas de trop pour l'instant. Tu diras à ton commis que s'il travail bien, que lorsqu'il sera soldat, je lui enverrai un petit billet car il lui en faudra plus que moi et il gagnera moins. Je t'embrasse de tout cœur ainsi que René.

Maurice

– **Lettre 578 Le 22 août 1918,** *les Boches ont fait un coup de main*[172]

Chère mère

Il y a ~~deux~~ quatre ans aujourd'hui que je donnais le premier fort combat, c'est à dire de Longwy et dire que j'y suis encore. Je ne sais pas comment je peux être encore existant. Quand je pense que je ne suis plus bien costot, je le peux être à moins, avec toutes les fatigues que j'ai supportées. Encore aujourd'hui, j'avais été faire une corvée, je suis rentré à nage de sueur, je rentre dans notre souterrain,

---

170. Feuille recto-verso, format 12,7 × 10 cm.

171. Maurice espère que c'est la dernière moisson sans lui.

172. Carte-lettre et feuille recto-verso, format 13,5 × 10,5 cm, pliées en deux. Écrite à l'encre noire.

c'était tellement frais que j'étais gelé aussitôt. Ah ! quel chaleur, c'est affreux, je crois que çà vient à son extrême.

Hier, les Boches ont fait un coup de main sur nous, sans réussir, heureusement, mais tu parle de bombardement et de gaz qu'ils nous ont passé[173]. J'en ai ramassé encore un peu et depuis je n'étais pas trop bien et avec çà, la chaleur mais je crois que çà va aller. Le secteur devient pas trop bon par moment enfin, il faut espérer bientôt le repos.

Et vous, d'où en êtes vous, je crois que vous devez avoir bien chaud aussi à votre moisson, je crois que si c'est fini et que vous battez ces jours ci, tu dois pouvoir charrier à boire, quoique sous la remise, il ne doit faire si chaud qu'au soleil, comme voilà dans la plaine. Enfin, si vous pouvez finir tout çà par ce beau temps, vous aurez mérité du repos après. Que ma lettre vous trouve en bonne santé, moi, je crois que çà va aller, surtout que demain, j'ai repos, à part la garde comme toujours, chacun son tour mais pas de corvées, ce qui ne fait pas bon faire de ce temps là et surtout dans ces montagnes.

Qui est ce père Caillot qui est mort au Theil, un frère à Caillot, peut être ? Je veux toujours t'écrire à l'encre mais çà ne me va pas. Je ne sais pas si je t'ai dis que je venais de rencontrer un artilleur qui est du Martroy. Et René, va t'il mieux, quand part il ? Je t'embrasse de tout cœur ainsi que ton nouveau soldat.

Maurice

– **Lettre 579 Le 25 août 1918,** *vous devez avoir fini la moisson*[174]

Chère mère

Il y a déjà plusieurs jours que je n'ai rien reçu mais je ne me tourmente pas, comme tu m'avais averti que tu n'aurais pas grand temps. Je crois que vous devez avoir fini la moisson et peut être de battre et je crois qu'il serait temps car voila le temps qui se détraque. Ce soir, il fait un orage de chien et ne fait guère bon dehors, heureusement que j'ai un bon gourbit où j'en profite pour t'écrire, cette nuit à la chandelle. Je voudrais que tu me dise que ta moisson est terminée et battue, maintenant c'est René que je voudrais savoir s'il doit partir bientôt ou qu'un an après sa réforme.

Je suis en bonne santé et espère que ma carte va vous trouver de même.

Je t'embrasse de tout cœur ainsi que René.

Maurice

173. « Le 21 août, fort coup de main sur les G.C. Dames et Ecolière (Quartier des Dames) précédé de l'habituelle préparation intense par obus et minens [...] Nous perdons 1 tué, 4 blessés, 1 caporal disparu. » FLOCH Marcel, *La longue marche du 19e RI de Brest pendant la première guerre mondiale, tome II, op. cit.*, p. 105.

174. Carte-lettre, format 13,5 × 10,5 cm, pliée en deux.

– Lettre 580 Le 27 août 1918, *dans les pays où l'on ne parle pas français*[175]

Chère mère

Deux mots pour te dire que nous allons au repos pour presque vingt jours, et un peu plus loin à l'arrière mais toujours dans les pays où l'on ne parle pas français. Alors, tu as fini avec la batteuse, vous avez été bien vite cette année et je suis bien heureux de vous savoir débarrasser de tout çà et tu sais, j'ai fait ton compte eh! bien, çà te fait une belle somme, le double des autres années, si ce n'est plus[176]. Alors René te quitte le 17 septembre alors que décide tu, maintenant que ton ouvrage est fini, il faudrait que tu t'occupe de trouver un petit gars de 15 ou 16 ans car je crois qu'il n'est plus question de mon oncle[177].

Je t'embrasse de tout cœur.

Maurice

– Lettre 581 Le 28 août 1918, *demain réveil, comme ce matin à 3 heures*[178]

Chère mère

Je t'écris aujourd'hui, nous sommes au repos et pas seulement pour une journée, car on part demain et on fait quelques kilomètres, je t'assure que je ne sais pas comment je vais faire. Car je viens de tomber mal fichu en deux heures de temps et même moins, j'étais très bien et j'ai lavé tout ce que j'avais à laver et d'un seul coup, j'avais un mal de tête et de gorge à m'étrangler; en ce moment, il y a un peu de mieux mais dire que je ne vais pas manger ce soir et demain réveil, comme ce matin à 3 heures. Je crois que d'ici quelques jours peut être quand tu recevras cette lettre, je passerai chez nous, malheureusement, tu comprends ce que çà veux dire, si je ne suis pas évacué mais je ne pense pas!

Je termine en t'embrassant de tout cœur.

C'est fini pour ce coin tranquille.

Maurice

– Lettre 582 Le 31 août 1918, *2 jours de marche*[179]

Chère mère

Nous voilà au repos après deux jours de marche et dure marche[180]. Je ne sais, si on doit s'en aller par où je t'ai dit où si on retournera dans le coin que l'on sort. En tous cas, çà sera où çà cognera, c'est forcé. Je suis toujours à moitié en train. Je

175. Carte-lettre, format 13,5 × 10,5 cm, pliée en deux.
176. Maurice fait les « comptes » de la ferme aussitôt la moisson battue.
177. Maurice incite sa mère à recruter « un petit gars » pour l'aider, venant d'apprendre que René était rappelé au 31e RI le 17 septembre.
178. Carte-lettre, format 13,5 × 10,5 cm, pliée en deux.
179. Carte-lettre verso, format 13,5 × 10,5 cm, pliée en deux.
180. Le régiment rejoint à pied les 70 km qui séparent le secteur de Viel Armand de la gare de Remiremont.

crois qu'avec du repos, çà ira. Alors Moussin est mort mais il n'était pourtant pas malade, il a été vite, c'est l'homme a la fille à Emile[181]. J'ai vu aussi sur *le Démo* que l'autre garçon Vignot était mort de maladie, ils n'ont pas de chance.

Enfin, çà va bien sur le journal mais il faudrait que çà continue. J'espère que ma carte va vous trouver en bonne santé et un peu reposer de vos fatigues.

Pour ma tante Angèle, il faudrait qu'elle reste car venir tous les jours en hiver, c'est impossible.

Je t'embrasse de tout cœur.

Maurice

181. Paul Moussin, né le 14 octobre 1888 à Jouy-sur-Morin, soldat 2e classe au 416e RI de Coulommiers, est tué le 6 mai 1916 à Hardaumont. Son nom figure sur le Monument aux morts de Coulommiers mais Maurice mentionne probablement un autre Moussin. [https://www.memoiredeshommes.sga.defense.gouv.fr] 31 janvier 2022.

Chapitre 12
LE PASSAGE DE LA MEUSE (SEPTEMBRE-10 NOVEMBRE 1918)

Le régiment quitte l'Alsace avec une trentaine de blessés et embarque en gare de Remiremont, le 2 septembre. Envoyé à l'instruction à Vitry-le-François. Maurice code sa position : « je suis à deux km, c'est à dire tout près, de la ville où va notre route nationale qui passe à Chailly, çà commence par V et se compose de trois mots[1] » (lettre du 4 septembre 1918).

– Le rappel de René au 31e RI

René rappelé à son régiment, sa mère reste seule le soir à la ferme. Maurice s'en inquiète : « tu ne veux prendre personne et tu crois que ma tante [Angèle] monteras tous les soirs par tous les temps au Theil [...] tu ne devrais pas rester comme çà en hiver » (lettre du 6 septembre 1918) : « Tu peux prendre un tout jeune gars » (lettre du 8 septembre 1918).

Préoccupé par la montée des prix, il donne ses consignes pour la paye de l'ouvrier : « tout est cher par ici [...] tu donnes 13 sous à Joseph [...] ce sera suffisant » (lettre du 6 septembre 1918).

– La grippe espagnole

La pandémie de la grippe espagnole sévit du printemps 1918 à l'automne 1919 avec trois vagues successives et des répliques jusqu'en 1921. Elle atteint les jeunes adultes provoquant de la fièvre et des complications pleuro-pulmonaires. Il n'y a ni vaccin, ni médicaments curatifs. Des remèdes de fortune tels que la quinine, l'huile de ricin, du formol et même du rhum sont vainement utilisés. La deuxième vague en septembre 1918 est la plus meurtrière. Chaque semaine à Paris, ce sont des centaines de morts à l'automne 1918. Pour la première fois, les événements militaires passent au second plan des préoccupations.

---

1. Décodage de la devinette : Vitry-le-François (sous-préfecture de la Marne) situé sur la route nationale passant par Chailly-en-Brie.

La 22e DI n'est pas épargnée. Des distributions de masques, des mesures d'isolement et de quarantaine sont mises en vigueur à partir du 21 octobre 1918[2]. Maurice a peur que les siens soient atteints par cette « sale maladie » (lettre du 10 septembre 1918).

La grippe espagnole doit son nom au fait que la presse espagnole en informe largement ses habitants, le pays n'étant pas en guerre. La souche H1N1 du virus, née dans les années 1917-1918, est le produit de la recombinaison d'une souche humaine de la grippe saisonnière avec des gènes de virus aviaire. L'apparition de cette souche mutante et extrêmement létale (de l'ordre de 2,5 % des malades meurent) de la grippe provoque une pandémie qui se diffuse rapidement par le transport maritime et terrestre des troupes militaires, moteur de la contagion dans le monde entier.

Son origine encore discutée par les épidémiologistes reste un mystère. L'hypothèse la plus sérieuse est une contamination par les soldats américains des camps militaires du Kansas. Les autres hypothèses sont une diffusion soit par le biais de travailleurs asiatiques en France, soit par la promiscuité importante entre soldats et animaux dans un camp militaire du nord de la France. Les rumeurs les plus folles circulent : introduction de bacilles dans des conserves par les Allemands, consommation de conserves alimentaires venues d'Espagne. En France, les pertes humaines concernent principalement la population civile : 240 000 victimes dont plus de 30 000 soldats. C'est aussi le cas au niveau mondial où le virus se propage provoquant une mortalité évaluée entre 50 à 100 millions[3].

– La bataille de Somme-Py

La correspondance augmente avec les offensives de l'automne (***graphique 13***). Pour la première fois, le changement de ton est notable : « nous avons le plus avancé et fait le plus de prisonniers » (lettre du 29 septembre 1918), « Je n'ai jamais tant avancé dans les lignes ennemis […] On a plus de repos, tous les jours, on attaque et les boches nous sonnent quelque chose. Mais on avance toujours, ils mendient tous en se retirant » (lettre du 6 octobre 1918).

Le 19e RI, engagé dans la bataille de Somme-Py en Champagne, avance d'une quinzaine de kilomètres en passant par la ferme de Navarin, la butte de Souain et atteint Saint-Pierre-à-Arnes le 5 octobre. Le régiment s'empare de Saint-Clément-à-Arnes, de Saint-Étienne-à-Arnes, traverse l'Arnes le 11 octobre et établit une tête de pont au nord de la rivière, faisant plus de 200 prisonniers.

Ayant subi de nouvelles pertes, son effectif combattant réduit de moitié n'est plus que de 38 officiers, 1 340 hommes de troupe. Le colonel Vassal, commandant

2. FLOCH Marcel, *La longue marche du 19e RI de Brest pendant la première guerre mondiale, tome II, op. cit.*, p. 134.

3. Sur cette question voir VINET Freddy, *La Grande Grippe 1918. La pire épidémie du siècle, histoire de la grippe espagnole*, Paris, Éditions Vendémiaire, 2018.

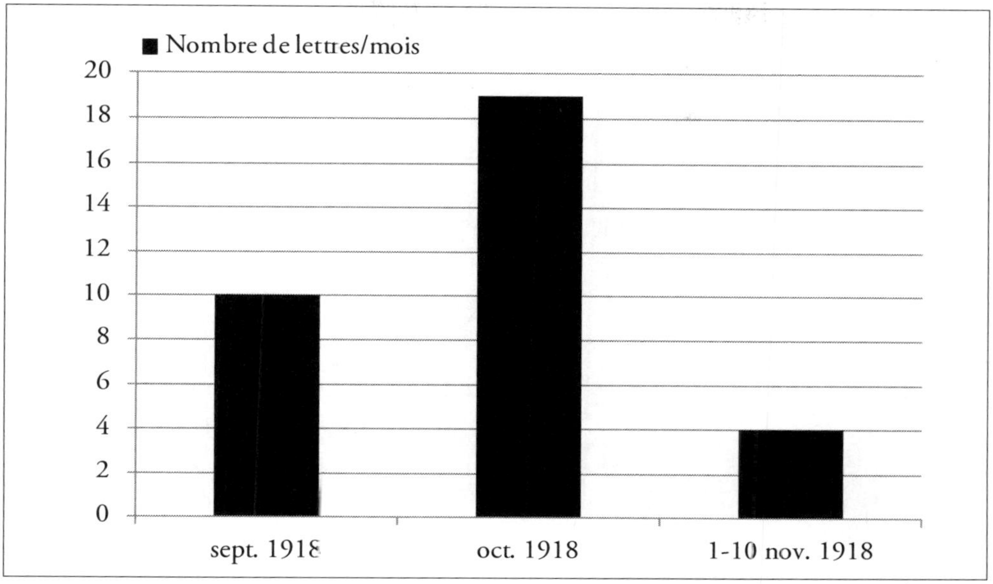

Graphique 13. Évolution de la correspondance de septembre au 10 novembre 1918.

du régiment, écrit dans son compte rendu journalier : « les hommes n'en peuvent plus et un peu de repos serait en ce moment nécessaire[4] ».

Continuant sa progression vers le nord, le régiment traverse la rivière la Retourne, atteint les bords de l'Aisne à Mont-Saint-Laurent dans la région de Rethel le 13 octobre et cantonne à Juniville dans des baraquements délaissés par les troupes allemandes[5] (***carte 14***).

Ne manquant pas d'humour, Maurice écrit sur « une carte boche » abandonnée : « c'est pour voir si elle t'arrivera » (lettre du 16 octobre 1918) ; doutant fort qu'elle puisse arriver à destination, le même jour, il adresse une seconde lettre : « Je te récris ce soir car j'ai peur que ma carte boche ne t'arrive pas ».

– La seconde citation

Maurice fait part de la citation qu'il vient de recevoir : « J'ai reçu ma citation, une belle celle là, faite pour être encadrée mais je l'ai pliée dans mon calepin, c'est dommage, elle va faire des plis. La voila : observateur dévoué et courageux, s'est acquitté d'une façon remarquable de son service, renseignant parfaitement son chef de bataillon malgré un violent bombardement et des tirs de mitrailleuses » (lettre

4. FLOCH Marcel, *La longue marche du 19e RI de Brest pendant la première guerre mondiale, tome II, op. cit.*, p. 129-130.

5. « La progression de la journée [du 12 octobre] a atteint 11 km et il ne reste plus un seul ennemi sur la rive sud du canal qui, en cet endroit, double l'Aisne. » FLOCH Marcel, *La longue marche du 19e RI de Brest pendant la première guerre mondiale, tome II, op. cit.*, p. 132. Juniville, chef-lieu de canton, situé à 14 km au sud de Rethel (Ardennes).

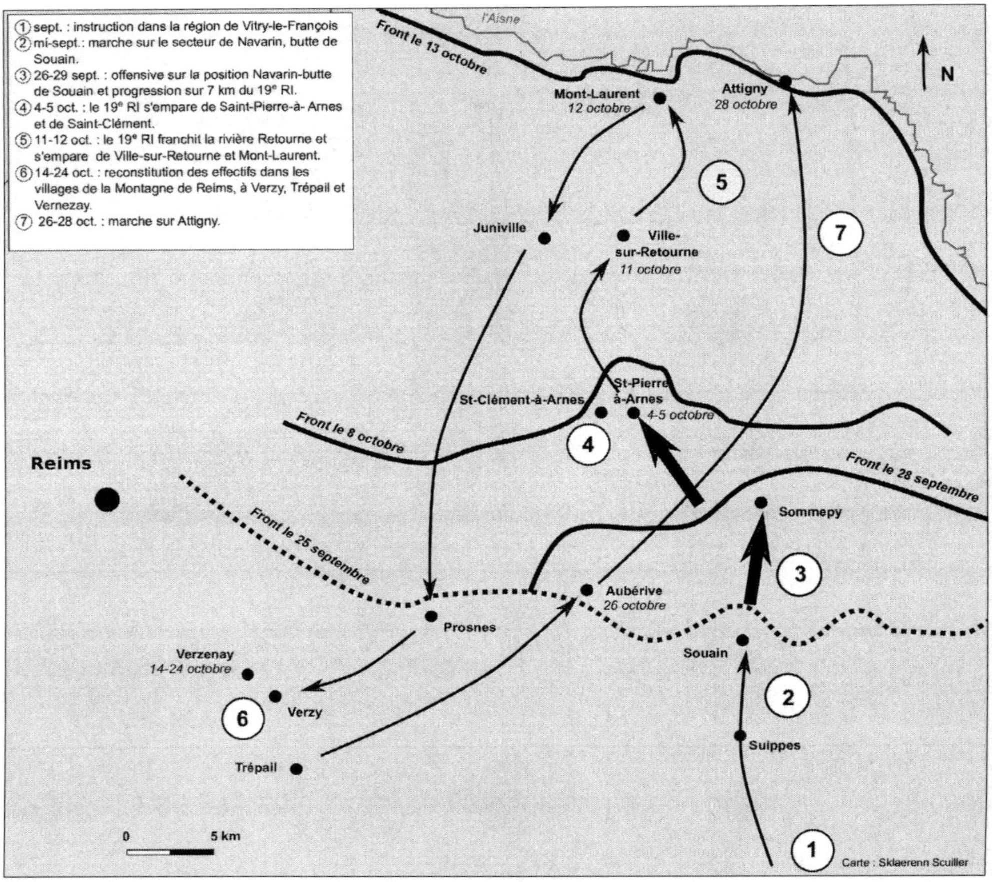

Carte 14. Le 19e RI et l'offensive de Champagne (septembre-octobre 1918).

du 24 octobre 1918)[6]. Il exprime son incompréhension : « elles [Les citations] sont toujours faites au nom de René […] plus tard, je ne pourrais rien dire à mes petits enfants, ils diront; penses tu, c'est à mon oncle René » (lettre du 24 octobre 1918) [*ill. 42*].

– La bataille du Chesne

Le 19e RI, mis à la disposition de la 124e DI, est engagé dans la bataille du Chesne où il relève le 124e RI le 1er novembre. Le régiment repasse sous les ordres de la 22e DI et se met en mouvement en direction du nord par Mont-de-Jeux et Suzanne. Maurice écrit : « on avance mais on le paie cher » (lettre du 4 novembre 1918). Malgré les inondations provoquées par les troupes allemandes, le régiment franchit l'Aisne puis le canal des Ardennes sur des passerelles à Semuy, le

6. Citation no 90. Format 32 × 21 cm. Archives familiales.

Ill. 42. Maurice Gastellier avec croix de guerre, fourragère et sa seconde citation reçue le 19 octobre 1918 : « observateur dévoué et courageux, s'est acquitté d'une façon remarquable de son service, renseignement parfaitement son chef de bataillon malgré un violent bombardement et des tirs de mitrailleuses » (Archives familiales, DR).

6 novembre, sous le feu de l'artillerie allemande[7]. Les six bataillons de la Garde allemande ont fortifié la rive droite de la Meuse avec un nombre conséquent de mitrailleuses.

– Le 19e RI franchit la Meuse

L'ordre du 7 novembre est clair : « reprendre au point du jour sa marche vers la Meuse avec le souci constant de talonner les arrières gardes ennemies et de ne pas leur laisser le temps de s'accrocher au terrain[8] ». L'objectif est de faire pression sur les autorités allemandes qui cherchent à gagner du temps en proposant un cessez-le-feu et des discussions ensuite.

La 22e DI butte devant Flize où le pont de chemin de fer est détruit[9] : « J'ai entré le premier dans Flize sur les bords de la Meuse » (lettre du 9 novembre 1918). La collaboration entre les Génies des 22e et 163e DI permet la mise en place de passerelles de péniches. Le 9 novembre, l'ordre est donné au 3e bataillon du 19e RI de « pousser des éléments de l'autre côté de la rivière et de garder les sorties Nord de Nouvion[10] » sur la rive droite de la Meuse (***carte 15***).

7. FLOCH Marcel, *La longue marche du 19e RI de Brest pendant la première guerre mondiale, tome II, op. cit.*, p. 137. Voncq et Semuy sont situés dans le canton d'Attigny, arrondissement de Vouziers (Ardennes).

8. FLOCH Marcel, *La longue marche du 19e RI de Brest pendant la première guerre mondiale, tome II, op. cit.*, p. 143.

9. Flize, chef-lieu de canton, arrondissement de Charleville-Mézières (Ardennes), est situé sur la rive ouest de la Meuse à une vingtaine de kilomètres de la Belgique.

10. [https://www.memoiredeshommes.sga.defense.gouv.fr] 31 janvier 2022. JMO 1er novembre-11 novembre 1918, 26N 304/3.

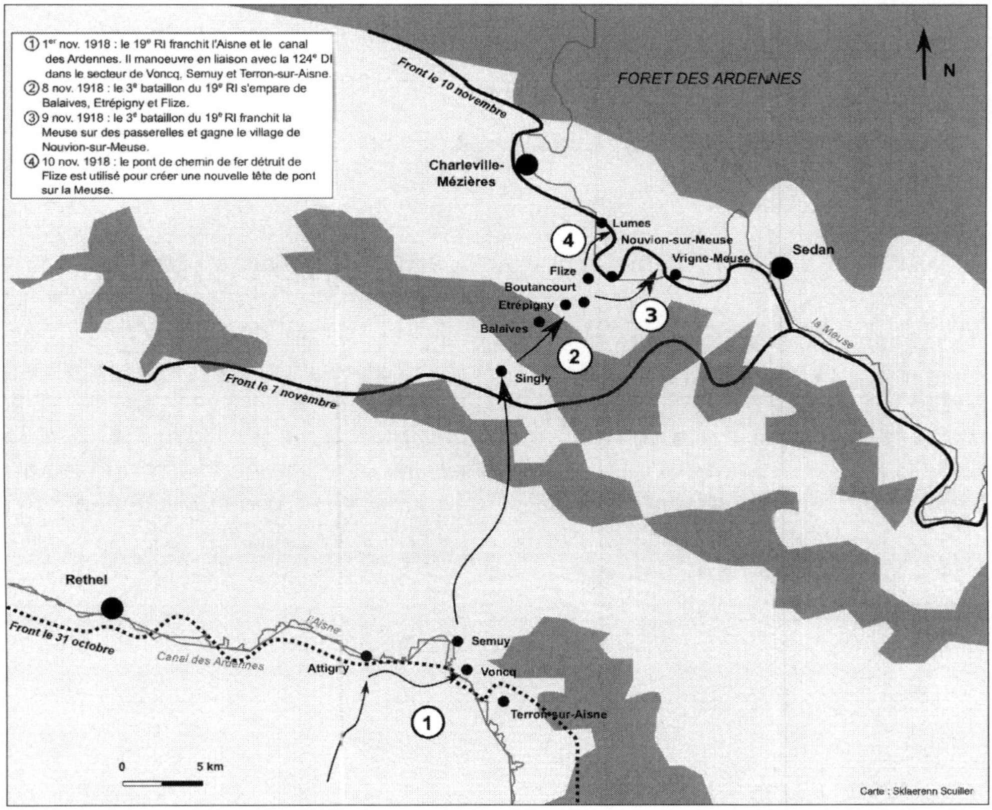

Carte 15. Le 19e RI dans l'offensive finale : de l'Aisne à la Meuse (1er-11 novembre 1918).

– Lettre 583 Le 4 septembre 1918, *nous voilà bien rapprochés de notre pays*[11]

Chère mère

Nous voilà bien rapprochés de notre pays et je suis à deux km, c'est à dire tout près, de la ville où va notre route nationale qui passe à Chailly, çà commence par V et se compose de trois mots[12]. Nous sommes débarqués cette nuit, qu'est-ce que l'on doit faire ! je n'en sais rien. Je ne sais même pas si l'on reste ici quelques jours.

Je suis en bonne santé maintenant et pense que ma carte vous trouvera de même. Je suis bien sur la ligne, si j'avais une perm de 48 heures, j'en aurais pas pour longtemps. René part bientôt.

Je t'embrasse de tout cœur.

Maurice

– Lettre 584 Le 6 septembre 1918, *çà en fait des cultivateurs de moins au Theil*[13]

Chère mère

Je reçois ta lettre du 31 août mais il y a du retard maintenant. Alors, tu ne veux prendre personne et tu crois que ma tante montera tous les soirs par tous les temps au Theil, tu devrais quand même t'occuper, quand çà serait une petite bonne mais tu ne devrais pas rester comme çà en hiver toute la journée. Guerbette est pris, çà en fait des cultivateurs de moins au Theil[14]. Oui, tout est cher par ici, plus qu'en Alsace et au repos, on ne gagne plus si cher, heureusement que j'ai de l'avance. Ta luzerne, 22 sous, çà vaut le coup, ce que vous gagnez de l'argent ! tu donnes 13 sous à Joseph. Je crois que ce sera suffisant[15]. Tu lui diras, qu'il souhaite le bonjour à sa bonne amie ! il est pas ordinaire. Bonne santé et bon courage à René.

Je t'embrasse de tout cœur.

Maurice

Toujours au repos.

– Lettre 585 Le 8 septembre 1918, *ça doit aller à déchaumer maintenant*[16]

Chère mère

Je reçois ta lettre du 5 septembre ; oui, me voilà au repos mais je vais mieux, maintenant je suis soigné, je me faisait bouillir du lait chez une femme quand je le pouvais et maintenant, me voilà mieux reposé et en bonne santé. Lambert nous a remplacé au juste où j'étais mais j'avais dit que je te demanderais s'il était

11. Carte postale de Thann (Alsace) vue générale, format 14 × 9 cm. Archives familiales.

12. Petite devinette pour désigner Vitry-le-François situé sur la route nationale passant par Chailly-en-Brie.

13. Carte-lettre, format 13,5 × 10,5 cm, pliée en deux.

14. Le fils de Guerbette, cultivateur au Theil, a probablement été fait prisonnier.

15. La vie augmente, et aussi les prix de vente du foin de luzerne que Maurice suit à distance.

16. Carte-lettre, format 13,5 × 10,5 cm, pliée en deux.

bien toujours a ce régiment, on n'a pas pu se voir car les relèves se font la nuit, il faudrait bien adresser. Je t'avais bien dit pour ma tante Angèle.

Tu peux prendre un tout jeune gars et René, tu lui faisait bien triquer des haricots a 21 ans, alors ce gas peut le faire à 15 ans. Dis à René qu'il se débrouille à Melun et qu'il ne se laisse pas donner des pièces Napoléon, les belges sont bonnes. Ca doit aller à déchaumer maintenant. Toujours des orages. Nous sommes bien à Vitry-le-François et ne sais quand on partira[17].

Je vous embrasse de tout cœur.

Maurice

– Lettre 586 Le 10 septembre 1918, *il ne faut pas rester seule*[18]

Chère mère

Alors, tu me dis qu'il fait de l'orage par chez nous ; ici, c'est la même chose et maintenant, voilà le temps détraqué. Maintenant, pourquoi tu as donné 14 sous à Joseph, il fallait l'attendre venir, je crois que çà aurait été à 13 et maintenant tu lui donne que 11[19]. Occupe toi pendant qu'il fait mauvais et que René est là, de trouver quelqu'un car il ne faut pas rester seule. Cà, pour le temps qu'il fait en heures, c'est pareil, si il en fait moins, tu lui en paie moins, je l'espère.

Alors, tu ne sais pas où va notre route national, tu ne peux comprendre où je suis, je crois que tu le sais maintenant. Tu ne m'as pas dit si tes graines avaient l'air de pousser et tes betteraves à sucre sont elles belle, çà m'y fait pensé, car par ici, il y en a et elles sont belles.

Je crois que vous êtes en bonne santé ; c'est qu'il y a une sale maladie maintenant qui règne, on appèle çà la grippe espagnole mais j'ai peur que çà soit autre chose qu'on ne voudrait pas dire qui est trop mauvaise. Enfin, moi, çà va bien et espère que ma lettre vous trouvera de même. Je t'embrasse de tout cœur.

Maurice

– Lettre 587 Le 18 septembre 1918, *nous montons en ligne*[20]

Chère mère

Deux mots pour te dire que notre repos est fini et que nous montons en ligne. Il fait *[illisible]*.

Maurice

17. Maurice donne ici en clair la localisation précise du régiment : Vitry-le-François.

18. Feuille recto-verso, format 12,7 × 10 cm.

19. Maurice revient de nouveau sur la rétribution de l'ouvrier de la ferme.

20. Après avoir indiqué la localisation du régiment, Maurice adresse une carte postale de Vitry-le-François, Hôtel de Ville, format 14 × 9 cm. Archives familiales.

– Lettre 588 Le 20 septembre 1918, *çà va barder*[21] (*ill. 43*)

Chère mère

J'ai reçu ta lettre du 14 avant celle du 12 qui a été arrétée, surement car elle a été censurée. Tu sais, on se rapproche toute les nuits, tu parles de fatigues et on monte directement sur le nord du pays où nous étions au repos. Si encore on nous avait monté en auto, mais penses tu ! Et l'on compte que çà va barder pour nous encore un coup, tu vas voir d'ici quelques jours. Alors, ton autre soldat, est ce qu'il t'a écris, je n'ai encore rien reçu. Oui, je crois que s'il était garde voie, qu'il ne serait pas malheureux car n'importe comment il ne faut pas qu'il reste au dépot car ils le crèvent. Tes pommes de terre yeux bleus ont bien rendues[22]. Qu'est ce que tu dis, avec Deltour çà serait donc lui, qui s'occuperait pour le faire mettre garde voie, ils s'occuperont de son client, je crois comprendre celà comme çà. Pour les gothas, tu n'as pas à te tourmenter, ce n'est pas toi qu'ils cherchent[23]. Je serais heureux de savoir que ton petit commis est arrivé et qu'il te plait.

Je t'embrasse de tout cœur.

Maurice

– Lettre 589 Le 22 septembre 1918, *c'est les blés qui vont être à faire*[24]

Chère mère

J'ai reçu hier ta lettre du 19, elle a mise deux jours, çà n'a jamais été si vite mais je crois que toi, si elles ne sont pas en retard, çà ne veut pas tarder pour les miennes. Si tu es quelques jours sans en avoir, tu n'auras pas à te tourmenter. Nous sommes maintenant tout près, on attend. D'un jour à l'autre, on peut monter.

René m'a écris, tu parles d'un petit cochon, j'en étais honteux de voir une lettre si sale et si mal écrie. Maintenant, tu as bien fait de me mettre son adresse car il m'avait juste mis 31e d'inf. à Melun, çà, je le sais bien. Alors te voila, avec ton commis, s'il va bien, çà ira. Mais Mauricette n'est pas comme toi, la voilà bien ennuyée, heureusement que sa moisson est terminée mais c'est les blés qui vont être à faire. Je le vois avec son sergent, lui payer un litre de vin blanc, je repense à René, il devait lui dire monsieur, on va boire un litre, çà devait être risible. Je suis en bonne santé et pense que tu es de même.

Je ne vois plus grand chose à te dire, j'ai écris à René et je lui dis que pour m'envoyer des lettres pareilles, qu'il peut les garder.

Je termine en t'embrassant de tout mon cœur.

Maurice

21. Carte-lettre de l'Espérance. Carte verso, couleur marron, format 16,7 × 12 cm, pliée en deux. Archives familiales.

22. Variété de pomme de terre avec des germes de couleur bleue.

23. Le gotha, bombardier biplan allemand, déverse des charges explosives sur les zones de combat et les centres vitaux.

24. Carte-lettre de l'Espérance, *ibid.*

Ill. 43. Carte-lettre « de l'Espérance » avec franchise postale adressée par Maurice Gastellier à Julia sa mère, illustrée de l'Alsacienne éduquant son enfant à la lecture : « Tu seras Français », 20 septembre 1918 (Archives familiales, DR).

– **Lettre 590 Le 24 septembre 1918,** *nous sommes en lignes*[25]

Chère mère

Je t'écris deux mots pour te dire que nous sommes en lignes. Je ne pourrai t'écrire dans deux jours, je serai peut être trois ou quatre jours sans ; en tous cas, dans deux jours, çà sera impossible car çà bardera. Tu sais où je suis, je l'espère. Ton commis à l'air de te plaire tant mieux mais Joseph, il veut toujours de plus en plus, enfin, il te le faut quand même[26].

Je ne t'en dis pas plus long. Bonne santé.

Ton enfant qui pense à toi.

Maurice

– **Lettre 591 Le 28 septembre 1918,** *nous attaquons depuis trois jours*[27]

Chère mère

Deux mots pour te dire que çà s'est bien passé jusqu'à présent. Nous attaquons depuis trois jours mais aujourd'hui, sont en réserve et j'en profite pour t'envoyer un mot mais je crois que ce n'est pas fini ; on avance toujours, mais on en voit

25. Carte-lettre de l'Espérance, *ibid.*

26. En l'absence de René mobilisé, sa mère a recours de plus en plus à de l'aide extérieure.

27. Carte-lettre de l'Espérance, *ibid.*

des cruelles[28]. Je suis dans un état déplorable, si tu voyais comme je suis sale avec cette poussière de craie et la pluie avec çà. Aujourd'hui, il fait beau et j'ai reçu de René une carte, il me dit qu'il est malade et est dans une ferme à Coutevroult, ce n'est pas loin de Crécy. Mais il fait un bel ouvrier et malade[29]. Surtout que ce ne soit pas la gripe espagnole, c'est pas trop bon et çà prend par des coliques, ah! le pauvre soldat. S'il fallait qu'il mène la vie que je mène depuis trois jours, c'est terrible. Enfin, il est à plaindre autant que moi. Ca va bien et espère que tu es de même ainsi que René maintenant.

Je te quitte en t'embrassant de tout cœur pourvu que j'ai la chance encore car ce n'est pas encore terminé.

Maurice

– **Lettre 592 Le 29 septembre 1918,** *encore des copains de tués*[30]

Chère mère

Maintenant, nous sommes encore sous les obus mais enfin, assez loin des lignes, ce qui fait que je peux t'écrire un peu plus longuement. Je reçois ta lettre du 26 où tu me demande où je suis. En pleine Champagne pouilleuse, où nous avons le plus avancé et fait le plus de prisonniers, quoique pas beaucoup car ils étaient partis avant le bombardement à part quelques guetteurs qui étaient restés. Mais c'était quand même terrible par l'artillerie, maintenant, je ne sais pas si l'on va remettre çà mais je ne crois pas car on a eu assez de perte, encore des copains de tués, je m'en suis encore sauvé mais quand la fin? Et couché dehors dans la boue, sans abri, c'est affreux.

Je reçois une carte de René, il me dit qu'il repart de la caserne pour direction inconnu mais il est débrouillare, s'il est venu au Theil, c'est bien. Il va mieux. Mais alors, toi, çà ne va encore pas, c'est drôle pourtant c'est toi qui est le mieux à l'abri ainsi que Mauricette et vous êtes toujours mal fichu. Sur tes lettres, dis moi si tu va mieux, alors ton petit commis va bien. Mais le patron de René, je comprends qu'il s'occupe pour qu'il aie eu un sauf conduit, il n'avait pas à le nourrir surtout qu'il devait pas lui gagner de l'argent.

J'étais à Sommepy, c'est nous qui avons pris jusque là. Je te quitte en te souhaitant bonne santé et t'embrasse de tout cœur.

Maurice

28. Maurice ne donne pas de chiffres « 489 officiers, sous-officiers, caporaux et soldats sont tombés ». FLOCH Marcel, *La longue marche du 19e RI de Brest pendant la première guerre mondiale, tome II, op. cit.*, p. 113.

29. René mobilisé dans le service auxiliaire est employé dans la caserne de Melun ou envoyé dans des fermes pour aider aux travaux agricoles.

30. Maurice indique « encore des copains de tués » sans mentionner leur nom, ces noms ne diraient en effet rien à sa mère qui ne les connaît pas, au contraire des cultivateurs du « pays » et « des victimes de chez nous ».

– Lettre 593 Le 3 octobre 1918, *il n'y a plus de perme*[31]

Chère mère

Deux mots, toujours deux mots, çà ne veut pas dire que j'ai grand temps, on remonte encore, toujours sans repos et beaucoup de fatigue, marche jour et nuit. Il me serait temps de me faire évacuer car on en peut plus, personne et il n'y a plus de perme pour nous encourager. Je suis en bonne santé et espère que tu sois de même. Dis moi si tu sais au juste où je suis. Ca y est dur, toujours dans ce coin.

René peut dire qu'il a bien perdu de ne pas rester dans cette ferme car il ne doit pas être aussi bien qu'il était et il aurait appris a travailler. Te voilà remis dans la bande à Bruneau, c'est bien embêtant, enfin qu'il te fasse tes betteraves.

Je n'ai plus rien à te dire à part que je voudrais avoir fini l'année car çà bardera pour la finir et toujours ces pauvres fantassins quand on voit les artilleurs, le génie, la cavalerie, c'est rien à côté de nous.

Je t'embrasse bien fort.

Maurice

– Lettre 594 Le 6 octobre 1918, *tous les jours on attaque*[32]

Chère mère

Ecoute, je t'écris pour te tranquilliser car je sais que tu dois penser à moi en voyant les journaux. Je n'ai jamais tant avancer dans les lignes ennemis depuis le début de la guerre. Mais, je n'ai jamais non plus, vu plus terrible. On a plus de repos, tous les jours, on attaque et les Boches nous sonnent quelque chose[33].

Mais on avance toujours, ils mendient tous en se retirant !

– Lettre 595 Le 9 octobre 1918, *hier encore, j'ai été enterré par un obus, je croyais ne pas en sortir*[34]

Chère mère

Aujourd'hui que nous sommes à trois km de l'arrière, c'est extraordinaire d'être dans le calme, alors j'en profite pour t'écrire. Je t'assure que c'est de pire en pire et on nous parle de remonter encore pour recommencer. Et dire qu'on parle de paix sur le journal et bien tu parles d'une paix, on ne le dirait pas.

On avance toujours un peu mais çà nous coûte, nous avons pris Sommepy le 28 et avant hier Saint-Pierre-à-Arnes et Saint-Etienne-à-Arnes mais ils nous

31. Carte-lettre de l'Espérance, *ibid.*

32. Feuille recto, format 12,7 × 10 cm, pliée en deux.

33. « Les pertes de la journée [6 octobre] sont lourdes, 100 hommes par terre au régiment et les unités commencent à être réduites. » FLOCH Marcel, *La longue marche du 19e RI de Brest pendant la première guerre mondiale, tome II, op. cit.*, p. 129.

34. Feuille avec lignes équidistantes de 0,8 cm, recto-verso, format 21,5 × 17,5 cm, pliée en quatre.

balancent des tirs de barrage terrible, hier encore, j'ai été enterré par un obus, je croyais ne pas en sortir.

Enfin, c'est demain la foire à Coulommiers mais je crois qu'on la fait, la foire en ce moment et dire qu'il y a cinq ans aujourd'hui, j'étais si heureux de partir le 14. Ah ! aujourd'hui, si on me disais, la paix est signé, je crois que je tomberais fou. Si encore on nous parlais de perme ou même d'aller au repos, çà nous encouragerait, mais rien.

On a même pas le temps de changer de linge, il y trois semaines que je porte ma chemise et toujours coucher dans la terre, poussière blanche de Champagne dans nos trous où je t'assure qu'il y a des moments qu'on se blottis, pour épargner les balles et les marmites[35].

René m'a écris, il n'a pas l'air de se plaindre, maintenant Adrien ne m'a pas écris depuis longtemps, j'espère qu'il n'est pas dans un coin comme moi, c'est à souhaiter. Et moi, je n'ai pas le temps de lui écrire non plus, que ma lettre te trouve en bonne santé, moi, çà va à peu près, même que trop bien car je préfererais être à l'hopital, je n'en peu plus et les gazs tous les jours, on peut en avaler.

Je te quitte chère mère, en t'embrassant de tout cœur.

Maurice.

Si l'on s'en allait plus à l'arrière, je t'écrirais après demain pour que tu sois plus tranquille mais si l'on remonte, ce n'est pas bien facile enfin je ferai mon possible.

Maurice

– **Lettre 596 Le 9 octobre 1918,** *la nuit c'est terrible on ne peut dormir*[36]

Chère mère

Je te récris pour te dire si tu voulais m'envoyer un colis de linge car je vois qu'on ne touche rien et je tremble toute la journée et la nuit c'est terrible, on ne peut dormir et pourtant on est pourtant fatigué. Moi qui ne met pas de caleçon en été, çà fait que je n'ai rien, ni ceinture de flanelle. Alors, tu pourrais me mettre, un caleçon, une paire de chaussettes, une ceinture de flanelle, et au besoin un chandail ou petit tricot. Fait le, le plutot possible, çà me fera grand plaisir si on en touche, je les prendrai quand même. René est encore changé de place mais çà doit être embêtant pour ses lettres, il me demande *le Démo*, pour çà, il faudrait que tu me mettre une grande enveloppe avec quand tu me l'envoie.

Nous sommes toujours pas loin et je crois qu'on remettra çà encore. Je fais toujours parti de l'armée que tu m'as dit, dont on félicite souvent mais merci pour les remerciements, les officiers sont comme nous, je t'assure. Bien le bonjour à la famille, je ne peux leur écrire dans des moments pareille et le petit commis va t'il

35. Les marmites désignent les obus de gros calibre.

36. Feuille recto-verso, avec lignes équidistantes de 0,8 cm, format 17,5 × 10,7 cm, pliée en deux.

bien. Vos blés se préparent-ils ? Je ne te cause pas beaucoup du travail, je t'assure que je n'y pense guère mais toi tu peux m'en parler.

Ton enfant qui t'embrasse de tout cœur.

Maurice

J'espère que ma lettre te trouvera en bonne santé.

– **Lettre 597 Le 10 octobre 1918,** *mon plus grand copain vient d'être blessé grièvement à côté de moi*[37]

Chère mère

Mon plus grand copain vient d'être blessé grièvement à côté de moi, je ne sais comment je n'ai pas été décapité, notre major a eu le bras coupé[38]. Enfin, c'est terrible. Je t'écris dans le fond d'un trou que je me creuse dans la plaine a chaque coup que j'avance[39]. On est sale comme des cochons, on ne se débarbouille plus, on ne change plus de linge. Mais tous çà n'est rien. Je te quitte chère mère en t'embrassant de tout cœur.

Maurice

Nous sommes toujours dans le même coin. René m'écris de temps en temps.

– **Lettre 598 Le 11 octobre 1918,** *mon copain [...] qui a été blessé près de moi est mort*[40]

Chère mère

Je t'écris en ce moment pour te dire que nous remontons de nouveau. Alors, tu vois qu'il n'y a plus de fin, comme çà, jusqu'à la paix. Et des perms, il n'y en a plus, je voudrais savoir si c'est général et si tu vois des permissionnaires au Theil venant du front. Comme tu dis avec le gendre à Merlot, c'est terrible moi qui l'a commencée et qui va être forcer de la finir, enfin, c'est encore à souhaiter. Mon copain dont je t'ai parler qui a été blessé près de moi est mort[41]. La nourriture, çà va. Alors Joseph en profite, c'est terrible. Pour la route de Rebais, c'est donc que mon trèfle n'était pas levé[42].

Alors, tu ne t'ennuie pas avec ton petit commis, est il honnête !

J'espère que tu es en bonne santé. Je suis toujours en avant d'où je t'ai parlé.

Ton fils qui t'embrasse de tout cœur.

Maurice

---

37. Lettre-enveloppe, format 13,5 × 10,2 cm, pliée en deux.

38. Le médecin aide-major, Marcel Terrasson de Fougères (Ille-et-Vilaine), blessé le 5 octobre 1918 par un éclat d'obus qui lui fracture le bras droit, est amputé le lendemain à l'hôpital du Mont Frenet (Marne). Source : Sophie Carluer.

39. Le régiment s'installe dans les bois à 2 km au sud-est de Saint-Pierre-à-Arnes.

40. Lettre-enveloppe, format 13,5 × 10,2 cm, pliée en deux.

41. « C'est mon copain Simon qui a été tué, j'étais blotti dans ces jambes. Il avait déjà deux frères de tué, ainsi c'est le 3e » écrit Maurice, plusieurs années plus tard, sur le dos de la lettre.

42. Maurice se soucie du « trèfle » qu'il a semé lors de sa dernière permission de convalescence, fin avril-début mai 1918.

– **Lettre 599 Le 13 octobre 1918,** *j'ai passé à un mètre d'Adrien et que je n'ai pu le voir*[43]

Chère mère

Alors, ce n'est plus la peine que je cherche à écrire à René, le voilà encore changé. Il me dit que tu lui à fais venir un certificat mais qu'il ne doit pas être bien fait. Maintenant, dire que j'ai passé à un mètre d'Adrien et que je n'ai pu le voir. Il m'a demandé a des copains et je venais de passer. Moi qui le croyais dans un secteur calme et il a fait l'attaque un peu à notre gauche et aura eu autant de misère que moi. C'est une chance, que dans deux qu'on est pas été mouché soit l'un, où l'autre. Lui, il remontait, moi, je descendais au repos et je crois que ce serait pour un peu, çà serait pas un malheur, quoique aujourd'hui, le repos n'est pas long mais enfin, si peu ferais plaisir, que je puisse mettre une chemise car la mienne aurait bientôt pourrit sur moi, je ne me rappelle plus quand j'ai changé[44].

Il fait bien mauvais pour vos blés et Joseph se dépêche t'il, avec ses pommes, il doit encore rester chez lui. Maintenant, Bruneau arrache tes betteraves pour pas trop cher ? car les chevaux à 22 f. ce n'est pas le prix. Le prix est il fait pour l'arrachage.

J'espère que ma lettre te trouvera en bonne santé, moi, çà va pour les misères que l'on endure. Les permes, je n'en parle plus, je me demande s'il va en partir quelques un, s'il on va un peu à l'arrière.

Je te quitte, chère mère, en t'embrassant de tout cœur.

Maurice

Nous avons encore avancé encore avancé de 15 km et nous étions à quelques km de Rethel.

– **Lettre 600 Le 16 octobre 1918,** *je t'écris sur une carte boche*[45] (*ill. 44-45*)

Chère mère

Ce n'est pas parce que je t'écris sur une carte boche, qu'il faut croire que je suis prisonnier c'est pour voir si elle t'arrivera[46]. Tu me le diras.

Nous marchons tous les jours en se dirigeant sur l'arrière pour aller au repos et les permes ont l'air de reprendre mais moi, je n'y pense encore pas y aller[47]. Je suis en bonne santé et te pense de même. Il ne doit pas faire bon faire du blé car voilà la pluie maintenant et heureusement que l'on est sorti de ces tranchées.

Je te quitte chère mère en t'embrassant de tout cœur.

Maurice

---

43. Feuille recto-verso, format 15 × 10 cm, pliée en deux.

44. Relevé, le régiment cantonne à Juniville.

45. Carte militaire allemande, Feldpoftkarte, format 13,7 × 9 cm, cachet de la poste du 18 octobre 1918. Archives familiales.

46. Dans les abris allemands abandonnés, les fantassins découvrent du ravitaillement et divers objets tels que cartes postales.

47. La division quitte son lieu de cantonnement de Juniville et fait mouvement vers l'arrière pour rejoindre les villages de la montagne de Reims par Bétheniville, Prosnes et Verzy.

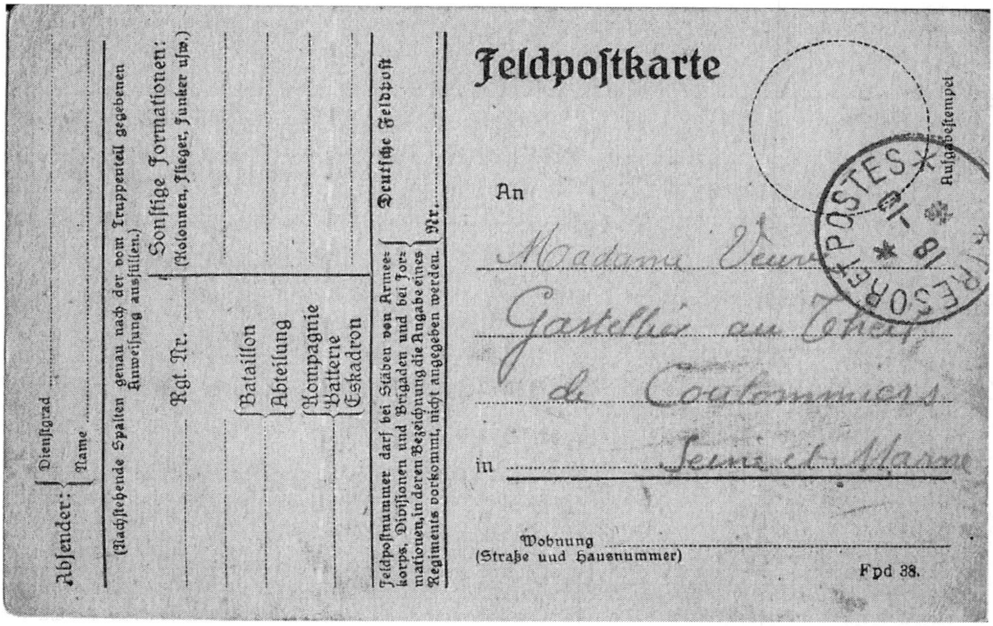

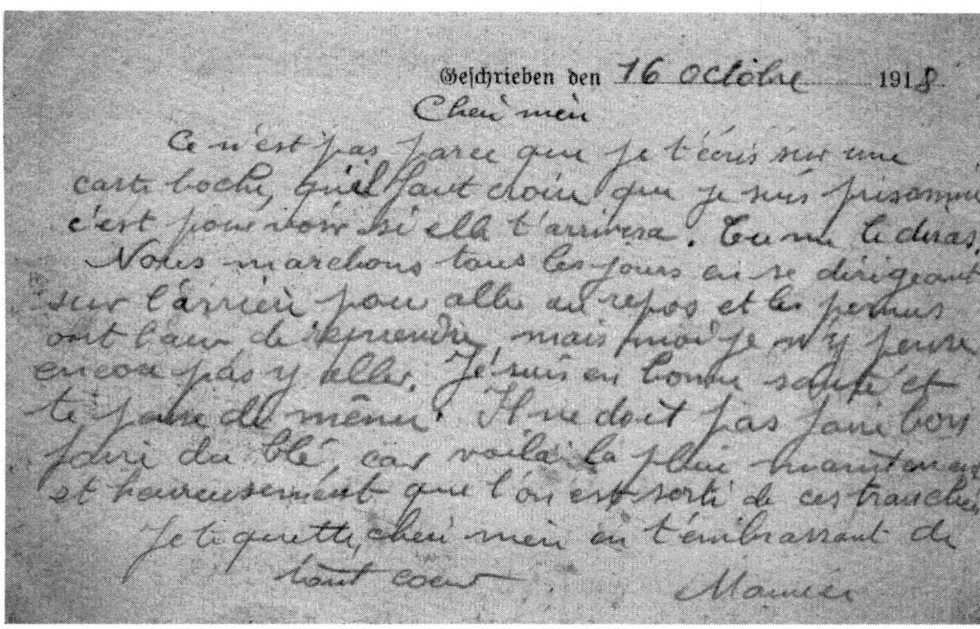

Ill. 44 et 45. Recto-verso de la carte militaire allemande adressée par Maurice Gastellier à Julia sa mère, 16 octobre 1918. (Archives familiales, DR). Ne manquant pas d'humour, il écrit sur une « carte boche » abandonnée dans les baraquements délaissés par les troupes allemandes lors de la progression de son régiment : « c'est pour voir si elle t'arrivera ».

– **Lettre 601 Le 16 octobre 1918,** *nous couchons dans les gourbits et cabannes aux Boches*[48]

Chère mère

Je te récris ce soir car j'ai peur que ma carte boche ne t'arrive pas. Enfin, tu me diras si elle t'ai parvenue. On s'en va toujours à l'arrière mais il ne fait pas bon, il fait un temps de chien et pas chaud, heureusement que j'espère recevoir mon colis de linge, ces jours ci.

Nous couchons dans les gourbits et cabannes aux boches, ceux qu'ils n'ont pas eu le temps de faire sauter ou de mettre le feu. Nous avons vu un emplacement de gros canon, presque de Berta, peut être celui qui tirait chez nous. Tu parles de travaux qu'ils avaient fait, çà doit leur faire de la peine d'avoir détruit et abandonner tout çà.

Enfin, je n'aurais jamais cru çà un jour et s'ils pouvaient s'en aller complètement pendant que l'on sera au repos et nous signer la paix.

En attendant ce jour là, je termine ma lettre en t'embrassant de tout cœur.

Maurice

– **Lettre 602 Le 19 octobre 1918,** *Adrien m'a écris qu'il aurait bien voulu me voir*[49]

Chère mère

Nous sommes resté au repos dans un petit pathelin, à la même place que j'étais quand je t'ai écris, il y a deux jours[50]. On ne doit pas y rester mais où ira t'on? je n'en sais rien. Je m'étonne de ne pas avoir reçu de lettre de toi aujourd'hui et également le colis que je t'ai demandé, il doit y avoir du retard dans la correspondance en ce moment. René m'écris toujours bien, ma tante Angèle m'a envoyé 5 f.. Maintenant, Adrien m'a écris qu'il aurait bien voulu me voir et qu'il pensais venir au repos. Les affaires vont toujours bien mais ce n'est encore pas la paix. Vous ne devez plus entendre le canon.

Je termine, chère mère, en t'embrassant de tout cœur.

Maurice

48. Lettre-enveloppe, format 13,5 × 10,3 cm, avec feuillet, format 12,7 × 10 cm, pliée en deux.

49. Lettre-enveloppe, format 16,5 × 10,7 cm, pliée en deux.

50. Les attaques meurtrières et la pandémie de grippe espagnole déciment les rangs du 19e RI qui se reconstitue à Villers-Marmery, canton de Verzy, arrondissement de Reims (Marne), situé à l'est de la montagne de Reims.

– Lettre 603 Le 20 octobre [1918], *je passe à la 12e compagnie*[51]

Chère mère

Je t'écris une carte pour te dire que je passe à la 12e compagnie. Alors, écris moi à cette adresse, même secteur, même régiment. Une lettre suit quand je vais être au courant de ma nouvelle compagnie.

Ton enfant qui t'embrasse de tout cœur.

Bonjour à René. Maurice

– Lettre 604 Le 20 octobre 1918, *la vendange est faite et on a le droit de grapiller*[52]

Chère mère

Enfin, j'ai eu une lettre qui a été retardée ; je reçois aujourd'hui ta lettre du 17 et celle du 12 en même temps ; mais je n'ai encore pas reçu ton colis de linge, pourtant l'autre jour, j'avais bien reçu un de ma tante Mélanie. Je t'ai dis aussi que ma tante Angèle m'a envoyé un billet de 5 f. pour boire une bouteille mais il n'y a rien et on a de l'argent et on crève de soif dans ce patelin ; par contre, c'est un pays à vigne et la vendange est faite et on a le droit de grapiller, alors tu parles de ventrée et il est bon. Mais aujourd'hui, j'en profite pour t'écrire car il pleut toute la journée. Et toi, qui dit que tu m'as mis du raisin dans mon colis, j'en ai plus que toi, surtout qu'il va être écrassé, enfin, tu as cru bien faire. Je vois les journaux, oui, je crois qu'on va encore coucher dehors cette hiver, c'est terrible.

René te parle de perme mais en fait de perme, j'ai peur qu'il l'envoie à l'arrière du front car il y a du travail à refaire, en tous cas, il ne serait pas au danger. Il y a pas mal de soi-disant grippe, çà va devenir terrible[53], que tu n'aie pas çà, soigne toi, on dit que le rhum est bon mais surtout n'en prend pas **de trop**. Car tu sais, j'espère bientôt y aller. En ce moment, j'espère dans un mois car il en part beaucoup, maintenant, demain, elles peuvent être supprimées. Enfin, on y connait plus rien. Je sais ce que René fait, il m'écris souvent.

Ton enfant qui pense toujours à toi.

Maurice

– Lettre 605 Le 21 octobre 1918, *Vivement les permes*[54] (*ill. 46*)

Chère mère

Je t'écris cette carte, ce n'est pas que je suis encore à Vitry, cette une qui me restait. Vivement les permes car çà ne sera pas pour 10 jours, çà sera encore 12, je

51. Onzième type de carte de correspondance militaire, format 14,5 × 9 cm, cachet de la poste du 20 octobre 1918. Archives familiales.

52. Lettre-enveloppe, format 16,2 × 10,7 cm, pliée en deux.

53. Le régiment se réorganise avec des mesures de préservation contre la pandémie de grippe espagnole.

54. Carte postale de Vitry-le-François, la Gare, format 14 × 9 cm. Archives familiales.

Ill. 46. Carte postale de Vitry-le-François, adressée par Maurice Gastellier à Julia sa mère, 21 octobre 1918 (Archives familiales, DR). Dans une précédente lettre, Maurice écrit « ça commence par V et se compose de trois mots » pour contourner la censure et ne pas nommer la ville de Vitry-le-François.

viens de recevoir une deuxième citation. Je ne l'ai pas là, sur la prochaine lettre, je te la mettrai. Cà me donne droit à une étoile de plus sur ma croix de guerre et surtout 2 jours en plus à ma prochaine perme. Nous sommes encore au repos à la même place et bien couché.

Je termine en t'embrassant de tout cœur.

Maurice

– **Lettre 606 Le 23 octobre 1918,** *une messe pour les morts du 19e*[55]

Chère mère

Aujourd'hui et au moment même où il y a dix ans, notre pauvre père nous quittait, on nous fait une messe pour les morts du 19e qui ont été tués à ces attaques dernières. Non seulement, je pense à mes camarades que je connaissais mais encore çà m'a fait penser davantage à lui et à ses tourments sur ces ouvrages et quand il nous parlait de ses quatre ans militaires. S'il me savait d'où j'en suis, il penserait bien aussi à moi. Enfin, jamais je n'en vu tant de soldat dans une si petite église[56].

55. Lettre-enveloppe, format 16,2 × 10,7 cm, pliée en deux.

56. Maurice mentionne sa présence à la messe des morts du 19e RI dans la petite église de Villers-Marmery où le régiment est cantonné et se souvient de la mort de son père, il y a dix ans jour pour jour.

Encore aujourd'hui, je reçois une lettre de la belle sœur de mon camarade qui a été tué et qui avait déjà deux frères de tué et c'est toute sa famille, tantot les parents, la connaissance où les beaux frères[57]. Enfin, il me disent que je leur dise la vérité mais je l'ai toujours vu que blessé mais on m'a dit qu'il est mort.

Mais René à l'air de se plaire à Melun, je ne sais pas, il mange mieux que chez toi à l'entendre. Il fait beau aujourd'hui, vous devez faire un peu de blé. Et tes betteraves, çà va être mou.

Ton enfant qui t'embrasse de tout cœur.

Pas encore de colis.

Maurice

– Lettre 607 Le 24 octobre 1918, *j'ai reçu ma citation*[58]

Chère mère

J'ai reçu ma citation, une belle celle là, faite pour être encadrée mais je l'ai pliée dans mon calepin, c'est dommage, elle va faire des plis. La voila : observateur dévoué et courageux, s'est acquitté d'une façon remarquable de son service, renseignant parfaitement son chef de bataillon malgré un violent bombardement et des tirs de mitrailleuses. C'est mon copain de Melun qui m'a donné çà, tu parles de compliments.

Il est question de s'en allés d'ici, peut être pour se rapprocher, çà ne serait pas le meilleur. Mais René est rudement heureux, il ne fait pas grand chose et tu n'as pas besoin de me dire ce qu'il fait, il m'écrit tous les jours. Mais il n'est pas apte à la zône mais pas armé, ce qui fait qu'il serait qu'à l'arrière. Alors Oscar est encore en perme, eh bien il est déjà venu depuis moi, et nous çà ne ronfle pas ; ah ! quel régiment, c'est bien çà, c'est ceux qui ont le plus de misères qui ont le moins de permes. Oui, pour mon colis, je crois que ce sera comme t'a dit mon **cousin**, enfin j'ai tout, maintenant, j'aimerais mieux ne t'avoir rien demandé. Il fait beau, tu vas pouvoir faire ton blé du Tir[59].

Ton enfant qui t'embrasse de tout cœur.

Maurice

Je ne t'écrirai plus si souvent.

Suite 24 octobre. Le pire, avec mes bong sangs de citations, c'est qu'elles sont toujours faites au nom de René, déjà la dernière, comprends y quelque chose. Alors plus tard, je ne pourrai rien dire à mes petits enfants, ils diront ; penses tu, c'est à mon oncle René. Alors, tu vois, lui qui n'a jamais été au front, c'est lui qui a les citations.

---

57. Il s'agit de la famille de « Simon » « mon copain dont je t'ai parler qui a été blessé près de moi est mort » (lettre du 11 octobre 1918).

58. Lettre-enveloppe, format 16,2 × 10,7 cm, pliée en deux et feuille recto-verso, format 10,5 × 6,5 cm.

59. Il s'agit du champ de la ferme familiale situé près de l'ancien champ de tir du 76ᵉ RI.

– Lettre 608 Le 25 octobre 1918, *j'ai reçu le fameux colis [...] la bouteille d'eau de vie était intacte*[60]

Chère mère

Je te récris aujourd'hui pour te dire que j'ai reçu le fameux colis, hier soir. Mais le linge commençait a être frais avec ton beau raisin que tu avais mis avec. Il était écrasé complètement et avait gâté mes œufs qui était pourtant qu'un peu écrasés. C'est le raisin qui fait tout le mal, tu as cru bien faire et dire que j'en mangeais à volonté.

Mais, c'est fini et nous voilà encore dans les déserts, dans nos anciennes lignes, nous sommes venus à pied, mais j'espère que c'est pour travailler, réparer toutes les routes, il y a de quoi faire car il n'y a pas longtemps que l'on est retiré de cette fournaise[61].

La bouteille d'eau de vie était intacte, le boite de conserve et les pommes.

A dans deux ou trois jours. Je t'embrasse de tout cœur.

Maurice

L'eau de vie était épatante, j'espère qu'en perme, tu m'en paiera une le midi.

– Lettre 609 Le 26 octobre 1918, *on couche dans des trous*[62]

Chère mère

Je t'envoie ma citation car je ne veux pas garder çà sur moi, maintenant que je vois que nous remontons en ligne. Nous avons fait aujourd'hui une marche extrêmement longue, j'en suis exquinté et plus de pays, ni de baraquement, on couche dans des trous mais çà, çà ne me tourmente pas, si l'on était pour aller plus loin, je finirais bien la guerre encore ici. On remonte vers où l'on était la dernière fois, mais je ne crois pas que çà sera si terrible[63]. Et on va peut être attendre quelques jours sans monter en lignes. Enfin, je t'écrirais un peu moins souvent. J'ai peur que les permes soient encore moins fortes. Et dire que ceux qui sont à l'arrière, toujours ils n'arrêtent pas; c'est nous les pas veinards quoi, enfin on gagne des citations aussi. Il y a quatre mois aujourd'hui que je suis parti à ma dernière perme et je suis encore le 31e sur 116[64].

Ton enfant qui t'embrasse de tout cœur.

Maurice

Pour moi, ils veulent que l'ouvrage soit fini, pour m'envoyer en perme, ils veulent que je me repose.

---

60. Lettre-enveloppe, format 16,2 × 10,7 cm, pliée en deux.

61. Le régiment quitte Villers-Marmery pour se rendre à pied à Auberive-sur-Suippes, situé à une vingtaine de km dans le canton de Beine-Nauroy, arrondissement de Reims (Marne).

62. Feuille recto-verso, format 13,3 × 10,7 cm, pliée en deux.

63. Le régiment remonte vers le nord par Auberive-sur-Suippes et bivouaque à Mont-Saint-Rémy après une marche d'une trentaine de kilomètres « sous une pluie battante par des chemins détrempés ». FLOCH Marcel, *La longue marche du 19e RI de Brest pendant la première guerre mondiale, tome II, op. cit.*, p. 135.

64. Le tour normal des permissions depuis juin 1917 étant par période de quatre mois, Maurice est en liste d'attente, sa dernière permission datant de début juillet, il y a quatre mois.

– **Lettre 610 Le 28 octobre 1918,** *encore en ligne*[65]

Chère mère

Nous voilà encore en ligne, à peu près où nous étions, un peu à droite[66]. Le secteur est des plus calmes comme en Alsace et j'espère que çà durera car il y en a d'autres pour faire autant que l'on a fait. Alors, c'était du beau raisin à mon oncle Léon, tu aurais mieux fait de le manger, çà t'aurait surement fait plaisir. Pour ma citation, je ne te l'ai pas dit quand j'ai été proposé, quelques jours avant mais je te l'ai dit quand je l'avais, alors, j'en étais sûr. Je te l'ai envoyé, l'as tu reçu, tu la mettra avec mes affaires et lettres ou à moins que tu puisses la faire encadrer[67]. J'ai envoyé 5 f. à René quand je me suis vu remonter en lignes dans une carte lettre, pourvu qu'il le reçoivent. Ah ! oui, à l'entendre il a le **filon** et il connait les termes militaires[68].

Comment c'est, pour les pommes de terre, 20 f. les bonnes et les choléra ?

Je t'embrasse de tout cœur.

Maurice

– **Lettre 611 Le 31 octobre 1918,** *on change de place tous les jours*[69]

Chère mère

Comme je vois, il y a bien des morts par chez vous avec cette épidémies qu'on veut appeler la grippe espagnole. Oui, Testard, c'est un veinard maintenant, il instruit les jeunes classes, tu penses s'il est heureux surtout en ce moment. Nous, on change de place tous les jours. Tantôt en première ligne, tantôt en 2e, tantôt en réserve et toujours dehors ou dans les bois[70]. Alors, tu me demande dans quel pays je suis, jamais on y est dans un et on change toujours, heureusement qu'il fait beau. Nous pensons nous déplacer encore ce soir. Je suis toujours dans le même coin.

En espérant que tu sois en bonne santé, en parlant de çà, René dit que ton tort, c'est de ne pas demander le médecin assez tôt, il t'a vu l'année dernière, tu vois qu'il pense à toi.

Je t'embrasse de tout cœur.

Maurice

65. Lettre-enveloppe, format 16,2 × 10,7 cm, pliée en deux.

66. Le régiment relève la 36e DI américaine au nord-est de Reims à Mont-Saint-Rémy et Vaux-Champagne.

67. Pour la deuxième fois, Maurice donne ses consignes de rangement de ses lettres pour l'après-guerre.

68. Le « filon », souligné par Maurice, c'est le bon secteur, le bon poste recherché pour son moindre danger.

69. Lettre-enveloppe, format 16,2 × 10,7 cm, pliée en deux.

70. Le régiment, relevé dans la nuit du 29 au 30 par le 62e RI, passe en première ligne avec le 118e RI et devient réserve du 14e Corps d'armée.

– **Lettre 612 Le 2 novembre 1918,** *çà doit avoir marché pour vos betteraves*[71]

Chère mère

Alors, tu te figurais que c'était la médaille militaire que j'avais. Ah non, je ne veux même pas chercher à l'avoir. N'importe comment si je reste, plus tard, dans 30 ans, quand on ne sera plus beaucoup, les vieux combattants l'auront tous mais qu'il nous vienne la paix pour l'instant, c'est le principal et la santé également.

J'espère que cette épidémie diminue et que tu es en bonne santé. Ton petit commis va bien, il doit vous aider dans les blés si Joseph y en met un coup, çà doit avoir marché pour vos betteraves car il a fait beau et maintenant, voilà la pluie.

Hier, çà a cogné dur encore ici mais on est en réserve, alors çà n'a pas été trop mal. Il n'y a plus que cette saloperie d'Allemagne qui nous tient, c'est toujours nous qui sont là.

Je termine en t'embrassant de tout cœur.

Maurice

– **Lettre 613 Le 4 novembre 1918,** *on avance mais on le paie cher*[72]

Chère mère

Je t'écris deux mots pour te dire que l'on est fait comme des voleurs en ce moment. Et si toutes les puissance n'en veulent plus et parlent de paix, je t'assure que l'Allemagne nous sert quelque chose, ah ! les monstres, ils tiennent dur ; depuis deux jours, çà n'a pas trop bien été, on avance mais on le paie cher et on a le temps aussi, contre nous[73]. Je n'ose même plus me débarbouiller, j'attends quand j'irai en perme ; je compte toujours pour le 1^er^décembre si çà continue[74]. J'ai reçu un colis de ma tante Mélanie. Les permissionnaires qui se voyent partir, se trouve heureux, tu sais, çà vaut des rentes.

Enfin, j'espère que ma lettre, te trouvera en bonne santé.

Ton enfant qui t'embrasse de tout cœur.

Maurice

– **Lettre 614 Le 7 novembre 1918,** *plus de repos, plus de linge propre*[75]

Chère mère

Deux mots pour te donner de mes nouvelles qui sont à peu près bonnes, on est dans un bois, toute les nuits, on couche dehors et marche toujours ; j'en ai vu des

---

71. Lettre-enveloppe, format 16,2 × 10,7 cm, pliée en deux.

72. Lettre-enveloppe, format 16,2 × 10,7 cm, pliée en deux.

73. « Les pertes du 19e RI [au 2 novembre] : deux officiers tués, deux officiers blessés, troupes : deux tués, 62 blessés, quatre disparus, huit intoxiqués. » FLOCH Marcel, *La longue marche du 19e RI de Brest pendant la première guerre mondiale, tome II, op. cit.*, p. 140.

74. Quatre mois après sa dernière permission en juillet, Maurice compte bien sur la prochaine permission.

75. Lettre-enveloppe, format 16,2 × 10,7 cm, pliée en deux.

durs en 1914 dans la retraite mais c'est autre chose en ce moment, c'est terrible. Je crois que si çà continue, le reste de la France va être pris car nous venons d'avancer de 20 km en direction de Sedan et je crois que çà va continuer, pour l'instant ils nous tiennent un peu avec leurs mitrailleuses[76]. On voit de nouveaux civils tous les jours, des enfants, des femmes et sont content de nous voir. Mais que c'est dur, plus de repos, plus de linge propre mais tant pis, ne m'en envoie pas car çà viendrait trop tard.

Et les permes ne vont pas fort. Il y a longtemps que René m'a écris et toi également.

Ton enfant qui t'embrasse de tout cœur.

Maurice

– **Lettre 615 Le 9 novembre 1918,** *j'ai entré le premier dans Flize*[77]

Chère mère

Je t'écris pour te donner de mes nouvelles qui sont bonnes mais pas ce matin. J'ai couché dans la boue, cette nuit et trempé mouillé d'avoir traversé les ruisseaux et couché en tirailleurs dans la plaine. J'ai vu hier, ce que je n'avais jamais vu.

J'ai entré le premier dans Flize sur les bords de la Meuse près de Sedan à 11 km de la Belgique. Les Boches nous tirait dessus mais les civils qui étaient par milliers dans tous ces villages reconquis, n'ésitaient pas à venir au devant de nous. Il y a une jeune fille, elle ne voulait plus me quitter, tous çà nous embrassait, les hommes nous serrait la main, quelques prisonniers, italiens, français, anglais s'était caché dans la ville et nous ont agité leur mains, je croyais que c'était des Boches, j'allais tirer dessus alors ils nous embrassait aussi je croyais ne plus pouvoir avancer, jusqu'à la Meuse.

Enfin, nous y sommes ; je crois que çà tire à la fin, aussi je voudrais être à la fin de l'année. Bonne santé à tous.

Je t'embrasse de tout cœur.

Maurice

76. La division poursuit sa marche en avant au-delà de Bouvellemont et s'arrête dans les bois, le long du chemin Baalons-Beauvois à une trentaine de kilomètres au sud-ouest de Sedan.

77. Lettre-enveloppe, format 16,2 × 10,7 cm, pliée en deux.

Chapitre 13
DE L'ARMISTICE À LA DÉMOBILISATION (11 NOVEMBRE 1918-11 AVRIL 1919)

La Meuse franchie, la 22e DI consolide sa position sur la rive droite à Vrigne-Meuse et Lumes-Triage. Alors que Charleville-Mézières et Sedan sont encore occupées, l'ordre général du 14e CA est de consolider les positions pour le contrôle des « moyens de franchissement de la Meuse[1] ».

– Fou de joie

L'armistice entre en vigueur le 11 novembre 1918, à 11 heures, alors que les troupes françaises viennent tout juste de franchir la Meuse sans avoir atteint la frontière allemande. Maurice est tellement heureux qu'il écrit deux lettres : « Est-ce que je rêve, ou bien, suis-je tombé fou, je ne peux à peine y croire, dire que c'est fini » (1re lettre du 11 novembre 1918), « Je te récris une deuxième lettre pour que tu sache que je suis sorti vivant de cette guerre [...] Les boches sont là tout debout à faire leur soupe. On se cause si l'on veut » (seconde lettre du 11 novembre 1918 au soir).

L'absence de volonté explicite de vengeance est exprimée également par le capitaine Charles Oberthür : « je suis comme mes poilus, je veux aussi, moi, aller en Bochie et voir couler les eaux du Rhin redevenu français et en remplir mon

1. Ordre général No 468 du 14e CA expédié le 10 novembre à 23 heures : « demain, 11 novembre, la mission de la 163e DI reste celle définie par l'ordre d'opérations No 465, du 9 novembre [...] le général commandant la 163e DI [...] conservera le contact étroit de l'ennemi et s'efforcera d'améliorer les moyens de franchissement de la Meuse. » FLOCH Marcel, *La longue marche du 19e RI de Brest pendant la première guerre mondiale, tome II*, *op. cit.*, p. 162.

quart pour faire une aquarelle[2]. » La joie de Maurice contraste avec l'absence de commentaire de Marc Bloch qui n'a qu'un mot « armistice[3] ».

Maurice n'oublie pas les dernières victimes : « Hier nous avons traversé la Meuse et on eu encore bien des victimes » (1re lettre du 11 novembre 1918). Gaston Mourlot du 62e RI les mentionne : « 12 types du 19e avaient été butés la nuit précédente et un caporal à 10 h 1/2 ce matin. Rien ne me parut plus triste que le destin de ces pauvres diables [...] finir misérablement à l'aurore de la délivrance[4]. » L'ampleur des pertes totales du régiment est considérable, plus de 3 600 morts selon les recherches de Sophie Carluer consacrées au 19e RI, alors qu'un régiment d'infanterie comptait 3 400 hommes à la mobilisation[5].

Maurice renouvelle sa demande, déjà exprimée dans la lettre du 17 janvier 1918 : « Cherche moi une femme et une gentille, que je me mari en perme » (seconde lettre du 11 novembre 1918).

Le 12e bataillon cantonne à Flize. Après une permission en fin novembre, Maurice retrouve son régiment à Martelange, ville frontalière avec le Luxembourg, où il participe à la remise en état des voies de communication[6]. Contrairement à la période de guerre, il fournit sa position de manière précise : « Nous sommes à deux km de la Belgique à Lamalmaison, entre Longuyon et Longwy » (lettre du 31 décembre 1918).

– Les soucis de la ferme

N'étant plus en danger, la correspondance change de rythme avec moins de dix lettres mensuelles (***graphique 14***) : « Je t'écrirais moins souvent » (lettre du 3 décembre 1918), « Je te répond quand je reçois tes lettres [...] du moment que tu sais que je ne peine plus et que je ne suis pas mal et encore moins en danger » (lettre du 28 janvier 1919).

À court de papier à lettres, Maurice répond au dos du courrier de sa mère, si bien que l'on dispose ainsi du ressenti sur le quotidien à la ferme. Celle-ci lui fait part de l'anniversaire de ses 25 ans mais aussi des grandes difficultés pour les travaux des champs : « il va falloir que ce soit moi qui aille derrière le semoir » (lettre du 19 mars 1919), « c'est la mal va [...] voilà Joseph qui est malade [...] j'ai demandé une perme pour René » (lettre du 31 mars 1919).

2. CORBÉ Bernard et LAGADEC Yann, *Charles Oberthür..., op. cit.*, p. 387-388. La volonté de venger l'ennemi et d'aller en Bochie est très présente chez les combattants, voir CABANES Bruno, *La victoire endeuillée. La sortie de guerre des soldats français (1918-1920),* Paris, Éditions du Seuil, 2004, p. 81-95.

3. BLOCH Marc, *Écrits de guerre..., op. cit.*, p. 15.

4. Carnet de guerre de Gaston Mourlot du 11 novembre 1918, MOURLOT Gaston, *Un ouvrier-artisan en guerre..., op. cit.*, p. 453.

5. LAGADEC Yann et THIERRY Joël, *Un Briard parmi les Léonards. Maurice Gastellier, poilu columérien du19e RI (1916-1918), op. cit.*, p. 53.

6. FLOCH Marcel, *La longue marche du 19e RI de Brest pendant la première guerre mondiale, tome II, op. cit.*, p. 168.

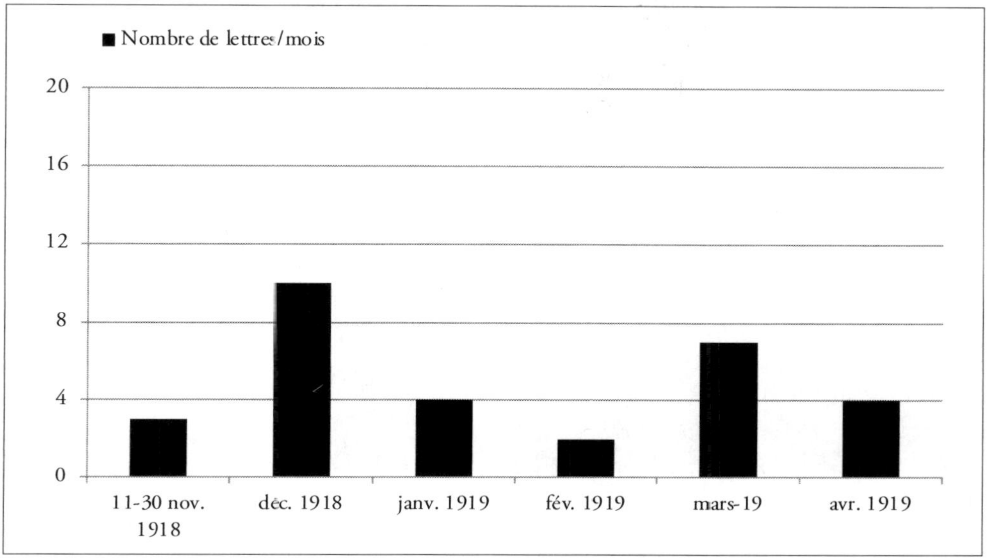

Graphique 14. Évolution de la correspondance du 11 novembre 1918 au 11 avril 1919.

Avec son frère mobilisé au service auxiliaire, le mauvais temps et la gale des chevaux, les travaux de printemps prennent du retard : « ce qui m'embête le plus, c'est tes chevaux » (lettre du 23 mars 1919). Maurice multiplie les consignes : « c'est malheureux que je ne suis pas là […] Fait faire toujours tes avoines, c'est le principal et fais répandre la marne, le restant, laisse le » (lettre du 4 avril 1919)[7].

Sa mère seule à la ferme fait part des soucis de main-d'œuvre et de trésorerie pour gérer le quotidien : « je suis entrain de faire botteler mon foin par Bruneau […] le prix de la paille baisse toujours » (lettre du 8 mars 1919), « j'ai encore belle d'être seule » (lettre du 24 mars 1919), « heureusement que j'ai Bruneau » (lettre du 3 avril).

– À quand la démobilisation ?

Maurice attend impatiemment sa libération : « la paix ne se signe pas vite et la démobilisation ne se fait pas vite non plus » (lettre du 10 décembre 1918). Il adresse à sa mère une coupure du *Parisien* indiquant l'ordre des démobilisations : « Je suis dans le cas le mieux favorisé : le cas A […] Majoration de quatre classes : militaire agriculteur, fils aine de veuve cultivatrice », et la presse de « faire un certificat, signé du maire, comme quoi je suis le fils aine de cultivatrice veuve » (lettre du 25 janvier 1919). Après une permission en février, il espère « avoir un sursis » (lettre du 5 mars 1919).

7. Le semis de l'avoine est prioritaire pour l'alimentation des chevaux indispensables pour les travaux de la ferme.

L'arrêt provisoire des combats ne met pas fin à l'état juridique de la guerre. L'armistice, prévu pour durer initialement 36 jours, est prolongé en décembre 1918, puis en janvier 1919 et enfin une troisième fois en février 1919 sans date d'expiration.

– Les libérations

Adrien, son beau-frère, est libéré, le 10 mars 1919 : « il est temps que je rentre parce que je vois, Mauricette bien fatigué » (lettre du 23 février 1919).

Maurice est libéré à Orléans le 11 avril 1919, sans avoir jamais vu Brest, et écrit sa dernière lettre : « c'est mes dernières journée militaires » (lettre du 8 avril 1919). En Annexe figure le chant militaire dédié au régiment et symbole de l'attachement des poilus du 19e RI bien au-delà de son origine bretonne comme en témoigne la singulière correspondance de Maurice.

Embarqué à Spincourt le 18 avril 1919, le 19e RI est dirigé sur Landerneau, faute de casernements disponibles à Brest. Dissous le 1er janvier 1924, *La Dépêche de Brest* ne consacre que quelques lignes au retour du régiment, le journal préférant garder ses gros titres pour les négociations de paix, le passage d'une flotte britannique ou les premiers développements de ce qui deviendra l'affaire Landru. Les anciens combattants du 19e RI garderont une profonde amertume du retour de leur régiment dans le Finistère[8].

La guerre se termine définitivement avec le traité de paix de Versailles, signé le 28 juin 1919. Un véritable diktat est imposé au pays vaincu. L'Allemagne doit restituer l'Alsace-Loraine et se voit amputée de 15 % de son territoire et de 10 % de sa population : démilitarisation de la rive gauche du Rhin, occupation de cette région par les Alliés pendant quinze ans et désarmement de l'Allemagne[9].

René est libéré le 11 septembre 1919.

8. Sur ce point voir, voir LAGADEC Yann et THIERRY Joël, *Un Briard parmi les Léonards. Maurice Gastellier, poilu columérien du19e RI (1916-1918), op. cit.*, p. 53.

9. L'article 231 du traité de Versailles mentionne : « L'Allemagne et ses alliés sont responsables, pour les avoir causés, de toutes les pertes et de tous les dommages subis par les gouvernements alliés et associés et leurs nationaux en conséquence de la guerre qui leur a été imposée par l'agression de l'Allemagne et des ses alliés. » La somme exigée à la Conférence de Londres en 1921 est fixée à 132 milliards de marks-or.

– **Lettre 616 Le 11 novembre 1919 [1918],** *c’est une veine de se tirer d’une guerre pareille*[10]

Chère mère

Est-ce que je rêve, ou bien, suis je tombé fou, je ne peux à peine y croire, dire que c’est fini. Hier, nous avons traversé la Meuse et on a eu encore bien des victimes et dire que l’on s’attendait à l’armistice pour aujourd’hui à 11 heures depuis trois jours, et maintenant, çà y est. Tu parle d’une fête, le feu est arrêté, c’est une veine de se tirer d’une guerre pareille.

Je t’embrasse, chère mère de tout mon cœur. Bonjour à tous. A Bientôt car j’espère quand même aller en perm.

Maurice

– **Lettre 617 Le 11-11-[novembre 19]18 au soir,** *tous nos clairons ont sonné cessez le feu*[11]

Chère mère

Je te récris une deuxième lettre pour que tu sache que je suis sorti vivant de cette guerre. Les boches sont là en face, tout debout à faire leur soupe. On se cause si l’on veut, nous, nous sommes sorti des tranchées. Tous nos clairons ont sonné cessez le feu, les boches ont tiré jusque là et à onze heures juste, ils nous ont répondu avec leurs clairons. Tous les civils viennent voir avec nous sur la plaine.

Je voudrais que ma lettre t’arrive au plutôt. Cherche moi une femme et une gentille, que je me mari en perme car j’espère y aller. Nous allons couché ce soir dans Flize et se nettoyer.

Ton enfant qui t’embrasse de tout cœur.

Maurice

– **Lettre 618 Le 12-11-[novembre 19]18,** *on est fou de joie*[12]

Chère mère

Je te récris pour te dire que je suis tiré de cette guerre car j’ai toujours peur que tu ne reçoive pas toute mes lettres et que tu te demande surtout dans des moments définitifs car nous avons eu des rudes misères pour finir où nous avons eu encore des tués à la dernière heure de la guerre. Oui, notre avance a duré un mois et demie, aussi longtemps que la retraite de 1914. Et je t’assure que j’y ai eu de la misère, autant que 1914 et si je vais en perme d’ici 15 jours car j’espère que çà va marcher maintenant et bien, tu me trouveras maigri.

10. Lettre-enveloppe, format 16,2 × 10,7 cm, pliée en deux. « J’étais tellement fou que j’ai marqué le 11 nov. 19, en tous cas je n’étais toujours pas ivre, car je n’ai bu que de l’eau toute la journée » a ajouté Maurice le 3 décembre 1961. Archives familiales.

11. Lettre-enveloppe, format 16,2 × 10,7 cm, pliée en deux.

12. Lettre-enveloppe, format 16,2 × 10,7 cm, pliée en deux.

Enfin, j'oubli tout le passé et maintenant, si tu savais ce que l'on est heureux, on est fou de joie, s'il y avait du vin, je crois qu'il y aurait encore des bêtises car il y en a, c'est des bêtes fauves, avec çà, nous avons de l'argent depuis qu'on ne peux rien dépenser.

Ton enfant qui t'embrasse de tout cœur.

Maurice

Lettre de René, son frère, en quête d'une hypothétique permission agricole.

– **Lettre 619 Melun le 16 novembre 1918,** *je ne peux pas avoir une permission*[13]

Cher Maurice

Deux mots pour te dire que je ne peux pas avoir une permission de 24 h ou bien plus comme je le disais à maman hier deux ou trois jours. Mais en fait de 24 h, ou deux ou trois jours, il n'y a pas moyen. J'ai été le demander ce soir (aussitôt que j'ai reçu les deux cartes de chez nous) au capitaine mais Monsieur ce capitaine m'a dit que les permissions de 24 heures n'étant pas reprises, il ne pouvait pas m'en accorder une. On peut dire que je n'ai pas de chance, il y a un mois je demande une permission agricole de quinze jours, elle est refusée par le capitaine, j'en redemande une aujourd'hui, elle est encore refusée par le capitaine. Mais si les perm remarchent dimanche prochain, seras tu encore là ? Je voudrais bien qu'ils reprennent avant que tu partes en Allemagne.

Ici, on parle des renvois de classe mais moi, si c'est comme on dit qu'on renvoie une classe par semaine que c'était sur les journeaux, alors moi ce n'est pas près, voilà qu'on parle de renvoyer la classe 1889, alors de la classe 89 à 1917, il y à loin avec une classe par semaine. Maintenant, dis donc à maman qu'elle m'envoie *les Démocrates* pendant que tu es en perm, elle n'a pas besoin de les envoyer sur le front. Ce soir, j'ai été chercher quatre sacs de charbon de 25 kg en ville pour un sergent qui demeure dans Melun, çà fait qu'en déchargeant les sacs chez lui, le sergent m'à donner la petite pièce de 10 sous. C'est la première pièce que j'ai depuis que je suis aux écuries.

Mon vieux Maurice, je ne vois plus rien à te dire. Je finis ma lettre en te serrant la main. T'embrasseras maman pour moi.

René

– **Lettre 620 Le 2 déc[embre 1918],** *vers le Luxembourg*[14] (*ill. 47*)

Chère mère

Je passe à Sedan et me rend vers le Luxembourg. Tu parles de voyage comme je peux en auto, à pied, j'ai de quoi en faire quatre pages de mon voyage. Bonjour à Roger et Joseph.

J'espère que tu es comme moi en bonne santé M. Gastellier C.M. 3

13. Carte-lettre, format 17 cm × 13,5 cm, pliée en deux.

14. Carte postale de Sedan, format 13,5 × 8,5 cm, envoyé au retour de la permission de fin novembre. Archives familiales.

Ill. 47. Carte postale adressée par Maurice Gastellier à Julia sa mère, 2 décembre 1918 (Archives familiales, DR). De retour de permission lors son passage à Sedan en direction du Luxembourg, il adresse cette carte postale avec le Monument du « Chêne brisé » élevé à la mémoire des soldats tués les 31 août et 1er septembre 1870.

– Lettre 621 Le 3 décembre 1918, *je t'écrirais moins souvent maintenant*[15]

Chère mère

Je suis dans le Luxembourg et à retrouvé mon régiment ce soir à Martelange, dans le Grand Duché, dans la direction de Florenville. Il fait bien mauvais temps ce soir et çà m'embête car j'ai rien pour me coucher comme couverture et j'ai mal à la gorge. Je continue ma lettre aujourd'hui 4 déc. j'ai trouvé mon sac, avec tout mon fourbit et couverture. Aujourd'hui, nous avons fait une marche et il fait bien mauvais temps, des brouillards et de la pluie. Je crois qu'on va rester un peu ici mais on est pas mal nourri mais mal couché et près de Martelange, qui est bien, mais nous, ici, ce n'est pas trop épatant comme cantonnement. Je t'écrirais moins souvent maintenant. Je pense que tu es en bonne santé. Bonjour à René. Ton enfant qui t'embrasse.

Maurice

– Lettre 622 Le 7 décembre 1918, *une pelote ordinaire que tu paie je crois 4 sous avant la guerre ici 15 f., c'est affreux*[13]

Chère mère

C'est dommage que je n'ai pas amené des bricoles, entre autre du fil, j'aurais gagné de l'argent. Une pelote ordinaire que tu paie, je crois 4 sous avant la guerre, ici 15 f., c'est affreux. Et tout comme çà, le papier c'est pareille, j'en ai encore mais tu pourrais m'en envoyer une grande enveloppe par lettre. On ne bouge pas de place, je ne sais pas si l'on avancera un jour, pour le moment on ne mange pas trop mal mais si peux qu'on veut acheter, c'est tout de suite cher. Et vous, que faites vous, il ne fait bon que labourer et encore dans les gluis[16]. Vous avez arraché les fils de fer, il l'aura labouré, il devait y avoir du chiendent. En espérant que tu sois, comme moi, en bonne santé, je termine en t'embrassant de tout cœur.

René est sorti de l'hopital.

Maurice

– Lettre 623 Le 10 décembre 1918, *la paix ne se signe pas vite*[17]

Chère mère

Je ne sais pas si le temps est le même par chez nous mais c'est vraiment malsain, que du brouillard et toujours du brouillard. On est toujours a la même place dans le Luxembourg, c'est montagneux, on appelle ces montagnes, les Ardennes. Vois tu sur la carte, ce pays : Martelange, en tous cas, tu vois a peu près que je suis loin de vous.

15. Lettre-enveloppe, format 16,2 × 10,7 cm, pliée en deux.
16. Les « gluis » désignent le bas des tiges de céréales restées sur pied après la moisson.
17. Lettre-enveloppe, format 16,2 × 10,7 cm, pliée en deux.

On a ici 13 sortes de sous, cinq sortes de billet, mark et cinq marks, deux marks, billet Belge. Enfin, tout est bon mais il faut faire attention pour faire des comptes. Pour la lettre à Maurice Gastellier, c'est surement pas de Fernand, c'est plutôt de Bérangère. On ne sais pas si l'on restera ici longtemps où si on ira dans la Prusse Rhénane, en tous cas, la paix ne se signe pas vite et la démobilisation ne se fait pas vite non plus. Je t'écrirai moins souvent, maintenant je ne suis plus au danger. Bonjour à Roger.

Je t'embrasse de tout cœur. Envoie moi *le Démo.*

Maurice

– **Lettre 624 Le 13 décembre 1918,** *Adrien doit être en permission*[18]

Chère mère

Je te mets mes tickets de pain car comme de juste, je n'ai pu m'en servir. Maintenant, il fait des temps déplorable et je suis toujours mal fichu, je tousse toujours et je vais me faire porter malade demain, si çà me dure encore. Que çà ne soit pas cette grippe, c'est le principal. Adrien doit être en permission, il m'a écris qu'il partait pour 22 jours, c'est qu'il a eu la croix de guerre, il ne m'en parle pas. Depuis que je suis arrivé de perm, je n'ai reçu qu'une lettre de René qui était rentré à l'hôpital de nouveau. Maintenant de toi, celle qu'il y avait mes deux lettres et depuis, je n'ai rien reçu de toi également, je me demande si çà va, surtout de ces temps là, il y a des malades. Je sais que çà va mal, la correspondance pour venir ici, les lettres mettrent jusqu'à huit à dix jours.

Je termine en t'embrassant de tout cœur.

M. Gastellier

– **Lettre 625 Le 15 décembre 1918,** *la correspondance va très mal*[19]

Chère mère

Deux mots aujourd'hui pour te dire que çà va un peu mieux, je tousse bien moins. Je crois que le temps veut se réveiller, alors j'espère que çà va se remettre tout à fait. On dit des fois, pas de nouvelles, bonnes nouvelles, j'espère que c'est comme çà car je ne sais plus si j'en recevrai un jour. Je sais que c'est tout le monde pareille, alors je ne me tourmente pas, la correspondance va très mal par ici. Nous sommes toujours à Martelange dans les montagnes des Ardennes, dans le Luxembourg.

Adrien doit être avec vous. Cà vaut le coup 22 jours.

Je te quitte, chère mère, en t'embrassant de tout cœur.

Maurice

18. Lettre-enveloppe, format 16,2 × 10,7 cm, pliée en deux.

19. Lettre-enveloppe, format 16,2 × 10,7 cm, pliée en deux.

– Lettre 626 Le 16 décembre 1918, *j'ai des maux de tête*[20]

Chère mère

Je reçois enfin ta première lettre celle du 9, alors tu vois, huit jours pour m'arriver, si elle mets sept jours pour aller te trouver, çà fait 15 jours pour me répondre, c'est presque comme à Salonique. Oui, je pense que le petit commis doit avoir du travail sur *[illisible]*. J'ai reçu aussi une lettre de René. Oui, c'est étonnant qu'il n'est pas réformé, je crois qu'il finiront par y arriver. C'est bien malheureux, il vaudrait mieux qu'il reste soldat et qu'il n'aie pas çà. Je crois que le temps va reprendre au mauvais temps. C'est affreux, mon rume se passe mais j'ai des maux de tête par ces temps là, avec çà, je ne fais plus rien ou à peu près.

En espérant que ma lettre te trouve en bonne santé, je t'embrasse chère mère, de tout cœur.

Maurice

Lettre de sa mère, Julia, lui souhaitant son anniversaire des 25 ans. Maurice lui répond le 23 décembre à la suite.

– Lettre 627 Le Theil 15 décembre 1918, *tu pourras écrire sur l'autre feuille, le papier est cher*[21]

Cher Maurice

J'ai reçu ta lettre du 7 déc. elles mettent huit jours. C'est aujourd'hui dimanche 15 déc., dans cinq jours tu auras tes 25 ans, je te souhaite une bonne fête mais je crois, d'après les prix par là où tu te trouve, ça ne sera guère facile à toi de faire si petite fête que ce soit, surtout que tout doit être rare si tu étais chez nous, je t'aurais fait de la bonne tarte en pommes, espérons que l'année prochaine, on pourra fêter ton anniversaire.

Adrien est en permission de 22 jours, ils viendront le jour de Noël, il repart le premier de l'an, il n'est pas content de sa jument, il l'a attelé et elle n'a pas voulu tirer, il veut absolument la changer, ils vont manger de l'argent avec les chevaux, c'est un malheur quand il faut être dans les mains des marchands.

Depuis qu'il fait mauvais temps, nous avons charrier de la menue paille, tout le tas que nous avons mis dans les prés au tir et défricher le champ aux fil de fer barbelés, hier, il a été chercher la corde de bois que j'ai acheté à Léon, tu parles de morceaux, des rondins d'arbres, comme dis Joseph, il y aura de quoi s'échauffer après ça, enfin, ça lui fera de l'ouvrage cette hiver[22]. Je crois que René sort de l'ho-

20. Lettre-enveloppe, format 16,2 × 10,7 cm, pliée en deux.

21. Lettre de sa mère écrite à l'encre noire. Feuille recto-verso, format 24 × 16,5 cm, pliée en quatre.

22. La corde de bois est une unité de mesure utilisée pour le bois de chauffage. Elle correspond à 3 ou 4 stères selon les régions soit la quantité de bois rangé en 1 m de long contenu dans un volume de 3 ou 4 m^3.

pital aujourd'hui, à moins qu'il y aie encore quelque chose qui n'aille pas. Lambert, son régiment est à Mayence, comme il a 22 jours il travaille à l'imprimerie.

J'ai vendu mon petit tas de pommes 58 ! ça les mets à 19 f. le boisseau, c'est dommage de ne pas en avoir et si c'était en Allemagne, qu'est-ce que ça serait. Je te renvoie *le Démo,* René connait mieux les nouvelles à Melun que toi dans le Luxembourg. Ta mère qui t'embrasse bien tendrement.

Tu pourras écrire sur l'autre feuille, le papier est cher.

– **Lettre 628 Le 23 décembre 1918,** *nous sommes augmentés*

Chère mère

Du moment que mes lettres mettent huit jours pour t'arriver, je vois le moment, tout en étant pas encore à Noël, de t'envoyer mes meilleurs vœux pour la nouvelle année. J'espère que cette nouvelle année, qui sera celle de mon retour, je le crois maintenant, sera meilleur pour nous que toutes ces dernières et que nous nous retrouveront ensemble et en bonne santé.

Maintenant, je vois que tu penses aussi à moi, en me souhaitant une bonne fête pour mes 25 ans. Mais comme tu dis, la fête n'est pas facile à faire et pourtant, de l'argent plein ma poche. Je suis parti chez nous avec 30 f. et j'en ai 60 maintenant, et pas seulement pouvoir faire une petite fête ou tout au moins un petit gueuleton. Tu sais que nous sommes augmentés et cette loi n'est défini qu'aujourd'hui. Alors, on a touché le rappel depuis le 1er octobre qu'on avait touché que 5 sous et ils nous en revenait 15 sous, alors 10 sous de plus depuis trois mois presque soit 20 f..

Et maintenant, on touchera 12 sous tous les jours, plus 8 sous plus tard. Mais çà n'empêche pas que je voudrais bien en finir. On parle bien de la démobilisation en ce moment. Enfin, attendont, j'espère faire la moisson et peut être la Saint-Jean. J'ai eu de rudes maux de tête a en tomber fou, c'est terrible de voir çà, j'en disais pas ce que j'en pensais et c'est toujours les suites de mon ébranlement de Vauquois. Enfin, maintenant, çà va. Il est question de revenir en France dans quelques jours. En espérant que ma lettre te trouve en bonne santé, reçois, chère mère, mes plus doux baisers.

Ton enfant qui est bien loin, mais qui pense toujours à toi. Maurice

– **Lettre 629 Le 26 décembre 1918,** *Noël, hier, nous avons eu deux bons repas et un litre de vin*[23]

Chère mère

Je reçois à l'instant un chic petit colis de ma tante Lantenois. Je vais la remercier en leur souhaitant la bonne année. C'est vrai que j'ai tout ce qu'il faut. Notre ravitaillement va bien maintenant mais quelques friandises font quand même plaisir. Pour le Noël, hier, nous avons eu deux bons repas et un litre de vin et pour le 1er Janvier, çà sera encore mieux.

23. Lettre-enveloppe, format 16,2 × 10,7 cm, pliée en deux.

Maintenant, j'ai a te dire que nous quittons le Luxembourg demain, pour aller en France vers Montmédy, peut être pour embarquer vers Paris, on ne sais pas[24]. Enfin, il y a de la neige ici mais ne fait pas trop froid. Je suis en bonne santé et espère que tu seras de même. Tu as reçu ma dernière lettre où je souhaitait la bonne année.

Je t'embrasse de tout cœur.

Maurice

– **Lettre 630 Le 31 décembre 1918,** *nous sommes bien mal dans un pays où tout le monde est évacué*[25]

Chère mère

Deux mots pour te dire qu'il fait bien mauvais temps encore en ce moment et pourtant, nous voilà en France. Nous sommes à deux km de la Belgique, à Lamalmaison entre Longuyon et Longwy[26]. Nous sommes bien mal, dans un pays où tout le monde est évacué, à part quelques vieux, pendant que nous avons cantonné à huit km d'ici en Belgique en venant ici, que nous étions comme des rois, on est venu me demander pour coucher dans un lit et j'y suis allé mais que pour une nuit. C'est terrible ces fantassins, on ne les mettra jamais dans un bon coin, il faut qu'ils soient toujours habitué à la misère. Et je crois que l'on va y rester quelque temps.

En espérant, comme moi en bonne santé, je t'embrasse de tout cœur.

Maurice

As tu reçu mes tickets de pain.

– **Lettre 631 Le 19-1-[janvier 19]19,** *ne te mets pas en retard*[27]

Chère mère

Alors, je vois que mon sursis va rater car j'ai un copain qui à reçu sa lettre, comme quoi il n'y avait rien, pour les hommes dans la zone des armées. Alors, tu vois et je reçois ta lettre que Roger ne va pas rester, que sa mère t'a écris, alors çà va encore plus mal. Et maintenant, voilà le beau temps, voilà tous les travaux qu'irait si bien, alors occupe toi de faire venir René mais si tu peux ; en tous cas, lui, étant auxiliaire et à l'intérieur, çà ira mieux que pour moi et maintenant, ne te mets pas en retard, prends plutôt des hommes de journée pour ton jardin et répandre ta marne mais ne te mets pas en retard[28].

24. Montmédy, chef-lieu de canton, arrondissement de Verdun (Meuse).
25. Lettre-enveloppe, format 16,2 × 10,7 cm, pliée en deux.
26. Lamalmaison, canton de Longuyon, arrondissement de Briey (Meurthe-et-Moselle).
27. Lettre-enveloppe, format 17,5 × 11,3 cm, pliée en deux.
28. Maurice fait vainement pression sur sa mère pour qu'elle demande une permission agricole pour René.

Je compte quand même être chez nous pour le 1er mai car on dit sur le journal que la démobilisation va continuer.

Adrien, lui, est rentré il m'a envoyé le petit bleu de la libération, soit 10 f., çà m'a fait du bien. Et ton foin, d'où en es tu ? Je termine en t'embrassant de tout cœur.

Maurice

Pour mon matri. : on t'a dit nº 1103 et Coulommiers[29].

– **Lettre 632 Le 22 janvier [19]19,** *je remplace un permissionnaire*[30]

Chère mère

En ce moment, je remplace un permissionnaire qui faisait la liaison pour les ordres du bureau, alors je sais tout ce qui se passe avant le commandement de compagnie. J'ai vu aussi que j'étais le 14e à partir en perme, çà fait dans 13 ou 14 jours comme il en part un par jour. Maintenant, je voudrais refaire mes citations, alors envoie moi de suite, si çà ne te fais rien, mes deux citations qui sont en haut, dans la boite que c'est marqué reçu, et où sont mes lettres. L'une est celle marquée au nom de René, et l'autre, faite sur une feuille simple et imprimée en lettre bleue, où c'est marqué, cité pour sa belle attitude au feu et ses blessures. Envoie moi çà dans une enveloppe et de suite. Je suis en bonne santé et te pense de même.

Est-ce que René est là.

Je t'embrasse de tout cœur.

Maurice C.M.3

– **Lettre 633 Le 25 janvier [19]19,** *dans 15 jours, je vais être en perme*[31]

Chère mère

Je vois un article sur *le Parisien* que tu peux avoir vu aussi bien que moi mais que tu auras pu croire qu'il ne nous intéressait pas. Je te le met dans ma lettre[32]. D'abord, Adrien étant de la classe 04 et ayant un enfant sera démobilisé avec la classe 03. Cà ne l'avance pas beaucoup. Il sera démobilisé du 11 au 19 Mars. Maintenant, moi c'est plus pareille.

Je suis dans le cas le mieux favorisé : le cas A que tu dois voir sur le papier. Majoration de quatre classes : Militaire agriculteur, fils ainé de veuve cultivatrice. C'est mon cas. Etant de la classe 13, je serai démobilisé avec la classe 09. Cà peut m'avancer d'un mois ou deux. Alors tu vois, peut être un mois après Adrien dans le mois d'avril. Prends patience, chère mère, il ne te faut plus beaucoup de courage pour attendre ma libération.

29. Ce numéro matricule, associé à la classe et au bureau de recrutement, figure sur la plaque d'identité portée par Maurice au poignet.

30. Lettre-enveloppe, format 16,2 × 10,7 cm, pliée en deux.

31. Lettre-enveloppe, format 16,2 × 10,7 cm, pliée en deux.

32. Sur la coupure du journal, Maurice a marqué d'une croix les majorations de classe concernant sa démobilisation et celle de son beau-frère. Archives familiales.

Alors, il te faut que tu ailles à la mairie et que tu me fasse faire un certificat, signé du maire, comme quoi je suis le fils ainé de cultivatrice veuve. Je pense que Mauricette ne compte pas, en tous cas ne parle pas d'elle mais je crois que les filles ne compte pas que je suis quand même le fils ainé et heureusement que René est soldat[33]. Fait bien mettre, Maurice Léon, classe 13 étant du 19e Inf.

Alors tu vois, dans 15 jours, je vais être en perme et c'est ma dernière, de ce coup là[34]. Je n'aurai plus, à faire au régiment, le mois de mars et commencement d'avril mais j'espère le faire chez nous.

Je termine en t'embrassant de tout cœur.

Envoie moi le certificat avant que je parte en perm.

– **Lettre 634 Lamalmaison le 28-1-[janvier 19]19,** *je compte partir d'ici, d'ici dimanche pour être chez nous lundi soir tard*[35]

Chère mère

Je reçois à l'instant ta lettre du 24-1-[janvier-19]19. Tu me dis que tu as rester longtemps sans m'écrire mais çà te regarde, si tu veux avoir des nouvelles souvent, tu m'écriras souvent. Car maintenant, je te répond quand je reçois tes lettres et c'est assez, du moment que tu sais que je ne peine plus et que je ne suis pas mal et encore moins en danger, alors tu n'as pas à te tourmenter.

Je compte partir d'ici, d'ici dimanche pour être chez nous lundi soir tard ou mardi matin mais je t'en reparlerai car il peut y avoir des changements d'ici là. Surtout qu'il est fortement question de s'éloigner de notre pays et peut être aller plus loin que nous étions avant de venir ici. En tous cas, moi je pense partir en perm avant notre déplacement[36].

Alors, René est toujours pareille mais qu'est-ce que tu veux qu'il le dégourdisse, ce n'est pas d'être à l'hopital, si il était resté à son écurie, avec son cheval, à bricoler avec en ville, çà lui aurait fait du bien. Et il ne peut donc pas demander d'autres effets et dire que son frère lui a dit que c'était honteux de l'habiller pareillement. As t'il arrivé la nuit, il n'a pas été vu dans cet état, je l'espère. Alors tu n'attends même pas mon ordre, pour y faire mettre mes habits. Enfin tu as raison, sois un peu plus fière que lui car il n'y est guère. Tu crois qu'il viendra ou plutot, qu'on pourra le faire venir quand je serai en perme mais tu te figure que çà se fait toujours comme çà. Alors tu as vu sur *le Parisien* qu'il pouvait y avoir quelque chose qui m'intéressait mais tu n'as pas compris. En tous cas, tu dois avoir reçu ma lettre que je te demandais un certificat. Je te quitte en t'embrasant de tout cœur. Bonjour au petit commis et à Joseph, si çà va bien. Maurice

33. Mauricette sa sœur est de 16 mois plus âgé que Maurice.
34. La dernière permission de Maurice s'annonce en février 1919.
35. Feuille recto-verso, format 24 × 16,4 cm, pliée en quatre.
36. Maurice est prudent pour l'annonce de sa dernière permission.

Adrien, son beau-frère annonce à Julia sa belle-mère, sa prochaine libération.

– Lettre 635 Ballersdorf le 23 février 1919, *ma libération qui s'approche*[37]

Chère Mère
Voilà donc le moment de ma libération qui s'approche. J'ai assez de veine, je part le 1er jour de mon échelon, le 10 mars, çà me fait donc 14 jours à passer encore ici. Je crois qu'il est temps que je rentre par ce que je vois, Mauricette bien fatigué. Toujours en bonne santé. Votre fils affectueux.
Adrien

– Lettre 636 Le 28-2-[février 19]19, *je suis arrivé hier soir par la neige*[38]

Chère mère
Deux mots pour te dire que tout va bien et que j'ai repris ma place[39]. Le temps n'est pas changé, il neige maintenant, de la neige fondue. Je suis arrivé hier soir par la neige. René m'a écris le jour que j'ai parti, il me disait qu'il ne faisait rien du tout. J'ai reçu ma carte d'électeur et je l'envoie au Maire et il faut nommer un témoin qui aille voir à la mairie si je suis marqué.
J'ai nommé Lantenois Alphonse mais ce n'est pas la peine qu'il y aille, çà n'a pas d'importance. Bonjour à Roger. Je t'embrasse de tout cœur.
Maurice

– Lettre 637 Le 4 mars 1919, *mardi gras*[40]

Chère mère
Je crois que depuis que je suis parti de chez nous que c'est encore pire. Il pleut par ici, à torrent depuis deux jours, je crois que tout va déborder et c'est surement pareille chez nous. Le charretier doit charrier de la paille et le bottelage doit marcher forcément car il ne doit pas tailler, ton père Fayet. C'est aujourd'hui, je crois mardi gras, c'est dommage que l'on a ni graisse ni farine ou sans cela, on ferait des crêpes de ce temps là. Je n'est encore pas reçu de tes nouvelles mais je compte en recevoir ce soir, en tous cas, maintenant je t'écrirais moins souvent, à moins qu'il y ai des changements de place ; pour le moment, rien de nouveau, que de l'eau, alors c'est toujours la même chose. Je t'embrasse de tout cœur.
Envoie si tu veux, quelques enveloppes car le papier est rare.
Maurice

37. Lettre-enveloppe verso, format 16 × 10,5 cm, pliée en deux. Ballersdorf situé dans le canton d'Alkirch (Haut-Rhin).
38. Lettre-enveloppe, format 16,4 × 10,8 cm, pliée en deux.
39. Maurice est de retour de sa dernière permission.
40. Lettre-enveloppe, format 16,4 × 10,8 cm, pliée en deux.

– Lettre 638 Le 5 mars 1919, *je pourrai peut être avoir un sursis*[41]

Chère mère

Je pourrai peut être avoir un sursis mais il faudrait que çà soit toi qui t'en occupe. Si Adrien était arrivé, parle lui s'en. Et occupe toi de çà, le plus tôt possible. Voilà moi ce que je peux te dire. Il faut que tu fasse faire çà à la main par le fameux Bard, que, étant toute seule, veuve, que tes deux fils mobilisés et ta fille marié, que tu demanderais si tu pourrais avoir un sursis pour ton fils ainé Maurice Gastellier 19e Infanterie classe 13 qui par sa majoration de 4 classes, fait parti de la classe 09. Dire que tu exploite une culture au Theil et que je suis ton seul soutien, Bard saura peut être, il faut que çà soit signé du Maire et envoyé au Général, commandant de la 5e Région, peut être faudra que çà passe par la sous-préfecture[42].

Tache de voir Adrien et le plus tôt possible.

Je t'embrasse de tout cœur.

Maurice

– Lettre 639 La Malmaison le 6 mars 1919, *on m'a renseigné pour demander un sursis*[43]

Chère mère

Je crois que tu as reçu ma lettre hier où je t'ai dit que l'on m'a renseigné pour demander un sursis, de faire écrire à Monsieur le Général, commandant de la 5e région à Orléans (Loiret) et par toi, çà serait plus sûr ; le faire faire au secrétaire de la Mairie, signé du Maire et s'ils sont habitué de faire çà, je crois qu'il faut que ça passe par la sous-préfecture ou la préfecture et de là au Général. Enfin, il faudrait que tu vois Adrien et occupe toi s'en le plus tôt ou bien après çà ne sera plus la peine ou si tu voyais Boutour, je repense à cà, ça vaudrait peut être mieux. Si tu pouvais m'envoyer des cartes lettres, je ne trouve pas de papier ; dis moi si cette gale, si vous croyez que çà va se passer. Dis bien sur la lettre, Gastellier Maurice du 19e Infanterie C M 3 secteur 83, pour que si le général veut répondre, qu'il aie mon adresse.

Je termine en t'embrassant de tout cœur.

Maurice

---

41. Lettre-enveloppe, format 16,4 × 10,8 cm, pliée en deux.

42. Maurice énumère les démarches auprès de Mr Bard, secrétaire de la mairie de Coulommiers. Celui-ci, pris en otage lors de l'occupation de la ville par les troupes allemandes le 5 septembre 1914, est libéré par les troupes anglaises le 7 septembre.

43. Lettre-enveloppe, format 16 × 11 cm, pliée en deux.

– **Lettre 640 La Malmaison le 11-3-[mars 19]19,** *tous les travaux vont être en retard*[44]

Chère mère
Alors ton commis est toujours pareille, il doit en fiche lourd, enfin qu'il en profite car si tu t'occupe de mon sursis, et que çà soit bien fait, il peut très bien réussir, surtout que l'armée s'en occupe en se moment de la culture, car vue le mauvais temps, on sait que tous les travaux vont être en retard. Le bourrelier doit t'avoir raccomodé les harnais, alors Joseph doit être heureux mais les chevaux sont ils galeux encore, c'est çà qui me tourmente le plus. S'ils n'y sont plus, que Joseph fasse attention où il les mets. Alors, tu vas s'en doute t'occuper de vendre ton foin, c'est le moment, s'il est à ce prix là. Je crois que le gars doit être entrain de répandre la marne car quand il fera bon faire l'avoine que çà ne mette pas le charretier en retard.
En attendant de tes nouvelles sur mon sursis, je te quitte en t'embrassant bien fort.
Maurice

Sa mère, Julia, qui lui détaille la venue du bourrelier et l'aide pour faire les foins. Maurice lui répond le 13 mars au dos de la lettre.

– **Lettre 641 Le Theil 8 mars 1919,** *je suis entrain de faire botteler mon foin*[45]

Cher Maurice
Tu ne me parle pas si tu t'occupe de savoir si tu pourrais avoir un sursis et si tu crois revenir dans 2 mois, comme tu pensais revenir, s'il fait toujours mauvais temps mais il faudra bien que le beau temps revienne un jour ou l'autre.

Le bourrelier en a eu pour 1 jour 1/2 à réparer les harnais, le premier jour qui était hier il a fait beau, çà fait que Joseph a taillé pas mal dans le jardin et le commis a labourer mais ce matin il n'a pas quitté de pleuvoir, et après midi, on est reparti à la paille. Le père Fayet a fini de botteler le trèfle et maintenant je suis entrain de faire botteler mon foin par Bruneau, je ne sais pas si je te l'ai déjà dit ou bien a René, puisque Poisson n'a pas pu venir. J'ai vu M. Charpentier mercredi, il m'a dit de faire botteler, qu'il le payait 120 f. les 520 K soit 104 bottes à dix livres.

Je réussirai peut être mieux avec mon foin qu'avec ma paille car je crois bien que le prix de la paille baisse toujours.

Ta mère qui t'embrasse bien fort.

44. Lettre-enveloppe, format 16 × 11 cm, pliée en deux.
45. Feuille recto-verso, format 22,5 × 17,5 cm, pliée en quatre.

– Lettre 642 Le 13-3-[mars 19]19, *tu as vendu ton foin assez cher*[46]

Chère mère

Alors le bourrelier à mis si longtemps que çà pour réparer nos harnais mais il était tout seul peut-être. Lui as tu vendus le collier ? Alors tu as vendu ton foin assez cher et tu peux le livrer de ce temps là car je crois que vous ne devez pas faire grand avoine de ce temps car c'est encore bien moyen.

Maintenant, tu parle pour mon sursis, alors je crois que tu t'en as occupé. En ce moment, je ne suis pas trop à la hauteur, je suis encore avec des copains qui font faire bien des frais, avec çà on est bien mal nourri. Et ils achètent des chevreaux et le dimanche nous font faire des petits repas épatants mais coûteux. Alors tu voudrais bien m'envoyer un peu d'argent car çà diminue et je ne voudrais pas paraître moins que les autres.

En ce moment, je n'ai pas le ventre qui va trop bien, c'est comme si j'ai un peu de dysentrie, enfin je crois que çà s'arrangera. Je ne vois plus grand chose à te dire pour l'instant.

Ton enfant qui t'embrasse de tout son cœur.

Maurice

Lettre de sa mère qui nous renseigne sur ce qui fait le quotidien d'une femme seule à la tête d'une ferme en ce printemps 1919. Maurice lui répond le 23 mars.

– Lettre 643 Le Theil 19 mars 1919, *il va falloir que ce soit moi qui aille derrière le semoir*[47]

Chère Maurice

Ah, tu parles d'être en colère après ce fameux Bard, dire que je vais voir aujourd'hui si la réponse était arrivée et qu'il n'avait encore rien fait, j'y suis allée, à la mairie, le samedi matin et je me suis adressée à l'employé qui était là, je lui ai dit qu'il la remette à M. Bard comme il n'y était pas et surtout qu'il s'en occupe, il m'a répondu qu'il allait lui dire et qu'il s'en occuperait, j'étais tranquille, autrement j'y aurais plutôt retournée encore l'après midi, c'est même étonnant que je suis allée voir aujourd'hui je n'y serais pas allée, je me demande s'il y aurait même pensé un jour, enfin, il m'a certifié que ça allait partir ce soir, maintenant il faut encore attendre.

Voilà tout le monde qui fait de l'avoine et moi la marne n'est même pas répandue et puis il va falloir que ce soit moi qui aille derrière le semoir. Aujourd'hui Joseph doit voir Charpentier pour livrer mon foin car il est toujours là. Adrien est revenu d'il y a huit jours, il a déjà tondu ses chevaux et va s'occuper de les soigner, tu me demandais si les nôtres c'était passé, je ne sais pas si c'est la gale mais je ne les ai pas encore vu dans un état pareil, je voudrais bien que tu viennes et que tu

46. Maurice répond à la suite de la lettre de sa mère du 8 mars 1919.

47. Feuille recto-verso, format 22,5 × 17,5 cm, pliée en quatre.

t'en occupe, il faudra que je les fasse voir au vétérinaire pour savoir si c'est bien de la gale car il ne faut pas les traiter si ça n'en est pas. Adrien fait revenir de la pommade Lacombe et il en prend aussi pour moi, Pétin qui est son vétérinaire lui a dit que c'était très bon[48].

Je finis ma lettre en t'embrassant.

Ta Mère

– Lettre 644 Le 23 mars 1919, *te voilà toute seule*[49]

Chère mère

Alors tu m'envoie une lettre qui me tourmente bien. D'abord te voilà toute seule, comme je vois ; tu ne pourrais pas dire à mon oncle Aristide qu'il vienne ou à un commis mais il ne faut pas que tu aille derrière le semoir, ce n'est pas toi qui peut faire çà. Maintenant pour Monsieur Bard, çà ne m'étonne pas et, comme çà sera pareille, car il ne faut pas compter sur un sursis. Et ce qui m'embête le plus, c'est tes chevaux. Ce n'est plus la peine que je m'est occupé de tout leur faire pendant ma perm, mais quoi leur trouve tu ? Est ce encore de la gale, est-ce qu'ils se grattent encore, c'est dégoûtant.

Je crois que tu auras pu livrer ton foin car les travaux des champs doivent être suspendus par une fonte de neige, comme en ce moment. Et je crois que çà va se remettre au beau, alors fait répandre ta marne par une bonne journée, paie ce qu'il faut mais prends patience quoique je crois que je ne suis plus bien costot mais enfin je serais toujours là. En ce moment, je suis mou et je fais assez souvent du sang, ce qui m'embête beaucoup et depuis ma rentrée de perm, c'est toujours des dérangements.

Je te quitte, chère mère en t'embrassant de tout cœur.

De nouveau, lettre de sa mère lui détaillant sa livraison de foin. Maurice lui répond le 29 mars.

– Lettre 645 Le Theil le 24 mars 1919, *c'est bien triste d'être comme ça toute seule*[50]

Chère Maurice

Alors, tu me console en disant que tu ne viendras sans doute pas, moi qui t'attendais ces jours-ci, alors comment que je vais faire comme tu dis ! prends du monde, c'est facile à dire, le jour qu'il fait beau, tout chacun a son ouvrage car c'est pas souvent le beau temps ; aujourd'hui lundi, c'est de l'eau à outrance et j'ai livré mon foin, encore bien heureux qu'on a pu décharger c'est Emile Rayer qui nous a aider à charger et il a été à la gare avec Joseph conduire une voiture, enfin je

48. La gale est une parasitose extrêmement contagieuse causée par des acariens creusant des galeries dans la peau du cheval.

49. Maurice répond à la suite de la lettre de sa mère du 19 mars 1919.

50. Feuille recto-verso, format 22,5 × 17,5 cm pliée en quatre.

suis débarrassé de ça, il y en avait 1037 bottes, avec les 4 aux 100 et le manque de poids, ça me fera autour de 975 bottes, je ne peux pas faire mon compte puisque maintenant on ne donne plus de bons nulle part, je compte sur 1190 f.. Alors, Adrien t'a donné le petit bleu de la libération, ça sera à ton tour de le donner à René, tu compte pour le 1er Mai, mais moi je n'y compte pas, j'ai encore belle d'être seule. C'est bien triste d'être comme ça toute seule et malgré ça, ne me parle pas d'avoir un gars comme ça sur le dos, c'est une charge.

Je ne sais pas si je vais retourner à la mairie demander pour René car j'en ai assez de trainer et d'implorer ce beau Brard.

Je finis ma lettre en t'embrassant.

Ta Mère

Les gales à Bijou ont l'air de se passer, tu auras dû recevoir mon billet.

– **Lettre 646 La Malmaison le 29-3-[mars 19]19,** *il neige à plein temps depuis deux jours*[51]

Chère mère

Ce n'est pas que je n'ai pas de papier que je t'écris sur le tien. C'est parce que je te réponds juste à ta lettre et je te le mets derrière. Il neige à plein temps depuis deux jours, c'est aujourd'hui que part les derniers démobilisés ; pour l'instant, on ne sait plus quand là classe 7 et 8, qui sont les deux seules devant moi, partiront ; le reste de la classe 6 est parti aujourd'hui. Tu a fait de l'argent avec ton foin mais écoute, ne regarde pas ton jardin en friche, que quand j'arriverai, que je me remettrai au travail, que çà ne me décourage pas, à voir tout en pagaille.

Oui, comme tu dis vivement que j'envoie le petit bleu à René mais j'attends, je crois que çà ne tardera pas à savoir combien on a des jours à faire. Heureusement, je ne suis pas des jeunes classes car il en part en masse en Pologne et Autriche, c'est vrai que j'ai fait ma part, à leur tour. Je ne crois pas que l'hiver se terminera cette année, c'est affreux. Je viens d'écrire à René, à Pithiviers, je lui dis qu'il devrait s'occuper d'une perme agricole. Mais penses tu ? Je pense que ma lettre te trouvera en bonne santé. Moi, çà va en ce moment.

Ton enfant qui t'envoie ses plus doux baisers.

Maurice

51. Maurice répond au dos de la lettre de sa mère du 24 mars.

Lettre de sa mère indiquant la maladie de Joseph pour comble de malheur. Maurice lui répond le 4 avril.

– Lettre 647 Le Theil le 31 mars 1919, *c'est la mal va*[52]

Chère Maurice

Je me demande si ça va depuis la dernière lettre que j'ai reçu avec ta dissenterie car tu ne m'écris pas souvent quand tu es bien portant, ça m'est égal mais comme je sais que ça ne va pas trop bien, ça m'ennuie.

Pour tant qu'à nous, c'est la mal va, le mauvais temps et puis maintenant pour comble de malheur, voilà Joseph qui est malade, j'ai été demandé Bruneau en lui disant qu'il prenne les chevaux pour faire son ouvrage, autrement il faudrait que les chevaux restent toujours dans l'écurie, tu vois le tableau et puis moi, ça ne va aussi qu'à moitié, j'ai des douleurs et je me suis purgé, enfin j'espère que ça ne sera rien, tu vas peut-être me dire ; il faudrait que tu reprenne un commis mais non je suis bien tranquille de ne plus avoir en avoir car moi étant malade, je peux rester au lit si je veux, autrement, c'est moi qui est sa domestique et puis je mange quand je veux et ce qui me plait.

Je t'ai dit que j'avais demandé une perme pour René, je vais être en attendant si ca réussi mais j'ai tant de chance que j'ai bien peur encore de ne rien obtenir.

Je finis ma lettre en t'embrassant.

Ta Mère

– Lettre 648 Le 4 avril 1919, *tu es toute seule*[53]

Chère mère

Comme je vois, c'est malheureux que je ne suis pas là en ce moment, c'est même bien embêtant de te voir seule. Fait faire, toujours tes avoines, c'est le principal et fais répandre la marne, le restant, laisse le. Maintenant, je crois que tu auras du mal a m'attendre car tu force de trop et je vois que tu seras malade. Eh bien, il ne manque plus que çà, si tu as des douleurs et tu es toute seule, si seulement René revenait en perm en m'attendant. Enfin, çà n'a pas mal été tout pendant la guerre et je vois que pour la fin, çà sera dur à aller au bout. Moi, à côté de çà, çà va bien en ce moment. Mais c'est toi qui m'embête et comme tu dis, je suis tranquille étant seule mais c'est autre chose, si jamais il t'arrivait quelque chose avec les chevaux ou autre, c'est à çà qu'il faut penser. Travaille juste pour Bruneau car tu as besoin de lui mais laisse le reste. Alors, Joseph est malade, est-ce grave ?

En te souhaitant une bonne santé, je te quitte en t'embrassant de bien loin en espérant bientot de plus près.

Ton enfant qui pense à toi.

Maurice

---

52. Feuille recto-verso, format 22,5 × 17,5 cm, pliée en quatre.

53. Maurice répond au dos de la lettre de sa mère du 31 mars 1919.

Lettre de sa mère, lui détaillant les aides pour semer l'avoine et planter les pommes de terre. Maurice lui répond le 7 avril.

– **Lettre 649 Le Theil le 3 avril 1919,** *Bruneau est allé semer le Champ de la Croix à la main*[54]

Cher Maurice

Joseph est encore malade, je crois qu'il a une bronchite, heureusement que j'ai Bruneau car voilà le beau temps et on va parler de faire un peu d'avoine malgré que c'est encore bien mou, ce matin Bruneau est allé semer le champ de la croix à la main et cette après-midi il ira l'herser, pour les autres champs il faut attendre. Si le ménage va bien avec Bruneau, je crois que mon ouvrage se fera car il lui arrive deux gars en permission, ce matin j'ai commencé à planter des pommes de terre atives dans le jardin, il m'a fait les trous et je les ai plantées, l'essentiel, c'est que je ne sois pas malade, je n'étais pas bien dodu ces jours ci mais je me sens mieux.

Je vois que j'ai pas plus à compter sur René que sur toi, en tout cas je crois qu'il ne sera pas longtemps sans avoir sa perme de détente, est-ce au bout de 3 ou 4 mois!

Je ne t'en mets pas plus long, je vais porter mes 2 lettres au petit Berthaux.

Ta Mère qui t'embrasse bien fort.

– **Lettre 650 Le 7-4-[avril 19]19,** *çà sera dur pour attendre mon retour*[55]

Ma chère Maman

Alors, Joseph est toujours malade, c'est dommage car c'est un temps admirable en ce moment et çà irait à tout faire. Enfin, si Bruneaux veut, étant tout nouveau, çà peut encore aller. Et toi, si çà va, c'est le principal ; maintenant, tu parles pour René mais je crois qu'il ne veut pas venir car il faut quatre mois et je crois qu'on arrivera peut être ensemble car je ne voudrais pas y moisir dans ce métier. Je n'ai pourtant pas à me plaindre car pour la fin, je ne suis pas malheureux, il n'y en a pas à la Compagnie qui en font moins que moi mais çà ne fait rien, il faut plutot penser à son ouvrage car ce métier ne peut pas durer toujours.

Enfin, je sais que çà te sera dure pour attendre mon retour mais c'est ton reste, prends patience et surtout ne regarde pas à l'argent ni aux hommes et fait faire le principal.

En t'espérant comme moi, en bonne santé, je t'envoie mes plus doux baisers.

M. Gastellier

54. Feuille recto-verso, format 22,5 × 17,5 cm, pliée en quatre.

55. Maurice répond au dos de la lettre de sa mère du 3 avril 1919.

– Lettre 651 Le 7-4-[avril 19]19, *je viens de recevoir mon sursis*[56]

Chère mère

Deux mots pour t'annoncer que je viens de recevoir mon sursis. Et d'un seul coup, me voilà réglé et fichu à la porte. Je me rends à Orléans, peut être pour une journée ou deux mais enfin, c'est la fin.

Le sais tu, ce que je me demande ! J'arriverai peut être avant cette lettre. Je te quitte en t'embrassant de tout cœur.

Maurice

– Lettre 652 Le 8-4-[avril 19]19, *c'est mes dernières journées militaires*[57]

Chère mère

Deux mots pour te dire que j'arrive, je t'écris dans le train et je pars pour Orléans. Je viens de recevoir mon sursis hier soir et est parti ce matin, je n'en revenais pas de cette nouvelle dont je ne comptais plus. Peut être, vais je passer une journée ou deux à Orléans mais enfin, c'est mes dernière journée militaires.

Le sais-tu, c'est ce que je me demande. Je t'embrasse.

Maurice

56. Feuille recto-verso, format 12,5 × 10 cm.

57. Feuille recto-verso, format 12,5 × 10 cm.

ANNEXE – Chant dédié au 19e RI[58] (sur l'air de la Madelon)

1er couplet
Le régiment dont j'vais vous conter l'histoire,
Comm' tous les autr's est formé d'trois bataillons.
Et tous les trois ont le mêm' droit à la gloire,
On les disting', par la couleur d'leur fanion :
Le premier a l'bleu comme emblème,
Mais il n'faudrait pas croire pour ça
Qu'on a mis tous les bleus dans l'même :
Ils l'ont montré souvent là bas ;
Qu'ce soit au fort de Vaux
Ou bien devant Laffaux
Les jeunes et les vieux tous ont fait le même boulot.

Refrain
Quand l' bataillon veille dans la nuit noire,
Où qu'il s'élanc, pour chasser les All'mands,
Il ajoute un' page à son histoire
Et à cell' du régiment ;
Le bataillon, jamais ne désespère
Devant les boches, il pense : oh ! les cochons,
Et il chante, quand il est à l'arrière
Madelon, Madelon, Madelon !

2e couplet
Le bataillon qui est second par le nombre
Port' un fanion d'un rouge couleur de sang,
Les jours de f'iev', quand les poilus march'nt dans l'ombre
Je vous assur' qu'ils y vont tous carrément.
Ya des Bretons calm's et tenaces,
Des Parisiens toujours blagueurs,
Des gens du Midi, te'bagasse !
Des gàs du Nord et puis d'ailleurs ;
Et comme les copains
Ils fur'nt dans tous les coins
A Laffaux, Hurtebise, aussi bien qu'à Verdun

Refrain
Quand le bataillon veille dans la nuit noire,
Où qu'il s'élanc' pour chasser les All'mands
Il ajoute un' page à son histoire
Et à cell' du régiment
Et c'est l'histoir' de la France guerrière
Où tout finit toujours par des chansons,
Chantons donc, en levant notre verre :
Madelon, Madelon, Madelon !

58. FLOCH Marcel, *La longue marche du 19e RI de Brest pendant la première guerre mondiale, tome II, op. cit.*, p. 183-184.

3e couplet
Et le troisièm' arbore le fanion jaune,
Y en a qui dis'nt qu' pour ça il est plus connu,
Mais malgré les vertus qu 'souvent on lui donne
Le jaun' ne favoris' pas plus les poilus ;
    Comm' les autr's il r'çoit des marmites,
    Il est dans la boue jusqu'aux reins,
    Et s'il met les Boches en fuite
    C'est qu'il se bat avec entrain :
    On l'a vu à Pinon,
    Et à la Malmaison,
Et à Fayet qu'il porte sur son fanion.

Refrain
    Quand le bataillon veille dans la nuit noire,
    Où qu'il s'élanc' pour chasser les All'mands
    Il ajoute un' page à son histoire
        Et à cell' du régiment
    Mais aujourd'hui nous sommes à l'arrière,
    Et pour finir comme il faut nos chansons,
    Chantons tous en levant notre verre :
        Madelon, Madelon, Madelon !

4e couplet
Sur ces fanions qui portent la croix de guerre,
Flotte glorieux le Drapeau du régiment,
Et maintenant il porte la fourragère,
Il en est fière, il l'a gagné vaillamment :
    Avec les enfants de Bretagne,
    A Ovillers comme à Maissin,
    A Lenharrée comme en Champagne,
    Thiepval et Chaumont-Saint-Quentin ;
    Et ceux qui maintenant,
    Sont venus dans leurs rangs,
Portent toujours plus haut l'honneur du régiment.

Refrain
    Quand l'régiment veille dans la nuit noire,
    Où qu'il s'élanc' pour chasser les All'mands
    Il ajoute un' page à son histoire
        Qu'il écrit avec son sang :
    Le régiment jamais ne désespère,
    Devant les boch's il pense : oh ! les cochons,
    Et il chant' quand il est en arrière :
        Madelon, Madelon, Madelon !

INDEX THÉMATIQUE

NB : cet index renvoie aux numéros des lettres publiées dans ce volume.

Hygiène, santé

Courrier

Finances

Distractions, loisirs

La Nation

Météo

Moral

Paysages

Le métier de soldat

Équipements

Décorations

Intendance

Mouvements de troupes

La guerre, les combats

Armes

Artillerie

Attaques, offensives

Ennemis

Armées et unités

Organisation des unités

Régiments d'Infanterie

Troupes

L'arrière-front

Le pays du Theil et de la Brie

La ferme familiale

Productions agricoles

Travaux agricoles

La famille de Maurice Gastellier

TABLE DES ILLUSTRATIONS

Cartes

Graphiques

Illustrations (Archives familiales, DR)

TABLE DES MATIÈRES

Achevé d'imprimer
sur les presses du service reprographique
de l'université Rennes 2 en mai 2023.

Imprimé en France